2015 Fujian Statistical Yearbook

福建统计年鉴

福建省统计局 编

我们，用
尊重社会……

We resp
e soc
with data …

中国统计出版社
China Statistics Press

图书在版编目（CIP）数据

福建统计年鉴. 2015：汉英对照 / 福建省统计局，国家统计局福建调查总队编. -- 北京：中国统计出版社，2015.8
ISBN 978-7-5037-7511-6

Ⅰ. ①福… Ⅱ. ①福… ②国… Ⅲ. ①统计资料－福建省－2015－年鉴－汉、英 Ⅳ. ①C832.57-54

中国版本图书馆 CIP 数据核字(2015)第 182088 号

福建统计年鉴-2015

作　　者/ 福建省统计局　国家统计局福建调查总队
责任编辑/ 佘竞雄
装帧设计/ 陈　泓
出版发行/ 中国统计出版社
地　　址/ 北京市丰台区西三环南路甲 6 号　邮政编码/100073
电　　话/ 邮购（010）63376909　书店（010）68783171
网　　址/ http://www.zgtjcbs.com
印　　刷/ 福州青盟印刷有限公司
经　　销/ 新华书店
开　　本/ 890mm×1240mm　1/16
字　　数/ 1706 千字
印　　张/ 37
印　　数/ 1～1500 册
版　　别/ 2015 年 8 月第 1 版
版　　次/ 2015 年 8 月第 1 次印刷
定　　价/ 270.00 元

本书附同版本 CD-ROM 一张，光盘内容以书面文字为准。
如有印装差错，由本社发行部调换。

编委会及编辑人员

EDITORIAL BOARD AND STAFF

编者说明

一、《福建统计年鉴—2015》，是一部信息高度密集的统计资料书。全书系统收录了2014年福建省全省及各地区、各部门经济和社会发展各方面的统计数据，以及重要年份福建国民经济主要指标的统计数据，是一部全面反映福建经济和社会发展情况的资料性年刊。

二、全书内容分为22个部分：1.综合；2.国民经济核算；3.人口、就业和职工工资；4.固定资产投资；5.对外经济；6.能源；7.人民生活；8.价格指数；9.城市概况；10.财政金融；11.农业；12.工业；13.建筑业；14.交通运输和邮电通信业；15.批发零售、住宿餐饮和旅游业；16.科学和教育；17.文化和体育；18.卫生事业；19.环境保护；20.公共管理和其他社会活动；21.企业调查；22.市县国民经济主要指标。各篇末均附有《主要统计指标解释》。

三、与《福建统计年鉴－2014》相比较，本年鉴在统计内容和编辑上主要做了如下修订：1.主要年份统一调整为2000，2005，2010，2013，2014等五个年份。2.根据年报制度变化的新情况，某些篇章的统计指标进行了规范和调整。

四、金门县统计资料除另有注明外，暂未列入本年鉴。

五、本年鉴重要统计数据的资料来源、计算口径等均在各篇另有注明。

六、本年鉴使用的度量衡单位均采用国家统一的标准计量单位。

七、本年鉴对过去发布的统计资料重新进行了核实，凡与本年鉴数据有出入的，以本年鉴为准。

八、本年鉴中部分合计数或相对数由于单位取舍不同而产生的计算误差，均不做机械调整。

九、本《年鉴》符号使用说明："空格"表示没有、未掌握该指标数据或不足小数位的数据；"＃"表示其中项。

十、本年鉴产值总量指标按当年价格计算，增长速度和产值指数按可比价格计算。

十一、本年鉴计算增长速度、指数均采用"水平法"。

Editor's Notes

Ⅰ.*Fujian Statistical Yearbook-2015* is an annual statistic publication of comprehensive information with highly density. The yearbook covers very comprehensive data in 2014 and some selected data series in important years of provincial and regional levels and in different departments , reflects various aspects of Fujian social and economic development.

Ⅱ.The yearbook contains twenty-two chapters: 1.General Survey; 2.National Economy Accounting; 3. Population,Employment and Wages; 4.Investment in Fixed Assets; 5 .Foreign Trade; 6. Energy; 7. People's Living Conditions; 8.Price Indices; 9.General Survey of Cities; 10.Finance; 11.Agriculture; 12.Industry; 13.Construction ; 14. Transportation, Postal and Telecommunication Services ; 15.Wholesale,Retail Trades, Hotels, Catering Services and Tourism ; 16.Science and Education; 17.Culture and Sports; 18.Health; 19. Environment Protection; 20.Publish Administration and Others; 21. Enterprise Survey; 22.Main Economic Indicators of City Prefecture and County etc. At the end of each chapter, Explanatory Notes on Main Statistical Indicators are included.

Ⅲ. In comparison with the *Fujian Statistical Yearbook 2014*, following revisions have been made in this new version in terms of the statistical contents and in editing:

1.The order of the individual chapters have adjusted, General Survey increase the basic Unit of the Annual Report Legal Entity.2.Years mainly uniformed justment 2000,2005,2010,2013,2014 five years. 3. According to the new situation of the annual report system changes, some statistical indexes of the text and the adjustment of the standard.

Ⅳ.The data of Jinmen county are not included in this yearbook except for some additional notes on it.

Ⅴ.Data source, calculation scope for important statistical data in this yearbook are noted in each chapter.

Ⅵ.The units of measurement used in this yearbook are national standard measurement units.

Ⅶ. The statistics data published in the past is re-verified in this book. Any discrepancy between the data of this book, it prevails.

Ⅷ. As a result of the different unit choices,part of the total or relative data produce calculation error in The yearbook,we do not mechanical adjustment.

Ⅸ. Notations used in the yearbook: "Blank Space" indicates absence or ignorance or insufficient decimal place of data indicator; "#" indicates a major breakdown of the total.

Ⅹ.The indicator of production value in this yearbook is calculated according to prices of the year. Growth rate and indices of production value is calculated according to comparable prices.

Ⅺ.Growth rates and indices in this yearbook are calculated by "level approach".

目　　录

Contents

第一篇　综合
General Survey

第二篇　国民经济核算
National Economy Accounts

第三篇　人口、就业和职工工资
Population,Employment and Wages

第四篇 固定资产投资
Investment in Fixed Assets

第五篇　对外经济
Foreign Trade

第六篇 能源
Energy

第七篇 人民生活
People's Living Conditions

第八篇　价格指数
Price Indices

第九篇　城市概况
General Survey of Cities

第十篇　财政金融
Finance

第十一篇 农业
Agriculture

第十二篇　工业
Industry

第十三篇　建筑业
Construction

第十四篇　交通运输和邮电通信业
Transportation, Postal and Telecommunication Services

第十五篇　批发零售、住宿餐饮和旅游业
Wholesale,Retail Trades, Hotels, Catering Services and Tourism

第十六篇 科学和教育
Science and Education

第十七篇 文化和体育
Culture and Sports

第十八篇　卫生事业
Health

第十九篇 环境保护
Environment Protection

第二十篇 公共管理和其他社会活动
Publish Administration and Others

第二十一篇　企业调查
Enterprise Survey

第二十二篇　市县国民经济主要指标
Main Economic Indicators of City Prefecture and County

第一篇　综合

Chapter 1　General Survey

资料整理：林宇 叶春山 江椿

Database Editor: Linyu Yechunshan Jiangchun

简要说明

本篇资料的主要内容及来源

本篇包括全省行政区划及国民经济和社会发展综合资料二部分。

行政区划划分资料由福建省民政厅提供。国民经济和社会发展综合部分来源于本年鉴各篇章中的资料，由省统计局综合统计处、省统计局普查中心加工整理。

Brief Introduction

Main Content and Source of Data

This chapter mainly covers two parts: the data of divisions of administrative areas and general survey of economy and society development.

Data on divisions of administrative areas are provided by the Bureau of Civil Affairs of Fujian Provincial Department. Data on general survey of eco

-nomy and society development are compiled and processed by the Division of Comprehensive Statistics of the Fujian Provincial Bureau of Statistics and the Division of General Survey Centre of the Fujian Provincial Bureau of Statistics.

1-1 全省行政区划(2014年底)

Division of Administrative Areas in Fujian(2014)

设区市名称 Cities	县级行政单位数(个) Number of Administrative Units at County Lever				县级行政单位名称 Name of Administrative Units at County Level
	合计 Total	县 County	县级市 Cities at County Level	市辖区 District	
总计 Total	85	44	13	28	
福州市 Fuzhou	13	6	2	5	鼓楼区 仓山区 台江区 马尾区 晋安区 福清市 长乐市 闽侯县 连江县 罗源县 闽清县 永泰县 平潭县 Gulou Cangshan Taijiang Mawei Jin'an Fuqing Changle Minhou Lianjiang Luoyuan Minqing Yongtai Pintan
厦门市 Xiamen	6			6	思明区 海沧区 湖里区 集美区 同安区 翔安区 Siming Haicang Huli Jimei Tongan Xiang'an
莆田市 Putian	5	1		4	城厢区 涵江区 荔城区 秀屿区 仙游县 Chengxiang Hanjiang Licheng Xiuyu Xianyou
三明市 Sanming	12	9	1	2	三元区 梅列区 永安市 明溪县 清流县 宁化县 大田县 尤溪县 沙县 将乐县 泰宁县 建宁县 Sanyuan Meilie Yong'an Mingxi Qingliu Ninghua Datian Youxi Shaxian Jiangle Taining Jianning
泉州市 Quanzhou	12	5	3	4	鲤城区 丰泽区 洛江区 泉港区 石狮市 晋江市 南安市 惠安县 安溪县 永春县 德化县 金门县 Licheng Fengze Luojiang Quangang Shishi Jinjiang Nan'an Huian Anxi Yongchun Dehua Jinmen
漳州市 Zhangzhou	11	8	1	2	芗城区 龙文区 龙海市 云霄县 诏安县 漳浦县 长泰县 东山县 南靖县 平和县 华安县 Xiangcheng Longwen Longhai Yunxiao Zhao'an Zhangpu Changtai Dongshan Nanjing Pinghe Hua'an
南平市 Nanping	10	5	3	2	延平区 建阳区 邵武市 武夷山市 建瓯市 顺昌县 浦城县 光泽县 松溪县 政和县 Yanping Jianyang Shaowu Wuyishan Jian'ou Shunchang Pucheng Guangze Songxi Zhenghe
龙岩市 Longyan	7	4	1	2	新罗区 永定区 漳平市 长汀县 上杭县 武平县 连城县 Xinluo Yongding Zhangping Changting Shanghang Wuping Liancheng
宁德市 Ningde	9	6	2	1	蕉城区 福安市 福鼎市 霞浦县 古田县 屏南县 寿宁县 周宁县 柘荣县 Jiaocheng Fu'an Fuding Xiapu Gutian Pingnan Shouning Zhouning Zherong

1-2 国民经济和社会发展总量和速度指标

项目 Item	总量指标 Aggregate Data			
	1978	1990	2000	2010
人口与就业 **Population and Employment**				
年末总人口（万人） **Population at Year-end(10000 persons)**	**2446**	**3037**	**3410**	**3693**
#城镇人口 Urban		642	1432	2108
年末从业人员（万人） **Employment at Year-end(10000 persons)**	**924.41**	**1348.38**	**1660.19**	**2241.59**
城镇登记失业人员 Number of Registered Unemployed Persons in Urban Areas	20.82	9.00	9.10	14.49
城镇单位在岗职工平均工资（元） **Average Wage of Staff and Workers on the Job(yuan)**	**567**	**2162**	**10584**	**32647**
国民经济核算 **National Accounts**				
地区生产总值（亿元） **Gross Domestic Product(100 million yuan)**	**66.37**	**522.28**	**3764.54**	**14737.12**
第一产业 Primary Industry	23.93	147.01	640.57	1363.67
第二产业 Secondary Industry	28.19	174.47	1628.45	7522.83
第三产业 Tertiary Industry	14.25	200.80	1495.52	5850.62
主要行业 Major Industry				
工业 Industry	23.85	150.55	1422.34	6397.71
建筑业 Construction	4.34	23.92	206.11	1125.12
人均地区生产总值（元） **Per Capita GDP(yuan)**	**273**	**1763**	**11194**	**40025**
固定资产投资 **Investment in Fixed Assets**				
全社会固定资产投资总额（亿元） **Total Investment in Fixed Assets(100 million yuan)**	**13.34**	**115.41**	**1082.47**	**8273.42**
固定资产投资 Investment in Fixed Assets	11.40	90.51	995.38	8067.33
项目投资 Projects Investment	11.40	77.04	788.01	6248.48
房地产投资 Real Estate Development		13.47	207.37	1818.86
农户投资 Rural	1.95	24.90	87.09	206.08
全社会施工房屋建筑面积（万平方米） **Floor Space of Buildings under Construction(10000 sq.m)**			**10118.93**	**30754.70**
全社会竣工房屋建筑面积（万平方米） Floor Space of Buildings Completed(10000 sq.m)			4806.13	7166.91

Principal Aggregate Indicators on National Economic and Social Development and Growth Rates

		平均增长速度(%) Average Annual Growth Rate(%)				2014年比上年增长(%) 2014 as Percentage of the last Years(%)
2013	2014	1979-2014	1991-2014	2001-2014	2011-2014	
3774	**3806**	**1.24**	**0.94**	**0.79**	**0.76**	**0.85**
2293	2352		5.56	3.61	2.78	2.57
2555.86	**2648.51**	**3.0**	**2.9**	**3.4**	**4.3**	**3.6**
14.70	14.35	-1.0	2.0	3.3	-0.2	-2.4
49328	**54235**	**13.5**	**14.4**	**12.4**	**13.5**	**9.9**
21868.49	**24055.76**	**12.6**	**13.2**	**12.0**	**11.1**	**9.9**
1874.23	2014.80	5.8	5.4	3.7	4.3	4.4
11329.60	12515.36	15.5	16.7	14.5	13.9	11.9
8664.66	9525.60	13.0	12.1	11.1	8.9	8.1
9455.32	10426.71	15.9	17.1	14.6	13.8	12.1
1895.48	2112.03	8.9	14.1	14.1	14.2	11.0
58145	**63472**	11.2	12.0	11.0	10.3	9.1
15526.87	**18449.48**	**22.2**	**23.5**	**22.5**	**22.2**	**18.8**
15245.24	18141.37	22.7	24.7	23.0	22.5	19.0
11542.26	13573.97	21.7	24.0	22.5	21.4	17.6
3702.97	4567.40		27.5	24.7	25.9	23.3
281.63	308.11	15.1	11.1	9.4	10.6	9.4
52511.51	**57914.73**			**13.3**	**17.1**	**10.3**
12380.73	13139.30			7.4	16.4	6.1

1-2 续表1

项目 Item	总量指标 Aggregate Data			
	1978	1990	2000	2010
能源生产与消费 **Production and Consumption of Energy**				
能源生产总量（万吨标准煤） Total Energy Production(10000 tons of SCE)	461.00	966.52	1654.17	3260.42
能源消费总量（万吨标准煤） Total Energy Consumption(10000 tons of SCE)	688.00	1458.30	2942.60	9189.42
财政 **Revenue**				
公共财政总收入（亿元） Budgtary Revenue of Local Government(100 million yuan)	15.13	57.06	369.67	2056.01
地方公共财政收入（亿元） Budgtary Revenue of Local Government(100 million yuan)			234.11	1151.49
公共财政支出（亿元） Government Expenditure(100 million yuan)	15.14	68.45	324.18	1695.09
金融 **Finance**				
金融机构人民币各项存款余额（亿元） **Deposits RMB of Financial System(100 million yuan)**	**25.95**	**359.45**	**3114.32**	**18309.45**
#财政存款 Fiscal Deposits			39.59	678.08
储蓄存款 Savings Deposits		183.26	1767.59	8101.02
金融机构人民币各项贷款余额（亿元） **Loans RMB of Financial System(100 million yuan)**	**31.43**	**381.93**	**2438.82**	**15231.36**
#短期贷款 Short-term Loans			1728.01	6594.50
中长期贷款 Medium-term &Long-term Loans			510.32	8372.64
保险公司赔款及给付金额（亿元） **Payment of Insurance Companies(100 million yuan)**			**17.76**	**102.90**
价格指数（上年=100） **Price Indices(preceding year=100)**				
居民消费价格指数 Consumer Price Index	100.2	99.3	102.1	103.2
工业生产者出厂价格指数 Producer Price Index			100.5	103.2
工业生产者购进价格指数 Purchasing Price Index forRaw Material,Fuel and Power			112.4	107.7
固定资产投资价格指数 Price Index for Investment in Fixed Assets			100.2	103.3
农业 **Agriculture**				
农林牧渔业总产值（亿元） **Gross Output Value of Agriculture,Forestry,Animal Husbandry and Fishery(100 million yuan)**	**36.33**	**227.12**	**1037.27**	**2307.06**

Continued

		平均增长速度(%) Average Annual Growth Rate(%)				2014年比上年增长(%) 2014as Percentage of the last Years(%)
2013	2014	1979–2014	1991–2014	2001–2014	2011–2014	
2739.76	2924.01	5.3	4.7	4.2	-2.7	6.7
11189.91	12109.72	8.3	9.2	10.6	7.1	8.2
3430.35	3828.40	16.6	19.2	18.2	16.8	11.6
2119.45	2362.21			18.0	19.7	11.5
3068.80	3306.70	16.1	17.5	18.0	18.2	7.8
28043.82	**30747.61**	**21.7**	**20.4**	**17.8**	**13.8**	9.6
905.62	1450.40			29.3	20.9	60.2
11847.25	12578.95		19.3	15.0	11.6	6.2
24487.53	**28417.70**	**20.8**	**19.7**	**19.2**	**16.9**	16.1
10752.70	11785.72			14.7	15.6	9.6
13137.82	15861.63			27.8	17.3	20.7
187.32	**214.99**			**19.5**	**20.2**	14.8
102.5	102.0	5.1	4.1	2.1	3.0	2.0
98.4	98.6			0.0	-0.1	-1.4
98.4	98.3			3.0	0.5	-1.7
100.1	100.4		3.9	1.9	1.7	0.4
3281.96	**3522.31**	**6.3**	**6.1**	**3.8**	**4.4**	**4.5**

1-2 续表2

项目 Item	总量指标 Aggregate Data			
	1978	1990	2000	2010
主要农产品产量（万吨） **Output of Major Farm Products(10000 tons)**				
粮食 Grain	744.90	879.64	854.68	661.89
油料 Oil-bearing Crops	13.80	17.66	25.79	26.64
甘蔗 Sugar Cane	288.03	344.28	82.71	61.55
烤烟 Tobacco	1.23	4.26	9.14	12.45
茶叶 Tea	2.03	5.82	12.60	27.26
园林水果 Fruits	10.10	75.78	356.44	564.48
肉类 Meat	24.27	71.83	145.92	180.21
禽蛋 Poultry Eggs		12.94	40.69	26.28
奶类 Milk	0.93	4.87	9.91	15.74
水产品 Aquatic Products	54.44	145.59	527.89	587.42
食用菌 Edible Fungus		18.24	46.25	76.27
造林面积（万亩） **Areas of Afforestation(10000 mu)**	**292.06**	**455.86**	**36.75**	**44.81**
工业 **Industry**				
工业总产值（亿元） Gross Industrial Output Value(100 million yuan)	63.14	531.49	3994.86	23805.32
主要工业产品产量 **Output of Major Industrial Products**				
原煤(万吨) Coal(10000 tons)	423.05	925.37	375.03	2442.73
原盐(万吨) Salt(10000 tons)	94.67	67.21	28.37	33.39
罐头(万吨) Canned Food(10000 tons)	4.10	14.41	26.78	203.21
布(亿米) Cloth(100 million meters)	1.12	2.26	5.59	31.20
纱(万吨) Yarn(10000 tons)	1.84	5.48	14.36	184.74
机制纸及纸板(万吨) Machine-made Paper and Paperboard(10000 tons)	20.08	52.09	85.07	432.06

Continued

		平均增长速度(%) Average Annual Growth Rate(%)				2014年比上年增长(%) 2014 as Percentage of the last Years(%)
2013	2014	1979-2014	1991-2014	2001-2014	2011-2014	
664.36	667.03	-0.3	-1.1	-1.8	0.2	0.4
28.83	29.82	2.2	2.2	1.0	2.9	3.4
58.62	53.12	-4.6	-7.5	-3.1	-3.6	-9.4
16.14	15.38	7.3	5.5	3.8	5.4	-4.7
34.70	37.21	8.4	8.0	8.0	8.1	7.2
658.54	701.72	12.5	9.7	5.0	5.6	6.6
211.21	213.71	6.2	4.6	2.8	4.4	1.2
25.04	25.42		2.9	-3.3	-0.8	1.5
15.30	15.37	8.1	4.9	3.2	-0.6	0.5
658.76	695.98	7.3	6.7	2.0	4.3	5.7
95.99	104.25		7.5	6.0	8.1	8.6
150.27	**66.51**	-4.0	-7.7	4.3	10.4	-55.7
36724.66	41579.84	18.9	20.1	17.1	14.5	12.2
1614.81	1504.45	3.6	2.0	10.4	-11.4	-4.9
19.01	29.24	-3.2	-3.4	0.2	-3.3	28.0
242.47	269.48	12.3	13.0	17.9	7.3	7.1
60.43	68.55	12.1	15.3	19.6	21.7	2.5
322.50	395.55	16.1	19.5	26.7	21.0	15.8
611.78	653.91	10.2	11.1	15.7	10.9	5.9

1-2 续表3

项目 Item	总量指标 Aggregate Data			
	1978	1990	2000	2010
农用化肥(万吨) Chemical Fertilizers(10000 tons)	16.40	43.64	61.38	57.87
烧碱(万吨) Caustic Soda(10000 tons)	4.32	8.70	15.64	20.11
水泥(万吨) Cement(10000 tons)	120.45	540.04	1513.64	5921.20
平板玻璃(万重量箱) Plain Glass(10000 cases)	43.59	66.06	479.87	2765.35
生铁(万吨) Pig Iron(10000 tons)	26.57	62.60	149.37	558.81
钢材(万吨) Rolled Steel(10000 tons)	13.82	56.28	283.79	1340.56
彩色电视机(万台) Color TV(10000 units)		123.14	204.19	903.10
微型电子计算机（万台） Micro-computers(10000 units)			88.77	738.27
汽车(万辆) Motor Vehicles(10000 sets)	0.09	0.07	2.96	19.50
发电量(亿千瓦小时) Electricity(100 million kwh)	40.69	136.65	403.73	1356.32
规模以上工业企业主要经济指标（亿元） **Principal Indicators of Industrial Enterprises above Designated Size(100 million yuan)**				
资产总计 Original Value of Fixed Assets			3368.64	16058.70
主营业务收入 Revenue from Principal Business		352.56	2468.69	21479.37
利润总额 Total Profits	6.75	16.09	110.80	1754.18
建筑业 **Construction**				
建筑业企业从业人员（万人） Number of Employed Persons(10000 persons)	4.54	30.98	41.37	229.57
建筑业总产值（亿元） Gross Output Value(100 million yuan)	3.31	32.54	271.15	3062.17
房屋施工面积（万平方米） Under Construction(10000 sq.m)	416.57	969.35	4085.40	28406.86
房屋竣工面积（万平方米） Completed Construction(10000 sq.m)	183.40	499.30	1729.00	9095.78
交通运输邮电 **Transportation,Postal and Telecommunication**				
铁路营业里程（公里） **Length of Railways in Operation(km)**	**1009**	**1021**	**1454**	**2110**
公路通车里程（公里） Length of Highways in Operation(km)	29109	41011	51073	91015

Continued

		平均增长速度(%) Average Annual Growth Rate(%)				2014年比上年增长(%) 2014 as Percentage of the last Years(%)
2013	2014	1979–2014	1991–2014	2001–2014	2011–2014	
46.69	48.71	3.1	0.5	-1.6	-4.2	-10.1
22.82	25.23	5.0	4.5	3.5	5.8	10.5
7890.37	7732.33	12.3	11.7	12.4	6.9	-1.4
5243.18	5241.35	14.2	20.0	18.6	17.3	11.5
864.83	907.70	10.3	11.8	13.8	12.9	5.0
2782.83	3019.64	16.1	18.1	18.4	22.5	8.4
891.27	1474.93		10.9	15.2	13.0	65.8
1284.76	985.40			18.8	7.5	-23.3
20.58	18.09	15.9	26.0	13.8	-1.9	-12.1
1643.16	1749.11	11.0	11.2	11.0	6.6	5.5
24959.37	27978.35			16.3	14.9	12.1
33111.10	37097.44		21.4	21.4	14.6	12.0
2225.00	2344.27	17.6	23.1	24.4	7.5	5.4
300.60	321.76	12.6	10.2	15.8	8.8	7.0
5812.37	7056.89	23.7	25.1	26.2	23.2	21.4
48254.03	57385.67	14.7	18.5	20.8	19.2	18.9
13860.99	15392.71	13.1	15.4	16.9	14.1	11.1
2743	**2755**	**2.8**	**4.2**	**4.7**	**6.9**	0.4
99535	101190	3.5	3.8	5.0	2.7	1.7

1-2 续表4

项目 Item	总量指标 Aggregate Data			
	1978	1990	2000	2010
#高速公路 Expressway			351	2351
内河通航里程（公里） Length of Navigable Inland Waterways in Operation(km)	3629	3888	3701	3245
客运量（万人） **Passenger Traffic(10000 persons)**	**7928**	**39495**	**44203**	**77153**
铁路 Railways	718	1234	1428	3640
公路 Highways	6285	36639	41696	70714
水运 Waterways	924	1567	726	1444
民航 Civil Aviation	1	55	353	1356
货运量（万吨） **Freight Traffic(10000 tons)**	**4871**	**20321**	**29483**	**66159**
铁路 Railways	1261	1902	2475	3765
公路 Highways	2671	16710	22924	45575
水运 Waterways	939	1708	4078	16803
民航 Civil Aviation	0.02	0.83	5.84	15.81
沿海主要港口货物吞吐量（万吨） **Volume of Freight Handled at Major Coastal Ports (10000 tons)**	**408.13**	**1496.50**	**6944.17**	**32687.01**
邮电业务 **Business Volume of Postal and Telecommunication Services**				
函件（万件） Number of Letters Delivered(10000 piece)	8790	16228	24163	25199
报刊期发数（万份） Number of Newspapers and Magazines Distributed	258	614	650	503
移动电话年末用户（万户） Number of Mobile Telephone Subscribers at Year-end (10000 household)			441	3022
固定电话年末用户（万户） Number of Fixed Telephone Subscribers at Year-end (10000 household)	6	23	563	1046
国内贸易 **Domestic Trade**				
社会消费品零售总额（亿元） Total Retail Sales of Consumer Goods(100 million yuan)	30.56	207.74	1320.80	5310.03
进出口 **Exports and Imports**				
海关进出口总额（亿美元） Total Exports and Imports(customs)	2.03	43.39	212.23	1087.80

Continued

		平均增长速度(%) Average Annual Growth Rate(%)				2014年比上年增长(%) 2014 as Percentage of the last Years(%)
2013	2014	1979–2014	1991–2014	2001–2014	2011–2014	
3935	4053			19.1	14.6	3.0
3245	3245	-0.3	-0.8	-0.9	0.0	0.0
56965	**60765**	**5.8**	**1.8**	**2.3**	**-5.8**	6.5
6502	8345	7.1	8.3	13.4	23.0	28.3
46895	48580	5.8	1.2	1.1	-9.0	3.6
1711	**1794**	**1.9**	**0.6**	**6.7**	**5.6**	**4.9**
1857	2046	23.1	16.2	13.4	10.8	10.2
96718	**111779**	9.1	7.4	10.0	14.0	15.6
3661	3403	2.8	2.5	2.3	-2.5	-7.0
69876	82573	10.0	6.9	9.6	16.0	18.2
23162	25782	9.6	12.0	14.1	11.3	11.3
19.18	21.00	21.3	14.4	9.6	7.4	9.5
45475.19	**49166.24**	**14.2**	**15.7**	**15.0**	**10.7**	**8.1**
21517	18030	2.0	0.4	-2.1	-8.0	-16.2
490	539	2.1	-0.5	-1.3	1.7	10.0
4303	**4277**			**17.6**	**9.1**	**-0.6**
984	933	15.1	16.7	3.7	-2.8	-5.2
8275.35	9346.74	17.2	17.2	15.0	15.2	12.9
1693.22	1774.08	20.7	16.7	16.4	13.0	4.8

1-2 续表5

项目 Item	总量指标 Aggregate Data			
	1978	1990	2000	2010
出口总额 Total Exports	1.90	24.49	129.08	714.93
进口总额 Total Imports	0.13	18.90	83.15	372.87
旅游 Tourism				
接待入境游客人数（万人次） Number of Tourists (Overnight Visitors)		**70.79**	**161.33**	**368.14**
外国人 Foreigner		10.54	49.75	115.27
台湾同胞 Compatriots from Taiwan		36.28	47.79	156.92
港澳同胞 Compatriots from Hong Kong,Macao		23.97	63.80	95.94
国际旅游外汇收入（亿美元） Foreign Exchange Earnings from Internationa Tourism (100 million USD)			**8.94**	**29.78**
教育 Education				
在校学生数（万人） Students Enrollment(10000 persons)				
普通高等学校 Regular Institutions of Higher Education	2.05	5.56	13.14	64.78
普通中等学校 Regular Secondary Schools	119.98	120.69	269.46	260.22
普通小学 Primary Schools	370.23	337.08	369.10	238.89
科技 Science and Technology				
从事科技活动人员（万人） Number of Scientists and Engineers(10000 persons)		**2.04**	**6.82**	**17.93**
研究与试验发展经费内部支出（亿元） Expenditures on Research and Development (100 million yuan)			21.19	170.89
技术市场成交额（亿元） Volume of Transaction in Technical Markets (100 million yuan)		**0.44**	**17.26**	**38.12**
专利情况（项） Patent				
申请量 Number of Applicated		540	4211	21994
授权量 Number of Granted		276	3003	18063
文化 Culture				
图书出版总印数（万份） Number of Books Published(10000 copies)	6818	16312	20298	7749

Continued

2013	2014	平均增长速度(%) Average Annual Growth Rate(%) 1979–2014	1991–2014	2001–2014	2011–2014	2014年比上年增长(%) 2014 as Percentage of the last Years(%)
1064.74	1134.52	19.4	17.3	16.8	12.2	6.6
628.47	639.56	26.6	15.8	15.7	14.4	1.8
512.13	**544.98**		**8.9**	**9.1**	**10.3**	**6.4**
178.28	195.06		12.9	10.3	14.1	9.4
213.63	225.39		7.9	11.7	9.5	5.5
120.23	124.53		7.1	4.9	6.7	3.6
45.73	**49.12**			**12.9**	**13.3**	**7.4**
73.05	74.85	10.5	11.4	13.2	3.7	2.5
235.84	224.53	1.8	2.6	-1.3	-3.6	-4.8
259.84	274.63	-0.8	-0.9	-2.1	3.5	5.7
24.21	**26.01**		**11.2**	**10.0**	**9.7**	**7.4**
314.06	357.21			22.4	20.2	13.7
53.99	**50.83**		21.9	8.0	7.5	-5.9
53701	58075		21.5	20.6	27.5	8.1
37511	37857		22.8	19.8	20.3	0.9
8870	8619	0.7	-2.6	-5.9	27.0	-2.8

1-2 续表6

项目 Item	总量指标 Aggregate Data			
	1978	1990	2000	2010
期刊出版总印数（万份） Number of Magazines Issued(10000 copies)	388	3157	4463	2940
报纸出版总印数（万份） Number of Newspaper Issued(10000 copies)	14784	41455	68897	99982
电视节目制作时间（小时） **Time for TV Programs Production**			**16519**	**55424**
国有艺术表演团体（个） Art Performance Troupes(unit)	101	91	96	93
公共图书馆（座） Libraries(set)	23	74	81	86
博物馆（个） Museums(unit)	13	58	81	94
居民生活 **People's Living Conditions**				
城镇居民人均可支配收入（元） **Per Capita Annual Disposable Income of Urban Households (yuan)**	**371**	**1749**	**7432**	**21781**
城镇居民人均消费支出（元） Per Capita Consumption in Urban Areas	285	1431	5639	14750
城镇居民人均住房建筑面积（平方米） Per Capita Floor Space of Residential Buildings(sq.m)		18.1	28.0	38.5
农村居民人均可支配（纯）收入（元） **Per Capita Net Income of Rural Residents(yuan)**	**138**	**764**	**3230**	**7427**
农村居民人均生活消费支出(元) Peasants'per Capita Living Consumption Expenditure(yuan)	113	708	2410	5498
卫生 **Health Care**				
卫生机构数（个） **Number of Health Institutions(unit)**	**3809**	**4885**	**9807**	**6999**
#医院、卫生院 Hospitals	1111	1198	1323	1325
卫生技人员数（人） **Medical Technical Personnel(person)**	**54855**	**86772**	**97569**	**140133**
医生 Doctor	22097	35696	41461	55402
卫生机构床位数（张） **Number of Hospital Beds(set)**	**51505**	**68073**	**90091**	**112334**
#医院、卫生院 Hospitals	45331	60664	82389	103933

Continued

		平均增长速度(%) Average Annual Growth Rate(%)				2014年比上年增长(%) 2014 as Percentage of the last Years(%)
2013	2014	1979-2014	1991-2014	2001-2014	2011-2014	
4920	4426	7.0	1.4	-0.1	10.8	-10.0
120576	111945	5.8	4.2	3.5	2.9	-7.2
66181	**67805**			**10.6**	**5.2**	**2.5**
77	72	-0.9	-1.0	-2.0	-6.2	-6.5
88	88	3.8	0.7	0.6	0.6	0.0
98	98	5.8	2.2	1.4	1.0	0.0
28174	**30722**	**13.3**	**13.1**	**11.4**	**11.4**	**9.0**
20565	22204	12.8	12.0	10.1	10.1	8.0
38.7	40.7		3.4	2.7	1.4	5.2
11405	**12650**	**13.3**	**12.3**	**10.1**	**13.7**	**10.9**
9986	11056	12.9	11.2	9.9	13.2	10.7
7672	**8788**	**2.3**	**2.5**	**-0.8**	**5.9**	**14.5**
1421	1437	0.7	0.8	0.6	2.0	1.1
189187	**206545**	**3.8**	**3.7**	**5.5**	**10.2**	**9.2**
67087	71809	3.3	3.0	4.0	6.7	7.0
156149	**164781**	**3.3**	**3.8**	**4.4**	**10.1**	**5.5**
144132	152529	3.4	3.9	4.5	10.1	5.8

1-3 国民经济和社会发展结构指标

Composition Indicators on National Economic and Social Development

单位：% (%)

项目 Item	1978	1990	2000	2010	2013	2014
一、人口 Population						
（一）性别结构 Sexual Composition						
男 Male	51.7	51.4	51.5	51.4	51.4	50.9
女 Female	48.3	48.6	48.5	48.6	48.6	49.1
（二）城乡结构 Urban and Rural Composition						
城镇 Urban			42.0	57.1	60.8	61.8
乡村 Rural			58.0	42.9	39.2	38.2
二、就业产业结构 Employment Industrial Composition						
第一产业 Primary Industry	75.1	58.4	46.8	28.4	24.1	23.2
第二产业 Secondary Industry	13.4	20.6	24.5	36.6	39.1	38.2
第三产业 Tertiary Industry	11.5	21.1	28.7	35.0	36.8	38.6
三、国民经济核算 National Accounting						
（一）地区生产总值产业结构 Industrial Composition						
第一产业 Primary Industry	36.0	28.2	17.0	9.3	8.6	8.4
第二产业 Secondary Industry	42.5	33.4	43.3	51.0	51.8	52.0
第三产业 Tertiary Industry	21.5	38.4	39.7	39.7	39.6	39.6
（二）地区生产总值需求结构 Demand Composition						
最终消费 Final Consumption Expenditure	79.9	73.0	54.4	43.1	38.6	38.7
资本形成总额 Gross Capital Formation	34.0	29.0	42.5	53.7	58.8	58.9
货物和服务净流出 Net Exports of Goods and Services	-13.9	-2.0	3.1	3.2	2.6	2.4
四、固定资产投资 Investment in Fixed Assets						
（一）产业结构 Industrial Composition						
第一产业 Primary Industry				1.6	1.9	2.1
第二产业 Secondary Industry				35.8	37.6	35.6
第三产业 Tertiary Industry				62.6	60.5	62.2

1-3 续表1
Continued

单位：% (%)

项目 Item	1978	1990	2000	2010	2013	2014
（二）登记注册类型结构 Registration type Composition						
#国有企业 Stated-owned				32.9	27.7	26.0
集体企业 Collective-owned				2.8	2.9	3.2
私营个体企业 Private and individual economy				24.5	27.0	28.2
外商及港澳台投资企业 Enterprises with Funds from HongKong, Macao,TaiWan and Foreign				13.3	8.9	7.2
五、能源 Energy						
能源消费结构 Composition of Total Energy Consumption						
煤炭 Coal	63.7	67.0	54.4	55.4	56.9	53.0
石油 Petroleum	12.9	12.1	23.3	24.8	23.4	26.8
天然气 Natural Gas				4.2	4.9	5.5
水电 Hydro power	23.4	20.9	22.3	15.2	10.8	10.3
风电 Wind power				0.4	1.0	0.9
核电 Nuclear power					2.0	3.5
六、农业 Agriculture						
（一）农林牧渔业产值结构 Composition of Gross Output Value of Agriculture						
农业 Farming	77.7	52.1	40.6	42.3	41.9	43.4
林业 Forestry	6.4	9.5	7.9	8.2	9.0	9.2
牧业 Animal Husbandry	10.5	22.9	20.1	16.5	15.7	14.8
渔业 Fishery	5.5	15.6	31.4	29.2	30.1	29.1
农林牧渔服务业 Services of Agriculture , Forestry , Animal Husbandry and Fishery				3.8	3.4	3.4
（二）农作物播种面积 Total Sown Areas of Farm Crops						
粮食作物 Grain Crops	81.9	75.8	65.5	54.3	51.9	51.3
七、工业 Industry						
工业企业资产结构 Composition of Capital of Industrial Enterprises						
大型企业 Large Enterprises			22.0	23.7	36.2	32.9

1-3 续表2

Continued

单位：% (%)

项目 Item	1978	1990	2000	2010	2013	2014
中型企业 Medium-sized Enterprises			13.5	40.9	31.9	35.9
小微企业 Small Enterprises			64.5	35.4	31.9	31.2
规模以上工业增加值 Value- added of Industry above Designated Size						
大型企业 Large Enterprises			20.6	20.1	30.8	29.4
中型企业 Medium-sized Enterprises			14.4	39.3	32.6	33.3
小微企业 Small Enterprises			65.0	40.6	36.6	37.3
八、建筑业 Construction						
建筑业总产值经济类型结构 Composition of Gross Output Value ofConstruction Industry						
国有企业 State-owned Enterprise	56.8	41.1	48.6	14.6	6.8	5.9
集体企业 Collective-owned Enterprises	39.9	34.7	33.0	2.0	1.7	1.4
港澳台商投资企业 Enterprises with Funds from Hong Kong, Macao & Taiwan				1.1	1.1	1.1
外商投资企业 Foreign Funded Enterprises				0.1	0.1	0.0
其他 Other Enterprises				82.2	90.3	91.5
九、交通运输业 Transportation						
（一）货运量结构 Composition of Freight Traffic						
铁路 Railways	25.9	9.4	8.4	5.7	3.8	3.0
公路 Highways	54.8	82.2	77.8	68.9	72.2	73.9
水运 Waterways	19.1	8.4	13.8	25.4	23.9	23.1
民航 Civil Aviation			0.020	0.024	0.020	0.019
（二）客运量结构 Composition of Passenger Traffic						
铁路 Railways	9.1	3.1	3.2	4.7	11.4	13.7
公路 Highways	79.3	92.8	94.3	91.7	82.3	79.9
水运 Waterways	11.7	4.0	1.6	1.9	3.0	3.0
民航 Civil Aviation	0.0	0.1	0.8	1.8	3.3	3.4

1-3 续表3

Continued

单位：%　　(%)

项目 Item	1978	1990	2000	2010	2013	2014
十、国内贸易 Domestic Trade						
社会消费品零售总额结构 Composition of Retail Sales of Consumer Goods						
按销售单位所在地分组 By Place of Sales Unit						
城镇 Urban				89.0	90.1	90.1
乡村 Rural				11.0	9.9	9.9
按商品形态分 By Commodity Form						
餐饮收入额 Catering Income					11.3	10.8
商品零售额 Retail Sale					88.7	89.2
十一、海关货物进出口 Imports and Exports of Goods						
（一）进口货物总额 Composition of Imports						
初级产品 Primary Goods			12.3	27.5	42.2	45.3
工业制成品 Manufactured Goods			87.7	72.5	57.8	54.7
（二）出口货物总额 Composition of Exports						
初级产品 Primary Goods			10.6	7.4	8.1	8.1
工业制成品 Manufactured Goods			89.4	92.6	91.9	91.9
十二、国际旅游 International Tourism						
来华旅游人数结构 Composition of Tourists Visiting China						
#外国人 Foreigners		14.9	30.8	31.3	34.8	35.8
港澳同胞 Hong Kong and Macao Compatriots		33.9	39.5	26.1	23.5	22.9
台湾同胞 Taiwan Compatriots		51.3	29.6	42.6	41.7	41.4
十三、科技 Science and Technology						
（一）研究与试验发展经费来源 Composition of Funds for Scientific andTechnological Activities						
#政府资金 Government Funds			14.6	10.3	8.3	8.5
企业资金 Enterprises Funds			74.5	86.9	89.0	88.9

1-3 续表4

Continued

单位：%

(%)

项目 Item	1978	1990	2000	2010	2013	2014
国外资金 Abroad Funds			1.7	0.8	0.2	0.2
（二）研究与试验发展经费支出 Composition of Expenditure onR&D						
基础研究 Basic Research			3.1	2.5	2.0	2.1
应用研究 Applied Research			6.7	5.6	4.7	4.7
试验发展 Experimental Development			86.4	92.0	93.3	93.2
十四、居民消费 People's Consumption Conditions						
（一）城镇居民消费结构 Consumption Composition of Urban Residents						
食品 Food			44.7	39.3	32.7	33.2
衣着 Clothing			8.7	8.7	6.8	6.6
家庭设备用品及服务 Household Appliances and Service			8.6	6.6	6.2	5.9
医疗保健 Health Care and Medical Services			4.7	4.2	4.5	4.8
交通通信 Transport and Communications			8.6	14.9	12.5	12.3
教育文化娱乐服务 Education, Cultural and Recreation Services			10.4	12.1	9.8	9.8
居住 Residence			9.4	10.9	24.4	24.5
杂项商品与服务 Miscellaneous Goods and Services			4.9	3.4	3.1	3.0
（二）农村居民消费结构 Consumption Composition of Rural Residents						
食品 Food			48.7	46.1	38.9	38.2
衣着 Clothing			4.9	5.6	5.3	5.2
居住 Residence			14.6	15.7	23.3	23.6
家庭设备用品及服务 Household Appliances and Services			4.6	5.3	6.0	5.8
交通通讯 Transport and Telecommunications			8.6	11.6	9.2	9.9
文教娱乐用品及服务 Education, Cultural and Recreation and Services			10.6	8.4	9.4	8.5
医疗保健 Health Care and Medical Services			3.6	4.6	5.6	6.7
其他商品及服务 Other Goods and Services			4.6	2.6	2.3	2.1

1-4 国民经济和社会发展比例和效益指标

Indicators on National Economic and Social Development

项目 Item	1978	1990	2000	2010	2013	2014
一、人口与就业 **Population and Employment**						
出生率（‰） Birth Rate(‰)	25.35	24.44	11.60	11.27	12.20	13.70
死亡率（‰） Death Rate(‰)	6.31	6.71	5.85	5.16	6.01	6.20
自然增长率（‰） Natural Growth Rate(‰)	19.04	17.73	5.75	6.11	6.19	7.50
城镇登记失业率（%） Registered Unemployment Rate in Urban Areas(%)	9.10	2.60	2.60	3.77	3.55	3.47
二、国民经济核算 **National Accounting**						
工业增加值占地区生产总值比重(%) Proportion of Value added of Industry to GDP(%)	35.9	28.8	37.8	43.4	43.2	43.3
人均地区生产总值（元） Per Capita GDP(yuan)	273	1763	11194	40025	58145	63472
三、固定资产投资 **Investment in Fixed Assets**						
全社会固定资产投资相当于地区生产总值比例（%） Proportion of Investment in Fixed Assets to GDP（%）	20.1	22.1	28.8	56.1	71.0	76.7
房地产投资占全部固定资产投资比重（%） Proportion of Investment in Real Estate toFixed Assets（%）		11.7	19.2	22.0	23.8	24.8
全社会房屋建筑面积竣工率（%） Rate of Total Floor Space of BuildingsCompleted in Construction（%）			47.5	23.3	23.6	22.7
四、财政金融 **Finance**						
公共财政总收入相当于地区生产总值比例（%） Proportion of Government Revenue to GDP（%）	22.8	10.9	9.8	14.0	15.7	15.9
公共财政支出相当于地区生产总值比例（%） Proportion of Government Expenditures to GDP（%）	22.8	13.1	8.6	11.5	14.0	13.7
金融机构年末人民币存款余额相当于地区生产总值比例（%） Bank Deposits as Percentage of GDP（%）	39.1	68.8	82.7	124.2	128.2	127.8

1-4 续表1

Continued

项目 Item	1978	1990	2000	2010	2013	2014
金融机构年末人民币贷款余额相当于地区生产总值比例（%） Bank Loans as Percentage of GDP（%）	47.4	73.1	64.8	103.4	112.0	118.1
五、能源 **Energy**						
能源消费弹性系数 Elasticity Ratio of Energy Consumption		0.52	0.66	0.72	0.62	0.83
电力消费弹性系数 Elasticity Ratio of Electricity Consumption		0.73	1.45	1.14	0.70	0.92
单位地区生产总值能耗（吨标准煤/万元） Energy Consumption per Unit of GDP（ton of SCE/ 10 000 yuan)				0.783	0.584	0.575
六、农业 **Agriculture**						
每亩农产品产量（千克） Output of Farm Crops per Hectare of Sown Area(kg)						
粮食 Grain	219	282	312	358	368	371
油料 Oil-bearing Crops	85	105	138	159	167	170
七、工业 **Industry**						
规模以上工业 Industrial Enterprises above Designated Size						
工业增加值率（%） Ratio of Industrial Value-added to Gross IndustrialOutput Value(%)			27.46	27.60	26.31	25.09
总资产贡献率（%） Ratio of Total Assets to Industrial Output Value(%)			9.26	18.80	15.79	15.02
资产负债率（%） Assets-LiabilityRatio(%)			57.52	52.74	54.43	54.37
流动资产周转次数（次） Number of Times of Annual of TurnoverCirculating Funds (time)			1.89	2.87	2.59	2.64

1-4 续表2

Continued

项目 Item	1978	1990	2000	2010	2013	2014
成本费用利润率（%） Ratio of Profits to Industrial Cost(%)			4.76	8.83	7.16	6.74
产品销售率（%） Proportion of Products Sold(%)			96.95	97.76	97.45	97.31
八、建筑业 **Construction**						
建筑业劳动生产率(按增加值计算)（元/人） Overall Labor Productivity(in terms of value-added per employee)(yuan/person)			20402	42605	64457	67648
产值利税率（%） Ratio of Pre-tax Profit to Gross Output Value(%)		1.5	5.2	6.4	6.7	6.8
九、交通运输业 **Transportation**						
铁路网密度（公里/万平方公里） Railway Density(km/sq.km)	81.37	82.34	117.26	170.24	221.21	222.18
公路网密度（公里/万平方公里） Highway Density(km/sq.km)	2347.5	3307.34	4315.00	7339.92	8027.02	8160.48
十、对外贸易 **Trade**						
进出口总额相当于地区生产总值比例 Proportion of Total Value of Imports & Exports to GDP		43.4	46.7	50.0	48.0	45.3
#出口总额相当于地区生产总值比例（%） Proportion of Total Value of Exports to GDP(%)		24.5	28.4	32.8	30.2	29.0
机电产品出口占出口总额的比重（%） Proportion of Total Value of Mechanical and Electrical Products to GDP(%)				41.1	35.3	35.6
高新技术产品出口占出口总额的比重（%） Proportion of Total Value of High and New-tech Products to GDP(%)				18.4	14.6	13.3

1-4 续表3

Continued

项目 Item	1978	1990	2000	2010	2013	2014
十一、自然资源 **Natural Resources**						
森林覆盖率（%） Forest Coverage(%)	39.50	43.20	60.50	63.10	66.00	66.00
十二、居民生活 **People's Living Conditions**						
城镇恩格尔系数（%） Engle Coefficient of Urban(%)		63.50	44.70	39.30	32.7	33.2
农村恩格尔系数（%） Engle Coefficient of Rural(%)		60.00	48.70	46.10	38.9	38.2
城镇居民人均可支配收入与农村居民人均可支配（纯）收入之比 Proportion of Income in Urban Areas to in Rural Areas (Rural=1)	2.70	2.29	2.30	2.93	2.47	2.43
十三、科技教育卫生 **Science and Technology ,Education,Health Care**						
研究与试验发展经费（R&D）支出相当于地区生产总值比例（%） R&D Expenditures as Percentage of GDP			0.56	1.16	1.44	1.48
学龄前儿童毛入学率（%） Rough Enrollment Rate of Pre-primary Schools(%)		99.10	99.86	100.00	99.90	99.99
小学毕业生升学率（%） Graduation Rate of Primary Schools(%)		64.96	97.27	96.70	96.89	98.10
初中毕业生升学率（%） Graduation Rate of Junior high schools(%)		49.71	49.97	92.90	84.42	92.79
每千人口拥有卫生技术人员数（人） Number of Licensed(Assistant) Doctors per 1000 Population (person)	2.23	2.92	2.82	3.79	5.01	5.33
#医生 Doctor	0.9	1.2	1.2	1.5	1.8	1.9
每千人口拥有卫生机构床位数（张） Number of Hospital Beds per 1000 Population(set)	2.1	2.2	2.6	3.0	4.1	4.3

1-5 平均每天主要社会经济活动

Selected Indicators on Average Daily Social and Economic Activities

项目 Item	1978	1990	2000	2010	2013	2014
一、全省每天创造的财富 **Daily Provice Production**						
地区生产总值（亿元） Gross Domestic Product(100 million yuan)	0.18	1.43	10.29	40.38	59.91	65.91
农林牧渔总产值（亿元） Gross Output Value of Farming,Forestry, AnimalHusbandry and Fishery(100 million yuan)	0.10	0.62	2.83	6.32	8.99	9.65
工业总产值（亿元） Gross Output Value of Industry(100 million yuan)	0.17	1.46	10.91	65.22	100.62	113.92
公共财政总收入（亿元） Government Revenue(100 million yuan)	0.04	0.16	1.01	5.63	9.40	10.49
#地方公共财政收入 Local Government Revenue			0.64	3.15	5.81	6.47
公共财政支出（亿元） Government Expenditure(100 million yuan)	0.04	0.19	0.89	4.64	8.41	9.06
原煤(吨) Coal(ton)	11590	25353	10247	66924	44241	41218
原盐(吨) Salt(ton)	2594	1841	775	915	521	801
发电量(万千瓦时) Electricity(10000 kwh)	1114.79	3743.84	11030.87	37159.45	45018.12	47920.82
粗钢(吨) Crude Steel(ton)	443	1415	3414	29778	54717	49885
钢材(吨) Rolled Steel(ton)	379	1542	7754	36728	76242	82730
生铁(吨) Pig Iron(ton)	728	1715	4081	15310	23694	24868
水泥(吨) Cement(ton)	3300	14796	41356	158718	216174	211845
平板玻璃(重量箱) Plain Glass(weigh case)	1194	1810	13111	74385	143649	143599
布(万米) Cloth(10000 m)	30.68	61.92	152.64	854.80	1655.59	1878.11
纱(吨) Yarn(ton)	50	150	392	5061	8836	10837
服装(万件) Clothes(10000 pcs)		30.46	108.95	800.75	903.84	1026.10
机制纸及纸板(吨) Machine-made Paper and Paperboard(ton)	550	1427	2324	11837	16761	17915
农用化肥(吨) Chemical Fertilizers(ton)	449	1196	1677	1586	1279	1334
烧碱(吨) Caustic Soda(ton)	118	238	427	551	625	691

1-5 续表1

Continued

项目　Item	1978	1990	2000	2010	2013	2014
彩色电视机(台) Color TV(set)		3374	5579	24742	24418	40409
卷烟(箱) Tobacco(unit)	558	2093	2695	4623	5198	5314
罐头(吨) Canned Food(ton)	112	395	732	5567	6643	7383
粮食(吨) Grain(ton)	20408	24100	23352	18134	18202	18275
油料(吨) Oil-bearing Crops(ton)	378	484	705	730	790	817
甘蔗(吨) Sugar Cane(ton)	7891	9432	2260	1686	1606	1456
茶叶(吨) Tea(ton)	56	159	344	747	951	1019
水果(吨) Fruits(ton)	277	2076	9739	15465	18042	19225
肉类（吨） Meat(ton)		1968	3987	4937	5787	5855
水产品（吨） Aquatic Products(ton)	1492	3989	14423	16094	18048	19068
食用菌（吨） Edible Fungus(ton)		500	1264	2089	2630	2856
二、全省每天消费量 **Daily Provice Consumption**						
最终消费支出（亿元） Final Consumption Expenditure(100 million yuan)	0.15	1.04	5.60	17.64	22.99	25.48
居民消费支出 Household Consumption Expenditure	0.12	0.79	4.21	13.29	17.64	19.83
政府消费支出 Government Consumption Expenditure	0.02	0.25	1.39	4.35	5.35	5.65
能源消费量（万吨标准煤） Energy Consumption(10000 tons of SCE)	1.88	4.00	8.04	25.18	30.66	33.18
社会消费品零售总额（亿元） Total Retail Sales of Consumer Goods(100 million yuan)	0.08	0.57	3.61	14.55	22.67	25.61
三、每天其他经济活动 **Other Daily Economic Activities**						
资本形成总额(亿元) Gross Capital Formation(100 million yuan)	0.06	0.41	4.38	21.98	35.08	38.84
固定资产形成总额 Gross Fixed Capital Formation	0.04	0.30	3.32	20.11	32.00	35.72
存货增加 Changes in Inventories	0.03	0.12	1.05	1.87	3.09	3.12

1-5 续表2

Continued

项目 Item	1978	1990	2000	2010	2013	2014
全社会固定资产投资总额（亿元） Total Investment in Fixed Assets(100 million yuan)	0.04	0.32	2.96	22.67	42.54	50.55
固定资产投资	0.03	0.25	2.72	22.10	41.77	49.70
农户投资 Rural	0.01	0.07	0.24	0.56	0.77	0.84
住宅竣工面积（万平方米） Floor Space of Completed Building(10000 sq.m)	0.19	6.68	9.38	9.93	12.57	13.09
国际旅游外汇收入（万美元） Foreign Exchange Earnings from International Tourism(USD 10000)			244.21	815.96	1252.98	1345.70
能源生产总量（万吨标准煤） Total Energy Production(10000 tons of SCE)	1.26	2.65	4.52	8.93	7.81	8.01
货运周转量（亿吨公里） Freight Traffic(100 million ton-km)	0.20	0.75	1.88	8.17	10.80	13.11
客运周转量（万人公里） Passenger Traffic(10000 person-km)	978.90	4805.48	9124.86	17774.25	21507.12	24722.19
货物进出口总额（万美元） Total Value of Imports and Exports(USD 10000)	55.62	1188.79	5798.72	29802.81	46389.52	48604.89
出口总额（万美元） Total Exports	52.05	670.98	3526.85	19587.16	29171.07	31082.82
进口总额（万美元） Total Imports	3.56	517.81	2271.87	10215.66	17218.44	17522.07
主要港口货物吞吐量（万吨） Freight Handled at Principal Seaports(10000 tons)	1.12	4.10	18.97	89.55	124.59	134.70
邮电业务总量（万元） Business Volume of Postal and Telecommunication Services(10000 yuan)	27.67	200.55	6730.60	32717.53	18288.77	23492.88
邮寄函件（万件） Number of Letters(10000 piece)	24.08	44.46	66.02	69.04	58.95	49.40
图书出版总印数（万份） Books(10000 copies)	18.68	44.69	55.46	21.23	24.30	20.87
杂志出版总印数（万份） Magazines(10000 copies)	1.06	8.65	12.19	8.06	13.48	12.13
报纸出版总印数（万份） Newspapers(10000 copies)	40.50	113.58	188.24	273.92	330.34	306.70
四、全省每天婚姻变动 **Daily Marriages Changes**						
结婚对数（对） Marriages(couples)			714	1038	1085	1028
离婚对数（对） Divorces(couples)			33	120	178	193

1-6 全省法人单位数和从业人员数(2014年)

Number of Legal Entities and Employed(2014)

项目	Item	法人单位数（个）Number of Legal Entities (unit)	单产业法人 Single Industry	多产业法人 Multi-Industry	从业人员数（万人）Number of Employed Persons (10000 persons)
按登记注册类型分	Grouped by Status of Registration	566075	539338	26737	1635.28
内资	Domestically funded enterprises	550824	524750	26074	1400.30
国有	State-owned Enterprises	43536	38717	4819	152.30
集体	Collective-owned Enterprises	9447	8494	953	20.23
股份合作	Cooperative Enterprises	2458	2342	116	10.58
联营	Cooperative	1099	1059	40	2.65
国有联营	State-owned	198	191	7	0.61
集体联营	Collective-owned	458	433	25	1.11
国有与集体联营	State-owned and Collective-owned	88	85	3	0.20
其他联营	Others	355	350	5	0.73
有限责任公司	Limited-Liability Corporations	92080	89129	2951	362.56
国有独资公司	Limited-Liability Corporations	1317	1128	189	21.89
其他责任有限公司	State-owned	90763	88001	2762	340.67
股份有限公司	Share Holding Corporations Ltd.	6821	6226	595	57.46
私营	Private Enterprises	298224	292146	6078	669.78
私营独资	Private-owned	57612	57035	577	71.47
私营合伙	Private-cooperative	17321	17165	156	23.21
私营有限责任公司	Private-limited liability	215850	210703	5147	551.27
私营股份有限公司	Private-share holding	7441	7243	198	23.83
其他	Other Enterprises	97159	86637	10522	124.74
港澳台商投资	Funds from HongKong, Macao,TaiWan	9810	9407	403	145.44
合资经营（港或澳、台资）	Joint Venture	1896	1797	99	29.99
合作经营（港或澳、台资）	Cooperative Operation	173	167	6	0.85
港、澳、台商独资经营	Venture Exclusively	7385	7104	281	108.87
港、澳、台商投资股份有限公司	Share Holding	270	256	14	4.40
其他港澳台商投资	Others	86	83	3	1.34
外商投资	Foreign Funded Enterprises	5441	5181	260	89.54
中外合资	Joint Venture	1405	1330	75	26.01
中外合作	Cooperative Operation	105	98	7	0.89
外商独资	Venture Exclusively with Foreign	3515	3356	159	59.08
外商投资股份有限公司	Share Holding with Foreign Investment	245	229	16	2.95
其他外商投资	Others	171	168	3	0.62
按机构类型分	Grouped by Type of Institution	566075	539338	26737	1635.28
企业	Enterprise	457591	445439	12152	1422.12
事业单位	Institution	29242	27103	2139	92.64

1-6 续表1

Continued

项目	Item	法人单位数（个） Number of Legal Entities (unit)	单产业法人 Single Industry	多产业法人 Multi-Industry	从业人员数（万人） Number of Employed Persons (10000 persons)
机关	Agencies Organizations	9092	6758	2334	33.32
社会团体	Community Organization	18640	18314	326	23.92
其他	Others	51510	41724	9786	63.29
按行业分	Grouped by Sector	566075	539338	26737	1635.28
农、林、牧、渔业	Farming, Forestry, Animal Husbandy and Fishery	33397	33205	192	46.17
农业	Agriculture	16803	16729	74	25.36
林业	Forestry	3965	3906	59	5.83
畜牧业	Animal Husbandry	4476	4452	24	5.23
渔业	Fishery	4999	4989	10	5.57
农、林、牧、渔服务业	Service of Farming,Forestry,Animal Husbandy and Fishery	3154	3129	25	4.17
采矿业	Mining	3101	3055	46	13.09
煤炭开采和洗选业	Coal Mining and Dressing	315	303	12	4.73
石油和天然气开采业	Petroleum and Natural Gas Mining	1	1		
黑色金属矿采选业	Ferrous Metals Mining and Dressing	313	301	12	1.56
有色金属矿采选业	Nonferrous Metals Mining and Dressing	337	332	5	1.23
非金属矿采选业	Nonmetal Minerals Mining and Dressing	2077	2061	16	5.50
开采辅助活动	Subsidiary Action	17	17		0.01
其他采矿业	Others Mining and Quarrying	41	40	1	0.06
制造业	Manufacturing	119932	118334	1598	641.15
农副食品加工业	Agricultural and Sideline Products Processing	5968	5884	84	27.78
食品制造业	Food Manufacturing	3599	3508	91	20.28
酒、饮料和精制茶制造业	Wine，Drink and Tea Manufacturing	4532	4423	109	16.54
烟草制品业	Tobacco Processing	13	12	1	0.58
纺织业	Textile Industry	5030	4984	46	32.94
纺织服装、服饰业	Textile Garments Products	11188	11008	180	72.53
皮革、毛皮、羽毛及其制品和制鞋业	Leather , Furs , Down and Relate Products	8481	8409	72	94.20
木材加工和木、竹、藤、棕、草制品业	Timber Processing,Bamboo,Cane, Palm Fiber and Straw Products	4988	4928	60	17.75
家具制造业	Furniture Manufacturing	2619	2574	45	10.62
造纸和纸制品业	Papermaking and Paper Products	3487	3466	21	15.44
印刷和记录媒介复制业	Printing and Record Medium Reproduction	3086	3043	43	8.75

1-6 续表2

Continued

项目	Item	法人单位数（个）Number of Legal Entities (unit)	单产业法人 Single Industry	多产业法人 Multi-Industry	从业人员数（万人）Number of Employed Persons (10000 persons)
文教、工美、体育和娱乐用品制造业	Cultural , Educational and Sports Goods	7794	7675	119	37.73
石油加工、炼焦和核燃料加工业	Petroleum Processing , Coking and Nuclear Fuel Processing	150	149	1	1.08
化学原料和化学制品制造业	Raw Chemical Materials and Chemical Products	3699	3612	87	14.60
医药制造业	Medical and Pharmaceutical Products	498	478	20	3.90
化学纤维制造业	Chemical Fiber	225	224	1	4.40
橡胶和塑料制品业	Rubber and Plastic Products	6168	6121	47	27.42
非金属矿物制品业	Nonmetal Minerals Products	13511	13377	134	59.77
黑色金属冶炼和压延加工业	Smelting and Pressing of Ferrous Metals	1179	1165	14	11.53
有色金属冶炼和压延加工业	Smelting and Pressing of Nonferrous Metals	586	573	13	5.91
金属制品业	Metal Products	7307	7229	78	21.58
通用设备制造业	General Equipment	5165	5097	68	19.44
专用设备制造业	Special Purpose Equipment	5065	5020	45	15.13
汽车制造业	Car Manufacturing	1649	1627	22	12.55
铁路、船舶、航空航天和其他运输设备制造业	Railway,Watercraft,Aviation and others transportation Manufacturing	1039	1025	14	5.95
电气机械和器材制造业	Electric Equipment and Machinery	5758	5684	74	28.66
计算机、通信和其他电子设备制造业	Computer,Communication and other Electronic Equipment	2985	2927	58	36.04
仪器仪表制造业	Instruments and Meters Machinery	1002	988	14	5.54
其他制造业	Others Manufacturing	2061	2036	25	9.89
废弃资源综合利用业	Waste Resources and Materials Recovering	495	489	6	0.96
金属制品、机械和设备修理业	Metals,Machinery and Equipment maintenance	605	599	6	1.68
电力、热力、燃气及水生产和供应业	Production and Supply of Electric Power and Hot Power	6860	6653	207	15.68
电力、热力生产和供应业	Production and Supply of Electric Power and Hot Power	5801	5628	173	12.51
燃气生产和供应业	Production and Supply of Gas	119	106	13	0.63
水的生产和供应业	Production and Supply of Water	940	919	21	2.53
建筑业	Construction	17719	16444	1275	340.88
房屋建筑业	Building Engineering	4110	3523	587	215.66
土木工程建筑业	Civil Engineering	3289	3002	287	48.57
建筑安装业	Installation	2235	2077	158	11.83
建筑装饰和其他建筑业	Building Decontion and Others	8085	7842	243	64.83
批发和零售业	Wholesale and Retail Trade	155845	151394	4451	148.98

1-6 续表3

Continued

项目	Item	法人单位数（个）Number of Legal Entities (unit)	单产业法人 Single Industry	多产业法人 Multi-Industry	从业人员数（万人）Number of Employed Persons (10000 persons)
批发业	Wholesale	107903	105651	2252	93.43
零售业	Retail Trade	47942	45743	2199	55.56
交通运输、仓储和邮政业	Transport,Storage and Post	13425	12792	633	41.44
铁路运输业	Railways	68	65	3	0.86
道路运输业	Highways	5874	5617	257	20.81
水上运输业	Waterways	1530	1493	37	4.24
航空运输业	Civil Aviation	81	68	13	1.92
装卸搬运和运输代理业	Loading,Unloadingand Others	4323	4117	206	7.40
仓储业	Storages	885	857	28	1.46
邮政业	Posts	664	575	89	4.75
住宿和餐饮业	Hotels and Catering Services	9158	8765	393	28.18
住宿业	Hotels	3998	3886	112	13.53
餐饮业	Catering Services	5160	4879	281	14.65
信息传输、软件和信息技术服务业	Information Transmission,Software and Information Technology Services	11738	11507	231	19.08
电信、广播电视和卫星传输服务	Telecommuni-cations and Others	735	654	81	4.86
互联网和相关服务	Internet Services	1917	1892	25	2.11
软件和信息技术服务业	Software and Information Technology Services	9086	8961	125	12.11
金融业	Financial Intermediation	3535	3078	457	21.59
货币金融服务	Monetary and Financial Services	1023	811	212	15.01
资本市场服务	Monetary Market Services	1331	1304	27	1.79
保险业	Insurances	509	302	207	4.33
其他金融业	Others	672	661	11	0.47
房地产业	Real Estate	14794	13852	942	32.22
房地产业	Real Estate	14794	13852	942	32.22
租赁和商务服务业	Leasing and Business Services	48347	47354	993	47.31
租赁业	Leasing	3259	3213	46	2.18
商务服务业	Business Services	45088	44141	947	45.13
科学研究和技术服务业	Scientific Research, Technical Service	17502	16858	644	24.06
研究和试验发展	Research and Development	2798	2759	39	2.72
专业技术服务业	Professional and Technical Services	9578	9076	502	15.96

1-6 续表4

Continued

项目	Item	法人单位数（个） Number of Legal Entities (unit)	单产业法人 Single Industry	多产业法人 Multi-Industry	从业人员数（万人） Number of Employed Persons (10000 persons)
科技推广和应用服务业	Science and Technology Exchange and Promotion Services	5126	5023	103	5.38
水利、环境和公共设施管理业	Management of Water Conservancy, Environment and Public Facilities	3975	3819	156	8.87
水利管理业	Water resources management	862	828	34	1.02
生态保护和环境治理业	Environmental management	518	493	25	0.69
公共设施管理业	Public Facilities Management	2595	2498	97	7.17
居民服务、修理和其他服务业	Services to Households and Other Services	9326	9070	256	11.84
居民服务业	Residents service	3564	3427	137	4.94
机动车、电子产品和日用产品修理业	Repair Services of Vehicle,Electronic Products and Daily Necessities	3872	3788	84	3.88
其他服务业	Others	1890	1855	35	3.01
教育	Education	16174	15055	1119	62.96
卫生和社会工作	Health, Social Security	8201	7847	354	22.43
卫生	Health	6855	6523	332	21.26
社会工作	Social Security	1346	1324	22	1.16
文化、体育和娱乐业	Culture, Sports and Entertainment	9927	9769	158	13.02
新闻和出版业	News Publish	337	328	9	0.93
广播、电视、电影和影视录音制作业	Radio,Television,Film,Phonotape and Videotape	669	638	31	1.78
文化艺术业	Culture art Industry	2818	2774	44	3.31
体育	Sports	1140	1100	40	1.43
娱乐业	Entertainment	4963	4929	34	5.58
公共管理、社会保障和社会组织	Public Management and Social Organizations	63119	50487	12632	96.33
中国共产党机关	The Communist Party of China	1345	1204	141	1.92
国家机构	National Organization	17095	14488	2607	43.09
人民政协、民主党派	People's Political Consultative and Democratic Party	291	278	13	0.44
社会保障	Social Security	601	599	2	0.64
群众团体、社会团体和其他成员组织	Mass Organizations,Social Organizations and Religious Organizations	25951	25608	343	29.82
基层群众自治组织	Grassroots Autonomous Organization of The People	17836	8310	9526	20.42

1-7 各设区市按机构类型分的法人单位数(2014年)

Number of Legal Entities by Type of Institutions and Region(2014)

单位：个 (unit)

地区	Region	法人单位数 Number of Legal Entities	企业法人 Business Entity	事业法人 Institution Entity	机关法人 Government Entity	社团法人 Social Organization	其他法人 Others
福建省	Fujian	566075	457591	29242	9092	18640	51510
福州市	Fuzhou	115141	96641	4767	1548	2986	9199
厦门市	Xiamen	107593	101148	1333	496	1806	2810
莆田市	Putian	27040	20424	1698	571	1149	3198
三明市	Sanming	33482	22266	3243	1177	1946	4850
泉州市	Quanzhou	110220	93948	4391	1192	3081	7608
漳州市	Zhangzhou	53176	41131	3991	1211	1559	5284
南平市	Nanping	43686	30042	4336	1096	2166	6046
龙岩市	Longyan	28593	19137	2469	769	2404	3814
宁德市	Ningde	47144	32854	3014	1032	1543	8701

1-8 各设区市按营业状态分的企业法人单位数(2014年)

Number of Business Entities by Region and Operation Status(2014)

单位：个 (unit)

地区	Region	企业法人单位数 Number of Business Entities	营业 In Business or Operating	停业(歇业) Closed	筹建 In Preparation	当年关闭 Closed in the Year	当年破产 Bankrupted in the Year	其他 Others
福建省	Fujian	457591	364502	26830	47358	11382	736	6783
福州市	Fuzhou	96641	81480	3840	8182	2016	81	1042
厦门市	Xiamen	101148	84328	4128	11305	619	54	714
莆田市	Putian	20424	15581	1264	2812	639	41	87
三明市	Sanming	22266	17155	1388	1463	1691	84	485
泉州市	Quanzhou	93948	74993	7308	6399	1944	169	3135
漳州市	Zhangzhou	41131	28047	3456	7634	1426	70	498
南平市	Nanping	30042	22481	2749	3476	899	128	309
龙岩市	Longyan	19137	16327	755	934	928	41	152
宁德市	Ningde	32854	24110	1942	5153	1220	68	361

1-9 各设区市按行业门类分的法人单位数(2014年)

Number of Legal Entities by Region and Sector(2014)

单位：个 (unit)

项目 Item	福建省 Fujian	福州市 Fuzhou	厦门市 Xiamen	莆田市 Putian	三明市 Sanming	泉州市 Quanzhou	漳州市 Zhangzhou	南平市 Nanping	龙岩市 Longyan	宁德市 Ningde
农、林、牧、渔业 Farming, Forestry, Animal Husbandy and Fishery	33397	4776	1863	1724	3479	3467	4542	4803	2014	6729
采矿业 Mining	3101	318	26	52	712	514	255	318	697	209
制造业 Manufacturing	119932	16104	18177	6594	4633	40086	13183	7249	4027	9879
电力、热力、燃气及水生产和供应业 Production and Supply of Electric Power and Hot Power	6860	650	81	184	1303	922	795	909	1187	829
建筑业 Construction	17719	4271	4224	899	724	2893	1626	1320	717	1045
批发和零售业 Wholesale and Retail Trade	155845	35962	42235	6808	6728	27808	12094	8803	6019	9388
交通运输、仓储和邮政业 Transport,Storage and Post	13425	3121	3665	491	705	2084	1277	895	423	764
住宿和餐饮业 Lodgings and Catering Services	9158	2486	2118	346	396	1585	682	558	463	524
信息传输、软件和信息技术服务业 Information Transmission,Software,Information Technology Services	11738	4002	4557	259	269	1189	451	370	221	420
金融业 Financial Intermediation	3535	686	746	134	185	546	222	453	220	343
房地产业 Real Estate	14794	3182	3298	607	790	2447	1641	1129	766	934
租赁和商务服务业 Leasing and Business Services	48347	13684	12844	1611	2180	6553	3488	3779	1645	2563
科学研究和技术服务业 Scientific Research, Technical Service	17502	4652	3652	515	1080	2592	1490	1523	995	1003
水利、环境和公共设施管理业 Management of Water Conservancy,Environment and Public Facilities	3975	640	488	207	374	506	559	520	317	364
居民服务、修理和其他服务业 Services to Households and Other Services	9326	2536	2505	282	386	1435	755	618	333	476
教育 Education	16174	3658	1684	900	901	3507	2046	1386	1118	974
卫生和社会工作 Health, Social Security	8201	2024	516	266	795	983	501	629	368	2119
文化、体育和娱乐业 Culture, Sports and Entertainment	9927	2274	1313	468	689	1638	1166	900	754	725
公共管理、社会保障和社会组织 Public Management and Social Organizations	63119	10115	3601	4693	7153	9465	6403	7524	6309	7856
国际组织 International Organizations										

1-10 各设区市按登记注册类型分的企业法人单位数(2014年)

Number of Business Entities by Region and Status of Registration(2014)

单位：个 (unit)

地区	Region	企业法人单位数 Number of Business Entities	内资企业 Domestic Funded Enterprises	#国有企业 State-owned Enterprises	#集体企业 Collective-owned Enterprises	#股份合作企业 Cooperative Enterprises	#联营企业 Joint Ownership
福建省	Fujian	457591	442449	5975	6690	2303	805
福州市	Fuzhou	96641	93655	1445	2012	484	245
厦门市	Xiamen	101148	96784	729	380	262	77
莆田市	Putian	20424	19879	253	295	123	47
三明市	Sanming	22266	22031	491	570	127	48
泉州市	Quanzhou	93948	89579	765	1040	516	152
漳州市	Zhangzhou	41131	39258	826	881	270	60
南平市	Nanping	30042	29759	676	750	276	75
龙岩市	Longyan	19137	18788	372	365	155	56
宁德市	Ningde	32854	32716	418	397	90	45

1-10 续表

Continued

单位：个 (unit)

地区	Region	#有限责任公司 Limited-Liability Corporations	#股份有限公司 Share Holding Corporations Ltd.	#私营企业 Private Enterprises	港澳台商投资企业 Funds from HongKong, Macao,TaiWan	外商投资企业 Foreign Funded Enterprises
福建省	Fujian	91545	6728	293459	9746	5396
福州市	Fuzhou	16450	1644	66510	1725	1261
厦门市	Xiamen	24002	867	67987	2540	1824
莆田市	Putian	10194	313	6827	357	188
三明市	Sanming	2005	302	15827	161	74
泉州市	Quanzhou	13882	1600	63633	3110	1259
漳州市	Zhangzhou	7740	542	24835	1355	518
南平市	Nanping	6151	661	17349	175	108
龙岩市	Longyan	3818	512	11035	248	101
宁德市	Ningde	7303	287	19456	75	63

主要统计指标解释

行政区划　指国家对行政区域的划分.根据宪法规定,我国的行政区域划分如下:(1)全国分为省、自治区、直辖市;(2)省、自治区分为自治州、县、自治县、市;(3)自治州分为县、自治县、市;(4)县、自治县分为乡、民族乡、镇;(5)直辖市和较大的市分为区、县;(6)国家在必要时设立的特别行政区。

平均增长速度　我国计算平均增长速度有两种方法:一种是习惯上经常使用的“水平法”,又称几何平均法,是以间隔期最后一年的水平同基期水平对比来计算平均每年增长(或下降)速度;另一种是“累计法”,又称代数平均法或方程法,是以间隔期内各年水平的总和同基期水平对比来计算平均每年增长(或下降)速度。在一般正常情况下,两种方法计算的平均每年增长速度比较接近;但在经济发展不平衡、出现大起大落时,两种方法计算的结果差别较大。

本《年鉴》所列的平均增长速度,均用“水平法”计算。从某年到某年平均增长速度的年份,均不包括基期年在内。如建国四十三年的平均增长速度是以1949年为基期计算的,则写为1950-1992年平均增长速度,其余类推。

国民经济行业分类　自2003年定期报表开始使用新的《国民经济行业分类》(GB/T4754-2002),该分类是由国家统计局组织修订,经国家质量监督检验检疫总局批准,于2002年5月10日发布实施。这次修订是在1994年分类标准的基础上,参照联合国《全部经济活动的国际标准产业分类》(ISIC/Rev.3)进行的。修订后的《国民经济行业分类》(GB/T4754-2002)共有门类20个,大类95个,中类396个,小类913个。新增门类4个,大类增加3个,中类增加28个,小类增加67个。2011年,国家统计局发布了新修订的国家标准《国民经济行业分类》(GB/T4754-2011)。

企业(单位)登记注册类型　是以在工商行政管理机关登记注册的各类企业为划分对象,以工商行政管理部门对企业登记注册的类型为依据,将企业登记注册类型分为内资企业、港澳台商投资企业和外商投资企业三大类。内资企业包括国有企业、集体企业、股份合作企业、联营企业、有限责任公司、股份有限公司、私营公司和其他企业;港澳台商投资企业和外商投资企业分别包括合资经营企业、合作经营企业、独资经营企业和股份有限公司。对不在工商行政管理部门进行登记注册的行政机关、事业单位和社会团体,主要按其经费来源和管理方式进行划分。

国有企业　指企业全部资产归国家所有,并按《中华人民共和国企业法人登记管理条例》规定登记注册的非公司制的经济组织。不包括有限责任公司中的国有独资公司。

集体企业　指企业资产归集体所有,并按《中华人民共和国企业法人登记管理条例》规定登记注册的经济组织。

股份合作企业　指以合作制为基础,由企业职工共同出资入股,吸收一定比例的社会资产投资组建,实行自主经营,自负盈亏,共同劳动,民主管理,按劳分配与按股分红相结合的一种集体经济组织。

联营企业　指两个及两个以上相同或不同所有制性质的企业法人或事业单位法人,按自愿、平等、互利的原则,共同投资组成的经济组织。联营企业包括国有联营企业、集体联营企业、国有与集体联营企业和其他联营企业。

有限责任公司　指根据《中华人民共和国公司登记管理条例》规定登记注册,由两个以上、五十个以下的股东共同出资,每个股东以其所认缴的出资额对公司承担有限责任,公司以其全部资产对其债务承担责任的经济组织。有限责任公司包括国有独资公司以及其他有限责任公司。

股份有限公司　指根据《中华人民共和国公司登记管理条例》规定登记注册,其全部注册资本由等额股份构成并通过发行股票筹集资本,股东以其认购的股份对公司承担有限责任,公司以其全部资产对其债务承担责任的经济组织。

私营企业　指由自然人投资设立或由自然人控股,以雇佣劳动为基础的营利性经济组织。包括按照《公司法》、《合伙企业法》、《私营企业暂行条例》规定登记注册的私营有限责任公司、私营股份有限公司、私营合伙企业和私营独资企业。

其他内资企业　指上述企业之外的其他内资经济组织。

与港澳台商合资经营企业 指港澳台地区投资者与内地企业依照《中华人民共和国中外合资经营企业法》及有关法律的规定，按合同规定的比例投资设立、分享利润和分担风险的企业。

与港澳台商合作经营企业 指港澳台地区投资者与内地企业依照《中华人民共和国中外合作经营企业法》及有关法律的规定，依照合作合同的约定进行投资或提供条件设立、分配利润和分担风险的企业。

港澳台商独资经营企业 指依照《中华人民共和国外资企业法》及有关法律的规定，在内地由港澳台地区投资者全额投资设立的企业。

港澳台商投资股份有限公司 指根据国家有关规定，经外经贸部依法批准设立，其中港、澳、台商的股本占公司注册资本的比例达 25% 以上的股份有限公司。凡其中港、澳、台商的股本占公司注册资本的比例小于 25%的，属于内资企业中的股份有限公司。

中外合资经营企业 指外国企业或外国人与中国内地企业依照《中华人民共和国中外合资经营企业法》及有关法律的规定，按合同规定的比例投资设立、分享利润和分担风险的企业。

中外合作经营企业 指外国企业或外国人与中国内地企业依照《中华人民共和国中外合作经营企业法》及有关法律的规定，依照合作合同的约定进行投资或提供条件设立、分配利润和分担风险的企业。

外资企业 指依照《中华人民共和国外资企业法》及有关法律的规定，在中国内地由外国投资者全额投资设立的企业。

外商投资股份有限公司 指根据国家有关规定，经外经贸部依法批准设立，其中外资的股本占公司注册资本的比例达 25% 以上的股份有限公司。凡其中外资股本占公司注册资本的比例小于25%的，属于内资企业中的股份有限公司。

行政机关、事业单位和社会团体 参照企业登记注册类型，主要按其经费来源和管理方式划分。具体规定如下：

⑴行政机关：包括国家机关和政党机关，原则上均列为“国有”。但有特殊规定的，如供销社等，则列为“集体”。

⑵事业单位：包括经国家机构编制部门和有关业务主管部门批准成立的各类事业单位，不包括实行企业化管理的事业单位。事业单位的划分办法如下：

①由国家财政预算拨款或列入财政预算外资金管理以及经费主要来源于国有主管部门或国有上级单位的事业单位，列为“国有”。

②经费主要来源于集体单位的事业单位，列为“集体”。

③公民个人(或个人合伙)开办的事业单位，列为“私营”。

④上述以外的其他事业单位，如果其经费来源不明确，按管理方式进行归类。

⑶社会团体：包括经民政部门批准成立以及未纳入社会团体管理条例范围的工会、妇联等各类社会团体。社会团体的划分办法如下：

①未纳入民政部社会团体管理条例范围的工会、妇联、共青团、青联、工商联、科协、侨联等社会团体，国家拨款设立的基金会或基金管理组织以及经费主要来源于国有业务主管部门或国有上级单位的社会团体，列为“国有”。

②经费主要来源于集体单位的社会团体，列为“集体”。

③公民个人(或个人合伙)开办的社会团体，划为“私营”。

④上述以外的其他社会团体，如果其经费来源不明确，改按管理方式进行归类。

Explanatory Notes on Main Statistical Indicators

Administrative Division refers to the division of administrative areas by the state. The Constitution of the People's Republic of China stipulates that the administrative areas in China are divided as:1) The whole Country is divided into provinces, autonomous regions and municipalities directly under the central government; 2) Provinces and autonomous regions are divided into autonomous prefectures, counties, autonomous counties and cities; 3) Autonomous prefectures are divided into counties, autonomous counties and cities; 4) Counties and autonomous counties are divided into townships, nationality townships and towns; 5) Municipalities and large cities are divided into districts and counties, 6) The state shall, when necessary, establish special administrative regions.

Average Annual Growth Rate Two methods for calculating average annual growth rate are applied in China,one is often called level approachor the method of calculating geometric average,which is derived by comparing the level of the last year of the interval with that of the beginning year;the other is calledaccumulative approach or algebraic average or equation method,which is derived by the summation of the actual figure of each year in the interval divided by the figure in the base year.Usually the results calculated by the two methods are fairly close, but they differed sharply when uneven economic development occurred with striking fluctuations in growth.

The average annual growth rates listed in this statistical yearbook are calculated by level approach except for the growth rate of investment in fixed assets. The base years are not listed when the years are listed for average annual growth rates. For instance,the average annual growth rate of 43 years since 1949 is listed as average annual growth rate of 1950-1992 without listing the base year 1949.And the analogy of this is also the same for the rest of the years.

Industrial Classification of the National Economy The new *Industrial Classification of the National Economy* (GB/T 4754-2002) is introduced starting from the compilation of 2003 annual statistics. The new revision was based on the 1994 classification and organized by the National Bureau of Statistics taking into consideration of the *International Standards of the Industrial Classification of All Economic Activities* (ISIC/Rev.3) of the United Nations, and the new Classification was promulgated by the National Administration of Quality Supervision, Inspection and Quarantine on May 10, 2002. The revised version of the *Industrial Classification of the National Economy* (GB/T 4754-2002) is composed of 20 major divisions, 95 divisions, 396 major groups and 913 groups, including 4 new major divisions, 3 new divisions, 28 major groups and 67 groups.In 2011, the National Bureau of Statistics inspected *Industrial Classification of the National Economy* (GB/T 4754-2011).

Registration Status of Enterprises Enterprises are classified into 3 categories, namely domestic-funded enterprises, enterprises with investment from Hong Kong, Macau and Taiwan, and enterprises with foreign investment, in the light of the registration status of an enterprise in industrial and commercial administration agencies. Domestic-funded enterprises include state-owned enterprises, collective-owned enterprises, cooperative enterprises, joint ownership enterprises, limited liability corporations, share-holding corporations Ltd., private enterprises and other enterprises. Included in the enterprises with investment from Hong Kong, Macau and Taiwan and enterprises with foreign investment are joint-venture enterprises, cooperative enterprises, sole investment enterprises and share-holding corporations Ltd. For government agencies, institutions and social organizations which are not requested to be registered in industrial and commercial administration agencies, they are classified mainly by their sources of funds and way of management.

State-owned Enterprises refer to

registered in accordance with the *Regulation of the Peoples Republic of China on the Management of Registration of Corporate Enterprises*. Excluded from this category are sole state-funded corporations in the limited liability corporations.

Collective-owned Enterprises refer to economic units where the assets are owned collectively and which have registered in accordance with the *Regulation of the Peoples Republic of China on the Management of Registration of Corporate Enterprises*.

Cooperative Enterprises refer to a form of collective economic units (enterprises) where capitals come mainly from employees as their shares, with certain proportion of capital from the outside, where production is organized on the basis of independent operation, independent accounting for profits and losses, joint work, democratic management, and a distribution system that integrates remuneration according to work with dividend according to capital share.

Joint Ownership Enterprises refer to economic units established by two or more corporate enterprises or corporate institutions of the same or different ownership, through joint investment on the basis of equality, voluntary participation and mutual benefits. They include state joint ownership enterprises, collective joint ownership enterprises, joint state-collective enterprises, other joint ownership enterprises.

Limited Liability Corporations refer to economic units established with investment from 2-50 investors and registered in accordance with the *Regulation of the Peoples Republic of China on the Management of Registration of Corporations*, each investor bearing limited liability to the corporation depending on its share of investment, and the corporation bearing liability to its debt to the maximum of its total assets. Limited liability corporations include exclusive state-funded limited liability corporations and other limited liability corporations.

Share-holding Corporations Ltd. refer to economic units registered in accordance with the *Regulation of the Peoples Republic of China on the Management of Registration of Corporations*, with total registered capitals divided into equal shares and raised through issuing stocks. Each investor bears limited liability to the corporation depending on the holding of shares, and the corporation bears liability to its debt to the maximum of its total assets.

Private Enterprises refer to profit-making economic units invested and established by natural persons, or controlled by natural persons using employed labour. Included in this category are private limited liability corporations, private share-holding corporations Ltd., private partnership enterprises and private-funded enterprises registered in accordance with the *Corporation Law, Partnership Enterprises Law and Interim Regulations on Private Enterprises*.

Other Domestic-funded Enterprises refer to domestic-funded economic units other than those mentioned above.

Joint-venture Enterprises with Funds from Hong Kong, Macau and Taiwan refer to enterprises jointly established by investors from Hong Kong, Macau and Taiwan with enterprises in the mainland of China in accordance with the *Law of the Peoples Republic of China on Sino-foreign Joint Venture Enterprises* and other relevant laws, where the share of investment, profits and risks is stipulated in the contract.

Cooperative Enterprises with Funds from Hong Kong Macau and Taiwan established by investors from Hong Kong, Macau and Taiwan with enterprises in the mainland of China in accordance with the *Law of the Peoples Republic of China on Sino-foreign Cooperative Enterprises* and other relevant laws, where the investment or provision of facilities, and the share of profits and risks is stipulated in the cooperative contract.

Enterprises with Sole (exclusive) Investment from Hong Kong, Macau and Taiwan refer to enterprises established in the mainland of China with exclusive investment from investors from Hong Kong, Macau and Taiwan in accordance with the *Law of the Peoples Republic of China on Foreign-Funded Enterprises* and other relevant laws.

Share-holding Corporations Ltd. with Investment from Hong Kong, Macau and Taiwan refer to share-holding corporations Ltd. established with the approval from the Ministry of Foreign Trades and Economic Relations in line with relevant state regulations, where the share of investment from Hong Kong, Macau or Taiwan businessmen exceeds 25% of the total registered capital of the corporation. In case the share of investment from Hong Kong, Macau or Taiwan is less than 25% of the total registered capital, the enterprise is to be classified as domestic-funded share-holding corporation Ltd.

Joint-venture Enterprises with Foreign Investment refer to enterprises jointly established by foreign enterprises or foreigners with enterprises in the mainland of China in accordance with the *Law of the Peoples Republic of China on Sino-foreign Joint Venture Enterprises* and other relevant laws, where the share of investment, profits and risks is stipulated in the contract.

Cooperation Enterprises with Foreign Investment refer to enterprises jointly established by foreign enterprises or foreigners with enterprises in the mainland of China in accordance with the *Law of the Peoples Republic of China on Sino-foreign Cooperative Enterprises* and other relevant laws,where the investment or provision of facilities, and the share of profits and risks is stipulated in the cooperative contract.

Enterprises with Sole (exclusive) Foreign Investment refer to enterprises established in the mainland of China with exclusive investment from foreign investors in accordance with the *Law of the Peoples Republic of China on Foreign-Funded Enterprises* and other relevant laws.

Share-holding Corporations Ltd. with Foreign Investment refer to share-holding corporations Ltd. established with the approval from the Ministry of Foreign Trades and Economic Relations in line with relevant state regulations, where the share of investment from foreign investors exceeds 25% of the total registered capital of the corporation. In case the share of foreign investment is less than 25% of the total registered capital, the enterprise is to be classified as domestic-funded share-holding corporation Ltd.

Government Agencies, Institutions and Social Organizations are classified into following categories by source of funds and way of management taking reference of the registration status of enterprises:

(1) Government Agencies: include state and party agencies, classified in principle as "state-owned". There are exceptions, such as supply and marketing cooperatives which are classified as "collective".

(2) Institutions: include institutions of various types established with the approval by organization and staffing departments of the government, but exclude institutions where enterprise management system is introduced. Institutions are further classified as follows:

(a) Institutions whose main budget is listed in the government budget appropriations or extra-budget funds, or allocated from the budget of their competent government agencies. Such institutions are classified as "state-owned".

(b) Institutions whose budget mainly comes from collective units. Such institutions are classified as "collective".

(c) Institutions other than those mentioned above whose source of budget is not clear. Such institutions are classified by way of management.

(3) Social Organizations: include social organizations established with the approval from the Ministry of Civil Affairs, and organizations that are not covered by social organization management regulations such as Trades unions, women's federations etc.. Social organizations are further classified as follows:

(a) Social organizations that are not covered by social organization management regulations of the Ministry of Civil Affairs such as Trades unions, women's federations, communist youth leagues, youth associations, industrial and commerce associations, scientists associations, overseas

Chinese associations, etc., foundations and fund management organizations established with funds from the state, and social organizations whose funds mainly come from the budget of their competent government agencies. Such institutions are classified as “state-owned”.

(b) Social organizations whose budget mainly comes from collective units. Such institutions are classified as “collective”.

(c) Social organizations established by individual or a group of citizens, which are classified as “private”.

(d) Social organizations other than those mentioned above whose source of budget is not clear. Such organizations are classified by manner of management.

第二篇　国民经济核算

Chapter 2　National Economy Accounting

资料整理：张凌远　孙晶洁
Database Editor: Zhanglingyuan Sunjingjie

简 要 说 明

本篇资料的主要内容及来源

国民经济核算篇主要包括福建省地区生产总值及其增长、结构、三次产业对经济增长的贡献、消费水平等方面的资料。

1993 年以后福建省地区生产总值的数据已按照国家统计局制定的统一方案，根据 2004 年经济普查资料采用国际上通用的“总趋势离差法”进行了调整。

本篇资料来源于国民经济核算统计报表，由省统计局国民经济核算处整理提供。

Brief Introduction

Main Content and Source of Data

Data in the chapter reflect the overall situation and development of economy on the macro level, including growth rate and components of GDP, share of the three industries to the increase of GDP and household consumption expenditure.

Historical data of GDP were recompiled in accordance with the uniform plan of NBS and revised by trend approach.

Data in this chapter are prepared according to the data of national accounts and compiled by the Division of National Accounts of Fujian Provincial Bureau of Statistics.

2-1 主要社会经济效益指标

Main Indicators on Economic Efficiency

项目 Item	2000	2005	2010	2013	2014
社会劳动生产率（元/人） Overall Labor Productivity(yuan/person)	**22878**	**35599**	**66828**	**85344**	**92444**
总产出中间投入率（%） Ratio of Input to Total Output(%)	**61.9**	**61.4**	**62.1**	**64.6**	**66.0**
第一产业 Primary Industry	38.2	39.7	40.9	40.9	40.8
第二产业 Secondary Industry	73.5	72.1	71.7	73.6	74.8
第三产业 Tertiary Industy	44.2	34.2	41.4	44.7	45.9
按主要行业分 By Sector					
工业 Industry	73.9	72.2	72.4	74.2	75.6
建筑业 Construction	70.9	71.4	67.5	70.6	70.6
交通运输、仓储和邮政业 Transport,Storage and Post Services	47.2	46.6	55.7	56.1	56.3
批发和零售业 Wholesale,Retail Trade	44.0	22.9	28.6	30.0	31.8
增加值率（%） Value-added Rate(%)	**38.1**	**38.6**	**37.9**	**35.4**	**34.0**
第一产业 Primary Industry	61.8	60.3	59.1	59.1	59.2
第二产业 Secondary Industry	26.5	27.9	28.3	26.4	25.2
第三产业 Tertiary Industy	55.8	65.8	58.6	55.3	54.1
按主要行业分 By Sector	26.5	27.9	28.3	26.4	25.2
工业 Industry	26.1	27.8	27.6	25.8	24.4
建筑业 Construction	29.1	28.6	32.5	29.4	29.4
交通运输、仓储和邮政业 Transport,Storage and Post Services	52.8	53.4	44.3	43.9	43.7
批发和零售业 Wholesale and Retail Trade	56.0	77.1	71.4	70.0	68.2

注：1.本表均按当年价格计算。

Note:a)Data in this table are caculated at current prices.

2-2 主要年份总产出

Total Output in Selected Years

(100 million yuan)

年份 Year	总产出（亿元） Output (100 million yuan)	第一产业 Primary Industy	第二产业 Secondary Industy	第三产业 Tertiary Industy	总产出指数 Indices 以1952为100 (year of 1952=100)	以上年为100 (preceding year=100)
1952	18.43	11.07	4.70	2.66	100.0	124.5
1957	35.64	17.05	10.59	8.00	192.6	105.5
1962	42.16	14.81	13.84	13.51	206.5	98.4
1965	54.35	18.80	21.45	14.10	287.7	113.4
1970	67.81	21.12	29.79	16.90	365.1	118.0
1975	96.03	27.06	51.33	17.64	506.0	104.8
1978	138.83	36.33	73.71	28.79	710.6	121.7
1979	155.69	43.11	83.80	28.78	764.6	107.6
1980	169.83	45.49	95.85	28.49	831.7	108.8
1981	204.17	56.11	103.73	44.33	960.5	115.5
1982	229.65	63.73	116.27	49.65	1057.9	110.1
1983	253.07	68.08	126.43	58.56	1140.8	107.8
1984	306.08	80.66	159.41	66.01	1344.9	117.9
1985	399.54	99.05	210.91	89.58	1645.3	122.3
1986	466.22	107.07	249.31	109.84	1802.0	109.5
1987	603.52	132.97	316.59	153.96	2156.0	119.6
1988	838.36	182.00	451.80	204.56	2565.6	119.0
1989	1040.95	209.92	554.54	276.49	2898.2	113.0
1990	1175.79	227.12	600.94	347.73	3244.1	111.9
1991	1428.36	253.51	747.33	427.52	3811.4	117.5
1992	1910.42	295.54	1053.44	561.44	4895.9	128.5
1993	2993.36	386.34	1743.08	863.94	6564.2	134.1
1994	4229.26	574.05	2422.96	1232.25	8562.5	130.4
1995	5483.28	738.63	3244.08	1500.57	10041.8	117.3
1996	6419.24	850.67	3776.66	1791.91	11642.0	115.9
1997	7436.80	925.56	4462.70	2048.54	13690.5	117.6
1998	8220.00	973.37	4978.46	2268.17	15280.3	111.6
1999	8877.25	1010.82	5410.96	2455.47	16989.2	111.2
2000	9870.58	1037.27	6154.43	2678.88	18759.6	110.4
2001	10506.33	1061.61	6591.76	2852.96	20560.0	109.6
2002	11324.01	1088.70	7252.42	2982.89	23028.4	112.0
2003	12866.74	1135.20	8462.96	3268.58	26154.9	113.6
2004	14912.98	1301.21	10008.78	3602.99	29629.1	113.3
2005	16995.93	1373.03	11385.95	4236.95	33523.8	113.2
2006	19833.74	1445.08	13329.91	5058.74	37533.4	112.0
2007	24160.16	1692.16	16197.54	6270.47	43725.7	116.5
2008	28960.02	1965.02	19557.35	7437.65	50656.1	115.8
2009	32436.81	2001.24	22110.23	8325.34	58001.2	114.5
2010	38915.25	2307.05	26616.53	9991.67	66974.0	115.5
2011	47739.92	2730.93	33045.93	11963.06	77555.9	115.8
2012	55107.00	3007.40	38491.18	13608.42	90895.5	117.2
2013	61780.20	3170.16	42949.47	15660.57	105620.6	116.2
2014	70742.78	3400.90	49719.02	17622.86	116710.7	110.5

2-3 总产出

Total Output

单位：亿元 (100 million yuan)

项目 Item	2000	2005	2010	2013	2014
总产出(亿元) **Total Output(100 million yuan)**	**9870.58**	**16995.93**	**38915.25**	**61780.20**	**70742.78**
第一产业 Primary Industry	1037.27	1373.03	2307.05	3170.16	3400.90
第二产业 Secondary Industry	6154.43	11385.95	26616.53	42949.47	49719.02
第三产业 Tertiary industy	2678.88	4236.95	9991.67	15660.57	17622.86
按主要行业分 By Sector					
工业 Industry	5447.13	10065.44	23152.34	36617.43	42673.43
建筑业 Construction	707.30	1320.52	3464.19	6457.34	7183.77
交通运输、仓储和邮政业 Transport,Storage,Post and Telecommunication Services	777.53	844.23	1965.92	2676.56	3018.21
批发和零售业 Wholesale,Retail Trade	713.07	741.74	1835.11	2558.20	2875.12
总产出指数(上年=100) **Indices of Total Output(preceding year=100)**	**110.40**	**113.20**	**115.47**	**116.20**	**110.50**
第一产业 Primary Industry	103.10	102.90	103.52	104.40	104.40
第二产业 Secondary Industry	112.20	113.50	117.54	119.10	111.90
第三产业 Tertiary industy	107.50	116.00	112.16	109.60	107.10
按主要行业分 By Sector					
工业 Industry	113.10	114.40	119.50	119.20	112.00
建筑业 Construction	101.20	105.70	103.30	118.10	110.80
交通运输、仓储和邮政业 Transport,Storage,Post and Telecommunication Services	108.90	107.50	112.06	106.00	106.50
批发和零售业 Wholesale,Retail Trade	105.60	110.00	114.06	107.80	111.80
总产出构成(%) **Composition of Total Output(%)**	**100.00**	**100.00**	**100.00**	**100.00**	**100.00**
第一产业 Primary Industry	10.50	8.10	5.90	5.10	4.80
第二产业 Secondary Industry	62.40	67.00	68.40	69.50	70.30
第三产业 Tertiary industy	27.10	24.90	25.70	25.30	24.90
按主要行业分 By Sector					
工业 Industry	55.20	59.20	59.50	59.30	60.30
建筑业 Construction	7.20	7.80	8.90	10.50	10.20
交通运输、仓储和邮政业 Transport,Storage,Post and Telecommunication Services	7.90	5.00	5.10	4.30	4.30
批发和零售业 Wholesale,Retail Trade	7.20	4.40	4.70	4.10	4.10

2-4 主要年份地区生产总值

Gross Domestic Product in Selected Years

单位：亿元　　(100 million yuan)

年份 Year	地区生产总值 Gross Domestic Product	第一产业 Primary Industry	第二产业 Secondary Industry	第三产业 Tertiary Industy	工业 Industry	建筑业 Construction	人均GDP（元） Per Capita GDP (yuan)
1952	12.73	8.39	2.42	1.92	2.17	0.25	102
1957	22.03	12.31	5.20	4.52	4.23	0.97	154
1962	22.12	10.26	5.12	6.74	4.00	1.12	137
1965	28.81	13.48	8.31	7.02	6.55	1.76	166
1970	34.70	15.34	10.64	8.72	8.56	2.08	173
1975	46.48	19.43	17.81	9.24	14.29	3.52	203
1978	66.37	23.93	28.19	14.25	23.85	4.34	273
1979	74.11	27.97	31.37	14.77	26.20	5.17	300
1980	87.06	31.95	35.68	19.43	29.55	6.13	348
1981	105.62	39.30	39.75	26.57	33.16	6.59	416
1982	117.81	44.24	42.92	30.65	35.25	7.67	457
1983	127.76	47.27	46.05	34.44	37.76	8.29	487
1984	157.06	55.72	56.39	44.95	44.47	11.92	591
1985	200.48	68.13	72.56	59.79	62.09	10.47	737
1986	222.54	72.24	82.19	68.11	67.06	15.13	809
1987	279.24	89.24	101.28	88.72	82.69	18.59	999
1988	383.21	118.16	141.82	123.23	120.45	21.37	1349
1989	458.40	135.77	163.82	158.81	142.45	21.37	1589
1990	522.28	147.01	174.47	200.80	150.55	23.92	1763
1991	619.87	168.64	217.74	233.49	188.29	29.45	2041
1992	784.68	194.87	291.60	298.21	241.78	49.82	2557
1993	1114.20	254.36	455.79	404.05	381.95	73.84	3556
1994	1644.39	362.90	720.97	560.52	618.06	102.91	5193
1995	2094.90	464.82	882.34	747.74	748.92	133.42	6526
1996	2484.25	537.38	1026.64	920.23	875.50	151.14	7646
1997	2870.90	576.63	1214.81	1079.46	1039.62	175.19	8775
1998	3159.91	610.04	1335.05	1214.82	1132.79	202.26	9603
1999	3414.19	628.86	1434.30	1351.03	1230.22	204.08	10323
2000	3764.54	640.57	1628.45	1495.52	1422.34	206.11	11194
2001	4072.85	651.11	1803.50	1618.24	1586.48	217.02	11691
2002	4467.55	664.78	2036.97	1765.80	1808.95	228.02	12739
2003	4983.67	692.94	2340.82	1949.91	2061.31	279.51	14125
2004	5763.35	786.84	2770.49	2206.02	2438.62	331.87	16235
2005	6554.69	827.36	3175.92	2551.41	2801.88	374.05	18353
2006	7583.85	865.98	3695.04	3022.83	3230.49	464.56	21105
2007	9248.53	1002.11	4476.42	3770.00	3896.76	579.66	25582
2008	10823.01	1158.17	5318.44	4346.40	4593.24	725.20	29755
2009	12236.53	1182.74	6005.30	5048.49	5106.38	898.92	33437
2010	14737.12	1363.67	7522.83	5850.62	6397.71	1125.12	40025
2011	17560.18	1612.24	9069.20	6878.74	7675.09	1394.11	47377
2012	19701.78	1776.71	10187.94	7737.13	8541.94	1646.00	52763
2013	21868.49	1874.23	11329.60	8664.66	9455.32	1895.48	58145
2014	24055.76	2014.80	12515.36	9525.60	10426.71	2112.03	63472

2-5 主要年份地区生产总值构成

Composition of Gross Domestic Product in Selected Years

单位：% (%)

年份 Year	地区生产总值 Gross Domestic Product	第一产业 Primary Industry	第二产业 Secondary Industry	第三产业 Tertiary Industy	工业 Industry	建筑业 Construction
1952	100.0	65.9	19.0	15.1	17.0	2.0
1957	100.0	55.9	23.6	20.5	19.2	4.4
1962	100.0	46.4	23.1	30.5	18.1	5.1
1965	100.0	46.8	28.8	24.4	22.8	6.1
1970	100.0	44.2	30.7	25.1	24.7	6.0
1975	100.0	41.8	38.3	19.9	30.7	7.6
1978	100.0	36.0	42.5	21.5	35.9	6.5
1979	100.0	37.8	42.3	19.9	35.4	7.0
1980	100.0	36.7	41.0	22.3	33.9	7.0
1981	100.0	37.2	37.6	25.2	31.4	6.2
1982	100.0	37.6	36.4	26.0	29.9	6.5
1983	100.0	37.0	36.0	27.0	29.6	6.5
1984	100.0	35.5	35.9	28.6	28.3	7.6
1985	100.0	34.0	36.2	29.8	31.0	5.2
1986	100.0	32.5	36.9	30.6	30.1	6.8
1987	100.0	31.9	36.3	31.8	29.6	6.7
1988	100.0	30.8	37.0	32.2	31.4	5.6
1989	100.0	29.6	35.7	34.7	31.1	4.7
1990	100.0	28.1	33.4	38.4	28.8	4.6
1991	100.0	27.2	35.1	37.7	30.4	4.8
1992	100.0	24.8	37.2	38.0	30.8	6.3
1993	100.0	22.8	40.9	36.3	34.3	6.6
1994	100.0	22.1	43.8	34.1	37.6	6.3
1995	100.0	22.2	42.1	35.7	35.7	6.4
1996	100.0	21.6	41.3	37.1	35.2	6.1
1997	100.0	20.1	42.3	37.6	36.2	6.1
1998	100.0	19.3	42.3	38.4	35.8	6.5
1999	100.0	18.4	42.0	39.6	36.0	6.0
2000	100.0	17.0	43.3	39.7	37.8	5.5
2001	100.0	16.0	44.3	39.7	39.0	5.3
2002	100.0	14.9	45.6	39.5	40.5	5.1
2003	100.0	13.9	47.0	39.1	41.4	5.6
2004	100.0	13.7	48.1	38.3	42.3	5.8
2005	100.0	12.6	48.5	38.9	43.3	5.4
2006	100.0	11.4	48.7	39.9	43.7	5.7
2007	100.0	10.8	48.4	40.8	43.4	5.7
2008	100.0	10.7	49.1	40.2	42.4	6.7
2009	100.0	9.7	49.1	41.2	41.7	7.4
2010	100.0	9.3	51.0	39.7	43.4	7.6
2011	100.0	9.2	51.6	39.2	43.7	7.9
2012	100.0	9.0	51.7	39.3	43.4	8.3
2013	100.0	8.6	51.8	39.6	43.2	8.7
2014	100.0	8.4	52.0	39.6	43.3	8.8

注：2004年以前年份和2014年第一产业增加值不含农林牧渔服务业。

Note:The value-added of primary industry before 2004 and in 2014 exclude services of Farming,Forestry,Animal,Husbandry and Fishery.

2-6 分行业地区生产总值

Gross Domestic Product by Sector

单位：亿元　(100 million yuan)

项目　Item	2000	2005	2010	2013	2014
地区生产总值 Gross Domestic Product	**3764.54**	**6554.69**	**14737.12**	**21868.49**	**24055.76**
第一产业 Primary Industry	640.57	827.36	1363.67	1874.23	2014.80
第二产业 Secondary Industry	1628.45	3175.92	7522.83	11329.60	12515.36
第三产业 Tertiary Industy	1495.52	2551.41	5850.62	8664.66	9525.60
按主要行业分 By Sector					
农、林、牧、渔业 Agriculture , Forestry , Animal Husbandry and Fishery		827.36	1363.67	1938.98	2085.04
农业 Agriculture		356.10	616.32	867.35	963.23
林业 Forestry		65.23	122.08	188.88	207.75
畜牧业 Animal Husbandry		143.36	198.53	267.79	272.43
渔业 Fishery		227.84	376.37	550.21	571.39
农、林、牧、渔服务业 Services of Agriculture , Forestry , Animal Husbandry and Fishery		34.83	50.37	64.75	70.24
工业 Industry	1422.34	2801.88	6397.71	9455.32	10426.71
采矿业 Mining and Quarrying		83.25	313.39	298.80	317.50
制造业 Manufacturing		2496.73	5731.47	8576.99	9523.39
电力、热力、燃气及水生产和供应业 Supply of Electric Power, Gas,Water		221.90	352.85	579.53	585.77
建筑业 Construction	206.11	374.05	1125.12	1895.48	2112.03
交通运输、仓储和邮政业 Transport, Storage and Post Services	410.66	447.20	871.16	1176.19	1320.35
信息传输、软件和信息技术服务业 Information Transmission, Software and Information Technology Services		184.93	344.19	412.94	438.11
批发和零售业 Wholesale and Retail Trade	399.11	571.30	1310.94	1789.88	1961.18
住宿和餐饮业 Lodgings and Catering Services		120.84	266.47	353.23	374.61
金融业 Finance	118.85	186.12	767.58	1264.72	1449.82
房地产业 Real Estate	147.60	331.80	679.03	1095.08	1090.22
租赁和商务服务业 Rent and Business Services		82.03	237.04	492.59	613.21
科学研究和技术服务业 Scientific Reseach, Ploytechnic Services		36.83	103.13	127.06	165.50
水利、环境和公共设施管理业 Water Conservancy, Environment and Public Facilities Management		18.28	51.18	74.42	81.86
居民服务、修理和其他服务业 Resident Services,Repairing and Others		113.65	265.81	373.38	404.70
教育 Education		169.62	269.91	387.36	389.38
卫生和社会工作 Health Care, Social Ensure		75.49	206.54	240.33	260.34
公共管理、社会保障和社会组织 Public Management and Social Organizations		167.40	352.77	533.46	573.80
文化、体育和娱乐业 Culture, Sports and Entertainment		45.94	124.87	258.07	308.90
国际组织 National Organizations					

2-7 主要年份地区生产总值指数(上年=100)

Indices of Gross Domestic Product in Selected Years(preceding year=100)

单位：以上年为100 (preceding year=100)

年份 Year	地区生产总值 Gross Domestic Product	第一产业 Primary Industry	第二产业 Secondary Industry	第三产业 Tertiary Industy	工业 Industry	建筑业 Construction	人均GDP Per Capita GDP
1952	123.3	112.1	131.5	119.3	145.7	138.9	121.1
1957	106.7	109.5	95.3	117.3	124.2	50.4	103.0
1962	98.6	107.6	94.2	94.6	79.4	155.7	96.4
1965	110.9	111.5	120.3	100.4	126.2	101.2	107.5
1970	109.9	105.0	123.2	101.0	112.9	101.9	105.7
1975	102.9	100.5	106.6	101.1	108.7	98.2	100.5
1978	117.8	101.5	132.4	121.5	138.7	90.4	115.6
1979	105.5	104.9	109.7	99.0	107.0	137.4	103.9
1980	118.4	113.9	118.1	125.7	113.5	155.1	117.2
1981	115.5	108.5	110.3	136.3	113.8	91.0	114.0
1982	109.3	106.8	108.2	114.2	104.5	134.9	107.5
1983	106.2	104.7	107.3	106.5	107.4	106.7	104.4
1984	117.9	110.1	120.3	124.3	124.9	93.7	116.3
1985	117.6	105.3	123.3	123.5	124.2	115.8	114.9
1986	105.7	102.1	113.0	99.4	105.2	177.0	104.5
1987	113.6	110.5	110.0	121.9	117.1	75.4	111.8
1988	114.3	102.6	125.1	109.7	132.7	67.6	112.6
1989	107.8	109.7	104.9	110.7	108.5	51.2	106.1
1990	107.5	101.7	108.1	111.4	109.3	63.6	104.7
1991	114.2	109.1	122.0	111.5	123.7	111.2	111.4
1992	120.3	110.5	128.5	120.0	126.8	140.6	119.0
1993	122.6	109.4	135.9	118.3	139.5	112.8	120.1
1994	120.3	109.3	132.6	113.0	133.9	122.0	119.0
1995	114.6	109.5	117.3	114.2	116.4	125.2	113.0
1996	113.3	108.8	114.3	114.6	115.2	107.6	112.0
1997	114.0	108.0	116.1	114.5	116.5	113.4	113.2
1998	110.8	106.7	112.4	110.8	112.5	111.6	110.2
1999	109.9	105.7	111.5	109.9	112.5	101.9	109.3
2000	109.3	102.6	111.2	110.0	112.2	100.4	107.5
2001	108.7	103.5	110.2	109.2	110.8	105.6	104.9
2002	110.2	102.7	113.8	109.2	115.1	104.2	109.1
2003	111.5	103.3	115.6	109.7	115.4	117.7	110.8
2004	111.8	104.4	114.9	110.8	115.3	111.3	111.2
2005	111.6	102.7	112.3	113.7	112.3	111.7	110.9
2006	114.8	100.8	116.6	117.1	116.0	121.5	114.1
2007	115.2	103.9	118.2	114.6	118.5	116.4	114.5
2008	113.0	105.0	215.1	112.3	115.0	115.6	112.3
2009	112.3	104.7	113.7	112.3	113.0	118.8	111.6
2010	113.9	103.3	118.1	110.6	118.0	119.3	113.2
2011	112.3	104.4	116.2	109.1	116.7	113.3	111.6
2012	111.4	104.2	114.3	109.1	113.8	117.4	110.5
2013	111.0	104.3	113.2	109.4	112.8	115.2	110.2
2014	109.9	104.4	111.9	108.1	112.1	111.0	109.1

2-8 主要年份地区生产总值指数(1952年=100)

Indices of Gross Domestic Product in Selected Years(year of 1952=100)

单位：以1952年为100　　(year of 1952=100)

年份 Year	地区生产总值 Gross Domestic Product	第一产业 Primary Industry	第二产业 Secondary Industry	第三产业 Tertiary Industy	工业 Industry	建筑业 Construction	人均GDP Per Capita GDP
1952	100.0	100.0	100.0	100.0	100.0	100.0	100.0
1957	172.0	137.1	226.0	233.3	200.7	452.0	150.0
1962	159.8	86.4	259.5	317.5	193.1	885.4	122.3
1965	215.1	132.1	363.8	348.9	319.7	759.5	153.2
1970	255.9	146.5	480.3	400.0	425.5	969.2	157.4
1975	331.5	171.0	810.3	423.9	723.4	1495.8	179.7
1978	451.2	188.5	1207.1	698.2	1197.8	1095.1	229.5
1979	476.1	197.7	1324.7	690.9	1282.1	1505.1	238.3
1980	563.9	225.3	1564.4	868.4	1455.1	2334.6	279.3
1981	651.1	244.4	1725.4	1183.8	1655.8	2124.0	318.2
1982	711.6	261.1	1866.4	1351.6	1731.0	2865.6	342.1
1983	755.3	273.2	2002.4	1439.1	1858.8	3057.8	357.2
1984	890.7	300.8	2408.9	1788.3	2321.9	2865.6	415.3
1985	1047.5	316.7	2968.2	2207.8	2884.7	3318.8	477.4
1986	1107.3	323.4	3354.0	2194.6	3033.9	5873.0	498.8
1987	1257.9	357.5	3689.9	2674.7	3554.0	4426.5	557.7
1988	1437.6	366.7	4616.0	2933.4	4716.4	2993.7	627.7
1989	1549.3	402.3	4842.1	3246.6	5118.2	1533.5	665.9
1990	1665.8	409.0	5233.3	3615.6	5595.3	975.0	696.9
1991	1902.8	446.1	6384.1	4030.9	6919.7	1084.3	776.4
1992	2288.8	492.8	8205.4	4835.4	8776.3	1524.9	924.1
1993	2806.2	539.0	11153.4	5720.9	12245.5	1719.7	1109.8
1994	3375.7	589.0	14790.3	6461.8	16402.4	2097.4	1320.9
1995	3869.0	644.9	17347.3	7376.8	19090.2	2625.3	1493.2
1996	4384.0	701.5	19836.0	8455.2	21987.4	2824.9	1671.7
1997	4998.3	757.7	23037.7	9679.2	25605.2	3204.0	1893.1
1998	5538.0	808.3	25890.5	10720.4	28798.0	3576.2	2085.4
1999	6086.9	854.3	28860.0	11777.1	32407.2	3644.2	2279.9
2000	6653.7	876.2	32080.0	12954.3	36372.6	3660.4	2451.1
2001	7229.8	906.9	35339.6	14150.5	40308.3	3865.7	2570.9
2002	7964.4	931.4	40210.4	15453.7	46395.4	4029.4	2805.6
2003	8877.3	962.2	46501.5	16958.1	53537.1	4741.1	3108.2
2004	9927.7	1004.9	53417.5	18784.7	61744.0	5276.4	3455.0
2005	11079.3	1031.5	59968.7	21357.2	69361.6	5892.1	3831.0
2006	12719.0	1039.4	69938.6	25010.5	80438.8	7160.7	4371.8
2007	14652.3	1079.5	82670.5	28655.6	95284.9	8335.3	5004.6
2008	16557.1	1133.2	95139.3	32174.5	109593.1	9632.7	5619.0
2009	18595.9	1186.5	108138.7	36143.2	123788.4	11444.8	6272.6
2010	21180.7	1225.7	127711.8	39974.4	146008.6	13655.5	7101.4
2011	23785.9	1279.6	148401.1	43612.1	170392.0	15471.7	7925.2
2012	26497.5	1333.3	169622.5	47580.8	193906.1	18163.8	8757.3
2013	29412.2	1390.6	192012.7	52053.4	218726.1	20924.7	9650.5
2014	32324.0	1451.8	214862.2	56269.7	245191.9	23226.4	10529.0

2-9 三次产业对经济增长的贡献及拉动(1980-2014年)

Contribution Share and Contribution of the Three Components of GDP to the Growth of GDP(1980-2014)

单位：% (%)

年份	贡献率 Contribution Share				地区生产总值增长率	拉动（百分点） Contribution(percentage point)			
Year	第一产业 Primary Industry	第二产业 Secondary Industry	第三产业 Tertiary Industry	工业 Industry	Gross Domestic Product Growth Rate	第一产业 Primary Industry	第二产业 Secondary Industry	第三产业 Tertiary Industry	工业 Industry
1980	25.1	43.2	31.7	28.6	18.4	4.6	8.0	5.8	5.3
1981	20.6	26.6	52.8	29.9	15.5	3.2	4.1	8.2	4.6
1982	26.0	33.5	40.5	16.3	9.3	2.4	3.1	3.8	1.5
1983	26.1	44.7	29.2	38.6	6.2	1.6	2.8	1.8	2.4
1984	19.2	43.1	37.7	45.1	17.9	3.4	7.7	6.8	8.1
1985	9.5	51.4	39.1	47.3	17.6	1.7	9.0	6.9	8.3
1986	10.4	92.8	-3.2	32.9	5.7	0.6	5.3	-0.2	1.9
1987	21.3	32.1	46.6	45.6	13.6	2.9	4.4	6.3	6.2
1988	4.9	74.1	21.0	85.3	14.3	0.7	10.6	3.0	12.2
1989	29.9	29.1	41.0	47.4	7.8	2.3	2.3	3.2	3.7
1990	5.4	48.3	46.3	55.0	7.7	0.4	3.6	3.5	4.1
1991	19.0	50.9	30.1	47.4	14.4	2.7	7.2	4.3	6.7
1992	14.7	49.5	35.8	40.8	20.3	3.0	10.0	7.3	8.3
1993	10.8	59.8	29.4	56.9	22.6	2.4	13.5	6.7	12.9
1994	10.6	67.0	22.4	62.0	20.3	2.2	13.6	4.5	12.6
1995	13.7	54.4	31.9	46.2	14.6	2.0	7.9	4.7	6.8
1996	13.3	50.7	36.0	47.7	13.3	1.8	6.7	4.8	6.4
1997	11.0	54.7	34.3	50.0	14.0	1.5	7.7	4.8	7.0
1998	11.4	55.4	33.2	50.2	10.8	1.2	6.0	3.6	5.4
1999	10.1	56.8	33.1	55.8	9.9	1.0	5.6	3.3	5.5
2000	4.7	59.6	35.7	59.4	9.3	0.4	5.6	3.3	5.5
2001	6.9	50.7	42.4	47.2	8.7	0.6	4.4	3.7	4.1
2002	4.3	59.5	36.2	57.3	10.2	0.4	6.1	3.7	5.8
2003	4.3	62.0	33.7	54.2	11.5	0.5	7.1	3.9	6.2
2004	5.2	59.2	35.6	54.2	11.8	0.6	7.0	4.2	6.4
2005	3.0	51.3	45.7	46.0	11.6	0.3	6.0	5.3	5.3
2006	0.7	54.4	45.0	46.1	14.8	0.1	8.0	6.7	6.8
2007	2.8	59.1	38.1	52.5	15.2	0.4	9.0	5.8	8.0
2008	3.8	58.8	37.4	51.4	13.0	0.5	7.6	4.9	6.7
2009	3.6	57.1	39.3	47.6	12.3	0.5	7.0	4.8	5.9
2010	2.1	67.9	30.0	58.7	13.9	0.3	9.4	4.2	8.2
2011	3.3	67.2	29.5	59.0	12.3	0.4	8.3	3.6	7.3
2012	3.2	66.1	30.7	54.4	11.4	0.4	7.5	3.5	6.2
2013	3.0	64.6	32.4	53.6	11.0	0.3	7.1	3.6	5.9
2014	3.2	66.0	30.8	56.8	9.9	0.3	6.5	3.1	5.6

2-10 主要年份按收入法计算的地区生产总值

Gross Domestic Product by Income Approach in Selected Years

单位：亿元 (100 million yuan)

年份 Year	地区生产总值 Gross Domestic Product	劳动者报酬 Compensation of Employees	生产税净额 Net Taxes on Production	固定资产折旧 Depreciation of Fixed Assets	营业盈余 Operating Surplus	占地区生产总值比重（%）Ratio(%) 劳动者报酬 Compensation of Employees	生产税净额 Net Taxes on Production	固定资产折旧 Depreciation of Fixed Assets	营业盈余 Operating Surplus
1978	66.37	42.16	7.07	5.85	11.29	63.5	10.7	8.8	17.0
1979	74.11	47.78	7.75	6.48	12.10	64.5	10.5	8.7	16.3
1980	87.06	55.96	8.97	7.55	14.58	64.3	10.3	8.7	16.7
1981	105.62	68.13	10.45	9.22	17.82	64.5	9.9	8.7	16.9
1982	117.81	76.46	11.34	10.21	19.80	64.9	9.6	8.7	16.8
1983	127.76	82.74	12.24	11.12	21.66	64.8	9.6	8.7	17.0
1984	157.06	101.47	14.80	13.84	26.95	64.6	9.4	8.8	17.2
1985	200.48	126.06	19.89	18.38	36.15	62.9	9.9	9.2	18.0
1986	222.54	139.73	21.78	20.54	40.49	62.8	9.8	9.2	18.2
1987	279.24	175.22	27.25	25.84	50.93	62.7	9.8	9.3	18.2
1988	383.21	241.25	39.27	35.49	67.20	63.0	10.2	9.3	17.5
1989	458.40	281.50	46.73	43.13	87.04	61.4	10.2	9.4	19.0
1990	522.28	322.04	50.90	51.24	98.10	61.7	9.7	9.8	18.8
1991	619.87	376.87	62.25	63.31	117.44	60.8	10.0	10.2	18.9
1992	784.68	472.85	80.58	79.79	151.46	60.3	10.3	10.2	19.3
1993	1114.20	623.02	125.34	114.12	251.72	55.9	11.2	10.2	22.6
1994	1644.39	832.09	184.89	155.70	471.71	50.6	11.2	9.5	28.7
1995	2094.90	1101.69	210.71	231.67	550.82	52.6	10.1	11.1	26.3
1996	2484.25	1291.05	247.08	284.74	661.38	52.0	9.9	11.5	26.6
1997	2870.90	1498.69	275.15	345.43	751.62	52.2	9.6	12.0	26.2
1998	3159.91	1650.26	316.66	388.04	804.95	52.2	10.0	12.3	25.5
1999	3414.19	1769.60	345.36	431.13	868.11	51.8	10.1	12.6	25.4
2000	3764.54	1824.79	371.62	491.48	1076.64	48.5	9.9	13.1	28.6
2001	4072.85	1960.79	392.29	555.29	1164.49	48.1	9.6	13.6	28.6
2002	4467.55	2172.30	434.87	630.30	1230.08	48.6	9.7	14.1	27.5
2003	4983.67	2412.18	522.41	735.98	1313.10	48.4	10.5	14.8	26.3
2004	5763.35	2539.45	780.60	704.03	1739.27	44.1	13.5	12.2	30.2
2005	6554.69	2890.79	868.51	914.15	1881.24	44.1	13.3	13.9	28.7
2006	7583.85	3334.30	1019.66	989.48	2240.42	44.0	13.4	13.0	29.5
2007	9248.53	3997.16	1314.35	1070.74	2866.27	43.2	14.2	11.6	31.0
2008	10823.01	5728.03	1334.19	1317.13	2443.65	52.9	12.3	12.2	22.6
2009	12236.53	6510.05	1553.20	1412.19	2761.08	53.2	12.7	11.5	22.6
2010	14737.12	7400.03	1867.67	1562.99	3906.43	50.2	12.7	10.6	26.5
2011	17560.18	8741.77	2287.51	1834.11	4696.79	49.8	13.0	10.4	26.7
2012	19701.78	9979.11	2809.74	2114.83	4798.10	50.7	14.3	10.7	24.4
2013	21868.49	11277.57	3093.63	2239.74	5257.54	51.6	14.1	10.2	24.0
2014	24055.76	12504.55	3653.71	2491.08	5406.42	52.0	15.2	10.4	22.5

2-11 主要年份第三产业增加值

Value-added of the Tertiary Industry in Selected Years

单位：亿元 (100 million yuan)

年份 Year	第三产业 Tertiary Industy	#批发和零售业 Wholesale and Retail Trade	#交通运输、仓储和邮政业 Transport, Storage and Post Services	#金融业 Finance	#房地产业 Real Estate
1952	1.92	1.00	0.27		
1957	4.52	2.21	0.64		
1962	6.74	2.29	0.88		
1965	7.02	1.57	1.10		
1970	8.72	2.23	1.47		
1975	9.24	1.15	1.85		
1978	14.25	3.47	3.35	3.01	0.69
1979	14.77	3.29	3.32	3.08	0.81
1980	19.43	5.08	4.40	4.03	0.92
1981	26.57	7.01	6.01	5.49	1.26
1982	30.65	8.12	6.85	6.34	1.46
1983	34.44	9.38	7.29	7.19	1.65
1984	44.95	11.82	9.69	9.48	2.18
1985	59.79	15.17	12.35	13.00	2.98
1986	68.11	16.53	14.54	14.98	3.43
1987	88.72	23.14	19.37	18.71	4.29
1988	123.23	40.58	32.50	17.40	4.40
1989	158.81	41.31	42.60	29.06	5.23
1990	200.80	49.53	48.56	34.40	8.31
1991	233.49	60.46	55.05	40.52	12.50
1992	298.21	79.64	70.51	48.34	18.89
1993	404.05	115.99	99.48	53.76	33.66
1994	560.52	146.90	134.95	90.76	52.70
1995	747.74	203.09	189.55	93.76	71.37
1996	920.23	257.03	235.07	105.58	83.47
1997	1079.46	306.22	283.44	109.07	93.27
1998	1214.82	341.19	326.63	114.01	105.50
1999	1351.03	364.97	366.27	113.40	126.22
2000	1495.52	399.11	410.66	118.85	147.60
2001	1618.24	429.56	428.87	124.84	165.31
2002	1765.80	465.91	445.06	138.28	188.09
2003	1949.91	520.56	478.84	150.09	215.84
2004	2206.02	595.35	537.41	171.00	248.44
2005	2551.41	571.30	447.20	186.12	331.80
2006	3022.83	641.13	521.16	243.90	435.22
2007	3770.00	769.15	626.32	385.84	511.50
2008	4346.40	897.32	703.72	497.65	506.98
2009	5048.49	1043.42	751.42	612.20	656.61
2010	5850.62	1310.94	871.16	767.58	679.03
2011	6878.74	1511.29	963.85	862.41	911.16
2012	7737.13	1670.26	1090.07	1015.37	1039.71
2013	8664.66	1789.88	1176.19	1264.72	1095.08
2014	9525.60	1961.18	1320.35	1449.82	1090.22

2-12 第三产业增加值构成（1978-2014年）

Composition of Value-added of the Tertiary Industry(1978-2014)

单位：%　　(%)

年份 Year	第三产业 Tertiary Industy	#交通运输、仓储和邮政业 Transport,Storage and Post	#批发和零售业 Wholesale and Retail Trade	#金融业 Finance	#房地产业 Real Estate
1978	100.0	23.5	24.4	21.1	4.8
1979	100.0	22.5	22.3	20.9	5.5
1980	100.0	22.6	26.1	20.7	4.7
1981	100.0	22.6	26.4	20.7	4.7
1982	100.0	22.3	26.5	20.7	4.8
1983	100.0	21.2	27.2	20.9	4.8
1984	100.0	21.6	26.3	21.1	4.8
1985	100.0	20.7	25.4	21.7	5.0
1986	100.0	21.3	24.3	22.0	5.0
1987	100.0	21.8	26.1	21.1	4.8
1988	100.0	26.4	32.9	14.1	3.6
1989	100.0	26.8	26.0	18.3	3.3
1990	100.0	24.2	24.7	17.1	4.1
1991	100.0	23.6	25.9	17.4	5.4
1992	100.0	23.6	26.7	16.2	6.3
1993	100.0	24.6	28.7	13.3	8.3
1994	100.0	24.1	26.2	16.2	9.4
1995	100.0	25.3	27.2	12.5	9.5
1996	100.0	25.5	27.9	11.5	9.1
1997	100.0	26.3	28.4	10.1	8.6
1998	100.0	26.9	28.1	9.4	8.7
1999	100.0	27.1	27.0	8.4	9.3
2000	100.0	27.5	26.7	7.9	9.9
2001	100.0	26.5	26.5	7.7	10.2
2002	100.0	25.2	26.4	7.8	10.7
2003	100.0	24.6	26.7	7.7	11.1
2004	100.0	24.4	27.0	7.8	11.3
2005	100.0	17.5	22.4	7.3	13.0
2006	100.0	17.2	21.2	8.1	14.4
2007	100.0	16.6	20.4	10.2	13.6
2008	100.0	16.2	20.6	11.4	11.7
2009	100.0	14.9	20.7	12.1	13.0
2010	100.0	14.9	22.4	13.1	11.6
2011	100.0	14.0	22.0	12.5	13.2
2012	100.0	14.1	21.6	13.1	13.4
2013	100.0	13.6	20.7	14.6	12.6
2014	100.0	13.9	20.6	15.2	11.4

2-13 第三产业增加值指数(上年=100)

Indices of Value-added of the Tertiary Industry(preceding year=100)

单位：以上年为100 (preceding year=100)

年份 Year	第三产业 Tertiary Industy	#交通运输、仓储和邮政业 Transport,Storage and Post	#批发和零售业 Wholesale and Retail Trade	#金融业 Finance	#房地产业 Real Estate
1979	99.0	93.8	86.8	100.0	114.3
1980	125.7	132.5	143.7	124.5	108.0
1981	136.3	136.4	136.4	136.2	136.8
1982	114.2	114.2	114.1	114.1	114.6
1983	106.5	106.4	106.4	106.5	106.0
1984	124.3	124.3	124.2	124.3	124.7
1985	123.5	123.5	123.5	123.4	123.4
1986	99.4	100.5	96.7	100.1	100.0
1987	121.9	120.4	125.2	121.0	121.0
1988	109.7	135.7	129.5	76.1	84.0
1989	110.7	110.2	90.8	140.2	99.6
1990	111.4	98.2	110.4	103.1	138.2
1991	111.5	107.2	116.7	113.8	145.4
1992	120.0	120.1	127.1	113.5	139.2
1993	118.3	116.8	121.7	99.1	164.5
1994	113.0	118.9	108.4	122.8	115.3
1995	114.2	117.3	120.8	99.9	117.2
1996	114.6	116.1	118.6	104.5	108.7
1997	114.5	116.0	117.9	104.6	109.1
1998	110.8	109.6	114.8	102.4	103.7
1999	109.9	110.5	111.1	97.8	116.4
2000	110.0	109.1	110.5	106.0	116.8
2001	109.2	107.2	109.8	106.5	113.1
2002	109.2	104.7	109.3	110.8	112.4
2003	109.7	108.3	111.5	107.8	112.5
2004	110.8	111.3	111.4	109.8	108.7
2005	113.7	106.8	108.6	107.4	130.3
2006	117.1	112.6	111.9	129.5	126.2
2007	114.6	110.0	112.6	121.7	110.2
2008	112.3	108.3	110.7	117.8	93.4
2009	112.3	101.9	115.8	125.4	115.7
2010	110.6	112.1	115.2	114.9	101.2
2011	109.1	108.5	109.5	106.6	108.6
2012	109.1	107.5	107.9	115.1	110.1
2013	109.4	107.6	107.8	116.4	105.7
2014	108.1	111.4	108.3	116.0	96.5

2-14 第三产业增加值指数(1978年=100)

Indices of Value-added of the Tertiary Industry(year of 1978=100)

单位：以1978年为100 (year of 1978=100)

年份 Year	第三产业 Tertiary Industy	#交通运输、仓储和邮政业 Transport,Storage and Post	#批发和零售业 Wholesale and Retail Trade	#金融业 Finance	#房地产业 Real Estate
1979	99.0	93.8	86.8	100.0	114.3
1980	124.4	124.3	124.7	124.5	123.4
1981	169.6	169.5	170.1	169.6	168.9
1982	193.7	193.6	194.1	193.5	193.5
1983	206.3	206.0	206.5	206.1	205.1
1984	256.4	256.0	256.5	256.1	255.8
1985	316.7	316.2	316.8	316.1	315.7
1986	314.8	317.8	306.4	316.4	315.7
1987	383.7	382.6	383.6	382.8	382.0
1988	420.9	519.2	496.7	291.3	320.8
1989	466.0	572.2	451.0	408.4	319.6
1990	519.1	562.0	498.1	421.1	441.6
1991	578.8	602.4	581.4	479.4	642.0
1992	694.6	723.4	738.9	543.9	893.9
1993	821.8	845.1	899.4	538.9	1470.7
1994	928.2	1005.0	975.2	661.6	1696.0
1995	1059.6	1179.2	1178.4	661.1	1986.9
1996	1214.5	1368.8	1397.2	691.0	2159.1
1997	1390.3	1588.1	1647.0	722.9	2356.6
1998	1539.9	1740.9	1890.5	740.2	2444.3
1999	1691.7	1924.6	2100.4	723.8	2845.8
2000	1860.8	2099.4	2320.4	767.0	3323.9
2001	2032.6	2251.2	2548.4	817.1	3760.5
2002	2219.8	2357.6	2786.0	905.8	4227.4
2003	2435.9	2553.6	3107.4	976.4	4755.9
2004	2698.2	2842.6	3461.4	1072.5	5170.8
2005	3067.7	3034.5	3760.7	1151.6	6738.3
2006	3592.5	3417.7	4207.8	1491.8	8501.2
2007	4116.1	3758.2	4739.5	1815.1	9364.8
2008	4621.5	4068.9	5244.9	2138.7	8750.4
2009	5191.6	4144.2	6073.8	2681.5	10128.4
2010	5741.9	4644.2	6997.0	3081.0	10249.9
2011	6246.4	5039.0	7661.7	3284.3	11131.4
2012	6814.8	5416.9	8267.0	3780.2	12255.7
2013	7455.4	5828.6	8911.8	4400.2	12954.3
2014	8059.3	6493.0	9651.5	5104.2	12500.9

2-15 主要年份地区生产总值收入法构成项目

Income Approach Components of GDP in Selcted Years

单位：亿元 (100 million yuan)

项目 Item	2000	2005	2010	2013	2014
劳动者报酬 Compensation of Employees	**1824.79**	**2890.79**	**7400.03**	**11277.57**	**12504.55**
第一产业 Primary Industry	550.52	785.71	1352.56	1864.33	2003.97
第二产业 Secondary Industry	635.86	1209.53	3372.40	5362.98	6006.62
第三产业 Tertiary industy	638.41	895.55	2675.07	4050.26	4493.96
按主要行业分 By Sector					
工业 Industry	511.27	996.77	2554.42	3880.69	4357.59
交通运输、仓储和邮政业 Transport,Storage,Post and Telecommunication Services	154.70	130.44	429.09	585.63	641.28
批发和零售业 Wholesale and Retail Trade	173.17	102.01	558.19	743.71	813.49
生产税净额 Net Taxes on Production	**371.62**	**868.51**	**1867.67**	**3093.63**	**3653.71**
第一产业 Primary Industry	20.10	13.56	3.29	3.98	4.43
第二产业 Secondary Industry	213.86	539.43	1091.51	1920.71	2352.75
第三产业 Tertiary industy	137.67	315.52	772.87	1168.94	1296.53
按主要行业分 By Sector					
工业 Industry	185.40	524.46	960.61	1734.03	2143.66
交通运输、仓储和邮政业 Transport,Storage,Post and Telecommunication Services	35.24	58.46	58.73	73.85	84.54
批发和零售业 Wholesale and Retail Trade	63.09	127.88	393.63	544.00	594.09
固定资产折旧 Depreciation of Fixed Assets	**491.48**	**914.15**	**1562.99**	**2239.74**	**2491.08**
第一产业 Primary Industry	18.07	28.09	7.82	5.92	6.40
第二产业 Secondary Industry	204.18	435.75	701.16	1033.10	1166.50
第三产业 Tertiary Industy	269.23	450.31	854.01	1200.72	1318.18
按主要行业分 By Sector					
工业 Industry	185.07	388.25	665.46	1006.06	1136.49
交通运输、仓储和邮政业 Transport.Storage.Post and Telecommunication Services	85.46	65.80	156.66	222.24	264.93
批发和零售业 Wholesale and Retail Trade	30.80	22.95	65.32	91.16	98.89
营业盈余 Operating Surplus	**1076.64**	**1881.24**	**3906.43**	**5257.54**	**5406.42**
第一产业 Primary Industry	51.88				
第二产业 Secondary Industry	574.56	991.21	2357.76	3012.80	2989.49
第三产业 Tertiary Industy	450.21	890.03	1548.67	2244.74	2416.93
按主要行业分 By Sector					
工业 Industry	540.60	892.39	2217.22	2834.54	2788.97
交通运输、仓储和邮政业 Transport.Storage.Post and Telecommunication Services	135.27	192.50	226.68	294.47	329.60
批发和零售业 Wholesale and Retail Trade	132.04	318.45	293.80	411.01	454.71

注：2014年行业分类为按新国民经济行业分类(GB/T 4754-2011)划分。

Note:The classified standards of national ecomonic sector in 2014 are adopted GB/T 4754-2011.

2-16 分行业地区生产总值收入法构成项目(2014年)

Income Approach Components of GDP by Sector(2014)

单位：亿元　(100 million yuan)

项目 Item	增加值 Value-added	劳动者报酬 Compensation of Employees	生产税净额 Net Taxes on Production	固定资产折旧 Depreciation of Fixed Assets	营业盈余 Operating Surplus
地区生产总值 Gross Pomestic Product	**24055.76**	**12504.55**	**3653.71**	**2491.08**	**5406.42**
第一产业 Primary Industry	2014.80	2003.97	4.43	6.40	
第二产业 Secondary Industry	12515.36	6006.62	2352.75	1166.50	2989.49
第三产业 Tertiary Industry	9525.60	4493.96	1296.53	1318.18	2416.93
按主要行业分 By Sector					
工业 Industry	10426.71	4357.59	2143.66	1136.49	2788.97
建筑业 Construction	2112.03	1661.05	211.19	33.54	206.25
交通运输、仓储和邮政业 Transport, Storage and Post Services	1320.35	641.28	84.54	264.93	329.60
信息传输、软件和信息技术服务业 Information Transmission, Software and Information Technology Services	438.11	102.63	34.63	145.00	155.85
批发和零售业 Wholesale and Retail Trade	1961.18	813.49	594.09	98.89	454.71
住宿和餐饮业 Lodgings and Catering Services	374.61	307.23	25.31	30.70	11.38
金融业 Finance	1449.82	461.16	208.70	35.30	744.66
房地产业 Real Estate	1090.22	93.21	226.22	508.65	262.14
租赁和商务服务业 Rent and Business Services	613.21	211.07	46.90	61.49	293.74
科学研究和技术服务业 Scientific Reseach, Ploytechnic Services	165.50	82.27	15.05	14.62	53.57
水利、环境和公共设施管理业 Water Conservancy, Environment and Public Facilities Management	81.86	57.61	3.27	8.43	12.55
居民服务、修理和其他服务业 Resident Services,Repairing and Others	404.70	344.84	17.38	22.73	19.76
教育 Education	389.38	344.28	1.80	43.28	0.02
卫生和社会工作 Health Care, Social Ensure	260.34	213.53	2.61	7.03	37.16
文化、体育和娱乐业 Culture, Sports and Entertainment	308.90	215.31	28.70	35.02	29.86
公共管理、社会保障和社会组织 Public Management and Social Organizations	573.80	524.75	5.25	37.60	6.20

2-17 主要年份支出法地区生产总值

Gross Domestic Product by Expenditure Approach in Selected Years

单位：亿元 (100 million yuan)

年份 Year	支出法地区生产总值 Gross Domestic Product by Expenditure Approach	最终消费 Final Consumption Expenditure	资本形成总额 Gross Capital Formation	货物和服务净流出 Net Exports of Goods and Services	资本形成率(%) Capital Formation Rate(%)	最终消费率(%) Consumption Rate(%)
1952	12.73	11.86	1.42	-0.55	11.2	93.2
1957	22.03	18.19	5.67	-1.83	25.7	82.6
1962	22.12	21.87	0.13	0.12	0.6	98.9
1965	28.81	24.38	6.31	-1.88	21.9	84.6
1970	34.70	32.47	9.68	-7.45	27.9	93.6
1975	46.48	39.66	10.54	-3.72	22.7	85.3
1978	66.37	53.02	22.59	-9.24	34.0	79.9
1979	74.11	60.51	23.07	-9.47	31.1	81.6
1980	87.06	68.06	27.08	-8.08	31.1	78.2
1981	105.62	79.02	28.48	-1.88	27.0	74.8
1982	117.81	91.16	33.21	-6.56	28.2	77.4
1983	127.76	98.26	35.61	-6.11	27.9	76.9
1984	157.06	116.36	43.76	-3.06	27.9	74.1
1985	200.48	145.82	64.54	-9.88	32.2	72.7
1986	222.54	165.37	81.72	-24.55	36.7	74.3
1987	279.24	192.92	97.92	-11.60	35.1	69.1
1988	383.21	262.23	124.64	-3.66	32.5	68.4
1989	458.40	325.85	139.14	-6.59	30.4	71.1
1990	522.28	381.13	151.46	-10.31	29.0	73.0
1991	619.87	443.55	190.40	-14.08	30.7	71.6
1992	784.68	542.90	261.23	-19.45	33.3	69.2
1993	1114.20	682.09	440.95	-8.84	39.6	61.2
1994	1644.39	946.94	735.23	-37.78	44.7	57.6
1995	2094.90	1174.13	953.71	-32.94	45.5	56.0
1996	2484.25	1406.39	1135.23	-57.37	45.7	56.6
1997	2870.90	1630.58	1278.88	-38.56	44.5	56.8
1998	3159.91	1723.93	1451.90	-15.92	45.9	54.6
1999	3414.19	1831.55	1513.82	68.82	44.3	53.6
2000	3764.54	2049.66	1601.29	113.59	42.5	54.4
2001	4072.85	2214.11	1693.63	165.11	41.6	54.4
2002	4467.55	2412.57	1826.23	228.75	40.9	54.0
2003	4983.67	2651.77	2077.08	254.82	41.7	53.2
2004	5763.35	2975.97	2469.87	317.51	42.9	51.6
2005	6568.93	3295.55	2943.65	329.73	44.8	50.2
2006	7820.76	3837.08	3637.46	346.22	46.5	49.1
2007	9426.46	4356.31	4704.56	365.59	49.9	46.2
2008	11569.19	5191.28	5975.76	402.15	51.7	44.9
2009	12777.09	5576.66	6819.66	380.77	53.4	43.6
2010	14931.73	6440.40	8022.95	468.38	53.7	43.1
2011	17932.85	7300.48	10074.75	557.62	56.2	40.7
2012	19701.78	7882.88	11304.77	514.13	57.4	40.0
2013	21759.64	8389.94	12804.67	565.03	58.8	38.6
2014	24055.76	9299.33	14177.73	578.70	58.9	38.7

2-18 主要年份支出法地区生产总值结构

年份 Year	最终消费支出 Final Consumption Expenditure 绝对数(亿元) Level (100 million yuan) 合计 Total	居民消费支出 Household Consumption Expenditure	农村居民 Rural Household	城镇居民 Urban Household	政府消费支出 Government Consumption Expenditure
1952	11.86	10.96	8.68	2.28	0.90
1957	18.19	16.42	11.89	4.53	1.77
1962	21.87	19.44	12.30	7.14	2.43
1965	24.38	21.73	14.77	6.96	2.65
1970	32.47	29.07	20.48	8.59	3.40
1975	39.66	33.89	22.69	11.20	5.77
1978	53.02	44.52	29.36	15.16	8.50
1979	60.51	51.08	33.75	17.32	9.43
1980	68.06	58.04	37.12	20.92	10.02
1981	79.02	68.42	43.71	24.70	10.60
1982	91.16	79.14	49.99	29.15	12.02
1983	98.26	84.99	53.60	31.39	13.27
1984	116.36	101.28	63.38	37.89	15.08
1985	145.82	127.72	75.96	51.76	18.10
1986	165.37	140.94	81.88	59.05	24.43
1987	192.92	163.04	93.28	69.76	29.88
1988	262.23	214.16	122.70	91.46	48.07
1989	325.85	261.21	147.41	113.80	64.64
1990	381.13	289.33	165.17	124.15	91.80
1991	443.55	338.57	177.61	160.95	104.98
1992	542.90	419.67	211.55	208.12	123.23
1993	682.09	534.45	242.40	292.06	147.63
1994	946.94	741.05	327.95	413.10	205.89
1995	1174.13	951.68	397.38	554.29	222.45
1996	1406.39	1100.78	443.46	657.32	305.61
1997	1630.58	1270.82	501.53	769.29	359.76
1998	1723.93	1318.23	526.40	791.83	405.71
1999	1831.55	1374.02	548.91	825.11	457.53
2000	2049.66	1539.58	559.80	979.78	510.09
2001	2214.11	1634.83	592.39	1042.44	579.28
2002	2412.57	1753.57	595.01	1158.56	659.00
2003	2651.77	1920.99	595.26	1325.73	730.79
2004	2975.97	2150.13	635.50	1514.63	825.84
2005	3295.55	2393.17	700.94	1692.23	902.38
2006	3837.08	2846.57	773.60	2072.97	990.51
2007	4356.31	3218.08	856.23	2361.85	1138.23
2008	5191.28	3859.43	1007.07	2852.36	1331.85
2009	5576.66	4140.44	1048.71	3091.73	1436.22
2010	6440.40	4852.20	1158.48	3693.72	1588.20
2011	7300.48	5544.31	1326.20	4218.11	1756.17
2012	7882.88	6028.12	1474.40	4553.72	1854.76
2013	8389.94	6436.96	1519.58	4917.38	1952.98
2014	9299.33	7238.38	1747.52	5490.86	2060.95

Components of Gross Domestic Product by Expenditure Approach in Selected Years

构成(%) Composition (%)				资本形成总额 Gross Capital Formation				
最终消费支出=100 Final Consumption Expenditure=100		居民消费支出=100 Household Consumption Expenditure=100		绝对数（亿元） Level(100 million yuan)			构成(%) Composition (%)	
居民消费支出 Houserhold Consumption Expenditure	政府消费支出 Government Consumption Expenditure	农村居民 Rural Household	城镇居民 Urban Household	合计 Total	固定资本形成总额 Fixed Capital Formation	存货增加 Changes in Invertories	固定资本形成总额 Fixed Capital Formation	存货增加 Changes in Invertories
92.4	7.6	79.2	20.8	1.42	0.85	0.57	59.9	40.1
90.3	9.7	72.4	27.6	5.67	3.11	2.56	54.9	45.1
88.9	11.1	63.3	36.7	0.13	2.11	-1.98	1623.1	-1523.1
89.1	10.9	68.0	32.0	6.31	4.79	1.52	75.9	24.1
89.5	10.5	70.5	29.5	9.68	7.24	2.44	74.8	25.2
85.5	14.5	67.0	33.0	10.54	7.35	3.19	69.7	30.3
84.0	16.0	65.9	34.1	22.59	13.25	9.34	58.7	41.3
84.4	15.6	66.1	33.9	23.07	16.35	6.72	70.9	29.1
85.3	14.7	64.0	36.0	27.08	19.70	7.38	72.7	27.3
86.6	13.4	63.9	36.1	28.48	19.64	8.84	69.0	31.0
86.8	13.2	63.2	36.8	33.21	23.36	9.85	70.3	29.7
86.5	13.5	63.1	36.9	35.61	28.71	6.90	80.6	19.4
87.0	13.0	62.6	37.4	43.76	33.51	10.25	76.6	23.4
87.6	12.4	59.5	40.5	64.54	45.16	19.38	70.0	30.0
85.2	14.8	58.1	41.9	81.72	61.19	20.53	74.9	25.1
84.5	15.5	57.2	42.8	97.92	73.76	24.16	75.3	24.7
81.7	18.3	57.3	42.7	124.64	84.36	40.28	67.7	32.3
80.2	19.8	56.4	43.6	139.14	90.45	48.69	65.0	35.0
75.9	24.1	57.1	42.9	151.46	108.02	43.44	71.3	28.7
76.3	23.7	52.5	47.5	190.40	143.21	47.19	75.2	24.8
77.3	22.7	50.4	49.6	261.23	198.45	62.78	76.0	24.0
78.4	21.6	45.4	54.6	440.95	348.16	92.79	79.0	21.0
78.3	21.7	44.3	55.7	735.23	549.29	185.94	74.7	25.3
81.1	18.9	41.8	58.2	953.71	707.12	246.59	74.1	25.9
78.3	21.7	40.3	59.7	1135.23	849.23	286.01	74.8	25.2
77.9	22.1	39.5	60.5	1278.88	960.86	318.01	75.1	24.9
76.5	23.5	39.9	60.1	1451.90	1116.58	335.32	76.9	23.1
75.0	25.0	39.9	60.1	1513.82	1150.19	363.62	76.0	24.0
75.1	24.9	36.4	63.6	1601.29	1216.91	384.38	76.0	24.0
73.8	26.2	36.2	63.8	1693.63	1269.93	423.71	75.0	25.0
72.7	27.3	33.9	66.1	1826.23	1383.54	442.69	75.8	24.2
72.4	27.6	31.0	69.0	2077.08	1672.63	404.45	80.5	19.5
72.2	27.8	29.6	70.4	2469.87	2100.48	369.39	85.0	15.0
72.6	27.4	29.3	70.7	2943.65	2654.95	288.70	90.2	9.8
74.2	25.8	27.2	72.8	3637.46	3310.15	327.31	91.0	9.0
73.9	26.1	26.6	73.4	4704.56	4344.88	359.68	92.4	7.6
74.3	25.7	26.1	73.9	5975.76	5601.36	374.40	93.7	6.3
74.2	25.8	25.3	74.7	6819.66	6438.28	381.38	94.4	5.6
74.8	25.2	24.4	75.6	8022.95	7341.57	681.38	91.5	8.5
75.9	24.1	23.9	76.1	10074.75	9060.53	1014.22	89.9	10.1
76.5	23.5	24.5	75.5	11304.77	10270.16	1034.61	90.8	9.2
76.7	23.3	23.6	76.4	12804.67	11678.58	1126.09	91.2	8.8
77.8	22.2	24.1	75.9	14177.73	13038.04	1139.69	92.0	8.0

2-19 居民消费支出

Household Consumption Expenditure

单位：亿元 (100 million yuan)

项目 Item	2005	2010	2011	2012	2013	2014
总计 Total	**2393.17**	**4852.20**	**5544.31**	**6028.12**	**6436.96**	**7238.38**
农村居民 Rural Household	**700.94**	**1158.48**	**1326.20**	**1474.40**	**1519.58**	**1747.52**
食品类支出 Food	285.22	428.49	476.66	522.94	539.21	531.41
衣着类支出 Clothing	35.09	52.38	62.16	72.44	72.42	72.03
居住类支出 Residence	52.27	86.92	86.27	101.02	94.18	237.52
家庭设备、用品及服务类支出 Household Facilities, Articles and Services	29.02	52.96	58.36	67.78	74.62	80.88
医疗保健类支出 Health Care and Personal Articles	28.95	74.60	94.06	132.21	147.48	92.61
交通和通信类支出 Transportation and Communications	68.71	115.45	119.06	126.69	125.28	138.14
文教娱乐用品及服务类支出 Recreation, Education and Culture Articles	67.01	78.06	79.65	86.94	88.77	118.39
金融服务消费支出 Financial Service	42.67	114.23	106.61	126.65	125.64	209.56
保险服务消费支出 Insurance Service		11.93	25.81	7.12	8.26	12.77
其它支出 Others	92.00	148.63	217.56	230.61	243.72	254.21
城镇居民 Urban Household	**1692.23**	**3693.72**	**4218.11**	**4553.72**	**4917.38**	**5490.86**
食品类支出 Food	590.89	1211.32	1394.88	1471.62	1514.50	1715.70
衣着类支出 Clothing	116.49	268.02	319.10	328.66	343.73	340.17
居住类支出 Residence	176.17	336.00	354.72	385.41	410.72	507.80
家庭设备、用品及服务类支出 Household Facilities, Articles and Services	74.84	207.45	259.54	283.43	295.97	310.86
医疗保健类支出 Health Care and Personal Articles	78.63	151.56	187.17	199.37	224.89	382.14
交通和通信类支出 Transportation and Communications	172.36	459.55	527.26	595.65	656.71	637.46
文教娱乐用品及服务类支出 Recreation, Education and Culture Articles	181.93	373.60	401.08	423.31	499.43	505.26
金融服务消费支出 Financial Service	42.94	131.49	144.75	156.33	325.51	370.20
保险服务消费支出 Insurance Service		20.90	30.60	58.62	67.01	134.30
其它支出 Others	257.98	514.13	599.01	651.32	578.91	586.97

2-20 主要年份居民消费水平

Household Consumption Expenditure in Selected Years

年份 Year	居民消费水平(元/人) Households Consumption(yuan/person) 总计 All Households	农村 Rural	城镇 Urban	城乡居民消费水平对比(农村居民=1) Urban/Rural Consumption Ratio(Rural Households=1)	居民消费水平指数 Households Consumption (以上年为100) Preceding Year=100 总计 All Households	农村 Rural	城镇 Urban	(以1952为100) Year of 1952=100 总计 All Households	农村 Rural	城镇 Urban
1952	88	79	159	2.0				100.0	100.0	100.0
1957	115	98	214	2.2	101.6	97.8	122.1	122.0	116.8	122.5
1962	120	92	252	2.7	104.1	107.7	106.3	93.7	83.6	100.2
1965	125	102	246	2.4	107.3	107.1	107.9	116.5	103.0	132.3
1970	145	119	304	2.6	102.2	105.5	100.4	133.1	118.2	165.3
1975	148	115	357	3.1	98.9	97.5	102.2	134.4	112.7	192.1
1978	183	140	455	3.3	111.2	110.9	111.2	162.1	134.7	235.9
1979	206	162	473	2.9	106.8	105.9	102.1	173.2	142.7	240.8
1980	231	180	533	3.0	106.9	105.6	104.8	185.1	150.7	252.2
1981	269	211	546	2.6	114.3	114.4	99.8	211.6	172.4	251.8
1982	305	238	607	2.6	107.2	107.3	102.4	226.8	185.0	257.9
1983	322	252	609	2.4	106.7	106.8	102.6	242.0	197.5	264.5
1984	378	297	672	2.3	109.6	108.5	106.1	265.3	214.3	280.6
1985	465	358	818	2.3	116.0	116.4	107.3	307.7	249.4	301.0
1986	507	384	880	2.3	102.9	101.3	100.6	316.6	252.8	302.9
1987	577	432	987	2.3	104.3	103.0	102.5	330.2	260.3	310.5
1988	744	560	1218	2.2	102.4	102.9	97.1	338.2	267.8	301.5
1989	893	659	1462	2.2	100.9	100.3	101.7	341.4	268.7	306.7
1990	979	718	1473	2.1	104.7	104.4	99.4	357.4	280.4	304.8
1991	1118	775	1867	2.4	110.2	104.2	122.3	393.9	292.1	372.8
1992	1371	923	2342	2.5	118.3	117.1	115.4	465.9	342.1	430.4
1993	1725	1146	2931	2.6	109.4	108.7	107.1	509.7	371.8	460.8

2-20 续表

Continued

年份 Year	居民消费水平(元/人) Households Consumption(yuan/person) 总计 All Households	农村 Rural	城镇 Urban	城乡居民消费水平对比(农村居民=1) Urban/Rural Consumption Ratio(Rural Households=1)	居民消费水平指数 Households Consumption (以上年为100) Preceding Year=100 总计 All Households	农村 Rural	城镇 Urban	(以1952为100) Year of 1952=100 总计 All Households	农村 Rural	城镇 Urban
1994	2375	1564	3812	2.4	108.7	107.6	103.7	554.2	399.9	477.8
1995	3019	1997	4590	2.3	110.7	111.6	103.4	613.7	446.4	494.1
1996	3446	2265	5080	2.2	107.9	107.6	103.6	662.3	480.4	511.7
1997	3935	2540	5765	2.3	112.2	110.7	110.7	743.3	531.9	566.5
1998	4052	2548	6025	2.4	103.2	100.8	104.5	767.4	536.2	591.8
1999	4194	2597	6159	2.4	103.8	101.7	103.6	796.6	545.6	613.1
2000	4574	2788	6648	2.4	107.1	106.0	104.6	852.9	578.4	641.2
2001	4770	2811	7125	2.5	105.1	101.7	107.7	896.1	588.1	690.9
2002	5076	2915	7642	2.6	107.2	103.7	109.4	960.5	610.1	756.0
2003	5524	3052	8571	2.8	108.7	104.8	111.5	1044.0	639.6	843.1
2004	6144	3335	9502	2.8	107.3	105.6	106.4	1120.2	675.3	896.9
2005	6793	3730	10296	2.8	108.5	109.1	106.6	1215.5	736.9	956.1
2006	7971	4325	11630	2.7	111.5	108.6	107.9	1355.3	806.9	1054.6
2007	8943	4846	12896	2.7	106.7	105.2	105.9	1446.1	862.6	1114.7
2008	10645	5811	15072	2.6	108.0	109.8	105.7	1561.8	924.4	1154.8
2009	11336	6248	15662	2.5	111.1	112.3	108.4	1735.2	1038.1	1251.8
2010	13187	7169	17900	2.5	108.1	104.9	106.7	1894.6	1125.6	1366.8
2011	14958	8436	19762	2.3	106.8	106.2	105.3	2003.4	1156.5	1406.5
2012	16144	9596	20722	2.2	107.0	110.4	104.6	2143.6	1276.8	1471.2
2013	17115	10147	21725	2.1	107.1	108.1	105.4	2295.8	1380.2	1550.6
2014	19099	11908	23642	2.0	107.9	111.1	105.9	2477.2	1533.4	1642.1

2-21 三大需求对经济增长的贡献及拉动(1980-2014年)

Contribution Share and Contribution of the Three Components of GDP to the Growth of GDP(1980-2014)

单位：% (%)

年份 Year	贡献率(%) Contribution Share(%) 最终消费 Final Consumption Expenditure	资本形成总额 Gross Capital Formation	货物和服务净流出 Net Exports of Goods and Services	地区生产总值增长率(%) Growth rate of Gross Domestic Product(%)	拉动（百分点） Contribution（percentage point） 最终消费 Final Consumption Expenditure	资本形成总额 Gross Capital Formation	货物和服务净流出 Net Exports of Goods and Services
1980	35.8	27.1	37.2	18.4	6.6	5.0	6.8
1981	68.1	5.0	26.9	15.5	10.5	0.8	4.2
1982	71.0	41.7	-12.7	9.3	6.6	3.9	-1.2
1983	108.7	20.7	-29.3	6.2	6.7	1.3	-1.8
1984	51.2	30.6	18.2	17.9	9.2	5.5	3.2
1985	74.5	46.0	-20.5	17.6	13.1	8.1	-3.6
1986	93.3	77.0	-70.4	5.7	5.3	4.4	-4.0
1987	44.0	23.7	32.4	13.6	6.0	3.2	4.4
1988	46.1	32.7	21.3	14.3	6.6	4.7	3.0
1989	43.7	59.7	-3.4	7.8	3.4	4.7	-0.3
1990	140.4	-37.2	-3.3	7.7	10.8	-2.9	-0.2
1991	64.9	37.6	-2.4	14.4	9.3	5.4	-0.3
1992	63.6	35.8	0.5	20.3	12.9	7.3	0.1
1993	30.7	66.8	2.5	22.6	6.9	15.1	0.6
1994	26.4	76.1	-2.5	20.3	5.4	15.4	-0.5
1995	38.6	61.0	0.5	14.6	5.6	8.9	0.1
1996	45.2	58.5	-3.6	13.3	6.0	7.8	-0.5
1997	52.8	52.7	-5.4	14.0	7.4	7.4	-0.8
1998	30.4	61.4	8.2	10.8	3.3	6.6	0.9
1999	38.2	37.7	24.2	9.9	3.8	3.7	2.4
2000	54.4	31.7	13.9	9.3	5.1	2.9	1.3
2001	52.6	31.3	16.1	8.7	4.6	2.7	1.4
2002	50.8	34.2	15.0	10.2	5.2	3.5	1.5
2003	47.0	47.6	5.4	11.5	5.4	5.5	0.6
2004	36.6	54.1	9.3	11.8	4.3	6.4	1.1
2005	36.0	62.5	1.5	11.6	4.2	7.2	0.2
2006	37.2	61.3	1.5	14.8	5.5	9.1	0.2
2007	24.6	74.9	0.5	15.2	3.7	11.4	0.1
2008	32.5	65.0	2.5	13.0	4.2	8.5	0.3
2009	39.2	63.5	-2.7	12.3	4.8	7.8	-0.3
2010	22.9	73.1	4.0	13.9	3.2	10.1	0.5
2011	22.5	74.2	3.3	12.3	2.8	9.1	0.4
2012	26.3	75.2	-1.5	11.4	3.0	8.6	-0.2
2013	24.8	73.9	1.3	11.0	2.7	8.2	0.1
2014	38.7	58.9	2.4	9.9	2.7	7.1	0.1

注：2004年以前年份和2014年第一产业增加值不含农林牧渔服务业。

Note:The value-added of primary industry before 2004 and in 2014 exclude services of farming , forestry , animal , husbandry and fishery.

主要统计指标解释

国内生产总值(GDP)　指按市场价格计算的一个国家(或地区)所有常住单位在一定时期内生产活动的最终成果。国内生产总值有三种表现形态，即价值形态、收入形态和产品形态。从价值形态看，它是所有常住单位在一定时期内生产的全部货物和服务价值超过同期投入的全部非固定资产货物和服务价值的差额，即所有常住单位的增加值之和；从收入形态看，它是所有常住单位在一定时期内创造并分配给常住单位和非常住单位的初次收入之和；从产品形态看，它是所有常住单位在一定时期内最终使用的货物和服务价值减去货物和服务进口价值。在实际核算中，国内生产总值有三种计算方法，即生产法、收入法和支出法。三种方法分别从不同的方面反映国内生产总值及其构成。

对于一个地区来说，称为地区生产总值或地区GDP。

三次产业　三次产业的划分是世界上较为常用的产业结构分类，但各国的划分不尽一致。我国的三次产业划分是：

第一产业是指农、林、牧、渔业。

第二产业是指采矿业，制造业，电力、煤气及水的生产和供应业，建筑业。

第三产业是指除第一、二产业以外的其他行业。

劳动者报酬　指劳动者因从事生产活动所获得的全部报酬。包括劳动者获得的各种形式的工资、奖金和津贴，既包括货币形式的，也包括实物形式的，还包括劳动者所享受的公费医疗和医药卫生费、上下班交通补贴、单位支付的社会保险费、住房公积金等。对于个体经济来说，其所有者所获得的劳动报酬和经营利润不易区分，这两部分统一作为劳动者报酬处理。

生产税净额　指生产税减生产补贴后的余额。生产税指政府对生产单位从事生产、销售和经营活动以及因从事生产活动使用某些生产要素(如固定资产、土地、劳动力)所征收的各种税、附加费和规费。生产补贴与生产税相反，指政府对生产单位的单方面转移支出，因此视为负生产税，包括政策亏损补贴、价格补贴等。

固定资产折旧　指一定时期内为弥补固定资产损耗按照规定的固定资产折旧率提取的固定资产折旧，或按国民经济核算统一规定的折旧率虚拟计算的固定资产折旧。它反映了固定资产在当期生产中的转移价值。各类企业和企业化管理的事业单位的固定资产折旧是指实际计提的折旧费；不计提折旧的政府机关、非企业化管理的事业单位和居民住房的固定资产折旧是按照统一规定的折旧率和固定资产原值计算的虚拟折旧。原则上，固定资产折旧应按固定资产当期的重置价值计算，但是目前我国尚不具备对全社会固定资产进行重估价的基础，所以暂时只能采用上述办法。

营业盈余　指常住单位创造的增加值扣除劳动者报酬、生产税净额和固定资产折旧后的余额。它相当于企业的营业利润加上生产补贴，但要扣除从利润中开支的工资和福利等。

支出法国内生产总值　是从最终使用的角度反映一个国家(或地区)一定时期内生产活动最终成果的一种方法，包括最终消费、资本形成总额及货物和服务净出口三部分。计算公式为：

支出法国内生产总值=最终消费+资本形成总额+货物和服务净出口

最终消费　指常住单位为满足物质、文化和精神生活的需要，从本国经济领土和国外购买的货物和服务的支出。它不包括非常住单位在本国经济领土内的消费支出。最终消费分为居民消费和政府消费。

居民消费　指常住住户在一定时期内对于货物和服务的全部最终消费支出。居民消费除了直接以货币形式购买的货物和服务的消费支出外，还包括以其他方式获得的货物和服务的消费支出，即所谓的虚拟消费支出。居民虚拟消费支出包括如下几种类型：单位以实物报酬及实物转移的形式提供给劳动者的货物和服务；住户生产并由本住户消费了的货物和服务，其中的服务仅指住户的自有住房服务和付酬的家庭雇员提供的家庭和个人服务；金融机构提供的金融媒介服务；保险公司提供的保险服务。

政府消费　指政府部门为全社会提供的公共服务的消费支出和免费或以较低的价格向居民住户提供的货物和服务的净支出，前者等于政府服务的产出价值减去政府单位所获得的经营收入的价值，后者等于政府部门免费或以较低价格向居民住户提供的货物和服务的市场价值减去向住户收取的价值。

资本形成总额 指常住单位在一定时期内获得减去处置的固定资产和存货的净额，包括固定资本形成总额和存货增加两部分。

固定资本形成总额 指生产者在一定时期内获得的固定资产减处置的固定资产的价值总额。固定资产是通过生产活动生产出来的，且其使用年限在一年以上、单位价值在规定标准以上的资产，不包括自然资产。可分为有形固定资本形成总额和无形固定资本形成总额。有形固定资本形成总额包括一定时期内完成的建筑工程、安装工程和设备工器具购置(减处置)价值，以及土地改良、新增役、种、奶、毛、娱乐用牲畜和新增经济林木价值。无形固定资本形成总额包括矿藏的勘探、计算机软件等获得减处置。

存货增加 指常住单位在一定时期内存货实物量变动的市场价值，即期末价值减期初价值的差额，再扣除当期由于价格变动而产生的持有收益。存货增加可以是正值，也可以是负值，正值表示存货上升，负值表示存货下降。存货包括生产单位购进的原材料、燃料和储备物资等存货，以及生产单位生产的产成品、在制品和半成品等存货。

货物和服务净出口 指货物和服务出口减货物和服务进口的差额。出口包括常住单位向非常住单位出售或无偿转让的各种货物和服务的价值；进口包括常住单位从非常住单位购买或无偿得到的各种货物和服务的价值。由于服务活动的提供与使用同时发生，一般把常住单位从非常住单位得到的服务作为进口，非常住单位从常住单位得到的服务作为出口。货物的出口和进口都按离岸价格计算。

Explanatory Notes on Main Statistical Indicators

Gross Domestic Product (GDP) refers to the final products at market prices produced by all resident units in a country (or a region) during a certain period of time. Gross domestic product is expressed in three different forms, i.e. value, income, and products respectively. GDP in its value form refers to the total value of all goods and services produced by all resident units during a certain period of time, minus the total value of input of goods and services of the nature of non-fixed assets; in other term, it is the sum of the value-added of all resident units. GDP in the form of income includes the income created by all resident units and distributed to resident and non-resident units. GDP in the form of products refers to the value of all goods and services for final consumption by all resident units minus the imports of goods and services during a given period of time. In the practice of national accounting, gross domestic product is calculated with three approaches, i.e. production approach, income approach and expenditure approach, which reflect gross domestic product and its composition from different aspects.

For a Region, Gross Domestic Product. is called Region GDP.

Three Industries Classification of economic activities into three branches of industries is a common practice in the world, although the grouping varies to some extent form country to country. In China economic activities are categorized into following industries:

Primary industry: refers to agriculture, forestry, animal husbandry and fishery.

Secondary industry: refers to mining and quarrying, manufacturing, production and supply of electricity, water and gas, and construction.

Tertiary industry: refers to all other economic activities not included in primary or secondary industry.

Labourers Remuneration refers to the whole payment of various forms earned by the labourers from the productive activities they are engaged in. It includes wages, bonuses and allowances the labourers earned in monetary form and in kind. It also includes the free medical services provided to the labourers and the medicine expenses, traffic subsidies and social insurance, housing fund paid by the employers. As the individual economy is concerned, since the labourers remuneration is not easily distinguished from the operating profit, both are treated as labourers remuneration.

Net Taxes on Production refers to the difference of the taxes on production minus the subsidies on production. The taxes on production refers to the various taxes, extra charges and fees levied on the production units on their production, sale and business activities as well as on the use of some factors of production, such as fixed assets, land and labour in the production activities they are engaged in. In contrast to the taxes on production, the subsidies on production refer to the unilateral government transfer to the production units and are therefore regarded as negative taxes on production. They include subsidies on the loss due to implementation of government policies, price subsidies, etc.

Depreciation of Fixed Assets refers to the depreciation of fixed assets of a given period, drawn in accordance with the stipulated depreciation rate for the purpose of compensating the wear loss of the fixed assets or the depreciation of fixed assets calculated in a fictitious way in accordance with the stipulated unified depreciation rate in the national economic accounting system. It reflects the value of transfer of the fixed assets in the production of the current period. The depreciation of fixed assets in various enterprises and institutions managed as enterprises refers to the depreciation expenses actually drawn. In government agencies and institutions not managed as enterprises which do not draw the depreciation expenses, as well as for the houses of residents, the depreciation of fixed assets is the imputed depreciation, which is calculated in accordance with the stipulated unified depreciation rate. In principle, the depreciation of fixed assets should be calculated on the basis of the re-purchased value of the fixed assets. However, there is no actual condition to re-evaluate all the fixed assets in China. Therefore, the above-mentioned methods are temporarily adopted at present.

Operating Surplus refers to the balance of the value added created by the resident units after deducting the labourers remuneration, net taxes on production and the depreciation of fixed assets. It is equivalent to the business profit of the enterprises plus subsidies on production, but the wages and welfare expenses paid from the profits should be deducted.

GDP by Expenditure Approach refers to the method of measuring the final results of production activities of a country (region) during a given period from the perspective of final use. It includes final consumption, gross capital formation and net export of goods and services, i.e.:

GDP by expenditure approach = final consumption + gross capital formation + net export of goods and services

Final Consumption refers to the total expenditure of resident units for purchases of goods and services from domestic economic territory and abroad to meet the requirements of material, cultural and spiritual life. It excludes the expenditure of non-resident units on consumption in the economic territory of the country. The final consumption is broken down into household consumption and government consumption.

Households Consumption refers to the total expenditure of resident households on the final consumption of goods and services. In addition to the consumption of goods and services bought by the households directly with money, the households consumption also includes expenditure on goods and services obtained by the households in other ways, i.e. the so-called imputed consumption expenditure, which includes the following: (a) the goods and services provided to the households by the employer in the form of payment in kind and transfer in kind; (b) goods and services produced and consumed by the households themselves, in which the services refer only to the owner-occupied housing and domestic and individual services provided by the paid household workers; (c) financial intermediate services provided by financial institutions; (d) insurance services provided by insurance companies.

Government Consumption refers to the expenditure on the consumption of the public services provided by the government to the whole society and the net expenditure on the goods and services provided by the government to the households free of charge or at low prices. The former equals to the output value of the government services minus the value of operating income obtained by the government departments. The latter equals to the market value of the goods and services provided by the government free of charge or at low prices to the households minus the value received by the government from the households.

Gross Capital Formation refers to the fixed assets acquired minus those disposed of and the net value of inventory, including the gross fixed capital formation and the increase in inventory.

Gross Fixed Capital Formation refers to the value of fixed assets acquired minus those disposals of during a given period. Fixed assets are the assets produced through production activities with specified unit value which could be used for over one year, excluding natural assets. Gross fixed capital formation can be categorized into total tangible capital formation and total intangible capital formation. The total tangible capital formation include the value of the construction projects, installation projects completed and the equipment, apparatus and instruments purchased as well as the value of land improved, the value of draught animals, breeding stock, animals for milk, for wool and for recreational purpose, and the newly increased forest with economic value during a given period. The total intangible capital formation includes the prospecting of minerals, the acquisition of computer software minus the disposal of them.

Increase in Inventory refers to the market value of the change in inventory of resident units during a given period, i.e. the difference of value minus the current gains due to the change in prices. The increase in inventory can be positive or negative. A positive value indicates the increase in inventory while a negative value indicates the decrease in inventory. The inventory includes the raw materials, fuels and reserve materials purchased by the production units as well as the inventory of finished products, semi-finished products, work-in-progress, etc.

Net Export of Goods and Services refers to the difference of the exports of goods and services minus the imports of goods and services. The imports include the value of various goods and services sold or gratuitously transferred by the resident units to the non-resident units. The imports include the value of various goods and services purchased or gratuitously acquired by the resident units from the non-resident units. Because the provision of services and the use of them happen simultaneously, the acquisition of services by the resident units from abroad is usually treated as import while the acquisition of services by non-resident units in this country is usually treated as export. The export and import of goods are calculated at FOB.

第三篇　人口、就业和职工工资

Chapter 3　Population,Employment and wages

资料整理：廖瑛 林增武

Database Editor:Liaoying linzengwu

简 要 说 明

本篇资料的主要内容及来源

本篇主要包括人口、计划生育、就业、工资等资料。人口资料还包括了建国以来进行的六次人口普查主要数据。

户籍人口数由省公安厅提供；城镇私营和个体劳动者资料由省工商局提供；失业统计资料由省人力资源和社会保障厅提供；常住人口数由省统计局根据人口抽样调查推算，人口普查主要数据、就业和工资资料由省统计局提供。

Brief Introduction

Main Content and Source of Data

Data in this chapter show the basic condition of population, employment ,wage of staff and works ,family planning. Data of population include the six national population censuses.

The data on household registered population are provided by Fujian Provincial Department of Public Security. Data on Private Enterprise and Self-employed Individuals come from Fujian Provincial Commerce Ministry. Total region population are estimated by Fujian Provincial Bureau of Statistics in according with the annual national sample survey on population changes. The data of population census, employment and wages are provided by Fujian Provincial Bureau of Statistics.

3-1 主要年份年末常住人口及人口变动

Total Population and Changes at the Year-end

年份 Year	常住总人口（万人） Total Population (10000 persons)	按性别分类 By Sex		按城乡分 By Rural		人口出生率（‰） Birth Rate (‰)	人口死亡率（‰） Death Rate (‰)	人口自然增长率（‰） Natural Growth Rate (‰)	人口密度（人/平方公里） Population of Per Sq.km(Person/Sq.km)
		男 Male	女 Female	城镇 Urban	农村 Rural				
1952	1270					37.92	13.32	24.60	102
1957	1461					37.56	9.80	27.76	118
1962	1602					41.14	11.65	29.49	129
1965	1759					41.19	7.92	33.27	142
1970	2020					34.23	6.98	27.25	163
1975	2297					29.19	6.58	22.61	185
1978	2446					25.35	6.31	19.04	197
1979	2487					22.91	6.28	16.63	201
1980	2519					18.68	6.27	12.41	203
1981	2563					23.40	6.25	17.15	207
1982	2620					27.91	6.35	21.56	211
1983	2668					24.53	6.31	18.22	215
1984	2720					25.68	6.25	19.43	219
1985	2769					23.88	6.18	17.70	223
1986	2820					24.02	5.85	18.17	227
1987	2875					24.91	5.79	19.21	232
1988	2929					24.34	5.81	18.53	236
1989	2984					24.67	6.10	18.57	241
1990	3037					24.44	6.71	17.73	245
1991	3079					20.03	6.26	13.77	248
1992	3116					18.18	6.02	12.16	251
1993	3150					16.72	5.62	11.10	254
1994	3183					16.24	5.95	10.29	257
1995	3227					15.20	5.90	9.30	261
1996	3261					13.22	5.94	7.28	263
1997	3282					12.41	6.09	6.32	265
1998	3299					11.53	6.20	5.33	266
1999	3316					11.06	5.85	5.21	267
2000	3410	1757	1653	1432	1978	11.60	5.85	5.75	275
2001	3445	1775	1670	1473	1972	11.56	5.52	6.04	278
2002	3476	1790	1686	1587	1889	11.35	5.57	5.78	280
2003	3502	1805	1697	1624	1878	11.43	5.58	5.85	282
2004	3529	1818	1711	1681	1848	11.58	5.62	5.96	285
2005	3557	1793	1764	1758	1799	11.60	5.62	5.98	287
2006	3585	1810	1775	1807	1778	12.00	5.75	6.25	289
2007	3612	1824	1788	1856	1756	12.00	5.90	6.10	291
2008	3639	1830	1809	1929	1710	12.20	5.90	6.30	293
2009	3666	1848	1818	2019	1647	12.20	6.00	6.20	296
2010	3693	1900	1793	2109	1584	11.27	5.16	6.11	298
2011	3720	1912	1808	2161	1559	11.41	5.20	6.21	300
2012	3748	1927	1821	2234	1514	12.74	5.73	7.01	302
2013	3774	1938	1836	2293	1481	12.20	6.01	6.19	304
2014	3806	1936	1870	2352	1454	13.70	6.20	7.50	307

3-2 人口年龄构成

Population by Age

单位：%　　　　(%)

年龄组 Age Group	1990			2000			2010			2013			2014		
	合计 Total	男 Male	女 Female	合计 Total	男 Male	女 Female	合计 Total	男 Male	女 Female	合计 Total	男 Male	女 Female	合计 Total	男 Male	女 Female
总　计 Total	**100.00**	**51.36**	**48.64**	**100.00**	**51.53**	**48.47**	**100.00**	**51.45**	**48.55**	**100.00**	**51.36**	**48.64**	**100.00**	**50.87**	**49.13**
0—4岁 Aged 0-4	11.28	5.91	5.37	4.76	2.63	2.13	5.77	3.20	2.57	5.73	3.05	2.68	5.84	3.03	2.81
5—9岁 Aged 5-9	10.35	5.35	5.00	7.44	4.07	3.37	5.03	2.73	2.30	5.54	3.04	2.50	5.54	3.03	2.51
10—14岁 Aged 10-14	9.84	5.07	4.77	10.80	5.59	5.21	4.67	2.55	2.12	4.62	2.51	2.11	4.72	2.54	2.18
15—19岁 Aged 15-19	11.00	5.63	5.37	9.77	4.91	4.86	7.63	4.03	3.60	5.38	2.93	2.45	4.89	2.65	2.24
20—24岁 Aged 20-24	10.78	5.43	5.35	8.95	4.51	4.44	10.62	5.32	5.30	9.52	4.86	4.66	8.60	4.41	4.19
25—29岁 Aged 25-29	8.91	4.51	4.40	10.60	5.43	5.17	8.94	4.50	4.44	9.46	4.74	4.72	9.82	4.87	4.95
30—34岁 Aged 30-34	7.57	3.93	3.64	10.11	5.18	4.93	8.26	4.23	4.03	8.10	4.10	4.00	8.30	4.15	4.15
35—39岁 Aged 35-39	6.89	3.56	3.33	8.34	4.28	4.06	9.77	5.01	4.76	8.86	4.54	4.32	8.53	4.33	4.20
40—44岁 Aged 40-44	4.73	2.55	2.18	6.49	3.38	3.11	9.29	4.75	4.54	9.72	4.96	4.76	9.70	4.91	4.79
45—49岁 Aged 45-49	3.61	1.98	1.63	6.04	3.11	2.93	7.54	3.85	3.69	8.57	4.37	4.20	8.81	4.45	4.36
50—54岁 Aged 50-54	3.67	1.99	1.68	4.13	2.21	1.92	5.76	2.98	2.78	6.08	3.10	2.98	6.60	3.32	3.28
55—59岁 Aged 55-59	3.35	1.77	1.58	3.02	1.63	1.39	5.30	2.68	2.62	5.81	2.96	2.85	5.64	2.85	2.79
60—64岁 Aged 60-64	2.95	1.52	1.43	2.87	1.52	1.35	3.52	1.83	1.69	4.35	2.20	2.15	4.64	2.31	2.33
65—69岁 Aged 65-69	2.10	1.01	1.09	2.49	1.26	1.23	2.47	1.29	1.18	2.76	1.42	1.34	2.91	1.48	1.43
70—74岁 Aged 70-74	1.44	0.63	0.81	1.99	0.96	1.03	2.16	1.09	1.07	2.07	1.05	1.02	2.08	1.05	1.03
75—79岁 Aged 75-79	0.90	0.34	0.56	1.23	0.53	0.70	1.64	0.77	0.87	1.78	0.84	0.94	1.73	0.81	0.92
80岁及以上 80 and over	0.63	0.18	0.45	0.97	0.33	0.64	1.63	0.65	0.98	1.65	0.69	0.96	1.65	0.68	0.97

注：1990年、2000年及2010年为人口普查数，2013年和2014年为人口抽样调查样本数。
Note:Data in 1990, 2000 and 2010 are census data.Data in 2013 and 2014 are from Sample Survey Population.

3-3 各年龄组人口占总人口的比重

Percentage of Population Group by Age to Total

单位：% (%)

年龄组 Age Group	1982	1990	1995	2000	2010	2013	2014
总计 Total	**100.0**	**100.0**	**100.0**	**100.0**	**100.0**	**100.0**	**100.0**
#育龄妇女(15-49岁) Childbearing Age Woman(15-49)	23.5	25.9	26.7	29.5	30.4	29.1	28.9
不满周岁婴儿(0岁) Not-Full-One-Year (0)	2.4	2.3	1.3	1.0	1.1	1.2	1.4
学龄前儿童(1-6岁) Preschool Age(1-6)	13.3	13.3	11.2	6.4	6.8	6.8	6.8
小学学龄组(7-12岁) Primary(7-12)	15.6	11.6	13.4	11.6	5.6	6.0	6.1
初中学龄组(13-15岁) Junior Middle School(13-15)	7.5	6.3	5.5	5.9	3.2	2.7	2.7
劳动年龄组 Laborous							
男(16-59岁) Male (16-59)	28.4	30.3	29.8	33.7	36.7	36.1	35.5
女(16-54岁) Female (16-54)	24.3	26.6	27.6	30.5	32.6	31.7	31.8
超过劳动年龄组 Over-Laborous							
男（60岁及以上） Male（60 and Over）	3.0	3.7	4.5	4.6	5.6	6.2	6.3
女（55岁及以上） Female（55 and Over）	5.5	5.9	6.7	6.3	8.4	9.3	9.5

注：1982年、1990年、2000年及2010年为人口普查数，1995年、2013年和2014年为人口抽样调查样本数。

Note:Data in 1982,1990,2000 and 2010 are Census data,Data in 1995,2013 and 2014 are from Sample Survey Population.

3-4 出生孩次构成

Composition of Women Population by Number of Living Children Born

单位：% (%)

项目 Item	1981	1989	1995	2000	2010	2013	2014
一孩 1st Birth	40.9	46.2	64.6	74.5	68.2	60.7	52.7
二孩 2nd Birth	29.8	32.2	28.6	23.3	28.7	36.5	44.0
三孩及以上 3rd Birth and Over	29.3	21.6	6.8	2.2	3.1	2.8	3.3

注：1981年、1989年、2000年及2010年为人口普查数,1995年、2013年和2014年为人口抽样调查样本数。

Note:Data in 1981, 1989，2000 and 2010 are Census data, Data in 1995,2013 and 2014 are from Sample Survey Population.

3-5 各种受教育程度人口占总人口的比重

Percentage of Population by Educational Attainment

单位：%

(%)

项目　Item	1982	1990	1995	2000	2010	2013	2014
大专以上 College and Higher Lever	0.6	1.2	1.4	3.0	8.4	9.3	9.4
高中(含中专) Senior Secondary School (Specialized Secondary School)	5.7	7.0	6.7	10.6	13.9	14.5	14.7
初中 Junior Secondary School	12.6	16.9	20.4	33.5	37.9	38.5	38.6
小学 Primary School	36.3	43.2	43.8	37.8	29.8	28.1	27.9

注：1982年、1990年、2000年及2010年为人口普查数,1995年、2013年和2014年为人口抽样调查样本数。
Note:Data in 1982, 1990，2000 and 2010 are Census data, Data in 1995,2013 and 2014 are from Sample Survey Population.

3-6 家庭户类型构成

Composition of Family Household

单位：%

(%)

项目　Item	1982	1990	2000	2010
一人户 One Person	7.7	5.8	9.1	12.1
二人户 Two Persons	8.2	8.6	15.5	17.2
三人户 Three Persons	12.2	16.8	25.4	24.3
四人户 Four Persons	17.1	23.6	24.7	21.7
五人户 Five Persons	18.4	21.4	15.8	13.7
六人户 Six Persons	14.7	11.8	5.9	6.4
七人户 Seven Persons	10.1	5.9	2.2	2.6
八人户 Eight Persons	11.6	2.9	0.8	1.1
九人户 Nine Persons		1.4	0.3	0.5
十人及以上户 Ten Persons and Over		1.8	0.3	0.4

3-7 劳动年龄人口负担系数

Number of Persons Raised per Capita at Working Age

单位：% (%)

项目 Item	1982	1990	1995	2000	2010	2013	2014
总负担系数 Total Dependency Ratio	**69.2**	**57.6**	**57.5**	**42.2**	**30.5**	**31.8**	**32.4**
负担少年系数 The Juvenile and Children Dependency Ratio	61.8	49.6	47.3	32.7	20.2	20.9	21.3
负担老年系数 The Aged Dependency Ratio	7.4	8.0	10.2	9.5	10.3	10.9	11.1

注：1982年、1990年、2000年及2010年为人口普查数,1995年、2013年和2014年为人口抽样调查样本数。

Note:Data in 1982，1990，2000 andu 2010 are Census data, Data in 1995,2013 and 2014 are from Sample Survey Population.

3-8 15岁以上人口婚姻状况构成

Composition of Marital Status above Fifteen Age

单位：% (%)

项目	Item	1982	1990	1995	2000	2010
未婚	Single	28.4	25.1	22.5	24.1	22.9
男	Male	33.9	29.7	26.5	27.7	26.1
女	Female	22.6	20.4	18.5	20.4	19.8
有配偶	Married	63.4	67.8	70.3	69.6	70.6
男	Male	61.4	66.1	69.0	68.4	70.0
女	Female	65.5	69.5	71.6	70.7	71.2
离婚	Divorce	0.6	0.6	0.6	0.7	1.1
男	Male	1.0	0.9	1.0	1.0	1.2
女	Female	0.2	0.2	0.3	0.5	0.9
丧偶	Wid owed	7.6	6.5	6.6	5.6	5.4
男	Male	3.7	3.3	3.5	2.9	2.7
女	Female	11.7	9.9	9.6	8.4	8.1

3-9 六次全国人口普查人口基本情况

Basic Statistics on National Population Census in 1953,1964,1982,1990,2000 and 2010

项目　Item	1953	1964	1982	1990	2000	2010
一、总户数和总人口 **Total Population and Family Household**						
家庭户（万户） Family Household(10000 household)	320	360	514	658	874	1121
总人口（万人） Total Population (10000 persons)	1285	1676	2587	3005	3410	3689
男 Male	662	869	1331	1543	1757	1898
女 Female	623	807	1256	1462	1653	1791
性别比（女性=100） Sex Ratio (female=100)	106.4	107.8	105.9	105.6	106.3	106.0
平均每户人数（人／户） Population by Age Group(person/household)	4.0	4.7	4.9	4.4	3.6	3.0
二、城乡人口（万人） **Population by Residence (10000 persons)**						
城镇人口 Urban Population		223	548	642	1432	2106
乡村人口 Rural Population		1453	2039	2363	1978	1583
城镇化率（%） Proportion of Urban Population in Total Population(%)		13.3	21.2	21.4	42.0	57.1
三、民族人口（万人） **Population by Ethnicity(10000 persons)**						
汉族人口 Han			2562	2958	3351	3610
占总人口比重(%) Percentage to Total Population(%)			99.0	98.4	98.3	97.8
少数民族人口 Ethnic Minorities			25	47	59	80
占总人口比重(%) Percentage to Total Population(%)			1.0	1.6	1.7	2.2
四、人口年龄构成 **Population by Age Group**						
0-14岁人口(万人) Aged 0-14(10000 persons)	460	709	945	946	760	571
占总人口比重(%) Percentage to Total Population(%)	35.8	42.3	36.5	31.5	22.3	15.5
15－64岁人口(万人) Aged 15-64(10000 persons)	782	914	1530	1907	2422	2828

3-9 续表1

Continued

项目 Item	1953	1964	1982	1990	2000	2010
占总人口比重(%) Percentage to Total Population(%)	60.9	54.5	59.1	63.5	71.0	76.7
65岁及65岁以上人口(万人) Aged 65 and Ovre(10000 persons)	43	53	113	152	228	291
占总人口比重(%) Percentage to Total Population(%)	3.3	3.2	4.4	5.0	6.7	7.9
百岁老年人口(人) Population of 100 and over (persons)	16	14	45	143	373	1058
男 Male	3	2	7	16	46	221
女 Female	13	12	38	127	327	837
总抚养比（%） Total Dependency Ratio(%)	**64.2**	**83.3**	**69.2**	**57.6**	**42.2**	**30.5**
少儿抚养比 The Juvenile and Children Dependency Ratio	58.8	77.6	61.8	49.6	32.7	20.2
老年抚养比 The Aged Dependency Ratio	5.4	5.8	7.4	8.0	9.5	10.3
老少比（%） Population in Juvenile and Children to Aged(%)	9.2	7.4	12.0	16.1	30.1	51.0
平均预期寿命(岁) Life Expectancy(year old)			**68.50**	**70.50**	**72.55**	**75.76**
男 Male			66.20	68.40	70.30	73.27
女 Female			70.70	72.60	75.07	78.64
五、受教育人口 Population with Various Education Attainments						
每十万人拥有小学及以上文化程度人口(人) Population with Various Education Attainments Per 100 000 Persons (person)						
小学 Primary School		26716	36334	43213	40200	29801
初中 Junior Secondary School		5070	12601	16891	35700	37886
高中及中专 Senior Secondary School andTechnical Secondary School		1826	5716	6991	11300	13876
大专以上 Junior College and Above		439	608	1228	3200	8361
文盲人口 Illiterate Population			651	477	327	90
文盲率（%） Illiterate Rate(%)		58.8	25.2	15.9	9.6	2.4

3-9 续表2

Continued

项目 Item	1953	1964	1982	1990	2000	2010
六、劳动力和就业状况 Labor and Employment						
劳动适龄人口(万人) Population in suit of Employment	701	816	1364	1710	2188	2556
男(16-59岁) Male (aged 16-59)	367	444	736	911	1148	1353
女(16-54岁) Female(aged 16-54)	335	372	628	799	1040	1203
占总人口比重(%) Percentage to Total Population(%)	54.6	48.7	52.7	56.9	64.2	69.3
七、各种婚姻人口占15岁及以上人口比重(%) Population Aged 15 and Over(%)			**100**	**100**	**100**	**100**
未婚 Never Married			28.4	25.1	24.1	22.9
有配偶 Married			63.4	67.8	69.6	70.6
离婚 Divorced			0.6	0.6	0.7	1.1
丧偶 Widowed			7.6	6.5	5.6	5.4
八、婚姻状况 Basic status of Marital						
育龄妇女人数（万人） Childbearing Women(10000 person)	319	354	608	778	1006	1121
生育旺盛期组(女20－29岁) High Ratio of Childbearing Women	106	109	212	293	328	359
生育率（‰） Fertility Rate (‰)			94.4	90.8	32.9	
总和生育率 Total Fertility Rate			2.7	2.4	1.0	
九、人口自然变动 Natural Growth						
出生率（‰） Birth Rate(‰)	36.67	38.59	27.91	24.44	11.60	11.27
死亡率（‰） Death Rate(‰)	12.55	8.68	6.35	6.71	5.85	5.16
自然增长率（‰） Natural Growth Rate(‰)	24.12	29.91	21.56	17.73	5.75	6.11

3-10 就业基本情况

Basic Statistics of Employment

项目 Item	2000	2005	2010	2013	2014
就业人员合计（万人）Number of Employed Persons(10000 persons)	**1660.19**	**1868.50**	**2241.59**	**2555.86**	**2648.51**
第一产业 Primary Industry	776.43	702.49	636.54	615.96	615.77
第二产业 Secondary Industry	407.05	582.31	820.89	999.34	1011.70
第三产业 Tertiary Industry	476.71	583.69	784.16	940.56	1021.04
就业人员构成（%）Composition in Percentage(%)					
第一产业 Primary Industry	46.8	37.6	28.4	24.1	23.2
第二产业 Secondary Industry	24.5	31.2	36.6	39.1	38.2
第三产业 Tertiary Industry	28.7	31.2	35.0	36.8	38.6
按城乡分就业人数（万人）Employment in Urban and Rural Areas(10000 persons)					
城镇单位就业人员 Urban	**325.88**	**400.07**	**507.14**	**644.03**	**654.64**
#国有单位 State-Owned Units	170.82	150.88	155.51	154.76	159.54
集体单位 Collective-Owned Units	34.18	19.10	16.58	13.58	12.96
股份合作单位 Cooperative Units	3.64	5.80	8.14	6.34	6.81
联营单位 Ownership Units	3.35	2.67	1.95	1.04	1.16
有限责任公司 Limited Liability Corporations	12.07	35.88	87.40	234.10	246.17
股份有限公司 Share-Holding Corporations Ltd.	9.32	16.19	31.28	38.48	39.81
港澳台商投资单位 Units With Funds From Hong Kong, Macao and Taiwan	51.51	99.45	110.25	111.78	106.70
外商投资单位 Foreign Funded Units	40.26	64.05	81.88	76.19	73.49
城镇私营和个体从业人员 Private Enterprise and Self-employed Individuals	**90.19**	**155.42**	**338.64**	**485.78**	**562.90**
乡村就业人员 Rural	**1244.12**	**1313.01**	**1395.81**	**1426.04**	**1430.97**
城镇单位在岗职工人数（万人）Staff and Workers in Urban Units(10000 persons)	**318.00**	**386.99**	**485.94**	**555.66**	**559.95**
国有单位 State-Owned Units	166.78	144.51	145.74	133.88	135.75
城镇集体单位 Collective-Owned Units	33.15	18.19	15.38	10.69	10.32
其他单位 Others	118.07	224.29	324.83	411.09	413.88
私营单位从业人员数（万人）Private Enterprise and Self-employed Individuals (10000 persons)			**362.67**	**463.41**	**467.30**
城镇登记失业人数（万人）Number of Urban Registered Unemployment(10000 persons)	**9.10**	**14.86**	**14.49**	**14.70**	**14.35**
城镇登记失业率（%）Rate of Urban Registered Unemployment(%)	**2.60**	**4.00**	**3.77**	**3.55**	**3.47**

3-11 主要年份全社会就业情况(年底数)

Total Employment in Selected Years(End of Year)

年份 Year	从业人员数（万人） Total(10000 persons)：合计 Total	城镇单位在岗职工 Staff and Workers	国有单位 State-Owned Units	城镇集体单位 Urban Collective Owned Units	其他单位 Others	城镇个私劳动者 Self-Employed Individuals and Private Enterprise	乡村劳动者 Employed Persons in Rural Areas	劳务派遣人员 Labor Dispatching Personnel	其他从业人员 Others	城镇登记失业人数（万人） Number of Urban Registered Unemployment (10000 persons)	城镇登记失业率（%） Rate of Urban Registered Unemployment (%)
1952	473.66	19.43	19.02	0.41		32.83	421.40				
1957	531.68	63.05	51.40	11.65		5.54	463.09				
1962	582.96	103.49	77.34	26.15		4.75	474.72				
1965	633.15	118.08	83.83	34.25		4.48	510.59				
1970	759.43	133.12	93.36	39.75		3.91	622.40				
1975	854.32	160.88	111.42	49.47		3.24	690.20				
1978	924.41	205.66	148.49	57.17		1.88	716.87			20.82	9.10
1979	953.72	217.99	156.70	61.29		1.72	734.00			23.35	9.60
1980	963.72	231.12	167.45	63.66		2.77	729.83			16.76	6.70
1981	1001.75	242.45	176.35	66.09		3.22	756.08			14.48	5.60
1982	1027.96	249.80	183.03	66.77		4.25	773.91			12.39	4.70
1983	1056.72	254.02	187.30	66.72		7.65	795.05			9.10	3.40
1984	1101.82	262.78	182.82	79.24	0.72	9.15	829.89				
1985	1152.09	274.11	191.37	80.93	1.81	13.78	864.20			16.50	5.40
1986	1188.93	283.86	198.50	81.79	3.57	15.26	889.81			17.45	2.50
1987	1237.74	293.34	205.34	82.26	5.75	19.33	925.07			5.65	1.80
1988	1281.07	301.71	211.00	81.93	8.78	22.59	956.77			7.90	2.40
1989	1301.81	302.50	211.16	78.49	12.85	25.15	974.16			9.50	2.90
1990	1348.38	310.86	214.65	78.12	18.09	25.28	1012.24			9.00	2.60
1991	1436.50	322.28	219.43	77.43	25.41	37.82	1076.40			7.93	2.20
1992	1489.61	338.80	222.04	78.67	38.09	31.46	1119.35			7.08	1.90
1993	1531.42	344.79	220.48	71.32	52.99	46.61	1131.33		8.69	7.65	1.90
1994	1553.57	352.60	218.77	66.25	67.59	59.82	1134.16		7.00	7.60	1.90
1995	1567.09	344.11	217.06	60.30	66.75	66.04	1148.47		8.48	7.20	1.90
1996	1594.37	351.30	217.97	57.47	75.86	68.58	1166.89		7.59	8.08	1.90
1997	1613.41	357.71	215.60	54.80	87.31	66.49	1181.39		7.82	7.80	1.90
1998	1621.87	334.53	187.80	41.36	105.37	78.57	1200.32		8.46	7.98	1.90
1999	1630.85	320.38	175.04	35.71	109.63	88.07	1213.90		8.49	7.93	2.10
2000	1660.19	318.00	166.78	33.15	118.07	90.19	1244.12		7.87	9.10	2.30
2001	1677.79	314.27	158.27	28.91	127.09	98.90	1255.15		9.47	13.23	2.60
2002	1711.32	315.32	149.10	26.54	139.67	111.35	1274.53		10.12	14.96	3.80
2003	1756.71	334.08	147.07	23.13	163.89	128.40	1283.68		10.55	14.60	4.20
2004	1814.03	365.56	145.42	20.96	199.18	128.32	1311.52		8.63	14.51	4.10
2005	1868.50	386.99	144.51	18.19	224.29	155.42	1313.01		13.07	14.86	4.00
2006	1949.58	412.21	144.06	17.23	250.92	182.15	1340.00		15.22	15.13	4.00
2007	2015.33	429.30	142.73	17.24	269.33	222.77	1342.07		21.19	14.85	3.93
2008	2079.78	441.58	144.23	16.70	280.65	263.33	1357.76		17.11	14.95	3.90
2009	2168.86	452.76	142.73	14.41	295.63	319.57	1375.33		21.20	15.19	3.86
2010	2241.59	485.94	145.74	15.38	324.83	338.64	1395.81		21.20	14.49	3.90
2011	2459.99	538.32	142.25	13.60	382.47	445.99	1417.67	33.01	25.00	14.64	3.77
2012	2568.93	561.29	143.75	13.17	404.36	507.48	1423.59	42.88	33.69	14.55	3.69
2013	2555.86	555.66	133.88	10.69	411.09	485.78	1426.04	47.85	40.51	14.70	3.63
2014	2648.51	559.95	135.75	10.32	413.88	562.90	1430.97	49.78	44.90	14.35	3.55

注：1.1998年起职工的统计口径为“在岗职工”。1998年以前国有单位统计口径为国有经济单位，集体单位统计口径为集体经济单位，其他单位统计口径为其他各种经济类型单位。2.2006年乡村劳动者人数为推算数。

Note:The statistic scope of staff and workersfrom 1998 refers to staff and workers on the job. Before 1998, the statistic scope of state-owned units refers to state-owned economic units, collective-owned units refers to collective economic units, others refer to the various other economic types.

3-12 主要年份按三次产业分全社会从业人员及构成

Employment and Compoition by Three Strata of Industry in Selected Years

年份 Year	从业人员数(万人) Number of Employed Persons (10000 Persons)				构成（%） Composition in Percentage（%）		
	合计 Total	第一产业 Primary Industry	第二产业 Secondary Industry	第三产业 Tertiary Industry	第一产业 Primary Industry	第二产业 Secondary Industry	第三产业 Tertiary Industry
1952	473.66	388.16	24.79	60.71	81.9	5.2	12.8
1978	924.41	694.37	124.23	105.81	75.1	13.4	11.4
1980	963.72	702.81	130.58	130.33	72.9	13.6	13.5
1985	1152.09	709.10	223.80	219.19	61.5	19.4	19.0
1986	1188.93	723.44	236.75	228.74	60.8	19.9	19.2
1987	1237.74	741.67	253.70	242.37	59.9	20.5	19.6
1988	1281.07	756.38	269.08	255.61	59.0	21.0	20.0
1989	1301.81	764.93	275.45	261.43	58.8	21.2	20.1
1990	1348.38	786.95	277.09	284.34	58.4	20.6	21.1
1991	1436.50	829.55	300.81	306.14	57.7	20.9	21.3
1992	1489.61	837.82	326.87	324.92	56.2	21.9	21.8
1993	1531.42	819.53	355.25	356.64	53.5	23.2	23.3
1994	1553.57	795.03	371.87	386.67	51.2	23.9	24.9
1995	1567.09	788.09	371.03	407.98	50.3	23.7	26.0
1996	1594.37	786.86	383.50	424.00	49.4	24.1	26.6
1997	1613.41	781.38	398.69	433.34	48.4	24.7	26.9
1998	1621.87	785.77	390.54	445.56	48.4	24.1	27.5
1999	1630.85	788.14	390.49	452.22	48.3	23.9	27.7
2000	1660.19	776.43	407.05	476.71	46.8	24.5	28.7
2001	1677.79	766.93	420.92	489.94	45.7	25.1	29.2
2002	1711.32	765.79	445.95	499.58	44.7	26.1	29.2
2003	1756.71	744.79	488.32	523.60	42.4	27.8	29.8
2004	1814.03	728.89	533.59	551.55	40.2	29.4	30.4
2005	1868.50	702.49	582.31	583.69	37.6	31.2	31.2
2006	1949.58	686.28	646.87	616.43	35.2	33.2	31.6
2007	2015.33	658.08	707.46	649.79	32.7	35.1	32.2
2008	2079.78	647.84	739.70	692.24	31.1	35.6	33.3
2009	2168.86	638.63	775.68	754.55	29.5	35.8	34.8
2010	2241.59	636.54	820.89	784.16	28.4	36.6	35.0
2011	2459.99	647.53	928.81	883.66	26.3	37.8	35.9
2012	2568.93	642.23	996.75	929.95	25.0	38.8	36.2
2013	2555.86	615.96	999.34	940.56	24.1	39.1	36.8
2014	2648.51	615.77	1011.70	1021.04	23.2	38.2	38.6

3-13 按产业和登记注册类型分城镇单位从业人员数(2014年)

Number of Employed in Urban Units by Registration Status ,Region and Industry(2014)

单位：万人　　(10000 persons)

行业 Sector	从业人员 Employment	国有单位 State- Owned Units	城镇集体单位 Urban Collective-Owned Units	其他单位 Others
总计 Total	**654.64**	**159.54**	**12.96**	**482.14**
第一产业 Primary Industry	4.52	4.16	0.03	0.34
第二产业 Secondary Industry	411.67	16.49	4.92	390.26
第三产业 Tertiary Industry	238.44	138.90	8.01	91.54
按主要行业分 By Sector				
农、林、牧、渔业 Farming, Forestry, Animal Husbandy and Fishery	4.52	4.16	0.03	0.34
采矿业 Mining and Quarrying	2.54	0.64	0.49	1.41
制造业 Manufacturing	245.30	1.37	1.23	242.70
电力、热力、燃气及水生产和供应业 Production and Supply of Electricity Gas and Water	9.08	2.88	0.26	5.95
建筑业 Construction	154.75	11.60	2.94	140.21
批发和零售业 Wholesale and Retail Trade	26.99	3.40	1.03	22.56
交通运输、仓储和邮政业 Transport, Storage and Post Services	24.04	9.96	0.34	13.74
住宿和餐饮业 Lodgings and Catering Services	9.93	1.12	0.12	8.68
信息传输、软件和信息技术服务业 Information Transmission, Software and Information Technology Services	7.10	1.08	0.01	6.01
金融业 Finance	16.48	5.65	1.05	9.78
房地产业 Real Estate	14.32	1.96	0.21	12.15
租赁和商务服务业 Rent and Business Services	11.71	3.54	1.30	6.88
科学研究和技术服务业 Scientific Reseach and Ploytechnic Services	8.48	4.49	0.13	3.85
水利、环境和公共设施管理业 Water Conservancy, Environment and Public Facilities Management	5.77	4.65	0.15	0.97
居民服务、修理和其他服务业 Resident Services and Others	1.49	0.72	0.03	0.74
教育 Education	50.09	45.96	0.33	3.81
卫生和社会工作 Health Care and Social Work	20.96	16.44	3.29	1.23
文化、体育和娱乐业 Culture, Sports and Entertainment	4.05	2.91	0.02	1.11
公共管理、社会保障和社会组织 Public Management, Social Ensure and Social Organizations	37.04	37.03		0.02

注：本表国民经济行业分类标准采用GB/T 4754-2011。

Note: The classified Standards of national ecomonic sector are adopted GB/T 4754-2011.

3-14 按产业分城镇单位在岗职工人数(年底数)

Number of Staff and Workers in Urban Units by Sector(End of Years)

单位：万人 (10000 persons)

行业 Sector	2003	2005	2010	2013	2014
总计 Total	**334.08**	**386.99**	**485.94**	**555.66**	**559.95**
第一产业 Primary Industry	7.32	7.04	4.47	1.70	2.75
第二产业 Secondary Industry	187.93	237.95	309.03	354.15	348.93
第三产业 Tertiary Industry	138.84	142.00	172.44	199.82	208.27
按主要行业分 By Sector					
农、林、牧、渔业 Farming, Forestry, Animal Husbandy and Fishery	7.32	7.04	4.47	1.70	2.75
采矿业 Mining and Quarrying	3.49	4.14	4.69	2.57	2.33
制造业 Manufacturing	152.14	197.82	238.99	238.84	231.76
电力、热力、燃气及水生产和供应业 Production and Supply of Electricity Heat Gas and Water	7.81	7.79	9.02	8.10	8.40
建筑业 Construction	24.49	28.20	56.33	104.64	106.44
交通运输、仓储和邮政业 Transport, Storage and Post Services	13.56	13.73	15.55	18.49	18.98
信息传输、软件和信息技术服务业 Information Transmission,Software and Information Technology Services	2.97	2.92	4.18	5.27	5.55
批发和零售业 Wholesale and Retail Trade	11.72	10.54	13.47	24.14	24.70
住宿和餐饮业 Lodgings and Catering Services	4.00	4.69	7.45	9.50	9.58
金融业 Finance	8.14	8.33	10.01	10.51	11.87
房地产业 Real Estate	3.31	4.78	8.60	11.86	13.33
租赁和商务服务业 Rent and Business Services	3.41	4.66	12.07	8.56	9.74
科学研究和技术服务业 Scientific Reseach and Ploytechnic Services	3.53	3.70	5.16	7.07	7.78
水利、环境和公共设施管理业 Water Conservancy, Environment and Public Facilities Management	3.11	3.53	4.06	4.09	4.58
居民服务、修理和其他服务业 Resident Services, Repair and Others	1.26	1.16	1.38	1.24	1.37
教育 Education	41.69	41.44	43.24	45.08	46.44
卫生和社会工作 Health Care and Social Work	10.89	11.53	14.56	17.69	18.74
文化、体育和娱乐业 Culture, Sports and Entertainment	3.03	3.04	3.45	3.49	3.46
公共管理、社会保障和社会组织 Public Management, Social Ensure and Social Organizations	28.23	27.95	29.26	32.84	32.15

注：本表国民经济行业分类标准采用GB/T 4754-2002。

Note: The classified Standards of national ecomonic sector are adopted GB/T 4754-2002.

3-15 按登记注册类型和产业分城镇单位在岗职工人数(2014年)

Number of Staff and Workers in Urban Units by Status of Registration and Industry(2014)

单位：万人

(10000 persons)

行业 Sector	在岗职工 Staff and Workers of Urban Units on the Job	国有单位 State-Owned Units	城镇集体单位 Urban Collective Owned Units	其他单位 Others
总计 Total	**559.95**	**135.75**	**10.32**	**413.88**
第一产业 Primary Industry	2.75	2.41	0.03	0.31
第二产业 Secondary Industry	348.93	11.53	3.46	333.94
第三产业 Tertiary Industry	208.27	121.81	6.83	79.63
按主要行业分 By Sector				
农、林、牧、渔业 Farming, Forestry, Animal Husbandy and Fishery	2.75	2.41	0.03	0.31
采矿业 Mining	2.33	0.62	0.47	1.25
制造业 Manufacturing	231.76	1.25	1.18	229.32
电力、热力、燃气及水生产和供应业 Production and Supply of Electric Power and Hot Power	8.40	2.77	0.25	5.37
建筑业 Construction	106.44	6.89	1.56	97.99
批发和零售业 Wholesale and Retail Trade	24.70	3.13	0.95	20.62
交通运输、仓储和邮政业 Transport, Storage and Post Services	18.98	7.50	0.27	11.22
住宿和餐饮业 Lodgings and Catering Services	9.58	1.06	0.11	8.42
信息传输、软件和信息技术服务业 Information Transmission, Software and Information Technology Services	5.55	0.74	0.01	4.80
金融业 Finance	11.87	4.32	0.87	6.68
房地产业 Real Estate	13.33	1.73	0.15	11.45
租赁和商务服务业 Rent and Business Services	9.74	3.16	1.12	5.46
科学研究和技术服务业 Scientific Reseach and Ploytechnic Services	7.78	3.99	0.12	3.67
水利、环境和公共设施管理业 Water Conservancy, Environment and Public Facilities Management	4.58	3.58	0.13	0.87
居民服务、修理和其他服务业 Resident Services and Others	1.37	0.66	0.03	0.68
教育 Education	46.44	42.57	0.30	3.57
卫生和社会工作 Health Care and Social Work	18.74	14.80	2.76	1.18
文化、体育和娱乐业 Culture, Sports and Entertainment	3.46	2.45	0.02	0.99
公共管理、社会保障和社会组织 Public Management,Social Ensure and Social Organizations	32.15	32.13		0.01

注：本表国民经济行业分类标准采用GB/T 4754-2011。

Note: The classified Standards of national ecomonic sector are adopted GB/T 4754-2011.

3-16 按产业分城镇单位女性从业人员数(年底数)

Number of Employed Women in the Urban Units by Sector(End of Years)

单位：人 (10000 persons)

行业 Sector	2003	2005	2010	2013	2014
总计 Total	**1513006**	**1800430**	**2168427**	**2372763**	**2452217**
第一产业 Primary Industry	28678	26559	23336	8122	12809
第二产业 Secondary Industry	926778	1191904	1387397	1398600	1415126
第三产业 Tertiary Industry	557550	581967	757694	966041	1024282
按主要行业分 By Sector					
农、林、牧、渔业 Farming, Forestry, Animal Husbandy and Fishery	28678	26559	23336	8122	12809
采矿业 Mining and Quarrying	9520	8789	7722	4706	4748
制造业 Manufacturing	854236	1112785	1256958	1184115	1171917
电力、热力、燃气及水生产和供应业 Production and Supply of Electricity Heat Gas and Water	24341	24563	27109	24808	25459
建筑业 Construction	38681	45767	95608	184971	213002
交通运输、仓储和邮政业 Transport, Storage and Post Services	40577	40798	43157	61298	63215
信息传输、软件和信息技术服务业 Information Transmission,Software and Information Technology Services	12567	12710	17072	24369	26685
批发和零售业 Wholesale and Retail Trade	49552	44584	62060	121515	129923
住宿和餐饮业 Lodgings and Catering Services	24892	28374	43034	53219	54571
金融业 Finance	43921	46080	66260	80680	86996
房地产业 Real Estate	10836	14580	28777	45269	51364
租赁和商务服务业 Rent and Business Services	11855	16836	48718	36919	33510
科学研究和技术服务业 Scientific Reseach and Ploytechnic Services	10566	10895	18046	23460	26316
水利、环境和公共设施管理业 Water Conservancy, Environment and Public Facilities Management	12956	14384	17032	18309	20508
居民服务、修理和其他服务业 Resident Services, Repair and Others	5691	4550	4449	4943	6780
教育 Education	193401	197494	224198	252944	271110
卫生和社会工作 Health Care and Social Work	64490	70714	95954	126396	135805
文化、体育和娱乐业 Culture, Sports and Entertainment	12423	12757	14978	16888	17357
公共管理、社会保障和社会组织 Public Management, Social Ensure and Social Organizations	63823	67211	73959	99832	100142

注：本表国民经济行业分类标准采用GB/T 4754-2002。

Note: The classified Standards of national ecomonic sector are adopted GB/T 4754-2002.

3-17 城镇私营及个体劳动者人数(年底数)

Number of Employed Persons in Private Enterprises and Self-employed Individuals in Urban Areas(End of Years)

单位：人 (person)

行业 Sector	2005	2010	2013	2014
合 计 Total	**1554192**	**3386400**	**4857825**	**5629038**
第一产业 Primary Industry	28092	61273	110853	123772
第二产业 Secondary Industry	426762	819053	1185291	1285711
第三产业 Tertiary Industry	1073960	2506160	3561681	4219555
按主要行业分 By Sector				
农、林、牧、渔业 Farming, Forestry, Animal Husbandy and Fishery	28092	61273	110853	123772
采矿业 Mining and Quarrying	6875	8588	9697	10380
制造业 Manufacturing	361152	704300	943750	1008941
电力、燃气及水的生产和供应业 Production and Supply of Electricity Gas and Water	17264	19962	20747	21195
建筑业 Construction	41471	86203	211097	245195
交通运输、仓储和邮政业 Transport, Storage and Post Services	25175	50624	95618	110477
信息传输、计算机服务和软件业 Information Transmission, Computer Software and Services	36173	62011	118412	145832
批发和零售业 Wholesale and Retail Trade	666150	1623900	2097233	2459906
住宿和餐饮业 Lodgings and Catering Services	86834	170600	247426	329135
金融业 Finance		11140	19794	20484
房地产业 Real Estate	32316	62229	99475	105601
租赁和商务服务业 Rent and Business Services	87222	227400	435446	509091
科学研究、技术服务和地质勘查业 Scientific Reseach, Ploytechnic Services and Geological Prospecting		46699	138014	171636
水利、环境和公共设施管理业 Water Conservancy, Environment and Public Facilities Management		7895	13817	15154
居民服务和其他服务业 Resident Services and Others	124935	205800	238868	276791
教育 Education		3285	4492	5738
卫生、社会保障和社会福利业 Health Care, Social Ensure and Walfare	4005	7927	9942	10756
文化、体育和娱乐业 Culture, Sports and Entertainment	11150	26144	42624	58765
公共管理和社会组织 Public Management and Social Organizations		506	520	189

注：本表国民经济行业分类标准采用GB/T 4754-2002。

Note:The classified Standards of national ecomonic sector are adopted GB/T 4754-2002.

3-18 城镇单位企业 事业 机关年末在岗职工人数(1990-2014年)

Number of Staff and Workers in Enterprises, Institutions and Agencies in Ubran Units(1990-2014)

单位：万人 (10000 persons)

年份 Year	总计 Total	企业 Enterprise	事业 Institution	机关 Agencies Organizations
1990	310.86	231.35	56.08	23.43
1991	322.28	238.78	58.89	24.60
1992	338.80	251.24	62.27	25.29
1993	344.79	259.72	58.90	26.18
1994	352.60	263.95	61.56	27.09
1995	344.11	252.76	64.44	26.91
1996	351.30	255.42	68.51	27.38
1997	357.71	260.51	69.76	27.44
1998	334.53	236.48	71.29	26.76
1999	320.38	223.23	70.58	26.57
2000	318.00	221.41	69.62	26.97
2001	314.27	216.69	69.81	27.78
2002	315.32	220.38	67.52	27.42
2003	334.08	238.72	67.09	28.27
2004	365.56	269.41	67.68	28.47
2005	386.99	291.09	67.40	28.51
2006	412.21	315.43	68.14	28.63
2007	429.30	331.12	69.42	28.76
2008	441.58	341.83	70.48	29.27
2009	452.76	361.24	62.52	28.84
2010	485.94	385.88	70.50	29.27
2011	538.32	436.91	72.20	28.12
2012	561.29	457.33	72.60	29.70
2013	555.66	450.40	72.70	31.00
2014	559.95	452.39	74.10	31.50

注：1.1998年起“职工人数”统计口径为“在岗职工人数”。2.2009年起按机构类型分组有变化，企业、事业、机关合计比总计小。

Note:Statistic scope of staff and workers from 1998 refers to staff and workers on the job.

3-19 按登记注册类型分城镇单位职工平均工资

Average Wage of Staff and Workers in Urban Units by Status of Registration

年份 Year	平均货币工资（元） Average Earning (yuan)				指数(上年=100) Indices (preceding year=100)			
	总计 Total	国有单位 State-owned Units	集体单位 Collective-owned Units	其他单位 Others	合计 Total	国有单位 State-owned Units	集体单位 Collective-owned Units	其他单位 Others
1978	567	594	520					
1979	610	642	530		107.6	108.1	101.9	
1980	703	737	613		115.2	114.8	115.7	
1981	715	746	637		101.7	101.2	103.9	
1982	765	792	691		107.0	106.2	108.5	
1983	827	861	730		108.1	108.7	105.6	
1984	921	966	813	1742	111.4	112.2	111.4	
1985	1059	1115	912	1855	115.0	115.4	112.2	106.5
1986	1243	1328	1027	1498	117.4	119.1	112.6	80.8
1987	1319	1402	1097	1571	106.1	105.6	106.8	104.9
1988	1644	1742	1342	2100	124.6	124.3	122.3	133.7
1989	1895	2009	1499	2532	115.3	115.3	111.7	120.6
1990	2162	2288	1704	2674	114.1	113.9	113.7	105.6
1991	2420	2502	1936	3217	111.9	109.4	113.6	120.3
1992	2780	2846	2192	3649	114.9	113.7	113.2	113.4
1993	3480	3506	2735	4420	125.2	123.2	124.8	121.1
1994	4890	5001	3644	5763	140.5	142.6	133.2	130.4
1995	5857	5790	4481	7305	119.8	115.8	123.0	126.8
1996	6683	6608	5078	8076	114.1	114.1	113.3	110.6
1997	7559	7621	5582	8636	113.1	115.3	109.9	106.9
1998	8531	8682	6662	8999	112.9	113.9	119.3	104.2
1999	9490	9867	7320	9587	111.2	113.6	109.9	106.5
2000	10584	11170	8140	10422	111.5	113.2	111.2	108.9
2001	12013	13313	9098	11028	113.5	119.2	111.8	105.6
2002	13306	15026	10119	11987	110.8	112.9	111.2	108.7
2003	14310	16460	11386	12719	107.5	109.5	112.5	106.1
2004	15603	18529	12307	13745	109.0	112.6	108.1	108.1
2005	17146	20897	13811	14947	109.9	112.8	112.2	108.7
2006	19318	23926	15695	16880	112.7	114.5	113.6	112.9
2007	22283	28011	18856	19443	115.3	117.1	120.1	115.2
2008	25702	33097	22108	22205	115.3	118.2	117.2	114.2
2009	28666	37345	25588	24556	111.5	112.8	115.7	110.6
2010	32647	41689	27234	28802	113.9	111.6	106.4	117.3
2011	38989	48587	34527	35550	119.4	116.5	126.8	123.4
2012	44979	55957	39774	41231	115.4	115.2	115.2	116.0
2013	49328	60317	43145	45960	109.7	107.8	108.5	111.5
2014	54235	65170	50570	50796	109.9	108.0	117.2	110.5

注：本表1998年起“职工平均工资”统计口径为“在岗职工平均工资”。1998年以前“国有单位”统计口径为“国有经济单位”，“集体单位”统计口径为“集体经济单位”，“其他单位”统计口径为“其他各种经济类型单位”，不含私营企业。

Note:The statistic scope from 1998 in this table refers to average wages of staff and workers on the job.Before 1998, the statistic scope of state-owned units refers to state-owned economic units, collective-owned units refers to collective economic units, others refer to the various other economic types.This table is not including Private Enterprises.

3-20 城镇单位企业 事业 机关在岗职工平均工资

Average Wage of Staff and Workers in Urban Enterprises, Institution and Government Agencies

年份	平均货币工资（元） Average Wage(yuan)				指数(上年=100) Indices (preceding year=100)			
Year	总计 Total	企业 Enterprises	事业 Institutions	机关 Agencies & Organizations	合计 Total	企业 Enterprises	事业 Institutions	机关 Agencies & Organizations
1978	567	565	526	657				
1979	610	609	587	672	107.6	107.8	111.6	102.3
1980	703	691	725	828	115.2	113.5	123.5	123.2
1981	715	710	729	777	101.7	102.8	100.6	93.8
1982	765	752	826	805	107.0	105.9	113.3	103.6
1983	827	807	887	949	108.1	107.3	107.4	117.9
1984	921	866	955	995	111.4	107.3	107.7	104.8
1985	1059	1035	1167	1119	115.0	119.5	122.2	112.5
1986	1243	1217	1343	1334	117.4	117.6	115.1	119.2
1987	1319	1261	1585	1412	106.1	103.6	118.0	105.8
1988	1644	1576	1997	1649	124.6	125.0	126.0	116.8
1989	1895	1834	2408	1960	115.3	116.4	120.6	118.9
1990	2162	2048	2698	2235	114.1	111.7	112.0	114.0
1991	2420	2310	3003	2376	111.9	112.8	111.3	106.3
1992	2780	2656	3439	2723	114.9	115.0	114.5	114.6
1993	3480	3403	4049	3222	125.2	128.1	117.7	118.3
1994	4890	4626	5979	5435	140.5	135.9	147.7	168.7
1995	5857	5983	5470	5605	119.8	129.3	91.5	103.1
1996	6683	6809	6304	6476	114.1	113.8	115.2	115.5
1997	7559	7562	7470	7752	113.1	111.1	118.5	119.7
1998	8531	8555	8302	8922	112.9	113.1	111.1	115.1
1999	9490	9298	9671	10604	111.2	108.7	116.5	118.9
2000	10584	10306	10990	11812	111.5	110.8	113.6	111.4
2001	12013	11468	13000	13794	113.5	111.3	118.3	116.8
2002	13306	12641	14614	15251	110.8	110.2	112.4	110.6
2003	14310	13766	15221	16627	107.5	108.9	104.2	109.0
2004	15603	14900	17151	18416	109.0	108.2	112.7	110.8
2005	17146	16157	19520	21357	109.9	108.4	113.8	116.0
2006	19318	18208	22232	24413	112.7	112.7	113.9	114.3
2007	22283	20822	26501	28809	115.3	114.4	119.2	118.0
2008	25702	23804	31422	34587	115.3	114.3	118.6	120.1
2009	28666	26491	35557	40448	111.5	111.3	113.2	116.9
2010	32647	30488	39905	43063	113.9	115.1	112.2	106.5
2011	38989	37102	47060	48038	119.4	121.7	117.9	111.6
2012	44979	43011	53371	55692	115.4	115.9	113.4	115.9
2013	49328	47338	58392	58983	109.7	110.1	109.4	105.9
2014	54235	52219	63753	62516	109.9	110.3	109.2	106.0

注：本表1998年起“职工平均工资”统计口径为“在岗职工平均工资”。

Note:The statistic scope from 1998 in this table refers to average wages of staff and workers on the job.

3-21 按行业分城镇单位在岗职工平均工资

Average Wage of Staff and Workers in Urban Units by Sector

单位：元 (yuan)

行业 Sector	2003	2005	2010	2012	2013	2014
合　计 Total	**14310**	**17146**	**32647**	**44979**	**49328**	**54235**
按企事业机关分 Grouped by Enterprises, Institutions and Agencies						
企业 Enterprises	13766	16157	30488	43011	47338	52219
事业 Institutions	15221	19520	39905	53371	58392	63753
机关 Agencies & Organizations	16627	21357	43063	55692	58983	62516
按国民经济行业分 By Sector						
农、林、牧、渔业 Farming, Forestry, Animal Husbandy and Fishery	7975	10017	22923	32335	32391	35107
采矿业 Mining and Quarrying	10860	16664	29399	36690	38383	44623
制造业 Manufacturing	12217	14229	26383	38588	42662	46727
电力、热力、燃气及水生产和供应业 Production and Supply of Electricity Heat Gas and Water	20562	26695	51335	67753	71839	77942
建筑业 Construction	13779	16161	30344	42705	44814	50362
交通运输、仓储和邮政业 Transport, Storage and Post Services	18181	22623	41046	54305	57427	62445
信息传输、软件和信息技术服务业 Information Transmission,Software and Information Technology Services	33158	40326	61552	68856	75204	79832
批发和零售业 Wholesale and Retail Trade	13373	16491	33155	44947	46827	52480
住宿和餐饮业 Lodgings and Catering Services	10333	12570	22175	30874	33660	36331
金融业 Finance	26245	34993	84307	111047	119375	125165
房地产业 Real Estate	16582	18944	36990	50825	53426	58801
租赁和商务服务业 Rent and Business Services	14538	16986	24595	38680	51172	50241
科学研究和技术服务业 Scientific Reseach and Ploytechnic Services	19913	24346	42553	57208	64811	65853
水利、环境和公共设施管理业 Water Conservancy, Environment and Public Facilities Management	12948	16433	28073	37974	39984	45282
居民服务、修理和其他服务业 Resident Services, Repair and Others	15009	15707	34346	34547	39512	44896
教育 Education	15029	19111	41333	53507	57399	61545
卫生和社会工作 Health Care and Social Work	16589	21733	42629	59094	66728	74615
文化、体育和娱乐业 Culture, Sports and Entertainment	16919	21018	36812	48367	55118	60735
公共管理、社会保障和社会组织 Public Management, Social Ensure and Social Organizations	16567	21616	43077	55477	58818	62486
按三次产业分 By Three Strata of Industry						
第一产业 Primary Industry	7839	10017	22923	32335	32391	35107
第二产业 Secondary Industry	12711	14914	27828	40261	43988	48651
第三产业 Tertiary Industry	16710	21131	41457	55165	59217	63885

3-22 城镇单位从业人员平均劳动报酬(2014年)

Per Capita Payment in Urban Units(2014)

单位：元 (yuan)

项目 Item	单位从业人员 Persons Employed in Units	在岗职工 Staff and Workers on the Job	其他从业人员 Other Employed Persons
合　计 Total	**53426**	**54235**	**41765**
按企事业机关分 Grouped by Enterprises, Institutions and Agencies			
企业 Enterprises	51717	52219	44755
事业 Institutions	61676	63753	26713
机关 Agencies & Organizations	60411	62516	22700
按国民经济行业分 By Sector			
农、林、牧、渔业 Farming, Forestry, Animal Husbandy and Fishery	25356	35107	10978
采矿业 Mining	44078	44623	33595
制造业 Manufacturing	46891	46727	59145
电力、热力、燃气及水生产和供应业 Production and Supply of Electric Power and Hot Power	77295	77942	48780
建筑业 Construction	50028	50362	48225
批发和零售业 Wholesale and Retail Trade	51464	52480	26862
交通运输、仓储和邮政业 Transport, Storage and Post Services	61103	62445	29621
住宿和餐饮业 Lodgings and Catering Services	36200	36331	31253
信息传输、软件和信息技术服务业 Information Transmission, Software and Information Technology Services	78734	79832	30990
金融业 Finance	107826	125165	35894
房地产业 Real Estate	57980	58801	39620
租赁和商务服务业 Rent and Business Services	49692	50241	34427
科学研究和技术服务业 Scientific Reseach and Ploytechnic Services	64513	65853	39052
水利、环境和公共设施管理业 Water Conservancy, Environment and Public Facilities Management	43233	45282	22357
居民服务、修理和其他服务业 Resident Services and Others	44215	44896	31472
教育 Education	59845	61545	26728
卫生和社会工作 Health Care and Social Work	72179	74615	33155
文化、体育和娱乐业 Culture, Sports and Entertainment	57809	60735	23384
公共管理、社会保障和社会组织 Public Management,Social Ensure and Social Organizations	60409	62486	22640
按三次产业分 By Three Strata of Industry			
第一产业 Primary Industry	25356	35107	10978
第二产业 Secondary Industry	48706	48651	49485
第三产业 Tertiary Industry	61876	63885	29530

3-23 按行业分城镇单位在岗职工平均工资(2014年)

Average Wage of Staff and Workers on the Job in Urban Units by Sector(2014)

单位：元　　(yuan)

行业 Sector	在岗职工平均工资 Average Wage	国有单位 Stated-owned units	集体单位 Collective-owned units	其他单位 Others
合　计 Total	**54235**	**65170**	**50570**	**50796**
按企事业机关分 Grouped by Enterprises, Institutions Agencies				
企业 Enterprises	52219	69005	50083	50824
事业 Institutions	63753	64419	51821	52027
机关 Agencies & Organizations	62516	62533	56947	33823
按国民经济行业分 By Sector				
农、林、牧、渔业 Farming, Forestry, Animal Husbandy and Fishery	35107	39854	31584	30270
采矿业 Mining	44623	42579	40772	46934
制造业 Manufacturing	46727	68111	36015	46664
电力、热力、燃气及水生产和供应业 Production and Supply of Electric Power and Hot Power	77942	82381	55499	76788
建筑业 Construction	50362	52902	55556	50136
批发和零售业 Wholesale and Retail Trade	52480	78886	27154	49592
交通运输、仓储和邮政业 Transport, Storage and Post Services	62445	67938	35434	58946
住宿和餐饮业 Lodgings and Catering Services	36331	39835	42661	35794
信息传输、软件和信息技术服务业 Information Transmission, Software and Information Technology Services	79832	66224	32376	82276
金融业 Finance	125165	108064	109625	138648
房地产业 Real Estate	58801	47579	45684	60790
租赁和商务服务业 Rent and Business Services	50241	51428	33412	53025
科学研究和技术服务业 Scientific Reseach and Ploytechnic Services	65853	70661	69212	60163
水利、环境和公共设施管理业 Water Conservancy, Environment and Public Facilities Management	45282	45569	42108	44415
居民服务、修理和其他服务业 Resident Services and Others	44896	45342	31633	45076
教育 Education	61545	62635	49019	49260
卫生和社会工作 Health Care and Social Work	74615	80046	52395	58804
文化、体育和娱乐业 Culture, Sports and Entertainment	60735	63373	59929	53622
公共管理、社会保障和社会组织 Public Management,Social Ensure and Social Organizations	62486	62508	74000	10618
按三次产业分 By Three Strata of Industry				
第一产业 Primary Industry	35107	39854	31584	30270
第二产业 Secondary Industry	48651	60716	46370	48263
第三产业 Tertiary Industry	63885	66079	52502	61747

注：本表不含私营企业。

Note:This table is not including Private Enterprises.

3-24 私营单位从业人员平均劳动报酬

Per Capita Payment in Urban Units

单位：元 (yuan)

项目 Item	2010	2013	2014	2014年比上年增长(%)
合　计 Total	**21039**	**36657**	**40813**	**11.3**
按国民经济行业分 By Sector				
农、林、牧、渔业 Farming, Forestry, Animal Husbandy and Fishery	18670	30234	35335	16.9
采矿业 Mining and Quarrying	20428	36499	39407	8.0
制造业 Manufacturing	20082	35460	39370	11.0
电力、燃气及水的生产和供应业 Production and Supply of Electricity Gas and Water	21435	29918	35080	17.3
建筑业 Construction	23914	39207	44163	12.6
交通运输、仓储和邮政业 Transport, Storage and Post Services	21681	40793	42365	3.9
信息传输、计算机服务和软件业 Information Transmission, Computer Software and Services	27749	46072	55090	19.6
批发和零售业 Wholesale and Retail Trade	21512	33192	35354	6.5
住宿和餐饮业 Lodgings and Catering Services	16881	28951	29407	1.6
金融业 Finance	32156	36434	42528	16.7
房地产业 Real Estate	24411	40708	47722	17.2
租赁和商务服务业 Rent and Business Services	20618	36367	42965	18.1
科学研究、技术服务和地质勘查业 Scientific Reseach, Ploytechnic Services and Geological Prospecting	23329	43080	44517	3.3
水利、环境和公共设施管理业 Water Conservancy, Environment and Public Facilities Management	18073	31462	34966	11.1
居民服务和其他服务业 Resident Services and Others	19168	29249	29576	1.1
教育 Education	24306	36318	37229	2.5
卫生、社会保障和社会福利业 Health Care, Social Ensure and Walfare	23527	33908	37695	11.2
文化、体育和娱乐业 Culture, Sports and Entertainment	19582	36042	34014	-5.6
公共管理和社会组织 Public Management and Social Organizations	17113	24498	26546	8.4
按三次产业分 By Three Strata of Industry				
第一产业 Primary Industry	18670	30234	35335	16.9
第二产业 Secondary Industry	20940	36913	41264	11.8
第三产业 Tertiary Industry	21502	35172	38025	8.1

主要统计指标解释

人口数　指一定时点、一定地区范围内的有生命的个人的总和。年度统计的年末人口数指每年12月31日24时的人口数。

市、镇、县人口　其定义有两种口径：

第一种口径(按行政建制)

市人口：市管辖区域内的全部人口(含市辖镇，不含市辖区县)；

镇人口：县辖镇的全部人口(不含市辖镇)；

县人口：县辖乡人口。

第二种口径(按常住人口划分)

市人口：设区的市的区人口和不设区的市所辖的街道人口；

镇人口：不设区的市所辖镇的居民委员会人口和县辖镇的居民委员会人口；

县人口：除上述两种人口以外的全部人口。

出生率(又称粗出生率)　指在一定时期内(通常为一年)平均每千人所出生的人数的比率，一般用千分率表示。计算公式为：

出生率＝(年出生人数／年平均人数)×1000‰

式中：出生人数指活产婴儿，即胎儿脱离母体时(不管怀孕月数)，有过呼吸或其他生命现象。年平均人数指年初、年底人口数的平均数，也可用年中人口数代替。

死亡率(又称粗死亡率)　指在一定时期内(通常为一年)一定地区的死亡人数与同期平均人数(或期中人数)之比，一般用千分率表示。计算公式为：

死亡率＝(年死亡人数／年平均人数)×1000‰

人口自然增长率　指在一定时期内(通常为一年)人口自然增加数(出生人数减死亡人数)与该时期内平均人数(或期中人数)之比，一般用千分率表示。计算公式为：

人口自然增长率＝[(本年出生人数－本年死亡人数)／年平均人数]×1000‰＝人口出生率－人口死亡率

在业人口(又称就业人口)　指十五周岁及十五周岁以上人口中从事一定的社会劳动并取得劳动报酬或经营收入的人口。

不在业人口　指十五周岁及十五周岁以上人口中未从事社会劳动的人口，包括在校学生、料理家务、待升学、市镇待业、离退休、退职、丧失劳动能力等非在业人口。

经济活动人口　指在16岁以上，有劳动能力，参加或要求参加社会经济活动的人口；包括就业人员和失业人员。

各单位的就业人员　指在各级国家机关、政党机关、社会团体及企业、事业单位中工作，取得工资或其他形式的劳动报酬的全部人员。包括在岗职工、再就业的离退休人员、民办教师以及在各单位中工作的外方人员和港澳台方人员、兼职人员、借用的外单位人员和第二职业者。不包括离开本单位仍保留劳动关系的职工。各单位的从业人员反映了各单位实际参加生产或工作的全部劳动力。

城镇私营和个体就业人员　指在工商管理部门注册登记，其经营地址设在县城关镇(含城关镇)以上的私营企业从业人员；包括私营企业投资者和雇工。城镇个体就业人员指在工商管理部门注册登记，并持有城镇户口或在城镇长期居住，经批准从事个体工商经营的从业人员；包括个体经营者和在个体工商户劳动的家庭帮工和雇工。

城镇登记失业人员　指有非农业户口，在一定的劳动年龄内，有劳动能力，无业而要求就业，并在当地就业服务机构进行求职登记的人员。

城镇登记失业率　指城镇登记失业人数同城镇从业人数与城镇登记失业人数之和的比。计算公式为：

城镇登记失业率=城镇登记失业人数／(城镇从业人数+城镇登记失业人数)×100%

职工　指在国有经济、城镇集体经济、联营经济、股份制经济、外商和港、澳、台投资经济、其他经济单位及其附属机构工作，并由其支付工资的各类人员，不包括返聘的离退休人员、民办教师、在国有经济单位工作的外方人员和港、澳、台人员(1998年以后的数据均为在岗职工数据，其他相关指标如职工工资总额，职工平均工资等指标也从1998年按此口径进行了相应调整)。

国有单位职工 指在国有经济单位及其附属机构工作，并由其支付工资的各类人员。

城镇集体单位职工 指在城镇集体经济单位及其管理部门工作，并由其支付工资的各类人员。

其他单位职工 指在联营经济、股份制经济、外商投资经济、港、澳、台投资经济单位工作，并由其支付工资的各类人员。

在岗职工 指在本单位工作并由单位支付工资的人员，以及有工作岗位，但由于学习、病伤产假等原因暂未工作，仍由单位支付工资的人员。

工资总额 指各单位在一定时期内直接支付给本单位全部职工的劳动报酬总额。工资总额的计算原则应以直接支付给职工的全部劳动报酬为根据。各单位支付给职工的劳动报酬以及其他根据有关规定支付的工资，不论是计入成本的还是不计入成本的，不论是按国家规定列入计征奖金税项目的，还是未列入计征奖金税项目的，不论是以货币形式支付的还是以实物形式支付的，均包括在工资总额内。

奖金 指支付给职工的超额劳动报酬和增收节支的劳动报酬。

津贴和补贴 指为了补偿职工特殊或额外的劳动消耗和因其他特殊原因支付给职工的津贴，以及

为了保证职工工资水平不受物价影响支付给职工的物价补贴。

平均工资 指企业、事业、机关单位的职工在一定时期内平均每人所得的货币工资额。它表明一定时期职工工资收入的高低程度，是反映职工工资水平的主要指标。计算公式为：

职工平均工资＝报告期实际支付的全部职工工资总额／报告期全部职工平均人数

平均工资指数 指报告期职工平均工资与基期职工平均工资的比率，是反映不同时期职工货币工资水平变动情况的相对数。计算公式为：

职工平均工资指数＝报告期职工平均工资／基期职工平均工资

平均实际工资指数 指扣除物价变动因素后的职工平均工资。职工平均实际工资指数是反映实际工资变动情况的相对数，表明职工实际工资水平提高或降低的程度。计算公式为：

职工平均实际工资指数＝(报告期职工平均工资指数／报告期城镇居民消费价格指数)×100%

Explanatory Notes on Main Statistical Indicators

Total Population refers to the total number of people alive at a certain point of time within a given area.The annual statistics on total population is taken at midnight,the 31st of December.

To City，Town and County Population,there are two definitions.The first definition (according to the administrative organizational system):

City Population: Total population under the jurisdiction of City (including population of the town under the jurisdiction of City. excluding the population of counties under the jurisdiction of City).

Town Population: Total population of town under the jurisdiction of County (excluding the population of town under the jurisdiction of City).

County Population: Total population of country under the jurisdiction of County).

The second definition (classified by the permanent population):

City Population: Total population of districts under the jurisdiction of City with district establishment and the population of street under the jurisdiction of City without district establishment.

Town Population: Total resident-committees population of towns under the jurisdiction of City without district establishment and the resident-committees population of towns under the jurisdiction of County.

County Population: Total population except City population and town population.

Birth Rate(or Crude Birth Rate) refers to the ratio of the number of births to the average population during a certain period of time(usually a year) which is often expressed in ‰. The following formula is used:

Brith Rate= (Number of Births/Annual Average Number of Population) ×1000‰

Number of births refers to live births i.e. the births when babies had showed any vital phenomena regardless of the length of pregnancy.

Annual average number of population is the average of the number of population at the beginning of the year and that at the end of the year. Sometimes it is substituted for with the mid year population.

Death Rate(or Crude Death Rate) refers to the ratio of the number of deaths to the average population (or mid year population) during a certain period of time (usually a year) which is often expressed in‰. The following formula is used:

Death Rate =(Number of Deaths/ Annual Average Number of Population)×1000‰

Natural Growth Rate of Population refers to the ratio of natural increase in population(number of births minus number of deaths)in a certain period of time(usually a year)to the average population(or mid year population)of the same period which is often expressed in‰. The following formula is applied:

Natural Growth Rate of Population= [(Number of Births-Number of Deaths)/ Average Number of Population]×1000‰

Natural Growth Rate of Population=Birth Rate-Death Rate

Employed Population refers to population aged 15 or over engaging in social labour which generates income.

Unemployed Population refers to population aged 15 or over not engaging in any social labour which generates income, including students enrolled in schools, house wives,students waiting for entering schools with higher level, urban job seekers, retirees, job quitters, disabled, etc.

Economically Active Population refers to the population aged 16 and over who are capable to work, are participating in or willing to participate in economic activities, including employed persons and unemployed persons.

Persons Employed in Various Units refer to all the persons working in government agencies of various levels, political and party organizations, social organizations, enterprises and institutions, and receiving wages or other forms of payment. They include fully-employed staff and workers, re-employed retirees, teachers in schools run by the local people, foreigners and Chinese compatriots from Hong Kong, Macao, and Taiwan working in various units, part-time employees, employees of other units working temporarily at current posts, and employees holding the second job, but exclude staff and workers who have left their working units while keeping their labour contract (employment relation) unchanged. This indicator reflects the total number of laborers actually engaged in production or other operations in various units.

Persons Employed in Private Enterprises and Self-Employed Individuals in Urban Areas Persons employed in private enterprises refer to the persons employed in the private enterprises which have been registered at the departments of industrial and commercial administration and are situated at a County town (i.e. a town where the County government is located) for business operation or at urban areas with the level higher than a County town. The self-employed individuals in urban areas refer to persons who hold the certificates of residence in urban areas or have resided in the urban areas for a long time and have been registered at the departments of industrial and commercial administration and approved to be engaged in individual industrial or commercial business, including self-employed persons as well as helpers and hired labourers who work in the individual households engaged in industrial or commercial business.

Registered Urban Unemployed Persons The registered unemployed persons in urban areas refer to the persons who are registered as permanent residents in the urban areas engaged in non-agricultural activities, aged within the range of working age, capable to labour, unemployed but desirous to be employed and have been registered at the local employment service agencies to apply for a job.

Registered Urban Unemployment Rate Registered unemployment rate in urban areas refers to the ratio of the number of the registered unemployed persons to the sum of the number of employed persons and the registered unemployed persons . The formula is as follows:

Registered urban unemployment rate = [number of registered urban unemployed persons/(number of urban employed persons + number of registered urban unemployed persons)]×100%

Staff and Workers refer to the persons who work in(and receive payment therefrom)enterprises and institutions of state ownership, collective ownership, joint ownership, share holding, foreign ownership, and ownership by entrepreneurs from Hong Kong, Macao, and Taiwan, and other types of ownership and their affiliated units, excluding the retired persons invited to work in the units again, teachers in the schools run by the local people and foreigners and persons coming from Hong Kong, Macao and Taiwan and working in the state-owned economic units. (Number of staff and workers in this yearbook include only fully employed staff and workers, excluding those who have left their working units while keeping their labour contract/employment relation unchanged).

Staff and Workers in State-owned Economic Units refer to the persons who work in the state-owned economic units or their attached units and are listed in their payrolls.

Staff and Workers of Collective Owned Units in Urban Areas refer to the persons who work in collective owned units in urban areas and their administration departments and receive payment therefrom.

Staff and Workers in Units of Other Types of Ownership refer to those who work in(and receive payment therefrom)enterprises and institutions of joint ownership, share holding, foreign ownership, and ownership by entrepreneurs from Hong Kong, Macao, and Taiwan.

Fully Employed Staff and Workers refer to persons who work in, and receive wages from their working units, as well as persons who have their work posts, but are temporarily absent from work for reasons of study or on sick, injury or maternal leave and still receive wages from their working units.

Total Wages refer to the total remuneration payment to staff and workers in various units during a certain period of time. The calculation of total wages is based on the total remuneration payment to the staff and workers. Therefore, all the wages and salaries and other payments to staff and workers are included in the total wages regardless of their sources, category, and forms (in kind or cash). (Total wages of staff and workers in this yearbook include only total wages of fully employed staff and workers, excluding the living allowances distributed to those who have left their working units while keeping their labour contract/employment relation unchanged).

Bonus refers to remuneration payment to workers for extra work and for increasing earnings and practicing economy.

Subsidies and Allowances refer to subsidies paid to staff and workers for compensating special or extra labour and allowances paid to staff and workers to offset the impact of inflation on real wages.

Average Wage refers to the average wage in money terms per person during a certain period of time for staff and workers in enterprises, institutions, and government agencies, which reflects the general level of wage income during a certain period of time and is calculated as follows:

Average Wage of Staff and Workers =Total Wages of Staff and Workers in Reference Period/Average Number of Staff and Workers in Reference Period

Index of Average Wage refers to the ratio of average wage of staff and workers at the report time to that at the reference time. It reflects the relative changing degree of average wage in money terms at the various of time, which is calculated as following:

Index of Average Wage of Staff and Worker = average wage of staff and workers at the report time/average wage of staff and workers at the reference time

Index of Average Real Wage refers to the average wage which has removed the factor of price change. Index of average real wage of staff and worker reflects the relative changing degree of average real wage, and indicates the degree of the rising or declining degree of real wage of staff and worker, which is calculated as following:

Index of Average Real Wage of Staff and Worker = (Index of Average Wage of Staff and Worker at the Report Time/Urban Consumer Prices Index at the Report Time) ×100%.

第四篇　固定资产投资

Chapter 4　Investment in Fixed Assets

资料整理：程思怡 张丹峰 范李功 刘俏
Database Editor:Chengsiyi Zhangdanfeng Fanligong Liuqiao

简 要 说 明

本篇资料的主要内容及来源

本篇资料反映全省固定资产投资和房地产开发企业的基本情况，包括固定资产投资的规模、结构、资金来源和投资的效果等资料。

固定资产投资统计资料来源为：除农户投资由国家统计局福建调查总队居民收支调查处提供外，其他资料均由省统计局固定资产投资统计处提供。

本篇的统计调查方法除农户投资统计采用抽样调查方法外，其他均为全面统计报表。

Brief Introduction

Main Content and Source of Data

Data in this chapter show the basic conditions of investment in fixed assets and the basic conditions of enterprises for real estate development of Fujian Province etc. mainly including the total investment in fixed assets, the structure of investment, the resources of investment and the results of investment;

Data on the individual investment in fixed assets in rural areas are provided by the fixed assets and construction Census division of NBS Survey office in Fujian; others statistical data on the investment in fixed assets are provided by the Division of Investment in Fixed Assets, Fujian Statistical Bureau.

Method of data collection: All Data on the investment in fixed assets are collected by the statistical reporting scheme with the coverage of complete enumeration, except data on the investment in fixed assets in rural areas which are collected through sample surveys.

4-1 主要年份全社会固定资产投资

Total Investment in Fixed Assets in the Whole Country in Selected Years

单位：万元 (10000 yuan)

年份 Year	全社会固定资产投资额 Total Investment in Fixed Assets	固定资产投资 Fixed Assets(Excluding Rural Households)	项目投资 Project Investment	房地产开发投资 Real Estate	农村农户投资 Individuals	全社会固定资产投资比上年增长(%) Ratio(%)
1952	6223	3866			2357	68.1
1957	24214	18728			5486	-55.2
1962	32257	21509			10748	-16.6
1965	49352	33943			15409	14.9
1970	72125	48581			23544	111.4
1975	102585	67822			34763	12.8
1978	133421	94467			38954	55.2
1979	153027	112732			40295	14.6
1980	183177	135820			47357	19.6
1981	184696	161862			22834	0.9
1982	244579	195592			48987	32.4
1983	269664	224177			45487	10.3
1984	346107	294844			51263	28.3
1985	556154	487733			68421	60.7
1986	644605	528075	492367	35708	116530	15.9
1987	815963	666929	634469	32460	149034	26.6
1988	1002887	794631	723316	71315	208256	22.9
1989	1016412	802013	691957	110056	214399	1.4
1990	1154072	905109	770383	134726	248963	13.5
1991	1456253	1172804	962126	210678	283449	26.2
1992	2275484	1932090	1521767	410323	343394	56.3
1993	3684495	3204533	2595218	609315	479962	61.9
1994	5388669	4724916	3705087	1019829	663753	46.3
1995	6811714	5944466	4430778	1513688	867248	26.4
1996	7900000	6969100	5452170	1516930	930900	16.0
1997	8984678	7943278	6459964	1483314	1041400	13.7
1998	10485178	9412536	7756216	1656320	1072642	16.7
1999	10400049	9522224	7736053	1786171	877825	3.4
2000	10824716	9953786	7880095	2073691	870930	4.1
2001	11344756	10538443	8283525	2254918	806313	4.8
2002	12307621	11487621	8997752	2489869	820000	8.5
2003	15078725	14114495	10493838	3620657	964230	22.5
2004	18990974	17983841	13205900	4777941	1007133	25.9
2005	23447330	22417041	17013139	5403902	1030289	23.5
2006	31150775	29984488	22110864	7873624	1166287	38.0
2007	43217404	41866681	30541783	11324898	1350723	38.7
2008	53016939	51483063	40192142	11290921	1533876	22.7
2009	63620327	61809360	50445865	11363495	1810967	20.0
2010	82734186	80673339	62484769	18188570	2060847	30.0
2011	101194678	98856652	74830596	24026056	2338026	27.1
2012	127096604	124522414	96281165	28241249	2574190	25.5
2013	155268688	152452358	115422631	37029727	2816330	22.2
2014	184494785	181413708	135739680	45674028	3081077	18.8

注：1950-1980年固定资产投资（不含农户）为城镇投资，农户投资为农村投资口径；1981年后为正式定义口径。

Note:1950-1980,Investment in Fixed Assets(Excluding Rural Households) is the Investment of Urban Areas,Since 1981,Scope was Defined.

4-2 按类型分全社会固定资产投资额

Total Investment in Fixed Assets in the Whole Country by Types

项目 Item	2000	2005	2010	2013	2014
投资总额（亿元）Total Investment in Fixed Assets(100 million yuan)	**1082.47**	**2344.73**	**8273.42**	**15526.87**	**18449.48**
按隶属关系分 By Ownership					
中央 Central	63.50	99.80	757.85	703.09	739.30
地方 Local	1018.97	2244.93	7515.57	14823.78	17710.18
#省级 Province	158.60	293.63	912.52	1179.58	1088.68
按三次产业分 Gruoped By Three stata of Industry					
第一产业 Primary Industry	19.41	60.69	154.15	323.39	413.36
第二产业 Secondary Industry	481.26	928.73	2897.37	5737.05	6473.86
第三产业 Tertiary Industry	581.80	1355.32	5221.90	9466.42	11562.26
按构成分 Gruop By Construction					
建筑工程 Construction	578.28	1202.74	4407.14	9854.13	11909.11
安装工程 Installation	90.46	120.11	325.34	752.14	891.72
设备工器具购置 Purchase of Equipment and Instruments	288.75	542.42	1457.82	2535.96	2746.92
其他费用 Others	124.98	479.47	2083.11	2384.64	2901.73
本年实际到位资金合计 Total Source of Funds This Year	**1242.90**	**2946.95**	**9645.21**	**18755.44**	**20967.98**
上年末结余资金 Funds of LastYear-end	131.84	303.45	711.13	1325.89	1654.37
本年实际到位资金小计 Total Source of Funds This Year	1111.06	2643.51	8934.08	17429.54	19313.61
国家预算资金 StateBudgetary Appropriation	54.26	165.29	672.50	1303.44	1336.90
国内贷款 DomesticLoans	181.76	531.26	1543.17	1977.06	2071.29
债券 Bonds	4.90	0.69	54.74	2.04	20.43
利用外资 ForeignInvestment	136.26	132.95	286.57	256.35	187.39
自筹资金 Fundraising	511.07	1309.41	4950.82	10458.63	12726.60
其他资金来源 Others	222.81	503.91	1426.28	3432.02	2971.01
房屋建筑面积（万平方米）Floor Space of Buildings(10000 sq.m)					
施工面积 Floor Space Under Construction	10118.93	17805.02	30754.70	52511.51	57914.73
#住宅 Residential Buildings	6191.93	8832.24	15359.26	21931.74	23567.64
竣工面积 Floor Space Completed	4806.13	7140.36	7166.91	12380.73	13139.30
#住宅 Residential Buildings	3432.91	4005.03	3624.84	4588.96	4778.30

注：从2011年起，固定资产投资中建设项目投资统计起点标准调整为计划总投资500万元及以上。

Note: Since 2011, Project Investment standard statistical point had adjusted to 5 million yuan or more of total investment.

4-3 按产业和行业分全社会固定资产投资额

Total Investment in Fixed Assets in the Whole Country by Status of Registration and Industry

单位：亿元 (100 million yuan)

行业 Sector	2008	2009	2010	2011	2013	2014
总计 Total	**5301.69**	**6362.03**	**8273.42**	**10119.47**	**15526.87**	**18449.48**
第一产业 Primary Industry	**102.61**	**124.07**	**154.15**	**175.62**	**294.41**	**472.78**
第二产业 Secondary Industry	**2033.56**	**2364.30**	**2893.26**	**3736.89**	**5731.13**	**6483.85**
第三产业 Tertiary Industry	**3165.52**	**3873.67**	**5226.01**	**6206.96**	**9219.69**	**11492.84**
按主要行业分 By Sector	5301.69	6362.03	8273.42	10119.47	15245.24	18449.48
农、林、牧、渔业 Agriculture,Forestry,Animal Husbandry and Fishery	102.61	124.07	154.15	175.62	294.41	472.78
采矿业 Mining and Quarrying	89.34	109.03	113.23	111.09	239.95	247.07
制造业 Manufacturing	1507.54	1730.07	2252.09	3057.46	4645.75	5108.59
电力、热力、燃气及水生产和供应业 Production and Supply of Electric Power, Gas,Water	412.40	490.75	505.00	538.08	764.73	918.05
建筑业 Construction	24.29	34.45	22.93	30.26	80.70	210.14
批发和零售业 Wholesale and Retail Trade	63.23	101.94	155.01	172.15	289.28	388.57
交通运输、仓储和邮政业 Transport, Storage and Post Services	708.46	1016.25	1349.37	1384.58	1669.09	1993.21
住宿和餐饮业 Lodgings and Catering Services	68.47	92.40	100.47	142.70	218.92	227.43
信息传输、软件和信息技术服务业 Information Transmission, Computer Software and Services	129.11	148.64	140.37	142.49	204.28	207.93
金融业 Finance	15.36	17.33	23.17	23.25	55.08	46.59
房地产业 Real Estate	1319.51	1417.42	2246.15	2873.87	4433.22	5606.33
租赁和商务服务业 Rent and Business Services	59.51	68.39	95.96	86.95	178.67	233.22
科学研究和技术服务业 Scientific Reseach and Ploytechnic Services	12.00	16.26	17.23	35.90	36.99	52.69
水利、环境和公共设施管理业 Water Conservancy, Environment and Public Facilities Management	433.64	613.32	706.94	810.02	1355.52	1787.28
居民服务、修理和其他服务业 Resident Services and Others	7.85	13.21	18.70	23.10	38.05	53.40
教育 Education	79.55	100.17	112.96	147.81	185.91	214.45
卫生和社会工作 Health Care and Social Work	33.09	39.23	55.37	55.37	109.25	118.64
文化、体育和娱乐业 Culture, Sports and Entertainment	52.64	53.09	78.47	129.18	206.64	257.89
公共管理、社会保障和社会组织 Public Management and Social Organizations	183.11	176.01	125.84	179.59	238.81	305.21
国际组织 National Organizations						

注：本表国民经济行业分类标准采用GB/T 4754-2011。

Note: The classified Standards of national ecomonic sector are adopted GB/T 4754-2011.

4-4 全社会固定资产投资资金来源(1981-2014年)

Sources of Funds for Investment in Fixed Assets in the Whole Country(1981-2014)

单位：亿元　(100 million yuan)

年份 Year	本年实际到位资金小计 Total Source of Funds	国家预算资金 State Budgetary Appropriation	国内贷款 Domestic Loans	债券 Bonds	利用外资 Foreign Investment	自筹资金 Fundraising	其他资金来源 Others
1981	14.98	5.17	2.41		0.19	6.54	0.67
1982	18.36	3.65	5.02		0.82	7.68	1.19
1983	20.38	4.05	5.52		0.43	8.38	2.00
1984	25.66	5.44	9.21		0.32	9.16	1.53
1985	41.67	6.47	15.19		3.39	13.29	3.33
1986	43.80	6.92	17.99		2.29	12.65	3.95
1987	58.47	9.64	19.85		1.93	21.55	5.50
1988	77.88	5.98	24.69		3.89	30.37	12.95
1989	83.28	6.74	18.62		5.52	34.71	17.69
1990	103.45	8.30	22.88		9.57	42.69	20.01
1991	125.24	6.76	32.16		4.13	55.84	26.35
1992	163.43	5.58	53.68		9.47	80.41	14.29
1993	351.73	8.81	84.08		37.37	158.42	63.05
1994	480.87	7.80	91.55		75.84	227.54	78.14
1995	600.66	9.83	113.19		103.74	253.80	120.10
1996	728.83	11.78	144.05		139.92	306.13	126.95
1997	930.40	10.63	146.67		167.47	363.31	242.32
1998	1051.10	23.41	170.86		230.08	436.39	190.36
1999	997.16	38.36	181.87		133.67	423.74	219.52
2000	1111.06	54.26	181.76	4.90	136.26	511.07	222.81
2001	1205.85	66.97	187.52	3.40	132.01	530.73	285.22
2002	1345.83	78.98	266.11	3.74	150.85	576.90	269.25
2003	1664.60	92.84	307.16	2.22	124.06	802.91	335.41
2004	2139.92	84.62	406.01	3.71	135.91	1048.19	461.48
2005	2643.51	165.29	531.26	0.69	132.95	1309.41	503.91
2006	3557.87	175.07	764.60	9.56	146.59	1669.64	792.41
2007	5011.51	286.69	1048.91	15.29	215.67	2437.05	1007.90
2008	5755.23	400.70	1070.99	11.40	206.24	3124.85	941.05
2009	7091.68	538.15	1420.96	42.58	200.43	3469.15	1420.41
2010	8934.08	672.50	1543.17	54.74	286.57	4950.82	1426.28
2011	11453.72	789.52	1630.84	22.83	388.41	6573.07	2049.06
2012	14085.05	1195.21	1773.87	65.07	352.83	8085.37	2612.70
2013	17429.54	1303.44	1977.06	2.04	256.35	10458.63	3432.02
2014	19313.61	1336.90	2071.29	20.43	187.39	12726.60	2971.01

4-5 全社会固定资产投资资金来源构成(1981-2014年)

Composition of Funds for Investment in Fixed Assets in the Whole Country(1981-2014)

单位：% (%)

年份 Year	国家预算资金 State Budgetary Appropriation	国内贷款 Domestic Loans	债券 Bonds	利用外资 Foreign Investment	自筹资金 Fundraising	其他资金来源 Others
1981	34.5	16.1		1.3	43.7	4.4
1982	19.9	27.3		4.5	41.8	6.5
1983	19.9	27.1		2.1	41.1	9.8
1984	21.2	35.9		1.2	35.7	6.0
1985	15.5	36.5		8.1	31.9	8.0
1986	15.8	41.1		5.2	28.9	9.0
1987	16.5	33.9		3.3	36.9	9.4
1988	7.7	31.7		5.0	39.0	16.6
1989	8.1	22.4		6.6	41.7	21.2
1990	8.0	22.1		9.2	41.3	19.3
1991	5.4	25.7		3.3	44.6	21.0
1992	3.4	32.8		5.8	49.2	8.7
1993	2.5	23.9		10.6	45.0	17.9
1994	1.6	19.0		15.8	47.3	16.2
1995	1.6	18.8		17.3	42.3	20.0
1996	1.6	19.8		19.2	42.0	17.4
1997	1.1	15.8		18.0	39.0	26.0
1998	2.2	16.3		21.9	41.5	18.1
1999	3.8	18.2		13.4	42.5	22.0
2000	4.9	16.4	0.4	12.3	46.0	20.0
2001	5.6	15.6	0.3	10.9	44.0	23.6
2002	5.9	19.8	0.3	11.2	42.9	20.0
2003	5.6	18.5	0.1	7.5	48.2	20.1
2004	4.0	19.0	0.2	6.4	49.0	21.6
2005	6.3	20.1		5.0	49.5	19.1
2006	4.9	21.5	0.3	4.1	46.9	22.3
2007	5.7	20.9	0.3	4.3	48.6	20.1
2008	7.0	18.6	0.2	3.6	54.3	16.4
2009	7.6	20.0	0.6	2.8	48.9	20.0
2010	7.5	17.3	0.6	3.2	55.4	16.0
2011	6.9	14.2	0.2	3.4	57.4	17.9
2012	8.5	12.6	0.5	2.5	57.4	18.5
2013	7.5	11.3		1.5	60.0	19.7
2014	6.9	10.7	0.1	1.0	65.9	15.4

4-6 全社会固定资产投资构成(1993-2014年)

Composition of Fixed Assets in the Whole Country(1993-2014)

单位：亿元、%　　(100 million yuan,%)

年份 Year	本年完成投资 Composition	建筑工程 Construction	安装工程 Installation	设备工器具购置 Purchase of Equipment and Instruments	其他费用 Others
总量（亿元） Total(100 million yuan)（亿元）					
1993	368.44	235.36	16.85	78.44	37.79
1994	538.87	352.39	23.51	103.99	58.98
1995	681.17	455.78	31.67	119.14	74.58
1996	790.00	503.53	38.78	154.85	92.84
1997	898.47	534.67	49.41	212.38	102.00
1998	1048.52	624.06	59.18	237.70	127.58
1999	1040.00	578.05	63.74	267.97	130.25
2000	1082.47	578.28	90.46	288.75	124.98
2001	1134.48	588.88	83.49	321.91	140.20
2002	1230.76	685.69	61.96	312.04	171.07
2003	1507.87	849.02	73.93	334.87	250.05
2004	1899.10	1040.66	96.46	443.35	318.62
2005	2344.73	1202.74	120.11	542.42	479.47
2006	3115.08	1566.78	138.67	610.26	799.36
2007	4321.74	2250.77	185.50	808.66	1076.81
2008	5301.69	2845.35	238.58	1127.87	1089.90
2009	6362.03	3445.72	286.35	1333.59	1296.37
2010	8273.42	4407.14	325.34	1457.82	2083.11
2011	10119.47	6045.05	410.16	1693.92	1970.33
2012	12709.66	7871.48	611.65	2038.97	2187.56
2013	15526.87	9854.13	752.14	2535.96	2384.64
2014	18449.48	11909.11	891.72	2746.92	2901.73
构成（%） Composition（%）					
1993	100.0	63.9	4.6	21.3	10.2
1994	100.0	65.4	4.4	19.3	10.9
1995	100.0	66.9	4.6	17.5	10.9
1996	100.0	63.7	4.9	19.6	11.8
1997	100.0	59.5	5.5	23.6	11.4
1998	100.0	59.5	5.6	22.7	12.2
1999	100.0	55.6	6.1	25.8	12.5
2000	100.0	53.7	8.4	26.6	11.4
2001	100.0	51.9	7.4	28.4	12.4
2002	100.0	55.7	5.0	25.4	13.9
2003	100.0	56.3	4.9	22.2	16.6
2004	100.0	54.8	5.1	23.3	16.8
2005	100.0	51.3	5.1	23.1	20.4
2006	100.0	50.3	4.5	19.6	25.7
2007	100.0	52.1	4.3	18.7	24.9
2008	100.0	53.7	4.5	21.3	20.6
2009	100.0	54.2	4.5	21.0	20.4
2010	100.0	53.3	3.9	17.6	25.2
2011	100.0	59.7	4.1	16.7	19.5
2012	100.0	61.9	4.8	16.1	17.2
2013	100.0	63.5	4.8	16.3	15.4
2014	100.0	64.6	4.8	14.9	15.7

4-7 投资项目数及计划总投资(1993-2014年)

Number of Investment Projects and Value of Investment(1993-2014)

年份 Year	施工项目（个） Number of Projects Under Construction (unit)	全部建成投产项目（个） Number of Projects Completed and Put Into Use (unit)	计划总投资（亿元） Total Investment of Planned (100 million yuan)	年份 Year	施工项目（个） Number of Projects Under Construction (unit)	全部建成投产项目（个） Number of Projects Completed and Put Into Use (unit)	计划总投资（亿元） Total Investment of Planned (100 million yuan)
1993	6256	3018	767.30	2004	8857	2594	4308.45
1994	5495	2810	1083.79	2005	7543	2891	5870.27
1995	5310	2819	1317.22	2006	15635	6461	8623.00
1996	6123	3458	1532.51	2007	17559	8036	10928.56
1997	5616	3057	1771.04	2008	19209	9562	13812.67
1998	6491	3546	2117.06	2009	19903	10396	16540.21
1999	7488	4149	2218.53	2010	19183	10165	21281.86
2000	6231	3579	2121.71	2011	17659	9033	21912.59
2001	5763	3153	2230.89	2012	20650	12210	25974.02
2002	6066	3269	2281.43	2013	23836	13718	28976.03
2003	5571	2438	3222.88	2014	26590	17018	33562.57

注：本表不含房地产开发；2005年及以前年份投资项目指城镇投资项目，2006年及以后年份为城镇及非农户投资项目。

Note:Data in this table exclude the investment of the real estate development.It including Urban Investment before 2005.Since 2006,it including Urban Investment and Non-Individuals.

4-8 按三次产业分新增固定资产（不含农户）

Newly Increased Total Investment in Fixed Assets(Excluding Rural Households) by Sector

单位：万元 (10000 Yuan)

行业	新增固定资产投资（不含农户） Newly Increased Fixed Assets(Excluding Rural Households)	第一产业 Primary Industry	第二产业 Secondary Industry	第三产业 Tertiary Industry
1995	3138438	26542	961562	2150334
1996	4171918	29567	1372641	2769710
1997	6213913	34270	2080800	4098843
1998	6029888	53699	2634906	3341283
1999	6542937	104613	2378326	4059998
2000	6749598	35593	2863561	3850444
2001	6622464	54362	2353141	4214961
2002	7581186	73912	2813120	4694154
2003	6914113	43138	2356325	4514650
2004	7908627	50759	2988540	4869328
2005	9246365	70219	3489972	5686174
2006	11420066	206623	5881937	5331506
2007	14774673	289313	7013751	7471609
2008	21009125	593552	9011335	11404238
2009	28100758	703448	13399102	13998208
2010	30467401	891108	14234925	15341368
2011	46961799	1162216	24509465	21290118
2012	63522670	1797175	32287486	29438009
2013	83802909	2415153	42373139	39014617
2014	111509634	3282362	52749149	55478123

注：本表国民经济行业分类标准采用GB/T 4754-2011,2005年及以前年份为城镇新增固定资产投资。

Note: The classified Standards of national ecomonic sector are adopted GB/T 4754-2011.It including Urban Investment before 2005.

4-9 按各类型分固定资产投资（不含农户）

Investment in Fixed Assets(Excluding Rural Households) By Types

单位：万元 (10000 Yuan)

项目　Item	2010	2011	2012	2013	2014
总计 Total	**80673339**	**98856652**	**124522414**	**152452358**	**181413708**
按登记注册类型分 Grouped by Status of Registration					
国有企业 Stated-owned Enterprises	26536637	28746345	38549513	42292209	47240148
集体企业 Collective-owned Enterprises	2263986	2388081	3098676	4372611	5802784
股份合作 Share Holding Cooperative Enterprises	386441	256901	110430	146983	347011
联　营 Cooperative Enterprises	571334	650198	393770	551598	625764
有限责任公司 Limited Liability Corporations Enterprises	15983641	23633805	33080087	40568787	51947197
股份有限公司 Share Holding Enterprises	2504742	3518266	4369396	4667366	4785493
私营企业 Private Enterprises	19784508	24150764	28253783	41168554	51143327
港澳台商投资企业 Enterprises with Funds from HongKong, Macao,TaiWan	6372079	7420607	7711168	8255204	8061717
外商投资企业 Foreign Funded Enterprises	4344108	5487799	5258530	5260796	5049007
其他 Other Enterprises	1925863	2603886	3697061	5168250	6411260
按隶属关系分 By Ownership					
中央 Central	7578460	7236994	7700553	7030889	7392985
地方 Local	73094879	91619658	116821861	145421469	174020723
#省 Province	9125243	9119555	11616207	11795751	10886795
按建设性质分 By Kind of Construction					
#新建 New Construction	34825066	42551691	55734999	62672485	70255050
扩建 Expansion	16126599	19350047	24059899	29523348	35776709
改建 Reconstruction	7778158	8563115	12052416	17209067	22281054

4-10 按行业分固定资产投资（不含农户）

Investment in Fixed Assets(Excluding Rural Households) by Sector

单位：万元 (10000 Yuan)

行业 Sector	2010	2011	2012	2013	2014
总计 Total	80673339	98856652	124522414	152452358	181413708
第一产业 Primary Industry	1300158	1525815	2167951	2944067	3827861
第二产业 Secondary Industry	28894167	37275688	45961346	57311349	64671069
第三产业 Tertiary Industry	50479014	60055149	76393117	92196942	112914778
按主要行业分 By Sector					
农、林、牧、渔业 Farming, Forestry, Animal Husbandy and Fishery	1300158	1525815	2167951	2944067	3827861
采矿业 Mining and Quarrying	1126345	1110509	1629871	2399546	2440134
制造业 Manufacturing	22502139	30523275	37643926	46457503	50987388
电力、热力、燃气及水生产和供应业 Production and Supply of Electricity Gas and Water	5050039	5380754	6208107	7647258	9179094
建筑业 Construction	215644	261150	479442	807042	2064453
批发和零售业 Wholesale and Retail Trade	1531984	1667544	2004885	2892818	3822055
交通运输、仓储和邮政业 Transport, Storage and Post Services	13434479	13782856	16682506	16690908	19794500
住宿和餐饮业 Lodgings and Catering Services	995708	1420066	2033187	2189223	2264514
信息传输、软件和信息技术服务业 Information Transmission, Software and Information Technology Services	1397348	1424852	1736521	2042770	2079260
金融业 Finance	231658	232456	301365	550760	465885
房地产业 Real Estate	20808585	26863924	34392665	44332184	53584054
租赁和商务服务业 Rent and Business Services	955769	858775	1473818	1786727	2322436
科学研究和技术服务业 Scientific Reseach and Ploytechnic Services	172344	358964	224937	369863	526942
水利、环境和公共设施管理业 Water Conservancy, Environment and Public Facilities Management	7068030	8099983	10722581	13555155	17872846
居民服务、修理和其他服务业 Resident Services and Others	166743	229682	306904	380549	530668
教育 Education	1127649	1478072	1948802	1859074	2144515
卫生和社会工作 Health Care and Social Work	551387	553673	729576	1092470	1186291
文化、体育和娱乐业 Culture, Sports and Entertainment	778900	1288431	1860365	2066391	2574474
公共管理、社会保障和社会组织 Public Management, Social Ensure and Social Organizations	1258430	1795871	1975005	2388050	3052147
国际组织 Intenational Organzition					

注：本表国民经济行业分类标准采用GB/T 4754-2011。

Note: The classified Standards of national ecomonic sector are adopted GB/T 4754-2011.

4-11 按行业、构成、性质分固定资产投资（不含农户）（2014年）

单位：万元

项目	Item	合计 Total	按投资构成分 By Composition of Funds 建筑工程 Construction
本年完成投资	**Total**	**181413708**	**116451146**
农、林、牧、渔业	**Agriculture,Forestry,Animal Husbandry and Fishery**	**3827861**	**2553027**
农业	Agriculture	1873143	1392570
林业	Forestry	439555	298753
畜牧业	Animal Husbandry	505996	339351
渔业	Fishery	1009167	522353
农、林、牧、渔服务业	Services of Agriculture,Forestry,Animal Husbandry and Fishery	594244	494725
采矿业	**Mining and Quarrying**	**2440134**	**1676329**
煤炭开采和洗选业	Coal Mining and Dressing	750312	629186
石油和天然气开采业	Petroleum and Natural Gas Mining	118942	42282
黑色金属矿采选业	Ferrous Metals Mining and Dressing	299885	224671
有色金属矿采选业	Nonferrous Metals Mining and Dressing	359286	239336
非金属矿采选业	Nonmetal Minerals Mining and Dressing	892163	521667
开采辅助活动	Subsidiary Action	29090	17939
其他采矿业	Others Mining and Quarrying	19546	19187
制造业	**Manufacturing**	**50987388**	**29555784**
农副食品加工业	Agricultural and Sideline Products Processing	3436025	2201034
食品制造业	Food Manufacturing	1765566	1094105
酒、饮料和精制茶制造业	Wine，Drink and Tea Manufacturing	2660325	1848937
烟草制品业	Tobacco Processing	46992	36621
纺织业	Textile Industry	2855255	1268234
纺织服装、服饰业	Textile Garments Products	2009462	1250169
皮革、毛皮、羽毛及其制品和制鞋业	Leather,Furs,Down and Relate Products	1813084	1175684
木材加工和木、竹、藤、棕、草制品业	Timber Processing,Bamboo,Cane,Palm Fiber and Straw Products	2524800	1534221
家具制造业	Furniture Manufacturing	1074881	760428
造纸和纸制品业	Papermaking and Paper Products	1567151	860053
印刷和记录媒介复制业	Printing and Record Medium Reproduction	366117	200114
文教、工美、体育和娱乐用品制造业	Cultural , Educational and Sports Goods	1304319	907118
石油加工、炼焦和核燃料加工业	Petroleum Processing , Coking and Nuclear Fuel Processing	849691	382809
化学原料和化学制品制造业	Raw Chemical Materials and Chemical Products	2741101	1620250
医药制造业	Medical and Pharmaceutical Products	693305	408988
化学纤维制造业	Chemical Fiber	1861006	750354
橡胶和塑料制品业	Rubber and Plastic Products	1906060	1084546
非金属矿物制品业	Nonmetal Minerals Products	4759440	2771986
黑色金属冶炼和压延加工业	Smelting and Pressing of Ferrous Metals	1730350	762700
有色金属冶炼和压延加工业	Smelting and Pressing of Nonferrous Metals	626757	298559
金属制品业	Metal Products	2114344	1250638
通用设备制造业	General Equipment	1716236	1092418
专用设备制造业	Special Purpose Equipment	1936014	1199897
汽车制造业	Car Manufacturing	1065641	563152
铁路、船舶、航空航天和其他运输设备制造业	Railway,Watercraft,Aviation and others transportation Manufacturing	883672	550596
电气机械和器材制造业	Electric Equipment and Machinery	2432085	1496287
计算机、通信和其他电子设备制造业	Computer,Communication and other Electronic Equipment	2692808	1180992

Investment in Fixed Assets(Excluding Rural Households) by Sector,Composition of Funds and Properties(2014)

(10000 yuan)

			按建设性质分 By Properties		
安装工程 Installation	设备工器具购置 Purchase of Equipment and Instruments	其他 Others	#新建 New Construction	#扩建 Expansion	#改建和技术改造 Reconstruction and Technical Renovation
8908933	**27087108**	**28966521**	**70255050**	**35776709**	**22281054**
131760	**724588**	**418486**	**2104310**	**1125628**	**263340**
72843	209176	198554	1077255	640633	148498
9950	36046	94806	272133	139373	24049
27996	79909	58740	327019	138062	40915
20971	399457	66386	427903	207560	49878
23178	41561	34780	427770	60086	94741
91340	**519964**	**152501**	**376358**	**810096**	**1235544**
10122	78325	32679	45542	43605	655719
28375	15985	32300	118942		
8353	58588	8273	9212	167251	123422
11357	95626	12967	8451	239196	111639
33133	271440	65923	174665	360044	344764
1394	3305	6452	11710	17380	
		359	19546		
2023432	**15579452**	**3828720**	**20113140**	**18382609**	**9255527**
121766	823418	289807	1536309	1364401	422113
62210	461380	147871	699852	603269	337005
99174	574041	138173	1044197	954612	585514
669	9640	62	2607	32274	7111
136695	1252576	197750	964197	856259	774950
96478	478196	184619	1052537	572220	258131
50381	491939	95080	670498	692778	286345
83857	744705	162017	506205	1583165	384081
31984	204998	77471	414508	495005	128126
42916	556132	108050	423252	764396	236888
6781	140883	18339	140184	98833	73646
47238	244850	105113	522389	525577	189749
191550	232794	42538	174442	147100	526338
87360	816338	217153	1061079	990857	507271
20162	202906	61249	322813	209001	130638
178560	776644	155448	1116370	380528	327482
58404	619814	143296	754213	881174	140737
130512	1395653	461289	1787968	1352546	1470650
102806	783021	81823	440077	622146	469157
32634	251345	44219	332331	174635	96738
52664	664409	146633	751532	1027600	238947
47041	441065	135712	554008	802284	271803
57624	544221	134272	887717	673105	284205
64582	361062	76845	456997	335819	206633
23788	264844	44444	341773	149228	106152
72566	684643	178589	1119948	897008	264212
78967	1300556	132293	1129524	837965	353316

4-11 续表1

单位：万元

项目	Item	合计 Total	按投资构成分 By Composition of Funds 建筑工程 Construction
仪器仪表制造业	Instruments and Meters Machinery	215910	140856
其他制造业	Others Manufacturing	1119166	736697
废弃资源综合利用业	Waste Resources and Materials Recovering	219825	127341
金属制品、机械和设备修理业	Metals,Machinery and Equipment maintenance	70857	50016
电力、热力、燃气及水生产和供应业	**Production and Supply of Electric Power, Gas,Water**	**9179094**	**2914435**
电力、热力生产和供应业	Production and Supply of Electric Power and Hot Power	6846321	1517832
燃气生产和供应业	Production and Supply of Gas	979278	500502
水的生产和供应业	Production and Supply of Water	1353495	896101
建筑业	**Construction**	**2064453**	**1330958**
房屋建筑业	Building Engineering	452467	222825
土木工程建筑业	Civil Engineering	1325467	1009944
建筑安装业	Installation	97019	13811
建筑装饰和其他建筑业	Building Decontion and Others	189500	84378
批发和零售业	**Wholesale and Retail Trade**	**3822055**	**2603927**
批发业	Wholesale	2299299	1530994
零售业	Retail Trade	1522756	1072933
交通运输、仓储和邮政业	**Transport, Storage and Post Services**	**19794500**	**13732170**
铁路运输业	Railways	2059523	1457536
道路运输业	Highways	12135467	9289173
水上运输业	Waterways	2508509	1220913
航空运输业	Civil Aviation	928441	219420
管道运输业	Pipeline	104541	84624
装卸搬运和运输代理业	Loading,Unloading and Other Transport Services	388127	254745
仓储业	Warehousing	1623446	1180786
邮政业	Posts	46446	24973
住宿和餐饮业	**Lodgings and Catering Services**	**2264514**	**1765820**
住宿业	Lodgings	1899334	1524529
餐饮业	Catering Services	365180	241291
信息传输、软件和信息技术服务业	**Information Transmission, Computer Software and Services**	**2079260**	**523472**
电信、广播电视和卫星传输服务	Telecom,Radio and Television,Satellite Transmission Service	1592719	322860
互联网和相关服务	Internet and Related Services	254236	22953
软件和信息技术服务业	Software and Information Technology Services	232305	177659
金融业	**Finance**	**465885**	**331341**
货币金融服务	Money Services	269672	194905
资本市场服务	Capital Market Services	107460	66906
保险业	Insurance	10603	2799
其他金融业	Other Financial Sectors	78150	66731

Continued

(10000 yuan)

			按建设性质分 By Properties		
安装工程 Installation	设备工器具购置 Purchase of Equipment and Instruments	其他 Others	#新建 New Construction	#扩建 Expansion	#改建和技术改造 Reconstruction and Technical Renovation
1902	54001	19151	86675	54199	57455
31759	144192	206518	742993	186303	95576
10402	59186	22896	75945	118322	24558
3180	14108	3553	30943	33041	3111
1970576	**3072853**	**1221230**	**3448880**	**3245048**	**2416845**
1587015	2704405	1037069	2120298	2829002	1853058
188220	192426	98130	667380	112018	195196
195341	176022	86031	661202	304028	368591
69563	**411563**	**252369**	**1367323**	**157560**	**206987**
6576	186245	36821	244258	22756	14588
52551	115420	147552	1015902	65523	175699
2783	79545	880	22915	2180	
7653	30353	67116	84248	67101	16700
113718	**633647**	**470763**	**2174866**	**1059978**	**314404**
49412	418770	300123	1126340	775175	198768
64306	214877	170640	1048526	284803	115636
195034	**2561017**	**3306279**	**12876938**	**2161473**	**2800320**
800	120081	481106	1735781	84608	238254
77046	301815	2467433	8430105	1043940	2487015
23528	1183775	80293	1086581	338127	26687
16700	676417	15904	133465	134977	
6801	6896	6220	104541		
8776	71868	52738	260751	75754	6670
49204	191006	202450	1122163	473467	9850
12179	9159	135	3551	10600	31844
79998	**192605**	**226091**	**1709485**	**357722**	**110512**
61551	107533	205721	1497837	269473	92137
18447	85072	20370	211648	88249	18375
332670	**1162161**	**60957**	**330292**	**1072229**	**659976**
256874	982100	30885	170982	991391	419983
65929	162398	2956	30264	27264	196708
9867	17663	27116	129046	53574	43285
27294	**65444**	**41806**	**265606**	**86177**	**89026**
21503	41294	11970	130762	42641	89026
3947	15452	21155	62064	34256	
74	7586	144	730	3180	
1770	1112	8537	72050	6100	

4-11 续表2

单位：万元

项目	Item	合计 Total	按投资构成分 By Composition of Funds 建筑工程 Construction
房地产业	**Real Estate**	**53584054**	**35498116**
房地产业	Real Estate	53584054	35498116
租赁和商务服务业	**Rent and Business Services**	**2322436**	**1722945**
租赁业	Rent	97500	21863
商务服务业	Business Services	2224936	1701082
科学研究和技术服务业	**Scientific Reseach and Ploytechnic Services**	**526942**	**342225**
研究和试验发展	Research and Experimental Development	104381	68935
专业技术服务业	Services of Professional and Technology	202290	144855
科技推广和应用服务业	Popularization and Application of Science and Technology	220271	128435
水利、环境和公共设施管理业	**Water Conservancy, Environment and Public Facilities Management**	**17872846**	**14011715**
水利管理业	Water Conservancy Management	2404980	2103083
生态保护和环境治理业	Ecological Protection and Environmental Governance	706961	547225
公共设施管理业	Public Facility Management	14760905	11361407
居民服务、修理和其他服务业	**Resident Services and Others**	**530668**	**403671**
居民服务业	Resident Services	227970	165955
机动车、电子产品和日用产品修理业	Repair of Motor Vehicles,Electronic Products,Daily Necessities.	253941	203801
其他服务业	Other Services	48757	33915
教育	**Education**	**2144515**	**1745939**
教育	Education	2144515	1745939
卫生和社会工作	**Health Care and Social Work**	**1186291**	**848002**
卫生	Health Care	931917	620211
社会工作	Social Work	254374	227791
文化、体育和娱乐业	**Culture, Sports and Entertainment**	**2574474**	**1794596**
新闻和出版业	News and Publication	2398	2398
广播、电视、电影和影视录音制作业	Radio,Television,Film and TV Recordings	250453	129228
文化艺术业	Cuiture Arts	1518831	1023902
体育	Sports	445699	370939
娱乐业	Entertainment	357093	268129
公共管理、社会保障和社会组织	**Public Management and Social Organizations**	**3052147**	**2533994**
中国共产党机关	the Communist Party of China	13968	5926
国家机构	National Institutions	1686077	1454097
人民政协、民主党派	Chinese People's Political Consultative Conferences, the Democratic Parties	500	500
社会保障	the Social Security	14935	14135
群众团体、社会团体和其他成员组织	Mass Organizations,Social Groups and others	591785	419616
基层群众自治组织	the Grassroots Autonomous Organizations	744882	639720
国际组织	**National Organizations**		

Continued

(10000 yuan)

			按建设性质分 By Properties		
安装工程 Installation	设备工器具购置 Purchase of Equipment and Instruments	其他 Others	#新建 New Construction	#扩建 Expansion	#改建和技术改造 Reconstruction and Technical Renovation
2950671	**558551**	**14576716**	**6660510**	**665785**	**395278**
2950671	558551	14576716	6660510	665785	395278
55948	**241027**	**302516**	**1545050**	**481716**	**168914**
1298	73855	484	19270	13898	
54650	167172	302032	1525780	467818	168914
29082	**123868**	**31767**	**404775**	**76805**	**30757**
15928	8275	11243	64295	35978	4108
5444	39084	12907	144640	29161	14959
7710	76509	7617	195840	11666	11690
457831	**420939**	**2982361**	**11420620**	**3398080**	**2917426**
36125	33351	232421	1477241	372635	541958
23838	49642	86256	346125	89972	242943
397868	337946	2663684	9597254	2935473	2132525
16476	**65996**	**44525**	**357280**	**137958**	**12280**
8715	29925	23375	178076	31965	3100
3999	27414	18727	160229	78311	7080
3762	8657	2423	18975	27682	2100
36376	**137057**	**225143**	**1155956**	**734633**	**103890**
36376	137057	225143	1155956	734633	103890
64693	**204875**	**68721**	**589965**	**342090**	**53076**
61193	199032	51481	368000	319293	50386
3500	5843	17240	221965	22797	2690
81150	**195655**	**503073**	**1418344**	**357272**	**741024**
			297	2101	
11931	96179	13115	70311	1799	175853
43688	58723	392518	786222	135556	547172
10716	11742	52302	252409	184506	5757
14815	29011	45138	309105	33310	12242
153569	**156872**	**207712**	**1464929**	**1013343**	**408076**
1296	346	6400	13607	361	
37613	78779	115588	863304	569213	176400
					500
150	370	280	14935		
81393	57007	33769	218262	226032	102839
33117	20370	51675	354821	217737	128337

4-12 按各类型分新增固定资产（不含农户）

Newly Increased Total Investment in Fixed Assets(Excluding Rural Households) By Types

单位：万元 (10000 Yuan)

项目 Item	2010	2011	2012	2013	2014
合计 Total	**30467401**	**46961799**	**63522670**	**83802909**	**111509634**
按登记注册类型分 Grouped by Status of Registration					
国有企业 Stated-owned Enterprises	7167563	10940183	16977710	19464468	27784193
集体企业 Collective-owned Enterprises	1396870	1451733	2358506	3735620	4530988
股份合作 Share Holding Cooperative Enterprises	634134	172137	100524	64146	224604
联　营 Cooperative Enterprises	329272	425274	224842	224118	154856
有限责任公司 Limited Liability Corporations Enterprises	5187265	9100915	13089823	20608995	26021504
股份有限公司 Share Holding Enterprises	1024869	1466337	2802721	2943808	2731565
私营企业 Private Enterprises	9853749	14616845	18079135	25664422	34413211
港澳台商投资企业 Enterprises with Funds from HongKong, Macao, TaiWan and Foreign	2074805	3794667	3920577	4707084	5876388
外商投资企业 Foreign Funded Enterprises	1914285	3526102	3339817	3121346	4700393
其他 Other Enterprises	884589	1467606	2629015	3268902	5071932
按隶属关系分 By Ownership					
中央 Central	2178130	2251960	2243396	3196806	2673693
地方 Local	28289271	44709839	61279274	80606103	108835941
#省 Province	1751269	3221904	4594588	4258830	4692994
按建设性质分 By Kind of Construction					
#新建 New Construction	10596718	17703854	26934186	33337313	45897694
扩建 Expansion	7785123	12808548	17099890	21615798	27383724
改建 Reconstruction	4463555	5925201	9414503	12847460	18326941

4-13 按行业分新增固定资产（不含农户）

Newly Increased Total Investment in Fixed Assets(Excluding Rural Households) by Sector

单位：万元 (10000 Yuan)

行业 Sector	2010	2011	2012	2013	2014
合计 Total	**30467401**	**46961799**	**63522670**	**83802909**	**111509634**
第一产业 Primary Industry	**891108**	**1162216**	**1797175**	**2415153**	**3282362**
第二产业 Secondary Industry	**14234925**	**24509465**	**32287486**	**42373139**	**52749149**
第三产业 Tertiary Industry	**15341368**	**21290118**	**29438009**	**39014617**	**55478123**
按主要行业分 By Sector					
农、林、牧、渔业 Farming, Forestry, Animal Husbandy and Fishery	891108	1162216	1797175	2415153	3282362
采矿业 Mining and Quarrying	824556	957910	1329814	2065335	2122643
制造业 Manufacturing	11372783	20722925	27088138	34040815	43382056
电力、热力、燃气及水生产和供应业 Production and Supply of Electricity Gas and Water	1978916	2735895	3566751	5739255	5811631
建筑业 Construction	58670	92735	302783	527734	1432819
批发和零售业 Wholesale and Retail Trade	743616	925507	1211554	1804021	2834309
交通运输、仓储和邮政业 Transport, Storage and Post Services	3652219	4469165	5604207	6467191	8853763
住宿和餐饮业 Lodgings and Catering Services	326256	794137	990763	1282296	1891096
信息传输、软件和信息技术服务业 Information Transmission, Software and Information Technology Services	971907	1292032	1337163	1565031	1596598
金融业 Finance	150547	135638	201935	346937	225213
房地产业 Real Estate	5531472	7716083	9394926	13962930	18193357
租赁和商务服务业 Rent and Business Services	253269	272443	656957	590626	1134758
科学研究和技术服务业 Scientific Reseach and Ploytechnic Services	49702	147019	72200	215672	390625
水利、环境和公共设施管理业 Water Conservancy, Environment and Public Facilities Management	2097897	3063344	5986390	8071539	12532120
居民服务、修理和其他服务业 Resident Services and Others	66849	128260	164618	250134	477582
教育 Education	380694	765813	1275026	1017868	1395946
卫生和社会工作 Health Care and Social Work	218727	251771	394964	521771	803322
文化、体育和娱乐业 Culture, Sports and Entertainment	283543	622754	835480	1366713	1844630
公共管理、社会保障和社会组织 Public Management, Social Ensure and Social Organizations	614670	706152	1311826	1551888	2687594
国际组织 Intenational Organzition					

注：本表国民经济行业分类标准采用GB/T 4754-2011。

Note: The classified Standards of national ecomonic sector are adopted GB/T 4754-2011.

4-14 房地产开发企业（单位）主要指标

Main Indicators of Enterprises for Real Estate Development

项目　Item	2000	2005	2010	2013	2014
企业个数（个） **Number of Enterprises(unit)**	**1922**	**2596**	**3634**	**3187**	**3280**
内资企业 Domestically funded enterprises	1151	1866	2926	2725	2857
#国有 Stated-owned	356	225	216	96	74
集体 Collective-owned	170	91	52	24	19
港澳台商投资企业 EnterPries with Funds from HongKong,Macao and TaiWan	543	470	529	351	315
外商投资企业 Foreign Funded Enterprises	228	260	179	111	108
土地开发及购置(万平方米) **Development and Purchase of Land (10000 sq.m)**					
土地购置面积 Purchased Land Space	901.07	1822.55	1540.42	1591.13	1294.16
本年完成投资（亿元） **Investment of Completed (100 million yuan)**	**207.37**	**540.39**	**1818.86**	**3702.97**	**4567.40**
#住宅 Residential Building	125.07	363.72	975.13	2402.08	2917.17
本年资金来源(亿元) Source of Funds this Year	276.86	803.93	2631.31	5767.04	5726.13
#国内贷款 Domestic Loans	44.78	156.85	432.46	747.66	752.62
利用外资 Foreign Investment	24.94	14.81	18.17	21.58	23.32
自筹资金 Fundraising	54.21	217.15	1099.64	2016.51	2479.19
房屋建筑面积（万平方米） **Floor Space of Buildings Completed (10000 sq.m)**					
施工面积 Floor Space Under Construction	3422.88	6107.75	14189.73	26287.28	30051.77
本年竣工面积 Floor Space Completed this Year	1009.36	1576.16	2242.47	3369.76	3583.57
本年新开工面积 Newiy Started This Year	1102.85	2196.57	4679.56	7193.01	6754.06
#住宅 Residential Buildings	891.87	1727.38	3399.53	4795.83	4193.81
商品房销售面积（万平方米） **Real Floor Spale Building Sold (10000 sq.m)**	**810.65**	**1913.84**	**2575.62**	**4676.16**	**4119.48**
#住宅 Residential Buildings	675.73	1720.56	2139.26	3957.46	3324.10

4-15 房地产开发企业（单位）主要指标(1986-2014年)

Main Indicators of Enterprises for Real Estate Development(1986-2014)

年份 Year	本年完成投资（亿元） Investment of Completed (100 million yuan)	#住宅 Residential Buildings	商品房销售额（亿元） Real Value of House Sold (100 million yuan)	#住宅 Residential Buildings	商品房销售面积（万平方米） Real Floor Space Sold (10000 sq.m)	#住宅 Residential Buildings
1986	3.57				73.14	
1987	3.25				51.33	
1988	7.13				92.88	
1989	11.01				102.55	
1990	13.47				107.79	
1991	21.07		9.16		111.44	
1992	41.03		16.77		134.99	
1993	60.93		26.61		248.91	
1994	101.98	69.96	39.37	26.03	241.31	188.96
1995	151.37	88.51	66.16	46.14	368.65	309.44
1996	151.69	75.29	48.59	37.61	273.51	234.28
1997	148.33	72.49	83.50	62.04	426.88	346.14
1998	165.63	85.44	105.10	78.71	515.20	441.67
1999	178.62	105.08	123.75	92.54	599.68	511.64
2000	207.37	125.07	168.96	119.39	810.65	675.73
2001	225.49	145.22	199.08	150.75	987.81	843.00
2002	248.99	160.78	225.28	153.95	1047.05	882.92
2003	362.07	237.67	287.16	222.46	1250.10	1083.79
2004	477.79	308.45	354.47	281.26	1384.83	1224.61
2005	540.39	363.72	605.09	481.90	1913.84	1720.56
2006	787.36	511.68	807.46	637.34	2021.69	1743.39
2007	1132.49	778.39	1134.53	938.33	2421.97	2096.39
2008	1129.09	735.93	712.61	562.26	1625.67	1250.00
2009	1136.35	743.27	1477.83	1299.09	2723.23	2420.83
2010	1818.86	975.13	1611.32	1300.13	2575.62	2139.26
2011	2402.61	1591.56	2101.58	1649.34	2706.72	2213.30
2012	2824.12	1751.98	2817.70	2293.90	3258.94	2741.96
2013	3702.97	2402.08	4232.08	3410.57	4676.16	3957.46
2014	4567.40	2917.17	3763.52	2939.58	4119.48	3324.10

4-16 房地产开发投资完成情况(1986-2014)

Main Indicators of Enterprises for Real Estate Development(1986-2014)

年份 Year	企业个数（个） Number of Enterprises (unit)	本年完成投资（亿元） Investment of Completed (100 million yuan)	施工面积（万平方米） Floor Space Under Construction (10000 sq.m)	竣工面积（万平方米） Floor Space Completed (10000 sq.m)	商品房销售面积（万平方米） Real Floor Spale Building Sold (10000 sq.m)	商品房销售额（亿元） Real Value of House Sold (100 million yuan)
1986	102	3.57	220.84	133.25	73.14	
1987	118	3.25	216.38	98.74	51.33	
1988	174	7.13	368.04	154.12	92.88	
1989	168	11.01	413.56	183.73	102.55	
1990	190	13.47	427.57	193.92	107.79	
1991	241	21.07	561.56	215.98	111.44	9.16
1992	391	41.03	842.30	258.48	134.99	16.77
1993	856	60.93	1258.69	307.55	248.91	26.61
1994	1279	101.98	1889.94	470.78	241.31	39.37
1995	1256	151.37	2506.77	732.63	368.65	66.16
1996	1407	151.69	2283.80	526.28	273.51	48.59
1997	1465	148.33	2401.24	662.77	426.88	83.50
1998	1783	165.63	2748.79	578.74	515.20	105.10
1999	1909	178.62	3166.96	788.82	599.68	123.75
2000	1922	207.37	3422.88	1009.36	810.65	168.96
2001	1941	225.49	3717.31	1280.79	987.81	199.08
2002	1869	248.99	4114.64	1323.49	1047.05	225.28
2003	1900	362.07	4891.04	1362.95	1250.10	287.16
2004	2433	477.79	5795.69	1523.91	1384.83	354.47
2005	2596	540.39	6107.75	1576.16	1913.84	605.09
2006	2755	787.36	6992.74	1408.32	2021.69	807.46
2007	2693	1132.49	9651.58	1711.33	2421.97	1134.53
2008	3268	1129.09	11459.72	1906.15	1625.67	712.61
2009	3316	1136.35	11668.17	2240.26	2723.23	1477.83
2010	3634	1818.86	14189.73	2242.47	2575.62	1611.32
2011	3576	2402.61	18937.98	2651.71	2706.72	2101.58
2012	3140	2824.12	21121.50	2232.78	3258.94	2817.70
2013	3187	3702.97	26287.28	3369.76	4676.16	4232.08
2014	3280	4567.40	30051.77	3583.57	4119.48	3763.52

4-17 按各类分组房地产开发投资

Investment of Real Estate Development by Groups

单位：万元 (10000 Yuan)

项目 Item	2000	2005	2010	2013	2014
完成投资额 Investment of Completed	**2073691**	**5403902**	**18188570**	**37029727**	**45674028**
按登记注册类型分 Grouped by Status of Registration					
国有 Stated-owned	452819	572840	1282208	1809681	988020
集体 Collective-owned	95298	189259	276575	193160	136306
股份合作 Share Holding Cooperative	41709	23884	28630	1340	
联营 Cooperative	41002	89344	5548	0	16350
有限责任公司 Limited Liability Corporations	214898	1072799	7056662	18952458	27180773
股份有限公司 Share Holding Enterprises	103805	74467	580501	687143	718484
私营企业 Private Enterprises	264209	1785456	5863922	11048601	11628877
港澳台商投资企业 Enterprises with Funds from HongKong, Macao and TaiWan	544809	1061142	2277563	2972958	3346293
外商投资企业 Foreign Funded Enterprises	304170	514713	701494	795561	1599054
其他企业 Other Enterprises	10972	19998	115467	568825	59871
按构成分 By Type of Construction					
建筑工程 Construction	1401960	3343117	8778945	23946095	29227264
安装工程 Installation	77820	225972	537215	2150076	2728360
设备工器具购置 Purchase of Equitment and Instruments	39495	39738	93941	287902	348266
其他费用 Others	554416	1795075	8778469	10645654	13370138
按工程用途分 By Use of Project					
商业营业用房 House for Busines Use	299123	478198	1623334	4914305	6548765
住宅 Residential Building	1250655	3637199	9751349	24020834	29171687
办公楼 Office Buildings	152004	107594	496714	2702759	3585835
其他 Others	371909	1180911	6317173	5391829	6367741
按隶属关系分 By Ownership					
中央 Central	7188	1943	92324	95523	72363
地方 Local Project	2066503	5401959	18096246	36934204	45601665
#省 Province	178567	94526	241353	725554	540149

4-18 商品房竣工面积(1986-2014)

Main Indicators of Enterprises for Real Estate Development(1986-2014)

单位：万平方米

(10000 sq.m)

年份 Year	竣工房屋面积 Floor Space Completed	住宅 Residential Buildings	#别墅、高档公寓 High-grade Apartment	办公楼 Office Buildings	商业营业用房 House for Business Used	其他 Others
1986	133.25	112.40				
1987	98.74	72.21				
1988	154.12	114.75				
1989	183.73	145.78				
1990	193.92	139.42				
1991	215.98	147.03		2.50	19.63	46.82
1992	258.48	181.24		2.90	26.91	47.43
1993	307.55	238.46		4.13	28.31	36.65
1994	470.78	359.14	31.86	30.97	51.67	29.00
1995	732.63	585.82	54.07	34.93	80.46	31.42
1996	526.28	419.56	47.28	28.33	61.86	16.53
1997	662.77	500.07	69.60	55.37	80.41	26.92
1998	578.74	450.90	43.15	34.50	70.05	23.29
1999	788.82	604.21	45.05	64.75	82.33	37.53
2000	1009.36	771.81	44.24	71.48	114.68	51.39
2001	1280.79	1020.46	70.99	50.39	153.42	56.52
2002	1323.49	1011.33	32.95	46.53	207.54	58.09
2003	1362.95	1074.29	45.06	45.98	142.37	100.32
2004	1523.91	1260.55	54.46	29.93	154.43	78.99
2005	1576.16	1304.85	39.53	22.22	156.54	92.55
2006	1408.32	1128.59	43.93	44.35	145.36	90.03
2007	1711.33	1344.42	89.66	55.49	163.30	148.12
2008	1906.15	1422.84	83.05	97.64	174.98	210.70
2009	2240.26	1690.85	82.18	47.44	209.32	292.65
2010	2242.47	1715.87	58.22	35.20	165.39	326.01
2011	2651.71	2007.34	78.00	54.75	286.07	303.55
2012	2232.78	1564.62	59.57	119.20	238.83	310.13
2013	3369.76	2338.06	85.70	98.33	404.85	528.52
2014	3583.57	2568.02	65.95	145.51	308.55	561.48

4-19 按工程用途分房地产开发投资(1986-2014)

Main Indicators of Enterprises for Real Estate Development(1986-2014)

单位：亿元 (100 million yuan)

年份 Year	本年完成投资 Investment of Completed	住宅 Residential Buildings	#别墅、高档公寓 High-grade Apartment	办公楼 Office Buildings	商业营业用房 House for Business Used	其他 Others
1986	3.57					
1987	3.25					
1988	7.13					
1989	11.01					
1990	13.47					
1991	21.07					
1992	41.03					
1993	60.93					
1994	101.98	46.23				
1995	151.37	88.51	18.89	18.80	19.06	25.01
1996	151.69	75.29	12.63	16.80	23.57	36.03
1997	148.33	72.49	11.83	20.31	23.63	31.90
1998	165.63	85.44	10.79	19.61	22.69	37.90
1999	178.62	105.08	10.47	16.08	22.78	34.68
2000	207.37	125.07	14.00	15.20	29.91	37.19
2001	225.49	145.22	13.47	12.20	30.63	37.45
2002	248.99	160.78	11.27	9.99	29.85	48.37
2003	362.07	237.67	11.86	10.64	38.27	75.49
2004	477.79	308.45	24.82	9.15	43.93	116.27
2005	540.39	363.72	17.79	10.76	47.82	118.09
2006	787.36	511.68	32.34	24.25	56.29	195.15
2007	1132.49	778.39	52.75	20.91	76.35	256.84
2008	1129.09	735.93	46.18	24.74	80.87	287.55
2009	1136.35	743.27	43.64	37.84	87.30	267.93
2010	1818.86	975.13	55.26	49.67	162.33	631.72
2011	2402.61	1591.56	94.07	100.19	264.51	446.34
2012	2824.12	1751.98	102.13	189.22	370.38	512.54
2013	3702.97	2402.08	137.86	270.28	491.43	539.18
2014	4567.40	2917.17	220.01	358.58	654.88	636.77

4-20 商品房销售面积(1986-2014)

Main Indicators of Enterprises for Real Estate Development(1986-2014)

单位：万平方米　　(10000 sq.m)

年份 Year	商品房销售面积 Real Floor Spale Building Sold	住宅 Residential Buildings	#别墅、高档公寓 High-grade Apartment	办公楼 Office Buildings	商业营业用房 House for Business Used	其他 Others
1986	73.14	73.14				
1987	51.33	42.87				
1988	92.88	72.65				
1989	102.55	92.58				
1990	107.79	88.36				
1991	111.44	93.98				
1992	134.99	113.70				
1993	248.91	209.60				
1994	241.31	188.96				
1995	368.65	309.44		21.36	26.67	11.18
1996	273.51	234.28	29.79	10.96	23.96	4.32
1997	426.88	346.14	26.30	27.89	41.55	11.30
1998	515.20	441.67	36.87	24.70	40.39	8.45
1999	599.68	511.64	40.87	21.41	54.30	12.34
2000	810.65	675.73	45.57	41.74	77.89	15.30
2001	987.81	843.00	42.54	33.31	89.66	21.84
2002	1047.05	882.92	29.91	31.19	114.41	18.54
2003	1250.10	1083.79	66.37	34.64	104.86	26.81
2004	1384.83	1224.61	32.24	21.88	100.39	37.95
2005	1913.84	1720.56	37.18	21.05	120.76	51.47
2006	2021.69	1743.39	113.13	41.03	141.95	95.33
2007	2421.97	2096.39	149.21	80.19	155.38	90.00
2008	1625.67	1250.00	62.18	66.52	94.32	214.83
2009	2723.23	2420.83	116.99	32.94	121.26	148.20
2010	2575.62	2139.26	83.01	82.20	176.35	177.81
2011	2706.72	2213.30	78.46	109.17	183.86	200.40
2012	3258.94	2741.96	84.58	150.83	209.88	156.27
2013	4676.16	3957.46	98.75	211.42	242.53	264.75
2014	4119.48	3324.10	92.55	181.01	286.94	327.44

4-21 房地产开发施工、竣工和销售情况(2014年)

Condition of Real Estate Under Construction,Completed and Sale(2014)

项目 Item	合计 Total	住宅 Residential Buildings	#90平方米以下 Floor Space Under 90 sq.m	#90-144平方米 Floor Space between 99 and 144 sq.m	#144平方米以上 Floor Space Over 144 sq.m	#别墅、高档公寓 High-grade Apart -ment	办公楼 Office Buildings	商业营业用房 House for Business Used	其他 Others
房屋施工面积（万平方米）Floor Space Under Construction (10000 sq.m)	**30051.77**	**19718.43**	**4553.92**	**12089.46**	**3075.05**	**765.93**	**1810.02**	**3622.17**	**4901.14**
#新开工面积 New Building	6754.06	4193.81	812.70	2875.41	505.69	180.45	495.20	863.93	1201.12
房屋竣工面积（万平方米）Floor Space of Completed(10000 sq.m)	**3583.57**	**2568.02**	**589.91**	**1483.58**	**494.53**	**65.95**	**145.51**	**308.55**	**561.48**
商品住宅竣工套数（万套）Set of Completed Buildings(10000 sets)	**23.27**	**23.27**	**8.16**	**12.41**	**2.70**	**0.17**			
竣工房屋价值（亿元）Value of Completed Buildings (100 million yuan)	**883.63**	**622.95**	**139.30**	**333.87**	**149.79**	**19.60**	**42.06**	**84.75**	**133.87**
出租房屋面积（万平方米）Floor Space of Houses Leased (10000 sq.m)	**119.50**	**8.13**	**6.97**	**1.17**			**8.97**	**81.36**	**21.04**
商品房销售面积（万平方米）Floor Space Sold(10000 sq.m)	**4119.48**	**3324.10**	**795.69**	**2054.72**	**473.68**	**92.55**	**181.01**	**286.94**	**327.44**
#现房销售面积 Buildings Now Availabal	428.61	292.31	147.40	93.29	51.62	11.72	14.33	45.12	76.86
期房销售面积 Forward Buildings	3690.86	3031.79	648.29	1961.43	422.07	80.83	166.68	241.82	250.58
商品房销售额（亿元）Value of House Sold(100 million yuan)	**3763.52**	**2939.58**	**585.86**	**1663.83**	**689.89**	**129.93**	**201.48**	**373.51**	**248.95**
#现房销售额 Buildings Now Availabal	287.31	192.61	87.55	45.47	59.59	17.88	13.16	46.21	35.33
期房销售额 Forward Buildings	3476.21	2746.97	498.31	1618.36	630.30	112.05	188.32	327.30	213.62
商品住宅销售套数（万套）Set of Commercial Residential Buildings Sold(10000 sets)	**31.46**	**31.46**	**10.98**	**18.06**	**2.42**	**0.55**			
年末待售面积（万平方米）Floor Space of Buildings no Sold (10000 sq.m)	**1312.68**	**616.15**	**150.31**	**250.01**	**215.83**	**63.61**	**47.60**	**293.14**	**355.80**
#待售1-3年 One-three Years	564.17	235.78	51.83	97.17	86.77	31.22	26.93	125.20	176.27
待售3年以上 Over Three Years	103.22	26.16	11.35	7.16	7.65	6.29	3.23	41.03	32.79

主要统计指标解释

全社会固定资产投资 指以货币形式表现的在一定时期内全社会建造和购置固定资产的工作量以及与此有关的费用的总称。该指标是反映固定资产投资规模、结构和发展速度的综合性指标,又是观察工程进度和考核投资效果的重要依据。全社会固定资产投资按登记注册类型可分为国有、集体、个体、联营、股份制、外商、港澳台商、其他等。

城镇固定资产投资 指城镇各种登记注册类型的企业、事业、行政单位及个体户进行的计划总投资(或实际需要总投资)500万元及500万元以上的建设项目投资、房地产开发投资。县城及以上区域内发生的投资，县及县以上各级政府及主管部门直接领导、管理的建设项目和企业事业单位的投资均为城镇固定资产投资。

固定资产投资（不含农户） 包含原口径的城镇固定资产投资加上农村企业事业组织项目投资，该口径自2011年起开始使用。

房地产开发投资 指各种登记注册类型的房地产开发公司、商品房建设公司及其他房地产开发法人单位和附属于其他法人单位实际从事房地产开发或经营活动的单位统一开发的包括统代建、拆迁还建的住宅、厂房、仓库、饭店、宾馆、度假村、写字楼、办公楼等房屋建筑物和配套的服务设施，土地开发工程(如道路、给水、排水、供电、供热、通讯、平整场地等基础设施工程)的投资;不包括单纯的土地交易活动。

农村固定资产投资 指包括在农村区域范围内进行固定资产投资活动的企业、事业、行政单位及农村个人投资。

固定资产投资的资金来源 根据固定资产投资的资金来源不同，分为国家预算内资金、国内贷款、债券、利用外资、自筹资金和其他资金来源。(1)国家预算内资金:分为财政拨款和财政安排的贷款两部分。包括中央财政的基本建设基金(分经营性基金和非经营性基金两部分)、专项支出(如煤代油专项等)、收回再贷、贴息资金，财政安排的挖潜改造和新产品试制支出、城建支出、商业部门简易建筑支出、不发达地区发展基金等资金中用于固定资产投资的资金;地方财政中由国家统筹安排的资金等。(2)国内贷款:指报告期固定资产投资单位向银行及非银行金融机构借入的用于固定资产投资的各种国内借款，包括银行利用自有资金及吸收的存款发放的贷款、上级主管部门拨入的国内贷款、国家专项贷款(包括煤代油贷款、劳改煤矿专项贷款等)、地方财政专项资金安排的贷款、国内储备贷款、周转贷款等。(3）债券: 指企业(公司)或金融机构通过发行各种债券，筹集用于固定资产投资的资金。包括由银行代理国家专业投资公司发行的重点企业债券和基本建设债券。(4)利用外资:指报告期收到的用于固定资产建造和购置的国外资金(包括设备、材料、技术在内)。计算利用外资时，需要折算成人民币，折算中所使用的外汇汇率按现汇计算，即按使用外汇时的汇率计算。包括外商直接投资、对外借款(外国政府贷款、国际金融组织贷款、出口信贷、外国银行商业贷款、对外发行债券和股票)及外商其他投资(包括补偿贸易和加工装配由外商提供的设备价款、国际租赁)。不包括我国自有外汇资金(包括国家外汇、地方外汇、留成外汇、调济外汇和中国银行自有资金发行的外汇贷款等)。(5)自筹资金:指固定资产投资单位报告期收到的，由各地区、各部门及企、事业单位筹集用于固定资产投资的预算外资金，包括中央各部门、各级地方和企、事业单位的自筹资金。(6)其他资金来源:指在报告期收到的除以上各种资金之外其他用于固定资产投资的资金，包括社会集资、个人资金、无偿捐赠的资金及其他单位拨入的资金等。

固定资产投资按国民经济行业分 国民经济行业类别是按企业、事业、行政单位所从事的生产或其他社会经济活动性质的同一性进行的分类。如果项目投产后仍属于原投资单位，则该项目行业类别参照现有单位行业类别；如果项目投产后成为新的独立核算法人单位，则按投产后新法人单位主要产品种类或主要用途及社会经济活动种类来划分行业；审核、核准、备案项目按批文描述划分行业。

固定资产投资按建设性质分 建设项目的性质一般分为新建、扩建、改建和技术改造、单纯建造生活设施、迁建、恢复。单纯购置房地产开发单位、农村投资不划分建设性质。 (1)新建:一般指从无到有“平地起家”开始建设的企业、事业和行政单位或独立的工程。现有企业、事业、行政单位一般不属于新建。但如有的单位原有基础很小，经过建设后新增的固定资产价值超过该企、事业、行政单位原有固定资产价值(原值)三倍以上的也应作为新建。(2)扩建:指在厂内或其他地点，为扩大原有产品的生产能力(或效益)或增加新的产品生产能力，而增建主要的生产车间(或主要工程)、分厂、独立的生产线. 行政、事业单位在原单位增建业务用房(如学校增建教学用房、医院增建门诊部、病房等)也作为扩建。现有企、事业单位为扩大原有主要产品生产能力或增加新的产品生产能力，增建一个或几个主要生产车间(或主要工程)、分厂，同时进行一些更新改造工程的，也应作为扩建。(3)改建和技术改造:指对原有设施进行技术改造或更新(包括相应配套的辅助性生产、生活福利设施)，没有增建主要生产车间、分厂等。现有企、事业单位为适应市场变化的需要，而改变企业的主要产品种类(如军工企业转产民品等)，或原有产品生产作业线由于各工序(车间)之间能力不平衡，为填平补齐充分发挥原有生产能力而增建不增加本企业主要产品设计能力的车间，也应作为改建。

固定资产投资按构成分 固定资产投资活动按其工作内容和实现方式分为建筑工程、安装工程、设备工具器具购置、其他费用四个部分。（1）建筑工程：是指各种房屋、建筑物的建造工程，又称建筑工作量。这部分投资额必须兴工动料，通过施工活动才能实现，是固定资产投资额的重要组成部分。（2）安装工程：是指各种设备、装置的安装工程，又称安装工作量。在安装工程中，不包括被安装设备本身价值。（3）设备工具器具购置：是指建设单位或企、事业单位购置或自制的，达到固定资产标准的设备工具器具的价值。新建单位及扩建单位的新建车间，按照设计或计划要求购置或自制的全部设备工具器具，不论是否达到固定资产标准均计入“设备工具器具购置”中。（4）其他费用：指在固定资产建造和购置过程中发生的，除上述几项内容以外的各种应分摊计入固定资产的费用。

施工项目 指报告期内进行过建筑或安装施工活动的项目。凡是报告期内施过工的建设项目，不论施工时间长短，均作为施工项目统计。施工项目个数可以反映一定时期固定资产投资的实际规模，与同期建成投产的建设项目个数相比，可以从建设速度的角度反映固定资产投资的效果。根据建设项目施工活动的不同性质，施工项目又分为:本年正式施工项目、本年收尾项目和以前年度全部停缓建项目。

房屋建筑面积 指房屋建筑物勒脚以上外墙外围的水平截面面积，包括房屋建筑物的有效面积和结构面积。该指标是从实物形态上反映建设规模和建设成果的重要指标之一，也是检查工程形象进度、计算工程造价、分析投资效果、研究施工任务和建筑材料之间平衡情况的重要依据。

住宅建筑面积 指施工和竣工房屋建筑面积中供居住用的房屋建筑面积。

施工面积 指报告期内施工的全部房屋建筑面积。包括本期新开工的面积和上期开工跨入本期继续施工的房屋面积，以及上期已停建在本期恢复施工的房屋面积。本期竣工和本期施工后又停缓建的房屋，其建筑面积仍计入本期房屋施工面积中。

竣工面积 指在报告期内房屋建筑按照设计要求已经全部完工，达到住人和使用条件，经验收鉴定合格(或达到竣工验收标准)，正式移交使用单位的各栋房屋建筑面积的总和。

新增固定资产 指报告期内已经完成建造和购置过程，并已交付生产或使用单位的固定资产价值。该指标是表示固定资产投资成果的价值指标，也是反映建设进度，计算固定资产投资效果的重要指标。

竣工房屋住宅套数 指报告期内按照设计要求全部完工，经验收合格，达到居住和使用条件并正式交付使用的成套住宅数量。包括独立厨房、独立卫生间、若干卧室、室内走廊等设施在内的供一户居住和使用的房屋。该指标可以反映住宅建设的产业化程度和城市化进程以及人民居住水平提高的情况。

别墅、高档公寓 指建筑造价和销售价格明显高于一般商品住宅的商品住宅。别墅一般指地处郊区，独立成栋的商品住宅;高档公寓一般指地处市内高尚社区，高层或多层的商品住宅。别墅、高档公寓的确定标准:一是经有房地产投资计划审批权的主管部门审批建设的别墅、高档公寓开发项目;二是销售价格高于当地同等地段商品住宅平均销售价格一倍以上的别墅、公寓开发项目。该指标可以分析房地产投资结构，反映高收入家庭商品住宅的供求平衡情况。

Explanatory Notes on Main Statistical Indicators

Total Investment in Fixed Assets in the Whole Country refers to the volume of activities in construction and purchases of fixed assets and related fees, expressed in monetary terms. It is a comprehensive indicatorwhich shows the size, structure and growth of the investment in fixed assets, providing basis for observing the progress of construction projects and evaluating results of investment. Total investment in fixed assets in the whole country includes, by type of ownership, the investment by the state-owned units, collective units, individuals, joint ownership units, share-holding units, as well as investment by businessmen from foreign countries and from Hong Kong, Macau and Taiwan, and by other units.

Urban Investment in Fixed Assets refers to construction projects involving a total planned (or required) investment of 500,000 yuan and over by urban enterprises and institutions of various types of ownership, by administrative units and by individuals, investment in real estate development, and housing investment by individuals in urban areas and in industrial and mining areas. In other words, all investments that take place in county towns and urban areas, investment in construction projects under the direct leadership and management of government agencies at and above county levels and investments by enterprises and institutions at and above county levels are covered in urban investment in fixed assets.

Investment in Fixed Assets (Excluding Rural Households) refers to the urban investment in fixed assets under the previous statistical coverage plus project investments by rural enterprises and institutions.

Investment in Real Estate Development refers to the investment by the real estate development companies, commercial buildings construction companies and other real estate development units of various types of ownership in the construction of house buildings, such as residential buildings, factory buildings, warehouses, hotels, guesthouses, holiday villages, office buildings, and the complementary service facilities and land development projects, such as roads, water supply, water drainage, power supply, heating, telecommunications, land leveling and other projects of infrastructure. It excludes the activities in pure land transactions.

Investment in Housing Construction in Urban Areas and in Industrial and Mining Areas refers to all private housing construction under the jurisdictionof cities, county towns and industrial and mining areas, no matter whether the owner of the house is registered as the permanent resident in the locality or not.

Investment in Rural Areas refers to investment in fixed assets by enterprises, institutions and individuals in rural areas.

Sources of Funds for Investment in Fixed Assets include fund from state budget, domestic loans, foreign investment, self-raised funds, and others depending on the source of investment. (1) Fund from state budget consists of budgetary appropriation and loans from state budget. More specifically, it includes, from the budget of the central government, capital construction fund (operation fund and non-operational fund), special expenses (e.g. expenses on substituting petroleum with coal), loans from repayment, discount fund, expenses on innovation and trial production of new products, expenses on urban construction, expenses on temporary construction by Trades departments, development fund for less developed areas, as well as local budgetary fund transferred from the central budget. (2) Domestic loans refer to loans of various forms borrowed by investing units from banks and non-bank financial institutions during the reference period for the purpose of investment in fixed assets, including loans issued by banks from their self-owned funds and deposit, loans appropriated by higher responsible authorities, special loans by government (including loan for substituting petroleum with coal, special loan for reform-through-labour coal mines), loans arranged by local government from special funds, domestic reserve loan, and working loan, etc. (3)Bonds, refers to the enterprise (company) or financial institutions through the issuance of bonds, raise funds for investment in fixed assets,including bank acting national professional investment by the key enterprise bond issue company bonds and basic construction.(4) Foreign investment refers to foreign funds received during the reference period for the construction and purchase of investment in fixed assets (covering equipment, materials and technology), including foreign borrowings (loans from foreign governments and international financial institutions, export credit, commercial loans from foreign banks, issue of bonds and stocks overseas), foreign direct investment and other foreign investment. Excluded in this category are capitals in foreign exchanges owned by China (foreign exchanges owned by the central and local governments, foreign exchanges retained by enterprises, foreign exchanges by enterprises through regulating mechanism, loans in foreign exchanges issued by the Bank of China with its own fund, etc.). In calculating the utilization of foreign capitals, foreign currencies are converted into Chinese Renminbi applying the current exchange rate when the foreign capitals are actually used. (5) Self-raised funds refer to extra-budgetary funds for investment in fixed assets received by investing units from central government ministries, local governments, enterprises and institutions, including their self-raised funds. (6) Others refer to funds for investment in fixed assets received from the sources other than those listed above, including capitals raised through issuing bonds by enterprises or financial institutions, funds raised from individuals and through donations, and funds transferred from other units.

Investment in Fixed Assets by Sector The classification of construction projects by sector is determined by the major products or the purpose of the projects when they are put into production or use, and by the nature of their social economic activities. In general, one project or one enterprise or institution can only be classified into one sector.

Investment in Fixed Assets by Type of Construction The construction projects in general can be classified, by the type of construction, into new construction, expansion, reconstruction and technical transformation, moving and restoration. However, investment by type of construction is not applied to investment by real-estate development units, investment in rural areas and investment in housing by urban individuals. (1) New construction in general refers to newly constructed enterprises, institutions, administrative agencies or independent projects from scratch. Construction in the existing enterprises, institutions or agencies is not considered as new construction. In case the assets of the existing unit is quite small, and the value of newly added fixed assets exceeds the original value of assets by three times, the expansion will be considered as new construction.(2) Expansion refers to construction of new major production workshop, branch factory or independent production line within a factory or in other locations, for the purpose of increasing the productioncapacity (or improving efficiency) of the original products. Newly constructed houses for the operation of institutions and administrative organizations (such as the newly constructed buildings for teaching in schools, buildings for clinics or wards in hospitals, etc.) are also classified as expansion.Also included in the expansion are investments by existing enterprises or institutions in building major production line(s) or branch factory(ies) along with some work on innovation, for the purpose of expending the productioncapacity of original products or producing new products. (3) Reconstruction refers to construction projects by existing enterprises or institutions in innovation or technical transformation of the old facilities (including auxiliary production equipment and welfare facilities). Also considered as reconstruction is the construction of new workshops by the existing enterprises or institutions to change the variety of products to meet the market demand (such as the production of civil products by defence industries), or to bring the designed productioncapacity into full play through a more balanced production process on production lines. Technical transformation refers to replacement of old technology or equipment by new technology or equipment, in order to expand the reproduction through improvement of technology contents in production, to improve product quality, to promote new products, to save energy and reduce consumption and to improve overall social-economic efficiency.

Contents of technical transformation include: updating of machinery, equipment and tools; reforming production process by using energy or materials saving technology; construction of factory workshops and transformation of public facilities; improvement of working conditions and environment, etc.

Investment in Fixed Assets by Structure By their contents, investment activities are classified into 4 categories, i.e. construction and installation, purchase of equipment and instrument, and other expenses.(1) Construction refers to the construction of various houses and buildings and installation of various kinds of equipment and instruments.They include construction of various houses; equipment foundations, industrial kilns and stoves, and metal structure work; preparation works for project construction, and clearing up works post project construction; pavement of railways and roads, drilling of mines and putting up of oil pipes; construction of projects of water conservancy; construction of underground air-raid shelters and construction of other special projects; value of equipment for heating, sanitation, ventilation, lighting, gas, painting, etc. that are covered by the budget of housing projects; laying out of various pipelines (for steam, compressed air, petroleum, tap water and sewage) and lines for electric power and for communications; installation of various machinery equipment, testing operation for pre-testing the quality of installation projects, and land and other development work conducted by real estate developers for commercial housing. The value of equipment installed is not included in the value of installation projects. (2) installation: refers to various equipment, equipment installation, also called the installation work. In the installation of equipment is installed, not including itself value.(3) Purchase of equipment and instruments refers to the total value of equipment, tools, and instruments purchased or self-produced which come up to standards for fixed assets by the construction units or investing enterprises or institutions. Equipment, tools and instruments purchased or self-produced for new workshops by newly established or expanded units are categorized as "purchase of equipment and instruments" no matter whether they come up to the standards for fixed assets.(4) Other expenses refer to expenses occurring during the construction or purchase of fixed assets other than those mentioned above.

Projects under Construction refer to projects with construction and installation activities undertaken in the reference period. All projects that have construction activities undertaken during the reference period are reported as projects under construction irrespective of the length of construction work. The number of projects under construction can reflect the actual size of investment in fixed assets during a given period, and when compared with the number of projects completed and put into use during the same period, it demonstrates the results of investment in fixed assets. Depending on the nature of const ruction activities, projects under construction can also be classified into projects under construct ion in current y ear, winding-up projects in current year and stopped or suspended projects in previous years (with preservation work in current year).

Projects Completed and Put into Use Industrial projects refer to the major projects and accessory facilities completed which result in forming productioncapacity and have been checked and accepted while the living and welfare facilities have been completed and can ensure normal production and formally put into production. Non-industrial projects refer to the major project s and accessory facilities completed which possess the designedcapacity and have been checked, accepted and formally put into production.

Floor Space of Buildings under Construction refers to total floor space of the horizontal section of outer walls above the plinth of the building, including the effective area and the area occupied by the structure. This indicator is one of the important indicators in physical terms to reflect the scale and accomplishment of the construction industry, and important basis for monitoring the pr ogress, calculating the cost, analyzing the efficiency and studying the supply of building materials in relation with the construction projects.

Floor Space of Residential Buildings refers to the floor space of the residential buildings among the completed.

Floor Space under Construction refers to total floor space of all buildings under construct ion during the reference period, including floor space of newly start ed buildings during the reference period, floor space of construction extended from the previous period to the current period, and floor space of construction suspended during the previous period and resumed in the current period. Floor space of const ruction completed in the current period, and floor space of const ruction started and then suspended in the current period are also included in the floor space under const ruction of the current year.

Floor Space of Buildings Completed refers to the floor space of all buildings completed in the reference period, which have been appraised and accepted (or come up to the designed standards) and have been transferred to the owners for use.

Newly Increased Fixed Assets refer to the newly increased value of fixed assets, constructed or purchased, that have been transfer red to the investors. This is an indicator that demonstrates the results of investment in fixed assets in monetary terms, and an important indicator to reflect the speed of construct ion and to calculate the efficiency of investment.

Number of Flats in Completed Residential Buildings refers to total number of flats completed during the reference period, appraised and accepted as meeting the standards for living, and transfer red for use. A flat includes separate kitchen and bathroom, several bedrooms and corridor, suitable for one household. This indicator reflects the degree of industrialization of the residential building construction, the process of urbanization and the improvement of the living standard of people.

Villas, High-Grade Apartments refers to commercial houses whose construction costs and marketing prices are significantly higher than ordinary housing. Villas are independent structures generally located in the suburbs; high-grade apartments are multi-story buildings located in elegant urban neighborhoods. Criteria for villas and high-grade apartments include: 1) projects for the construction of villas or high-grade apartments have to be approved by competent departments in charge of real estate development and investment plans, and 2) prices for projects on villas or high- grade apartments are higher by over 100% compared with the average prices of ordinary commercial housing projects in similar location. This indicator helps to analyze the investment structure of the real estate industry and the demand and supply of housing for high-income households.

第五篇　对外经济

Chapter 5　Foreign Trade

资料整理：郑懿 戴斌 叶玲

Database Editor:Zhengyi Daibin Yeling

简 要 说 明

本篇资料的主要内容及来源

本篇资料反映了全省外经外贸，主要包括进出口、利用外资、对外承包工程和劳务合作、人民币外汇牌价基本情况等方面的内容。

进、出口数据来源于海关统计，利用外资、对外承包工程和劳务合作等资料来源于省商务厅,外商投资企业工商注册数、资本金、投资总额数据来源于省工商局。历年人民币对主要外币的年平均汇价资料来源于国家外汇管理局，是根据当年国家外汇管理局提供的每日汇价进行加权平均计算而得出的当年年平均汇价。

本篇资料由省统计局贸易外经统计处整理提供。

Brief Introduction

Main Content and Source of Data

Data in this chapter show the basic conditions of foreign trade and tourism , mainly including imports and exports, utilization of foreign capitals, contracted projects and labor services cooperation, exchange rate of RMB to other currencies etc.

Data on foreign trade are based on the statements made by the Administration of Customs. Data on utilization of foreign capitals, contracted projects and labor services cooperation are provided by Fujian Department Foreign Trade and Economic Cooperation. Data on Registered Foreign Funded Enterprises are provided by Fujian Industrial and Commercial Bureau. Average exchange rates of RMB yuan to other currencies over the years come from the State Administration of Exchange Control. The annual average exchange rate is calculated as the weighted mean of the daily exchange rates provided by the State Administration of Exchange Control.

Data in this chapter are collected and compiled by the Division of Trade and External Economic Relations Statistics of Fujian Provincial Bureau of Statistics.

5-1 对外经济基本情况

Basic Statisics on Foreign Trade

项目 Item	2000	2005	2010	2013	2014
海关货物进出口总额（人民币万元） Total Value of Imports and Exports in Customs (RMB 10000 yuan)	**17568664**	**44572105**	**73638807**	**104864338**	**108973325**
出口总额 Exports	10685474	28541480	48397273	65941740	69689226
进口总额 Imports	6883190	16030625	25241534	38922598	39284099
进出口差额 Balance	3802284	12510855	23155739	27019142	30405127
海关货物进出口总额（万美元） Total Value of Imports and Exports in Customs(USD 10000)	**2122332**	**5441130**	**10878027**	**16932174**	**17740784**
出口总额 Exports	1290828	3484195	7149313	10647442	11345229
初级产品 Primary Goods		215205	529791	858009	918602
工业制品 Industry Goods		3268990	6619522	9789433	10426627
进口总额 Imports	831504	1956935	3728715	6284731	6395555
初级产品 Primary Goods		333239	1024135	2651304	2900036
工业制品 Industry Goods		1623696	2704521	3633427	3495518
进出口差额 Balance	459324	1527260	3420598	4362711	4949674
外商直接投资 Foreign Investment Utilized					
新签合同数（个） Number of Projects for Contracted Foreign Direct Investment(unit)		1988	1139	840	1044
合同投资金额（万美元） Total Amount of Contracted Foreign Investment(USD 10000)		595715	737557	833644	849079
实际利用外资（万美元） Foreign Investment Actually Utilized(USD 10000)		260775	580279	667896	711499
外商投资企业工商注册情况 Registration Status of Foreign Funded Enterprises					
年末注册数（个） Number of Enterprises(unit)	16013	17854	17886	23546	24322
投资总额（万美元） Total Investment(USD 10000)	4708446	7533131	12483059	15651558	17324503
注册资本（万美元） Registered Capital(USD 10000)	2758492	4307474	6935845	8537482	9448456
对外承包工程（万美元） Contracted Projects(USD 10000)					
合同金额 Contracted Value	12486	24713	8607	31044	35842
完成营业额 Value of Turnover Fulfilled	10373	19537	23531	64870	71559
对外劳务合作（万美元） Labor Services(USD 10000)					
劳务人员合同工资总额 Contracted Pay	29562	32539	20580	58675	113856
劳务人员实际收入总额 Value of Real Income	34479	31014	23209	42773	65235

注：1.劳务人员合同工资总额、劳务人员实际收入总额，2012年以前分别为对外劳务合作合同金额、对外劳务合作完成营业额。2.外商投资企业年末注册数、投资总额、注册资本2013年以前不含其他外商投资企业和外商投资企业分支机构。

Note:a) Before 2012,the Contract Pay is Contracted Value,the Real Income is Value of Turnover Fulfilled. b) Before 2013,Number of Foreign Funded Enterprise Registrations,Total Amount of Investment and Registered Capital Exclude other Foreign Funded Enterprises and Branches.

5-2 进出口总额(1981-2014年)

Gross Value of Imports and Exports(1981-2014)

单位：万美元

年份 Year	进出口总额 (万美元) Total Imports and Exports(USD 10000)	出口 Exports	进口 Imports	进出口总额 (万元人民币) Total Imports and Exports (RMB 10000 yuan)	出口 Exports	进口 Imports
1981	60827	40127	20700	108272	71426	36846
1982	55067	37023	18044	106279	71454	34825
1983	56366	36995	19371	110477	72510	37967
1984	66472	39167	27305	185457	109276	76181
1985	90084	55718	34366	263946	163254	100692
1986	134771	68647	66124	501348	255367	245981
1987	184500	90400	94100	686340	336288	350052
1988	284300	141600	142700	1057596	526752	530844
1989	342200	182800	159400	1611762	860988	750774
1990	433908	244906	189002	2265000	1278409	986591
1991	574776	314746	260030	3115286	1709071	1406215
1992	805873	438666	367207	4633770	2522330	2111440
1993	1004181	515874	488307	5814208	2986911	2827297
1994	1218953	643020	575933	10397669	5484961	4912708
1995	1444569	790806	653763	12105488	6626954	5478534
1996	1551972	838239	713733	12881368	6957384	5923984
1997	1795280	1025560	769720	14861328	8489586	6371742
1998	1716065	996387	719678	14205586	8248092	5957494
1999	1761956	1035193	726763	14585472	8569328	6016144
2000	2122332	1290828	831504	17568664	10685474	6883190
2001	2262601	1392232	870369	18729811	11524896	7204915
2002	2839882	1737086	1102796	23508543	14379598	9128945
2003	3532551	2113173	1419378	29242457	17492846	11749611
2004	4752704	2939476	1813228	39338131	24330043	15008088
2005	5441130	3484195	1956935	44572105	28541480	16030625
2006	6265921	4126174	2139747	49375457	32514251	16861206
2007	7445081	4994039	2451042	56612396	37974673	18637723
2008	8482094	5699184	2782910	58908991	39581403	19327588
2009	7964937	5331902	2633034	54408483	36422225	17986258
2010	10878027	7149313	3728715	73638807	48397273	25241534
2011	14352244	9283779	5068465	92698273	59962074	32736199
2012	15593796	9783259	5810536	98435836	61756825	36679010
2013	16932174	10647442	6284731	104864338	65941740	38922598
2014	17740784	11345229	6395555	108973325	69689226	39284099

5-3 按主要贸易方式分进出口商品贸易额

Value of Imports and Exports by Main Trade Mode

单位：万美元 (USD 10000)

项目 Item	2000	2005	2010	2013	2014
出口总额 Total Exports	**1290828**	**3484195**	**7149313**	**10647442**	**11345229**
#一般贸易 General Trade	609737	1674278	4384049	7498267	8108668
来料加工贸易 Processing and Assembling with Customer's Materials	114888	185823	380759	312309	291589
进料加工贸易 Processing and Assembling with Import Materials	519328	1434781	1979050	2365826	2428270
保税监管场所进出境货物 Import and Export Goods in Bonded Area				157770	211277
海关特殊监管区域物流货物 Goods in Customs Special Area				292746	293943
进口总额 Total Imports	**831504**	**1956935**	**3728715**	**6284731**	**6395555**
#一般贸易 General Trade	271095	755531	1924371	4145178	4343084
来料加工装配贸易 Processing And Assembling With Customer's Materials	59377	149781	528723	379437	313991
进料加工贸易 Processing And Assembling With Imports Materials	358368	697131	911150	1269025	1199804
来料加工装配进口的设备 Processing Equipments	246	1345	2492	205	151
外商投资企业作为投资进口的设备、物品 Foreign Funded Equipments	80631	86086	71502	51793	23224
保税监管场所进出境货物 Import and Export Goods in Bonded Area				228335	320949
海关特殊监管区域物流货物 Goods in Customs Special Area				139594	138055
海关特殊监管区域进口设备 Import Equipment in Customs Special Area				257	14222

5-4 按企业性质分进出口商品贸易额

Value of of Imports and Exports by Ownership of Enterprises

单位：万美元 (USD 10000)

项目 Item	2000	2005	2010	2013	2014
进出口总额 Total Imports and Exports	**2122332**	**5441130**	**10878027**	**16932174**	**17740784**
出口总额 Exports	**1290828**	**3484195**	**7149313**	**10647442**	**11345229**
#国有企业 State Owned Enterprises	473050	552753	753742	873922	935248
集体企业 Collective Owned Enterprises	21980	64248	101156	99790	89238
私营企业 Privited Enterprises	36109	691823	2798921	5508346	6060733
外商投资企业 Foreign Funded Enterprises	759661	2175297	3495247	4165028	4259253
进口总额 Imports	**831504**	**1956935**	**3728715**	**6284731**	**6395555**
#国有企业 State Owned Enterprises	174169	362330	673896	990607	1011167
集体企业 Collective Owned Enterprises	3963	33200	25754	21013	30024
私营企业 Privited Enterprises	7195	160348	684201	1465290	1595459
外商投资企业 Foreign Funded Enterprises	646028	1400940	2338407	3379514	3198466

5-5 进出口主要分类情况

Value of of Imports and Exports by Major Classification

单位：万美元 (USD 10000)

项目	Item	2000	2005	2010	2013	2014
进出口总额	**Imports and Exports**	**2122332**	**5441130**	**10878027**	**16932174**	**17740784**
出口商品总额	**Exports**	**1290828**	**3484195**	**7149313**	**10647442**	**11345229**
初级产品	Primary Goods	136769	215205	529791	858009	918602
工业制品	Manufactured Goods	1154106	3268990	6619522	9789433	10426627
进口商品总额	**Imports**	**831504**	**1956935**	**3728715**	**6284731**	**6395555**
初级产品	Primary Goods	102179	333239	1024135	2651304	2900036
工业制品	Manufactured Goods	729315	1623696	2704521	3633427	3495518
机电产品进出口	**Total of mechanical and electronic products**		**2602702**	**4703884**	**5742533**	**5847895**
出口总额	Exports		1572365	2939330	3760065	4040913
进口总额	Imports		1030337	1764554	1982469	1806982
高新技术产品进出口	**High-tech products**		**1279609**	**2560582**	**3029064**	**2802582**
出口总额	Exports		782175	1317431	1552188	1504180
进口总额	Imports		497434	1243151	1476876	1298402
外商投资企业进出口	**Foreign-Funded Enterprises**	**1405689**	**3576237**	**5833654**	**7544542**	**7457719**
出口总额	Exports	759661	2175297	3495247	4165028	4259253
进口总额	Imports	646028	1400940	2338407	3379514	3198466
一般贸易进出口	**General Trade**	**880832**	**2429809**	**6308421**	**11643445**	**12451752**
出口总额	Exports	609737	1674278	4384049	7498267	8108668
进口总额	Imports	271095	755531	1924371	4145178	4343084
加工贸易进出口	**Processing and Assembling**	**1051961**	**2467516**	**3799681**	**4326597**	**4233654**
出口总额	Exports	634216	1620604	2359808	2678135	2719859
进口总额	Imports	417745	846912	1439872	1648462	1513795

5-6 按主要国别(地区)分出口商品贸易额

Value of Exports by Country (Region)

单位：万美元 (USD 10000)

国别(地区)	Country (Region)	2000	2005	2010	2013	2014
总计	**Total**	**1290828**	**3484195**	**7149313**	**10647442**	**11345229**
亚洲	**Asia**	**598838**	**1451213**	**2902323**	**4941542**	**5255192**
#中国香港	Hong Kong China	150910	287749	455702	1056024	1014479
中国澳门	Macao China	1712	1049	2998	4059	5662
中国台湾	TaiWan China		7863	221178	322105	382087
日本	Japan	235623	575271	540847	646627	652844
菲律宾	Philippines	13669	42498	167682	412674	373544
泰国	Tailand	9247	26149	93315	168757	207663
马来西亚	Malaysia	17160	47458	194220	368724	345729
新加坡	Singapore	33553	64781	112406	177129	211588
阿拉伯联合酋长国	United Arab Emirates	13850	54608	121220	241835	273249
欧洲	**Europe**	**243597**	**782456**	**1640547**	**2182689**	**2376570**
#德国	Germany	50336	129290	338727	398142	436279
法国	France	17232	51731	110858	137102	152132
意大利	Italy	20560	59350	125495	136389	155722
芬兰	Finland	2243	11766	20697	32368	29129
英国	United Kingdom	32751	86154	187950	289020	361195
丹麦	Denmark	3295	11986	29589	30965	36118
瑞典	Sweden	4921	14360	24651	37833	41351
瑞士	Switzerland	2219	30875	14742	14761	9401
西班牙	Spain	16783	50610	112045	130675	132833
北美洲	**North America**	**342526**	**934389**	**1605509**	**1992954**	**2148484**
#加拿大	Canada	23586	70914	118966	148784	152896
美国	United States	318940	863366	1486505	1844113	1995562
大洋洲	**Oceania**	**22229**	**58104**	**133950**	**197474**	**223618**
#澳大利亚	Australia	19539	49842	114185	164310	178638
拉丁美洲及非洲	**South America and Africa**	**83638**	**258032**	**864546**	**1332782**	**1341365**

5-7 按主要国别(地区)分进口商品贸易额

Value of Imports by Country (Region)

单位：万美元　　(USD 10000)

国别(地区)	Country (Region)	2000	2005	2010	2013	2014
总计	**Total**	**831504**	**1956935**	**3728715**	**6284731**	**6395555**
亚洲	**Asia**	**625345**	**1397806**	**2466713**	**3831615**	**3665521**
#中国香港	Hong Kong China	28314	20269	16226	47560	23513
中国澳门	Macao China	220	8	33	14	6
中国台湾	TaiWan China		40911	817830	962694	861382
日本	Japan	131488	248474	363345	316192	297027
菲律宾	Philippines	3934	27452	38813	96756	122794
泰国	Tailand	14143	34576	122670	154670	132612
马来西亚	Malaysia	28086	77553	121207	146395	164468
新加坡	Singapore	13641	50249	51225	77077	88707
阿拉伯联合酋长国	United Arab Emirates	3788	4144	2258	13060	8783
欧洲	**Europe**	**88734**	**205506**	**436401**	**784117**	**759150**
#德国	Germany	17143	61429	121344	145077	148434
法国	France	4959	10947	26250	38054	47727
意大利	Italy	9633	21073	40692	43915	41074
芬兰	Finland	2277	6635	10893	15421	18496
英国	United Kingdom	15857	29740	37122	53257	48921
丹麦	Denmark	1632	3251	4216	7738	6845
瑞典	Sweden	2963	5114	9386	9868	14312
瑞士	Switzerland	6064	14145	8924	254690	167991
西班牙	Spain	3157	6017	31233	26343	29386
北美洲	**North America**	**86030**	**209506**	**420234**	**750040**	**827324**
#加拿大	Canada	6106	16665	46738	147684	162164
美国	United States	79910	192836	373471	602189	665081
大洋洲	**Oceania**	**12342**	**27841**	**108206**	**270469**	**422353**
#澳大利亚	Australia	9636	22275	86550	207472	355804
拉丁美洲及非洲	**South America and Africa**	**19053**	**116276**	**296951**	**648257**	**720947**

5-8 按类章分进出口总额(2010-2014年)

Value of of Imports and Exports by Category(2010-2014)

单位：万美元 (USD 10000)

项目 Item	2010 出口 Exports	2010 进口 Imports	2013 出口 Exports	2013 进口 Imports	2014 出口 Exports	2014 进口 Imports
一、初级产品 Primary Goods	**529791**	**1024135**	**858009**	**2651304**	**918602**	**2900036**
食品及活动物 Food and Live Animals	481404	109572	797041	211058	847653	270228
活动物 Live Animals	5	113	5	112	4	117
肉及肉制品 Meat and Meat Products	6648	1774	11461	4783	10980	7954
乳品及蛋品 Dairy Products and Eggs	1007	5045	1423	16476	1523	15370
鱼、甲壳及软体类动物及其制品 Fish, Shellfish, Mollusks and Other Aquatic Invertebrates	264914	8278	505974	24930	553192	28170
谷物及其制品 Cereals and Products	3482	10945	3459	42646	3877	95039
蔬菜及水果 Vegetable and Fruits	165117	10981	219223	21330	215063	23882
糖、糖制品及蜂蜜 Sugar ,Sugar Products and Honey	10683	1049	16685	3679	18938	4609
咖啡、茶、可可、调味料及其制品 Coffee, Tea, Coca, Spices and Their Products	12197	2037	16606	2286	20962	2085
饲料 Forage	4879	66477	5420	87774	4878	86027
杂项食品 Others	12388	2382	16784	7043	18234	6975
饮料及烟类 Beverages and Tobacco	3267	7023	3785	15908	4494	17564
饮料 Beverages	1122	6960	2298	15649	2742	17419
烟草及其制品 Tobacco and Tobacco Products	2145	64	1487	259	1751	145
非食用原料 Non-edible Raw Materials	24373	674926	45325	1396777	56071	1482631
生皮及生毛皮 Raw Hides and Furs		12142	19	36225	19	45736
油籽及含油果实 Oil Seeds and Kernels	18	150830	224	269926	171	267894
生橡胶 Raw Rubber	1133	56506	431	61277	513	42741
软木及木材 Cork and Wood	2280	60281	5128	159954	7651	206365
纸浆及废纸 Paper Pulp and Waster Paper	230	75143	666	88830	185	121487
纺织纤维(羊毛条除外)及其废料 Textile Fiber and Related Scrap (Excluding Fleece)	2112	8342	4980	15278	12199	11924
天然肥料及矿物(煤、石油及宝石除外) Natural Fertilizers and Mineral (Excluding Coal, Petroleum and Germ)	8714	152323	13503	246263	16100	247438
金属矿砂及金属废料 Metals Ore and Scrap	677	153940	2912	509990	1145	527150
其他动、植物原料 Other Animal And Vegetable Raw Materials	9210	5417	17462	9034	18089	11895
矿物燃料、润滑油及有关原料 Mineral Fuels, Lubrication Oil and Related Materials	20321	201031	9385	1011967	6882	1120552

5-8 续表1

Continued

单位：万美元 (USD 10000)

项目 Item	2010		2013		2014	
	出口 Exports	进口 Imports	出口 Exports	进口 Imports	出口 Exports	进口 Imports
煤、焦炭及煤砖 Coal, Coke and Briquette	10	91023	53	203270	1713	211105
石油、石油产品及有关原料 Petroleum, Petroleum Products and Related Materials	20312	56052	9331	759029	5151	827764
天然气及人造气 Natural Gas and Man-made Gas		53957	1	49668	3	81683
动植物油、脂及蜡 Animal and Vegetable Oil ,Fats and Wax	426	31583	2473	15594	3502	9061
动物油、脂 Animal Oil and Fats	190	2356	1702	2507	2331	1245
植物油、脂 Vegetable Oils and Fats	199	28278	159	11126	323	5900
已加工的动植物油、脂及动植物蜡 Processed Animal and Vegetable Oils,Fats and Wax	37	949	612	1961	848	1916
二、工业制品 Industry Goods	**6619522**	**2704521**	**9789433**	**3633427**	**10426627**	**3495518**
化学成品及有关产品 Chemicals and Related Products	224427	515450	289305	737014	334319	663886
有机化学品 Organic Chemicals	32115	152647	42558	264214	51702	195165
无机化学品 Inorganic Chemicals	69541	3766	90810	5052	100924	7964
染料、鞣料及着色料 Dyestuff , Tanning Extracts and Dye Materials	3949	14920	7634	13980	9052	12904
医药品 Medicines	25959	2564	22428	7883	21266	7450
精油、香料及盥洗、光洁制品 Essential Oils, Perfumed Materials and Cosmetics	22884	4227	29003	4100	32308	4766
制成废料 Waste Products	15300		13269		24030	320
初级形状的塑料 Plastics of Primary Pattern	18904	255793	28676	328904	30136	328482
非初级形状的塑料 Plastics of non Primary Pattern	16281	49303	27965	54158	34952	45227
其他化学原料及产品 Other Chemical Raw and Products	19495	32229	26961	58723	29949	61609
按原料分类的制成品 Products by Raw material	1190460	387399	1902631	436399	2065587	413111
皮革、皮革制品及已鞣毛皮 Leather, Leather Products and Tanned Hides	6037	29037	9444	44321	9565	46305
橡胶制品 Rubber Products	67670	26524	94909	49181	87361	35175
软木及木制品(家具除外) Cork and Wooden Products	65278	590	90847	2324	106345	3165
纸及纸板；纸浆、纸及纸板制品 Paper and Paperboard, Articles of Paper Pulp or Paper and Paperboard Products	47806	20045	70712	17356	92187	13593
纺纱、织物、制成品及有关产品 Spin Textile Products and Related Products	282851	71234	648762	97384	582252	93410
非金属矿物制品 Non Metal Minerals products	401494	36492	581565	62302	640539	43178

5-8 续表2

Continued

单位：万美元 (USD 10000)

项目 Item	2010 出口 Exports	2010 进口 Imports	2013 出口 Exports	2013 进口 Imports	2014 出口 Exports	2014 进口 Imports
钢铁 Steel	60745	78804	94803	57118	160410	79040
有色金属 Non-ferrous Metal	75223	95225	78116	74149	89033	67141
金属制品 Metal Products	183357	29448	233474	32264	297897	32104
机械及运输设备 Machinery and Transport Equipments	2119813	1104787	2539295	1336883	2697253	1209388
动力机械及设备 Power Machinery and Equipments	110109	63665	182895	104717	200489	117581
特种工业专用机械 Special Industry Equipment	57327	146878	113236	133975	124074	103860
金工机械 Metal working Machinery	7441	27949	12875	22778	16130	17712
通用工业机械设备及零件 Ordinary Industry Machinery and Parts	210267	119513	318958	101632	347364	102484
办公用机械及自动数据处理设备 Clerical Machinery and Automatic Data Processing Equipments	208199	151123	293857	192050	239212	158213
电信及声音的录制及重放装置设备 Telecommunications and Sound Record and Replay Equipment	744159	81723	713175	122936	785560	121681
电力机械、器具及其电气零件 Power Machinery and Parts	467608	400344	580448	543263	596293	487578
陆路车辆(包括气垫式) Land Vehicles	147999	38517	194431	22749	227014	39454
其他运输设备 Other Transportation Equipment	166705	75074	129420	92783	161117	60825
杂项制品 Miscellaneous Manufactured Articles	3081697	690622	5058112	694829	5329369	648703
活动房屋、卫生、水道、供热及照明装置 Movable Room, Sanitary Equipment, Supply of Hotand Lighting Apparatus	59979	1629	149405	1742	237182	2049
家具及其零件、褥垫及类似填充制品 Furniture and Related Parts	268221	2903	358650	15864	375411	16993
旅行用品、手提包及类似品 Tour Goods, Handbags and Related Products	192981	266	268669	378	287684	364
服装及衣着附件 Garments and Related Parts	869783	1732	1645306	2452	1702955	3130
鞋靴 Footwears	724771	5599	1156626	5450	1226753	5871
专业、科学及控制用仪器和装置 Special, Scientific and Controlled Instruments and Equipment	338551	575275	499872	555505	461207	510398
摄影器材、光学物品及钟表 Photographic, Optical Instruments and Clocks	102640	72822	135055	79028	138246	78310
未列名杂项制品 Other Miscellaneous Manufactured Articles	524770	30396	844528	34409	899931	31588
未分类的商品及交易品 Unclassified Goods	3125	6263	91	428301	99	560430

5-9 人民币汇率(年平均价)

Refercene Exchange Rate of RMB （Period Average）

单位：元 (yuan)

年份 Year	100美元 100 US Dollars	100日元 100 Japanese Yen	100港元 100 Hong Kong Dollars	100欧元 100 Euros
1985	293.66	1.25	37.57	
1986	345.28	2.07	44.22	
1987	372.21	2.58	47.74	
1988	372.21	2.91	47.70	
1989	376.51	2.74	48.28	
1990	478.32	3.32	61.39	
1991	532.33	3.96	68.45	
1992	551.46	4.36	71.24	
1993	576.20	5.20	74.41	
1994	861.87	8.44	111.53	
1995	835.10	8.92	107.96	
1996	831.42	7.64	107.51	
1997	828.98	6.86	107.09	
1998	827.91	6.35	106.88	
1999	827.83	7.29	106.66	
2000	827.84	7.69	106.18	
2001	827.70	6.81	106.08	
2002	827.70	6.62	106.07	800.58
2003	827.70	7.15	106.24	936.13
2004	827.68	7.66	106.23	1029.00
2005	819.17	7.45	105.30	1019.53
2006	797.18	6.86	102.62	1001.90
2007	760.40	6.46	97.46	1041.75
2008	694.51	6.74	89.19	1022.27
2009	683.10	7.30	88.12	952.70
2010	676.95	7.73	89.13	897.25
2011	645.88	8.11	82.97	900.11
2012	631.25	7.90	81.38	810.67
2013	619.32	6.33	79.85	822.19
2014	614.28	5.82	79.22	816.51

注：欧元自2002年开始进入市场流通。

Note:Since 2002,the Euros circulates in market.

5-10 外商直接投资合同数和合同金额(1979-2014年)

Number and Value of Signed Contracts for Direct Foreign Investment(1979-2014)

年份 Year	合同数(项) Numbers (unit)	合资企业 Joint Ventures	合作企业 Cooperative Operation	独资企业 Sole-Foreign Enterprises	合同外资金额(万美元) Value (USD 10000)	合资企业 Joint Ventures	合作企业 Cooperative Operation	独资企业 Sole-Foreign Enterprises
1979	5	2	3		105	19	86	
1980	15	6	9		464	378	86	
1981	16	1	15		1906	56	1850	
1982	14	4	9	1	1612	1034	128	450
1983	18	8	10		2120	1930	190	
1984	236	113	116	7	20097	12187	6473	1437
1985	395	206	182	7	37681	24276	12906	499
1986	109	70	34	5	6456	5355	941	160
1987	215	140	60	15	11753	7771	1950	2032
1988	813	496	188	129	46260	24545	7524	14191
1989	872	436	123	313	90258	27039	5618	57601
1990	1043	432	94	517	116183	28488	7259	80436
1991	1219	575	80	564	144871	36082	23457	85332
1992	3113	1375	191	1547	635101	157962	91108	386031
1993	4714	1775	264	2675	1136617	239879	146164	750574
1994	3026	1017	179	1830	717946	211903	87943	418100
1995	2728	829	119	1780	890647	175384	101147	614116
1996	1987	505	67	1415	653572	97635	32303	523634
1997	2298	408	41	1849	453751	89035	25428	338988
1998	2006	420	45	1541	500150	105163	36999	357988
1999	1439	281	41	1117	489996	103378	37356	349262
2000	1463	281	27	1155	431373	51242	9971	370160
2001	1670	260	14	1395	500717	100566	9592	388661
2002	1825	233	66	1526				
2003	2274	330	18	1922				
2004	2277	318	16	1942				
2005	1988	301	24	1663				
2006	2164	385	10	1766				
2007	1722	298	3	1418				
2008	1101	185	9	906				

注：1997年起外商直接投资含股份制。

Note:The data of foreign direct investment from 1997 include share holding enterprises.

5-10 续表

Continued

年份	Year	合同数(项) Numbers (unit)	合资企业 Joint Ventures	合作企业 Cooperative Operation	独资企业 Sole-Foreign Enterprises	合同外资金额(万美元) Value (USD 10000)	合资企业 Joint Ventures	合作企业 Cooperative Operation	独资企业 Sole-Foreign Enterprises
2009		939	153	5	779				
2010		1139	242	4	890				
2011		1039	230	6	803				
2012		916	222	3	684				
2013		840	225	3	608				
2014		1044	256	2	784				
报表口径	**New Scope**								
2002						390089	45016	21686	317205
2003						477321	63373	6168	403697
历史可比口径	**Old Scope**								
2002						694419	71616	28398	588223
2003						725117			
2004						754307			
2005						855655			
2006						1080190			
2007						1233624			
2008						1141475			
2009						907597			
2010						1211979			
2011						1357766			
2012						1525389			
全口径	**Full Scope**								
2004						537299	48124	3247	477771
2005						595715	77223	20319	496142
2006						862069	87666	15165	745280
2007						867422	190832	4093	649397
2008						715201	62787	11403	633626
2009						536095	61881	7592	463511
2010						737557	101453	2472	599438
2011						921880	167519	10836	743631
2012						929083	136383	757	667066
2013						833644	164356	-294	671119
2014						849079	208541	12182	609880

5-11 按行业分外商直接投资合同数(1979–2014年)

Number of Signed Contracts for Direct Foreign Investment by Sector(1979-2014)

单位：个 (unit)

年份 Year	总计 Total	农业 Agriculture	工业 Industry	建筑业 Construction	交通运输仓储及邮电通信业 Transport, Storage,Post and Telecommunica -tions	批发和零售贸易餐饮业 Wholesale & Retail Trade and Catering Services	其他服务业 Other Services
1979	5	2	1				2
1980	15	1	5	1	3		5
1981	16		5	1	4		6
1982	14		10		1	1	2
1983	18	1	6		2	1	8
1984	236	13	113	15	11	22	62
1985	395	21	266	24	13	63	8
1990	1043	42	930	1	5	10	55
1991	1219	57	1077		6	11	68
1992	3113	134	2520	21	11	22	405
1993	4714	161	3536	67	21	124	805
1994	3026	133	2068	41	22	176	586
1995	2728	166	1973	29	15	130	415
1996	1987	114	1431	14	10	184	234
1997	2298	140	1755	28	6	179	190
1998	2006	168	1482	12	21	98	225
1999	1439	132	1052	11	9	40	195
2000	1463	117	1129	5	4	55	153
2001	1670	102	1304	5	15	34	210
2002	1825	97	1382	14	14	50	268
2003	2274	110	1839	14	25	60	226
2004	2277	93	1837	11	26	100	210
2005	1988	81	1570	4	25	92	216
2006	2164	85	1633	12	34	207	193
2007	1722	69	1204	3	21	234	191
2008	1101	67	627	10	15	229	153
2009	939	73	431	4	39	258	134
2010	1139	79	504	5	23	320	208
2011	1039	69	374	7	22	345	222
2012	916	77	270	7	12	320	230
2013	840	45	200	8	17	353	217
2014	1044	53	190	11	8	475	307

5-12 按行业分外商直接投资合同金额(1979-2014年)

Value of Signed Contracts for Direct Foreign Investment by Sector(1979-2014)

单位：万美元　　　　(USD 10000)

年份	Year	总计 Total	农业 Agriculture	工业 Industry	建筑业 Construction	交通运输仓储及邮电通信业 Transport, Storage, Post and Telecommunications	批发和零售贸易餐饮业 Wholesale & Retail Trade and Catering Services	其他服务业 Other Services
1979		105	78	10				17
1980		464	33	247	5	12		167
1981		1906		99	72	206		1529
1982		1612		1542		50	13	7
1983		2120	10	900		62	25	1123
1984		20097	245	7080	918	779	1110	9965
1985		37681	1228	15977	1254	586	12085	6551
1990		116183	3462	90126	91	331	488	21685
1991		144871	5256	98215		978	737	39685
1992		635101	8128	338783	1088	2817	27068	257217
1993		1136617	17482	574966	6931	2692	23151	511395
1994		717946	11607	394043	4132	7683	11583	288898
1995		890647	20790	660166	3187	17270	27927	161307
1996		653572	12678	469257	15031	8825	21286	126495
1997		453751	15932	323558	21977	17486	28839	45959
1998		500150	31810	336922	21773	8597	7308	93740
1999		489996	28748	359611	4806	2161	8877	85793
2000		431373	18083	318217	1666	2038	7481	83888
2001		500717	17589	371725	1464	7915	2420	99604
报表口径	New Scope							
2002		390089	12453	310522	6224	7404	3866	49620
2003		477321	14166	398730	7144	7288	4076	45917
历史可比口径	Old Scope							
2002		694419	19599	581954	11153	8799	4812	68102
全口径	Full Scope							
2004		537299	12674	426684	321	15651	13838	68131
2005		595715	22415	467697	754	21674	15222	67953
2006		862069	17158	659295	6121	26289	38025	115181
2007		867422	16497	648414	-197	12301	36543	153864
2008		715201	27219	444674	3221	36966	56566	146555
2009		536095	23235	316771	1455	31770	38370	124494
2010		737557	24439	452840	813	16826	93832	148807
2011		921880	41513	542046	2571	16260	86200	233290
2012		929083	67531	364064	17019	35616	154028	290825
2013		833644	22851	415880	12501	28152	125156	229104
2014		849079	34766	367882	10625	19551	133299	282956

5-13 分国别(地区)外商直接投资合同数和合同金额

Number and Value of Contracts for Signed Direct Foreign Investment by Country(Region)

国别(地区)	Country(Region)	2000	2005	2010	2012	2013	2014
合同数（个）	**Number(unit)**	**1463**	**1988**	**1139**	**916**	**840**	**1044**
#中国香港	Hong Kong China	602	921	446	317	328	382
中国澳门	Macao China	28	66	16	17	8	13
中国台湾	Taiwan China			408	358	314	447
日本	Japan	72	64	22	18	12	7
菲律宾	Philippines	60	96	11	7	3	9
泰国	Tailand	5	2			1	
马来西亚	Malaysia	14	25	18	14	10	7
新加坡	Singapore	58	41	27	28	35	28
印度尼西亚	Indonesia	9	13	5	6	5	1
德国	Germany	8	8	6	4	4	5
法国	France	3	7	2	1		
英国	United Kingdom	20	9	2	3	7	3
加拿大	Canada	15	31	11	12	7	14
美国	United States	79	98	33	29	25	31
澳大利亚	Australia	18	28	18	12	7	8
合同金额（万美元）	**Volume（10000 USD)**	**431373**	**595715**	**737557**	**929083**	**833644**	**849079**
#中国香港	Hong Kong China	212533	286810	559446	530652	472234	561081
中国澳门	Macao China	4958	15623	8243	7019	19905	5772
中国台湾	Taiwan China			76162	136196	117022	110092
日本	Japan	16943	10575	4135	4398	2533	11143
菲律宾	Philippines	17611	19213	-6765	1690	-985	1909
泰国	Thailand	270	292	-85	-192	1998	-320
马来西亚	Malaysia	4643	7559	5728	2780	-546	1750
新加坡	Singapore	10246	12343	21747	22210	53789	21212
印度尼西亚	Indonesia	1026	1892	730	2084	2908	-539
德国	Germany	3107	251	261	1165	907	1201
法国	France	102	881	429	649	-28	-120
英国	United Kingdom	15504	-4364	260	995	539	750
加拿大	Canada	2495	3510	6948	2971	2222	1512
美国	United States	21012	25534	1288	12727	5609	2096
澳大利亚	Austrialia	985	5138	4493	13115	3822	82

注：当期外商投资企业减资或外商股权转让金额超过当期新批合同外资或外商投资企业增资金额，差额部分用负数表示。

Note:When the data of reduction of Signed Value or the transfer stock value surpass the data of Signed Value or the supplementary value of direct foreigh investment, the discrepancy is expressed by negative number.

5-14 实际利用外商直接投资金额(1979-2014年)

Direct Foreign Capital Actually Used(1979-2014)

单位：万美元

(USD 10000)

年份 Year	合计 Total	合资企业 Joint Ventures	合作企业 Cooperative Operation	独资企业 Sole-Foreign Enterprises
1979	83	15	68	
1980	363	288	75	
1981	150	40	110	
1982	121	5	16	100
1983	1438	1026	158	254
1984	4828	3526	1179	123
1985	11782	8566	2950	266
1986	6149	4121	1913	115
1987	5139	3097	1479	563
1988	13017	9273	2369	1375
1989	32880	13814	6384	12682
1990	29002	12617	2780	13605
1991	64449	22682	14775	26992
1992	141633	48528	26132	66973
1993	286745	98484	33498	154763
1994	371200	145518	34469	191213
1995	403881	124872	54073	224936
1996	407876	129778	50497	227601
1997	419666	112293	60175	247198
1998	421211	90295	50778	280138
1999	402403	99542	42121	260180
2000	380386	74548	13263	291365
2001	391804	74092	7248	309068
历史可比口径 (Old Scope)				
2002	424995	84669	11587	316240
2003	499329			
2004	531802			
2005	622984			
2006	718489			
2007	813093			
2008	1002556			
2009	1006481			
2010	1031552			
2011	1104447			
2012	1218541			
全口径 (Full Scope)				
2004	222120	41952	4324	163490
2005	260775	31021	670	222422
2006	322047	49684	2327	268789
2007	406058	68686	4670	332015
2008	567171	137758	2284	416441
2009	573747	104761	1372	458815
2010	580279	97974	2126	475199
2011	620111	94469	774	479782
2012	633774	130747	1325	399721
2013	667896	93411	3349	554906
2014	711499	136702	1200	558117

5-15 分国别(地区)实际利用外商直接投资金额

Direct Foreign Capital Actually Used by Country(Region)

单位：万美元 (USD 10000)

国别(地区)	Country (Region)	2000	2005	2010	2013	2014
总计	**Total**	**380386**	**260775**	**580279**	**667896**	**711499**
亚洲	Asia					
#中国香港	Hong Kong China	151678	121783	354634	400923	451525
中国澳门	Macao China	2689	6162	5156	20444	4624
中国台湾	Taiwan China			23805	42464	36820
印度尼西亚	Indonesia	1760	593	1883	2756	3213
日本	Japan	7655	7445	6287	5922	6710
新加坡	Singapore	12282	7727	25545	23086	51836
韩国	Korea	410	1069	3254	234	2538
泰国	Tailand	979	662	153	467	123
欧洲	Europe					
#英国	United Kingdom	16179	1352	1007	352	403
德国	Germany	4553	48	1443	2002	170
法国	France	74	708	278	29	
俄罗斯	Russian		109		23	6
拉丁美洲	Latin America					
#巴哈马	Bahamas	431		1769	4372	2429
开曼群岛	Cayman Islands	20552	9242	12662	5912	6819
墨西哥	Mexico			957		
英属维尔京群岛	British Virgin Islands	21766	35134	42153	58842	73300
北美洲	North America					
#加拿大	Canada	1851	424	1099	1036	1714
美国	United States	64652	17015	5096	5734	3758
大洋洲	Oceania					
#澳大利亚	Australia	2212	988	1823	3134	276
新西兰	New Zealand		467	336	59	106

注：2005年以后年份为全口径。
Note:Since 2005,Scope by Fund Examination.

5-16 外商投资企业工商注册数

Number of Registered Foreign Funded Enterprises

单位：个 (unit)

项目 Item	2005	2010	2011	2012	2013	2014
总计 Total	**17854**	**17886**	**17830**	**17954**	**23546**	**24322**
按企业登记注册类型分 Grouped by Status of Registration						
#中外合资 Joint Venture	3844	3674	3670	3713	3701	3815
中外合作 Cooperative Operation	396	230	229	217	204	198
外商独资 Venture Exclusively with Foreign Investment	13598	13924	13868	13948	13814	13978
按行业分 Grouped by Sector						
农、林、牧、渔业 Agriculture, Forestry, Animal Husbandryand Fishery	646	596	630	624	611	628
采矿业 Mining	61	46	45	39	36	34
制造业 Manufacturing	13762	13103	12644	12362	12296	11953
电力、燃气及水的生产和供应业 Production and Supply of Electric Power, Gas and Water	169	146	137	135	197	173
建筑业 Construction	152	137	132	136	203	211
交通运输、仓储和邮政业 Transport,Storage and Post	265	205	221	225	575	587
信息传输、计算机服务和软件业 Information Transmission, Computer Software and Services	209	330	353	441	768	830
批发和零售业 Wholesale and Retail Trade	234	1153	1406	1623	4423	5036
住宿和餐饮业 Lodgings and Catering Services	307	300	310	280	878	1001
金融业 Financial Intermediation	6	24	25	27	264	304
房地产业 Real Estate	1283	1057	1052	1066	1107	1098
租赁和商务服务业 Leasing and Business Services	212	415	457	511	1372	1506

注：2013年以前不含其他外商投资企业和外商投资企业分支机构。
Note:Before 2013, Exclude other Foreign Funded Enterprises and Branches.

5-16 续表

Continued

单位：个 (unit)

项目 Item	2005	2010	2011	2012	2013	2014
科学研究、技术服务和地质勘查业 Scientific Research, Technical Service and Geologic Prospecting	117	160	187	230	338	467
水利、环境和公共设施管理业 Management of Water Conservancy,Environment and Public Facilities	54	56	63	61	74	79
居民服务和其他服务业 Services to Households and Other Services	119	125	134	132	226	224
教育 Education	11	2	2	2	6	6
卫生、社会保障和社会福利业 Health, Social Security and Social Welfare	9	3	3	3	9	8
文化、体育和娱乐业 Culture, Sports and Entertainment	204	28	29	57	160	174
其他行业 Others	34				3	3
按国别（地区）分 By Country						
#中国香港 Hong Kong China	8586	8443	8311	8365	8365	8463
中国澳门 Macao China	400	387	380	384	373	383
中国台湾 TaiWan China	3879	3796	3884	3953	3907	4117
日本 Japan	610	558	559	547	529	506
英国 United Kingdom	90	87	85	76	73	71
德国 Germany	51	74	76	75	75	73
加拿大 Canada	148	185	186	183	178	194
美国 United States	706	730	721	697	674	660
澳大利亚 Australia	150	198	197	196	190	184

5-17 外商投资企业工商注册资本金

Registered Capitals of Foreign Funded Enterprises

单位：万美元 (USD 10000)

项目 Item	2005	2010	2011	2012	2013	2014
总计 Total	**4307474**	**6935845**	**7538621**	**8044264**	**8537482**	**9448456**
按企业登记注册类型分 Grouped by Status of Registration						
#中外合资 Joint Venture	1143952	1776709	1982884	2200834	2422716	2844702
中外合作 Cooperative Operation	158309	103869	116869	107549	108091	108675
外商独资 Venture Exclusively with Foreign Investment	2920326	4697783	5048302	5299896	5549691	5957338
按行业分 Grouped by Sector						
农、林、牧、渔业 Agriculture,Forestry,Animal Husbandry and Fishery	103957	120696	144498	181393	171303	188822
采矿业 Mining	7155	11496	16054	14540	11293	11906
制造业 Manufacturing	2917604	4681053	5044573	5188727	5263352	5522739
电力、燃气及水的生产和供应业 Production and Supply of Electric Power,Gas and Water	140493	201131	201034	199359	205287	213214
建筑业 Construction	57264	66442	67553	63600	78726	89855
交通运输、仓储和邮政业 Transport,Storage and Post	115210	205581	227474	240617	326240	345288
信息传输、计算机服务和软件业 Information Transmission, Computer Software and Services	27189	132824	76801	127987	77745	99601
批发和零售业 Wholesale and Retail Trade	23880	196146	259397	401920	458198	602470
住宿和餐饮业 Lodgings and Catering Services	87187	116264	127556	91480	135085	146806
金融业 Financial Intermediation	16391	94131	102311	124708	202255	292729
房地产业 Real Estate	662639	793120	887417	946886	1009915	1163710
租赁和商务服务业 Leasing and Business Services	28410	153048	194244	255898	311467	425101

注：2013年以前不含其他外商投资企业和外商投资企业分支机构。

5-17 续表

Continued

单位：万美元 (USD 10000)

项目 Item	2005	2010	2011	2012	2013	2014
科学研究、技术服务和地质勘查业 Scientific Research, Technical Service and Geologic Prospecting	18376	42605	52282	70934	96847	140651
水利、环境和公共设施管理业 Management of Water Conservancy,Environment and Public Facilities	13758	52069	55612	55111	64009	71245
居民服务和其他服务业 Services to Households and Other Services	11442	40136	49631	47755	49493	52862
教育 Education	1240	125	125	125	568	544
卫生、社会保障和社会福利业 Health, Social Security and Social Welfare	6603	5189	5931	5931	7851	7709
文化、体育和娱乐业 Culture, Sports and Entertainment	55245	23788	26127	27294	60728	66086
其他行业 Others	13431				7119	7119
按国别（地区）分 By County						
#中国香港 Hong Kong China	2185021	3720362	4194701	4565974	4927410	5521531
中国澳门 Macao China	72789	100150	115287	117156	106152	113002
中国台湾 TaiWan China	574517	527170	577046	574434	574975	642939
日本 Japan	104534	146104	152260	140774	131731	139987
英国 United Kingdom	59149	52014	54050	37988	38286	32866
德国 Germany	24018	31011	30954	29692	31585	31520
加拿大 Canada	28771	44392	47235	33110	33802	41186
美国 United States	220843	195581	212144	192703	170990	167837
澳大利亚 Australia	25066	37420	39851	75045	73729	105641

5-18 外商投资企业工商注册投资总额

Total Registered Investment Value of Foreign-Funded Enterprises

单位：万美元 (USD 10000)

项目 Item	2005	2010	2011	2012	2013	2014
总计 Total	**7533131**	**12483059**	**13689837**	**14574439**	**15651558**	**17324503**
按企业登记注册类型分 Grouped by Status of Registration						
#中外合资 Joint Venture	1987294	3455996	3842247	4304512	4835558	5634095
中外合作 Cooperative Operation	303047	190773	217071	196204	197429	197406
外商独资 Venture Exclusively with Foreign Investment	5151428	8456761	9233953	9607351	10216813	11032077
按行业分 Grouped by Sector						
农、林、牧、渔业 Agriculture,Forestry,Animal Husbandry and Fishery	170682	208623	256721	314074	302959	338674
采矿业 Mining	10786	22242	31189	27704	16970	18277
制造业 Manufacturing	4727634	8350872	9110847	9462680	9864473	10550653
电力、燃气及水的生产和供应业 Production and Supply of Electric Power, Gas and Water	444184	617253	612910	606912	630190	654108
建筑业 Construction	89864	133944	135792	121713	159139	184110
交通运输、仓储和邮政业 Transport,Storage and Post	198500	356884	416140	450552	671636	720512
信息传输、计算机服务和软件业 Information Transmission, Computer Software and Services	58572	167493	117783	221100	141396	173964
批发和零售业 Wholesale and Retail Trade	35960	330624	422896	597738	693993	920742
住宿和餐饮业 Lodgings and Catering Services	157919	212732	229088	148714	242751	258508
金融业 Financial Intermediation	16393	98633	107813	132312	164164	212406
房地产业 Real Estate	1366522	1430093	1596699	1696257	1766002	2008410
租赁和商务服务业 Leasing and Business Services	42397	247703	294837	403379	441466	604471

注：2013年以前不含其他外商投资企业和外商投资企业分支机构。

5-18 续表

Continued

单位：万美元 (USD 10000)

项目 Item	2005	2010	2011	2012	2013	2014
科学研究、技术服务和地质勘查业 Scientific Research, Technical Service and Geologic Prospecting	33317	72538	83872	109577	174381	252492
水利、环境和公共设施管理业 Management of Water Conservancy,Environment and Public Facilities	24334	85376	102907	115140	132750	153109
居民服务和其他服务业 Services to Households and Other Services	16226	92034	107879	103250	112623	123958
教育 Education	2061	161	161	161	912	888
卫生、社会保障和社会福利业 Health, Social Security and Social Welfare	17165	14907	16738	16738	20811	20527
文化、体育和娱乐业 Culture, Sports and Entertainment	95283	40948	45565	46439	105772	119523
其他行业 Others	25332				9169	9169
按国别（地区）分 By County						
#中国香港 Hong Kong, China	3517597	6484905	7356801	7974297	8831523	9976273
中国澳门 Macao ,China	110177	158195	185745	191006	166669	172165
中国台湾 TaiWan China	996935	860503	973707	961262	956547	1043173
日本 Japan	184722	253939	279184	265892	249738	278067
英国 United Kingdom	131979	110470	113138	80712	79702	65092
德国 Germany	52451	65886	64616	61620	64153	63923
加拿大 Canada	47181	73944	78285	51831	51989	65584
美国 United States	547389	321559	339244	341423	311025	300768
澳大利亚 Austrial	40684	62774	66785	110578	103890	132573

5-19 涉外税收主要指标(1980-2014年)

Basic Statistics of Taxes on Enterprises with Foreign Capital(1980-2014)

单位：万元 (10000 yuan)

年份 Year	合计 Total	工商统一税 Industrial and Commercial Tax	外商投资企业和外国企业所得税 Income Tax of Foreign Capital Enterprises	个人所得税 Individual Income Tax	城市房地产税 Tax on Urban Real Estate	车船使用牌照税 Tax on License of Vehicle Use	其他各税 Others
1980	3	2		1			
1981	15	7	2	4	1		1
1982	100	71	21	5	2	1	
1983	466	406	51	6	2	1	
1984	1595	1322	256	11	3	3	
1985	3294	2833	388	48	9	16	
1986	5019	3511	1288	119	76	25	
1987	7539	6432	570	305	200	32	
1988	15201	12928	1552	396	290	35	
1989	31979	28087	3557	86	216	33	
1990	64361	43075	4310	403	759	74	15740
1991	69004	57651	6008	686	1296	88	3275
1992	96684	80544	10440	796	1928	108	2868
1993	165151	141073	18734	1171	3142	135	896
1994	241239	196943	33886	2945		195	7270
1995	314491	253985	40346	6433	8221	223	5283
1996	321385	259037	36909	10512	10290	222	4415
1997	399596	270700	49891	16566	10712	143	51584
1998	427978	323294	61466	23612	15188	153	4265
1999	615278	480920	80203	31404	17197	160	5394
2000	805058	606864	128522	41010	20717	137	7808
2001	1185431	943648	149662	58104	24468	324	9225
2002	1752684	1388974	259337	59850	31262	295	12966
2003	2083532	1647965	310246	73144	35981	233	15963
2004	2750440	2205541	396195	93732	37712	129	17131
2005	3297179	2647888	451434	117050	47531	149	33127
2006	3762352	2970472	550005	126135	54669	158	60913
2007	4432889	3431652	662730	164291	63786	146	110284
2008	5583964	4148765	915063	199179	70376	677	249904
2009	6352558	4831800	1032001	186644	76143	931	225039
2010	7621798	5551535	1450124	236470	89401	845	293423
2011	8837795	5962118	1890808	279397	115425	920	589127
2012	10367041	7679230	1973281	222036	81930	1113	409451
2013	10888732	7930345	2051444	242027	197124	3058	464734
2014	11387280	8181647	2194065	279574	156912	4100	570982

注：1.1988年后含海关代征税；2.工商统一税含增值税、营业税、消费税。

Note:a)Tax from 1998 Includes Commissioned Customs Tax .b)The Industrial and Commercial Tax has contained Value-added Tax, Operation Tax and Consumption Tax.

5-20 对外承包工程和劳务合作主要指标(1980-2014年)

Contracted Projects and Labor Service Cooperation with Foreign Countries(1980-2014)

年份 Year	对外承包工程合同金额（万美元） Contracted Projects(USD 10000)	劳务人员合同工资总额（万美元） Labor Services Cooperation(USD 10000)	年末在外人数（人） Number of Persons Abroad at the Year-end (person)	承包工程 Contracted Projects	劳务合作 Labor Services Cooperation
1980		113	34		34
1981	4	93	213	4	209
1982	7	145	341	6	335
1983	139	632	447	8	439
1984	716	2894	2157	20	2137
1985	3175	1093	2432	72	2360
1986	8232	2331	4134	85	4049
1987	6620	2398	6206	103	6103
1988	9816	6612	8109	189	7920
1989	12884	5753	9144	143	9001
1990	11098	6499	9686	125	9561
1991	16378	15281	16262	66	16196
1992	33190	16627	21439	93	21346
1993	43596	24426	29791	82	29709
1994	48461	22464	34289	85	34204
1995	35641	27544	43859	148	43711
1996	24890	23419	48337	38	48299
1997	14068	28680	55358	137	55221
1998	19436	24356	54618	119	54497
1999	6227	29805	56757	117	56638
2000	12486	29562	53847	162	53685
2001	16262	36934	59688	126	59561
2002	23765	17141	50513	329	50184
2003	27047	39024	52586	239	52347
2004	25013	31770	50478	216	50262
2005	24713	32539	50528	236	50292
2006	26108	31844	50964	335	50629
2007	26395	32003	51371	350	51021
2008	41862	26348	27842	560	27282
2009	14476	27884	28063	223	27840
2010	8607	20580	24240	367	23873
2011	49016	63444	27601	571	27030
2012	49828	52926	35162	1787	33375
2013	31044	58675	41787	2795	38992
2014	35842	113856	56199	4074	52125

注：劳务人员合同工资总额，2012年以前为对外劳务合作合同金额。
Note:Before 2012,Value of Labor Services Cooperation is Labour Services

5-21 各设区市进出口商品总额(2000-2014年)

Total Exports by City(2000-2014)

单位：万美元　　(USD 10000)

年份 Year	福州市 Fuzhou	厦门市 Xiamen	莆田市 Putian	三明市 Sanming	泉州市 Quanzhou	漳州市 Zhangzhou	南平市 Nanping	龙岩市 Longyan	宁德市 Ningde
2000	509255	1004873	98834	14830	178896	98946	15837	5341	7972
2001	532465	1107475	106044	14853	180320	100768	18336	4825	11002
2002	639492	1518320	108328	16712	215214	122499	20807	5333	15399
2003	848874	1870494	114437	21119	272468	207130	24380	10360	21131
2004	1397840	2408334	141408	32109	368739	324330	30648	22468	26829
2005	1458299	2856534	157815	53674	454785	370639	38091	17696	33597
2006	1664715	3278961	170934	60488	548956	426352	52071	19685	43758
2007	1864051	3977772	214891	87122	685054	464780	62570	27110	61732
2008	2032079	4537749	232095	79506	850291	531874	76195	53941	88362
2009	1784900	4330731	234660	88111	817939	479873	82778	68134	77812
2010	2458595	5703059	342180	127982	1125573	739920	108292	151288	121139
2011	3464525	7015759	464670	177518	1706361	971308	147271	240136	164696
2012	3105087	7449656	442147	318738	2508724	983086	191484	349870	245004
2013	3179300	8408356	477181	166815	2912461	973898	166980	321558	325624
2014	3488517	8348881	524195	204307	3084998	1132438	159576	396297	401576

5-22 各设区市出口商品总额(2000-2014年)

Total Exports by City(2000-2014)

单位：万美元　　(USD 10000)

年份 Year	福州市 Fuzhou	厦门市 Xiamen	莆田市 Putian	三明市 Sanming	泉州市 Quanzhou	漳州市 Zhangzhou	南平市 Nanping	龙岩市 Longyan	宁德市 Ningde
2000	271664	587923	68355	10732	118118	57527	11340	4922	7402
2001	295034	650355	74509	11047	126086	62263	11597	4260	10496
2002	353357	879270	76809	11783	153466	77823	14320	4832	14732
2003	481722	1055105	82102	14449	191588	121759	16780	9713	20543
2004	875230	1394036	100712	24861	259737	215546	22444	21097	25814
2005	941996	1726576	111541	46025	320660	259766	28654	16439	32538
2006	1091458	2050723	127998	53759	403559	298106	42889	15609	42073
2007	1230907	2555392	154842	80942	498036	341715	50266	24432	57508
2008	1358662	2939860	171604	70192	579465	387622	63386	45913	82479
2009	1201088	2765804	167386	76232	589098	338669	64456	59226	69944
2010	1630771	3532398	219007	112725	827935	506838	90868	131333	97437
2011	2411420	4264534	278077	154573	1078254	649076	119086	185168	143590
2012	2112982	4539982	294791	300604	1237473	699034	168601	210837	218954
2013	1952293	5234264	316949	137464	1646988	710774	153164	211724	283821
2014	2133264	5316103	331182	177830	1817799	813160	146514	241464	367913

5-23 各设区市进口商品总额(2000-2014年)

Total Imports by City(2000-2014)

单位：万美元 (USD 10000)

年份 Year	福州市 Fuzhou	厦门市 Xiamen	莆田市 Putian	三明市 Sanming	泉州市 Quanzhou	漳州市 Zhangzhou	南平市 Nanping	龙岩市 Longyan	宁德市 Ningde
2000	237591	416950	30479	4098	60778	41419	4497	419	570
2001	237431	457120	31535	3806	54234	38505	6739	565	506
2002	286135	639050	31519	4929	61748	44676	6487	501	667
2003	367152	815389	32335	6670	80880	85371	7600	647	588
2004	522610	1014298	40696	7248	109002	108784	8204	1371	1015
2005	516303	1129958	46274	7649	134125	110873	9437	1257	1059
2006	573257	1228238	42936	6729	145397	128246	9182	4076	1685
2007	633144	1422380	60049	6180	187018	123065	12304	2678	4224
2008	673417	1597889	60491	9314	270826	144252	12809	8028	5883
2009	583812	1564927	67274	11879	228841	141204	18322	8908	7868
2010	827824	2170661	123173	15256	297638	233082	17424	19954	23702
2011	1053105	2751225	186593	22945	628107	322232	28185	54968	21105
2012	992104	2909673	147356	18133	1271251	284053	22883	139033	26049
2013	1227006	3174092	160232	29351	1265472	263124	13817	109834	41803
2014	1355253	3032778	193013	26477	1267198	319278	13062	154832	33663

5-24 各设区市外商直接投资合同数(2000-2014年)

Number of Signed Contracts for Direct Foreign Investment by City(2000-2014)

单位：项 (Unit)

年份 Year	福州市 Fuzhou	厦门市 Xiamen	莆田市 Putian	三明市 Sanming	泉州市 Quanzhou	漳州市 Zhangzhou	南平市 Nanping	龙岩市 Longyan	宁德市 Ningde
2000	295	259	56	36	416	257	84	29	31
2001	319	343	64	35	513	261	81	30	24
2002	385	380	65	52	578	217	92	24	32
2003	360	374	52	66	904	268	178	40	32
2004	414	435	66	87	776	269	134	58	38
2005	326	364	71	107	561	344	136	47	32
2006	327	569	81	83	524	342	110	88	40
2007	234	472	43	71	394	346	80	64	18
2008	155	355	36	53	140	191	68	84	19
2009	144	325	25	46	103	154	61	64	17
2010	186	398	25	65	156	186	46	58	19
2011	170	368	35	32	170	149	44	28	20
2012	148	331	25	42	106	129	43	16	18
2013	135	331	14	37	111	84	30	17	20
2014	126	416	11	40	126	94	26	18	20

5-25 各设区市外商直接投资合同金额

Value of Signed Contracts for Direct Foreign Investment by City

单位：万美元　(USD 10000)

地区 Area	2000	2005	2008	2009	2010	2011	2012	2013	2014
福州市 Fuzhou	95479	116672	148883	122969	167297	176966	205643	205700	146368
厦门市 Xiamen	100400	129492	190847	139531	166157	225037	225010	190805	285337
莆田市 Putian	20744	22852	14216	15034	36294	39283	35891	26725	3666
三明市 Sanming	6596	14594	21470	20401	24499	24513	31682	35644	26113
泉州市 Quanzhou	87014	170025	186888	95910	161089	198154	120592	132803	154609
漳州市 Zhangzhou	94420	69657	77214	78500	102339	126049	141580	130555	98080
南平市 Nanping	18586	44437	39325	39067	43001	51542	56251	35294	42784
龙岩市 Longyan	2601	15978	22556	17567	28321	43336	25335	18653	34039
宁德市 Ningde	5533	12008	13802	7116	8560	26963	28747	31653	37301

5-26 各设区市实际利用外商直接投资金额

Direct Foreign Capital Actually Used by City

单位：万美元　(USD 10000)

地区 Area	2003	2005	2008	2009	2010	2011	2012	2013	2014
福州市 Fuzhou	68751	64017	100150	103227	118524	127745	133877	143063	154651
厦门市 Xiamen	42200	70740	204244	168674	169651	172583	177453	187204	197101
莆田市 Putian	13235	7152	13038	18302	22952	25264	25559	30164	34092
三明市 Sanming	4855	4632	6600	7460	8635	9201	10300	12500	14033
泉州市 Quanzhou	74406	70974	169991	172002	149342	161511	131960	139112	148950
漳州市 Zhangzhou	40585	31017	50051	55018	70076	88739	89025	94552	101207
南平市 Nanping	12948	5356	5857	6167	6787	7794	8733	10501	12000
龙岩市 Longyan	2841	5161	13426	15225	16506	17762	19908	21598	24082
宁德市 Ningde	1497	1726	3814	5672	7098	9512	12007	14433	17463

主要统计指标解释

进出口总额　指实际进出我国国境的货物总金额。包括对外贸易实际进出口货物，来料加工装配进出口货物，国家间、联合国及国际组织无偿援助物资和赠送品，华侨、港澳台同胞和外籍华人捐赠品，租赁期满归承租人所有的租赁货物，进料加工进出口货物，边境地方贸易及边境地区小额贸易进出口货物(边民互市贸易除外)，中外合资企业、中外合作经营企业、外商独资经营企业进出口货物和公用物品，到、离岸价格在规定限额以上的进出口货样和广告品(无商业价值、无使用价值和免费提供出口的除外)，从保税仓库提取在中国境内销售的进口货物，以及其他进出口货物。进出口总额用以观察一个国家在对外贸易方面的总规模。我国规定出口货物按离岸价格统计，进口货物按到岸价格统计。

外商直接投资　指外国企业和经济组织或个人(包括华侨、港澳台胞以及我国在境外注册的企业)按我国有关政策、法规，用现汇、实物、技术等在我国境内开办外商独资企业、与我国境内的企业或经济组织共同举办中外合资经营企业、合作经营企业或合作开发资源的投资(包括外商投资收益的再投资)，以及经政府有关部门批准的项目投资总额内企业从境外借入的资金。

对外承包工程　指各对外承包公司以招标议标承包方式承揽的下列业务：(1)承包国外工程建设项目，(2)承包我国对外经援项目，(3)承包我国驻外机构的工程建设项目，(4)承包我国境内利用外资进行建设的工程项目，(5)与外国承包公司合营或联合承包工程项目时我国公司分包部分，(6)对外承包兼营的房屋开发业务。对外承包工程的营业额是以货币表现的本期内完成的对外承包工程的工作量，包括以前年度签订的合同和本年度新签订的合同在报告期内完成的工作量。

对外劳务合作　指以收取工资的形式向业主或承包商提供技术和劳动服务的活动。我国对外承包公司在境外开办的合营企业，中国公司同时又提供劳务的，其劳务部分也纳入劳务合作统计。劳务合作营业额按报告期内向雇主提交的结算数(包括工资、加班费和奖金等)统计。

Explanatory Notes on Main Statistical Indicators

Total Imports and Exports at Customs refer to the value of commodities imported into and exported from the boundary of China. They include the actual imports and exports through foreign Trades, imported and exported goods under the processing and assembling Trades and materials, supplies and gifts as aid given gratis between governments and by the United Nations and other international organizations, and contributions donated by overseas Chinese, compatriots in Hong Kong and Macao and Chinese with foreign citizenship, leasing commodities owned by tenant at the expiration of leasing period, the imported and exported commodities processed with imported materials, commodities trading in border areas(excluding mutual exchange goods), the imported and exported commodities and articles for public use of the Sino-foreign joint ventures, cooperative enterprises and ventures exclusively with foreign own investment .Also included are import or export of samples and advertising goods for whose CIF or FOB value are beyond the permitted ceiling (excluding goods of no trading or use value and free commodities for export),imported goods sold in China from bonded warehouses and other imported or exported goods.The indicator of the total imports and exports at customs can be used to observe the total size of external Trades in a country.In accordance with the stipulation of the Chinese government,imports are calculated at CIF, while exports are calculated at FOB

Foreign Direct Investment refers to the investments inside China by foreign enterprises and economic organizations or individuals(including overseas Chinese,compatriots from Hong Kong and Macao,and Chinese enterprises registered abroad), following the relevant policies and laws of China, for the establishment of ventures exclusively with foreign own investment, Sino-foreign joint ventures and cooperative enterprises or for co-operative exploration of resources with enterprises or economic organizations in China. It includes the re investment of the foreign entrepreneurs with the profits gained from the investment and the funds that enterprises borrow from abroad in the total investment of projects which are approved by the relevant department of the government.

Contracted Projects with Foreign Countries refer to projects undertaken by Chinese contractors (project contracting companies)through bidding process.They include: (1)overseas civil engineering construction projects financed by foreign investors; (2)overseas projects financed by the Chinese government through its foreign aid programs; (3)construction projects of Chinese diplomatic missions,Trades offices and other institutions stationed abroad; (4)construction projects in China financed by foreign investment; (5)sub-contracted projects to be taken by Chinese contractors through a joint umbrella project with foreign contractor(s); (6)housing development projects.The business income from international contracted projects is the work volume of contracted projects completed during the reference period, expressed in monetary terms, including completed work on projects signed in previous years.

Foreign Exchange Earnings from International Tourism refer to the total expenditures of foreigners, overseas Chinese, Chinese compatriots from Hong Kong, Macao and Taiwan during their stay in the mainland of China, which are earnings of foreign exchange from international tourism from the point of view from China.

第六篇　能源

Chapter 6　Energy

资料整理：林红　陈浩明

Database Editor:Linhong Chenhaoming

简 要 说 明

本篇资料的主要内容及来源

本篇资料主要包括能源生产、消费及品种构成，能源和电力消费弹性系数，生活用能源消费量及综合能源平衡表，全省及各设区市主要发展约束性指标，以及规模以上工业分行业能耗情况。

行业分类采用现行统一的国民经济行业分类国家标准。综合能源平衡表中的库存量、进口量、出口量和消费量，根据有关部门和企业提供的数据综合评估得出。本篇出现的“煤炭”，包括原煤、洗精煤、其它洗煤和煤制品（即型煤），不包括焦炭。

本篇资料 2005-2013 年数据，根据全国第三次经济普查资料进行相应调整，相关数据以本年鉴公布数据为准。

本篇资料由省统计局能源统计处依据能源年报整理提供。

Brief Introduction

Main Content and Source of Data

Data in this chapter show the mainly energy production and consumption and their composition of Fujian Province, the elasticity ratio of energy consumption, the consumption of energy for residential use, main binding indicators on development of administrative areas of Fujian, and the energy consumption of industrial enterprises grouped by sector over designated size.

Data by industries in this chapter are based on the new National Industrial Classification of All Economic Activities; In the energy balance, data on stock, imports, exports and consumption are based on data provide by relevant departments and enterprises; Coal includes crude coal, washing coal, other washing coal and coal products and excludes coke.

According to the National Econimic Sensus III,the data had been adjusted from 2005 to 2013.

Data on this chapter are provided and processed in accordance with the statistical reporting scheme on energy by the Division of Energy of the Fujian Provincial Bureau of Statistics.

6-1 一次能源生产总量及构成(1978-2014年)

Total Production of Primary Energy and Its Composition(1978-2014)

单位：万吨标准煤 (10000 tons of SCE)

年份 Year	能源生产总量 Total Energy Production	占能源生产总量的比重(%) Percentage of Total Energy Production(%)			
		原煤 Coal	水电 Hydro-power	风电 Wind Power	核电 Nuclear Power
1978	461.00	65.5	34.5		
1979	491.00	69.9	30.1		
1980	492.00	67.3	32.7		
1981	493.00	60.2	39.8		
1982	522.00	60.5	39.5		
1983	609.00	61.4	38.6		
1984	641.00	64.3	35.7		
1985	690.00	62.7	37.3		
1986	724.00	67.0	33.0		
1987	806.00	69.7	30.3		
1988	918.00	67.2	32.8		
1989	950.00	71.0	29.0		
1990	966.52	68.4	31.6		
1991	854.43	71.7	28.3		
1992	1013.39	64.1	35.9		
1993	1051.43	66.7	33.3		
1994	1169.96	59.7	40.3		
1995	1396.24	58.0	42.0		
1996	1406.04	59.3	40.7		
1997	1256.30	44.1	55.9		
1998	1177.00	44.1	55.9		
1999	1634.16	59.9	40.1		
2000	1654.17	60.3	39.7		
2001	1850.44	49.9	50.1		
2002	1923.40	61.3	38.7		
2003	1816.80	68.4	31.6		
2004	1805.75	72.6	27.4		
2005	2488.47	61.5	38.5		
2006	2668.15	57.8	42.2		
2007	2625.28	61.5	38.1	0.4	
2008	2989.93	60.1	39.3	0.6	
2009	2939.48	61.2	37.9	0.9	
2010	3260.42	56.1	42.8	1.1	
2011	2802.72	66.8	30.8	2.4	
2012	2989.65	49.0	48.2	2.8	
2013	2739.76	43.8	44.0	4.0	8.2
2014	2924.01	38.9	42.6	3.9	14.6

注：1.2005-2013年数据根据第三次全国经济普查资料进行相应调整（下同）。2.电力折算标准煤的系数根据当年年平均发电煤耗计算（下同）。

Note:The coefficient for conversion of electric power into SCE (standard coal equivalent) is calculated on the basis of the data on average coal consumption in generating electric power in the same year.

6-2 能源消费总量及构成(1978-2014年)

Total Consumption of Energy and Its Composition(1978-2014)

单位：万吨标准煤　　(10000 tons of SCE)

年份 Year	能源消费总量 Total Energy Consumption	占能源消费总量的比重(%) As Percentage of Total Energy Production(%)					
		煤炭 Coal	石油 Crude Oil	天然气 Natural Gas	水电 Hydro-Power	风电 Wind Power	核电 Nuclear Power
1978	688.00	63.7	12.9		23.4		
1979	731.00	66.9	13.1		20.0		
1980	710.00	64.0	13.9		22.1		
1981	729.00	59.1	13.6		27.3		
1982	780.00	60.6	12.8		26.6		
1983	861.00	61.5	11.8		26.7		
1984	930.00	63.0	12.7		24.3		
1985	1043.00	64.0	11.2		24.8		
1986	1114.00	66.3	12.2		21.5		
1987	1215.00	67.0	12.9		20.1		
1988	1363.30	65.9	12.0		22.1		
1989	1404.00	68.3	12.1		19.6		
1990	1458.30	67.0	12.1		20.9		
1991	1530.56	70.9	13.3		15.8		
1992	1624.05	64.1	13.5		22.4		
1993	1848.00	61.9	19.2		18.9		
1994	1953.54	59.9	18.7		21.4		
1995	2279.91	54.8	19.5		25.7		
1996	2452.18	55.4	21.3		23.3		
1997	2499.11	50.8	21.1		28.1		
1998	2578.62	51.9	22.2		25.9		
1999	2771.64	53.9	22.7		23.4		
2000	2942.60	54.4	23.3		22.3		
2001	3163.09	51.4	22.0		26.6		
2002	3615.33	55.6	23.8		20.6		
2003	4062.55	61.4	24.5		14.1		
2004	4527.80	63.8	25.1	0.2	10.9		
2005	5753.99	59.4	23.8	0.1	16.7		
2006	6396.85	59.8	22.5	0.1	17.6		
2007	7109.26	62.9	22.8	0.1	14.1	0.1	
2008	7734.20	62.6	20.1	0.3	16.8	0.2	
2009	8353.67	65.5	19.5	1.4	13.3	0.3	
2010	9189.42	55.4	24.8	4.2	15.2	0.4	
2011	9980.23	62.0	24.0	4.6	8.7	0.7	
2012	10479.44	57.1	23.5	4.8	13.7	0.9	
2013	11189.91	56.9	23.4	5.9	10.8	1.0	2.0
2014	12109.72	53.0	26.8	5.5	10.3	0.9	3.5

6-3 综合能源平衡表

Overall Energy Balance Sheet

单位：万吨标准煤 (10000 tons of SCE)

项目 Item	2000	2005	2010	2013	2014
可供消费的能源总量 Total Energy Available for Comsumption	**2962.28**	**5752.29**	**9189.40**	**11189.90**	**12109.70**
一次能源生产量 Primary Energy Output	1654.17	2488.47	3260.42	2739.76	2924.01
省外调入量 Take-in Quantity from Outside of the Province	1531.68	3638.98	6726.75	8873.04	10184.68
本省调出量(-) Take-out Quantity from Native Province(-)	246.59	323.32	786.26	397.93	905.18
年末年初库存差额 Stock Changes in The Year	23.04	-51.84	-11.51	-24.97	-93.81
能源消费总量 Total Energy Consumption	**2942.60**	**5753.99**	**9189.42**	**11189.91**	**12109.72**
在总量中: Consumption by Sector					
1.农、林、牧、渔、水利业 Farming,Forestry,Animal Husbandry,Fishery And water Conservancy	99.36	107.14	124.06	139.97	144.15
2.工业 Industry	1923.19	4030.36	6543.05	8023.39	8718.68
3.建筑业 Construction	30.07	72.48	190.23	227.29	243.02
4.交通运输、仓储和邮政业 Transport,Storage,Post And Telecommunication Services	223.94	469.40	753.38	922.26	1004.55
5.批发、零售业和住宿、餐饮业 Wholesale and Retail Trades,Hotels and Catering Services	63.80	148.85	228.58	257.34	267.62
6.其他行业 Others Sectors	214.72	286.71	334.50	392.73	414.54
7.生活消费 Residential Consumption	387.52	639.05	1015.62	1226.93	1317.16
在总量中: Consumption by Sector					
（一）终端消费 Final Consumption	2833.43	5545.55	9064.35	10926.00	11839.07
#工业 Industy	1814.00	3821.92	6417.98	7759.48	8448.03
（二）加工转换损失量 Losses in Processing And Transformation	7.97	-20.17	126.87	48.22	46.73
#炼焦 Coking	0.08	-2.45	-14.61	-25.02	-17.29
炼油 Petroleum Refining	7.55	-16.88	-64.12	-87.83	-118.66
回收能 Recovery of Energy		202.62	236.55	217.19	241.50
（三）损失量 Other Losses	101.20	188.27	251.94	312.13	317.38
平衡差额 Balance	**19.67**	**-1.70**	**-0.02**	**-0.01**	**-0.02**

注：1.电力、热力按等价热值折算。2.省外调入量包括进口量，本省调出量包括出口量。

Note:a)Electric Power and Heat are calculated by Caloric Value of Equal Price. b)Take-in quantity from outside of the province includes imports; Take-out quantity from native province includes exports.

6-4 电力平衡表

Electricity Balance Sheet

单位：亿千瓦小时　　(100 million kmh)

项目 Item	2000	2005	2010	2013	2014
可供量 Total Available Energy	**403.02**	**756.59**	**1315.08**	**1700.73**	**1859.21**
生产量 Output	405.21	778.25	1356.32	1789.94	1869.96
火电 Thermal Power	208.45	486.88	890.61	1280.31	1277.26
水电、风电、核电、其它发电 Hydro-power, Wind-Power, Nuclear-Power and Others	196.76	291.37	465.71	509.63	592.70
本省调出量(-) Take-out Quantity from Native Province(-)	2.20	26.64	42.95	89.68	13.51
省外调入量 Take-in Quantity from Outside of the Province		4.98	1.71	0.47	2.76
消费量 Consumption	**403.02**	**756.59**	**1315.08**	**1700.73**	**1859.21**
在总量中: Consumption by Sector					
1.农、林、牧、渔业、水利业 1.Agriculture,Forestry,Animal Husbandry, and Fishery	15.91	8.78	13.35	21.08	23.59
2.工业 2.Industry	273.77	537.90	892.81	1139.01	1242.79
3.建筑业 3.Construction	6.06	6.59	20.73	30.94	26.43
4.交通运输.仓储和邮政业 4.Transport, Storage and Post	8.78	11.44	17.43	21.40	24.26
5.批发、零售业和住宿、餐饮业 5.Wholesale and Retail Trades, Hotels and Catering Services	11.83	23.20	48.29	70.54	77.88
6.其他行业 6.Others	21.46	46.71	83.59	106.57	119.23
7.生活消费 7.Household Consumption	65.21	121.97	238.88	311.19	345.03
在总量中: Consumption by Use					
1.终端消费 1.End-use Consumption	372.67	699.43	1233.09	1597.39	1754.04
#工业 Industry	243.42	480.74	810.82	1041.68	1137.62
2.输配电损失量 2.Losses in Transmission	30.35	57.16	81.99	103.34	105.17
平衡差额 Balance	**-0.01**	**-0.35**			

6-5 能源消费弹性系数(1990-2014年)

Elasticity Ratio of Energy(1990-2014)

年份 Year	能源消费比上年增长(%) Growth Rate of Energy Consumption over Preceding Year (%)	电力消费比上年增长(%) Growth Rate of Electricity Consumption over Preceding Year (%)	能源消费弹性系数 Elasticity Ratio of Energy Consumption	电力消费弹性系数 Elasticity Ratio of Electricity Consumption
1990	3.87	5.48	0.52	0.73
1991	4.96	11.03	0.35	0.78
1992	6.11	16.32	0.30	0.80
1993	13.79	10.63	0.61	0.47
1994	5.71	17.24	0.28	0.85
1995	16.71	14.13	1.14	0.97
1996	7.56	9.03	0.67	0.80
1997	1.91	8.88	0.14	0.63
1998	3.18	3.78	0.29	0.35
1999	7.49	10.36	0.76	1.05
2000	6.17	13.44	0.66	1.45
2001	7.49	9.17	0.86	1.05
2002	14.30	21.74	1.40	2.13
2003	12.37	17.73	1.08	1.54
2004	11.45	5.35	0.97	0.45
2005	13.00	13.88	1.12	1.20
2006	11.17	14.57	0.75	0.98
2007	11.14	15.40	0.73	1.01
2008	8.79	7.32	0.68	0.56
2009	8.01	5.72	0.65	0.47
2010	10.00	15.87	0.72	1.14
2011	8.61	15.27	0.70	1.24
2012	5.00	4.20	0.44	0.37
2013	6.78	7.68	0.62	0.70
2014	8.22	9.12	0.83	0.92

6-6 能源加工转换效率(1985–2014年)

Efficiency of Energy Conversion(1985-2014)

单位：%　　　　(%)

年份 Year	总效率 Total Efficiency	发电及电站供热 Power Generation and Heating by Power Station	炼焦 Coking	炼油 Petroleum Refining
1985	36.87	25.50	86.40	
1986	34.20	25.98	87.01	
1987	33.32	26.60	88.94	
1988	33.91	27.43	88.19	
1989	35.93	30.50	88.43	
1990	36.74	31.43	87.00	
1991	37.37	31.84	88.25	
1992	38.78	32.01	87.08	
1993	58.38	32.26	87.35	98.00
1994	57.74	32.26	87.70	97.97
1995	61.94	32.43	90.61	94.96
1996	60.54	32.51	91.10	95.41
1997	66.72	33.95	89.31	96.92
1998	59.35	33.95	97.36	96.95
1999	62.08	34.62	95.28	97.69
2000	63.63	36.04	98.01	95.38
2001	62.55	35.94	97.13	93.47
2002	57.24	36.25	97.95	94.74
2003	54.42	37.02	97.90	92.91
2004	54.81	39.65	95.39	96.44
2005	55.00	39.77	97.88	96.61
2006	55.23	39.84	98.32	99.46
2007	53.14	40.52	94.74	99.45
2008	52.21	41.16	96.84	99.15
2009	58.63	42.48	93.88	97.97
2010	63.50	42.72	92.08	96.06
2011	57.39	42.48	94.62	94.12
2012	61.30	43.24	95.83	96.21
2013	57.53	42.87	96.20	94.18
2014	64.40	44.05	93.28	95.19

6-7 平均每天能源消费量

Average Daily Energy Consumption by Type of Energy

单位：万吨标准煤

年份 Year	合计（万吨标准煤）Total (10000 tons of SCE)	煤炭（万吨）Coal (10000 tons)	焦炭（万吨）Coke (10000 tons)	原油（万吨）Crude Oil (10000 tons)	燃料油（万吨）Fuel Oil (10000 tons)	汽油（万吨）Gasoline (10000 tons)	柴油（万吨）Diesel Oil (10000 tons)	液化石油气（万吨）Liquefied Gas (10000 tons)	天然气（万立方米）Natural Gas (10000 m3)	电力（亿千瓦小时）Electricity (100 million kwh)
1990	4.00	3.57	0.15		0.04	0.11	0.17			0.37
1995	6.25	4.59	0.22	0.62	0.09	0.19	0.43	0.05		0.72
2000	8.06	5.92	0.27	0.98	0.15	0.29	0.58	0.11		1.10
2003	11.13	8.96	0.36	0.99	0.26	0.38	0.73	0.22		1.60
2004	12.40	10.43	0.56	1.07	0.22	0.53	0.89	0.24		1.77
2005	15.76	11.63	0.77	0.95	0.44	0.55	1.01	0.27		2.07
2006	17.53	13.06	0.82	1.03	0.48	0.57	1.07	0.26		2.37
2007	19.48	15.31	0.98	0.97	0.34	0.72	1.30	0.29		2.74
2008	21.19	16.42	1.01	0.85	0.39	0.69	1.19	0.28	41.92	2.94
2009	22.89	17.57	1.79	1.93	0.45	0.72	1.13	0.25	232.60	3.11
2010	25.18	17.76	1.88	3.13	0.50	0.91	1.40	0.23	797.26	3.60
2011	27.34	21.89	2.00	2.64	0.52	1.02	1.46	0.23	1038.08	4.15
2012	28.71	21.01	1.78	3.03	0.51	1.09	1.41	0.22	1027.12	4.33
2013	30.66	22.13	1.80	2.76	0.50	1.12	1.43	0.22	1353.15	4.66
2014	33.18	22.46	1.85	5.60	0.52	1.21	1.41	0.22	1376.99	5.09

6-8 生活能源消费量

Average Annual Energy Consumption for Households

单位：万吨标准煤

年份 Year	合计（万吨标准煤） Total (10000 tons of SCE)	煤炭（万吨） Coal (10000 tons)	汽油（万吨） Gasoline (10000 tons)	柴油（万吨） Kerosene (10000 tons)	天然气（亿立方米） Natural Gas (100 million tons)	液化石油气（万吨） Liquefied Gas (10000 tons)	电力（亿千瓦小时） Electricity (100 million kwh)
1990	219.38	196.00				1.57	18.48
1995	290.95	181.17				14.22	34.68
2000	387.52	155.00				30.96	65.21
2003	504.29	138.70	6.72			53.80	98.11
2004	558.71	135.98	12.63			58.17	110.12
2005	639.05	145.26	13.65	3.58		53.68	121.97
2006	701.06	139.00	16.95	4.91		57.57	141.12
2007	766.85	124.50	18.07	6.58		61.37	163.08
2008	845.62	112.78	22.33	6.12	0.05	64.14	188.78
2009	912.85	107.79	47.13	6.41	0.25	57.94	209.65
2010	1015.62	106.90	67.52	9.93	0.77	45.24	238.88
2011	1088.21	89.00	68.60	10.50	0.94	50.78	266.09
2012	1157.69	83.00	70.00	10.77	0.96	50.38	289.86
2013	1226.93	54.95	84.50	10.89	1.18	52.02	311.19
2014	1317.16	31.30	89.77	11.20	1.38	50.30	345.03

6-9 年人均生活能源消费量(1990-2014年)

Annual per Capita Energy Consumption of Households(1990-2014)

年份 Year	合计（千克标准煤） Total (kg of SCE)	煤炭(千克) Coal(kg)	汽油(千克) Gasoline(kg)	液化石油气(千克) Liquefied Petroleum Gas(kg)	天然气(立方米) Natural Gas(cu.m)	电力(千瓦小时) Electricity(Kwh)
1990	72.87	65.11		0.52		61.39
1991	74.70	62.86		0.59		71.09
1992	84.79	63.92		0.66		95.69
1993	59.66	57.95		2.86		102.23
1994	63.32	57.79		4.19		106.77
1995	90.78	56.53		4.44		108.21
1996	101.97	50.40		8.35		130.02
1997	106.12	50.44		7.46		150.42
1998	114.26	48.97		8.86		171.74
1999	120.30	48.37		8.88		191.56
2000	115.23	46.09		9.21		193.90
2001	127.20	44.93		9.62		209.69
2002	136.03	42.32	1.19	13.49		244.41
2003	144.82	39.83	1.93	15.45		281.75
2004	159.19	38.74	3.60	16.57		313.75
2005	180.37	41.00	3.85	15.15		344.26
2006	196.32	38.92	4.75	16.12		395.18
2007	213.10	34.60	5.02	17.05		453.19
2008	233.24	31.11	6.16	17.69	0.14	520.70
2009	249.92	29.51	12.90	15.86	0.68	573.99
2010	276.02	29.05	18.35	12.30	2.09	649.22
2011	293.60	24.01	18.51	13.70	2.54	717.90
2012	310.04	22.23	18.75	13.49	2.57	776.27
2013	326.22	14.61	22.47	13.83	3.14	827.41
2014	347.54	8.26	23.69	13.27	3.64	910.37

6-10 规模以上工业企业能源购进、消费及库存(2014年)

Purchases, Consumption and Inventory of Energy in Industrial Enterprises above Designated Size(2014)

项目 Item	购进量 Purchases	消费量 Consumption	工业生产消费 Industry Consumption	非工业生产消费 Non-Industry Consumption	年末库存 Inventory at the Year-end
原煤(吨) Coal(tons)	75923722	75318909	75201573	117336	4781844
洗精煤(吨) Concentratc Coal Washing(tons)	2646098	2649488	2649343	145	103505
其他洗煤(吨) Other Coal Washing(tons)	18771	18374	18374		420
煤制品（吨） Coal Products	301102	298771	298593	178	5762
焦炭(吨) Coke(tons)	5671851	6581892	6581880	12	184527
其他焦化产品(吨) Other Coke Ratio Products(tons)	11427	11313	11313		496
焦炉煤气(万立方米) Coking Gas(10000 cu.m)	18868	50118	50118		
高炉煤气(万立方米) Furnace Gas(10000 cu.m)	69679	1244862	1244862		
其他煤气(万立方米) Other Gas(10000 cu.m)	27751	91067	91060	7	
天然气(万立方米) Natural Gas(10000 cu.m)	458542	458981	458527	454	116
液化天然气(吨) Liquefied Natural Gas(tons)	3412621	82440	81666	774	213756
原油(吨) Crude Oil(tons)	20984262	20410900	20410900		1451080
汽油(吨) Gasoline(tons)	104852	105470	62594	42856	604
煤油(吨) Kerosene(tons)	8042	8148	8049	99	927
柴油(吨) Diesel Oil(tons)	426172	427857	390425	37432	11542
燃料油(吨) Fuel Oil(tons)	868391	1170590	1162519	8071	84171
液化石油气(吨) Liquefied Petroleum Gas(tons)	47380	53528	36548	16980	298
炼厂干气(吨) Dry Gas from Refinery(tons)		1418164	1418164		
其他石油制品(吨) Other(tons)	511728	731784	731529	255	36222
热力(百万千焦) Heat(million kilo joule)	33394329	73989036	73889256	99780	
电力(万千瓦小时) Electricity(10000 kmh)	10429966	11797812	11674320	123492	
其他燃料(吨标准煤) Other(ton of SCE)	652103	967962	967057	905	1016

注：本表“规模以上”指“年主营业务收入2000万元及以上工业法人企业”。

Note:Industrial enterprises above designated size are those with annual revenue from principal business over 20 million yuan.

6-11 按行业分规模以上工业企业主要能源产品消费量(2014年)

Consumption of Major Energy in Industrial Enterprises above Designated Size by Industrial sector(2014)

单位：吨 (ton)

行业 Sector	原煤 Coal	焦炭 Coke	汽油 Gasoline	煤油 Kerosene	柴油 Diesel Oil	燃料油 Fuel Oil	电力(万千瓦小时) Electricity (10000 kwh)
合 计 **Total**	**75318909**	**6581892**	**105470**	**8148**	**427857**	**1170590**	**11797812**
煤炭开采和洗选业 Coal Mining and Dressing	643902		798		1921		38415
石油和天然气开采业 Petroleum and Natural Gas Mining							
黑色金属矿采选业 Ferrous Metals Mining and Dressing	26334	34665	851		10926		48055
有色金属矿采选业 Nonferrous Metals Mining and Dressing	2125		228	439	1805		39474
非金属矿采选业 Nonmetal Minerals Mining and Dressing	87996		237		11946	1199	39726
开采辅助活动 Subsidiary Action							
其他采矿业 Others Mining and Quarrying							
农副食品加工业 Agricultural and Sideline Products Processing	548539	331	5093	941	14794	8909	245996
食品制造业 Food Manufacturing	530440		2194		6423	5529	163029
酒、饮料和精制茶制造业 Wine，Drink and Tea Manufacturing	232198	500	1475		2019	1668	95927
烟草制品业 Tobacco Processing	29822		117		1150	4199	13653
纺织业 Textile Industry	953505		3927	17	2959	30344	844359
纺织服装、服饰业 Textile Garments Products	111683		5896	67	7670	216	183264
皮革、毛皮、羽毛及其制品和制鞋业 Leather , Furs , Down and Relate Products	95427		10036	13	6682	3334	360162
木材加工和木、竹、藤、棕、草制品业 Timber Processing , Bamboo , Cane , Palm Fiber and Straw Products	111478		1180		3159		140036
家具制造业 Furniture Manufacturing	3538		1417	12	1793	41	53628
造纸和纸制品业 Papermaking and Paper Products	1783682		2942		8955	3415	369255
印刷和记录媒介复制业 Printing and Record Medium Reproduction	9246		2533	5	1919		41025
文教、工美、体育和娱乐用品制造业 Cultural , Educational and Sports Goods	29893		2971	64	5261	352	136052
石油加工、炼焦和核燃料加工业 Petroleum Processing , Coking and Nuclear Fuel Processing	149841		110		6645	734889	269546
化学原料和化学制品制造业 Raw Chemical Materials and Chemical Products	5611425		7535	4158	9395	5881	942839

6-11 续表

Continued

单位：吨 (ton)

行业 Sector	原煤 Coal	焦炭 Coke	汽油 Gasoline	煤油 Kerosene	柴油 Diesel Oil	燃料油 Fuel Oil	电力 (万千瓦小时) Electricity (10000 kwh)
医药制造业 Medical and Pharmaceutical Products	167814		1046	1	2154	2491	48833
化学纤维制造业 Chemical Fiber	747450		396		696	5418	474920
橡胶和塑料制品业 Rubber and Plastic Products	779250		6905	3	7652	4151	398865
非金属矿物制品业 Nonmetal Minerals Products	9156742	15685	7626	83	234308	329365	1526871
黑色金属冶炼和压延加工业 Smelting and Pressing of Ferrous Metals	3192300	5920681	1204	23	5584	9661	1446130
有色金属冶炼和压延加工业 Smelting and Pressing of Nonferrous Metals	583173	600384	1695	791	14725	8748	784926
金属制品业 Metal Products	12435	651	3314	28	4967	3695	188367
通用设备制造业 General Equipment	2823	6087	4038	657	6105	388	154083
专用设备制造业 Special Purpose Equipment	5497	388	3230	124	4905	93	97733
汽车制造业 Automobile manufacturing industry	9369	1955	3425	115	9455	118	155881
铁路、船舶、航空航天和其他运输设备制造业 Railway,Watercraft,Aviation and others transportation Manufacturing	843		1581	229	8929	53	44221
电气机械和器材制造业 Electric Equipment and Machinery	32327	555	5797	5	6007	37	189469
计算机、通信和其他电子设备制造业 Computer,Communication and other Electronic Equipment	9848		2957		2239	517	323083
仪器仪表制造业 Instruments and Meters Machinery	48	11	1285	10	335		26117
其他制造业 Others Manufacturing	100800		1317	17	1173		49044
废弃资源综合利用业 Waste Resources and Materials Recovering	37651		1044	171	1627	55	22372
金属制品、机械和设备修理业 Metals,Machinery and Equipment maintenance			13	175	701	1341	7975
电力、热力生产和供应业 Production and Supply of Electric Power and Hot Power	49491278		8084	1	10372	4484	1758501
燃气生产和供应业 Production and Supply of Gas	28186		378		409		7936
水的生产和供应业 Production and Supply of Water			593		94		68043

6-12 按行业分规模以上工业综合能源消费量(2014年)

Consumption of Energy in Industrial Enterprises above Designated Size by Sector(2014)

单位：吨标准煤

(ton of SCE)

项目	Item	综合能耗 Consumption of Energy	比上年增长(%) Ratio(%)
合计	**Total**	**77908609**	**10.8**
采矿业	Mining and Quarrying	378753	-6.0
煤炭开采和洗选业	Coal Mining and Dressing	60048	-6.7
石油和天然气开采业	Petroleum and Natural Gas Mining		
黑色金属矿采选业	Ferrous Metals Mining and Dressing	127494	-3.1
有色金属矿采选业	Nonferrous Metals Mining and Dressing	53413	-17.0
非金属矿采选业	Nonmetal Minerals Mining and Dressing	137798	-3.4
开采辅助活动	Subsidiary Action		
其他采矿业	Others Mining and Quarrying		
制造业	Manufacturing	55365473	16.7
农副食品加工业	Agricultural and Sideline Products Processing	760867	4.0
食品制造业	Food Manufacturing	714713	2.1
酒、饮料和精制茶制造业	Wine，Drink and Tea Manufacturing	325895	-6.5
烟草制品业	Tobacco Processing	50497	-4.2
纺织业	Textile Industry	2068342	2.8
纺织服装、服饰业	Textile Garments Products	318693	4.9
皮革、毛皮、羽毛及其制品和制鞋业	Leather , Furs , Down and Relate Products	546814	0.7
木材加工和木、竹、藤、棕、草制品业	Timber Processing , Bamboo , Cane , Palm Fiber and Straw Products	660802	-1.6
家具制造业	Furniture Manufacturing	85147	-0.3
造纸和纸制品业	Papermaking and Paper Products	1720816	19.8
印刷和记录媒介复制业	Printing and Record Medium Reproduction	83021	-0.6
文教、工美、体育和娱乐用品制造业	Cultural , Educational and Sports Goods	329222	-0.6
石油加工、炼焦和核燃料加工业	Petroleum Processing , Coking and Nuclear Fuel Processing	8579763	44.1
化学原料和化学制品制造业	Raw Chemical Materials and Chemical Products	10141479	53.3
医药制造业	Medical and Pharmaceutical Products	251104	-7.9
化学纤维制造业	Chemical Fiber	1209685	30.2
橡胶和塑料制品业	Rubber and Plastic Products	1229449	
非金属矿物制品业	Nonmetal Minerals Products	12072175	2.5
黑色金属冶炼和压延加工业	Smelting and Pressing of Ferrous Metals	10100958	-1.3
有色金属冶炼和压延加工业	Smelting and Pressing of Nonferrous Metals	2258575	77.6
金属制品业	Metal Products	302634	8.0
通用设备制造业	General Equipment	211120	-2.9
专用设备制造业	Special Purpose Equipment	139749	3.0
汽车制造业	Automobile manufacturing industry	259237	0.8
铁路、船舶、航空航天和其他运输设备制造业	Railway,Watercraft,Aviation and others transportation Manufacturing	77193	0.9
电气机械和器材制造业	Electric Equipment and Machinery	272830	-3.0
计算机、通信和其他电子设备制造业	Computer,Communication and other Electronic Equipment	411309	3.5
仪器仪表制造业	Instruments and Meters Machinery	33562	-4.1
其他制造业	Others Manufacturing	79112	-10.9
废弃资源综合利用业	Waste Resources and Materials Recovering	58089	3.1
金属制品、机械和设备修理业	Metals,Machinery and Equipment maintenance	12620	17.4
电力、热力、燃气及水生产和供应业	Production and Supply of Electric Power,Hot Power and Water	22164383	-1.5
电力、热力生产和供应业	Production and Supply of Electric Power and Hot Power	22052947	-1.5
燃气生产和供应业	Production and Supply of Gas	27522	1.9
水的生产和供应业	Production and Supply of Water	83915	1.1

注：1.规模以上工业电力折算标准煤的系数用当量系数1.229。2.本表“比上年增长”以当量值计算。

Note:a)The coefficient for conversion of electric power into SCE is 1.229.b)The ratio of energy is calculated on the basis of the data on average consumption in the same year.

6-13 各设区市万元地区生产总值能耗指标

Indicators of Energy Consumption Per 10000 yuan of GDP by City

单位：吨标准煤/万元 (ton of SCE/10000 yuan)

地区	Area	2005	2010		2013		2014	
		数值 Value	数值 Value	比上年上升或下降(±%) Ratio(%)	数值 Value	比上年上升或下降(±%) Ratio(%)	数值 Value	比上年上升或下降(±%) Ratio(%)
全　省	**Total**	**0.937**	**0.783**	**-3.42**	**0.584**	**-3.76**	**0.575**	**-1.53**
福州市	Fuzhou	0.735	0.637	-2.78	0.508	-2.70	0.489	-3.76
厦门市	Xiamen	0.648	0.569	-1.76	0.484	-1.90	0.477	-1.47
莆田市	Putian	0.760	0.644	-2.14	0.497	-4.08	0.498	0.16
三明市	Sanming	2.181	1.751	-3.65	1.153	-4.82	1.093	-5.23
泉州市	Quanzhou	0.898	0.776	-2.40	0.618	-4.75	0.634	2.54
漳州市	Zhangzhou	0.728	0.639	-2.21	0.508	2.56	0.616	21.30
南平市	Nanping	1.445	1.184	-3.62	0.894	-5.95	0.832	-6.89
龙岩市	Longyan	1.487	1.184	-3.19	0.753	-5.73	0.724	-3.88
宁德市	Ningde	0.548	0.531	-0.48	0.463	1.69	0.527	13.74

注：2005-2010年地区生产总值采用2005价，2013-2014年地区生产总值采用2010价。

Note:a)Data of 2005-2010 are calculated at 2005 prices.b)Data of 2013-2014 are calculated at 2010 prices.

6-14 各设区市万元地区生产总值电耗升降情况

Indicators of Electricity Consumption per 10000 yuan of GDP by City

单位：% (%)

地区	Area	2007	2008	2009	2010	2011	2012	2013	2014
全　省	**Total**	**0.56**	**-4.98**	**-5.87**	**1.73**	**2.73**	**-6.42**	**-2.96**	**-0.27**
福州市	Fuzhou	4.20	-4.65	-4.03	0.09	0.32	-8.82	-1.23	-3.21
厦门市	Xiamen	2.38	-5.19	-5.16	1.32	-2.14	-4.09	-2.37	-2.31
莆田市	Putian	5.03	-6.94	-2.64	5.69	-0.52	-5.41	-0.13	-0.11
三明市	Sanming	-2.33	-6.51	-15.58		0.76	-7.79	-5.97	-4.34
泉州市	Quanzhou	-0.15	-5.93	-1.10	0.86	-2.60	-7.91	-6.53	-2.11
漳州市	Zhangzhou	2.14	-1.00	-5.45	-1.83	2.47	-4.12	0.97	5.77
南平市	Nanping	1.45	-8.71	12.57	7.56	11.21	-11.51	-8.63	-9.90
龙岩市	Longyan	7.61	-0.27	-18.40	3.43	3.00	-6.18	-3.67	-5.97
宁德市	Ningde	12.91	-3.28	-6.85	7.11	17.86	-8.99	8.90	10.19

6-15 各设区市规模以上工业万元增加值能耗升降情况

Indicators of Energy Consumption per 10000 yuan of Value-added of Industrial Enterprises above Designated Size by City

单位：%

地区	Area	2007	2008	2009	2010	2011	2012	2013	2014
全　省	**Total**	**-3.83**	**-10.05**	**-2.70**	**-6.08**	**-1.13**	**-14.11**	**-4.83**	**-1.01**
福州市	Fuzhou	14.56	-4.78	0.89	-11.97	9.50	-18.58	-5.07	-10.75
厦门市	Xiamen	-2.18	-10.71	-3.43	-6.42	-6.11	-18.30	-6.92	-10.22
莆田市	Putian	-20.05	-22.72	4.83	-6.19	-3.16	-15.94	-5.55	-10.41
三明市	Sanming	-7.89	-14.73	-18.69	-12.81	-6.84	-8.03	-9.35	-11.87
泉州市	Quanzhou	-7.15	-11.44	7.15	13.49	-11.06	-8.89	-9.49	2.96
漳州市	Zhangzhou	-15.11	-13.82	-5.61	-7.65	1.53	-25.16	12.77	22.43
南平市	Nanping	-8.19	-15.14	-13.43	-5.83	-8.52	-12.51	-10.91	-12.56
龙岩市	Longyan	-0.32	-18.57	-16.97	-4.36	-3.72	-15.20	-5.89	-11.13
宁德市	Ningde	55.52	-13.01	14.81	-7.19	10.47	-25.15	-6.70	11.01

注：本表以当量值计算。

Note:The data of the table is Equivalent Value calculation.

主要统计指标解释

能源生产总量 指一定时期内一次能源生产量的总和。一次能源生产量指本地区原煤、原油、天然气、水电、风电、核电和其他非燃料能源发电（地热电、太阳能电）的生产量。

能源消费总量 指一定地域（行政或地理区域）内，国民经济各行业和居民家庭在一定时期消费的各种能源的总和。能源消费总量在消费环节上包括终端能源消费量、能源加工转换损失量、能源运输和管理过程的损失量；在能源类别上包括全部化石能源，以及作为能源使用、作为商品流通并使用的可再生能源和新能源。

(1)终端能源消费量：指一定时期内生产和生活消费的各种能源在扣除了用于加工转换二次能源消费量和损失量以后的数量。

(2)能源加工转换损失量：指一定时期内投入加工转换的各种能源数量之和与产出各种能源产品之和的差额，是观察能源在加工转换过程中损失量变化的指标。

(3)能源损失量：指一定时期内能源在输送、分配、储存过程中发生的损失和由客观原因造成的各种损失量，不包括各种气体能源放空、放散量。

能源生产弹性系数 指研究能源生产增长速度与国民经济增长速度之间关系的指标。计算公式为：

能源生产弹性系数＝能源生产总量年增长速度／国民经济年增长速度

国民经济年增长速度，可根据不同的目的或需要，用国民生产总值、国内生产总值等指标来计算，本年鉴是采用国内生产总值指标计算的。

电力生产弹性系数 指研究电力生产增长速度与国民经济增长速度之间关系的指标。计算公式为：

电力生产弹性系数＝电力生产量年增长速度／国民经济年增长速度

能源消费弹性系数 指反映能源消费增长速度与国民经济增长速度之间比例关系的指标。计算公式为：

能源消费弹性系数＝能源消费量年增长速度／国民经济年增长速度

电力消费弹性系数 指反映电力消费增长速度与国民经济增长速度之间比例关系的指标。计算公式为：

电力消费弹性系数＝电力消费量年增长速度／国民经济年增长速度

能源加工转换效率 指一定时期内能源经过加工、转换后，产出的各种能源产品的数量与同期内投入加工转换的各种能源数量的比率。它是观察能源加工转换装置和生产工艺先进与落后、管理水平高低等的重要指标。计算公式为：

能源加工转换效率＝(能源加工、转换产出量／能源加工、转换投入量)×100%

单位地区生产总值能耗 指一定时期内，一个国家或地区每生产一个单位的地区生产总值所消耗的能源。计算公式为：

单位地区生产总值能耗=能源消费总量/地区生产总值

单位工业增加值能耗 指一定时期内，一个国家或地区每生产一个单位的工业增加值所消耗的能源。计算公式为：

单位工业增加值能耗=工业能源消费量/工业增加值

单位地区生产总值电耗 指一定时期内，一个国家或地区每生产一个单位的地区生产总值所消耗的电力。计算公式为：

单位地区生产总值电耗=全社会用电量/地区生产总值

Explanatory Notes on Main Statistical Indicators

Total Energy Production refers to the total production of primary energy by all energy producing enterprises in the region in a given period of time. It is a comprehensive indicator to show the capacity, scale, composition and development of energy production of the region. The production of primary energy includes that of coal, crude oil, natural gas, hydropower and electricity generated by nuclear energy and other means such as wind power and geothermal power. However, it excludes the production of fuels of low calorific value, bio-energy, solar energy and the secondary energy converted from the primary energy.

Total Domestic Energy Consumption refers to the total consumption of energy of various kinds by material production sectors, non material production sectors and households in the region in a given period of time. It is a comprehensive indicator to show the scale, composition and development of energy consumption. The total energy consumption includes that of coal, crude oil and their products, natural gas and electricity. However it excludes the consumption of fuel of low calorific value, bio-energy and solar energy. Total domestic energy consumption can be divided into three parts:

(1) Final Energy Consumption: It refers to the total energy consumption by material production sectors, non material production sectors and households in the region (region) in a given period of time, but excludes the consumption in conversion of the primary energy into the secondary energy and the loss in the process of energy conversion.

(2) Loss During the Process of Energy Conversion: It refers to the total input of various kinds of energy for conversion, minus the total output of various kinds of energy in the region in a given period of time. It is an indicator to show the loss that occurs during the process of energy conversion.

(3) Energy Loss: It refers to the total of the loss of energy during the course of energy transport, distribution and storage and the loss caused by any objective reason in a given period of time. The loss of various kinds of gas due to gas discharges and stocktaking is excluded.

Elasticity Ratio of Energy Production is an indicator to show the relationship between the growth rate of energy production and the growth rate of the national economy. The formula is:

Elasticity Ratio of Energy Production= Annual Growth Rate of Energy Production/ Annual Growth Rate of National Economy

The annual growthrate of the national economy can bc shown by the gross national product, gross domestic product and other indicators, depending upon the purposes or needs. The gross domestic product is used in calculation of the ratio in this chapter.

Elasticity Ratio of Electricity Production is an indicator to show the relationship between the growth rate of electricity production and the growth rate of the national economy. Generally speaking, the growth rate of electricity production should be higher than that of the national economy.The formula is:

Elasticity Ratio of Electricity Production= Annual Growth Rate of Electricity Production/ Annual Growth Rate of National Economy

Elasticity Ratio of Energy Consumption is an indicator to show the relationship between the growth rate of energy consumption and the growth rate of the national economy. The formula is:

Elasticity Ratio of Energy Consumption= Annual Growth Rate of Energy Consumption/ Annual Growth Rate of National Economy

Elasticity Ratio of Electricity Consumption is an indicator to show the relationship between the growth rate of electricity consumption and the growth rate of the national economy. The formula is:

Elasticity Ratio of Electricity Consumption= Annual Growth Rate of Electricity/ Annual Growth Rate of National Economy

Efficiency of Energy Processing and Conversion refers to the ratio of the total output of energy products of various kinds after processing and conversion and the total input of energy of various kinds for processing and conversion in the same reference period. It is an important indicator to show the current conditions of energy processing and conversion equipment, production technique and management. The formula is:

Efficiency of Energy Processing & Conversion=(Output of Energy After Processing & Conversion/Input of Energy for Processing & Conversion)×100%

Energy Consumption per Unit of GDP refers to the energy consumption per unit of gross domestic production in a country or the gross region production in the same reference period. The formula is:

Energy Consumption per Unit of GDP=Total Energy Consumption/Gross Domestic Production

Electricity Consumption per Unit of Industrial Value-added refers to the energy consumption per unit of industrial value-added in a country or region in the same reference period. The formula is:

Energy Consumption per Unit of Industrial Value-added=Total Energy Consumption/Industrial Value-added

Electricity Consumption per Unit of GDP refers to the electricity consumption per unit of gross domestic production in a country or the gross region production in the same reference period. The formula is:

Electricity Consumption per Unit of GDP=Total Electricity Consumption/Gross Domestic Production

第七篇　人民生活

Chapter 7　People's Living Conditions

资料整理：杨威 张凤园 李君 陈思

Database Editor: Yangwei Zhangfengyuan Lijun Chensi

简要说明

本篇资料的主要内容及来源

本篇资料反映了全省城乡人民生活状况，分为城镇居民生活和农村居民生活两个部分，主要包括居民家庭基本情况，家庭收入、支出情况，主要商品购买数量及支出金额，居住状况和耐用消费品的拥有量等。

城镇居民家庭相关资料来源于城乡住户一体化调查年报，农村居民家庭相关资料来源于城乡住户一体化调查年报，均由国家统计局福建调查总队居民收支调查处整理提供。

Brief Introduction

Main Content and Source of Data

Data in this chapter show the basic conditions of the people’s livelihood in Fujian Province , consisting of two parts on the life of urban and rural households respectively ,including mainly basic condition of people’s household , income and expenditure of the household, the quantity and the expenditure on major commodities purchased, the housing condition and the possession of the durable consumer goods, etc.

Data on the livelihood of urban resident and Data on the livelihood of rural residents are prepared and provided by the Division of Residents Payments Survey of Survey Office of the National Bureau of Statistics in Fujian.

7-1 城乡居民家庭人均收入(1978-2014年)

Per Capita Annual Income of Urban and Rural Households(1978-2014)

年份 Year	居民人均可支配收入（元） Annual Per Capita Disposable Income of Households(yuan)			城镇居民人均可支配收入（元） Annual Per Capita Disposable Income of Urban Households(yuan)			农村居民人均可支配（纯）收入（元） Annual Per CapitaNet Income of Rural Households(yuan)			恩格尔系数（%） Engel's Coefficient(%)	
	数值 Vaule	比上年增长（%） Ratio(%) 名义 Ration	实际 Actual	数值 Vaule	比上年增长（%） Ratio(%) 名义 Ration	实际 Actual	数值 Vaule	比上年增长（%） Ratio(%) 名义 Ration	实际 Actual	城镇居民（%） Urban (%)	农村居民（%） Rural (%)
1978				371			138				
1979							142	3.4	0.4		
1980				450			172	20.8	15.5		
1981				452	0.4	-3.4	232	34.9	32.4	62.1	
1982				520	15.0	11.6	268	15.8	11.7	60.7	
1983				573	10.2	8.0	302	12.6	11.6	63.4	
1984				582	1.6	-1.2	345	14.3	13.0	62.4	
1985				733	25.9	10.5	396	14.9	6.9	54.0	62.4
1986				929	26.7	18.6	419	5.6	0.2	55.9	60.2
1987				1021	9.9	-0.6	485	15.9	7.4	58.8	60.0
1988				1236	21.1	-4.7	613	26.5	0.4	62.6	57.1
1989				1555	25.8	5.9	697	13.7	-4.4	63.7	58.1
1990				1749	12.5	12.4	764	9.6	11.2	63.5	60.0
1991				1953	11.7	6.8	850	11.2	8.6	60.5	59.0
1992				2351	20.4	11.5	984	15.8	11.2	58.3	58.9
1993				2923	24.3	6.4	1211	23.0	7.7	57.9	60.6
1994				3935	34.6	7.6	1578	30.3	3.9	58.7	62.4
1995				4853	23.3	6.0	2049	29.8	13.5	61.1	61.0
1996				5574	14.9	7.4	2492	21.7	15.4	59.9	60.1
1997				6144	10.2	7.5	2786	11.8	10.3	52.8	55.1
1998				6486	5.6	5.6	2946	5.8	6.3	51.8	54.4
1999				6860	5.8	7.2	3091	4.9	5.8	51.4	52.0
2000				7432	8.3	5.0	3230	4.5	3.2	44.7	48.7
2001				8313	11.9	13.8	3381	4.7	5.4	44.1	47.5
2002				9189	10.5	11.4	3539	4.7	4.9	43.4	45.9
2003				10000	8.8	8.1	3734	5.5	4.5	42.1	45.1
2004				11175	11.8	7.7	4089	9.5	5.0	41.6	46.7
2005				12321	10.3	8.2	4450	8.8	5.9	40.9	46.1
2006				13753	11.6	10.4	4835	8.6	8.3	39.3	45.2
2007				15505	15.7	10.1	5467	13.1	7.3	38.9	46.1
2008				17961	15.8	10.8	6196	13.3	8.3	40.6	46.4
2009				19577	9.0	10.9	6680	7.8	10.1	39.7	45.9
2010				21781	11.3	8.0	7427	11.2	7.5	39.3	46.1
2011				24907	14.4	8.7	8779	18.2	12.3	39.2	46.4
2012				28055	12.6	10.0	9967	13.5	10.8	39.4	46.0
2013	21218			28174	9.8	7.0	11405	12.2	9.7	32.7	38.9
2014	23331	10.0	7.8	30722	9.0	6.8	12650	10.9	8.8	33.2	38.2

注：2013年、2014年为新口径数据，1978-2012年为老口径数据。

Note:Data in 2013 and 2014 are adopted New Socpe,Data from 1978 to 2012 are adopted Old Scope.

7-2 主要年份城镇居民家庭基本情况

Basic Conditions of Urban Households in Seletcted Years

年份 Year	平均每户家庭人口(人) Number of Average per Household Persons(person)	平均每户就业人数(人) Average Number of Employed Persons Per Household (person)	平均每户就业面(%) Percentage of Employment Per Household(%)	平均每一就业者负担人数(人) Number of Persons Supported By Each Employee(person)	平均每人全年可支配收入(元) Per Capita Annual Disposable Income(yuan)	平均每人消费性支出(元) Per Capita Living Ex- penditures for Consumption (yuan)	平均每人住房建筑面积(平方米) Per Capita Floor Space of Residential Buildings(sq.m)
1952					106	96	
1957					165	131	
1959	4.72	1.40	29.7	3.37	206	190	
1962	5.46	1.72	31.5	3.17	203	186	
1963	5.40	1.50	27.8	3.60	207	189	
1964	5.33	1.53	28.8	3.48	211	194	
1965	5.13	1.65	32.2	3.12	217	201	
1966	5.00	1.40	28.0	3.40	223	186	
1975	4.97	2.05	41.3	2.42	333	297	
1978	3.87	2.40	62.0	1.61	371	285	
1980	4.53	2.32	51.2	1.95	450	392	11.3
1981	4.51	2.40	53.2	1.88	452	405	11.7
1982	4.44	2.48	55.9	1.79	520	466	12.1
1983	4.36	2.41	55.3	1.80	573	504	13.2
1984	4.27	2.37	55.5	1.80	582	494	14.3
1985	4.06	2.25	55.4	1.81	733	675	15.3
1986	4.00	2.23	55.8	1.79	929	790	15.7
1987	3.97	2.25	56.6	1.77	1021	893	16.5
1988	3.77	2.10	55.7	1.79	1236	1077	17.2
1989	3.70	2.09	56.5	1.77	1555	1340	17.6
1990	3.64	2.09	57.4	1.74	1749	1431	18.1
1991	3.43	2.00	58.3	1.72	1953	1659	19.5
1992	3.39	2.03	59.9	1.67	2351	1942	20.9
1993	3.35	2.01	60.0	1.67	2923	2418	21.5
1994	3.29	1.92	58.4	1.71	3935	3351	24.1
1995	3.27	1.93	59.0	1.69	4853	4132	24.3
1996	3.25	1.94	59.7	1.68	5574	4568	24.5
1997	3.28	1.96	59.8	1.67	6144	4936	25.6
1998	3.23	1.90	58.8	1.70	6486	5181	26.8
1999	3.22	1.90	59.0	1.69	6860	5267	27.2
2000	3.23	1.80	55.7	1.79	7432	5639	28.0
2001	3.20	1.80	55.3	1.78	8313	6015	28.2
2002	3.13	1.73	55.3	1.81	9189	6632	28.4
2003	3.08	1.72	55.8	1.79	10000	7356	29.8
2004	3.05	1.58	51.8	1.93	11175	8161	31.1
2005	3.04	1.60	52.6	1.90	12321	8794	31.4
2006	3.04	1.64	53.9	1.86	13753	9808	32.1
2007	3.01	1.60	53.2	1.90	15505	11055	33.5
2008	3.14	1.69	53.8	1.86	17961	12501	37.5
2009	3.12	1.72	55.1	1.81	19577	13451	37.5
2010	3.08	1.71	55.5	1.80	21781	14750	38.5
2011	3.12	1.68	53.8	1.86	24907	16661	37.9
2012	3.10	1.68	54.2	1.85	28055	18593	38.2
2013	2.97	1.58	53.2	1.88	28174	20565	38.7
2014	2.99	1.61	53.8	1.86	30722	22204	40.7

注：2013年、2014年为新口径数据，2012年以前为老口径数据。

Note:Data in 2013 and 2014 are adopted New Socpe,Data before 2012 are adopted Old Scope.

7-3 城镇居民人均可支配收入情况

Per Capita Income of Urban Households

单位：元 (yuan)

项目	Item	2013	2014
可支配收入	Disposable Income	28173.90	30722.39
工资性收入	Wages and Salaries	17813.38	19197.23
工资	Wages	16835.43	18074.13
实物福利	Physical Welfare	128.13	128.49
其他	Others	849.81	994.61
经营净收入	Net Income from Business	3736.11	4246.81
第一产业经营净收入	Primary Industry	198.73	237.73
第二产业经营净收入	Secondary Industry	886.75	889.59
第三产业经营净收入	Tertiary Industry	2650.64	3119.50
财产净收入	Property Income	3388.06	3648.56
利息净收入	Interest	38.14	41.62
红利收入	Dividend	363.71	347.94
储蓄性保险净收益	Deposit Insurance	14.49	10.45
转让承包土地经营权租金净收入	Land Transfer	6.07	11.67
出租房屋净收入	Rental Housing	765.06	885.16
出租其他资产净收入	Rental	0.50	31.48
自有住房折算净租金	Owned House	2146.25	2313.53
其他	Others	53.85	6.71
转移净收入	Transfer Net Income	3236.35	3629.79
转移性收入	Transfer Income	4696.44	5225.93
养老金或离退休金	Annuity and Pension	3457.20	3777.55
社会救济和补助	Social Relief	34.56	43.78
惠农补贴	Corresponding Subsidy	7.12	5.70
政策性生活补贴	Policy Allowance	17.02	40.16
报销医疗费	Reimbursement	167.24	242.13
外出从业人员寄回带回收入	Post Money	144.46	137.01
赡养收入	Support Income	727.87	780.83
其他经常转移收入	Others	140.96	198.77
转移性支出	Transfer Consumption	1460.09	1596.14
个人所得税	Individual Income Tax	117.62	140.26
社会保障支出	Social Security	864.91	1021.44
外来从业人员寄给家人的支出	Post Money	141.56	137.33
赡养支出	Support Consumption	247.35	221.90
其他经常转移支出	Others	88.65	75.21

7-4 城镇居民人均消费支出

Per Capita Expenditure of Urban Households

单位：元 (yuan)

项目	Item	2013	2014
生活消费支出	Total Consumption Expenditures	20564.70	22204.06
食品烟酒	Food,Cigarettes and Drinks	6718.41	7368.71
食品	Food	4959.55	5434.78
烟酒	Cigarettes and Wine	509.50	549.13
饮料	Drinks	-	186.64
饮食服务	Catering Services	1249.35	1198.17
衣着	Clothing	1390.42	1460.99
衣类	Clothes	1127.75	1201.97
鞋类	Shoes	262.67	259.02
居住	Residence	5018.43	5434.70
租赁房房租	Rent of Housing	402.31	399.32
住房维修及管理	Housing Maintenance and Management	540.69	508.39
水电燃料及其他	Water,Electricity and Fuel	883.93	1130.63
自有住房折算租金	Personal Housing Rent	3191.50	3396.36
生活用品及服务	Supplies and Services	1273.91	1301.97
家具及室内装饰品	Household Facilities and Articles	300.44	193.34
家用器具	Household Appliance	296.76	334.40
家用纺织品	Household Textile	98.03	91.97
家庭日用杂品	Daily Groceries	312.15	384.60
个人用品	Personal Products	179.32	204.27
家庭服务	Household Services	87.21	93.39
交通通信	Transport and Communication	2572.19	2737.80
交通	Transport	1703.92	1750.30
通信	Conmunication	868.26	987.50
教育文化娱乐	Education,Culture and Recreation	2019.87	2170.03
教育	Education	1070.25	1153.27
文化娱乐	Culture and Recreation	949.63	1016.76
医疗保健	Health Care and Medical Services	924.84	1058.97
医疗器具及药品	Medical Apparatus	349.96	378.42
医疗服务	Medical Services	574.88	680.55
其他用品及服务	Other Appliances and Services	646.63	670.90
其他用品	Other Appliances	418.69	402.98
其他服务	Other Services	227.94	267.92
#通过互联网购买的商品和服务	Buying Goods and Services in Web	211.27	300.71

7-5 按收入高低五等分分组城镇居民家庭人均主要收支情况（2014年）

Basic Conditions of Urban Households of Five Groups Divided Equally by Income Lever(2014)

单位：元 (yuan)

项目	Item	低收入组 Low Income	中低收入组 Lower Middle Income	中等收入组 Middle Income	中高收入组 Upper Middle Income	高收入组 High Income
可支配收入	Disposable Income	12883.32	21513.33	28397.54	37797.69	64936.59
工资性收入	Wages and Subsidies	8463.86	13766.20	18244.83	23960.86	38526.47
经营净收入	Net Income from Business	2076.13	3173.82	3802.63	4808.43	8869.19
财产净收入	Property Income	1186.57	2097.18	3021.62	4183.59	9625.32
转移净收入	Transfer Income	1156.76	2476.13	3328.46	4844.80	7915.61
生活消费支出	Expenditure on Consumption	11840.79	16545.43	21758.64	25310.81	42521.58
食品烟酒	Food,Cigarettes and Drinks	4688.88	6228.62	7555.42	8524.97	11410.29
衣着	Clothing	653.98	1067.70	1365.42	1876.54	2858.94
居住	Residence	2828.33	3838.91	5034.11	6268.07	11081.75
生活用品及服务	Household Articles and Services	553.72	1000.95	1131.40	1534.87	2776.08
交通通信	Transport and Communication	1046.17	1516.44	2931.89	3125.47	6281.49
教育文化娱乐	Education,Cultural and Entertainment	1228.21	1638.01	2112.89	2293.74	4236.74
医疗保健	Medicine and Medical Services	582.56	878.17	991.96	922.90	2245.21
其他用品及服务	Others	258.94	376.63	635.54	764.25	1631.08

7-6 城镇居民人均日常消费品购买量

Per Capita Purchases of Daily Consumer Goods of Urban Residents

单位：公斤 (kg)

项目	Item	2013	2014
大米(公斤)	Rice(kg)	56.34	51.35
面粉制品(公斤)	Flour Products(kg)	9.84	9.90
食用油(公斤)	Cooking Oil(kg)	9.21	9.22
蔬菜和食用菌(公斤)	Vegetables and Fungus(kg)	80.77	82.43
猪肉(公斤)	Pork(kg)	23.61	23.84
牛肉(公斤)	Beef(kg)	1.78	1.75
鸡(公斤)	Chicken(kg)	2.95	2.91
鸭(公斤)	Duck(kg)	3.81	3.87
水产品(公斤)	Aquatic Products(kg)	28.60	28.81
鲜蛋(公斤)	Eggs(kg)	6.87	7.21
鲜奶(公斤)	Milk(kg)	10.40	10.14
鲜瓜果(公斤)	Fruits(kg)	36.93	37.88
鞋(双)	Shoes(pair)	2.45	2.43
水(吨)	Water(ton)	53.87	58.31
电(度)	Electric(Degree)	888.72	994.40
汽油(升)	Gasoline(L)	54.41	65.91

7-7 城镇居民家庭每百户耐用消费品拥有量

Number of Major Durable Consumer Goods Owned Per 100 Urban Households

项目	Item	2013	2014
家用汽车(辆)	Automobile(unit)	19.91	23.25
摩托车(辆)	Motorcycle(set)	42.33	46.33
电冰箱(台)	Refrigerator(set)	93.03	92.47
洗衣机(台)	Washing Machine(set)	85.75	84.47
热水器(台)	Shower(unit)	96.40	94.22
太阳能热水器(台)	Solar Water Heater(unit)	4.54	5.04
空调机(台)	Air Conditioner(unit)	151.86	146.20
彩色电视机(台)	Color TV Set(set)	134.27	136.88
摄像机(台)	Pick up Camera(set)	6.15	7.02
照相机(台)	Camera(set)	30.54	33.35
计算机(台)	Computer(set)	91.80	91.27
接入互联网的计算机(台)	Computer Access to the Internet(set)	76.13	82.51
中高档乐器(件)	Medium and Grade Musical Instrument(unit)	5.29	5.73
固定电话(部)	Telephone(unit)	51.65	62.52
移动电话(部)	Mobile Telephone(unit)	225.00	232.78
接入互联网的移动电话(部)	Mobile Telephone Access to the Internet(unit)	100.62	122.00

7-8 主要年份农村居民家庭基本情况

Basic Conditions of Rural Household in Seleted Years

项目 Item	平均每户常住人口（人） Average Number of Permanent Residents Per Household (person)	平均每户整半劳动力（人） Average Number of Able-bodied and Semi-able-bodied Laborers Per Household (person)	平均每个劳动力负担人口（人） Average Number of Persons Supported by a Laborer (person)	农村居民人均可支配（纯）收入（元） Per Capita Net Income (yuan)	农村居民人均生活消费支出（元） Per Capita Living Expenditures (yuan)	农村居民人均住房使用面积（平方米） Per Capita Use Living Space (sq.m)	农村居民人均住房建筑面积（平方米） Per Capita Construction Space (sq.m) (sq.m)
1952			2.20	69.97	67.52		
1957			2.39	112.13	101.60		
1962			2.38	154.57	131.36		
1965			2.87	128.74	114.15		
1970			2.71	120.70	107.87		
1978	6.50	2.22	2.92	137.54	112.73		
1979	6.38	2.16	2.88	142.20	132.57		
1980	6.25	2.06	3.03	171.74	157.67		
1981	6.23	2.10	2.97	231.65	199.25	8.30	
1982	6.27	2.27	2.76	268.16	231.14	7.67	
1983	6.29	2.60	2.42	301.84	261.86	10.44	
1984	6.19	2.66	2.32	344.94	287.87	11.73	
1985	5.74	2.95	1.94	396.45	350.57	14.47	
1986	5.69	2.99	1.90	418.51	394.10	15.10	
1987	5.51	3.08	1.82	484.88	442.83	15.86	
1988	5.56	3.09	1.80	613.41	570.73	16.18	
1989	5.54	3.09	1.79	697.34	652.58	16.65	
1990	5.50	3.03	1.81	764.41	707.97	18.47	
1991	5.37	3.03	1.77	850.05	746.99	19.14	
1992	5.31	3.05	1.74	984.11	820.74	19.64	
1993	5.24	3.10	1.69	1210.51	1069.79	22.38	
1994	5.17	3.13	1.65	1577.74	1439.53	24.62	
1995	4.91	3.02	1.62	2048.59	1793.68	22.88	
1996	4.87	2.98	1.63	2492.49	2033.54	23.37	
1997	4.77	2.96	1.61	2785.67	2119.56	23.74	
1998	4.70	3.00	1.57	2946.37	2192.35	24.87	
1999	4.62	2.95	1.56	3091.39	2252.09	26.40	
2000	4.24	2.70	1.57	3230.49	2409.69	32.14	
2001	4.17	2.68	1.56	3380.72	2503.07	33.82	
2002	4.07	2.57	1.58	3538.74	2583.16	35.68	
2003	4.08	2.83	1.44	3733.93	2717.92	35.96	
2004	4.02	2.71	1.48	4089.38	3015.22	38.18	
2005	4.05	2.77	1.47	4450.36	3292.63	40.15	
2006	4.03	2.77	1.45	4834.75	3591.40	42.35	
2007	4.00	2.77	1.44	5467.08	4053.47	44.50	
2008	3.98	2.78	1.43	6196.07	4661.94	46.13	
2009	3.98	2.78	1.43	6680.18	5015.72	46.76	
2010	3.94	2.77	1.43	7426.86	5498.33	47.54	
2011	3.84	2.73	1.40	8778.55	6540.85	49.82	
2012	3.84	2.71	1.41	9967.17	7401.92	50.80	
2013	3.29	2.22	1.48	11404.85	9986.15		63.71
2014	3.25	2.21	1.47	12650.19	11055.93		60.83

注：2013年、2014年为新口径数据，2012年以前为老口径数据。

Note:Data in 2013 and 2014 are adopted New Socpe,Data before 2012 are adopted Old Scope.

7-9 按收入高低五等分分组农村居民家庭人均主要收支情况（2014年）

Basic Conditions of Rural Households of Five Groups Divided Equally by Income Lever(2014)

单位：元 (yuan)

项目	Item	低收入组 Low Income Households	中低收入组 Lower Middle Income Households	中等收入组 Middle Income Households	中高收入组 Upper Middle Income Households	高收入组 High Income Households
人均可支配收入	Disposable Income	4691.41	8576.55	11955.23	15607.56	25534.43
工资性收入	Wages and Subsidies	1959.07	4361.30	6043.07	7487.48	9436.89
经营净收入	Net Income from Business	1385.35	2702.34	3924.95	6250.02	13064.83
财产净收入	Property Income	43.72	55.15	140.92	358.27	492.54
转移净收入	Transfer Income	1303.27	1457.76	1846.29	1511.79	2540.17
人均生活消费支出	Expenditure on Consumption	7711.52	9206.98	10861.36	12269.64	16561.54
食品烟酒	Food,Cigarettes and Drinks	3022.34	3543.06	4224.32	4824.60	5943.68
衣着	Clothing	332.07	438.42	582.39	731.66	858.79
居住	Residence	1882.00	2152.42	2488.53	2721.23	4138.92
生活用品及服务	Household Articles and Services	371.08	447.51	576.94	765.08	1186.15
交通通信	Transport and Communication	640.61	836.13	1039.16	1349.24	1806.92
教育文化娱乐	Education,Cultural and Entertainment	689.45	912.83	965.14	992.44	1201.60
医疗保健	Medicine and Medical Services	629.91	712.31	758.01	621.01	999.17
其他用品及服务	Others	144.06	164.31	226.86	264.39	426.30

7-10 农村居民人均可支配收入情况

Per Capita Income of Rural Households

单位：元 (yuan)

项目	Item	2013	2014
人均可支配收入	Annual Per Capita Disposable Income	11404.85	12650.19
工资性收入	Wages Income	5054.25	5655.21
工资	Wages	4505.97	5298.86
实物福利	Physical Welfare	33.16	33.51
其他	Others	515.11	322.84
经营净收入	Net Income from Household Business	4684.58	5093.61
第一产业经营净收入	Primary Industry	2803.26	3021.17
农业	Agriculture	1935.45	1928.90
林业	Forestry	279.54	331.28
牧业	Animal Husbandry	329.06	385.31
渔业	Fishery	259.22	375.68
第二产业经营净收入	Secondary Industry	547.52	623.02
第三产业经营净收入	Tertiary Industy	1333.80	1449.42
财产净收入	Property Income	160.05	201.28
利息净收入	Interest	-10.80	-13.25
红利收入	Dividend	84.83	90.07
储蓄性保险净收益	Insurance Proceeds	0.23	
转让承包土地经营权租金净收入	Management of Earnings	16.28	34.27
出租房屋净收入	Renting House	51.41	79.31
出租其他资产净收入	Renting Others	4.45	5.88
自有住房折算净租金	Personal Housing Rent		
其他	Other Income	13.65	5.00
转移净收入	Transfer Income	1505.97	1700.09
转移性收入	Transfer Income	1761.64	1968.93
养老金或离退休金	Annuity and Pension	341.88	431.69
社会救济和补助	Social Relief	45.79	51.97
惠农补贴	Benefit Farming Subsidy	33.97	34.87
政策性生活补贴	Policy Allowance	26.79	32.47
报销医疗费	Fee-for-service	85.87	110.38
外出从业人员寄回带回收入	Income of Outsider	781.09	844.86
赡养收入	Supporting	396.32	392.91
其他经常转移收入	Other Income	49.94	69.77
转移性支出	Expenditure for Property	255.68	268.83
个人所得税	Personal Income Tax	1.25	13.00
社会保障支出	Expenditure for Welfare	140.27	171.54
外来从业人员寄给家人的支出	Expenditure of Outsider	3.42	4.07
赡养支出	Supporting Expenditure	27.09	35.07
其他经常转移支出	Other Expenditure	83.64	45.15

7-11 农村居民人均生活消费支出情况

Per Capita Expenditure of Rural Households

单位：元 (yuan)

项目	Item	2013	2014
生活消费支出	Total Consumption Expenditures	9986.15	11055.93
食品烟酒	Food,Cigarettes and Drinks	3884.94	4222.53
食品	Food	3158.21	3420.20
烟酒	Cigarettes and Wine	462.15	490.37
饮料	Drinks		114.27
饮食服务	Catering Services	264.58	197.69
衣着	Clothing	528.00	572.36
衣类	Clothes	427.84	453.93
鞋类	Shoes	100.16	118.43
居住	Residence	2331.04	2607.83
租赁房房租	Rent of Housing	20.59	37.59
住房维修及管理	Housing Maintenance and Management	321.35	313.65
水电燃料及其他	Water,Electricity and Fuel	546.18	647.33
自有住房折算租金	Personal Housing Rent	1442.93	1609.26
生活用品及服务	Supplies and Services	596.37	642.69
家具及室内装饰品	Household Facilities and Articles	141.58	105.08
家用器具	Household Appliance	161.25	186.04
家用纺织品	Household Textile	48.95	40.67
家庭日用杂品	Daily Groceries	196.26	244.06
个人用品	Personal Products	37.16	54.72
家庭服务	Household Services	11.17	12.12
交通通信	Transport and Communication	917.50	1097.70
交通	Transport	520.64	615.61
通信	Conmunication	396.86	482.10
教育文化娱乐	Education,Culture and Recreation	937.31	940.72
教育	Education	689.50	663.26
文化娱乐	Culture and Recreation	247.81	277.46
医疗保健	Health Care and Medical Services	562.91	735.94
医疗器具及药品	Medical Apparatus	138.80	178.31
医疗服务	Medical Services	424.11	557.63
其他用品及服务	Other Appliances and Services	228.08	236.16
其他用品	Other Appliances	160.58	151.74
其他服务	Other Services	67.50	84.41
#通过互联网购买的商品和服务	Buying Goods and Services in Web	9.60	22.44

7-12 农村居民人均日常消费品购买量

Per Capita Purchases of Daily Consumer Goods of Rural Residents

项目	Item	2013	2014
大米(公斤)	Rice(kg)	47.95	43.78
面粉制品(公斤)	Flour Products(kg)	7.15	7.48
食用油(公斤)	Cooking Oil(kg)	8.94	7.96
蔬菜和食用菌(公斤)	Vegetables and Fungus(kg)	38.46	38.61
猪肉(公斤)	Pork(kg)	23.74	23.59
牛肉(公斤)	Beef(kg)	0.74	0.67
鸡(公斤)	Chicken(kg)	2.49	2.26
鸭(公斤)	Duck(kg)	3.30	2.96
水产品(公斤)	Aquatic Products(kg)	18.86	19.36
鲜蛋(公斤)	Eggs(kg)	4.35	4.12
鲜奶(公斤)	Milk(kg)	3.59	3.75
鲜瓜果(公斤)	Fruits(kg)	22.00	22.20
鞋(双)	Shoes(pair)	1.95	2.10
水(吨)	Water(ton)	15.43	19.86
电(度)	Electric(Degree)	532.67	630.68
汽油(升)	Gasoline(L)	28.07	35.61

7-13 农村居民家庭每百户耐用消费品拥有量

Number of Major Durable Consumer Goods owned per 100 Rural Households

项目	Item	2013	2014
家用汽车(辆)	Automoile(unit)	8.08	10.08
摩托车(辆)	Motorcycle(unit)	84.94	90.08
电冰箱(台)	Refrigerator(unit)	92.29	91.96
洗衣机(台)	Washing Machine(unit)	69.78	68.46
热水器(台)	Shower(unit)	78.43	79.76
太阳能热水器(台)	Solar Water Heater	7.40	7.65
空调机(台)	Air Conditioner(unit)	47.30	47.55
彩色电视机(台)	Color TV(unit)	136.78	139.92
摄像机(台)	Pickup Camera(unit)	1.02	1.04
照相机(台)	Camera(unit)	7.31	8.92
计算机(台)	Computer(set)	33.24	34.67
接入互联网的计算机(台)	Computer Access to the Internet(unit)	25.14	26.08
中高档乐器(件)	Medium and High Grade Musical Instrument(unit)	0.65	0.88
固定电话(部)	Telephone(unit)	52.11	57.06
移动电话(部)	Mobile Telephone(unit)	230.37	238.89
接入互联网的移动电话(部)	Mobile Telephone Access to the Internet(unit)	78.16	85.25

7-14 农村居民家庭住房情况

Housing Conditions of Rural Households

项目	Item	2013	2014
人均住房建筑面积（平方米）	Per Capita Floor Space of Residential Building(sq.m)	63.71	60.83
按居住空间样式分的户数比重（%）	By Building Style(%)		
单栋楼房	Pavilions Buildings	74.04	75.26
单栋平房	Pavilions Bungalow	20.99	19.87
单元房	Flat	1.71	1.77
筒子楼或连片平房	Tube-shaped apartment	2.33	2.27
其他	Others	0.92	0.83
按主要建筑材料分的户数比重（%）	By Building Materials(%)		
钢筋混凝土	Reinforced Concrete Structure	22.05	23.50
砖混材料	Brick and Other Structure	44.89	44.87
砖瓦砖木	Brick and Wood Structure	28.62	27.48
竹草土坯	Bamboo,Grass and Adobe Structure	2.04	1.82
其他	Others	2.40	2.33
按房屋来源分的户数比重（%）	By Source(%)		
租赁住房	Rental Housing	1.17	1.48
自建住房	Self-built Housing	93.19	93.23
购买商品房	Buy Real Estate	0.16	0.25
购买房改住房	Buy Housing Reform Housing	1.18	1.00
购买保障性住房	Buy Affordable Housing		
拆迁安置房	Resettlement Housing	0.09	0.09
继承或获赠住房	Inherit or Receive Housing	3.17	2.91
其他	Others	1.05	1.04
住房外道路为硬化路面的户比重（%）	The Proportion of Cement Roads in All Roads(%)	88.88	90.12
饮用水状况（%）	Drinking Water Situation(%)		
是否有管道设施	Pipelines and Facilities		
管道供水入户	Piped Water Home	81.06	90.30
管道供水至公共取水点	Piped Water to Public Water Points	2.68	1.28
没有管道设施	No Pipelines Facilities	16.26	8.42

7-14 续表

Continued

项目	Item	2013	2014
主要饮用水来源	The Main Souse of Drinking Water		
经过净化处理的自来水	After Purification of Water	62.74	64.15
受保护的井水和泉水	Protected Wells and Springs	20.77	19.79
不受保护的井水和泉水	Unprotected Wells and Springs	13.26	12.14
江河湖泊水	Rivers and Lakes	0.45	0.93
其他饮用水来源	Other Sources of Drinking Water	2.78	3.00
获取饮用水存在的主要困难	The Main Difficulty to Obtaining Drinking Water		
单次取水往返时间超过半小时	Single Round-trip to Get Water More Than Half an Hour	0.34	0.19
间断或定时供水	Intermittent or Regular Water Supply	4.88	4.63
当年连续缺水超过15天	Water Shortage More then 15 Days	1.49	1.54
获取饮用水无困难	Access to Driking Water without Difficulty	93.29	93.64
饮用前家里采取的主要处理措施	Main Actions Taken before Drinking at Home		
煮沸	Boiled	87.72	87.00
加漂白剂/氯等	Added Bleach/Chlorine,Ect.	2.56	2.58
使用水过滤器	Use Water Filter	1.69	1.68
其他处理措施	Other Actions	1.78	1.83
没有任何水处理措施	No Measures	6.26	6.90
住宅内厕所状况（%）	Toilet in the House(%)		
水冲式卫生厕所	Flush Sanitation Toilet	69.95	71.33
水冲式非卫生厕所	Flush Non-anitation Toilet	2.41	2.21
卫生旱厕	Health Toilet	5.46	5.81
普通旱厕	Common Toilet	15.75	15.00
无厕所	No Toilte	6.43	5.65
主要炊用能源（%）	The Primary Energy for Cooking(%)		
天然气、煤气、液化石油气	Natural Gas,Gas,Liquefied Petroleum Gas	33.67	33.60
煤炭	Coal	2.45	0.75
电	Electric	32.52	35.07
沼气	Biogas	2.47	2.79
其他	Others	28.90	27.79

7-15 设区市城镇居民家庭基本情况（2014年）

Basic Conditions of Urban Households by City(2014)

项目	Item	城镇住户每户家庭人口数（人） Average Number of persons per Household (person)	城镇住户每户就业人口数（人） Average Number of Employed Persons Per Household (person)	城镇住户每户就业面（%） Percentage of Employment Per Household (%)	城镇住户每就业者负担人数（人） Number of Persons Supported by Each Employee (person)	人均可支配收入（元） Per Capita Annual Disposable Income (yuan)	人均生活消费支出（元） Per Capita Living Expenditures for Consumption (yuan)	食品烟酒 Food,cigarettes and Wines
福州市	Fuzhou	2.97	1.45	48.8	2.05	32450.86	23330.34	7595.39
厦门市	Xiamen	2.58	1.49	57.8	1.73	39625.09	27402.06	9103.46
莆田市	Putian	3.37	1.85	54.9	1.82	26870.83	18633.35	6512.11
三明市	Sanming	3.00	1.59	53.0	1.89	25197.04	18423.08	6548.46
泉州市	Quanzhou	3.11	1.92	61.7	1.62	34819.52	23375.67	7627.08
漳州市	Zhangzhou	3.03	1.80	59.4	1.68	25741.42	18483.52	6982.24
南平市	Nanping	2.77	1.38	49.8	2.01	24074.28	16641.40	6036.59
龙岩市	Longyan	3.14	1.74	55.4	1.80	26153.07	18552.22	6768.82
宁德市	Ningde	3.24	1.61	49.7	2.01	23956.36	17341.76	6485.28

7-16 设区市农村居民家庭基本情况（2014年）

Basic Conditions of Rural Households by City(2014)

项目	Item	农村住户每户常住人口（人） Average Number of Permanent Residents Per Household (person)	户均就业人数（人） Average Number of Employment Per Household (person)	户均常住劳动力（人） Average Number of Laborers Per Household (person)	农村住户每个劳动力负担人口（人） Average Number of Persons Supported by A Laborer (person)	农民人均可支配收入（元） Per Capita Net Income (yuan)	农民人均生活消费支出（元） Per Capita Living Expenditures (yuan)	农村居民恩格尔系数（%） Engel's Coefficient (%)
福州市	Fuzhou	2.96	1.36	2.02	1.47	14012.12	12166.38	37.6
厦门市	Xiamen	3.25	1.88	2.28	1.43	16219.55	14142.10	38.0
莆田市	Putian	3.29	1.86	2.05	1.60	12828.79	11113.72	42.1
三明市	Sanming	3.32	2.11	2.30	1.44	11665.18	9006.35	40.0
泉州市	Quanzhou	3.39	2.15	2.37	1.43	14586.03	11583.76	38.2
漳州市	Zhangzhou	3.57	2.31	2.48	1.44	12690.15	9266.74	40.8
南平市	Nanping	2.86	1.79	2.04	1.40	11251.54	8640.14	42.0
龙岩市	Longyan	3.28	2.01	2.22	1.48	12054.43	9097.25	41.2
宁德市	Ningde	3.22	2.01	2.28	1.41	11301.88	9005.56	41.0

主要统计指标解释

常住人口：指家庭住户成员中，经常在家居住、或者调查期内居住时间超过一半的人员，以及本住户供养的学生。

常住人口是住户收支的调查对象。

可支配收入：指调查户在调查期内获得的、可用于最终消费支出和储蓄的总和，即调查户可以用来自由支配的收入。可支配收入既包括现金，也包括实物收入。按照收入的来源，可支配收入包含四项，分别为：工资性收入、经营净收入、财产净收入和转移净收入。

工资性收入：指就业人员通过各种途径得到的全部劳动报酬和各种福利，包括受雇于单位或个人、从事各种自由职业、兼职和零星劳动得到的全部劳动报酬和福利。

经营净收入：指住户或住户成员从事生产经营活动所获得的净收入，是全部经营收入中扣除经营费用、生产性固定资产折旧和生产税之后得到的净收入。

财产净收入：指住户或住户成员将其所拥有的金融资产、住房等非金融资产和自然资源交由其他机构单位、住户或个人支配而获得的回报并扣除相关的费用之后得到的净收入。

转移净收入：计算公式为：转移净收入=转移性收入-转移性支出

转移性收入：指国家、单位、社会团体对住户的各种经常性转移支付和住户之间的经常性收入转移。

转移性支出：指调查户对国家、单位、住户或个人的经常性或义务性转移支付。包括缴纳的税款、各项社会保障支出、赡养支出、经常性捐赠和赔偿支出以及其他经常转移支出等。

消费支出：指住户用于满足家庭日常生活消费需要的全部支出，包括用于消费品的支出和用于服务性消费的支出。根据用途不同，消费支出可划分为食品烟酒、衣着、居住、生活用品及服务、交通通信、教育文化娱乐、医疗保健、其他用品及服务八大类。根据来源不同，消费支出可划分为现金消费支出、实物消费支出（含自产自用、来自单位、来自政府和其他社会组织）。

恩格尔系数：指食物支出占生活消费总支出的比重。计算公式为：恩格尔系数=食物支出/生活消费总支出×100%。恩格尔系数越大，表示生活越贫困；反之，表示生活越富裕。根据国际经验，恩格尔系数 60%以上为贫困，50%-60%为温饱，40%-50%为小康，30%-40%为富裕，30%以下为最富裕。

Explanatory Notes on Main Statistical Indicators

Number of Dependents per Urban Employee refers to the ratio between number of persons in an urban household and the number of employed persons.

Total Income of Urban Households refers to the sum of wage and salary, net business income, income from properties, and income from transfers of members of the households, excluding income from selling of properties and income from borrowings.

Disposable Income of Urban Households refers to the actual income at the disposal of members of the households which can be used for final consumption, other non-compulsory expenditure and savings. This equals to total income minus income tax, personal contribution to social security and sample household subsidy for keeping diaries. Following formula is used:

Disposable income = total household income - income tax - personal contribution to social security - sample household subsidy for keeping diaries

Consumption Expenditure of Urban Households refers to total expenditure of the sample households for consumption in daily life, including expenditure on eight categories such as food, clothing, household appliances and services, health care and medical services, transport and communications, recreation, education and cultural services, housing, miscellaneous goods and services.

Expenditure of Urban Households on Consumption of Services refers to expenditure of households on services of various kinds provided by the society.

Urban Households by Income Group All households in the sample are grouped, by per capita disposable income of the household, into groups of low income, lower middle income, middle income, upper middle income and high income, each group consisting of 20%, 20%, 20%, 20% and 20% of all households respectively.

Income from Rural Household Operations refers to income by the rural households as units of production and operations. Operations by rural households are classified by economic activities as agriculture, forestry, animal husbandry, fishery, manufacturing, construction, transportation, post and telecommunications, wholesale, retail and catering, social service, culture, education, health, and other household operations.

Income from Properties refers to the income received as returns by owners of financial assets or tangible non-productive assets by providing capitals or tangible non-productive assets to other institutional units.

Income from Transfers refers to the receipt by rural households and their members of goods, services, capital or rights of assets without giving or repaying accordingly, excluding capital provided to them for the formation of fixed assets. In general, it refers to all income received by rural households through redistribution.

Cash Income refers to income received by rural households and their members in the form of cash during the reference period. It is classified, by source of income, into income from wages and salaries, cash income from household operations, income from properties and income from transfers.

Net Income from Rural household refers to the total income of rural households from all sources minus all corresponding expenses. The formula for calculation is as follows:

Net income = total income – taxes and fees paid - household operation expenses – taxes and fees – depreciation of fixed assets for production – subsidy for participating in household survey – gifts to non-rural relatives

Net income is mainly used as input for reproduction and as consumption expenditure of the year, and also used for savings and non-compulsory expenses of various forms.Per capita net income of farmers is the level of net income averaged by population which reflects the average income level of rural households in a given area.

Engel Coefficient refers to the percentage of expenditure on food in the total consumption expenditure,using the following formula:

Engel Coefficient=(expenditure on food/total consumption expenditure)×100%

第八篇　价格指数

Chapter 8　Price Indices

资料整理：滕国达 刘挺云 郑扬 王娟 郭晓洁 笪贤流 杨秀慧

Database Editor: Tengguoda Liutingyun Zhengyang Wangjuan Guoxiaojie Daxianliu Yangxiuhui

简要说明

本篇资料的主要内容及来源

本篇资料反映了全省生产、投资、流通、消费等环节价格变动状况，主要包括居民消费、商品零售、生产资料、工业生产者出厂与购进、固定资产投资、房地产等价格指数。

居民消费、商品零售和农业生产资料价格指数来源于流通和消费价格统计调查年报，由国家统计局福建调查总队消费价格调查处整理提供。

工业生产者出厂与购进、固定资产投资、房地产等价格指数来源于工业生产者、固定资产投资、房地产价格统计调查，由国家统计局福建调查总队生产投资价格调查处整理提供。

Brief Introduction

Main Content and Source of Data

Data on the price indices in this chapter show the changing trend in production, investment, circulation and consumption, including mainly consumer price indices of residents, retail price indices, price indices of means of production, production price indices of industrial producers, purchasing price indices of raw materials, fuels and power, price indices of investment in fixed assets and real estate price indices.

Data on consumer price indices of residents, retail price indices and price indices of agricultural means of production are based on yearly report on consumer price and are provided by the Division of Consumer Price Survey of Survey Office of the National Bureau of Statistics in Fujian。

Data on production price indices of industrial products, purchasing price indices of raw materials, fuels and power, price indices of investment in fixed assets and real estate price indices are based on yearly report on production price and are provided by the Division of Production Price Survey of Survey Office of the National Bureau of Statistics in Fujian.

8-1 主要年份各种价格指数

Price Indices in Seletcted Year

单位：以上年为100 (preceding year=100)

年份 Year	居民消费价格指数 Consumer Price Index	城市 Urban	农村 Rural	商品零售价格指数 Retail Price Index	农业生产资料价格指数 Price Index of Agricultural Means of Production	工业生产者出厂价格指数 Ex-Factory Price Indices of Industrial Producers	工业生产者购进价格指数 Purchasing Price Indices of Industrial Producers	固定资产投资价格总指数 Price Index for Investment in Fixed Assets
1951	106.6	107.8	105.8	107.3	102.9			
1952	98.0	97.6	99.2	97.9	99.8			
1957	100.5	100.8	100.3	100.5	98.8			
1962	101.8	100.5	102.6	101.6	117.8			
1965	95.2	94.4	95.7	95.0	93.4			
1970	98.9	99.0	98.9	99.0	100.3			
1975	100.1	100.1	100.1	100.2	100.2			
1978	100.2	100.4	100.1	100.3	100.1			
1979	102.8	102.7	102.9	103.0	100.4			
1980	105.3	106.3	104.6	105.6	101.0			
1981	102.7	104.0	101.9	103.6	103.3			
1982	103.4	103.1	103.6	103.6	104.4			
1983	101.3	102.0	100.9	101.3	103.0			
1984	102.1	102.8	101.1	101.6	103.8			
1985	111.3	114.0	107.5	111.4	105.6			
1986	106.5	106.9	105.4	106.3	102.5			
1987	109.4	110.6	107.9	109.7	106.8			
1988	126.5	127.0	126.0	127.4	121.5			
1989	118.9	118.8	118.9	118.6	119.5			
1990	99.3	100.1	98.6	98.6	100.3			
1991	103.5	104.6	102.4	103.3	105.1			108.6
1992	105.9	108.0	104.1	105.5	102.2	102.7	109.3	114.9
1993	115.4	116.8	114.2	113.8	111.4	117.1	129.6	134.1
1994	125.3	125.1	125.5	123.0	117.8	116.9	115.2	107.3
1995	115.2	116.4	114.4	114.4	120.2	115.7	119.6	104.8
1996	105.9	106.9	105.4	104.5	106.2	101.8	104.3	104.7
1997	101.7	102.5	101.3	99.8	99.5	100.3	98.6	101.1
1998	99.7	100.0	99.5	98.5	94.6	95.7	92.5	98.0
1999	99.1	98.7	99.2	96.5	96.1	96.6	97.9	98.5
2000	102.1	103.2	101.3	98.9	97.4	100.5	112.4	100.2
2001	98.7	98.3	99.3	98.0	98.7	98.1	96.7	99.5
2002	99.5	99.2	99.8	98.3	99.9	97.6	97.6	99.7
2003	100.8	100.7	101.0	99.1	101.8	100.7	106.3	101.4
2004	104.0	103.8	104.3	102.7	112.5	102.6	113.3	103.4
2005	102.2	101.9	102.8	100.6	108.1	100.2	108.1	100.7
2006	100.8	101.1	100.3	100.5	100.9	99.2	103.9	102.0
2007	105.2	105.1	105.4	104.3	110.3	100.8	104.3	105.9
2008	104.6	104.5	104.6	105.7	123.6	102.7	110.2	105.9
2009	98.2	98.3	97.9	97.9	93.3	95.5	93.2	98.0
2010	103.2	103.1	103.4	103.4	102.4	103.2	107.7	103.3
2011	105.3	105.2	105.3	104.8	111.8	103.9	108.0	106.2
2012	102.4	102.4	102.4	101.8	103.3	98.7	97.7	100.3
2013	102.5	102.6	102.3	101.1	99.5	98.4	98.4	100.1
2014	102.0	102.1	101.9	101.1	99.5	98.6	98.3	100.4

注：“工业生产者出厂价格指数”，2010年及以前称“工业品出厂价格指数”。“工业生产者购进价格指数”，2010年及以前称“工业企业原材料、燃料、动力购进价格指数”。

Note:Before 2010,"Ex-Factory Price Indices of Industrial Producers" is called "Ex-Factory Price Indices of Industrial Products"."Purchasing Price Indices of Industrial Producers" is called "Purchasing Price Index for Raw Material,Fuel and Power".

8-2 各种价格总指数(1979-2014年)

Price Indices(1979-2014)

单位：以1978年为100　　　　(year of 1978=100)

年份 Year	居民消费价格指数 Consumer Price Index	城市 Urban	农村 Rural	商品零售价格指数 Retail Price Index	农业生产资料价格指数 Price Index of Agricultural Means of Production
1979	102.8	102.7	102.9	103.0	100.4
1980	108.2	109.2	107.6	108.8	101.4
1981	111.2	113.5	109.7	112.7	104.8
1982	115.0	117.1	113.6	116.7	109.4
1983	116.4	119.4	114.6	118.3	112.6
1984	118.9	122.7	115.9	120.2	116.9
1985	132.3	139.9	124.6	133.8	123.5
1986	140.9	149.6	131.3	142.3	126.6
1987	154.2	165.4	141.7	156.1	135.2
1988	195.0	210.1	178.6	198.8	164.2
1989	231.9	249.8	212.3	235.8	196.2
1990	230.3	250.1	209.3	232.5	196.8
1991	238.3	261.6	214.3	240.2	206.9
1992	252.4	282.5	223.1	253.4	211.4
1993	291.3	329.9	254.8	288.4	235.5
1994	364.9	412.8	319.8	354.7	277.4
1995	420.4	480.5	365.9	405.8	333.5
1996	445.2	513.6	385.6	424.1	354.2
1997	452.8	526.4	390.6	423.2	352.4
1998	451.4	526.4	388.7	416.9	333.4
1999	447.4	519.6	385.6	402.3	320.4
2000	456.8	536.2	390.6	397.8	312.1
2001	450.9	527.1	387.8	389.9	308.0
2002	448.6	522.9	387.1	383.3	307.7
2003	452.2	526.6	390.9	379.8	313.2
2004	470.3	546.6	407.7	390.1	352.4
2005	480.6	557.0	419.1	392.4	380.9
2006	484.4	563.1	420.4	394.4	384.3
2007	509.6	591.8	443.1	411.4	423.9
2008	533.0	618.4	463.5	434.8	523.9
2009	523.3	607.9	453.9	425.5	488.9
2010	540.2	627.0	469.5	439.8	500.4
2011	568.6	659.9	494.5	461.1	559.6
2012	582.4	675.9	506.6	469.6	578.1
2013	596.8	693.1	518.0	474.9	575.3
2014	608.8	707.5	527.7	480.1	572.6

8-3 居民消费价格分类指数

Consumer Price Indices by Category

单位：以1978年为100 (year of 1978=100)

项目 Item	2000	2005	2010	2013	2014
居民消费价格指数 Consumer Price Index	**456.8**	**480.6**	**540.2**	**596.8**	**608.8**
食品 Food	590.9	668.5	925.5	1120.3	1156.8
烟酒及用品 Totacco and Artides	252.5	257.9	279.1	293.1	290.8
衣着 Clothing	200.3	171.8	146.9	159.7	163.9
家庭设备用品及维修服务 Household Facilities,Articles and Services	204.4	185.3	195.2	202.6	203.5
医疗保健和个人用品 Medicine and Medical Services	507.3	489.0	537.7	578.8	583.0
交通和通讯 Transport,Post and Communication Services	390.9	344.8	325.6	328.1	328.9
娱乐教育文化用品及服务 Recreation,Education and Cultural Services	371.2	434.8	383.6	384.8	391.2
居住 Residence	549.9	624.1	723.8	802.6	820.6

8-4 居民消费价格指数(2014年)

Consumer Price Indices(2014)

单位：以上年为100 (preceding year=100)

项目 Item	全省 Province	城市 Urban	农村 Rural
居民消费价格指数 Consumer Price Index	**102.0**	**102.1**	**101.9**
一、按商品和非商品分 By Good			
消费品价格指数 Consumption Price Index	101.9	101.9	101.8
服务项目价格指数 Services Price Index	102.3	102.4	102.0
二、按类别分 By Category			
食品 Food	103.3	103.2	103.5
烟酒及用品 Tobacco and Artides	99.2	99.0	99.6
衣着 Clothing	102.6	102.9	101.7
家庭设备用品及维修服务 Household Facilities,Articles and Services	100.4	100.5	100.0
医疗保健和个人用品 Medicine and Medical Services	100.7	100.7	100.7
交通和通讯 Transport,Post and Communication Services	100.2	100.3	100.2
娱乐教育文化用品及服务 Recreation,Education and Cultural Services	101.7	101.7	101.7
居住 Residence	102.3	102.5	101.7

8-5 居民消费价格分类指数

Consumer Price Indices by Category

单位：以上年为100 (preceding year=100)

项目	Item	2000	2005	2010	2013	2014
居民消费价格指数	**Consumer Price Index**	**102.1**	**102.2**	**103.2**	**102.5**	**102.0**
1.食品	**Food**	**98.4**	**103.7**	**107.8**	**104.0**	**103.3**
#粮食	Grain	88.8	99.8	117.0	102.9	101.9
淀粉	Oil or Fat	99.1	104.4	113.3	103.3	103.4
干豆类及豆制品	Starches and Tubers	101.1	102.7	111.8	104.9	106.3
油脂	Bean and Its Products	95.5	96.5	101.6	100.3	93.7
肉禽及其制品	Meal,Poultry and Their Products	97.0	103.7	102.3	103.0	100.4
蛋	Eggs	83.6	103.6	108.3	109.6	107.5
水产品	Aquatic Products	101.5	106.0	108.6	104.3	105.7
菜	Vegetables	109.8	111.0	121.2	108.5	101.9
调味品	Flavoring	98.6	100.3	104.3	104.5	104.5
糖	Sugar	112.0	103.5	107.9	99.0	99.9
茶及饮料	Tea and Drink	98.5	99.8	98.7	101.6	100.5
干鲜瓜果	Dride and Fresh Melons and Fruits	102.7	104.8	115.5	106.6	116.6
糕点饼干	Cake	100.4	99.5	101.5	101.3	101.7
液体乳及乳制品	Milk and Daily Products	99.5	98.1	100.4	104.6	106.0
在外用膳食品	Dining out	99.5	102.5	103.2	102.8	101.3
其他食品	Others	98.1	99.7	101.3	102.7	103.3
2.烟酒及用品	**Tobacco and Artides**	**100.8**	**99.8**	**101.4**	**99.7**	**99.2**
3.衣着	**Clothing**	**98.5**	**97.1**	**95.7**	**101.9**	**102.6**
#服装	Garments	98.1	96.4	96.0	101.9	102.7
衣着材料	Clothing material	99.3	100.5	103.4	99.4	99.7
鞋袜帽	Footgear and Hats	99.1	98.2	93.6	101.7	102.5
衣着加工服务费	Tailoring and Laundering Service Fees	100.4	102.1	102.4	106.6	105.6
4.家庭设备用品及维修服务费	**Household Facilities, Articles and Services**	**98.7**	**99.6**	**99.2**	**100.4**	**100.4**
#耐用消费品	Durable Consumer Goods	96.6	98.3	98.1	98.8	99.4
室内装饰品	Room Decorate	99.2	99.2	99.0	100.4	99.5
床上用品	Bed Using	99.2	98.4	97.5	98.0	98.0
家庭日用杂品	Daily Use Household Articles	98.3	100.2	100.2	100.7	100.9
5.医疗保健和个人用品	**Health Cares**	**107.9**	**98.8**	**103.1**	**101.4**	**100.7**
6.交通和通信	**Transportation and Communication**	**96.4**	**97.7**	**99.5**	**99.8**	**100.2**
#交通	Transportation	98.5	100.8	101.7	100.5	100.2
通信	Communication	94.5	95.4	97.9	98.9	100.2
7.娱乐教育文化用品及服务	**Recreation,Education and Culture Articles**	**120.6**	**104.7**	**100.2**	**101.9**	**101.7**
#文娱用耐用消费品及服务	Durable Consumer Goods for Recreation Use	92.3	94.7	95.3	95.5	95.5
教育	Education	170.7	109.6	100.6	102.0	102.3
文化娱乐类	Cultural and Entertainment	99.5	101.4	100.6	100.6	100.8
8.居住	**Residence**	**106.7**	**106.8**	**105.4**	**103.3**	**102.3**
#建房及装修材料	Building Materials	98.9	101.7	104.8	100.8	100.9
水、电、燃料	Water,Electricity ,Fuels	110.1	112.0	106.4	103.7	101.5

8-6 城市居民消费价格分类指数

Consumer Price Indices of Urban Households by Category

单位：以上年为100 (preceding year=100)

项目	Item	2000	2005	2010	2013	2014
居民消费价格指数	**Consumer Price Index**	**103.2**	**101.9**	**103.1**	**102.6**	**102.1**
1.食品	**Food**	**98.7**	**103.7**	**107.9**	**104.1**	**103.2**
#粮食	Grain	90.0	99.9	117.0	103.4	101.9
淀粉	Oil or Fat	98.8	105.3	114.0	103.7	103.3
干豆类及豆制品	Starches and Tubers	99.9	102.5	112.2	104.3	107.0
油脂	Bean and Its Products	94.8	96.8	101.9	99.9	92.8
肉禽及其制品	Meal,Poultry and Their Products	96.2	102.3	102.4	103.3	100.2
蛋	Eggs	83.5	103.5	109.2	109.9	108.0
水产品	Aquatic Products	103.3	106.4	108.5	103.8	105.1
菜	Vegetables	107.8	110.9	120.4	107.9	102.2
调味品	Flavoring	97.6	100.5	104.8	104.2	104.6
糖	Sugar	106.9	103.2	106.8	98.7	100.4
茶及饮料	Tea and Drink	98.0	99.5	98.2	101.5	100.0
干鲜瓜果	Dride and Fresh Melons and Fruits	101.8	105.3	115.6	106.9	116.0
糕点饼干	Cake	101.8	99.5	101.3	101.4	101.7
液体乳及乳制品	Milk and Daily Products	99.9	97.8	100.8	105.5	105.7
在外用膳食品	Dining out	97.4	102.9	103.8	102.8	101.4
其他食品	Others	100.8	101.1	102.1	101.7	102.8
2.烟酒及用品	**Tobacco and Articles**	**98.6**	**99.6**	**101.6**	**99.9**	**99.0**
3.衣着	**Clothing**	**97.8**	**96.3**	**95.6**	**101.9**	**102.9**
#服装	Garments	97.4	95.8	96.2	101.8	102.8
衣着材料	Clothing material	99.2	99.9	102.9	97.9	99.2
鞋袜帽	Footgear and Hats	98.7	97.2	93.0	102.1	103.5
衣着加工服务费	Tailoring and Laundering Service Fees	100.5	101.3	101.6	106.5	105.5
4.家庭设备用品及维修服务费	**Household Facilities, Articles and Services**	**100.0**	**99.2**	**99.0**	**100.8**	**100.5**
#耐用消费品	Durable Consumer Goods	98.7	97.7	97.8	98.9	99.3
室内装饰品	Room Decorate	99.9	98.9	98.5	100.6	99.5
床上用品	Bed Using	98.2	97.4	97.5	97.9	97.9
家庭日用杂品	Daily Use Household Articles	98.1	100.4	100.0	101.0	101.2
5.医疗保健和个人用品	**Health Cares**	**112.8**	**98.6**	**103.2**	**101.1**	**100.7**
6.交通和通信	**Transportation and Communication**	**96.9**	**96.9**	**99.2**	**99.6**	**100.3**
#交通	Transportation	99.5	101.1	101.3	100.3	100.3
通信	Communication	96.2	94.8	97.9	98.8	100.2
7.娱乐教育文化用品及服务	**Recreation,Education and Culture Articles**	**115.1**	**103.8**	**100.2**	**101.8**	**101.7**
#文娱用耐用消费品及服务	Durable Consumer Goods for Recreation Use	92.7	94.0	95.2	95.2	94.7
教育	Education	187.4	110.1	100.6	101.5	102.6
文化娱乐类	Cultural and Entertainment	100.9	101.9	100.7	100.5	100.9
8.居住	**Residence**	**107.5**	**106.2**	**104.9**	**103.9**	**102.5**
#建房及装修材料	Building Materials	99.0	101.9	104.5	100.8	101.3
水、电、燃料	Water,Electricity ,Fuels	108.3	108.7	105.5	105.5	101.7

8-7 农村居民消费价格指数

Consumer Price Indices Rural Households by Category

单位：以上年为100　　(preceding year=100)

项目	Item	2000	2005	2010	2013	2014
居民消费价格指数	**Consumer Price Index**	**101.3**	**102.8**	**103.4**	**102.3**	**101.9**
1.食品	**Food**	**98.1**	**103.7**	**107.5**	**104.0**	**103.5**
#粮食	Grain	88.3	99.6	117.1	102.2	102.1
淀粉	Bean and Its Products	99.0	103.2	110.9	102.3	103.6
干豆类及豆制品	Starches and Tubers	101.5	102.9	110.6	106.7	104.5
油脂	Oil or Fat	95.9	96.2	101.0	101.2	95.4
肉禽及其制品	Meal,Poultry and Their Products	97.5	105.3	102.1	102.1	100.9
蛋	Eggs	83.7	103.8	106.0	109.1	106.3
水产品	Aquatic Products	100.2	105.1	109.2	106.5	107.7
菜	Vegetables	111.1	111.5	123.6	110.4	101.1
调味品	Flavoring	99.1	100.2	103.1	105.0	104.3
糖	Sugar	114.0	103.8	110.4	99.7	98.9
茶及饮料	Tea and Drink	98.9	100.9	100.6	101.7	102.0
干鲜瓜果	Dride and Fresh Melons and Fruits	103.3	103.4	115.5	105.8	118.5
糕点饼干	Cake	98.8	99.6	102.0	101.1	101.9
液体乳及乳制品	Milk and Daily Products	99.3	99.4	98.6	101.8	107.0
在外用膳食品	Dining Out	101.8	101.9	101.6	102.7	100.9
其他食品	Others	97.0	98.9	99.8	104.5	104.2
2.烟酒及用品	**Tobacco and Articles**	**101.5**	**100.1**	**101.0**	**99.3**	**99.6**
3.衣着	**Clothing**	**98.8**	**98.2**	**95.7**	**102.0**	**101.7**
#服装	Garments	98.5	97.5	95.5	102.3	102.3
衣着材料	Clothing material	99.4	101.0	104.6	101.4	100.4
鞋袜帽	Footgear and Hats	99.3	99.3	95.4	100.6	99.4
衣着加工服务费	Tailoring and Laundering Service Fees	100.2	103.5	104.4	106.6	105.7
4.家庭设备用品及维修服务费	**Household Facilities, Articles and Services**	**98.2**	**100.3**	**99.9**	**99.4**	**100.0**
#耐用消费品	Durable Consumer Goods	95.4	99.1	99.1	98.5	99.6
室内装饰品	Room Decorate	98.6	100.0	100.4	99.7	99.5
床上用品	Bed Using	99.7	100.0	97.4	98.6	98.3
家庭日用杂品	Daily Use Household Articles	98.4	100.0	100.8	99.8	100.3
5.医疗保健和个人用品	**Health Cares and Individual Articles**	**107.8**	**99.0**	**103.0**	**102.4**	**100.7**
6.交通和通信	**Transportation and Communication**	**95.4**	**98.7**	**100.3**	**100.2**	**100.2**
#交通	Transportation	98.1	100.5	102.5	101.1	100.2
通信	Communication	92.7	96.8	97.8	99.1	100.2
7.娱乐教育文化用品及服务	**Recreation,Education and Culture Articles**	**121.8**	**105.9**	**100.4**	**102.3**	**101.7**
#文娱用耐用消费品及服务	Durable Consumer Goods for Recreation Use	92.0	96.0	95.7	96.5	98.3
教育	Education	157.3	109.2	100.7	103.0	101.5
文化娱乐类	Cultural and Entertainment	98.7	100.1	100.2	100.9	100.4
8.居住	**Residence**	**106.0**	**107.5**	**106.9**	**101.8**	**101.7**
#建房及装修材料	Building Materials	98.8	101.5	105.4	100.6	99.9
水、电、燃料	Water,Electricity ,Fuels	111.3	118.9	110.2	98.7	100.9

8-8 农业生产资料价格指数

Price Indices of Means Agriculture Production

单位：以上年为100 (preceding year=100)

项目	Item	2000	2005	2010	2013	2014
总指数	**General Index**	**97.4**	**108.1**	**102.4**	**99.5**	**99.5**
1.农用手工工具	Small Farm Tools	102.0	107.2	101.5	101.7	100.7
2.饲料	Forage	94.3	102.8	105.5	102.5	102.4
3.幼禽家畜	Young Livestock & Fowls	112.3	102.5	107.8	97.6	99.2
4.半机械化农具	Semi-Mechanized Farm Tools	98.9	100.0	101.0	100.5	100.7
5.机械化农具	Mechanized Farm Machinery	98.4	103.0	101.5	100.4	100.2
6.化学肥料	Chemical Fertilizer	92.1	114.1	97.4	96.3	95.8
7.农药及农药械	Pesticide & Its Appliances	95.1	108.5	100.3	100.4	100.1
#化学农药	Chemical Pesticide	94.9	109.4	100.4	100.5	100.1
农药械	Pesticide Appliances	95.8	104.3	99.6	100.0	100.2
8.农机用油	Oil for Farm Machinery	126.2	110.2	109.3	100.1	98.8
9.其他农业生产资料	Others	98.0	105.3	106.2	101.3	101.7
10.农业生产服务				105.0	104.0	103.8

8-9 固定资产投资价格指数

Price Indices for Investment in Fixed Assets

单位：以上年为100 (preceding year=100)

项目	Item	2000	2005	2010	2013	2014
固定资产投资价格总指数	**General Index**	**100.2**	**100.7**	**103.3**	**100.1**	**100.4**
一、建筑安装工程投资	**Construction and Installation**	**102.4**	**101.1**	**104.9**	**100.0**	**100.4**
人工费	Labors	108.5	104.9	107.0	105.7	104.7
材料费	Materials	102.0	99.8	104.7	97.7	98.6
#钢材	Steel Products	103.1	98.8	105.6	93.9	95.3
水泥	Cement	99.5	96.7	104.3	97.5	99.6
机械费	Instruments	100.2	100.1	102.2	102.0	101.6
二、设备、工器具投资	**Purchase of Equipment,Tools And Instruments**	**94.9**	**97.6**	**99.8**	**98.9**	**99.7**
三、其他费用投资	**Others**	**98.8**	**102.8**	**102.4**	**101.2**	**100.7**

8-10 工业生产者购进价格指数

Purchasing Price Indices of Industrial Producers

单位：以上年为100 (preceding year=100)

项目 Item	2000	2005	2010	2013	2014
工业生产者购进价格总指数 Purchasing Price Indices of Industrial Producers	**112.4**	**108.1**	**107.7**	**98.4**	**98.3**
1.燃料、动力类 Fuel and Power	137.2	125.6	108.1	98.9	97.8
2.黑色金属材料类 Ferrous Metals Material	102.4	103.5	113.5	94.7	92.7
#钢材 Steel	103.6	106.4	109.6	93.9	93.9
3.有色金属材料和电线类 Nonferrous Metals Material and Wire	109.9	111.3	116.6	91.9	93.1
4.化工原料类 Raw Chemical Materials	112.2	106.1	110.8	96.7	98.2
5.木材及纸浆类 Timber and Paper Pulp	97.5	100.7	99.4	99.2	98.5
6.建筑材料及非金属矿类 Building Materials and Nonmetal Minerals	97.0	105.9	102.8	98.6	99.9
7.其他工业原材料及半成品类 Other Industrial Raw and Semi-products	105.6	104.8	101.9	99.3	100.0
8.农副产品类 Agricultural Products	96.2	94.0	117.8	100.5	97.1
9.纺织原料类 Textile Materials	107.8	102.9	106.9	101.1	100.3

8-11 工业生产者出厂价格指数

Ex-Factory Price Indices of Industrial Producers

单位：以上年为100 (preceding year=100)

项目	Item	2000	2005	2010	2013	2014
工业生产者出厂价格总指数	**Ex-Factory Price Indices of Industrial Producers**	**100.5**	**100.2**	**103.2**	**98.4**	**98.6**
按轻重分	**By Light and Heavy Industry**					
轻工业	Light Industry	99.9	98.4	101.5	99.4	99.8
以农产品为原料	Using Farm Products as Raw Materials	100.9	100.5	102.5	99.6	100.1
以非农产品为原料	Using Non-farm Products as Raw Materials	97.7	97.4	100.6	98.9	99.0
重工业	Heavy Industry	101.2	104.7	106.9	97.5	97.6
采掘工业	Mining and Quarrying	107.5	123.4	121.1	97.4	91.6
原料工业	Raw Materials Industry	103.4	107.8	107.9	98.6	97.5
加工工业	Manufacturing Industry	97.6	100.9	104.1	97.1	98.0
按两大部类分	**By Two Parts**					
生产资料	Means of Production	101.6	100.9	104.1	97.6	97.7
采掘工业	Mining and Quarrying	107.5	123.4	121.1	97.4	91.6
原料工业	Raw Materials Industry	104.3	107.5	108.9	98.4	97.3
加工工业	Manufacturing Industry	97.4	98.4	101.7	97.3	98.2
生活资料	Consumer Goods	98.7	99.1	101.7	99.8	100.0
食品	Food	98.5	98.4	104.7	100.2	100.3
衣着	Clothing	101.8	101.7	100.9	100.0	100.5
一般日用品	Articles for Daily Use	94.9	101.3	100.9	99.9	99.8
耐用消费品	Durable Consumer Goods	94.2	93.0	98.7	98.2	98.6
按工业部门分	**By Departments**					
冶金工业	Metallurgical Industry	100.8	104.3	113.0	95.3	93.5
电力工业	Power Industry	95.3	103.5	100.3	100.7	99.4
煤炭及炼焦工业	Coal and Coking Industry	114.1	137.3	108.4	90.6	89.7
石油工业	Petroleum Industry	138.4	123.5	124.4	96.4	95.5
化学工业	Chemical Industry	100.3	104.6	107.1	98.2	97.8
机械工业	Machine Building Industry	94.9	95.1	98.5	97.3	98.7
建筑材料工业	Building Materials Industry	95.8	98.5	103.0	98.5	99.5
森林工业	Timber Industry	104.2	103.0	102.7	100.4	100.6
食品工业	Food Industry	98.2	98.4	104.4	100.3	100.3
纺织工业	Textile Industry	108.4	100.9	102.9	97.3	98.6
缝纫工业	Tailoring Industry	103.4	101.0	100.9	100.0	100.0
皮革工业	Leather Industry	98.0	102.7	100.9	100.1	101.1
造纸工业	Paper Industry	105.7	101.4	104.1	97.7	99.0
文教艺术用品工业	Cultural,Educational & Handicrafts Articles	96.6	100.1	99.6	99.9	99.6
其它工业	Others	94.8	101.7	102.7	100.3	100.0

8-12 分行业工业生产者出厂价格指数

Ex-Factory Price Indices of Industrial Producers by Sector

单位：以上年为100　　(preceding year=100)

行业	Sector	2013	2014
煤炭开采和洗选业	Coal Mining and Dressing	90.6	89.7
黑色金属矿采选业	Ferrous Metals Mining and Dressing	101.2	87.1
有色金属矿采选业	Nonferrous Metals Mining and Dressing	97.2	94.7
非金属矿采选业	Nonmetal Minerals Mining and Dressing	98.9	99.9
农副食品加工业	Agricultural and Sideline Products Processing	100.4	99.8
食品制造业	Food Manufacturing	99.5	101.0
酒、饮料和精制茶制造业	Wine, Drink and Tea Manufacturing	100.8	101.2
烟草制品业	Tobacco Processing	100.3	100.1
纺织业	Textile Industry	98.1	99.0
纺织服装、服饰业	Textile Garments Products	99.9	99.5
皮革、毛皮、羽毛及其制品和制鞋业	Leather , Furs , Down and Relate Products	99.9	101.0
木材加工和木、竹、藤、棕、草制品业	Timber Processing,Bamboo,Cane,Palm Fiber and Straw Products	100.9	100.5
家具制造业	Furniture Manufacturing	98.8	99.9
造纸和纸制品业	Papermaking and Paper Products	97.7	99.0
印刷和记录媒介复制业	Printing and Record Medium Reproduction	100.4	99.1
文教、工美、体育和娱乐用品制造业	Cultural , Educational and Sports Goods	99.0	99.4
石油加工、炼焦和核燃料加工业	Petroleum Processing , Coking and Nuclear Fuel Processing	96.1	95.0
化学原料和化学制品制造业	Raw Chemical Materials and Chemical Products	97.9	97.8
医药制造业	Medical and Pharmaceutical Products	101.1	100.2
化学纤维制造业	Chemical Fiber	96.1	95.4
橡胶和塑料制品业	Rubber and Plastic Products	98.3	97.6
非金属矿物制品业	Nonmetal Minerals Products	98.5	99.5
黑色金属冶炼和压延加工业	Smelting and Pressing of Ferrous Metals	93.6	92.9
有色金属冶炼和压延加工业	Smelting and Pressing of Nonferrous Metals	94.3	93.7
金属制品业	Metal Products	99.0	99.0
通用设备制造业	General Equipment	99.7	99.8
专用设备制造业	Special Purpose Equipment	100.4	99.6
汽车制造业	Car Manufacturing	100.0	98.8
铁路、船舶、航空航天和其他运输设备制造业	Railway,Watercraft,Aviation and others transportation Manufacturing	100.5	101.6
电气机械和器材制造业	Electric Equipment and Machinery	99.2	98.6
计算机、通信和其他电子设备制造业	Computer,Communication and other Electronic Equipment	93.8	97.7
仪器仪表制造业	Instruments and Meters Machinery	100.9	99.2
其他制造业	Others Manufacturing	102.9	101.3
废弃资源综合利用业	Waste Resources and Materials Recovering	91.4	95.3
金属制品、机械和设备修理业	Metals,Machinery and Equipment maintenance	100.2	102.9
电力、热力生产和供应业	Production and Supply of Electric Power and Hot Power	100.7	99.4
燃气生产和供应业	Production and Supply of Gas	99.8	101.0
水的生产和供应业	Production and Supply of Water	100.5	101.6

注：本表行业分类依据2011年新颁布的《国民经济行业分类》（GB/T 4754-2011）标准。
Note:The classified Standards of national ecomonic sector are adopted GB/T 4754-2011.

8-13 主要城市房地产价格指数

Price Indices for Real Estate in Selected Cities

单位：以上年为100 (preceding year=100)

项目	Item	2013			2014		
		福州市 Fuzhou	厦门市 Xiamen	泉州市 Quanzhou	福州市 Fuzhou	厦门市 Xiamen	泉州市 Quanzhou
新建住宅销售价格指数	New Residential Buildings	109.4	111.4	104.1	103.9	108.6	102.3
新建商品住宅	Residential Buildings	109.5	111.7	104.3	104.0	108.8	102.4
90平方米及以下	under 90 sq.m.	110.6	113.2	104.2	104.3	109.6	102.8
90-144平方米	90-144 sq.m.	109.6	111.9	104.6	103.8	109.7	102.8
144平方米以上	Over 144 sq.m.	108.9	110.5	103.9	104.0	107.3	101.3
二手住宅销售价格指数	Secondhand Buildings	106.2	106.0	101.1	103.0	105.3	100.7
90平方米及以下	under 90 sq.m.	106.6	107.1	101.4	103.7	105.5	100.3
90-144平方米	90-144 sq.m.	106.7	106.7	100.8	103.3	106.0	101.1
144平方米以上	Over 144 sq.m.	105.2	103.6	101.6	101.4	103.8	100.4

8-14 农产品生产者价格指数

Producer Price Indices for Farm Products

单位：以上年为100　　(preceding year=100)

项目	Item	2005	2010	2012	2013	2014
总指数	**Total Price Index**	**103.9**	**111.5**	**102.7**	**103.0**	**100.3**
一、农业产品	**Agricultural Products**	**105.1**	**115.3**	**104.7**	**104.7**	**105.9**
谷物	Rice	97.6	107.6	103.5	102.0	106.7
早籼稻	Early Rice	95.3	103.3	103.8	102.9	105.1
晚籼稻	Late Rice	96.7	111.2	101.6	104.1	106.6
薯类	Potato	106.9	121.9	102.4	109.6	102.7
豆类	Bean	97.0	125.1	104.3	105.1	106.6
大豆	Soybean	93.4	127.9	104.3	105.1	106.6
油料	Oil-bearing Crops	106.3	115.8	105.3	107.6	103.9
蔬菜	Vegetables			120.5	112.7	105.9
烤烟叶	Flue-cured Tobacco	101.7	98.5	117.5	104.0	99.4
食用菌（干鲜混合）	Edible Bacterium	103.0	115.7	91.7	104.1	103.7
水果	Fruit	108.8	115.2	95.2	104.6	109.4
茶叶	Tea	101.3	111.5	101.1	104.5	101.9
二、林业产品	**Forest Products**	**104.0**	**107.6**	**105.7**	**106.4**	**101.7**
原木	Log	104.7	104.3	103.0	101.2	101.0
竹材	Bamboo	104.1	108.0	102.7	98.8	97.9
三、饲养动物及其产品	**Breeding Animals and Products**	**100.9**	**101.2**	**94.3**	**101.2**	**97.4**
活猪（毛重）	Pigs	97.4	97.9	90.9	99.4	93.9
家禽（毛重）	Poultry	104.2	107.0	109.8	103.9	109.5
四、渔业产品	**Fishery Products**	**103.7**	**113.7**	**107.0**	**102.1**	**96.9**
#海水养殖产品	Seawater Culturing			108.3	102.6	95.8
海水捕捞产品	Seawater Catching			108.6	102.7	102.2
淡水养殖产品	Freshwater Culturing			102.5	100.3	96.7

8-15 各设区市居民消费价格指数(2014年)

Consumer Price Indices by City(2014)

单位：以上年为100　　(preceding year=100)

地区	Area	居民消费价格指数 Consumer Price Index	按城乡隶属分类 By Urban and Rural 城市 urban	农村 Rural	按类别分 By Category 食品 Food	烟酒及用品 Tobacco And Liquor	衣着 Clothing
福州市	Fuzhou	101.8	101.8	101.9	102.9	99.1	103.0
厦门市	Xiamen	102.2			103.4	99.3	102.1
莆田市	Putian	102.0	101.9	102.2	103.5	99.3	101.6
三明市	Sanming	102.0	102.2	101.8	104.0	98.4	106.4
泉州市	Quanzhou	102.0	102.1	102.0	103.6	102.6	103.6
漳州市	Zhangzhou	102.0	102.0	102.0	104.2	99.7	102.5
南平市	Nanping	102.0	102.3	101.6	103.6	99.9	101.9
龙岩市	Longyan	101.9	102.2	101.8	104.2	96.7	101.9
宁德市	Ningde	101.9	101.9	101.9	102.1	100.8	103.5

8-15 续表

Continued

单位：以上年为100　　(preceding year=100)

地区	Area	按类别分 By Category 家庭设备用品及维修服务 Household Facilities,Articles And Services	医疗保健和个人用品 health Cares	交通和通信 Transportation And Communication	娱乐教育文化用品及服务 Recreation, Education And Culture And Articles	居住 Residence	#水电燃料 water, Electricity And Fuel
福州市	Fuzhou	100.3	101.2	100.1	100.6	102.3	100.9
厦门市	Xiamen	100.6	100.9	100.6	101.7	102.9	102.4
莆田市	Putian	100.8	100.5	100.1	102.4	101.7	100.8
三明市	Sanming	100.9	98.9	100.0	100.4	101.4	102.1
泉州市	Quanzhou	99.6	101.2	100.2	102.4	100.6	99.3
漳州市	Zhangzhou	100.6	100.8	99.9	100.7	101.0	99.5
南平市	Nanping	100.6	100.8	100.2	100.6	102.5	101.4
龙岩市	Longyan	100.8	101.7	99.9	99.7	101.7	101.0
宁德市	Ningde	99.8	100.8	100.3	102.1	103.0	102.6

主要统计指标解释

居民消费价格指数　指反映一定时期内城乡居民所购买的生活消费品价格和服务项目价格变动趋势和程度的相对数，是对城市居民消费价格指数和农村居民消费价格指数进行综合汇总计算的结果。利用居民消费价格指数，可以观察和分析消费品的零售价格和服务价格变动对城乡居民实际生活费支出的影响程度。

城市居民消费价格指数　指反映城市居民家庭所购买的生活消费品价格和服务项目价格变动趋势和程度的相对数。城市居民消费价格指数可以观察和分析消费品的零售价格和服务项目价格变动对职工货币工资的影响，作为研究职工生活和确定工资政策的依据。

农村居民消费价格指数　指反映农村居民家庭所购买的生活消费品价格和服务项目价格变动趋势和程度的相对数。农村居民消费价格指数可以观察农村消费品的零售价格和服务项目价格变动对农村居民生活消费支出的影响，直接反映农民生活水平的实际变化情况，为分析和研究农村居民生活问题提供依据。

商品零售价格指数　指反映城乡商品零售价格变动趋势的一种经济指数。零售物价的调整变动直接影响到城乡居民的生活支出和国家的财政收入，影响居民购买力和市场供需平衡，影响消费与积累的比例。因此，计算零售价格指数，可以从一个侧面对上述经济活动进行观察和分析。

工业生产者出厂价格指数　是反映一定时期内全部工业产品出厂价格总水平的变动趋势和程度的相对数，包括工业企业售给本企业以外所有单位的各种产品和直接售给居民用于生活消费的产品。该指数从生产角度反映工业品价格变动，通过它可以观察轻工业与重工业、生产资料与生活资料及各部门、各工业行业产品价格的变动趋势和变动幅度，消除价格变动因素，真实反映工业产品实际价值量。

工业生产者购进价格指数　是反映一定时期内工业企业所购进的原材料和能源价格变动幅度的相对数。它反映了企业成本的变动，往往预示了工业生产者出厂价格乃至消费价格水平的变动趋势。通过它可以观察工业企业购机九大类原材料和能源价格变动趋势和变动幅度及其对生产成本、效益的影响程度。

农业生产资料价格指数　指反映一定时期内农业生产资料价格变动趋势和程度的相对数。农业生产资料价格指数分为小农具、饲料、产品畜、役畜、半机械化农具、机械化农具、化学肥料、农药及农药械、农机用油、其他农业生产资料十大类。其编制目的是了解农业生产中物质资料投入价格的变动状况，服务于国民经济核算。1994 年以前，农业生产资料价格指数仅仅是商品零售价格指数的一个类别，此后，从商品零售价格指数中分离出来，单独编制。

固定资产投资价格指数　是反映固定资产投资价格在一定时期内变动幅度的相对数。通过它可以观察建筑安装工程（含材料费、人工费等项目）、设备工器具购置费和其他费用等方面的价格变动趋势和变动幅度，消除按现价计算的固定资产投资指标中的价格变动因素，反映固定资产投资的真实规模、速度、结构和效益。

房地产价格指数　是反映一定时期内房地产价格变动趋势和程度的相对数，包括住宅销售价格指数、住宅租赁价格指数、土地交易价格指数和物业服务价格指数。通过它们可以观察土地交易、住宅销售、住宅租赁、物业服务等方面价格的变动趋势和变动幅度，消除按现价计算的房地产投资中的价格变动因素，反映房地产投资的真实规模、速度和结构。

Explanatory Notes on Main Statistical Indicators

Consumer Price Indices reflect the trend and degree of changes in prices of consumer goods and services purchased by urban households during a given period,and is a composite index derived from the urban consumer price index and the rural consumer price index. Consumer price index can be used to analyze the impact of consumer price change on actual expenditure for living cost of urban and rural residents.

Urban Consumer Price Indices reflect the trend and degree of changes in prices of consumer goods and services purchased by urban households. It can be used to observe and analyze the impact of price changes in consumer goods and services on money wages of staff and workers, and provide basis for policymaking concerning the living cost and wages of staff and workers.

Rural Consumer Price Indices reflect the trend and degree of changes in prices of consumer goods and services purchased by rural households. It can be used to observe the impact of change in retail prices of consumer goods and service prices in rural areas on living expenditure of rural households, and to show the changes in the living standard of peasants. It provides basis for analysis and research on condition of life in rural areas.

Retail Price Indices reflect the trend and degree of change in retail prices of commodities during a given period. The change in retail prices of commodities directly affect the living expenses of urban and rural residents, government revenue, purchasing power of residents and the equilibrium of market supply and demand, and the ratio of consumption to accumulation. Therefore, the retail price indices are useful from an oblique perspective for observing and analyzing the changes of the above economic activities.

Ex-factory Price Indices of Industrial Products reflect the trend and degree of changes in general ex-factory prices of all industrial products during a given period,including sales of industrial products by an industrial enterprise to all units outside the enterprise,as well as sales of consumer goods to residents.It can be used to analyze the impact of ex-factory prices on gross output value and value-added of the industrial sector.

Purchasing Price Indices for Raw Materials, Fuels and Power reflect changes in the level and degree of prices paid by industrial enterprises when they purchase production input such as raw materials, fuels and power from the market or from other energy or raw materials producing enterprises. These indices provide an important basis for measuring the material consumption of industrial enterprises after removing the influence of price changes.

Indices of Producers' Prices for Farm Products reflect the trend and degree of changes in producers' prices received by farmers when they sell farm products during a given period. These indices depict the change in the level and structure of producers' prices of farm products of the country and meet the needs of agriculture statistics and national account statistics. The producers' price index of a given product is calculated through geometrical mean of individual indices of all surveyed units who sell such product, and the indices of a product category is obtained through weighted mean of price indices of all products in the category. Method for calculating accumulative quarterly indices is the same as for calculating the distinctive quarterly indices.

Price Indices of Investment in Fixed Assets reflects the trend and degree of changes in prices of investment in fixed assets. The investment in fixed assets consists of three components, namely the investment in construction and installation, the investment in purchases of equipment and instrument,and the investment in other items. Price index of investment in fixed assets is calculated as the weighted arithmetic mean of the price indices of the three components of investment in fixed assets.

Removing the factor of price change in the aggregates of investment at current prices, this indicator shows the changes in the prices of commodities and fees involved in the investment of fixed assets, and can be used to observe the actual size, growth, structure,and efficiency of investment in fixed assets and provides reliable and scientific data for government planning, management, decision making, and further improving the current national accounting system.

Price Indices for Real Estate reflect the trend and degree of changes in prices of real estate during a given period, including sale price indices for houses, price indices for renting houses, price indices for land transactions and price indices for management of properties. The methods for the compilation of these four sets of indices are similar in that they all use the super-collecting approach.

第九篇　城市概况

Chapter 9　General Survey of Cities

资料整理：郑明坤

Database Editor:Zhengmingkun

简 要 说 明

本篇资料的主要内容及来源

本篇资料反映我省社会、经济发展和城市建设的规模、效益及综合水平等基本情况，

城市资料主要包括城市公用事业基本情况，主要经济指标，市场设施，园林绿化，环境卫生，供水供气，公用交通等。

全省数据是全省 23 个城市市辖区的汇总数，23 个城市分别是福州市、厦门市、莆田市、三明市、泉州市、漳州市、南平市、龙岩市、宁德市、福清市、长乐市、永安市、石狮市、晋江市、南安市、龙海市、邵武市、武夷山市、建瓯市、建阳市、漳平市、福安市、福鼎市。

本篇资料由省统计局能源统计处根据福建省住房和城乡建设厅、交通运输厅和福建省统计局相关处室提供的年度数据整理。

Brief Introduction

Main Content and Source of Data

Data in this chapter show the social and economic development as well as the scale, economic efficiency, overall level and other basic conditions of cities at the prefecture in Fujian Province.

Data on the general survey cities include the basic condition of urban public facilities ,main economic indicators, civil greenery , environment and sanitation ,supply of gas and water ,public transportation ,etc.

The total provice data is the sum of 23 cities, 23 cities were Fuzhou、Xiamen、Putian、Shanming、Quanzhou、Zhangzhou、Nanpin、Longyan、Linde、Fuqing、Changle、Yongan、Shishi、Jinjiang、Nan'an、Longhai、Shaowu、Wuyishan、Jian'ou、Jianyang、Zhangping、Fuan and Fuding。

Data on chapter are complied by the Division of Energy of the Fujian Bureau of Statistics according to the data of yearly statistics ,which are provided by the Construction Bureau of Fujian, Transportation Bureau of Fujian and related Departments of Fujian Provincial Bureau of Statistics.

9-1 各城市建设情况(2014年)

Statistics on City Construction by City(2014)

地区	Area	城市面积(平方公里) Area of City (sq km)	#建成区面积 Developed Area	本年征用土地面积(公顷) Area of The requisition land This Year (hectare)	城市人口密度(人/平方公里) Population Density of City Districts (person/sq.km)	年末实有道路长度(公里) Length of Paved Roads (km)	年末实有道路面积(万平方米) Area of Paved Roads (10000 sq.m)	城市桥梁数量(座) Number of City Bridges (unit)
合　计	**Total**	**4318.09**	**1326.42**	**7563**	**2627**	**7987**	**15436.32**	**1799**
福州市	Fuzhou	1043.00	253.80	459	2264	1201	2610.82	428
福清市	Fuqing	224.50	46.00	671	1467	169	374.00	29
长乐市	Changle	176.37	21.93	569	1244	113	159.23	89
厦门市	Xiamen	301.00	301.00	1372	9735	1791	3602.00	469
莆田市	Putian	244.00	57.60	200	2287	718	830.56	93
三明市	Sanming	220.00	35.87	929	1021	289	354.60	44
永安市	Yong'an	300.00	24.18	129	545	146	243.20	27
泉州市	Quanzhou	529.00	197.60		2361	882	1954.60	142
石狮市	Shishi	35.35	33.34	120	9338	154	534.55	45
晋江市	Jinjiang	60.00	38.00	900	5583	307	844.32	34
南安市	Nan'an	130.00	31.28	254	2404	233	425.00	37
漳州市	Zhangzhou	95.24	62.27	194	5029	352	1111.42	78
龙海市	Longhai	27.00	19.69	132	6985	143	262.05	27
南平市	Nanping	165.81	30.00	217	1273	249	253.83	54
邵武市	Shaowu	95.00	18.33	78	1207	116	168.80	36
武夷山市	Wuyishan	135.10	9.00	131	667	107	163.53	14
建瓯市	Jian'ou	35.00	13.59	50	3923	121	102.80	7
建阳市	Jianyang	33.70	11.24	28	3181	67	122.12	7
龙岩市	Longyan	185.00	50.00	608	1762	357	467.02	52
漳平市	Zhangping	14.20	12.40	100	8162	73	126.02	6
宁德市	Ningde	107.50	26.70	252	2353	184	406.62	20
福安市	Fu'an	37.32	13.40	63	3939	114	131.65	17
福鼎市	Fuding	124.00	19.20	107	1282	101	187.58	44

9-2 各城市供水情况(2014年)

Basic Statistics on Tap Water Supply in Cities by City(2014)

地区	Area	年底供水综合生产能力(万立方米/日) Production Capacity of Top Water Supply at the Year-end (10000cu.m/day)	年末供水管道长度(公里) Length of Sewage Pipes (km)	全年供水总量(万立方米) Volume of Top Water Supply (10000 cu.m)	#生活用水 Water Consumption for Residential Use	#生产用水 Water Consumption for Productive Use	用水人口(万人) Number of Residents with Access to Tap Water (10000 persons)	人均日生活用水量(升) Per Capital Water Consumption for Residential Use(L)
合　计	**Total**	**717.24**	**16539.36**	**156464.00**	**74538.71**	**41633.42**	**1128.37**	**180.98**
福州市	Fuzhou	153.68	2353.60	32475.36	19782.85	2833.57	236.07	229.59
福清市	Fuqing	18.86	694.00	6737.79	2400.96	2703.90	32.92	199.82
长乐市	Changle	27.40	324.30	2124.02	1313.70	420.00	21.91	164.27
厦门市	Xiamen	147.70	3797.19	41956.61	17543.00	11979.00	293.03	164.02
莆田市	Putian	28.00	890.00	10220.00	3168.00	5000.00	55.65	155.96
三明市	Sanming	65.60	477.55	6379.14	1645.09	4090.55	22.43	200.94
永安市	Yong'an	18.00	386.46	4119.68	1444.02	2412.14	16.04	246.65
泉州市	Quanzhou	58.00	4007.64	11289.15	5668.15	1581.80	123.70	125.54
石狮市	Shishi	20.00	329.00	5485.90	3139.00	1376.00	33.00	260.61
晋江市	Jinjiang	30.00	598.00	6120.00	2455.00	2500.00	33.28	202.10
南安市	Nan'an	12.00	229.20	1743.00	1235.00	188.00	29.00	116.67
漳州市	Zhangzhou	32.50	475.33	4800.00	3087.00	1236.00	47.83	176.82
龙海市	Longhai	12.60	201.89	1302.46	893.01	219.55	18.84	129.86
南平市	Nanping	14.00	373.10	2592.00	1715.32	478.90	21.10	222.73
邵武市	Shaowu	7.50	146.00	1025.00	682.00	208.00	11.47	162.90
武夷山市	Wuyishan	2.60	117.44	827.00	722.50	10.00	8.76	225.96
建瓯市	Jian'ou	4.00	91.32	925.00	730.19	65.00	13.51	148.08
建阳市	Jianyang	5.00	101.66	898.57	583.25	170.00	10.68	149.62
龙岩市	Longyan	26.80	252.51	7980.00	2091.00	3326.00	32.53	176.11
漳平市	Zhangping	4.00	96.30	965.09	464.12	250.25	11.20	113.53
宁德市	Ningde	13.70	286.66	2207.70	1201.97	81.68	25.10	131.20
福安市	Fu'an	7.30	124.63	1923.78	1170.46	93.89	14.58	219.94
福鼎市	Fuding	8.00	185.58	2366.75	1403.12	409.19	15.74	244.23

9-3 各城市排水和污水处理情况(2014年)

Basic Statistics on Drainage and Swage Treatment in Cities by City(2014)

地区	Area	排水管道长度（公里） Length of Sewage Pipes (km)	污水处理厂数（座） Number of Waste Water Treated Factory (unit)	城市污水厂日处理能力（万立方米／日） Per Day Volume of Waste Water Treated (10000 cu.m/day)	污水处理总量（万立方米） Volume of Waste Water Treated (10 000 cu.m)	污水处理率（%） Percentage of Sewage Disposal of City (%)	污水处理厂集中处理率（%） Percentage of Sewage Collection Disposal in Factory of City (%)
合 计	**Total**	**13495**	**49**	**324.30**	**105511.00**	**88.7**	**83.8**
福州市	Fuzhou	2084	8	74.50	23862.00	87.7	86.5
福清市	Fuqing	371	1	12.00	4600.00	85.2	85.2
长乐市	Changle	278	1	3.80	1490.00	86.6	75.8
厦门市	Xiamen	2615	7	87.50	27489.00	93.4	88.0
莆田市	Putian	1297	5	21.50	6969.00	87.5	87.5
三明市	Sanming	197	2	5.50	3818.00	85.5	33.0
永安市	Yong'an	121	1	4.00	2490.00	86.3	41.9
泉州市	Quanzhou	1375	6	31.00	7585.00	87.7	87.7
石狮市	Shishi	390	1	10.00	3607.00	88.0	88.0
晋江市	Jinjiang	1113	1	10.00	3860.00	87.5	87.5
南安市	Nan'an	352	1	5.00	1209.00	86.4	86.4
漳州市	Zhangzhou	815	2	12.00	3420.00	89.1	89.1
龙海市	Longhai	210	1	2.50	795.00	83.1	72.8
南平市	Nanping	161	2	8.00	1694.00	87.0	87.0
邵武市	Shaowu	107	1	2.00	695.00	88.8	88.8
武夷山市	Wuyishan	182	2	2.50	527.00	87.8	87.8
建瓯市	Jian'ou	76	1	1.50	471.00	72.2	72.2
建阳市	Jianyang	75	1	1.50	587.00	87.4	87.4
龙岩市	Longyan	256	1	15.00	5024.00	89.5	89.5
漳平市	Zhangping	86	1	2.00	661.00	85.2	85.2
宁德市	Ningde	217	1	4.00	1345.00	87.0	87.0
福安市	Fu'an	185	1	3.50	1445.00	83.5	83.5
福鼎市	Fuding	145	1	5.00	1868.00	82.7	82.7

9-4 各城市公共交通情况(2014年)

Basic Statistics on Public Transportation in Cities by City(2014)

地区	Area	公交车标准运营车数（标台） Public Vehicles(set)	出租车运营车辆数（辆） Taxis(set)	总客运量（万人次） Total Passengers(10000 person)
合　计	**Total**	**16642**	**23384**	**321477**
福州市	Fuzhou	4368	6345	82185
福清市	Fuqing	172	410	4266
长乐市	Changle	129	270	3064
厦门市	Xiamen	5448	5209	111909
莆田市	Putian	758	995	7920
三明市	Sanming	343	404	8866
永安市	Yong'an	163	151	3851
泉州市	Quanzhou	1230	2007	17506
石狮市	Shishi	227	251	2384
晋江市	Jinjiang	291	198	3279
南安市	Nan'an	94	150	2783
漳州市	Zhangzhou	445	1002	7502
龙海市	Longhai	114	129	1192
南平市	Nanping	301	262	5641
邵武市	Shaowu	94	193	2398
武夷山市	Wuyishan	97	174	2295
建瓯市	Jian'ou	72	134	1828
建阳市	Jianyang	81	153	2592
龙岩市	Longyan	331	599	8774
漳平市	Zhangping	15	20	222
宁德市	Ningde	189	590	7430
福安市	Fu'an	91	310	3292
福鼎市	Fuding	69	424	2794

注：总客运量仅包含公交车、出租车客运量，不含轮渡。
Note:Total Passengers is only including Public Vehicles and Taxis,excluding Ferry.

9-5 各城市绿地和园林(2014年)

Basic Statistics on Parks and Green Areas in Cities by City(2014)

地区	Area	绿化覆盖面积（公顷）Green Areas (hectare)	#建成区 Green Areas of Developed City	园林绿地面积（公顷）Park and Green Areas (hectare)	#建成区 Green Areas of Developed City	公园个数（个）Number of Parks and Zoos (unit)	公园面积（公顷）Area of Parks and Zoos (hectare)
合　计	**Total**	**67984**	**56767**	**60396**	**51719**	**557**	**11402**
福州市	Fuzhou	11581	10894	10919	10031	84	3054
福清市	Fuqing	2097	2024	2117	1838	34	429
长乐市	Changle	1108	905	966	874	79	405
厦门市	Xiamen	19699	12604	18248	11172	100	2418
莆田市	Putian	2572	2572	2237	2237	20	337
三明市	Sanming	1835	1576	1628	1453	6	154
永安市	Yong'an	1092	1073	997	979	8	155
泉州市	Quanzhou	8516	8515	7946	7945	36	821
石狮市	Shishi	1460	1460	1300	1300	9	325
晋江市	Jinjiang	1670	1669	1512	1511	10	380
南安市	Nan'an	1262	1261	1095	1095	13	316
漳州市	Zhangzhou	2655	2650	2503	2480	31	585
龙海市	Longhai	880	839	794	781	12	253
南平市	Nanping	1325	1315	1187	1179	14	268
邵武市	Shaowu	903	805	762	754	10	172
武夷山市	Wuyishan	2833	381	417	361	22	126
建瓯市	Jian'ou	571	563	557	548	14	133
建阳市	Jianyang	502	490	467	461	2	80
龙岩市	Longyan	2235	2075	1934	1934	21	231
漳平市	Zhangping	607	552	474	465	5	131
宁德市	Ningde	1169	1134	1052	1050	9	343
福安市	Fu'an	568	566	524	511	14	136
福鼎市	Fuding	844	844	760	760	4	150

9-6 各城市市容环境卫生情况(2014年)

Basic Statistics on Urban Sanitation in Cities by City(2014)

地区	Area	道路清扫保洁面积（万平方米）Area under Cleaning Program (10000 sq.m)	生活垃圾清运量（万吨）Volume of Garbage Disposal(10000 tons)	市容环卫专用车辆设备总数（台）Number of Special Vehicles for Environmental Sanitation (unit)	公共厕所（座）Number of Public Lavatories (unit)	#三类以上 Third Grade and Above
合　计	**Total**	**16243.00**	**598.89**	**2578**	**3113**	**3092**
福州市	Fuzhou	3317.00	100.62	510	928	928
福清市	Fuqing	760.00	29.44	39	63	63
长乐市	Changle	280.00	7.52	36	76	76
厦门市	Xiamen	3780.00	142.15	836	602	602
莆田市	Putian	1003.00	34.71	171	112	112
三明市	Sanming	265.00	11.70	47	77	77
永安市	Yong'an	130.00	5.48	46	67	67
泉州市	Quanzhou	2190.00	46.22	177	436	436
石狮市	Shishi	356.00	26.90	46	34	29
晋江市	Jinjiang	718.00	58.85	140	103	103
南安市	Nan'an	431.00	28.00	97	52	52
漳州市	Zhangzhou	943.00	20.36	72	121	122
龙海市	Longhai	151.00	9.78	44	38	38
南平市	Nanping	233.00	7.50	38	48	48
邵武市	Shaowu	101.00	4.30	29	40	40
武夷山市	Wuyishan	98.00	3.83	34	20	20
建瓯市	Jian'ou	135.00	4.94	32	30	30
建阳市	Jianyang	112.00	4.31	28	29	29
龙岩市	Longyan	378.00	19.15	80	113	101
漳平市	Zhangping	110.00	3.77	11	20	19
宁德市	Ningde	353.00	12.38	34	41	38
福安市	Fu'an	208.00	8.63	20	34	34
福鼎市	Fuding	191.00	8.36	6	29	22

9-7 各城市设施水平(2014年)

Level of Public Facilities in Cities by City(2014)

地区	Area	城市用水普及率(%) Pecentage of Population with Access to Tap Water (%)	城市燃气普及率(%) Percentage of City Population with Access to Gas (%)	人均城市道路面积(平方米) Per Area of Paved Roads (sq.m)	人均公园绿地面积(平方米) Per Capita Public Green Areas (sq.m)	生活垃圾无害化处理率(%) Percentage of Garbage Disposal with Standard (%)	建成区绿化覆盖率(%) Ratio of Green Areas to City Areas(%)
合　计	**Total**	**99.5**	**98.8**	**13.61**	**12.76**	**97.9**	**42.8**
福州市	Fuzhou	100.0	99.5	11.06	12.94	96.0	42.9
福清市	Fuqing	99.9	98.8	11.35	14.36	98.9	44.0
长乐市	Changle	99.9	96.6	7.26	15.95	92.9	41.3
厦门市	Xiamen	100.0	99.3	12.29	11.44	100.0	41.9
莆田市	Putian	99.7	99.1	14.88	12.72	99.1	44.7
三明市	Sanming	99.9	99.6	15.79	13.71	98.1	43.9
永安市	Yong'an	98.2	97.5	14.88	12.06	98.1	44.4
泉州市	Quanzhou	99.0	97.1	15.65	14.00	98.4	43.1
石狮市	Shishi	100.0	99.5	16.19	13.00	98.0	43.8
晋江市	Jinjiang	99.3	97.2	25.20	11.33	98.0	43.9
南安市	Nan'an	92.8	98.6	13.60	10.27	98.0	40.3
漳州市	Zhangzhou	99.9	99.1	23.20	14.20	99.2	42.6
龙海市	Longhai	99.9	97.5	13.89	14.86	98.2	42.6
南平市	Nanping	100.0	99.5	12.03	13.64	100.0	43.8
邵武市	Shaowu	100.0	99.6	14.72	15.69	96.5	43.9
武夷山市	Wuyishan	97.2	99.9	18.15	12.99	85.9	42.3
建瓯市	Jian'ou	98.4	100.0	7.49	11.29	85.2	41.4
建阳市	Jianyang	99.6	100.0	11.39	15.94	90.5	43.6
龙岩市	Longyan	99.8	99.0	14.33	12.22	99.5	41.5
漳平市	Zhangping	96.6	95.9	10.87	12.08	98.5	44.5
宁德市	Ningde	99.2	99.0	16.07	15.45	94.0	42.5
福安市	Fu'an	99.2	98.4	8.96	12.52	91.8	42.2
福鼎市	Fuding	99.0	97.0	11.80	10.66	93.0	44.0

主要统计指标解释

供水综合生产能力 指按供水设施取水、净化、送水、出厂输水干管等环节设计能力计算的综合生产能力。包括在原设计能力的基础上，经挖、革、改增加的生产能力。计算时，以四个环节中最薄弱的环节为主确定能力。

年末供水管道长度 指从送水泵到用户水表之间所有管道的长度。但不包括新安装未使用的管道长度。

全年供水总量 指报告期供水企业(单位)供出的全部水量。包括有效供水量和漏损水量。

生活用水量 包括公共服务用水和居民家庭用水。公共服务用水指为城市社会公共生活服务的用水。包括行政事业单位、部队营区和公共设施服务、社会服务业、批发零售贸易业、旅馆饮食业以及其他公共服务业等单位的用水。居民家庭用水指城市范围内所有居民家庭的日常生活用水。包括城市居民、农民家庭、公共供水站用水。

城市人口用水普及率 指城市用水的非农业人口数(不包括临时人口和流动人口)与城市非农业人口总数之比。计算公式为：

用水普及率＝(城市用水的非农业人口数 / 城市非农业人口数)×100%

人工煤气生产能力 指城市煤气厂制气、净化、输送等环节的综合实际生产能力。

供气管道长度 指报告期末从气源厂压缩机的出口或门站出口至各类用户引入管之间的全部已经通气投入使用的管道长度。不包括煤气生产厂、输配站、液化气储存站、灌瓶站、储配站、气化站、混气站、供应站等厂(站)内的管道。

全年供气总量 指全年燃气企业(单位)向用户供应的燃气数量。包括销售量和损失量。

城市用气普及率 指使用煤气(包括人工煤气、液化石油气、天然气)的城市非农业人口数(不包括临时人口和流动人口)与城市非农业人口总数之比。计算公式为：

城市煤气普及率＝(城市用气的非农业人口数 / 城市非农业人口总数)×100%

年底实有铺装道路长度 指除土路外，路面经过铺装宽度在 3.5 米以上的道路，包括高级、次高级道路和普通道路。

城市桥梁 指城市范围内，修建在河道上的桥梁和道路与道路立交、道路跨越铁路的立交桥及人行天桥。包括永久性桥和半永久性桥，不包括临时性桥、铁路桥、涵洞。

城市下水道总长度 指所有排水总管、干管、支管及暗渠、检查井、连接井进出水口等长度之和。

城市污水日处理能力 指污水处理厂每昼夜处理污水量的设计能力。

年末实有公共汽(电)车 指年底可参加营运的全部车辆数，包括营运车辆数和库存查封未参加营运的车辆。不包括非营运车辆，如架线车、油罐车、工程车、货车及其他专用车辆和借入的客运车辆。

城市园林绿地面积 指城市公共绿地、专用绿地、生产绿地、防护绿地、郊区风景名胜区的全部面积。

公共绿地 指供游览休息的各种公园、动物园、植物园、陵园以及花园、游园和供游览休息用的林荫道绿地、广场绿地，不包括一般栽植的行道树及林荫道的面积。

Explanatory Notes on Main Statistical Indicators

Production Capacity of Water Supply refers to the designed comprehensive production capacity of water facilities, covering the 4 links of water collection, purification, conveyance, and outflow through trunk pipelines. Increase capacity through transformation and innovation projects are included as well. The capacity is determined mainly on the weakest of the above-mentioned 4 links.

Length of Water Supply Pipelines at the Year-end refers to the total length of all the pipelines between the water pumps and the user water meters, excluding pipelines newly installed but not used yet.

Annual Volume of Water Supply refers to the total volume of water supplied by water-works (units) during the reference period, including both the effective water supply and loss during the water supply.

Consumption of Water for Residential Use refers to the water consumption of households for daily life and the water consumption of public service facilities. The latter refers to water consumption for urban public services, including the consumption of government agencies and public institutions, military barracks, public facilities, wholesale and retail outlets, restaurants, hotels, and other units providing public services. Household water consumption refers to consumption of water for daily life of all households in the boundary of cities, including households of urban residents and farmers, and public water supply stations.

Percentage of Urban Population with Access to Tap Water refers to the ratio of the urban non-agricultural population (excluing temporary and mobile population) with access to tap water to the total urban non-agricultural population.The formula is:

Percentage of Population with Access to Tap Water = (Urban Non-agricultural Population with Access to Tap Water /Urban Non-agricultural Population) ×100%

Production Capacity of Gaswork Gas refers to the actual comprehensive production capacity of the urban gasworks in gas generation, purification and delivery.

Length of Gas Pipelines refers to the total length of pipelines between the outlet of the compressor, blower or gas tank and the gas meters of users. excluding pipelines within gasworks, delivery stations, LPG storage stations, refilling stations, gas-mixing stations and supply stations.

Volume of Gas Supply refers to the total volume of gas sold to users in a year, including the volume sold and the volume lost.

Percentage of Urban Population with Access to Gas refers to the ratio of the urban non-agricultural population with access to gas (including gas, liquefied petroleum gas and natural gas) to the urban non-agricultural population(excluding temporary and mobile population). The formula is:

Percentage of Population with Access to Gas =(Urban Non-agricultural Population with Access to Gas/Urban Non-agricultural Population)×100%

Length of Paved Roads at the Year-end refers to the length of roads with a paved surface, and with a width of more than 3-5 meters, including high quality,medium quality and ordinary roads.

Urban Bridges refer to bridges over river courses, great separated junctions and overpasses in urban areas.Permanent bridges and semi-permanent bridges are included.Temporary bridges,railway bridges and culverts are excluded.

Length of Urban Sewage Pipes refers to the total length of general drainage, trunks. branch and blind drainage, inspection wells, connection wells, inlets and outlets, etc.

Daily Disposal Capacity of Urban Sewage refers to the designed 24 hour capacity of sewage disposal at the sewage treatment works.

Number of Public Vehicles (Buses and Trolley buses) at the Year-end refers to the total number of operational buses available at the year-end, including the year-end operational vehicles and vehicles in stock.Non-operational vehicles such as stringing cars,tank cars,machine shop cars,trucks and other special vehicles and the borrowed passenger vehicles are excluded.

Area of Urban Gardens and Green Areas refers to the total area of urban public green land,special green land,production green land,protection green land and suburban scenic spots.

Public Green Area refers to green areas of various parks, zoos, botanical gardens, cemeteries, amusement parks, tree-flanked boulevards greenland squares for tourism and relaxing.Areas with trees planted along-side the streets and boulevards are excluded.

第十篇　财政金融

Chapter 10　Finance

资料整理：余波 廖捷

Database Editor:Yubo Liaojie

简 要 说 明

本篇资料的主要内容及来源

本篇资料反映了全省财政收支、金融和保险、证券方面的情况，主要包括财政收入、财政支出、金融机构存贷款、现金收支、保险机构、保险业务开展和福建省辖区证券市场等方面的资料。

财政部分的资料来源于省财政厅；金融方面的资料来源于中国人民银行福州分行;保险方面的资料来源于中国保监会福建监管局;证券方面的资料来源于福建省发改委股证处。

本篇资料由省统计局综合统计处、社会和科技统计处根据以上资料整理。

Brief Introduction

Main Content and Source of Data

Data in this chapter show the conditions of local government budgetary finance, banking and insurance and securities, including government revenue and expenditure, credit funds, cash income and expenses, statistics on insurance companies and basic situation of securities markets under Fujian province.

Data on local government finance are provided by Fujian Provincial Department of Finance; Data on banking are provided by Fuzhou Branch of the People's Bank of China; Data on insurance are provide by China Insurance Regulatory Commission of Fujian Bureau; Data on securities are provided by China Securities Regulatory Commission of Fujian Bureau.

Data in this chapter are collected and compiled by the Division of Comprehensive Statistics and the Division of Social, Science and Technology Statistics of Fujian Provincial Bureau of Statistics on the basic of data from the relative departments.

10-1 主要年份公共财政收支总额及增长速度

Budgetary Revenue and Expenditure in Selected Years

单位：亿元 (100 million yuan)

年份 Year	公共财政总收入 Total Revenue		地方公共财政收入 Expenditure of Local Government		公共财政支出 Total Expenditure	
	数值 Value	比上年增长(%) Ratio(%)	数值 Value	比上年增长(%) Ratio(%)	数值 Value	比上年增长(%) Ratio(%)
1952	2.20				1.25	
1957	3.22				2.47	
1962	5.07				3.60	
1965	6.60				4.99	
1970	6.45				8.34	
1975	9.59				9.86	
1978	15.13				15.14	
1979	12.72	-15.9			16.03	5.9
1980	15.33	20.5			15.05	-6.1
1981	14.52	-5.3			14.27	-5.2
1982	13.67	-5.9			16.42	15.1
1983	12.37	-9.5			17.55	6.9
1984	16.78	35.7			20.52	16.9
1985	25.08	49.5			30.64	49.3
1986	29.14	16.2			37.62	22.8
1987	33.16	13.8			39.99	6.3
1988	40.16	21.1			49.29	23.3
1989	53.01	32.0			60.48	22.7
1990	57.06	7.6			68.45	13.2
1991	69.70	22.2			78.13	14.1
1992	75.35	8.1			84.50	8.2
1993	110.58	46.8			113.88	34.8
1994	149.66	35.3			137.73	20.9
1995	184.58	23.3	117.37		171.58	24.6
1996	215.11	16.5	142.12	21.1	200.31	16.7
1997	251.30	16.8	162.91	14.6	224.36	12.0
1998	281.42	12.0	187.92	15.4	254.87	13.6
1999	312.57	11.1	208.92	11.2	279.24	9.6
2000	369.67	18.3	234.11	12.1	324.18	16.1
2001	428.33	15.9	274.28	17.2	373.19	15.1
2002	476.20	11.2	272.89	-0.5	397.56	6.5
2003	551.00	15.7	304.71	10.6	452.30	13.8
2004	622.57	13.0	333.52	10.5	516.68	14.2
2005	788.11	26.6	432.60	29.7	593.07	14.8
2006	1012.77	28.5	541.17	25.1	728.70	22.9
2007	1282.84	26.7	699.46	29.2	910.64	25.0
2008	1516.51	18.2	833.40	19.1	1137.72	24.9
2009	1694.63	11.7	932.43	11.9	1411.82	24.1
2010	2056.01	21.3	1151.49	23.5	1695.09	20.1
2011	2597.01	26.3	1501.51	30.4	2198.18	29.7
2012	3008.88	15.9	1776.17	18.3	2607.50	18.6
2013	3430.35	14.0	2119.45	19.3	3068.80	17.7
2014	3828.40	11.6	2362.21	11.5	3306.70	7.8

注：本部分所采用的财政数字均为当年决算定案数。2002年起口径有调整。

Note:Financial figures in this chapter are all final accounts of current year.Since 2002,The Statistic scope had adjusted.

10-2 地方公共财政收入

General Budgetary Revenue of Local Government

单位：万元　　(10000 yuan)

项目 Item	2000	2005	2010	2013	2014
收入合计 Total Revenue	**2341061**	**4326003**	**11514923**	**21194455**	**23622138**
1.增值税 Value-added Tax	353461	731267	1411033	2343127	2627277
2.营业税 Operation Tax	582053	1246076	3197000	5514131	5818501
3.企业所得税 Enterprises' Income Tax	321959	542646	1569118	2710499	3229164
4.企业所得税退税 Return for Enterprises' Income Tax	-3243				
5.个人所得税 Individual Income Tax	247517	274137	563374	783685	866747
6.资源税 Resources Tax	7007	21436	64550	91197	119556
7.固定资产投资方向调节税 Tax on the Adjustment of the Investment in the Fixed Assets	8784	103			
8.城市维护建设税 Tax on Town Maintenance and Construction	97646	185544	431149	921613	1013014
9.房产税 Tax on Real Estates	95496	169576	317362	656482	619052
10.印花税 Stamp Tax	18309	55267	171193	276553	297716
11.城镇土地使用税 Tax on the Use of Urban Land	15746	29400	263343	450051	383356
12.土地增值税 Land Value Added Tax	4326	40785	628057	1822781	2133747
13.车船税 Tax on the Use of Vehicles and Ships	6055	12662	59863	125116	147832
14.烟叶税 Tobacco Leaf Tax			32896	70038	78042
15.耕地占用税 Tax on The Occupancy of Cultivated Land	13474	32003	181050	285663	336690
16.契税 Contract Tax	55799	209093	770908	1181893	1266595
17.国有资本经营收入 State-downed Assets Profit			219530	307098	461534
18.国有资源(资产)有偿使用收入 Income from use of State-downed resources			414662	1107489	1530362
19.行政性收费收入 Income from Adiministr-ative Fees	74946	290876	481761	1073383	1159489
20.罚没收入 Penalty and Confiscatory Income	101764	213993	292226	508813	509898
21.专项收入 Expert Project Income	64036	120693	352274	787930	807049
22.其他收入 Other Income	127716	48254	93574	176913	216517

10-3 公共财政支出

General Budgetary Expenditure of Local Government

单位：万元 (10000 yuan)

项目 Item	2008	2009	2010	2012	2013	2014
支出合计 Total Expenditure	**11377159**	**14118238**	**16950906**	**26075020**	**30688006**	**33066986**
1.一般公共服务 Expenditure for General Public Service	1891974	2038230	2119124	2931509	3270569	2934031
2.外交 Expenditure for Foreign Affairs						
3.国防 Expenditure for National Defense	31468	32557	32680	55117	76108	65557
4.公共安全 Expenditure for Public Safety	915985	994719	1206017	1623883	1894405	1916303
5.教育 Expenditure for Operating Expense of Education	2332923	2775527	3277681	5623008	5749113	6345984
6.科学技术 Expenditure for Operating Expense of Department of Science	256281	278903	323057	484695	606228	673956
7.文化体育与传媒 Expenditure for Operating Expense of Culture , Sport Broadcasting	224251	257706	271014	460722	578796	641780
8.社会保障和就业 Expenditure for Operating Expense of Social Welfare and Employment	1092914	1328536	1482366	2052848	2406553	2587105
9.医疗卫生 Expenditure for Public Health	742741	933922	1175835	1859917	2242313	2921356
10.环境保护 Expenditure for Enviromental Protection	140264	338250	397865	485982	586029	617958
11.城乡社区事务 Expenditure for Neithbourhood Service Centre of Urbam and Rural	750936	784441	1076788	1788641	2597774	2697434
12.农林水事务 Expenditure for Agriculture , Foresty and Water Conservancy	804268	1208948	1603355	2441622	3122226	3203234
13.交通运输 Expenditure for Transportation	456079	1276205	1252071	2720829	2793122	3109307
14.工业商业金融等事务 Expenditure for Industry Trade and Finance	880165	938201	1044916	1649455	2316137	2459730
15.其他支出 Other Expenditure	856910	932093	1688137	1896792	2448633	2893251

10-4 金融机构人民币各项存款和贷款余额（1990-2014年）

RMB Deposits and Loans of Financial Institutions(1990-2014)

单位：亿元　(100 million yuan)

年份 Year	各项存款 Total Deposits	#城乡居民储蓄存款 Savings Deposit in Urban and Rural Household	财政存款 Fiscal Deposits	各项贷款 Total Loans	#短期贷款 Short-term Loans	中长期贷款 Medium-term &Long-term Loans
1990	359.45	183.26		381.93		
1991	477.45	245.60		453.10		
1992	667.01	327.00		589.74		
1993	824.37	394.06		774.65	554.06	153.33
1994	1101.81	558.97		954.73	698.86	180.89
1995	1451.68	795.43		1176.63	860.09	221.09
1996	1901.71	1106.33		1467.79	1060.12	294.42
1997	2192.74	1324.37	15.40	1750.38	1279.40	329.60
1998	2557.30	1565.18	28.11	1942.78	1423.39	368.87
1999	2924.61	1739.01	41.24	2255.50	1612.59	476.85
2000	3114.32	1767.59	39.59	2438.82	1728.01	510.32
2001	3614.26	2030.94	45.94	2864.76	1656.70	902.35
2002	4253.07	2430.46	55.21	3110.05	1809.88	1065.11
2003	5178.29	2924.65	51.74	3837.51	2039.25	1422.42
2004	5984.32	3322.26	92.63	4367.05	2213.05	1799.83
2005	7248.40	3903.05	128.33	5068.68	2366.93	2350.80
2006	8836.26	4478.26	219.38	6447.72	2956.98	3203.04
2007	10040.15	4711.23	328.32	8065.67	3555.92	4318.81
2008	11804.40	5861.17	457.26	9585.92	3895.16	5146.37
2009	14702.34	7078.81	549.46	12360.32	5215.58	6625.53
2010	18309.45	8101.02	678.08	15231.36	6594.50	8372.64
2011	21055.49	9068.62	834.38	18165.19	7836.03	9906.51
2012	24283.68	10507.39	741.75	21209.82	9451.96	11133.74
2013	28043.82	11847.25	905.62	24487.53	10752.70	13137.82
2014	30747.61	12578.95	1450.40	28417.70	11785.72	15861.63

注：1.2004年起含外资银行。

Note:Since 2004,the data include foreign banks.

10-5 金融机构年末人民币分项存贷款余额（2014年）

RMB Deposits and Loans Balance of Financial Institutions by Item(2014)

单位：亿元 (100 million yuan)

项目	Item	数值 Value	比上年增长(%) Ratio(%)
金融机构各项存款余额	**Deposits**	**30747.61**	**9.6**
单位存款	Enterprises Deposits	15163.69	7.7
#活期	Demand	6245.71	3.1
定期	Time	3428.68	17.3
保证金存款	Margin Deposits	2145.71	-8.7
个人存款	Individual Deposits	13086.72	6.8
#储蓄存款	Saving Deposits	12578.95	6.2
财政存款	Treasury Deposits	1450.40	60.2
临时性存款	Temporary Deposits	32.01	-43.2
委托存款	Commission Deposits	312.70	273.7
其他存款	Others	702.09	6.0
金融机构各项贷款余额	**Loans**	**28417.70**	**16.1**
境内贷款	Domestic Loans	28354.98	16.1
#短期贷款	Short-term Loans	11785.72	9.6
#个人贷款及透支	Individual Loans and Overdrafts	4084.41	16.8
中长期贷款	Medium-term &Long-term Loans	15861.63	20.7
#个人贷款	Individual Loans	7203.65	21.5
单位贷款	Enterprises Loans	7751.40	19.2
票据融资	Bill Financing	578.07	26.0
境外贷款	Foreign Loans	62.72	1.3

10-6 金融机构人民币存贷款基准利率

Benchmark Intetests rate of RMB Deposit and Loan for Financial Institutions

单位：年利率 %

调整时间 Adjust Time	金融机构存款基准利率 Deposit	金融机构贷款基准利率 Loan	中央银行对金融机构贷款基准利率 Loan
1978	3.24	5.04	
1980	3.96-5.76	5.04	
1985	5.40-7.20	3.60-7.92	
1990.01.01	11.34	11.34	
1990.04.15	10.08	10.08	
1990.08.21	8.64	9.36	
1991.04.21	7.56	8.64	
1993.05.15	9.18	9.36	
1993.07.11	10.98	10.98	
1995.07.01	10.98	12.06	
1996.05.01	9.18	10.98	10.98
1996.08.23	7.47	10.08	10.98
1997.10.23	5.67	8.64	9.36
1998.03.25	5.22	7.92	7.92
1998.07.01	4.77	6.93	5.67
1998.12.07	3.78	6.39	5.13
1999.06.10	2.25	5.85	3.78
2002.02.21	1.98	5.31	3.24
2004.03.25	1.98	5.31	3.87
2004.10.29	2.25	5.58	3.87
2006.04.28	2.25	5.85	3.87
2006.08.19	2.52	6.12	3.87
2007.03.18	2.79	6.39	3.87
2007.05.19	3.06	6.57	3.87
2007.07.21	3.33	6.84	3.87
2007.08.22	3.60	7.02	3.87
2007.09.15	3.87	7.29	3.87
2007.12.21	4.14	7.47	3.87
2008.09.16	4.14	7.20	4.68
2008.10.09	3.87	6.93	4.68
2008.10.30	3.60	6.66	4.68
2008.11.27	2.52	5.58	3.60
2008.12.23	2.25	5.31	3.33
2010.10.20	2.50	5.56	3.33
2010.12.26	2.75	5.81	3.85
2011.02.09	3.00	6.06	3.85
2011.04.06	3.25	6.31	3.85
2011.07.07	3.50	6.56	3.85
2012.06.08	3.25	6.31	3.85
2012.07.06	3.00	6.00	3.85
2014.11.22	2.75	5.60	

注：本表数据由中国人民银行提供。

Note: Date in this table are provided by People's Bank of China.

10-7 企业在证券市场融资情况(1997-2014年)

Raised Capital of Enterprises on Securities Markets(1997-2014)

年份 Year	年底累计上市公司数(家) Number of Listed Companies at the Year-end(unit)			当年融资企业数（个） Number of Listed Companies (unit)			当年融资金额（亿元） Value of Issued(100 million yuan)		
	福建 Fujian	全国 National	占全国比重(%) Proportion of National(%)	福建 Fujian	首发 First Issue	再融资 Repeat Issue	总计 Total	首发 First Issue	再融资 Repeat Issue
1997	32	657	4.9	11	7	4	28.22	18.95	3.66
1998	34	768	4.4	9	2	7	14.56	6.07	8.48
1999	38	866	4.4	10	4	6	24.02	11.30	12.72
2000	41	1020	4.0	10	3	7	41.18	20.41	20.78
2001	40	1108	3.6	3	1	2	17.00	13.00	4.00
2002	41	1205	3.4	4	4		13.97	13.97	
2003	43	1287	3.3	4	2	2	21.94	8.10	13.84
2004	45	1378	3.3	3	3		8.14	8.14	
2005									
2006	48	1434	3.4	5	4	1	11.65	8.75	2.90
2007	50	1550	3.2	9	3	6	209.54	166.99	42.55
2008	55	1625	3.4	7	6	1	121.12	114.78	6.34
2009	57	1718	3.3	5	2	3	54.82	15.09	39.73
2010	70	2063	3.4	23	16	7	344.97	142.76	202.21
2011	81	2342	3.5	15	9	6	120.99	87.93	33.06
2012	87	2469	3.5	9	6	3	47.75	26.24	21.51
2013	88	2489	3.5	5		5	294.79		294.79
2014	92	2613	3.5	28	4	14	278.89	19.38	259.51

10-8 上市公司经营效益情况(1999-2014年)

Financial Indicators of Listed Companies(1999-2014)

年份 Year	加权平均每股收益（元） Weighted Average Income of per(yuan)		整体平均净资产收益率（%） Average Ratio of Income to Net Assets(%)	
	福建 Fujian	全国 National	福建 Fujian	全国 National
1999	0.14	0.18	1.84	2.08
2000	0.10	0.20	4.71	6.95
2001	0.02	0.12	5.09	6.45
2002	0.19	0.14	7.89	5.75
2003	0.18	0.18	6.28	6.09
2004	0.10	0.24	4.09	9.01
2005	0.02	0.15	4.41	15.08
2006	0.29	0.24	11.99	10.54
2007	0.67	0.42	17.65	14.79
2008	0.65	0.52	17.36	12.10
2009	0.81	0.41	17.05	12.66
2010	0.92	0.49	16.85	14.45
2011	0.93	0.53	16.22	14.15
2012	0.98	0.52	14.62	11.83
2013	0.91	0.55	10.80	10.65
2014	0.72	0.55	15.71	12.71

10-9 主要年份保险业务情况

Basic Statistics of Insurance in Selected Years

单位：万元 (10000 yuan)

项目	Item	2005	2010	2012	2013	2014
保险费收入	**Premium Income**	**1490886**	**4236124**	**4776965**	**5748454**	**6858173**
财产保险	Property Insurance	413723	1327403	1843976	2160363	2517089
#机动车辆险	Motor Vehicle Insurance	273882	981696	1316263	1571722	1845415
企业财产险	Enterprise Property Insurance	45813	84930	113554	123125	127441
家庭财产险	Family Property Insurance	2109	8965	10579	12603	11515
人身保险	Life Insurance	1077163	2908721	2932989	3588091	4341084
人寿保险	Life Insurance	927841	2616312	2547692	3104130	3639254
健康保险	Health Insurance	121248	228322	293138	371586	562520
意外伤害	Accident Insurance	28074	64086	92159	112374	139310
有效保单赔款及给付金额	**Claim and Payment**	**405525**	**1028986**	**1498108**	**1873222**	**2149899**
财产保险	Property Insurance	272304	654417	947303	1102616	1301425
#机动车辆险	Motor Vehicle Insurance	173923	460282	726716	844220	962719
企业财产险	Enterprise Property Insurance	56455	75590	47014	60285	67858
家庭财产险	Family Property Insurance	743	9198	3625	4963	4004
人身保险	Life Insurance	133221	374569	550805	770606	848474
人寿保险	Life Insurance	89362	271750	446447	634378	663594
健康保险	Health Insurance	33285	82822	78159	110371	155290
意外伤害	Accident Insurance	10575	19997	26198	25858	29589

10-10 保险系统机构和人员数(2014年)

Number of Institutions and Members in Insurances System(2014)

项目	财产保险公司 Property Insurance Companies			人寿保险公司 Life Insurance Companies		
Item	机构数（个） Institutions (unit)	职工人数（人） Staff and Workers (person)	代理制销售人员数（人） Agent Salesmen (person)	机构数（个） Institutions (unit)	职工人数（人） Staff and Workers (person)	代理制销售人员数（人） Agent Salesmen (person)
保险公司 Total	**991**	**14897**	**11356**	**1400**	**13483**	**98794**
#省级分公司 Provincial Branches	40	3199	576	44	4704	1403
中心支公司 Central Branches	120	5208	1818	112	5395	20430
支公司 Branches	305	4160	5808	247	2244	19774
营业部 Business Departments	3	235	883	2	48	544
营销服务部 Business Services	522	1796	2271	994	885	56630

10-11 各设区市保险业务情况(2014年)

Statistics of Insurance Business by City(2014)

单位：万元 (10000 yuan)

地区	Area	保险费收入 Premium Income	财产保险 Property Insurance	#机动车辆险 Motor Vehicle Insurance	#企业财产险 Enterprise Property Insurance	#家庭财产险 Family Property Insurance	人身保险 Life Insurance	人寿保险 Life Insurance	健康保险 Health Insurance	意外伤害 Accident Insurance
福建省	Fujian	6858173	2517089	1845415	127441	11515	4341084	3639254	562520	139310
福州市	Fuzhou	1791059	655468	441848	42531	1450	1135590	894475	203737	37378
厦门市	Xiamen	1312113	589086	417389	28315	556	723027	605372	91064	26591
莆田市	Putian	378794	119723	96910	5494	623	259072	221115	30953	7004
三明市	Sanming	394728	108047	80342	6255	901	286681	262587	18627	5466
泉州市	Quanzhou	1368361	476729	385871	25759	2707	891632	751154	111828	28649
漳州市	Zhangzhou	577080	203508	149009	6327	835	373573	328159	33705	11708
南平市	Nanping	348098	107348	79806	5202	888	240750	211376	23119	6255
龙岩市	Longyan	397027	162597	123512	5127	2101	234429	202047	23210	9172
宁德市	Ningde	290912	94582	70727	2431	1453	196331	162969	26276	7085

10-11 续表

Continued

单位：万元 (10000 yuan)

地区	Area	有效保单赔款及给付金额 Claim and Payment	财产保险 Property Insurance	#机动车辆险 Motor Vehicle Insurance	#企业财产险 Enterprise Property Insurance	#家庭财产险 Family Property Insurance	人身保险 Life Insurance	人寿保险 Life Insurance	健康保险 Health Insurance	意外伤害 Accident Insurance
福建省	Fujian	2149899	1301425	962719	67858	4004	848474	663594	155290	29589
福州市	Fuzhou	626651	354943	260857	15631	410	271708	192242	72956	6511
厦门市	Xiamen	449676	305350	206880	28133	127	144326	113622	25115	5589
莆田市	Putian	112392	63380	45591	4290	111	49012	41903	5846	1263
三明市	Sanming	102227	51527	39888	2304	557	50701	44355	4445	1901
泉州市	Quanzhou	394968	234522	192167	10252	382	160446	133703	20876	5867
漳州市	Zhangzhou	159630	102103	71707	3311	181	57528	48847	5755	2926
南平市	Nanping	99904	54255	41625	1403	383	45649	36472	7431	1746
龙岩市	Longyan	119222	80707	61465	1547	1193	38515	31463	4955	2097
宁德市	Ningde	85230	54639	42540	988	660	30591	20988	7912	1691

10-12 保险公司业务经济技术指标(2014年)

Economic and Technical Indicators of Insurance Companies(2014)

单位：亿元 (100 million)

项目 Item	保险金额 Amount Insured	保费收入 Premium	赔款及给付 Claim and Payment
财产保险公司 **Property Insurance Companies**	**163508.78**	**251.71**	**130.14**
# 企业财产险 Enterprise Property Insurance	20737.33	12.74	6.79
家庭财产险 Family Property Insurance	1479.93	1.15	0.40
机动车辆险 Motor Vehicle Insurance	34327.96	184.54	96.27
船舶险 Ship Insurance	482.22	2.32	1.30
货物运输险 Freight Transport Insurance	9604.53	3.40	2.04
特殊风险保险 Special Risk Insurance	384.51	0.63	1.12
建筑、安装工程 Construction and Installation Projects	1680.58	3.57	0.83
责任险 Liability Insurance	25875.43	7.94	3.72
信用险 Credit Insurance	2151.31	9.13	5.40
保证保险 Guarantee Insurance	295.64	9.31	2.01
农业险 Agriculture Insurance	779.30	4.16	2.02
人寿保险公司 **Life Insurance Companies**	**58991.13**	**434.11**	**84.85**
人身保险 **Personal Insurance**	**7895.51**	**363.93**	**66.36**
个人业务 Ondividual	7057.79	362.28	61.39
团体业务 Team	837.73	1.64	4.97
健康险 **Health Insurance**	**8768.81**	**56.25**	**15.53**
人身意外伤害险 **Unforeseen Human Insurance**	**42326.80**	**13.93**	**2.96**

10-13 各设区市主要社会保险参保人数(2014年)

Basic Statistics on Social Insurance by City(2014)

单位：万人 (10000 persons)

地区	Area	参加城镇基本养老保险人数 Basic Pension Insurance in Urban	参加城乡居民社会养老保险人数 Social Endowment Insurance in Urban and Rural	参加基本医疗保险人数 Basic Medical Insurance	参加失业保险人数 Unemployment Insurance	参加工伤保险人数 Work Injury Insurance	参加生育保险人数 Maternity Insurance
全 省	**Total**	**848.27**	**1473.01**	**1292.97**	**524.08**	**627.33**	**556.73**
省 直	Province	35.25		35.13		19.14	23.93
福州市	Fuzhou	171.30	227.43	302.76	113.79	129.90	99.01
#平潭综合实验区	Pingtan	2.86	17.92	6.03	1.35	2.75	3.01
厦门市	Xiamen	202.26	22.02	314.28	177.22	175.33	164.30
莆田市	Putian	31.00	149.53	53.26	25.33	39.62	30.16
三明市	Sanming	52.89	119.71	71.21	28.78	29.73	26.75
泉州市	Quanzhou	131.49	363.38	209.75	62.79	91.21	91.21
漳州市	Zhangzhou	75.19	208.81	78.18	35.01	39.72	36.36
南平市	Nanping	55.09	127.85	55.32	32.63	35.54	25.45
龙岩市	Longyan	52.55	131.30	110.73	30.57	38.92	35.26
宁德市	Ningde	41.25	122.98	59.53	17.96	28.22	24.31

注：参加城镇基本养老保险人数包含城镇职工参保人数和领取基本养老保险金离退休人数。

Note:Number of People Participated in Urban Employees Basic Pension Insurance includes Urban Employees and Retirees Beneficiary of Pension Insurance.

10-14 各设区市城镇基本养老保险人数(2014年)

Basic Statistics on the Coverage of Basic Insurance in Urban area by City(2014)

单位：万人 (10000 persons)

地区	Area	参加城镇基本养老保险职工人数 Population Vovered Pension Insurance in Urban	参加城镇企业基本养老保险人数 Coverd Enterprises Pension Insurance in Urban	参加城镇机关事业养老保险人数 Covered Institutions and state organs Insurance	期末领取基本养老保险金离退休人数 Retirees Beneficiary of Pension Insurance at the Year-end	企业单位领取人数 Enterprises	机关事业单位领取人数 Institutions and State Organs
全 省	**Total**	**708.11**	**648.70**	**59.41**	**140.16**	**118.27**	**21.89**
省 直	Province	25.56	24.03	1.53	9.69	8.17	1.52
福州市	Fuzhou	138.73	124.20	14.53	32.57	27.52	5.05
#平潭综合实验区	Pingtan	2.77	2.11	0.66	1.16	0.75	0.41
厦门市	Xiamen	181.04	181.04		21.22	21.22	
莆田市	Putian	26.28	23.29	2.99	4.72	3.98	0.74
三明市	Sanming	38.83	32.22	6.61	14.06	11.53	2.53
泉州市	Quanzhou	120.57	113.72	6.85	10.92	8.77	2.15
漳州市	Zhangzhou	60.37	53.29	7.08	14.82	12.42	2.40
南平市	Nanping	39.72	33.88	5.84	15.37	13.04	2.33
龙岩市	Longyan	42.99	34.84	8.15	9.56	6.24	3.32
宁德市	Ningde	34.02	28.18	5.84	7.23	5.39	1.84

主要统计指标解释

地方财政收入　属于地方财政的收入包括营业税，地方企业所得税，个人所得税，城镇土地使用税，固定资产投资方向调节税，城镇维护建设税，房产税，车船使用税，印花税，屠宰税，牧业税，耕地占用税，契税，增值税 25%部分，证券交易税(印花税)50%部分和除海洋石油资源税以外的其他资源税。

地方财政支出　包括地方行政管理和各项事业费，地方统筹的基本建设、技术改造支出，支援农村生产支出，城市维护和建设经费，价格补贴支出等。

信贷资金　指金融机构以信用方式积聚和分配的货币资金。金融机构信贷资金的来源有各项存款、对国际金融机构负债、流通中货币、银行自有资金及当年结益等；信贷资金的运用有各项贷款、黄金占款、外汇占款、财政借款及在国际金融机构中的资产等。

存款　指企业、机关、团体或居民根据资金必须收回的原则，把货币资金存入银行或其他信用机构保管并取得一定利息的一种信用活动形式。根据存款对象的不同可划分为企业存款、财政存款、机关团体存款、基本建设存款、城镇储蓄存款、农村存款等科目。它是银行信贷资金的主要来源。

贷款　指银行或其他信用机构根据资金必须归还的原则，按一定利率，为企业、个人等提供资金的一种信用活动形式。我国银行贷款分为流动资金贷款、固定资产贷款、城乡个体工商户贷款以及农业贷款等科目。

保险金额　指保险人承担赔偿或者给付保险金责任的最高限额。

保费　指投保人为取得保险人在约定范围内所承担赔偿责任而支付给保险人的费用。

赔款　指保险人根据保险合同的规定，向被保险人支付的赔偿保险责任损失的金额。

给付　包括死伤医疗给付和满期给付。死伤医疗给付是指保险人根据人寿保险及长期健康保险合同的规定，因被保险人在保险期内发生保险责任范围内的保险事故支付给被保险人(或受益人)的金额。满期给付是指被保险人生存期满，保险人按人寿保险合同规定支付给被保险人的满期保险金额。

基本养老保险

参加基本养老保险人数：指报告期末按照国家法律、法规和有关政策规定参加基本养老保险的职工人数。包括不能正常缴费、已中断缴费但未终止保险关系的职工人数。

基本医疗保险

参加基本医疗保险人数：指报告期末按国家有关规定参加基本医疗保险的人数。包括参加保险的职工人数和退休人员人数。

失业保险

参加失业保险人数：指报告期末按照国家法律、法规和有关政策规定参加了失业保险的城镇企业事业单位的职工及地方政府规定参加失业保险的其他人员的人数。

Explanatory Notes on Main Statistical Indicators

Revenue of the Local Governments The revenue of the local governments includes business tax, income tax of the enterprises subordinate to the local government, personal income tax, tax on the use of urban land, tax on the adjustment of the investment in fixed assets, tax on town maintenance and construction, tax on real estates, tax on the use of vehicles and ships, stamp tax, slaughter tax, tax on animal husbandry, tax on the occupancy of cultivated land, contract tax, 25% of the value added tax, 50% of the tax on stock dealing (stamp tax) and tax on resources other than the ocean petroleum resources.

Expenditure of the Local Governments The expenditure of the local governments includes mainly the administrative expenses and various operating expenses at the vel of local governments, the expenditure for capital construction and technological innovation with the funds raised by the local government, expenditure for supporting rural production, expenditure for city maintenance and construction and expenditure for price subsidies, etc.

Credit Funds refer to the funds issued as loans by banking institutions. The sources of credit funds of the banking institutions included deposits, liabilities to international financial institutions, currency in circulation, self-owned funds and current retained profits, etc. The credit funds can be used in forms of loans, gold, foreign exchange, government debt and assets in the international financial institutions.

Deposit is a form of credit by which enterprises, institutions, organizations or households can put money into banks and other credit institutions for safekeeping and interest earning under the principle of free withdrawal. According to different depositors, deposits are divided into enterprise deposits,treasury deposits, deposits of government agencies and organizations,capital construction deposits, urban savings deposits, rural deposits and other deposits. Deposits are major sources of the credit funds of banks.

Loan is a form of credit by which banks and other credit institutions provide funds at certain interest rate to enterprises and individuals in the light of the principle of unconditional repayment. Loans from Chinese banks include circulating capital loans, fixed assets loans, loans to urban and rural individuals engaged in industrial and commercial business and agricultural loans.

Amount Insured refers to the maximum that the insurant will get for the claim of the case insured.

Premium is the fee paid by the insurant to the insurer to obtain the obligation of compensation from the insurance within the agreed terms.

Settled Claim is the compensation paid by the insurer to the insurant in accordance with the insurance contract.

Payment includes payment for death, injury or medical treatment and mature payment. Payment for death, injury or medical treatment refers to the money paid to the insurant (or the beneficiary) in accordance with the life or health insurance contract when the insurant encounters accidents within the insured period covered in the contract. Mature payment refers to the mature payment to the insurant in accordance with the life insurance contract at the end of the insured period.

Basic Endowment Insurance

Number of people participating in the insurance program: by the end of reference period, number of staff and workers participating in the insurance program in line with national laws, regulations and related policies, including those who can not make regular payment or interrupt payment but not terminate the insurance program.

Basic Medical Care Insurance:

Number of people participated in the insurance program: refer to number of people participated in the basic medical care insurance program according to related regulation by the end of reference period, including: number of staff and workers and retired persons participated in this insurance program.

Unemployment Insurance

Number of people participated in unemployment insurance program: number of staff and workers in urban enterprises or institutions and other people according to local government regulations participated in unemployment insurance program in line with national law, regulations and related policies by the end of the reference period.

第十一篇　农业

Chapter 11　Agriculture

资料整理：吴新榕 林卿 周万春

Database Editor: Wuxinrong Linqing Zhouwanchun

简 要 说 明

本篇资料的主要内容及来源

本篇资料反映了全省农业生产和农村经济的基本情况，主要包括农林牧渔业总产值、增加值，农村劳动力，主要农产品产量，农业机械年末拥有量，农村电气化以及农田水利建设等方面的统计资料。

本篇资料的统计范围包括省内所属的各种经济类型、各个系统的全部农林牧渔业生产单位以及各非农行业附属的农林牧渔业生产活动单位。军委系统的农业生产（除军马外）也包括在内，但不包括农业科学试验机构进行的农业生产。

本篇资料中 2003 年及以后年份的农林牧渔业总产值、增加值按新口径计算。即取消农业中种植业和其他农业的分类，将原属于其他农业的农民家庭兼营商品性工业剔除，作为附记指标统计；林业中竹木采运统计范围由村及村以下改为全社会；增加农林牧渔服务业统计;2010 年起执行 2010《统计用品分类目录》，坚果类划归农业，采集野生植物划归林业。2002-2007 年主要农产品的生产情况以及农林牧渔业产值等数据，以全省第二次农业普查数据为基础，进行了调整和衔接。

本篇资料来源于农村综合统计年报，由省统计局农村统计处整理提供。

Brief Introduction

Main Content and Source of Data

Data in this chapter show the basic conditions of agricultural production and rural economy, mainly including agricultural output, value added, rural labor force, output of main agricultural produces, cultivated land, agricultural machinery and basic construction on irrigation and drainage.

The coverage of the comprehensive statistical reporting includes all productive units of farming, forestry, animal husbandry and fishery and those related non agricultural affiliated units with various ownership and the activities of horse raising for military purpose and those undertaken by agricultural research institutions are excluded.

Since 2003, data on the gross output value and value added have been calculated under the new classification of economic activities. Crop plantation and other agricultural activities have been excluded according to the classification. Value of industrial output by rural households is not included in agriculture and used only as supplementary indicators. Since 2010, we carry out the product of category statistics,nut fruits belongs to farming and collection of wild plants belongs to forestry. Transport of bamboo and timber cover all the units related. Services to farming, forestry, animal husbandry are included in farming In order to be comparable; data on Farming, Forestry, Animal Husbandry and Fishery in from 2002 to 2007 have been adjusted according to the data obtained from the Second National Agricultural Census.

Data in this chapter are based on the statistical reporting summary tables and are prepared and compiled by the Division of Countryside Statistics of Fujian Provincial Bureau of Statistics.

11-1 农村基层组织和劳动力情况

Basic Rural Units and Resource of Rural Labour

项目 Item	2000	2005	2010	2013	2014
农村基层组织情况 Basic Rural Units					
乡(镇)政府（个） Township and Town Governments(unit)	942	934	929	929	929
乡政府 Township Governments	365	341	334	313	303
镇政府 Town Governments	577	593	595	616	626
村民委员会（个） Villagers' Committees(unit)	**14988**	**14630**	**14434**	**14429**	**14412**
自来水受益村数（个） Number of Villages which have Running Water(unit)	8341	9589	12592	13254	13406
通有线电视村数（个） Number of Villages Where TV can used(unit)					13564
通宽带村数（个） Number of Villages Where Network can used(unit)					14130
农村劳动力资源情况 Resource of Rural Labour					
乡村劳动力资源总数（万人） Amount Resource of Rural Labour (10000 persons)	**1367.65**	**1490.55**	**1579.32**	**1633.89**	**1644.59**
乡村从业人员（万人） Actural Employment in Rural (10000 persons)	**1253.46**	**1320.51**	**1395.81**	**1426.04**	**1430.97**
按性别分 By Male					
男 Male	674.32	712.20	752.57	764.71	767.22
女 Female	579.15	608.31	643.23	661.33	663.75
#农林牧渔业从业人员 Employment of Farming, Forestry, Animal Husbandy and Fishery	778.07	699.67	623.73	607.71	600.34

11-2 农业机械化情况

Statistics on Agriculture Machinery

项目 Item	2000	2005	2010	2013	2014
农业机械动力（万千瓦）Total Agricultural Machinery(10000kw)	**873.28**	**999.99**	**1206.16**	**1336.76**	**1368.41**
柴油发动机 Diesel Engines	700.59	810.27	891.66	955.64	967.75
汽油发动机 Petrol Engines	38.46	37.47	64.01	104.28	114.12
电动机 Electric Engines	133.85	152.25	250.47	276.80	286.50
其它机械 Other	0.38		0.03	0.04	0.05
农业机械化拥有量情况 Major Agricultural Machinery and Equipment					
大中型拖拉机（台）Large and Medium Tractors(set)	1897	1409	2603	3070	3471
大中型拖拉机动力（万千瓦）Capacity(10000kw)	6.50	5.10	10.46	13.05	15.03
小型拖拉机（台）Mini-tractors(set)	153250	98806	107739	104451	99574
小型拖拉机动力（万千瓦）Capacity(10000kw)	158.70	94.01	107.02	109.13	105.24
大中型拖拉机配套农具（台）Number of Large and Medium Tractor Towing Farm Machinery(set)	435	406	2674	3270	4081
小型拖拉机配套农具（台）Number of Mini-Tractor Towing Farm Machinery(set)	58986	69970	115384	129886	131714
农用排灌电动机（台）Agricultural Electromotors(set)	31845	60351	55714	65095	65936
农用排灌电动机动力（万千瓦）Capacity(10000kw)	27.80	41.96	36.42	37.47	39.61
农用排灌柴油机（台）Agricultural Diesel Engines(set)	59150	81036	94944	102587	101124
农用排灌柴油机动力（万千瓦）Capacity(10000kw)	41.40	49.45	59.18	63.31	66.44
联合收割机（台）Combine Harvesters(set)	577	1253	4411	7204	7467
联合收割机动力（万千瓦）Capacity(10000kw)	0.80	3.02	15.48	25.28	27.52
自走式机动割晒机（台）Motorized Autormatic Cutter-rowers(set)		33	566	287	311
自走式机动割晒机动力（万千瓦）Capacity(10000kw)		0.02	0.09	0.05	0.05
机动脱粒机（台）Motorized Threshing Machines(set)	46512	59932	93484	108274	110323
农用运输车（台）Agricultural Transport Trucks(set)	55252	47758	45794	40346	40300
农用运输车动力（万千瓦）Capacity(10000kw)	119.33	112.61	130.63	120.86	126.57
养殖渔船（艘）Breeding Fishing Boats(set)				23078	23603
捕捞渔船（艘）Fishing Boats(set)				36234	34841
机电井（眼）Electrical Wells(set)	14781	15794	17866	312415	313591
农用水泵（台）Farm Water Pump(set)	71404	123181	150632	191216	190785
节水灌溉类机械（套）Water Saving Irrigation Machines(set)		8351	11608	18116	19781

11-3 主要年份农业生产条件

Agricultural Production Basic Conditions in Selected Years

年份 Year	农业机械动力（万千瓦） Total Power of Agricultural Machinery (10000 kw)	有效灌溉面积（千公顷） Irrigated Area (1000 hectare)	化肥施用量（吨） Consumption of Chemical Fertilizers (ton)	农药使用量（吨） Consumption of Chemical Pesticides (ton)	农村用电量（万千瓦小时） Electricity Consumed in Rural Area(10000 kwh)	农用塑料薄膜使用量（吨） Plastic Film Use for Agriculture （ton）
1952	0.25	643.33	7000			
1957	1.97	774.00	20300			
1962	6.83	950.00	24300			
1965	15.07	1066.67	80800		3900	
1970	34.64	852.00	105800		9800	
1975	87.83	904.21	118600		32239	
1978	167.72	862.55	212800		48946	
1979	204.60	878.63	295075		57597	
1980	240.19	933.07	369918		64315	
1981	271.27	836.05	389908		71252	
1982	310.76	812.62	455196		79882	
1983	323.99	822.90	475615		80056	
1984	344.42	804.22	502265		89244	
1985	374.85	925.00	491010		112380	
1986	455.77	917.62	572200		146500	
1987	508.10	921.66	624300		140600	
1988	546.94	924.00	670606		165286	
1989	574.17	910.61	749095		200384	
1990	587.09	933.63	763900	30400	203900	7200
1991	614.44	939.67	807194	34082	233902	10996
1992	645.62	943.87	930581	34769	269194	10510
1993	693.50	945.20	922399	37305	291718	13371
1994	729.70	937.57	1014537	42236	360372	17229
1995	757.25	936.52	1049699	48000	456814	18423
1996	786.49	935.18	1109907	55161	500352	25467
1997	792.42	933.66	1164151	52281	578096	21455
1998	818.42	931.88	1180778	50298	609966	19246
1999	838.71	932.23	1243322	56387	650923	19589
2000	873.28	940.18	1233311	51777	724290	21152
2001	889.59	942.35	1173704	52841	868090	22697
2002	915.84	938.80	1199068	55313	1065019	25553
2003	951.91	939.95	1202870	55266	1184550	26491
2004	980.99	941.45	1216646	53503	1375738	29538
2005	999.99	949.71	1220157	56044	1605843	36023
2006	1027.83	950.48	1209000	56498	1720000	48452
2007	1063.08	952.91	1196930	56951	1834388	60881
2008	1112.47	955.45	1186741	57500	2096791	61800
2009	1175.01	960.12	1206801	57844	2300894	58350
2010	1206.16	964.77	1210372	58238	2574895	57053
2011	1250.81	967.48	1209317	58276	2705792	57814
2012	1286.80	1120.98	1208660	57846	3128548	58692
2013	1336.76	1122.42	1205733	57804	3466813	59154
2014	1368.41	1116.12	1226138	56391	3676659	60932

11-4 农业基础设施

Agricultural Fundamental Facilities

项目　Item	2000	2005	2010	2013	2014
1.农业机械使用 Use of Motorized Cultivation					
机耕地面积（千公顷） Cultivated Areas by Tractors(1000 hectare)	405.49	421.85	908.68	1003.69	1042.36
机械播种面积（千公顷） Sown Area by Machinery(1000 hectare)	1.95	0.75	25.77	96.58	124.70
机械收获面积（千公顷） Cut Area by Machinery(1000 hectare)	18.48	64.25	222.74	346.14	388.05
2.化肥施用量（万吨） Consumption of Chemical Fertilizer(10000 tons)					
按折纯量计算 By Pure	123.33	122.02	121.04	120.57	122.61
氮肥 Nitrogenous Fertilizer	55.66	51.29	47.74	46.87	47.47
磷肥 Phosphate Fertilizer	16.83	16.48	17.06	16.76	17.22
钾肥 Potash Fertilizer	23.78	24.41	24.67	24.51	24.81
复合肥 Compound Fertilizer	27.07	29.84	31.56	32.44	33.11
3.农用塑料薄膜使用量（万吨） Consumption of Agricultural Plastic Film(10000 tons)	**2.12**	**3.60**	**5.71**	**5.92**	**6.09**
#地膜使用量 Consumption of Agricultural Plastic Film	0.98	1.65	2.66	2.93	3.00
4.农用柴油使用量（万吨） Consumption of Agricultural Diesel(10000 tons)	**47.95**	**74.19**	**83.17**	**85.98**	**86.25**

11-5 主要年份农作物播种面积

Total Sown Areas of Farm Crops in Selected Years

单位：千公顷 (1000 hectares)

年份 Year	合计 Total	粮食作物 Grain Crops	#谷物 Cereal	#稻谷 Rice	非粮作物 Non-grain Crops	#油料作物 Oil-Bearing Crops
1952	2109.80	1938.87	1537.27	1431.07	170.93	93.81
1957	2377.67	2148.73	1646.67	1474.49	228.94	106.71
1962	2061.27	1897.60	1448.87	1303.49	163.67	74.26
1965	1976.27	1726.13	1425.40	1316.40	250.14	79.60
1970	2350.53	2000.47	1611.61	1477.67	350.06	
1975	2756.40	2290.87	1892.23	1715.40	465.53	106.08
1978	2701.05	2213.13	1879.52	1689.13	487.92	108.39
1979	2662.27	2149.54	1843.79	1670.13	512.73	126.43
1980	2573.93	2175.55	1800.39	1673.87	398.38	130.30
1981	2526.59	2137.51	1782.74	1650.77	389.08	135.65
1982	2469.47	2083.54	1729.99	1613.19	385.93	135.24
1983	2428.38	2008.99	1738.06	1617.99	419.39	108.36
1984	2386.71	2017.04	1686.64	1587.18	369.67	102.50
1985	2335.71	1888.49	1568.08	1477.22	447.22	105.71
1986	2401.03	1897.72	1602.25	1484.61	503.31	107.76
1987	2543.93	1961.53	1653.20	1493.69	582.40	119.54
1988	2588.62	1961.95	1606.84	1483.25	626.67	113.09
1989	2656.64	2045.34	1647.45	1509.22	611.30	109.20
1990	2745.92	2080.57	1657.72	1512.30	665.35	111.69
1991	2826.85	2087.23	1641.69	1492.51	739.62	115.11
1992	2881.05	2085.05	1628.47	1476.97	796.00	116.76
1993	2786.95	1967.21	1502.76	1383.12	819.74	114.22
1994	2800.97	2002.25	1512.07	1402.60	798.72	114.36
1995	2835.09	2017.35	1510.46	1406.25	817.74	118.19
1996	2900.75	2031.85	1507.09	1405.19	868.90	121.62
1997	2943.63	2041.29	1501.25	1401.53	902.34	119.56
1998	2918.81	2028.64	1484.80	1387.95	890.17	119.81
1999	2915.41	2009.52	1466.49	1373.21	905.89	121.62
2000	2793.25	1828.51	1303.21	1222.31	964.74	125.04
2001	2713.07	1725.72	1227.13	1156.57	987.35	123.65
2002	2661.37	1630.28	1146.67	1082.98	1031.09	121.87
2003	2486.90	1424.40	1016.87	957.88	1062.50	123.48
2004	2457.12	1389.77	1036.27	975.54	1067.36	125.10
2005	2392.92	1308.41	1003.53	937.78	1084.52	122.40
2006	2236.35	1226.94	932.99	890.64	1009.42	105.88
2007	2191.18	1201.05	911.88	868.69	990.13	101.54
2008	2220.68	1210.27	906.86	861.22	1010.41	107.36
2009	2258.01	1231.01	911.04	864.60	1027.00	110.42
2010	2270.89	1232.30	903.09	854.82	1038.59	111.66
2011	2285.80	1226.79	895.05	845.34	1059.02	112.54
2012	2281.64	1201.13	880.21	827.60	1080.51	113.56
2013	2317.05	1202.05	872.36	817.52	1115.00	115.20
2014	2335.48	1197.75	860.96	839.49	1137.73	117.11

11-6 粮食作物播种面积

Sown Areas of Grain Crops

单位：千公顷 (1000 hectares)

项目	Item	2000	2005	2010	2013	2014
总　计	**Total**	**1828.51**	**1308.41**	**1232.30**	**1202.05**	**1197.75**
按收获季节分	By Harvest Season					
春收粮食	Spring Harvest	163.24	101.51	86.25	89.82	91.22
夏收粮食	Summer Harvest	509.57	322.23	275.68	272.21	267.03
秋收粮食	Autumn Harvest	1155.70	884.67	870.38	840.02	839.49
按品种分	By Crop					
稻谷	Rice					
早稻	Early Rice	414.30	267.94	208.01	196.05	189.19
中稻	Middle Rice	393.59	295.91	310.03	305.53	306.57
晚稻	Late Rice	414.41	373.92	336.78	315.93	308.73
大小麦	Barley and Wheat	51.13	6.78	4.58	2.93	2.90
#小麦	Wheat	38.68	5.34	3.59	2.31	2.31
甘薯	Sweet Potato	280.73	215.68	177.76	166.63	171.00
马铃薯	Potato	88.56	79.01	73.61	78.86	80.55
杂粮	Food Grains other than Wheat and Rice	47.03	40.41	43.69	51.91	53.56
大豆	Soybean	105.38	77.85	61.12	65.55	66.51
杂豆	Sundry Soybean	33.37	24.86	16.73	18.65	18.73

11-7 非粮作物播种面积

Sown Areas of Non-grain Crops

单位：千公顷 (1000 hectares)

项目	Item	2000	2005	2010	2013	2014
总计	**Total**	**964.74**	**1084.52**	**1038.59**	**1115.00**	**1137.73**
#油料	Oil-bearing Crops	125.04	122.40	111.66	115.20	117.11
#花生	Peanuts	106.05	107.16	99.06	101.67	103.25
油菜籽	Rape Seeds	17.40	13.76	11.23	12.22	12.43
芝麻	Sesame	1.41	1.25	1.27	1.24	1.30
甘蔗	Sugercane and Fruitcane	14.40	14.93	9.85	9.59	8.58
麻类	Fiber Crops	0.33	0.14	0.12	0.12	0.12
烟叶	Tobacco	55.30	66.78	64.85	75.96	72.01
#烤烟	Flue-cured Tobacco	53.72	65.85	64.30	75.38	71.46
莲籽	Lotus Seed	6.70	5.40	5.55	6.26	6.52
蔬菜	Vegetables	538.12	632.05	667.03	705.99	723.86
西瓜	Watermelon	25.41	29.46	28.52	29.60	30.23
绿肥	Green Manure	71.82	43.53	39.25	40.01	39.72
青饲料	Greenfeed	58.24	62.18	54.87	54.64	54.81

11-8 水产品养殖面积

Culture Areas of Aquatic Products

单位：千公顷 (1000 hectares)

项目	Item	2000	2005	2010	2013	2014
总　计	**Total**	**221.46**	**205.62**	**231.47**	**253.25**	**261.88**
1.海水养殖	Seawter Culturing	130.28	124.01	137.64	154.45	161.42
#滩涂养殖	Beach Culturing	57.64	54.09	55.21	55.59	56.46
2.淡水养殖	Freshwater Culturing	91.18	81.61	93.83	98.80	100.46
#池塘养殖	Pond Culturing	35.53	32.15	34.36	38.30	39.61
湖泊养殖	Lakes Culturing	0.73	0.97	0.80	0.83	0.86
河沟养殖	Stream Culturing	6.20	5.16	4.91	4.86	4.80
水库养殖	Reservoir Culturing	44.91	40.29	51.63	52.84	53.00

11-9 年末各类园林水果实有面积

Actually Areas of Fruit and Subtropical Plant at the Year-end

单位：公顷 (hectare)

项目	Item	2000	2005	2010	2013	2014
园林水果合计	**Fruits**	**563700**	**550669**	**536152**	**539195**	**541912**
#柑　桔	Citrus	137888	170327	175365	183921	187768
龙　眼	Longan	90809	81605	70205	65417	65149
荔　枝	Lychee	40210	39010	34094	30089	29642
香　蕉	Banana	33017	29792	28892	26895	26668
枇　杷	Loquat	19091	32728	35204	38167	38014
菠　萝	Pineapple	3609	4031	3703	3287	3027
橄　榄	Chinese Olive	13027	9966	10817	10627	10890
柿	Persimmon	29326	27091	24965	24443	23958
桃	Peach	25037	25735	26301	26251	26075
李	Plum	35066	33593	31987	32377	32435
梨	Pear	20921	22956	21940	22138	22051
苹　果	Apple	234	31	15	10	10
葡　萄	Grape	2615	4993	5837	8074	8528
杨　梅	Red Bayberry	13808	15149	17542	18733	18992

11-10 主要年份农林牧渔业总产值和指数

Gross Output Value and Indices of Farming,Forest,Animal Husbandry and Fishery in Selected Years

年份	农林牧渔业总产值（亿元） Gross Output Value(100 million yuan)					农林牧渔业总产值指数（1952年=100） Indices of Gross Output(Year of 1952=100)				
	总产值	#农业	#林业	#牧业	#渔业	总指数	#农业	#林业	#牧业	#渔业
Year	Total	Agriculture	Forestry	Animal Husbandry	Fishery	Total	Agriculture	Forestry	Animal Husbandry	Fishing
1952	11.07	8.44	0.65	1.42	0.56	100.0	100.0	100.0	100.0	100.0
1957	17.05	11.32	2.16	2.35	1.22	143.8	126.6	283.6	165.0	189.6
1962	14.81	11.23	0.63	1.75	1.20	93.6	94.5	91.7	69.8	142.2
1965	18.80	13.50	1.23	2.84	1.23	140.4	130.7	188.5	162.6	175.8
1970	21.12	15.49	1.49	2.66	1.48	153.6	147.4	186.8	152.3	213.3
1975	27.06	20.45	1.86	3.24	1.51	181.6	166.0	249.8	209.6	237.0
1978	36.33	28.22	2.31	3.82	1.98	217.3	204.2	280.3	216.8	282.8
1979	43.11	29.29	3.27	7.00	3.55	232.0	214.5	301.1	257.0	304.1
1980	45.49	31.13	3.41	7.38	3.57	244.0	227.8	313.6	260.3	305.7
1981	56.11	37.93	4.62	8.75	4.81	258.2	239.4	366.3	276.5	312.2
1982	63.73	42.74	4.90	10.38	5.71	277.8	257.5	382.4	300.2	343.6
1983	68.08	44.11	5.57	11.48	6.92	292.0	259.8	447.7	339.8	403.8
1984	80.66	50.81	7.07	14.39	8.39	332.6	286.6	593.6	410.9	447.4
1985	99.05	59.34	9.13	19.62	10.96	360.6	302.9	644.5	478.7	515.5
1986	107.07	60.76	10.29	22.02	14.00	368.7	300.3	642.8	529.3	581.8
1987	132.97	72.08	13.57	27.75	19.57	402.1	324.6	703.0	553.0	722.2
1988	182.00	94.08	17.50	39.65	30.77	433.1	341.2	789.5	609.7	826.0
1989	209.92	108.10	18.41	51.95	31.46	461.4	360.9	834.4	646.9	926.3
1990	227.12	118.31	21.54	51.93	35.34	478.9	368.4	911.6	675.4	991.7
1991	253.51	133.34	25.40	54.36	40.40	517.7	398.6	974.0	722.0	1089.9
1992	295.24	150.64	29.21	61.75	53.63	560.7	424.1	1076.1	784.1	1212.8
1993	386.34	190.28	36.39	74.86	84.82	621.8	453.6	1220.0	838.2	1482.3
1994	574.05	260.69	46.95	113.35	153.06	710.1	493.1	1370.9	950.5	1882.9
1995	738.63	340.48	59.24	144.45	194.47	806.7	547.3	1510.7	1062.7	2288.2
1996	850.67	383.18	66.94	165.50	235.05	893.0	599.8	1654.2	1122.2	2613.1
1997	925.56	391.30	75.80	193.66	264.80	1002.8	645.4	1819.6	1268.1	3138.3
1998	973.37	410.96	78.35	200.18	283.78	1064.0	667.3	1874.2	1373.4	3439.6
1999	1010.82	425.19	80.16	201.99	303.48	1132.1	726.7	1932.3	1421.5	3642.5
2000	1037.27	420.98	82.29	208.18	325.82	1167.6	714.3	2046.2	1499.1	3907.6
2001	1061.61	433.25	82.34	215.50	330.52	1213.7	752.0	2021.9	1556.7	4073.3
2002	1125.29	450.75	78.49	213.08	332.92	1256.2	775.3	2064.4	1623.6	4236.2
2003	1170.54	461.72	79.25	234.54	341.40	1284.4	786.8	2095.5	1691.1	4307.6
2004	1315.10	514.53	86.18	284.86	374.26	1326.3	807.9	2217.0	1773.1	4438.7
2005	1373.01	552.74	96.92	266.81	396.78	1368.8	820.7	2383.3	1874.9	4539.3
2006	1449.78	602.00	105.78	266.75	410.75	1389.6	833.0	2500.1	1891.7	4554.2
2007	1692.16	685.34	120.72	340.27	474.32	1448.4	881.8	2663.8	1822.6	4835.7
2008	1965.02	763.02	149.76	425.68	549.35	1524.4	922.1	2880.1	1907.1	5136.8
2009	2001.24	826.22	162.20	366.91	565.58	1600.0	966.9	3074.7	1963.2	5446.2
2010	2307.06	976.58	189.35	380.28	674.18	1656.0	992.5	3297.5	2010.2	5677.5
2011	2730.94	1136.18	237.70	479.20	782.64	1723.8	1039.2	3528.5	2055.7	5870.8
2012	3007.40	1263.71	256.45	481.28	903.36	1798.8	1080.2	3638.2	2163.9	6142.6
2013	3281.96	1376.30	293.83	513.76	986.28	1879.4	1124.2	3837.9	2249.4	6440.3
2014	3522.31	1529.57	323.25	522.89	1025.19	1964.9	1174.2	4049.7	2284.1	6810.4

注：1.2003年起采用国民经济行业分类GB/T 4754-2002，其他年份均采用GB/T 4754-94。2.2002-2007年数据根据2006年农普结果进行了调整。

Note: a)The data from 2003 are adopted the national economic classified standard of GB/T 4754-2002, others are adopted GB/T 4754-94. b) The data from 2002 to 2007 are adjusted according to the result of Agriculture census in 2006.

11-11 农林牧渔业分类产值和增速

Gross Output Value of and Ratio Farming,Forestry,Animal Husbandry and Fishery by Item

单位：万元 (10000 yuan)

项目	Item	数值（万元） Value(10000 yuan)			比上年增长(%) Ratio(%)		
		2012	2013	2014	2012	2013	2014
农林牧渔业总产值	**Total**	**30074015**	**32819612**	**35223053**	**4.3**	**4.5**	**4.5**
农业产值	**Agriculture**	**12637083**	**13762950**	**15295705**	**3.9**	**4.1**	**4.5**
谷物及其他作物	Cereal and Others	2899596	3075992	3238068	0.8	1.6	-0.2
谷物	Cereal	1461906	1524759	1574671			
薯类	Sweet Potato	452576	496556	527080			
油料	Oil-bearing Crops	228616	241077	256128			
豆类	Bean	116672	124216	138185			
棉花	Cotton	102	83	117			
麻类	Fiber Crops	275	212	206			
糖料	Sugar	23974	47482	62571			
烟草	Tobacco	331589	373472	388913			
其他农作物	Other Crops	283885	268136	290197			
蔬菜、食用菌及花卉盆景园艺作物	Vegetable、Edible Fungus and Gardening Crops	5846647	6395998	7112306	3.3	4.2	4.7
#蔬菜	Vegetable	3842938	4131912	4483756			
食用菌	Edible Fungus	1449262	1568138	1705868			
花卉	Flower	403001	466156	585054			
水果、坚果、茶、饮料和香料作物	Fruit、Tea、Drink and Perfume Crops	3714573	4105634	4678862	6.8	4.8	6.5
#水果	Fruit	2019754	2177305	2492796			
园林水果	Gardening Fruit	1877659	2017706	2315883			
果用瓜	Fruited Melon	142095	159599	176914			
茶叶	Tea	1616605	1840155	2083475			
香料作物	Perfume Crops	3749	2477	1878			
中草药材	Traditional Chinese Medicine Materials	176268	185326	266469	22.0	23.9	27.0
林业产值	**Forestry**	**2564515**	**2938325**	**3232506**	**3.1**	**5.5**	**5.5**
林木的培育和种植	Breeding and Planting of Forest	304648	316709	299352	-6.7	-8.1	-17.3
木竹采运	Cutting and Transport of Bamboo and Trees	1275426	1395871	1549227	4.3	8.0	10.3
#村及村以下	Rural and under Rural	1011995	1107729	970521			
林产品	Forest Products	984442	1225745	1383928	5.3	6.5	6.0
牧业产值	**Animal Husbandry**	**4812808**	**5137557**	**5228944**	**5.3**	**4.0**	**1.5**
牲畜饲养	Livestock Raising	366579	426561	513123	4.9	3.0	6.2
牛	Cow	110728	137920	202752			
羊	Sheep	147895	173717	196928			
奶类	Dairy	107957	114924	113443			
#牛奶	Milk	101900	108052	105399			
猪的饲养	Hogs Raising	3266575	3267602	2936107	5.4	0.6	-4.3
家禽饲养	Poultry Raising	950624	1175186	1493779	5.0	15.1	15.2
#肉禽	Meat Poultry	738604	922039	1234948			
禽蛋	Poultry Eggs	212020	253146	258831			
捕猎野兽、野禽	Hunting Animals	33260	34656	33690	26.4	3.6	0.3
其他畜牧业	Other Poultry Products	195770	233554	252244	0.8	7.4	6.7
渔业产值	**Fishery**	**9033621**	**9862788**	**10251946**	**4.6**	**4.8**	**5.7**
海水产品	Seawater Products	7170914	7912233	8291407	4.6	4.9	6.0
淡水产品	Freshwate Products	1862708	1950554	1960539	4.6	4.8	4.6
农林牧渔服务业产值	**Services of Agriculture , Forestry ,Animal Husbandry and Fishery**	**1025987**	**1117993**	**1213952**	**5.2**	**6.3**	**6.5**

11-12 主要年份主要农业产品产量

Output of Major Farm Products in Selected Years

单位：万吨　　(10000 tons)

年份 Year	粮食 Grain	油料 Oil- bearing Crops	蔬菜 Vegetable	园林水果 Fruits
1952	372.00	9.89		6.01
1957	444.00	9.42		11.77
1962	358.50	6.46		4.64
1965	455.50	8.03		8.26
1970	566.50	11.14		11.04
1975	640.50	13.56		9.01
1978	744.90	13.80		10.10
1980	801.90	13.48		12.66
1986	751.49	17.18		34.72
1987	839.26	17.48		45.68
1988	837.43	14.89		53.54
1989	884.57	16.20		69.90
1990	879.64	17.66		75.78
1991	889.65	15.64		110.53
1992	897.08	19.90		117.18
1993	869.00	20.66		153.75
1994	887.40	21.60		198.13
1995	919.93	23.28		239.33
1996	952.20	22.99		283.81
1997	961.78	24.36		334.34
1998	958.11	24.62		343.04
1999	942.17	25.81		394.10
2000	854.68	25.79	1161.11	356.44
2001	817.28	26.08	1099.96	401.19
2002	763.23	25.86	1233.77	424.93
2003	695.04	26.03	1289.23	441.68
2004	699.50	27.82	1317.83	468.90
2005	662.04	27.42	1346.66	479.36
2006	632.90	23.63	1358.16	495.40
2007	635.06	23.30	1376.10	517.29
2008	652.21	25.40	1409.15	553.37
2009	666.88	26.27	1449.30	564.08
2010	661.89	26.64	1487.34	564.48
2011	672.80	27.46	1541.42	605.93
2012	659.30	28.07	1586.14	625.82
2013	664.36	28.83	1633.72	658.54
2014	667.03	29.82	1697.10	701.72

11-13 主要年份粮食总产量及单产

Gross Output and Output Per Mu of Grain in Selected Years

年份 Year	粮食总产量（万吨） Total Output of Grain(10000 tons)		粮食单产（公斤/亩） Output of Grain Rice per Mu(kg/mu)	
	产量 Value	#稻谷 Rice	产量 Value	#稻谷 Rice
1952	372.00	281.00	128	131
1957	444.00	328.50	138	149
1962	358.50	268.50	126	138
1965	455.50	355.00	176	180
1970	566.50	452.50	189	204
1975	640.50	511.00	186	199
1978	744.90	618.69	219	240
1980	801.90	669.25	246	267
1986	751.49	654.95	264	294
1987	839.26	715.80	285	319
1988	837.43	687.74	278	322
1989	884.57	744.36	288	338
1990	879.64	731.24	282	322
1991	889.65	725.66	284	324
1992	897.08	732.96	287	331
1993	869.00	694.47	295	335
1994	887.40	699.17	296	332
1995	919.93	724.92	304	344
1996	952.20	743.34	312	353
1997	961.78	739.24	314	352
1998	958.11	728.81	315	350
1999	942.17	712.28	313	346
2000	854.68	632.75	312	345
2001	817.28	606.80	316	350
2002	763.23	557.52	312	367
2003	695.04	520.89	322	363
2004	699.50	540.32	328	369
2005	662.04	518.91	326	372
2006	632.90	499.00	344	374
2007	635.06	501.00	352	384
2008	652.21	508.81	362	394
2009	666.88	515.33	361	397
2010	661.89	507.94	358	396
2011	672.80	514.15	366	405
2012	659.30	503.78	366	406
2013	664.36	502.02	368	409
2014	667.03	497.06	371	390

注：1988年起粮食总产量及单产中稻谷部分为抽样调查数据。

Note:Total Output of grain and Output of grain Per Mu since 1988 are from the sample survey ,similarly in following tables.

11-14 主要年份非粮作物总产量及单位播种面积产量

Gross Output and Output per Mu of Non-grain Crops in Selected Years

年份	总产量（万吨） Total Output(10000 tons)				单产（公斤/亩） Output of per(kg/mu)			
Year	油料 Oil-bearing Grops	花生 Peanuts	甘蔗 Sugarcane and Fruit Cane	烤烟 Flue-cured Tobacco	油料 Oil-bearing Grops	花生 Peanuts	甘蔗 Sugarcane and Fruit Cane	烤烟 Flue-cured Tobacco
1952	9.89	9.15	71.26	0.10	70	84	2620	40
1957	9.42	8.64	123.57	0.14	59	78	3325	60
1962	6.46	6.05	41.55	0.12	58	72	1721	43
1965	8.03	7.51	130.35	0.27	67	80	3656	97
1970	11.14	10.60	125.48	0.45	91	106	3244	78
1975	13.56	12.56	120.83	0.85	85	111	2868	66
1978	13.80	12.68	288.03	1.23	85	110	4500	74
1980	13.48	11.17	351.21	1.30	69	92	4985	79
1985	17.39	16.34	536.67	3.40	110	126	4882	82
1986	17.18	16.20	472.90	2.38	106	121	4593	79
1987	17.48	16.32	413.46	2.61	97	119	4735	80
1988	14.89	13.53	387.37	3.59	88	101	4586	73
1989	16.20	14.83	338.67	3.59	99	113	4570	76
1990	17.66	16.05	344.28	4.26	105	121	4595	82
1991	15.64	13.64	385.43	5.48	91	101	4813	87
1992	19.90	17.91	364.85	8.59	114	132	4803	93
1993	20.66	19.03	279.34	12.43	121	135	4625	89
1994	21.60	20.08	276.77	6.06	126	139	4602	87
1995	23.28	21.35	248.60	5.72	131	146	4416	94
1996	22.99	20.91	253.94	7.56	126	140	4467	102
1997	24.36	22.25	249.90	12.32	136	150	4568	110
1998	24.62	22.64	219.33	7.18	137	151	4461	106
1999	25.81	23.69	138.76	8.57	142	155	4153	112
2000	25.79	23.82	82.71	9.14	138	150	3830	113
2001	26.08	24.17	95.54	9.87	141	152	4116	115
2002	25.86	24.05	117.91	10.72	141	151	4258	112
2003	26.03	24.25	118.12	10.13	141	149	4316	115
2004	27.82	25.88	101.57	11.31	148	157	4260	122
2005	27.42	25.47	93.33	11.51	149	158	4169	117
2006	23.63	25.01	58.10	12.20	148	157	4127	124
2007	23.30	21.91	56.36	12.39	153	161	4122	132
2008	25.40	23.95	70.90	13.85	158	166	4416	138
2009	26.27	24.62	65.85	14.46	159	167	4282	141
2010	26.64	25.03	61.55	12.45	159	168	4166	129
2011	27.46	25.70	55.97	14.22	163	172	4060	141
2012	28.07	26.22	56.47	14.71	165	174	4044	141
2013	28.83	26.88	58.62	16.14	167	176	4077	143
2014	29.82	27.80	53.12	15.38	170	180	4126	144

11-15 各类粮食产量

Output of Grain by Sort

单位：万吨 (10000 tons)

项目	Item	2000	2005	2010	2013	2014
合　计	**Total**	**854.68**	**662.04**	**661.89**	**664.36**	**667.03**
按收获季节分	**By Harvest Season**					
春收粮食	Spring Harvest	51.24	35.46	31.66	35.47	36.54
夏收粮食	Summer Harvest	229.86	158.45	140.71	142.05	139.55
秋收粮食	Autumn Harvest	573.58	468.12	489.52	486.84	490.94
按品种分	**By Crop**					
稻谷	Rice	632.75	518.91	507.94	502.02	497.06
早稻	Early Rice	206.63	146.33	120.29	117.56	113.90
中稻	Middle Rice	221.96	173.12	192.87	193.59	194.15
晚稻	Late Rice	204.16	199.46	194.78	190.87	189.01
大小麦	Barley and Wheat	14.29	2.40	1.30	0.86	0.86
#小麦	Wheat	11.01	1.95	1.02	0.68	0.68
甘薯	Sweet Potato	136.81	88.20	90.90	88.43	92.98
马铃薯	Potato	29.04	25.55	26.47	30.89	32.01
杂粮	Food Grains other than Wheat and Rice	14.22	10.22	16.60	20.73	21.82
豆类	Bean					
大豆	Soybean	20.48	12.38	14.45	16.49	17.20
杂豆	Sundry Soybean	7.09	4.38	4.23	4.93	5.11

注：2004年之前中稻含一季晚稻，晚稻为双季晚稻。

Note:The data of middle rice before 2004 include one crop late rice,that of late rice include two crops.

11-16 非粮作物产量

Output of Non-grain Crops

单位：吨 (ton)

项目	Item	2000	2005	2010	2013	2014
蔬菜	Vegetables	11611096	13466611	14873438	16337207	16971043
油菜籽	Rape Seeds	18404	18007	14521	17791	18238
芝麻	Sesame	1120	1242	1508	1541	1638
黄(红)麻	Jute and Ambary Hemp	462	251	267	286	282
苎麻	Ramie	300	109	83	75	70
烟叶	Tobacco	93996	116643	125646	162623	155111
莲籽	Lotus Seed	4678	5638	6397	8469	9334
西瓜	Watermelon	533486	658063	639450	710122	729044

11-17 主要年份茶叶园林水果实有面积及产量

Actual Areas and Output of Tea and Fruits in Selected Years

年份 Year	茶叶 Tea 面积（千公顷） Areas(1000 hectare)	茶叶 Tea 产量（万吨） Output(10000 tons)	园林水果 Fruit 面积（千公顷） Areas(1000 hectare)	园林水果 Fruit 产量（万吨） Output(10000 tons)
1952	23.16	0.49	12.10	6.01
1957	35.37	0.69	25.20	11.77
1962	31.04	0.43	31.57	4.64
1965	36.40	0.56	40.98	8.26
1970	51.93	1.05	40.33	11.04
1975	70.49	1.67	57.52	9.01
1978	94.15	2.03	70.84	10.10
1980	109.87	2.58	83.07	12.66
1986	119.85	4.42	183.43	34.72
1987	122.52	4.99	227.89	45.68
1988	120.33	5.54	250.65	53.54
1989	118.55	5.52	278.33	69.90
1990	116.74	5.82	298.40	75.78
1991	119.44	6.53	355.24	110.53
1992	125.22	7.05	415.79	117.18
1993	130.74	7.70	459.18	153.75
1994	133.53	8.24	504.76	198.13
1995	132.04	9.45	532.37	239.33
1996	130.41	10.18	556.55	283.81
1997	126.62	10.99	576.28	334.34
1998	124.23	11.89	568.60	343.04
1999	128.91	12.35	567.08	394.10
2000	129.21	12.60	563.70	356.44
2001	130.65	13.39	558.19	401.19
2002	133.35	14.33	553.81	424.93
2003	138.58	15.02	554.43	441.68
2004	145.06	16.44	547.65	468.90
2005	155.23	18.48	550.67	479.36
2006	159.82	20.01	542.08	495.40
2007	169.76	22.39	536.43	517.29
2008	189.07	24.73	541.43	553.37
2009	194.84	26.57	538.04	564.08
2010	201.20	27.26	536.15	564.48
2011	211.34	29.60	531.18	605.93
2012	221.46	32.10	534.93	625.82
2013	232.29	34.70	539.20	658.54
2014	242.93	37.21	541.91	701.72

11-18 各类茶叶 园林水果 食用菌产量

Output of Tea, Fruits and Edible Fungus by Sort

单位：吨 (ton)

项目	Item	2000	2005	2010	2013	2014
茶叶	**Tea**	**126000**	**184800**	**272616**	**346989**	**372087**
#红茶	Black Tea	1615	1652	13473	36866	43359
绿茶	Green Tea	72431	88923	102438	109899	114859
青茶	Wulong Tea	50685	85924	147789	188038	197461
园林水果	**Fruit**	**3564400**	**4793600**	**5644800**	**6585444**	**7017183**
#柑桔	Critrus	1306027	2153154	2722988	3234653	3460049
龙眼	Longyan	104068	216452	241138	244446	296532
荔枝	Lychee	79580	160289	147281	151699	183939
香蕉	Banana	746454	855398	882087	915058	917118
枇杷	Loquat	54268	112596	222273	236920	249554
菠萝	Pineapple	30267	37731	39348	36923	39257
橄榄	Chinese Olive	24009	33714	54931	73805	84192
柿	Persimmon	99896	160475	141094	206987	210808
桃	Peach	143377	199653	222371	260651	267634
李	Plum	179121	243224	232943	306912	324091
梨	Pear	96394	147755	185345	215290	224720
苹果	Apple	380	198	309	240	240
葡萄	Grape	38702	59066	100171	144366	153314
杨梅	Red Bayberry	42734	63235	99003	114309	119332
食用菌	**Edible Fungus**	**462484**	**559993**	**762663**	**959920**	**1042461**
#蘑菇	Mushroom	272106	283828	341758	387079	402886
香菇	Xianggu Mushroom	88292	77680	92345	104674	110330
白木耳	Tremella	12401	16508	30589	42265	41659
黑木耳	Black Tremella	29105	28009	35491	45596	50331

11-19 主要年份林业牧业水产品产量

Output of Forestry,Animal Husbandry and Fishery in Selected Years

年份 Year	造林面积（千公顷） Afforested Areas (1000 hectare)	肉类总产量(万吨) Output of Pork Beef and Mutton (10000 tons)	猪出栏数（万头） Number of Slaughtered Fattened Hogs(10000 heads)	奶类产量（万吨） Milk (10000 tons)	水产品产量（万吨） Output of Aquatic Products (10000 tons)
1952	34.31				15.93
1957	127.60				28.34
1962	55.89				23.82
1965	172.65				32.55
1970	173.49		219.18		38.75
1975	192.75		336.66	0.61	39.61
1978	194.71		321.86	0.93	54.44
1980	175.13		401.48	1.47	59.80
1985	282.83	49.70	578.09	4.21	100.26
1986	209.67	54.23	617.29	4.60	105.23
1987	166.12	59.32	665.12	5.05	126.22
1988	192.39	65.07	713.40	5.08	132.66
1989	242.94	69.44	750.40	4.82	137.97
1990	303.91	71.83	766.46	4.87	145.59
1991	306.02	75.07	780.72	5.12	166.23
1992	223.03	78.93	820.61	5.72	200.57
1993	63.77	84.10	863.20	5.94	237.04
1994	45.56	92.23	908.78	6.06	278.78
1995	41.74	102.66	1000.84	6.32	317.56
1996	34.45	107.49	1047.48	6.49	358.23
1997	29.99	125.02	1231.98	6.07	429.31
1998	25.12	135.24	1365.13	6.71	475.92
1999	23.93	138.84	1453.38	7.95	502.32
2000	24.50	145.92	1560.81	9.91	527.89
2001	21.01	153.91	1665.55	11.39	542.49
2002	17.49	162.09	1770.33	14.16	558.71
2003	16.72	161.96	1803.61	19.28	553.13
2004	16.31	163.92	1850.65	20.67	551.36
2005	24.22	164.85	1881.92	19.10	542.37
2006	23.18	161.81	1866.14	16.65	523.59
2007	35.45	150.65	1645.94	15.85	532.00
2008	32.81	169.42	1840.13	14.87	554.20
2009	33.26	175.15	1922.93	15.56	569.67
2010	29.87	180.21	1963.31	15.74	587.42
2011	212.72	182.96	1950.43	15.79	603.78
2012	63.06	200.85	2069.05	15.39	628.61
2013	100.18	211.21	2092.05	15.30	658.76
2014	44.34	213.71	1990.47	15.36	695.98

11-20 造林面积

Areas of Afforestation

项目	Item	2000	2005	2010	2013	2014
当年造林面积（千公顷）	**Afforested Area in Current Year(1000 hectare)**	**24.50**	**24.22**	**29.87**	**100.18**	**44.34**
#用材林	Commercial Forest	8.07	15.20	15.34	73.49	28.98
经济林	Economic Forest	6.47	3.14	3.35	9.47	7.52
防护林	Shelter Forest	8.04	5.66	11.15	14.24	5.68
薪炭林	Fuel Forest	1.90	0.19	0.03	0.26	
迹地更新面积（千公顷）	**Areas of Slash Reforestation (1000 hectare)**	**54.91**	**80.59**	**103.83**	**27.78**	**31.91**
零星植树（万株）	**Fragmentary Forest (10000 plants)**	**3559.00**	**1745.14**	**1806.89**	**4773.00**	**3538.26**
封山育林面积（千公顷）	**Areas of Afforestation in Hill (1000 hectare)**	**1060.37**	**412.41**	**419.34**	**704.21**	**696.13**
育苗面积（千公顷）	**Areas of Grown Seedings (1000 hectare)**	**0.32**	**0.54**	**1.40**	**3.91**	**7.70**
幼林抚育作业面积（千公顷）	**Areas of Tending Young Forest(1000 hectare)**	**232.00**	**223.00**	**340.22**	**159.11**	**542.61**
成林抚育作业面积（千公顷）	**Areas of Tending Grown Forest(1000 hectare)**	**188.05**	**150.56**	**101.93**	**229.30**	**276.99**

11-21 主要林产品产量

Output of Major Forest Products

项目	Item	2000	2005	2010	2013	2014
木材产量（万立方米）	Output of cut wood（10000 cu.m)	334.90	1446.40	1455.38	1499.76	1585.39
毛竹采伐量（万根）	Mao Bamboo(10000 unit)	15872	15504	26602	37144	43923
篙竹采伐量（万根）	Lofty Bamoo(10000 unit)	6631	10061	14787	19937	23464
油桐籽（吨）	Tung-oil Seeds(ton)	18121	20928	23244	25686	26748
油茶籽（吨）	Tea-oil Seeds(ton)	62983	72597	94815	138161	155568
乌桕籽（吨）	Chinese Tallow Tree Seeds(ton)	121	1145	532	406	430
棕片（吨）	Piece of Palm(ton)	10891	12162	14847	16795	17346
松脂（吨）	Rosin(ton)	72949	72299	87758	99375	102414
笋干（吨）	Dried Bamboo Shoots(ton)	120970	153497	215123	270732	293249
山苍籽（吨）	Litsea Cueba(ton)	7845	9552	12174	13719	14457
板栗（吨）	Chinese Chestnut(ton)	19439	49134	80793	99664	109061

11-22 主要畜禽产品产量

Output of Main Livestock Products

项目 Item	2000	2005	2010	2013	2014
肉类产量（万吨） Output of Meat(10000 tons)	**145.92**	**164.85**	**180.21**	**211.21**	**213.71**
#猪肉 Pork	114.79	134.69	146.62	157.75	151.12
牛肉 Beaf	2.12	2.17	2.25	2.64	2.85
羊肉 Mutton	1.33	1.45	1.82	2.07	2.22
禽肉 Meat of Poultry	26.21	24.57	26.32	45.55	54.16
兔肉 Rabbit Meat	1.47	1.97	2.56	2.66	2.83
牛奶产量（万吨） Output of Cow Milk(10000 tons)	**9.60**	**18.77**	**15.41**	**14.93**	**14.97**
羊奶产量（万吨） Output of Ewe Milk(10000 tons)	**0.31**	**0.34**	**0.33**	**0.37**	**0.40**
蜂蜜产量（万吨） Output of Honey(10000 tons)	**0.54**	**0.85**	**0.86**	**1.09**	**1.17**
禽蛋产量（万吨） Output of Poultry Eggs(10000 tons)	**40.69**	**37.91**	**26.28**	**25.04**	**25.42**
猪出栏数（万头） Number of Slaughtered Hogs (10000 heads)	**1560.81**	**1881.92**	**1963.31**	**2092.05**	**1990.47**
出栏率(%) Rate of Slaughter(%)	148.7	152.3	149.2	156.0	153.6
羊出栏数（万头） Number of Slaughtered Sheep(10000 heads)	**97.80**	**107.00**	**133.29**	**150.44**	**159.90**
出栏率(%) Rate of Slaughter(%)	104.3	96.2	128.9	135.8	138.0
牛出栏数（万头） Number of Slaughtered Cows(10000 heads)	**21.31**	**21.60**	**22.35**	**25.58**	**27.36**
家禽出栏数（万只） Number of Slaughtered Poultry(10000 heads)	**20633.89**	**19140.51**	**19934.33**	**33862.58**	**39145.15**
家兔出栏数（万只） Number of Slaughtered Domestic Rabbit(10000 heads)	**1178.96**	**1559.27**	**1825.38**	**1883.06**	**1956.04**

11-23 畜禽存栏数

Number of Livestock and Poultry on Hand

单位：万头

项目	Item	2000	2005	2010	2013	2014
牛存栏数（万头）	**Bull(10000 heads)**	**111.44**	**75.63**	**70.17**	**68.87**	**67.79**
#乳牛	Cow	3.59	4.99	5.04	4.98	5.05
猪存栏数（万头）	**Number of Hogs on Hand(10000 heads)**	**1087.66**	**1249.83**	**1272.57**	**1296.24**	**1149.35**
#能繁殖母猪	Number of Female Hogs with Fertility	76.27	97.97	125.56	130.95	118.90
羊存栏数（万头）	**Number of sheep on Hand(10000 heads)**	**96.22**	**93.56**	**106.24**	**115.84**	**121.44**
蜜蜂年末箱数（万箱）	**Number of Beehive at the Year-end(10000 cases)**	**23.09**	**35.32**	**36.26**	**43.42**	**47.19**
家兔年末数（万只）	**Number of Domestic Rabbit at the Year-end(10000 heads)**	**714.40**	**822.67**	**909.23**	**930.86**	**981.27**
家禽年末数（万只）	**Number of Poultry at the Year-end(10000 heads)**	**10930.19**	**9937.04**	**7707.70**	**9937.89**	**10580.46**

11-24 淡水产品产量

Output of Freshwater Products

单位：万吨 (10000 tons)

项目	Item	2000	2005	2010	2013	2014
淡水产品产量	**Output of Freshwater Aquatic Products**	**57.39**	**63.47**	**74.16**	**86.80**	**92.45**
#养殖产量	Output of Freshwater Culturing	49.73	55.81	65.97	78.29	83.71
按类别分	By Kind					
#淡水鱼类	Freshwater-fish	50.11	54.05	62.68	72.52	77.00
虾蟹类	Shrimps,Prawns and Crabs	1.14	3.34	5.10	7.09	7.71
贝类	Shell-fish	4.46	4.43	4.84	5.20	5.54
主要品种产量	**By Product**					
淡水鳗	Freshwater Eel	6.99	8.29	8.75	8.15	8.49
草鱼	Grass Carp	10.97	12.24	13.84	16.96	18.65
鲢鱼	Silver Carp	8.27	6.06	6.21	7.55	7.94
鲤鱼	Carp	4.36	5.48	5.08	5.93	6.23
罗非鱼	Ribber Carp	10.56	9.50	11.08	12.81	13.30

11-25 海水产品产量

Output of Seawater Aquatic Products

单位：吨 (ton)

项目	Item	2000	2005	2010	2013	2014
海水产品产量	**Output of Seawater Aquatic Products**	**4705066**	**4788957**	**5132598**	**5719571**	**6035303**
#鱼类	Fish	1668816	1678551	1787085	1893932	1967972
虾蟹类	Shrimps,Prawns and Crabs	357794	319406	388610	463204	502094
贝类	Shell-fish	2318397	2226300	2221429	2410641	2558426
藻类	Algac	317830	420709	599357	776514	815156
#海水养殖产量	**Output of Seawater Culturing**	**2627057**	**2782535**	**3038990**	**3548960**	**3794298**
#鱼类	Fish	102040	133450	170308	244729	281202
虾蟹类	Shrimps,Prawns and Crabs	42875	64973	95816	142387	163058
贝类	Shell-fish	2161334	2163472	2171544	2361680	2508019
藻类	Algac	317106	417929	598225	774702	813134
主要品种产量	**Output of Main Seawater Culturing**					
大黄鱼	Big Yellow Croaker	48146	59398	75660	96555	119208
带鱼	Hairtail	173578	198905	240362	240652	235325
鲳鱼	Butterfish	52443	66244	62817	74888	79040
鳓鱼	Chinese Herring	11477	18640	15425	15583	15239
马鲛鱼	Spanish Mackerel	59519	40739	54226	54659	59861
鲷鱼	Porgy	10052	36078	76902	88937	92612
鲐鱼	Chub mackerel	52789	57966	62656	134056	163409
鳗鱼	Eel	50705	68734	70186	73629	76527
墨鱼	Inkfish	57263	27379	30085	37224	38216
海蜇皮	Jellyfish	13260	6944	11819	16047	15540
对虾	Prawn	28490	48767	72282	104215	120005
毛虾	Shrimp	65262	49057	56383	58681	56432
梭子蟹	Swimming Crab	58705	70032	89261	112343	128269
蛏	Razor Clam	168095	177891	193708	213934	234856
蛤	Clam	214264	260168	288793	323622	335493
蚶	Blood Clam	24203	40687	37469	46806	48010
牡蛎	Oyster	1558984	1539167	1456106	1521408	1612385
海带	Kelp	276867	337892	452096	576573	600298
紫菜	Laver	26828	34258	51313	56157	53408

主要统计指标解释

农林牧渔业总产值 指以货币形式表现的农、林、牧、渔业全部产品的总量和对农、林、牧、渔业生产活动进行的各种支持性服务活动的价值，它反映一定时期内农业生产总规模和总成果。农林牧渔业总产值的核算采用“产品法”进行计算，即用产品产量乘以价格求得各种产品的产值，然后把它们加总求得各业的产值，最后相加求得农林牧渔业总产值。1957 年以前的农林牧渔业总产值中包括了厩肥和农民自给性手工业(如农民自制衣服、鞋、袜，自己从事粮食初步加工等)。1958 年及以后，林业中增加了村及村以下竹木采伐产值；牧业中取消了厩肥产值；副业中取消了农民自给性手工业产值，增加了村及村以下办的工业产值;渔业中增加了海洋捕捞水产品产值。1980 年及以后，在副业中增加了农民家庭兼营工业商品部分的产值。从 1984 年起村及村以下工业产值划归工业。从 1993 年起取消副业，将野生动物的捕猎划入牧业、野生植物采集和农民家庭兼营商品性工业划归农业。1996 年第一次农业普查以后，由于畜牧业产品年报数据与普查数据之间存在一定的差距，国家统计局对畜牧业年报数据与普查数据进行衔接，相应的畜牧业产值进行调整。2002-2007 年农林牧渔业产值，以全省第二次农业普查数据为基础，对农业、牧业、渔业和服务业进行了调整和衔接。

粮食产量 指稻谷、小麦、玉米、高粱等谷物及薯类和豆类的全社会产量。包括国有经济经营的、集体统一经营的和农民家庭经营的粮食产量，还包括工矿企业办的农场和其他生产单位的产量。其产量计算方法，豆类按去豆荚后的干豆计算；薯类(包括甘薯和马铃薯，不包括芋头和木薯)1963 年以前按每 4 公斤鲜薯折 1 公斤粮食计算，从 1964 年开始改为按 5 公斤鲜薯折 1 公斤粮食计算。城市郊区作为蔬菜的薯类(如马铃薯等)按鲜品计算，并且不作粮食统计。其他粮食一律按脱粒后的原粮计算。1989 年以前全国粮食产量数据的取得主要是靠全面报表取得，1989 年以后开始使用抽样调查数据。

棉花产量 指春播棉和夏播棉的全社会产量。产量按皮棉计算。3 公斤籽棉折 1 公斤皮棉，不包括木棉。

油料产量 指全部油料作物的生产量。包括花生、油菜籽、芝麻、向日葵籽、胡麻籽(亚麻籽)和其他油料。不包括大豆、木本油料和野生油料。花生以带壳干花生计算。

水产品产量 指人工养殖的水产品和天然生长的水产品的捕捞量。包括全部海水和淡水鱼类、虾蟹类、贝类、藻类和其他渔业产品的产品的最终产量。1995 年及以前，贝类中牡蛎按鲜肉计算；蚶、蛤、蛙按 5 斤鲜品折 1 斤计算。1996 年以后则统一按鲜品计算。

猪、牛、羊肉产量 指当年出栏并已屠宰、除去头、蹄、下水后带骨肉(即胴体重) 的重量。其统计范围为全社会。1996 年前为各级逐级上报数据。1996 年第一次农业普查以后，由于畜牧业产品年报数据与普查数据之间存在一定的差距，国家统计局对畜牧业年报数据与普查数据进行了衔接。1999 年以后，国家统计局开展了猪、牛、羊、禽等主要畜禽品种的抽样调查，并用抽样数据作为国家定案数据使用。未开展抽样调查的品种，仍使用各级统计部门逐级上报数据。

期初(末)畜禽存栏头(只)数 指报告期初(末)农村各种合作经济组织和国营农场、农民个人、机关、团体、学校、工矿企业、部队等单位以及城镇居民饲养的大牲畜、猪、羊、家禽等畜禽的存栏数。数据上报方式及数据调整情况同猪、牛、羊肉产量。

农作物播种面积 指实际播种或移植有农作物的面积。凡是实际种植农作物的面积，不论种植在耕地上还是种植在非耕地上，均包括在农作物播种面积中。在播种季节基本结束后，因遭灾而重新改种和补种的农作物面积，也包括在内。该指标可以反映我国耕地面积的利用情况。目前，农作物播种面积主要包括粮食、棉花、油料、糖料、麻类、烟叶、蔬菜和瓜类、药材和其它农作物九大类。

有效灌溉面积 指具有一定的水源，地块比较平整，灌溉工程或设备已经配套，在一般年景下当年能够进行正常灌溉的耕地面积。在一般情况下，有效灌溉面积应等于灌溉工程或设备已经配备，能够进行正常灌溉的水田和水浇地面积之和。该指标可以反映我国耕地的抗旱能力。

农用化肥施用量 指本年内实际用于农业生产的化肥数量，包括氮肥、磷肥、钾肥和复合肥。化肥施用量要求按折纯量计算数量。折纯量是指把氮肥、磷肥、钾肥分别按含氮、含五氧化二磷、含氧化钾的百分之百成份进行折算后的数量。复合肥按其所含主要成分折算。

公式:折纯量= 实物量×某种化肥有效成份含量的百分比

农业机械总动力　指主要用于农、林、牧、渔业的各种动力机械的动力总和。包括耕作机械、排灌机械、收获机械、农用运输机械、植物保护机械、牧业机械、林业机械、渔业机械和其他农业机械〔内燃机按引擎马力折成瓦(特)计算、电动机按功率折成瓦(特)计算〕。不包括专门用于乡、镇、村、组办工业、基本建设、非农业运输、科学试验和教学等非农业生产方面用的动力机械与作业机械。这个指标的统计数据主要来源于农机部门。

乡村从业人员　指乡村人口中劳动年龄在16周岁以上实际参加生产经营活动并取得实物或货币收入的人员，包括劳动年龄内经常参加劳动的人员，也包括超过劳动年龄但经常参加劳动的人员，但不包括户口在家的在外学生、现役军人和丧失劳动能力的人，也不包括待业人员和家务劳动者。从业人员按从事主业时间最长(时间相同按收入)分为农业从业人员、工业从业人员、建筑业从业人员、交运仓储及邮电业从业人员、批零贸易及住宿餐饮业从业人员、其它行业从业人员。

Explanatory Notes on Main Statistical Indicators

Gross Output Value of Farming, Forestry, Animal Husbandry and Fishery refers to the total value of products of farming, forestry, animal husbandry and fishery, which reflects the total scale and result of agricultural production during a given period. Gross output value of agriculture is obtained by first multiplying the output of each product or by product by its price, resulting in t he output value of each s ingle item. For a small number of products, annual output of which is not available or difficult to get duc to the long production growing process involved, t he output value is estimated through an indirect approach. The sum of out put value of all products of farming, forestry, animal husbandry, and fishery is then equal to the gross output value of agriculture. Prior to 1957, Chinas gross agricultural output value included barnyard manure and handicraft products for self-consumption (clothes, shoes, stockings, and initial grain processing undertaken by peasants). Since 1958, cutting and felling of bamboo and trees by villages and other cooperative organizations under villages have been included in forestry; value of barnyard manure has been excluded from animal husbandry; self consumed handicraft s has been excluded from sideline occupations, while the output value of industries run by villages and cooperative organizations under village had been included inside line occupations and the out put value of fish catches by motor fishing boats has been added to fishery. Since 1980, the value of handicraft products made for sale by individuals in households had been added to sideline occupations. Since 1984, industries run by villages and under villages have been included in the sector of industry. Since 1993, the subdivision of sideline occupations has been canceled, and the hunting of wild animals has been classified into animal husbandry, and the gathering of wild plants and commodity industry run by rural household have been included in farming. The Firs t Agriculture Census of China in 1996 revealed some discrepancy between the production of animal products from the annual reports and that from the census. Efforts were made by NBS to adjust the output value of animal husbandry to make the figures from the annual reports consistent with the census data. data on Farming, Forestry, Animal Husbandry and Fishery in from 2002 to 2007 have been adjusted according to the data obtained from the Second National Agricultural Census.

Grain Output refers to the total output of rice, wheat, corn, sorghum, millet and other miscellaneous grains as well as tubers and bean in the whole region including grains produced by state farms, collective units, industrial enterprises and mines. Output of beans refers to dry beans without pods. The output of tubers (sweet potatoes and potatoes, not including taros and cassava) was converted into that of grain at the ratio 4:1, i.e. 4 kilograms of fresh tubers was equivalent to 1 kilogram of grain up to 1963. Since 1964 the ratio for conversion has been 5:1.Tubers supplied as vegetables (such as potatoes) in cities and suburbs are calculated as fresh vegetables and their output is not included in the output of grain. Output of all other grains refers to husked grain. Data on grain production before 1989 were obtained through Comprehensive Statistical Reporting System, since then, sample survey data are used.

Cotton Output refers to the cotton production in the whole Region including cotton sown in spring and in autumn. Output is measured as the weight of ginned cotton. Three kilograms of seed-cotton are equivalent to 1 kilogram of ginned cotton, excluding ceiba.

Output of Oil-bearing Crops refers to the total production of oil-bearing crops of various kinds, including peanuts, (dry, in shell) rapeseeds, sesame, sunflower seeds, flax seeds, and other oil-bearing crops. Soybeans, oil-bearing woody plants, and wild oil-bearing crops are not included.

Output of Aquatic Products refers to catches of both artificially cultured and naturally grown aquatic products, including fish, shrimps, crabs and shellfish in sea and inland water as well as seaweed. Freshwater plants are not included. Data on output of aquatic products are reported by aquatic product and statistical agencies level by level. Before 1995, among the shellfish, the oyster was counted as fresh meat; 5 kilograms of ark shell, clams and frogs are equivalent to 1 kilogram of fresh aquatic products; they are all counted as fresh aquatic products since1996.

Output of Pork, Beef, and Mutton refers to the meat of slaughtered hogs, cattle, sheep and goats wit h head, feet, and offal taken away. The statistical scope is of the whole society. The first agriculture census of China in 1996 revealed some discrepancy between the production of animal products from the annual reports and that from the census. Efforts were made by NBS to adjust the output value of animal husbandry to make the figures from the annual rep orts consistent with the census data. Since 1999, NBS conducted sample survey for t he major animal husbandry products, such as hogs, cattle, sheep and goats and fowls, and the data from sample surveys are used as national finalized data. Those products, which are not covered by the sample survey, are still reported by statistical agencies level by level.

Number of Livestock or Poultry in Stock at Beginning (or End) of period refers to the total number of large animals, pigs, sheep, fowls, etc. raised by rural cooperative organizations, state farms, rural individuals, government agencies, schools, industrial and mining enterprises, army, and urban residents at the beginning (or end) of the reference period. Data reporting system and data adjustment are the same as that in the output of pork, beef and mutton.

Sown Area of Crops refers to area of land sown or transplanted with crops regardless of being in cultivated area or no cultivated area. Area of land re-sown due to natural disasters is also included. The indicator can reflect the utilization condition of the cultivated land in China. At p resent, t he sown area of crops mainly include the following 9 categories of crops: grain, cotton, oil-bearing crops, sugar crops, fiber crops, Tobacco, Vegetables and melons, medicinal materials and other farm crops.

Irrigated Area refers to areas that are effectively irrigated, i.e. level land, which has water source and complete sets of irrigation facilities to lift and move adequate water for irrigation purpose under normal conditions. Under normal conditions, irrigated area is the sum of watered fields and irrigated fields where irrigation systems or equipment have been installed for regular irrigation purpose. This indicator can reflect drought resistance capacity of the cultivated land in China.

Consumption of Chemical Fertilizers in Agriculture refers to the quantity of chemical fertilizers applied in agriculture in the year, including nitrogenous fertilizer, phosphate fertilizer, potash fertilizer, and compound fertilizer. The consumption of chemical fertilizers is required in calculation to convert the gross weight into weight containing 100% effective component (e.g. 100% nitrogen content in nitrogenous fertilizer, 100%phosphorous pent oxide contents in phosphate fertilizer, 100%potassium oxide contents in potash fertilizer). Compound fertilizer is converted with its major component. The formula is:

Volume of effective component = physical quantity × effective component of certain chemical fertilizer (%)

Total Power of Farm Machinery refers to total mechanical power of machinery used in farming, forestry, animal husbandry, and fishery, including ploughing, irrigation and drainage, harvesting, transport, plant protection, stock breeding, forestry and fishery. The power of internal combust ion engines is required to convert horsepower into watts and the power of electric motors is required to be converted into watts. Machinery employed for non-agricultural purposes, such as the machines used in township run and village-run industry, construction, nonagricultural transport, scientific experiments and teaching, is excluded. Data are mainly from agricultural machinery agencies.

Rural Employed Persons refer to rural labor forces aged over 16 years old who are engaged in real production and management activities and receive payment in kind or wages, including those covered within the age frame and regularly participating in production activities, and those who are out of the range of age frame and also participating in production activities regularly. Excluding students studying in other places with their permanent residence registered in local areas, servicemen and persons incapable of working; also excluding those who are waiting for jobs and those engaged in household work. Persons employed are classified as rural employed persons; industrial employed persons; construction industry employed persons; transport, storage and telecommunications industries employed persons; whole sales and retail sales Trades and catering industry employed persons and others according to the longest period of persons engaged in major activities (or using income indicator when periods are the same).

第十二篇　工业

Chapter　12　Industry

资料整理：林武兴 王洵 赵清
Database Editor: Linwuxing Wangxun Zhaoqing

简 要 说 明

本篇资料的主要内容及来源

本篇资料反映了全省工业生产和基本效益情况，主要包括历年工业总产值及指数、规模以上工业、国有控股工业、国有工业、集体工业、外商投资和港澳台投资工业、大中型工业企业的主要经济指标、相关的财务分析指标和主要工业产品产量等方面的内容。

本篇资料由省统计局工业交通统计处根据工业统计年报中有关资料整理。

Brief Introduction

Main Content and Source of Data

Data in this chapter show the basic condition of industry in Fujian, the output of major industrial products and major economic and relevant financial indicators of industrial enterprises , mainly including the gross industrial output value and indices.Industrial enterprises include enterprises above designated size, state share holding enterprises, state owned enterprises, collective owned enterprises, foreign funded enterprises, enterprises with funds from Hong Kong, Macao and Taiwan, large and medium sized enterprises.

Data in this chapter are based on the annual report of industrial statistics and are prepared and provide by the Division of Industry and Transport Statistics of Fujian Provincial Bureau of Statistics.

12-1 主要年份工业总产值

Gross Industrial Output Value in Selected Years

单位：亿元 (100 million yuan)

年份 Year	总计 Total	#国有企业 State-owned	#集体企业 Collective owned	#轻工业 Light Industry	#重工业 Heavy Industry
1952	4.20	0.51	0.02	3.74	0.46
1957	8.57	5.93	1.64	7.11	1.46
1962	11.23	8.72	2.44	8.17	3.06
1965	17.24	14.27	2.97	11.89	5.35
1970	24.41	20.78	3.63	15.72	8.69
1975	43.37	33.08	10.29	25.17	18.20
1978	63.14	46.85	16.29	36.91	26.23
1979	72.01	52.53	19.30	42.48	29.53
1980	81.45	57.65	23.77	49.48	31.97
1981	87.76	60.50	26.11	55.52	32.24
1982	95.77	65.97	28.29	60.04	35.73
1983	103.97	70.66	30.85	65.50	38.47
1984	131.11	82.74	40.53	82.60	48.51
1985	173.13	101.71	57.84	103.68	69.45
1986	205.10	114.28	72.75	122.61	82.49
1987	265.87	139.55	92.48	157.85	108.02
1988	388.85	192.69	132.41	237.87	150.98
1989	488.96	242.17	156.98	296.52	192.44
1990	531.49	239.82	166.91	329.72	201.77
1991	658.86	268.28	209.81	413.28	245.58
1992	915.51	314.17	323.69	587.20	328.31
1993	1522.37	391.55	566.47	908.20	614.17
1994	2128.61	422.58	785.29	1281.72	846.89
1995	2638.52	448.93	940.41	1600.51	1038.01
1996	2840.51	450.37	1060.49	1789.69	1050.82
1997	3066.76	433.55	946.14	1910.15	1156.61
1998	3218.51	368.30	219.60	1993.88	1224.63
1999	3479.84	376.66	202.71	2161.94	1317.90
2000	3994.86	395.67	211.49	2317.02	1677.84
2001	4398.08	360.54	192.92	2374.96	2023.12
2002	5260.20	329.12	216.11	2690.10	2570.10
2003	6616.61	358.20	236.63	3109.81	3506.80
2004	8544.50	598.92	171.41	3809.41	4735.09
2005	9995.89	403.26	185.99	4484.89	5511.00
2006	11855.68	753.56	228.55	5363.49	6492.19
2007	14425.06	720.16	271.92	6515.95	7909.11
2008	17141.44	750.36	221.12	7931.00	9210.44
2009	18681.48	917.66	228.10	8800.55	9880.93
2010	23805.32	1102.75	262.58	10935.92	12869.40
2011	30330.59	1410.10	310.90	13860.64	16469.95
2012	32379.94	1541.29	217.10	15267.35	17112.59
2013	36724.66	404.01	176.56	17611.81	19112.55
2014	41579.84	276.82	180.19	19914.45	21665.39

注：1.国有企业、集体企业1997年及以前年份的是按经济类型划分，1998年及以后年份是按登记注册类型划分。2.2013年，按登记注册分国有企业类型有调整。

Note:1.The Stated-owned Enterprises and Collective-owned Enterprises were grouped by ownership before 1997,grouped by status of registration after 1998. 2.In 2013, The Division of the Stated-owned Enterprises grouped by status of Registration has been adjusted.

12-2 主要年份工业总产值指数

Realated Indices of Industrial Enterprises in Selected Years

年份 Year	工业总产值指数（1952=100） Indices of Gross Industrial Output Value(1952=100)					工业总产值本年比上年增长(%) Growth Rates(%)				
	总计 Total	#国有企业 State-owned	#集体企业 Collective owned	#轻工业 Light Industry	#重工业 Heavy Industry	总计 Total	#国有企业 State-owned	#集体企业 Collective owned	#轻工业 Light Industry	#重工业 Heavy Industry
1952	100.0	100.0	100.0	100.0	100.0	31.3	121.7		25.5	109.1
1957	209.8	1190.2	8550.0	195.5	326.1	17.2	25.2	14.0	13.5	38.9
1962	279.5	1780.3	12929.3	228.4	694.6	-18.2	-22.9	2.1	-10.5	-33.5
1965	434.2	2946.4	15953.0	336.2	1230.6	24.2	28.0	11.3	22.7	27.8
1970	626.1	4371.4	19811.0	452.8	2034.7	16.9	21.4	-3.6	10.3	31.1
1975	1132.5	7182.3	53688.6	750.4	4219.4	9.4	8.9	11.2	5.2	15.9
1978	1635.5	10089.1	84353.2	1091.7	6031.6	19.7	19.9	19.2	17.1	23.6
1979	1830.5	11129.4	98310.2	1233.6	6664.9	11.9	10.3	16.5	13.0	10.5
1980	2068.8	12173.9	120672.0	1435.1	7208.0	13.0	9.4	22.7	16.4	8.2
1981	2260.4	12955.7	134425.3	1632.9	7370.9	9.3	6.4	11.4	13.8	2.3
1982	2425.8	13814.7	142670.7	1739.7	8008.3	7.3	6.6	6.1	6.5	8.6
1983	2640.1	14657.1	155963.3	1851.7	9038.7	8.8	6.1	9.3	6.4	12.9
1984	3308.2	16952.0	203636.8	2311.0	11397.2	25.3	15.7	30.6	24.8	26.1
1985	4149.1	19473.0	289888.8	2944.3	13940.1	25.4	44.9	42.4	27.4	22.3
1986	4786.3	21157.8	350355.2	3404.5	16018.8	15.4	8.7	20.9	15.6	14.9
1987	5894.3	23774.3	430360.7	4213.8	19563.2	23.1	12.4	22.8	23.8	22.1
1988	7854.0	27911.6	580627.2	5825.5	24437.9	33.2	17.4	34.9	38.2	24.9
1989	9044.6	29955.4	662981.4	6661.8	28504.2	15.2	7.3	14.2	14.4	16.6
1990	10205.0	30086.1	719949.7	7689.2	30824.9	12.8	0.4	8.6	15.4	8.1
1991	12489.5	32848.3	897745.8	9498.9	37105.3	22.4	9.2	24.7	23.5	20.4
1992	17149.9	37953.2	1360582.9	13312.9	49059.4	37.3	15.5	51.6	40.2	32.2
1993	25624.1	38810.8	2193320.1	19145.7	78531.6	49.4	2.3	61.2	43.8	60.1
1994	34914.6	39505.1	3062020.4	25873.0	108508.9	36.3	1.8	39.6	35.1	38.2
1995	41709.8	38550.9	3254811.9	30200.8	134592.3	23.3	0.9	10.2	20.8	27.4
1996	50427.1	39444.8	4293096.9	38385.2	149397.5	20.9	2.3	31.9	27.1	11.0
1997	60916.0	36994.0	4288803.8	45678.4	185252.9	20.8	-6.2	-0.1	19.0	24.0
1998	70175.2	33664.5	3628328.0	53854.8	204519.2	15.2	-9.0	-15.4	17.9	10.4
1999	80210.3	34708.1	3726292.9	59725.0	246650.2	14.3	3.1	2.7	10.9	20.6
2000	91519.9	35228.7	3934965.3	66653.1	290553.9	14.1	1.5	5.6	11.6	17.8
2001	103234.5	31987.7	3635907.9	71918.7	347212.0	12.8	-9.2	-7.6	7.9	19.5
2002	121403.8	25750.1	3857698.3	82994.2	419432.0	17.6	-19.5	6.1	15.4	20.8
2003	143256.5	29303.6	4328337.5	95443.3	507512.8	18.0	13.8	12.2	15.0	21.0
2004	168183.1	32849.3	4233114.1	112432.2	593789.9	17.4	12.1	-2.2	17.8	17.0
2005	196269.7	35280.2	4643726.2	135480.8	673951.6	16.7	7.4	9.7	20.5	13.5
2006	234738.6	40783.9	5307779.0	160680.2	810089.8	19.6	15.6	14.3	18.6	20.2
2007	287789.5	45351.7	6167639.2	193780.4	997220.5	22.6	11.2	16.2	20.6	23.1
2008	337000.9	45623.8	6846079.5	226529.3	1168742.5	17.1	0.6	11.0	16.9	17.2
2009	386877.0	50003.7	8105758.1	266851.5	1311329.1	14.8	9.6	18.4	17.8	12.2
2010	483983.1	59654.4	9272987.3	327960.5	1665388.0	25.1	19.3	14.4	22.9	27.0
2011	563840.3	67827.1	10775211.2	380434.2	1948504.0	16.5	13.7	16.2	16.0	17.0
2012	650107.9	70947.1	11906608.4	441303.7	2232985.6	15.3	4.6	10.5	16.0	14.6
2013	742423.2	79602.6	11763729.1	503968.7	2550069.4	14.2	12.2	-1.2	14.2	14.2
2014	832998.8	88040.5	12610717.6	559405.3	2886678.6	12.2	10.6	7.2	11.0	13.2

注：1.国有企业、集体企业1997年及以前年份的是按经济类型划分，1998年及以后年份是按登记注册类型划分。2.2013年度数据是根据企业上报的当年数和上年数计算的。

Note:1.The Stated-owned Enterprises and Collective-owned Enterprises were grouped by ownership before 1997,grouped by status of registration after 1998. 2.The data of 2013 is calculated according to the data reported by Enterprises in this year and previous year.

12-3 规模以上工业企业主要指标(1998-2014年)

Main Indicators of Industrial Enterprises above Designated Size(1998-2014)

单位：亿元 (100 million yuan)

年份 Year	企业单位数（个） Number of Enterprises (unit)	工业总产值 Gross Industrial Output Value	工业增加值 Value- added of Industry	资产总计 Total Assets	流动资产合计 Circulating Funds	主营业务收入 Revenue from Principal Business	利润总额 Total Profits	税金总额 Total Tax
1998	6106	2037.52	601.54	2626.33	1101.12	1860.76	55.76	103.85
1999	5549	2210.28	665.02	2890.62	1209.61	2060.31	87.38	113.67
2000	6011	2616.12	797.12	3368.64	1401.27	2468.69	110.80	135.80
2001	6583	2945.02	875.39	3632.22	1514.43	2789.09	118.22	146.16
2002	7462	3676.37	1177.59	4059.60	1781.70	3522.47	204.30	164.91
2003	9208	4953.74	1448.50	4902.48	2306.49	4822.24	314.40	204.22
2004	11918	6783.42	1917.65	6034.04	2994.25	6581.07	382.00	253.11
2005	12396	8135.98	2291.26	6841.37	3393.30	7848.24	407.55	285.73
2006	13755	10005.08	2847.81	8168.75	4111.21	9661.48	586.52	377.21
2007	15178	12517.91	3598.69	10157.20	5056.06	12227.31	894.51	481.21
2008	17212	15212.81	4057.51	11694.91	5700.78	14816.17	896.11	560.87
2009	18154	16762.82	4675.31	13344.47	6564.47	16338.61	1104.05	649.12
2010	19227	21901.23	6111.44	16058.70	8420.83	21479.37	1754.18	824.27
2011	14116	27443.90	7378.62	18582.15	9797.20	26850.95	2114.54	992.88
2012	15333	29704.66	7810.89	21385.98	11419.24	29206.84	2023.27	1253.05
2013	16115	33853.36	8940.01	24959.37	12904.53	33111.10	2225.00	1396.21
2014	16744	38405.32	10051.67	27978.35	14189.64	37097.44	2344.27	1516.42

注：从2011年起，规模以上工业划分标准由年主营业务收入（销售收入）500万元及以上调整为2000万元及以上。(下同)

Note:Since 2011,Revenue from Principal Business of Industrial Enterprises above Designated Size become 20 million yuan frome 5 million yuan. The same applies to the tables following.

12-4 规模以上工业企业主要经济效益指标(1998-2014年)

Main Indicators on Economic Benefit of Industrial Enterprises above Designated Size(1998-2014)

单位：% (%)

年份 Year	工业增加值率 Ratio of Value-added to Industrial Output Value	总资产贡献率 Ratio of Assets to Industrial Output Value	资产负债率 Assets- Liability Ratio	流动资产周转次数（次/年） Number of Times of Turnover of Circulating Funds(times/year)	工业成本费用利润率 Ratio of Profits to Industrial Cost	全员劳动生产率（元/人） Overall Labor Productivity(yuan /person)	产品销售率 Proportion of Products Sold
1998	26.99	7.95	56.10	1.76	3.13	38250	95.52
1999	27.29	8.95	57.35	1.78	4.50	44967	96.39
2000	27.46	9.26	57.52	1.89	4.76	51244	96.95
2001	26.82	8.84	56.76	1.91	4.47	53016	96.99
2002	29.06	10.91	55.82	2.10	6.22	65802	97.50
2003	26.43	12.74	54.34	2.30	7.07	65168	97.59
2004	25.54	12.74	52.96	2.39	6.21	70420	97.13
2005	27.47	11.89	52.71	2.41	5.52	78898	97.33
2006	27.74	14.08	53.81	2.51	6.58	87655	96.96
2007	27.98	16.27	55.53	2.58	8.05	100197	97.71
2008	27.89	14.86	53.72	2.67	6.44	116619	97.54
2009	27.50	15.27	53.44	2.66	7.28	123205	97.34
2010	27.60	18.80	52.74	2.87	8.83	148426	97.76
2011	26.47	18.04	52.20	2.77	8.42	182719	97.50
2012	26.17	16.70	53.39	2.58	7.40	188811	97.83
2013	26.31	15.79	54.43	2.59	7.16	210899	97.45
2014	25.09	15.02	54.37	2.64	6.74	239802	97.31

12-5 主要年份规模以上工业企业主要经济指标

单位：亿元

年份 Year	固定资产原价 Original Value of Fixed Assets				固定资产合计 Total Value of Fixed Assets			
	合计 Total	国有 State-owned	集体 Collective-owned	其他 Others	合计 Total	国有 State-owned	集体 Collective-owned	其他 Others
1978	44.84	40.62	4.22			29.52		
1980	56.78	49.65	7.13		41.11	35.83	5.28	
1985	103.41	83.83	17.26	2.32	74.01	59.40	12.57	2.04
1990	244.56	173.52	38.76	32.28	180.75	127.49	26.37	26.89
1995	991.98	482.24	93.97	415.77	783.88	368.76	69.46	345.66
1996	1197.03	551.93	107.01	538.09	923.98	411.57	77.81	434.60
1997	1444.47	585.53	128.06	730.88	1106.79	434.63	95.68	576.48
1998	1539.99	613.18	84.78	842.03	1150.38	450.25	62.28	637.85
1999	1768.61	681.74	82.28	1004.59	1307.18	493.17	59.01	755.00
2000	2032.18	679.99	85.13	1267.06	1479.53	477.71	60.21	941.61
2001	2351.09	711.63	76.29	1563.17	1690.78	492.17	53.55	1145.06
2002	2596.43	591.72	59.92	1944.79	1812.38	410.75	41.84	1359.79
2003	2979.24	624.78	58.20	2296.26	2020.47	416.94	40.99	1562.54
2004	3435.92	640.44	35.79	2759.69	2343.14	427.74	22.86	1892.53
2005	3838.40	330.01	36.72	3471.67	2565.23	204.17	24.82	2336.23
2006	4499.35	710.81	40.54	3747.99	2970.84	450.69	25.57	2494.57
2007	5227.60	712.79	45.22	4469.59	3504.89	472.30	28.72	3003.87
2008	5994.98	785.89	45.36	5163.73	4043.82	507.56	28.52	3507.74
2009	7039.82	1110.16	44.94	5884.71	4740.79	741.70	28.74	3970.35
2010	7967.50	1146.31	54.30	6766.88	5324.49	742.54	33.50	4548.45
2011	8855.37	1383.56	44.60	7427.21	5826.21	890.04	27.30	4908.86
2012	10220.10	1598.14	33.20	8588.76	6502.59	1011.83	19.47	5471.30
2013	11806.75	240.16	26.32	11540.27	7325.46	141.44	13.77	7170.25
2014	13572.81	128.40	22.56	13421.85	8483.05	75.58	12.42	8395.05

注：1.表内1998年起统计口径为规模以上工业企业,以前为乡及乡以上独立核算工业企业；2.2013年，按登记注册类型分国有企业类型有调整。

Note:a)Statistics scope from 1998 covers industrial enterprises above designated size. b)In 2013, The Division of the Stated-owned Enterprises grouped by status of Registration has been adjusted.

Main Financial Indicators of Industrial Enterprises above Designated Size in Selected Years

(100 million yuan)

主营业务收入 Sale Revenue				利税总额 Total Profit and Tax			
合计 Total	国有 State-owned	集体 Collective-owned	其他 Others	合计 Total	国有 State-owned	集体 Collective- owned	其他 Others
				12.21	10.25	1.96	
67.25	52.86	14.38	0.01	14.44	12.13	2.31	
136.58	99.06	30.79	6.73	25.74	21.10	3.98	0.66
352.56	213.01	68.65	70.90	44.97	33.14	5.98	5.85
1469.28	442.04	225.29	801.95	130.54	58.91	18.30	53.33
1617.13	438.70	242.70	935.73	145.20	72.80	18.73	53.67
1858.56	417.02	269.98	1171.56	170.38	75.02	21.96	73.40
1860.76	387.59	183.71	1289.46	159.61	69.24	12.57	77.80
2060.31	424.73	170.05	1465.53	201.05	74.54	12.80	113.71
2468.69	445.30	176.52	1846.87	246.60	81.60	14.16	150.84
2789.09	431.74	169.13	2188.22	264.38	86.09	14.98	163.31
3522.47	344.91	146.80	3030.76	369.21	73.79	12.49	282.93
4822.24	390.11	163.67	4268.46	518.62	85.46	16.65	416.51
6581.07	590.08	101.07	5889.92	635.11	91.22	8.95	534.94
7848.24	398.85	106.91	7342.48	693.28	85.47	9.41	598.40
9661.48	738.51	137.89	8785.08	963.72	113.02	16.01	834.69
12227.31	709.38	168.53	11349.40	1375.71	122.57	22.34	1230.81
14816.17	727.08	176.15	13912.93	1456.97	101.75	20.00	1335.22
16338.61	898.97	192.06	15247.58	1753.17	97.57	22.26	1633.34
21479.37	1080.59	222.89	20175.89	2578.45	157.13	27.55	2393.77
26850.95	1373.72	249.65	25227.58	3107.42	240.36	31.85	2835.21
29206.84	1508.80	171.44	27526.60	3276.32	299.84	19.86	2956.62
33111.10	377.08	129.97	32604.05	3621.20	129.88	15.21	3476.11
37097.44	239.58	129.37	36728.49	3860.69	117.12	12.78	3730.79

12-5 续表

单位：亿元

年份 Year	利润总额 Total Profit				工业增加值 Value Added of Industry	
	合计 Total	国有 State-owned	集体 Collective- owned	其他 Others	合计 Total	国有 State-owned
1978	6.75	5.53	1.22			
1980	8.26	6.82	1.44			
1985	13.55	11.07	2.15	0.33		
1990	16.09	11.91	1.79	2.39		
1995	48.16	15.17	5.35	27.64	410.29	145.42
1996	55.12	25.28	5.31	24.53	488.04	144.34
1997	68.62	30.24	6.40	31.98	581.40	137.84
1998	55.76	18.47	3.40	33.89	601.54	158.49
1999	87.38	22.22	4.38	60.78	665.02	167.73
2000	110.80	24.21	5.29	81.30	797.12	172.80
2001	118.22	26.37	6.21	85.64	875.39	183.37
2002	204.30	20.11	5.73	178.46	1177.59	153.43
2003	314.40	24.82	7.97	281.60	1448.50	157.92
2004	382.00	21.92	3.73	356.35	1917.65	179.53
2005	407.55	19.84	3.47	384.25	2291.26	148.85
2006	586.52	26.61	8.04	551.87	2847.81	209.66
2007	894.51	44.99	12.39	837.13	3598.69	205.47
2008	896.11	25.45	9.68	860.98	4057.51	211.48
2009	1104.05	18.37	10.18	1075.50	4675.31	243.05
2010	1754.18	53.91	15.54	1684.73	6111.44	306.11
2011	2114.54	61.54	18.12	2034.88	7378.62	412.95
2012	2023.27	74.82	9.57	1938.88	7810.89	481.79
2013	2225.00	28.90	7.25	2188.84	8940.01	176.16
2014	2344.27	17.10	5.44	2321.73	10051.67	160.24

Continued

(100 million yuan)

		工业总产值 Gross Industrial Output Value			
集体 Collective- owned	其他 Others	合计 Total	国有 State-owned	集体 Collective- owned	其他 Others
		55.46	43.69	11.77	
		71.86	55.47	16.38	0.01
		141.40	98.35	34.00	9.05
		393.65	225.17	78.77	89.71
60.78	204.09	1558.04	433.67	240.51	883.86
78.45	265.25	1770.54	436.10	282.04	1052.40
92.35	351.21	2028.43	417.00	307.45	1303.98
57.99	385.06	2037.52	389.20	205.99	1442.33
51.10	446.19	2210.28	406.11	184.70	1619.47
52.37	571.95	2616.12	447.09	189.96	1979.07
49.19	642.83	2945.02	421.07	180.11	2343.84
45.06	979.10	3676.37	329.12	154.34	3192.91
52.23	1238.35	4953.74	358.20	171.78	4423.76
31.43	1706.69	6783.42	598.92	103.58	6080.91
38.24	2104.16	8135.98	403.27	111.97	7620.74
48.85	2589.30	10005.08	753.56	139.52	9112.00
55.56	3337.66	12517.91	717.16	168.56	11632.19
60.91	3785.12	15212.81	740.26	174.96	14297.59
64.82	4367.43	16762.82	908.68	190.23	15663.91
79.68	5725.65	21901.23	1092.57	219.84	20588.81
87.09	6878.58	27443.90	1394.67	246.11	25803.12
62.09	7267.01	29704.66	1526.17	174.09	28004.41
46.21	8717.64	33853.36	388.10	131.30	33333.96
47.73	9843.70	38405.32	259.20	130.07	38016.05

12-6 规模以上工业企业单位数

Number of Industrial Enterprises above Designated Size

单位：个 (unit)

项目 Item	2000	2005	2010	2013	2014
合　计 Total	**6011**	**12396**	**19227**	**16115**	**16744**
按轻重分 Grouped by Light &Heavy Industry					
轻工业 Light Industry	3656	7131	10654	9011	9367
重工业 Heavy Industry	2355	5265	8573	7104	7377
按注册类型分 Grouped by Status of Registration					
内资企业 Pomestic Funded Enterprises	3320	7453	13524	11851	12650
港澳台商投资企业 Enterprises With Funds from HongKong,Macao and TaiWan	2076	3165	3705	2712	2604
外商投资企业 Foreign Funded Enterprises	615	1778	1998	1552	1490
按经济类型分 Grouped by Ownership					
国有 Stated-owned	1046	481	273	175	174
集体 Collective-owned	1077	800	584	231	179
其他 Others	3888	11115	18370	15709	16391
#外商及港澳台商投资 Funds from HongKong,Macao,Taiwan and Foreign Area	2691	4943	5703	4264	4094
按经济组织分 Grouped by Organization					
独资 Sole Funded	3572	4871	5631	3674	3459
合作、合伙 Cooperated and Partnership	494	715	681	281	215
股份有限公司 Share Holding Enterprises	189	381	444	510	545
有限责任公司 Limited Liability Corporations	1756	6429	12471	11650	12525
按规模分 Grouped by Size					
大型 Large Scale	92	60	124	443	446
中型 Medium Scale	209	1142	2116	2998	2929
小型 Small Scale	5710	11194	16987	12184	12681
微型 Micro-Scale				490	688

12-7 规模以上工业企业增加值

Value-added of Industrial Enterprises above Designated Size

单位：亿元 (100 million yuan)

项目 Item	2000	2005	2010	2013	2014
合 计 Total	**797.12**	**2291.26**	**6111.44**	**8940.01**	**10051.67**
#国有及国有控股企业 State-owned and State-holding Industrial Enterprises	292.66	442.61	821.77	1181.62	1319.42
按轻重分 Grouped by Light &Heavy Industry					
轻工业 Light Industry	415.58	1121.49	2940.72	4572.97	5130.92
重工业 Heavy Industry	381.54	1169.76	3170.73	4367.04	4920.75
按经济类型分 Grouped by Ownership					
国有 Stated-owned	172.80	244.22	439.69	533.61	561.38
集体 Collective-owned	52.37	69.14	194.40	75.51	70.15
股份制 Share Holding	70.05	314.51	820.73	1830.70	2292.88
联营 Cooperation	1.87	3.91	5.85	9.87	12.66
私营 Private	36.55	395.39	1758.94	2846.99	3243.03
外商及港澳台商投资 Funds from HongKong,Macao, TaiWan and Foreign	462.12	1262.75	2881.16	3596.75	3861.40
其他 Others	1.36	1.34	10.69	46.58	10.17
按登记注册分 Grouped by Status of Registration					
国有 State-owned Enterprises	150.80	148.85	306.11	176.16	160.24
集体 Collective-owned Enterprises	52.37	38.24	79.68	46.21	47.73

注：1.工业增长速度按月报同口径计算，表内绝对数为年报数，因年度间调查单位数不同，不可直接对比。2.2003年起大中型企业划分标准改变，故大中型企业数与往年不可比。3.2011年起增加微型企业规模分类，故小型企业数与往年不可比。

Note:a)Increase rate of Industrial enterprises is according to monthly statistics.b)Changed by the standard of enterprise , number of enterprises by Large and Medium size from 2003 is not comparable with the previous years.c)Since 2011,including Micro-enterprises,Ssize from 2003 is not comparable with the previous years.

12-7 续表

Continued

单位：亿元 (100 million yuan)

项目 Item	2000	2005	2010	2013	2014
股份合作 Cooperative Enterprises	7.16	29.40	113.31	26.72	19.74
联　营 Cooperative	19.65	28.40	41.01	26.30	32.69
有限责任公司 Limited-Liability Corporations	29.72	291.38	709.24	1840.88	2291.82
股份有限公司 Share Holding Corporations Ltd.	46.39	95.50	211.30	333.42	384.84
私营企业 Private Enterprises	36.55	395.39	1758.94	2846.99	3243.03
港澳台商投资企业 Funds from HongKong, Macao,TaiWan	333.05	670.47	1583.93	2001.36	2204.54
外商投资企业 Foreign Funded Enterprises	129.07	592.28	1297.22	1595.38	1656.86
其他企业 Other Enterprises	1.36	1.34	10.69	46.58	10.17
按经济组织分 Grouped by Organization					
独资 Sole Funded	480.16	987.98	2390.18	2660.36	2764.98
合作、合伙 Cooperated and Partnership	44.36	96.10	231.23	144.56	111.44
股份有限公司 Share Holding Enterprises	49.57	170.39	388.26	600.52	674.90
有限责任公司 Limited Liability Corporations	223.03	1036.78	3101.77	5534.56	6500.35
按规模分 Grouped by Size					
大型 Large Scale	164.11	416.15	1230.26	2756.78	2952.30
中型 Medium Scale	115.19	926.30	2400.64	2913.22	3345.45
小型 Small Scale	517.81	948.80	2480.54	3212.06	3632.34
微型 Micro-Scale				57.95	121.58

12-8 按行业分规模以上工业企业增加值

Value-added of Industry Enterprises above Designated Size by Industrial Sector

单位：亿元 (100 million yuan)

项目 Item	2013	2014
合　计 Total	**8940.01**	**10051.67**
采矿业 Mining	**219.52**	**234.25**
煤炭开采和洗选业 Coal Mining and Dressing	71.34	72.58
石油和天然气开采业 Petroleum and Natural Gas Mining		
黑色金属矿采选业 Ferrous Metals Mining and Dressing	42.48	47.23
有色金属矿采选业 Nonferrous Metals Mining and Dressing	36.91	32.43
非金属矿采选业 Nonmetal Minerals Mining and Dressing	68.80	82.01
开采辅助活动 Subsidiary Action		
其他采矿业 Others Mining and Quarrying		
制造业 Manufacturing	**8140.58**	**9214.06**
农副食品加工业 Agricultural and Sideline Products Processing	465.45	528.31
食品制造业 Food Manufacturing	255.36	316.20
酒、饮料和精制茶制造业 Wine，Drink and Tea Manufacturing	231.68	273.58
烟草制品业 Tobacco Processing	197.49	228.16
纺织业 Textile Industry	441.23	496.05
纺织服装、服饰业 Textile Garments Products	485.67	515.98
皮革、毛皮、羽毛及其制品和制鞋业 Leather , Furs , Down and Relate Products	837.16	919.80
木材加工和木、竹、藤、棕、草制品业 Timber Processing,Bamboo,Cane,Palm Fiber and Straw Products	206.05	235.54
家具制造业 Furniture Manufacturing	90.46	109.21
造纸和纸制品业 Papermaking and Paper Products	233.07	225.46
印刷和记录媒介复制业 Printing and Record Medium Reproduction	61.63	72.46
文教、工美、体育和娱乐用品制造业 Cultural , Educational and Sports Goods	314.79	378.86
石油加工、炼焦和核燃料加工业 Petroleum Processing , Coking and Nuclear Fuel Processing	157.05	238.86
化学原料和化学制品制造业 Raw Chemical Materials and Chemical Products	278.48	312.20

12-8 续表

Continued

单位：亿元　　(100 million yuan)

项目 Item	2013	2014
医药制造业 Medical and Pharmaceutical Products	77.18	92.29
化学纤维制造业 Chemical Fiber	159.99	174.51
橡胶和塑料制品业 Rubber and Plastic Products	371.70	404.19
非金属矿物制品业 Nonmetal Minerals Products	652.41	762.40
黑色金属冶炼和压延加工业 Smelting and Pressing of Ferrous Metals	344.58	361.54
有色金属冶炼和压延加工业 Smelting and Pressing of Nonferrous Metals	184.96	248.95
金属制品业 Metal Products	184.41	222.79
通用设备制造业 General Equipment	229.40	265.68
专用设备制造业 Special Purpose Equipment	149.59	170.36
汽车制造业 Car Manufacturing	220.48	234.90
铁路、船舶、航空航天和其他运输设备制造业 Railway,Watercraft,Aviation and others transportation Manufacturing	95.54	112.62
电气机械和器材制造业 Electric Equipment and Machinery	417.47	468.59
计算机、通信和其他电子设备制造业 Computer,Communication and other Electronic Equipment	655.51	689.21
仪器仪表制造业 Instruments and Meters Machinery	44.35	50.63
其他制造业 Others Manufacturing	59.12	64.91
废弃资源综合利用业 Waste Resources and Materials Recovering	13.98	14.10
金属制品、机械和设备修理业 Metals,Machinery and Equipment maintenance	24.34	25.73
电力、热力、燃气及水生产和供应业 **Production and Supply of Electric Power and Hot Power**	**579.91**	**603.36**
电力、热力生产和供应业 Production and Supply of Electric Power and Hot Power	512.62	536.45
燃气生产和供应业 Production and Supply of Gas	47.84	45.75
水的生产和供应业 Production and Supply of Water	19.45	21.16

12-9 主要年份规模以上工业企业主要工业产品产量

Industry Enterprises above Designated Size Output of Major Industrial Products in Selected Years

年份 Year	化学纤维（万吨） Chemical Fiber (10000 tons)	原煤(万吨) Coal (10000 tons)	发电量(亿千瓦小时) Electricity (100 million kwh)	粗钢(万吨) Crude Steel (10000 tons)	水泥(万吨) Cement (10000 tons)	化学肥料（万吨） Chemical Fertilizer (10000 tons)	汽车(辆) Motor Vehicles (unit)	移动通信手持机(万部) Mobile Telephone (10000 unit)	微型电子计算机(万部) Micro-computer (10000 sets)
1952		0.30	0.12						
1957		8.25	0.57		5.26				
1962	…	55.77	4.99	0.12	6.05	0.31			
1965	0.03	60.19	7.41	0.66	20.37	4.46			
1970	0.10	110.03	13.12	3.62	32.85	5.22	317		
1975	0.28	280.67	26.83	9.84	89.13	9.54	765		
1978	1.19	423.05	40.69	16.16	120.45	16.40	907		
1979	1.13	479.04	44.40	20.93	139.84	19.51	1110		
1980	1.35	462.99	49.47	24.16	155.30	24.32	1029		
1981	1.50	416.55	52.46	21.90	161.62	24.88	60		
1982	1.35	440.23	57.18	24.90	163.71	27.21	40		
1983	1.04	524.26	61.55	23.79	206.66	28.14	257		
1984	1.03	575.94	67.53	28.71	234.03	32.37	641		
1985	1.65	606.53	77.20	31.75	290.69	32.88	652		
1986	2.06	678.52	86.21	34.42	321.76	32.89	870		
1987	2.50	787.19	98.54	39.23	379.50	39.93	1201		
1988	2.62	864.36	114.14	40.39	452.97	40.62	3225		
1989	2.55	944.83	129.56	43.23	499.63	42.28	1607		
1990	3.13	925.37	136.65	51.66	540.04	43.64	676		
1991	3.40	857.19	151.76	56.47	646.87	44.09	1796		
1992	3.56	909.68	176.55	61.87	747.62	47.31	3407		
1993	3.60	982.52	195.27	61.72	902.39	44.39	3949		
1994	4.95	977.38	228.93	56.24	1104.20	47.34	3299		
1995	12.96	1134.18	261.55	55.49	1511.17	51.04	3636		
1996	24.12	1167.97	284.10	80.49	1504.52	56.66	3223		
1997	26.91	776.04	310.18	89.34	1522.42	54.74	6083		
1998	31.59	727.18	322.70	113.32	1594.46	63.51	6276		
1999	37.17	577.14	356.00	128.98	1825.81	61.15	9279		
2000	41.22	375.03	403.73	124.94	1513.64	61.38	29606		88.77
2001	47.95	512.33	446.32	155.27	1525.53	55.84	32498		88.79
2002	65.97	644.51	533.08	211.98	1698.69	60.69	48356		174.25
2003	59.39	778.22	610.70	256.04	2116.27	56.69	86679		241.74
2004	71.47	1076.05	659.64	319.20	2245.34	60.27	65811		295.02
2005	79.12	1331.74	778.25	382.33	2713.62	60.27	70260	1165.96	371.44
2006	106.32	1759.18	904.25	465.48	3343.93	64.76	73215	1358.78	445.73
2007	137.69	1991.74	1038.28	588.43	4449.69	62.95	86514	1097.48	513.23
2008	169.78	2306.07	1085.38	727.28	4593.36	69.60	95098	716.56	647.32
2009	183.66	2466.13	1170.71	765.04	5446.50	59.67	135044	671.50	607.20
2010	206.15	2442.73	1356.32	1086.88	5921.20	57.87	194963	1064.25	738.27
2011	223.98	2480.86	1578.90	1166.89	6570.86	52.14	190835	1658.82	898.56
2012	272.09	1947.55	1622.62	1318.55	7197.60	48.15	186465	2968.01	929.04
2013	376.65	1614.81	1643.16	1997.16	7890.37	46.69	205764	3841.85	1284.76
2014	454.94	1504.45	1746.15	1820.79	7732.33	48.71	180947	1277.99	985.40

12-10 规模以上工业企业主要工业产品产量

Output of Major Industrial Products of Industrial Enterprise above Designated size

项目　Item	2000	2005	2010	2013	2014
原煤(吨) Coal(ton)	3750300	13317400	24427250	16148098	15044466
铁矿石原矿量(吨) Primary Iron ore(ton)	1690400	4838600	23272585	11885968	14767218
硫铁矿(折硫35%)(吨) Sulphur Iron(ton)	35000	16600	99177	233783	158266
原盐(吨) Salt(ton)	283700	344900	333929	190060	292411
配混合饲料(吨) Mixed Feed(ton)	974900	2185200	4830171	7488536	8263139
食用植物油(吨) Eatened Vegetable(ton)	62400	434800	1684343	1194507	1902774
糖(吨) Sugar(ton)	61100	62500	37279	36125	8476
罐头(吨) Tin(ton)	267800	785700	2032091	2424673	2694775
啤酒(千升) Beer(1000 L)	1104000	1573300	1887767	2000076	1821262
软饮料(吨) Soft Drink(ton)	398200	1112800	3869623	4875995	5361828
精制茶(吨) Highly Finished Tea(ton)	17000	39500	103310	183934	208871
卷烟(万箱) Cigarette(10000 cases)	98.62	121.00	168.75	189.72	193.95
纱(吨) Yarn(ton)	143641	680042	1847365	3225009	3955543
布(万米) Cloth(10000 m)	55867	201266	312003	604291	685511
棉布(万米) Cottoned Cloth(10000 m)	2938	13020	39708	92959	81529
棉混纺交织布(米) Blending Cloth(m)	11022	35790	110002	219946	285506
纯化纤布(米) Pure Chemical Fibre Cloth(m)	41907	152456	162292	291385	318358
印染布(万米) Printing and Dyeing Cloth(10000 m)	38744	162653	391229	489403	472686
毛线(吨) Kitting Wool(ton)	7523	9997	5020	2377	2362

12-10 续表1

Continued

项目 Item	2000	2005	2010	2013	2014
服装(万件) Clothes(10000 piece)	39877	81539	292273	329903	374528
轻革(平方米) Light Leather(10000 sq.m)	3591200	33335800	43511617	51652567	52309448
皮革鞋靴(万双) Leather Shoes(10000 pairs)	20931	50426	114358	168293	148082
人造板(立方米) Man-made Wood(cu.m)	677000	2664900	9979320	13122351	14162050
胶合板 Plywood	224800	1082700	4248677	6742033	7845637
纤维板 Fiberboond	294900	1145500	1936396	2147786	2467740
刨花板 Honghed Wood	145000	193600	2075427	2207516	2096762
机制纸及纸板(吨) Machine-made Paper and Paperboard(ton)	850700	1871100	4320636	6117821	6539119

#新闻纸(吨)
Newsprint(ton)
	241800	375300	159511	151447	119984

焦炭(吨) Coke(ton)	448900	909400	1430462	1667177	1954994
硫酸(折100%)(吨) Sulfuric Acid(ton)	338700	410600	597822	1553463	1866342
盐酸(含量31%以上)(吨) Hydrochloric(ton)	124500	140200	70749	92873	166349
烧碱(折100%)(吨) Caustic Soda(ton)	156400	255100	201120	228231	252292
纯碱(吨) Soda Ash(ton)	94500	192300	177867	6358	8878
电石(吨) Calcium Carbide(ton)	154900	142600	69599	38116	39403
合成氨(吨) Synthetic Ammonia(ton)	800900	941500	1021305	917326	849192
农用化肥(吨) Chemical Fertilizer(ton)	613800	602700	578746	466912	487074
#氮肥(吨) Nitrogerous Fertilizer(ton)	509600	557000	553717	422703	309612

#尿素(吨)
Carbamine(ton)
	278600	313400	329370	304538	215728

磷肥(吨) Phosphate Fertilizer(ton)	79600	45600	25028	14464	177462

12-10 续表2

Continued

项目　Item	2000	2005	2010	2013	2014
油漆(吨) Paint(ton)	19096	44851	319064	493774	694203
塑料(吨) Plastics(ton)	143470	337876	1524961	1649192	2271300
合成洗涤剂(吨) Synthetic Detergents(ton)	68	7004	39705	133494	163581
化学原料药(吨) Chemical Medicine(ton)	1205	2779	7266	14464	24308
中成药(吨) Mid-product chineses Medicine(ton)	3781	3904	6534	17908	17151
化学纤维(吨) Chemical Fiber(ton)	412198	791167	2061509	3766503	4549359
轮胎外胎(条) Tires(pcs)	9839600	17809700	27876136	43177557	37005352
塑料制品(吨) Plastics(ton)	557000	863000	1663088	2999790	3344326
水泥(吨) Cement(ton)	15136400	27136200	59212000	78903689	77323298
砖(万块) Bricks(10000 pcs)	23400	20700	303443	678614	1089151
花岗石板材(平方米) Granite board(sq.m)	11266800	68322600	145464187	260354311	294677796
平板玻璃(重量箱) Plate glass(case)	4798700	6415100	27653500	52431848	52413544
生铁(吨) Pig Iron(ton)	1493700	3939600	5588053	8648261	9076955
粗钢(吨) Crude Steel(ton)	1249400	3823300	10868830	19971567	18207925
钢材(吨) Steel Products(ton)	2837900	7359000	13405616	27828296	30196366
铁合金(吨) Iron Alloy(ton)	39700	59000	240768	349016	374497
十种有色金属(吨) Ten Nonferrous Metals Total(ton)	34474	60362	138774	404979	388450
金属切削机床(台) Metal-cutting Machine Tools(set)	584	1815	3146	6018	5961
起重机械(吨) Crane Machine(ton)	1988	4105	4655	5185	41152
叉车(台) Fork Truck(set)	3301	6720	11081	15569	17679

12-10 续表3

Continued

项目 Item	2000	2005	2010	2013	2014
泵(台) Pump(set)	1676900	4907200	8358576	9772621	8933422
气体压缩机(台) Gas Compressor(set)	28506	42836	50472	65667	74017
轴承(万套) Bearing(10000 units)	1767	4690	11108	13009	13511
小型拖拉机(台) Small Tractors Motor(set)	17400	24700	6338	4009	7006
汽车(辆) Vehicles(unit)	29606	70260	194963	205764	180947
#载货汽车 Cargo Vehicles	10244	4158	8005	14375	17124
改装汽车(辆) Refitted Vehicles(unit)	7107	26555	16222	20388	13701
民用钢质船舶(总吨) Civil Steelen Boats(tons)	44457	146816	727031	753954	578569
交流电动机(千瓦) Alternating Current Electromotor(kw)	1799600	2484300	5827571	10505643	10894691
变压器(千伏安) Power Transformer(kva)	2549000	3489300	5728012	6622839	6002579
电力电缆(千米) Electric Cable(km)	14629	18381	105487	144723	316130
电话单机(台) Telephone Set(set)	6646300	9728900	8452845	5998186	7310106
微型电子计算机(台) Personal Computers(set)	887678	3714387	7382707	12847582	9854033
集成电路(万块) Semiconductor Integrated Circuit(10000 units)	6888.00	13996.22	1158.40	5190.82	4450.54
彩色电视机(台) Color TV Sets(set)	2041900	3739000	9031009	8912707	14749266
照相机(台) Cameras(set)	3221684	1101899	4510909	1564203	1361807
钟(台) Clocks(set)	27474800	92983300	85595769	83711626	81037251
发电量(万千瓦小时) Electricity(10000 kwh)	4037300	7782500	13563200	16431612	17491149
#水电 Hydropower	1952200	2910000	4536900	2787124	3126811

12-11 规模以上工业企业主要指标(2014年)

单位：万元

项目 Item	工业总产值 Gross Industrial Output Value	工业增加值 Value added of Industry	资产总计 Total Assets	固定资产原价 Original Value of Fixed Assets
合 计 Total	**384053244**	**100516706**	**279783456**	**135728071**
#国有控股企业 State-holding Enterprises	48583877	13194184	71614785	50174499
#农村工业 Industy in Country	705126	252674	250662	124572
#亏损企业 Deficitted Enterprises	30682233	5657622	32520461	19509236
按轻重分 Group by Light & Heary Industry				
轻工业 Light Industry	182192195	51309153	114013155	45523133
重工业 Heavy Industry	201861050	49207553	165770300	90204938
按经济类型分 Grouped by Ownership				
国有 Stated-owned	17458037	5613811	21172014	18776206
集体 Collective-owned	2001354	701499	791626	333302
股份 Share Holding	92672182	22928786	89281528	41560789
联营 Cooperation	501913	126579	104745	68200
私营 Private	123129437	32430286	59963567	25220280
外商及港澳台商投资 Funds from HongKong,Macao,TaiWan and Foreign Area	147993334	38614021	108338653	49701965
其他 Others	296988	101724	131322	67330
按登记注册分 Grouped by Status of Registration				
内资企业 Sole Funded	236059910	61902684	171444802	86026106
港、澳、台商投资 Enterprises with Funds from HongKong, Macao and TaiWan	83190093	22045437	63386043	27298828
外商投资企业 Foreign Funded Enterprises	64803242	16568584	44952611	22403137
按经济组织分 Grouped by Organization				
独资企业 Sole Funded	99730796	27649849	70145396	30005689
合作、合伙 Cooperated and Partnership	3372852	1114381	1993958	1518307
股份有限公司 Share Holding Enterprises	26007445	6748981	35698938	13540284
有限责任公司 Limited Liability Corporations	254942151	65003495	171945164	90663790

Main Indicators of Industrial Enterprises above Designated Size(2014)

(10000 yuan)

固定资产合计 Total Value of Fixed Assets	流动资产合计 Circulating Finds	主营业务收入 Sale Revenue	利润总额 Total Profit	利税总额 Total Profits and Tax	所得税费用 Income Tax	应交增值税 Value Added Tax Payable
84830525	**141896359**	**370974376**	**23442688**	**38606875**	**2875432**	**10765615**
32785855	18864661	47420330	2229787	6785443	526054	1872113
81475	118481	697798	50200	83032	4020	23991
12413131	14158576	28308745	-1500069	30642	-6798	757234
27661839	68527979	175845324	12212335	19682053	1284364	5128924
57168686	73368380	195129051	11230353	18924822	1591069	5636691
10574621	4828837	17079592	922378	3144232	228064	776607
180965	451353	1984040	102758	201490	13733	73851
29617710	37907188	88929196	5890249	9600997	752112	2920827
44992	44588	501445	27861	30620	132	2672
16186528	34111255	119421040	7347218	11225735	614659	3133564
28179683	64494362	142770633	9122362	14361317	1264191	3848040
46025	58776	288429	29862	42484	2541	10055
56650841	77401997	228203742	14320327	24245558	1611242	6917575
15331297	37918475	79646170	5763882	8554138	729826	2400662
12848386	26575887	63124463	3358480	5807180	534365	1447377
16289973	44524055	96016105	6698710	10402864	926956	2444601
621636	939201	3367525	345849	471439	43726	99510
7858193	17908250	24766522	2231197	3133359	287266	749706
60060722	78524853	246824224	14166932	24599215	1617485	7471799

12-11 续表1

单位：万元

项目 Item	工业总产值 Gross Industrial Output Value	工业增加值 Value added of Industry	资产总计 Total Assets	固定资产原价 Original Value of Fixed Assets
按规模分 Grouped by Size of Enterprises				
大型企业 Large Scale	111717096	29522982	92013039	42605186
中型企业 Medium Scale	126567280	33454519	100381228	54544794
小型企业 Small Scale	140946517	36323446	83522791	37607193
微型企业 Micro-Scale	4822353	1215759	3866398	970898
按行业分 Grouped by Sector				
煤炭开采和洗选业 Coal Mining and Dressing	1209232	725905	1098695	562928
石油和天然气开采业 Petroleum and Natural Gas Mining				
黑色金属矿采选业 Ferrous Metals Mining and Dressing	1426237	472253	968515	584792
有色金属矿采选业 Nonferrous Metals Mining and Dressing	722804	324277	410262	280431
非金属矿采选业 Nonmetal Minerals Mining and Dressing	2138867	820085	920829	501425
其他采矿业 Others Mining and Quarrying				
农副食品加工业 Agricultural and Sideline Products Processing	24333358	5283074	12913565	3882795
食品制造业 Food Manufacturing	11153960	3162011	6059158	2319386
酒、饮料和精制茶制造业 Wine，Drink and Tea Manufacturing	7796938	2735820	4708711	2324826
烟草制品业 Tobacco Processing	2664633	2281581	2638590	1181995
纺织业 Textile Industry	21483273	4960452	13606401	6766021
纺织服装、服饰业 Textile Garments Products	17086592	5159799	10999504	3405833
皮革、毛皮、羽毛及其制品和制鞋业 Leather , Furs , Down and Relate Products	29755317	9198042	16156012	5027432
木材加工和木、竹、藤、棕、草制品业 Timber Processing,Bamboo,Cane,Palm Fiber and Straw Products	8235845	2355358	3119620	1511766
家具制造业 Furniture Manufacturing	3705286	1092082	2349372	703942
造纸和纸制品业 Papermaking and Paper Products	9124288	2254581	7755473	3600841
印刷和记录媒介复制业 Printing and Record Medium Reproduction	2567968	724590	1698526	754927

Continued

(10000 yuan)

固定资产合计 Total Value of Fixed Assets	流动资产合计 Circulating Finds	主营业务收入 Sale Revenue	利润总额 Total Profit	利税总额 Total Profits and Tax	所得税费用 Income Tax	应交增值税 Value Added Tax Payable
28450270	46156989	107310288	6480732	12635680	884236	3244086
32038937	47681717	121938367	8674219	13273092	1161451	3936985
23640872	45929240	137180841	8097919	12404713	820090	3503495
700446	2128412	4544881	189819	293390	9656	81049
340918	405409	1265900	66497	193456	11907	104821
405153	292278	1385372	63197	127402	7560	45856
178396	137400	660082	47420	88387	9181	31118
329459	347004	2094076	159696	303998	15634	101852
2624165	8576188	23564474	1298924	2247470	99325	874016
1327865	3142488	10765258	843349	1215608	111337	320229
1460230	2475390	8137143	720724	1149456	51402	296537
649017	1793290	2487714	236702	1905179	57957	282487
4205572	7299497	20604461	1139556	1583170	71502	373708
2055056	7384017	16539883	1349590	1919919	190581	476931
2950923	10912448	28840477	2261531	3288531	241939	826410
839681	1758930	8027674	431197	673357	28501	190685
434444	1491378	3635347	240963	365374	20348	100062
2158712	4549034	8411955	647954	978488	66730	291320
417040	939074	2523252	176727	270561	23828	77176

12-11 续表2

单位：万元

项目 Item	工业总产值 Gross Industrial Output Value	工业增加值 Value added of Industry	资产总计 Total Assets	固定资产原价 Original Value of Fixed Assets
文教、工美、体育和娱乐用品制造业 Cultural , Educational and Sports Goods	12910858	3788614	6075638	2050430
石油加工、炼焦和核燃料加工业 Petroleum Processing , Coking and Nuclear Fuel Processing	10930886	2388645	8301426	6373534
化学原料和化学制品制造业 Raw Chemical Materials and Chemical Products	17466816	3122010	14763208	7695975
医药制造业 Medical and Pharmaceutical Products	2508274	922862	2603138	1066231
化学纤维制造业 Chemical Fiber	8972410	1745052	7676358	5052237
橡胶和塑料制品业 Rubber and Plastic Products	14681663	4041858	9550460	4634324
非金属矿物制品业 Nonmetal Minerals Products	26167051	7624048	18176497	8405349
黑色金属冶炼和压延加工业 Smelting and Pressing of Ferrous Metals	19056834	3615412	10601796	6318636
有色金属冶炼和压延加工业 Smelting and Pressing of Nonferrous Metals	12616154	2489499	11133244	3658954
金属制品业 Metal Products	8836187	2227858	5526074	2062951
通用设备制造业 General Equipment	9584062	2656759	7167377	2710970
专用设备制造业 Special Purpose Equipment	7015377	1703618	6552861	1938438
汽车制造业 Car Manufacturing	9726713	2348970	6985380	2858961
铁路、船舶、航空航天和其他运输设备制造业 Railway,Watercraft,Aviation and others transportation Manufacturing	4012154	1126164	2978103	904988
电气机械和器材制造业 Electric Equipment and Machinery	16673328	4685949	12190606	3220015
计算机、通信和其他电子设备制造业 Computer,Communication and other Electronic Equipment	31239035	6892127	18611548	6354800
仪器仪表制造业 Instruments and Meters Machinery	1736463	506335	1190243	474253
其他制造业 Others Manufacturing	2483933	649111	1803400	491169
废弃资源综合利用业 Waste Resources and Materials Recovering	659812	141031	269583	99652
金属制品、机械和设备修理业 Metals,Machinery and Equipment maintenance	1186889	257291	867248	440604
电力、热力生产和供应业 Production and Supply of Electric Power and Hot Power	19314125	5364461	37113248	32625524
燃气生产和供应业 Production and Supply of Gas	2439677	457550	1925151	1105076
水的生产和供应业 Production and Supply of Water	429948	211574	2317637	1775662

Continued

(10000 yuan)

固定资产合计 Total Value of Fixed Assets	流动资产合计 Circulating Finds	主营业务收入 Sale Revenue	利润总额 Total Profit	利税总额 Total Profits and Tax	所得税费用 Income Tax	应交增值税 Value Added Tax Payable
1294205	3785365	12582910	869460	1234057	68168	288952
5020693	2206542	10743856	-73465	1171679	14848	203256
5279708	6510124	16653227	496468	1165279	82888	603122
529665	1433271	2268357	268474	377302	39387	92591
3129497	3626676	8227417	249596	375237	20951	114509
2719478	5282924	14347170	1118099	1596712	146871	402873
5320377	8982306	25768574	2122267	3111987	178711	787804
4104469	4729539	17928166	371335	1197379	53927	766473
2578596	5165693	12380093	649883	916401	79890	208698
1286286	3424625	8526764	675899	922986	69088	205874
1585685	4503142	9250618	750018	1027215	78287	224950
1090614	4474780	6766490	533198	772955	51734	195860
1606758	4408892	9345023	545944	968384	86226	318787
598143	2051817	3715448	188007	308754	24804	100293
2015430	8092993	15782876	1279350	1806375	187377	428327
3704661	12602278	29696986	1409197	1800716	207887	322455
269986	775249	1683894	101344	147331	7985	38876
290636	1071216	2440500	131799	213445	22331	71130
73611	157652	681941	33508	71297	2123	32045
251552	319498	1183307	64000	79605	6338	12220
19791184	5631954	19166062	1699715	2670120	381457	877414
795370	637853	2458689	239282	306955	49194	60099
1117290	518150	432940	35286	54351	7230	15801

12-12 规模以上工业企业主要经济效益指标(2014年)

Main Indicators of Economic Benefit of Industrial Enterprises above Designated Size(2014)

单位：%　　(%)

项目 Item	工业增加值率 Ratio of Value Added to Gross Industrial Output Value	总资产贡献率 Ratio of Total Assets to Industrial Output Value	资产负债率 Ratio of Assets to Liability	流动资产周转次数(次/年) Number of Times of Turnover Circulating Funds(times/year)	工业成本费用利润率 Ratio of Profits to Industrial Cost	产品销售率 Proportion of Products Sold
合计 Total	**25.09**	**15.02**	**54.37**	**2.64**	**6.74**	**97.31**
#国有控股企业 State-holding Enterprises	25.67	11.00	62.37	2.56	5.03	97.78
#农村工业 Industy in Country	36.33	34.44	43.83	5.91	7.83	99.15
按轻重分 Group by Light & Heary Industry						
轻工业 Light Industry	27.33	18.43	49.43	2.59	7.50	96.93
重工业 Heavy Industry	23.09	12.68	57.77	2.69	6.07	97.65
按经济类型分 Grouped by Ownership						
国有 Stated-owned	30.35	16.41	59.38	3.59	5.99	98.36
集体 Collective-owned	35.97	26.41	47.70	4.52	5.38	99.04
股份 Share Holding	23.55	12.11	58.68	2.38	7.02	96.74
联营 Cooperation	24.51	35.04	38.81	11.25	6.33	98.71
私营 Private	25.57	20.28	49.60	3.51	6.59	98.17
外商及港澳台商投资 Funds from HongKong, Macao,TaiWan and Foreign Area	24.86	14.12	52.57	2.24	6.79	96.80
其他 Others	38.74	33.29	40.58	4.91	11.71	98.44
按登记注册分 Grouped by Status of Registration						
内资企业 Sole Funded	25.27	15.60	55.51	2.97	6.71	97.63
港、澳、台商投资企业 Enterprises with Funds from HongKong, Macao and TaiWan	25.42	14.34	51.55	2.13	7.72	96.03

12-12 续表1

Continued

单位：%　　(%)

项目 Item	工业增加值率 Ratio of Value Added to Gross Industrial Output Value	总资产贡献率 Ratio of Total Assets to Industrial Output Value	资产负债率 Ratio of Assets to Liability	流动资产周转次数(次/年) Number of Times of Turnover Circulating Funds(times/year)	工业成本费用利润率 Ratio of Profits to Industrial Cost	产品销售率 Proportion of Products Sold
外商投资企业 Foreign Funded Enterprises	24.16	13.80	54.02	2.40	5.62	97.80
按经济组织分 Grouped by Organization						
独资企业 Sole Funded	26.42	15.45	47.66	2.18	7.52	96.91
合作、合伙 Cooperated and Partnership	33.80	24.58	34.52	3.59	11.49	97.81
股份有限公司 Share Holding Enterprises	24.69	9.87	48.73	1.44	9.26	96.12
有限责任公司 Limited Liability Corporations	24.41	15.81	58.52	3.17	6.12	97.59
按规模分 Grouped by Size of Enterprises						
大型企业 Large Scale	25.12	14.80	58.33	2.35	6.47	96.28
中型企业 Medium Scale	25.57	14.46	54.27	2.59	7.58	97.43
小型企业 Small Scale	24.24	16.24	50.06	3.01	6.28	97.99
微型企业 Micro-Scale	13.30	8.85	56.25	2.14	4.37	98.50
按行业分 Grouped by Sector						
煤炭开采和洗选业 Coal Mining and Dressing	57.62	18.36	45.43	3.17	5.52	100.83
石油和天然气开采业 Petroleum and Natural Gas Mining						
黑色金属矿采选业 Ferrous Metals Mining and Dressing	32.27	14.02	50.49	4.77	4.82	98.17
有色金属矿采选业 Nonferrous Metals Mining and Dressing	44.92	22.81	48.25	4.82	7.81	98.85
非金属矿采选业 Nonmetal Minerals Mining and Dressing	37.82	34.02	34.25	6.25	8.12	98.88
其他采矿业 Others Mining and Quarrying						

12-12 续表2

Continued

单位：% (%)

项目 Item	工业增加值率 Ratio of Value Added to Gross Industrial Output Value	总资产贡献率 Ratio of Total Assets to Industrial Output Value	资产负债率 Ratio of Assets to Liability	流动资产周转次数(次/年) Number of Times of Turnover Circulating Funds(times/year)	工业成本费用利润率 Ratio of Profits to Industrial Cost	产品销售率 Proportion of Products Sold
农副食品加工业 Agricultural and Sideline Products Processing	20.99	18.85	59.64	2.77	5.83	97.33
食品制造业 Food Manufacturing	27.44	21.36	41.81	3.44	8.49	97.56
酒、饮料和精制茶制造业 Wine，Drink and Tea Manufacturing	33.75	25.01	40.65	3.31	9.78	97.72
烟草制品业 Tobacco Processing	78.74	72.47	32.82	1.46	23.78	93.49
纺织业 Textile Industry	22.34	13.47	49.34	2.85	5.82	97.20
纺织服装、服饰业 Textile Garments Products	28.87	18.04	39.45	2.25	8.89	96.97
皮革、毛皮、羽毛及其制品和制鞋业 Leather , Furs , Down and Relate Products	29.87	21.38	46.90	2.65	8.54	96.83
木材加工和木、竹、藤、棕、草制品业 Timber Processing,Bamboo,Cane,Palm Fiber and Straw Products	27.89	23.71	46.37	4.57	5.73	98.29
家具制造业 Furniture Manufacturing	28.30	16.75	51.90	2.44	7.16	97.93
造纸和纸制品业 Papermaking and Paper Products	23.95	13.85	61.46	1.91	8.07	92.64
印刷和记录媒介复制业 Printing and Record Medium Reproduction	27.05	17.19	49.99	2.72	7.49	98.57
文教、工美、体育和娱乐用品制造业 Cultural , Educational and Sports Goods	28.26	21.47	47.67	3.34	7.52	97.98
石油加工、炼焦和核燃料加工业 Petroleum Processing , Coking and Nuclear Fuel Processing	20.94	15.89	77.59	4.90	-0.74	98.84
化学原料和化学制品制造业 Raw Chemical Materials and Chemical Products	18.43	9.37	60.88	2.58	3.06	98.07
医药制造业 Medical and Pharmaceutical Products	35.17	15.56	36.95	1.59	13.42	93.43
化学纤维制造业 Chemical Fiber	18.80	6.67	64.36	2.35	3.03	94.46
橡胶和塑料制品业 Rubber and Plastic Products	26.53	17.69	47.11	2.77	8.32	98.38
非金属矿物制品业 Nonmetal Minerals Products	28.40	18.43	47.56	2.89	8.89	98.07

12-12 续表3

Continued

单位：%　　(%)

项目 Item	工业增加值率 Ratio of Value Added to Gross Industrial Output Value	总资产贡献率 Ratio of Total Assets to Industrial Output Value	资产负债率 Ratio of Assets to Liability	流动资产周转次数(次/年) Number of Times of Turnover Circulating Funds(times/year)	工业成本费用利润率 Ratio of Profits to Industrial Cost	产品销售率 Proportion of Products Sold
黑色金属冶炼和压延加工业 Smelting and Pressing of Ferrous Metals	18.41	13.28	65.84	3.87	2.10	97.79
有色金属冶炼和压延加工业 Smelting and Pressing of Nonferrous Metals	18.44	9.38	54.14	2.41	5.60	94.84
金属制品业 Metal Products	24.56	17.53	47.25	2.51	8.61	96.46
通用设备制造业 General Equipment	26.74	15.40	45.45	2.07	8.79	97.22
专用设备制造业 Special Purpose Equipment	23.21	12.87	53.89	1.53	8.47	95.37
汽车制造业 Car Manufacturing	22.32	14.69	54.99	2.17	6.11	98.45
铁路、船舶、航空航天和其他运输设备制造业 Railway,Watercraft,Aviation and others transportation Manufacturing	27.17	11.24	65.86	1.81	5.39	98.61
电气机械和器材制造业 Electric Equipment and Machinery	26.94	15.37	51.47	1.99	8.66	96.88
计算机、通信和其他电子设备制造业 Computer,Communication and other Electronic Equipment	20.30	9.98	57.01	2.37	4.90	96.69
仪器仪表制造业 Instruments and Meters Machinery	27.37	13.22	39.55	2.19	6.43	98.19
其他制造业 Others Manufacturing	24.96	12.78	41.19	2.28	5.74	99.00
废弃资源综合利用业 Waste Resources and Materials Recovering	20.38	27.83	54.81	4.34	5.25	99.11
金属制品、机械和设备修理业 Metals,Machinery and Equipment maintenance	19.97	9.54	47.34	3.70	5.71	99.60
电力、热力生产和供应业 Production and Supply of Electric Power and Hot Power	25.84	9.01	65.36	3.43	9.45	99.64
燃气生产和供应业 Production and Supply of Gas	18.06	16.67	62.02	3.94	10.36	99.77
水的生产和供应业 Production and Supply of Water	46.60	3.06	43.74	0.89	8.02	99.15

12-13 大中型工业企业主要经济指标(2014年)

单位：万元

项目 Item	企业单位数(个) Number of Enterprises (unit)	工业总产值 Gross Industrial Output Value	工业增加值 Value added Of Industry	资产总计 Total Assets
合　计 Total	**3375**	**238284375**	**62977501**	**192394267**
#煤炭开采和洗选业 Coal Mining and Dressing	26	482907	329231	759530
黑色金属矿采选业 Ferrous Metals Mining and Dressing	5	331767	117542	523056
有色金属矿采选业 Nonferrous Metals Mining and Dressing	4	147579	77917	108627
非金属矿采选业 Nonmetal Minerals Mining and Dressing	12	473172	210762	427067
农副食品加工业 Agricultural and Sideline Products Processing	156	10524458	2245264	7665146
食品制造业 Food Manufacturing	123	6651044	1916179	3973124
酒、饮料和精制茶制造业 Wine，Drink and Tea Manufacturing	91	3995207	1521252	2668524
烟草制品业 Tobacco Processing	6	2664633	2281581	2638590
纺织业 Textile Industry	219	13300109	3129588	8044784
纺织服装、服饰业 Textile Garments Products	370	11356022	3555078	7697691
皮革、毛皮、羽毛及其制品和制鞋业 Leather , Furs , Down and Relate Products	546	22970441	7287873	12610941
木材加工和木、竹、藤、棕、草制品业 Timber Processing,Bamboo,Cane,Palm Fiber and Straw Products	53	1888795	560385	905428
家具制造业 Furniture Manufacturing	64	1910201	565887	1087934
造纸和纸制品业 Papermaking and Paper Products	80	5437757	1345459	5489863
印刷和记录媒介复制业 Printing and Record Medium Reproduction	31	1089303	300354	654965
文教、工美、体育和娱乐用品制造业 Cultural , Educational and Sports Goods	177	5639122	1723012	2639849
石油加工、炼焦和核燃料加工业 Petroleum Processing , Coking and Nuclear Fuel Processing	7	10374098	2267153	8014229
化学原料和化学制品制造业 Raw Chemical Materials and Chemical Products	75	8895481	1519986	9926312
医药制造业 Medical and Pharmaceutical Products	31	1317938	509805	1755875

Main Financial Indicators of Large and Medium Industrial Enterprises(2014)

(10000 yuan)

固定资产原价 Original Value of Fixed Assets	固定资产合计 Total Value of Fixed Assets	流动资产合计 Circulating Funds	主营业务收入 Sale Revenue	利润总额 Total Profit	利税总额 Total Profits and Tax	所得税费用 Income Tax	应交增值税 Value Added Tax Payable
97149980	**60489207**	**93838707**	**229248654**	**15154951**	**25908773**	**2045686**	**7181071**
346001	199715	278621	532614	5765	67986	8114	53816
303141	223517	96619	328425	31325	50386	3216	13796
125813	74908	12634	109531	14701	25244	2903	8704
221025	166989	99126	454534	64378	106017	3659	29631
2119606	1449279	5248019	10127012	616720	1138773	39370	495056
1562801	843676	1863289	6395704	542669	791751	82255	216492
1492939	893584	1373529	4475567	448162	749356	27674	207442
1181995	649017	1793290	2487714	236702	1905179	57957	282487
4451823	2603850	4294449	12733797	763696	1062711	48330	257595
2397040	1437650	5156984	10911152	969491	1372648	162184	343745
3870396	2207600	8821398	22240244	1892934	2725343	213628	672975
478338	235285	528455	1830963	115610	178292	5610	49299
350256	212563	683703	1868559	139695	207023	11445	53585
2700345	1577144	3209917	4831318	482562	681703	52275	175822
320155	177389	319746	1045077	81247	123578	11133	36177
1034839	622540	1688258	5445241	431701	624424	32979	161006
6279828	4954281	2034726	10213101	-83473	1147638	13123	193143
5631219	4070473	3765806	8380472	103925	538358	31445	403304
599384	343372	954697	1154977	192656	263738	32381	61217

12-13 续表

单位：万元

项目 Item	企业单位数(个) Number of Enterprises (unit)	工业总产值 Gross Industrial Output Value	工业增加值 Value added Of Industry	资产总计 Total Assets
化学纤维制造业 Chemical Fiber	29	7283896	1437274	6275612
橡胶和塑料制品业 Rubber and Plastic Products	151	8290745	2458304	5528347
非金属矿物制品业 Nonmetal Minerals Products	244	10731353	3297823	9223847
黑色金属冶炼和压延加工业 Smelting and Pressing of Ferrous Metals	51	13483605	2641319	8751512
有色金属冶炼和压延加工业 Smelting and Pressing of Nonferrous Metals	33	9703619	1858628	9990971
金属制品业 Metal Products	76	3699716	998993	2766080
通用设备制造业 General Equipment	83	5212557	1542549	4423594
专用设备制造业 Special Purpose Equipment	54	2777185	657695	3908505
汽车制造业 Car Manufacturing	77	6456732	1479674	4367298
铁路、船舶、航空航天和其他运输设备制造业 Railway,Watercraft,Aviation and others transportation Manufacturing	37	2763286	801968	2353514
电气机械和器材制造业 Electric Equipment and Machinery	146	9719079	2887687	7218545
计算机、通信和其他电子设备制造业 Computer,Communication and other Electronic Equipment	163	27754230	6043198	15909335
仪器仪表制造业 Instruments and Meters Machinery	32	901277	255191	660720
其他制造业 Others Manufacturing	46	1582236	420443	1238223
金属制品、机械和设备修理业 Metals,Machinery and Equipment maintenance	4	601468	157470	516817
电力、热力生产和供应业 Production and Supply of Electric Power and Hot Power	59	15853427	4086370	28442222
燃气生产和供应业 Production and Supply of Gas	6	1786160	367145	1645671
水的生产和供应业 Production and Supply of Water	8	233771	121460	1581924

Continued

(10000 yuan)

固定资产原价 Original Value of Fixed Assets	固定资产合计 Total Value of Fixed Assets	流动资产合计 Circulating Funds	主营业务收入 Sale Revenue	利润总额 Total Profit	利税总额 Total Profits and Tax	所得税费用 Income Tax	应交增值税 Value Added Tax Payable
4559126	2767655	2837229	6526331	173076	273908	15013	92768
3015423	1799850	2875487	8145152	795916	1117491	118869	272498
4679477	2919148	4311615	10620038	1041571	1456114	81871	347125
5605633	3720656	3582182	12566530	270766	991074	32704	679542
3213609	2319972	4427352	9348682	564083	800083	68418	183836
959968	604341	1733245	3504849	362081	479906	34699	101241
1708858	1025104	2762811	5089753	489596	648759	54715	133458
833001	516921	2914595	2668524	218021	322710	25932	91780
1868374	996694	2771674	6184039	346637	674513	52450	236971
677193	449451	1642620	2560693	123795	201894	15883	65174
2134799	1295641	4705691	9178244	870137	1219707	143092	281729
5365575	3093947	10895833	26452021	1216376	1516058	190702	248027
294550	169210	401792	858969	35827	54882	2999	16174
309619	176945	708825	1546207	77948	134538	16771	50994
296417	153399	125989	599491	20220	32697	4385	9598
23916339	14030985	4108120	15794763	1290614	1954529	306637	600605
996491	710472	518256	1783103	200050	251246	39728	45560
1248585	795986	292130	255264	7772	18518	1138	8698

12-14 国有控股工业企业主要经济指标(2014年)

单位：万元

项目 Item	企业单位数(个) Number of Enterprises (unit)	工业总产值 Gross Industrial Output Value	工业增加值 Value added of Industry	资产总计 Total Assets
合计 Total	**473**	**48583877**	**13194184**	**71614785**
按隶属关系分 Grouped by Subordination				
中央企业 Central Enterprises	71	19089421	6152107	34160889
地方企业 Local Enterprises	402	29494455	7042077	37453896
按轻重分 Grouped by Light &Heavy Industry				
轻工业 Light Industry	114	4546012	2836294	6891929
重工业 Heavy Industry	359	44037865	10357891	64722857
按规模分 Grouped by Size of Enterprises				
大型企业 Large Scale	41	24531570	6781152	33496251
中型企业 Medium Scale	138	19191728	4852367	29012742
小型企业 Small Scale	264	4723772	1506913	8603323
微型企业 Micro-Scale	30	136807	53752	502470
按行业分 Grouped by Sector				
#**煤炭开采和洗选业** Coal Mining and Dressing	15	288641	219516	664384
黑色金属矿采选业 Ferrous Metals Mining and Dressing	5	217609	79155	543819
有色金属矿采选业 Nonferrous Metals Mining and Dressing	10	156326	97292	159236
非金属矿采选业 Nonmetal Minerals Mining and Dressing	12	109819	59640	421194

Main Financial Indicators of State-holding Industrial Enterprise(2014)

(10000 yuan)

固定资产原价 Original Value of Fixed Assets	固定资产合计 Total Value of Fixed Assets	流动资产合计 Circulating Funds	主营业务收入 Sale Revenue	利润总额 Total Profit	利税总额 Total Profits and Tax	所得税费用 Income Tax	应交增值税 Value Added Tax Payable
50174499	**32785855**	**18864661**	**47420330**	**2229787**	**6785443**	**526054**	**1872113**
25595766	17644977	6215489	18483267	1246477	3836268	285334	816447
24578734	15140878	12649173	28937064	983310	2949175	240720	1055666
4127486	2279596	3193893	4303163	331174	2086980	89487	350304
46047013	30506259	15670769	43117168	1898614	4698463	436567	1521810
18040319	13151587	11335596	23772758	540233	3963539	126766	862387
24023212	14326328	5033469	18914443	1239044	2030884	300499	702839
7699481	4986898	2366133	4597586	426192	751786	96391	293294
411488	321042	129464	135544	24318	39235	2399	13592
289073	156529	226184	339018	5365	50292	7521	38812
286661	204786	120533	217266	10200	30793	3155	15330
142287	85375	32502	118601	19086	34993	5150	13213
181834	154667	115678	97393	30357	43640	6829	10792

12-14 续表1

单位：万元

项目 Item	企业单位数(个) Number of Enterprises (unit)	工业总产值 Gross Industrial Output Value	工业增加值 Value added of Industry	资产总计 Total Assets
其他采矿业 Others Mining and Quarrying				
农副食品加工业 Agricultural and Sideline Products Processing	8	238600	44467	57200
食品制造业 Food Manufacturing	10	119628	30237	412248
酒、饮料和精制茶制造业 Wine，Drink and Tea Manufacturing	9	94702	41294	101259
烟草制品业 Tobacco Processing	6	2664633	2281581	2638590
纺织业 Textile Industry	3	157862	22800	102681
纺织服装、服饰业 Textile Garments Products	3	18841	7272	23941
木材加工和木、竹、藤、棕、草制品业 Timber Processing,Bamboo,Cane,Palm Fiber and Straw Products	3	214547	48036	225297
造纸和纸制品业 Papermaking and Paper Products	7	276692	-11602	611223
印刷和记录媒介复制业 Printing and Record Medium Reproduction	15	166706	69624	155130
石油加工、炼焦和核燃料加工业 Petroleum Processing , Coking and Nuclear Fuel Processing	6	9893068	2183329	7852082
化学原料和化学制品制造业 Raw Chemical Materials and Chemical Products	23	1079387	143295	2189329
医药制造业 Medical and Pharmaceutical Products	6	241079	123931	490751
橡胶和塑料制品业 Rubber and Plastic Products	3	14482	3785	21812
非金属矿物制品业 Nonmetal Minerals Products	36	832412	210901	708891
黑色金属冶炼和压延加工业 Smelting and Pressing of Ferrous Metals	8	4195792	662057	4195766

Continued

(10000 yuan)

固定资产原价 Original Value of Fixed Assets	固定资产合计 Total Value of Fixed Assets	流动资产合计 Circulating Funds	主营业务收入 Sale Revenue	利润总额 Total Profit	利税总额 Total Profits and Tax	所得税费用 Income Tax	应交增值税 Value Added Tax Payable
30560	15801	28163	220652	344	926	121	513
85874	58039	70085	130913	7527	12538	1072	4448
100806	61897	30920	92773	5815	20683	627	5955
1181995	**649017**	**1793290**	**2487714**	**236702**	**1905179**	**57957**	**282487**
77775	30816	67262	121018	2216	6850	484	4057
9178	5755	18136	18042	4948	7987		2681
158110	77843	123044	194016	458	3339		2494
775360	336026	217582	277597	-52267	-45143	3071	6273
117891	49859	75346	156210	23852	33145	5818	8038
6220316	4918661	1935807	9804351	-113795	1111645	10909	187842
1526531	1270177	466398	907152	-64310	-45981	2336	16357
76700	**43379**	**320480**	**229873**	**78776**	**96294**	**13663**	**14938**
9539	3516	17259	14617	1850	3056	3	1051
478054	279108	313633	819513	48150	81607	8025	30554
3065009	1994965	1208620	4075682	-8348	198486	10409	196611

12-14 续表2

单位：万元

项目 Item	企业单位数(个) Number of Enterprises (unit)	工业总产值 Gross Industrial Output Value	工业增加值 Value added of Industry	资产总计 Total Assets
有色金属冶炼和压延加工业 Smelting and Pressing of Nonferrous Metals	9	2565545	517186	6313255
金属制品业 Metal Products	3	42429	4864	27617
通用设备制造业 General Equipment	13	228842	69906	533880
专用设备制造业 Special Purpose Equipment	11	423903	29466	1386110
汽车制造业 Car Manufacturing	7	1720751	258228	1624496
铁路、船舶、航空航天和其他运输设备制造业 Railway,Watercraft,Aviation and others transportation Manufacturing	8	1357839	405910	1330391
电气机械和器材制造业 Electric Equipment and Machinery	14	237042	52267	361401
计算机、通信和其他电子设备制造业 Computer,Communication and other Electronic Equipment	19	1494667	384251	1939228
仪器仪表制造业 Instruments and Meters Machinery	2	19595	5852	21044
其他制造业 Others Manufacturing				
金属制品、机械和设备修理业 Metals,Machinery and Equipment maintenance				
电力、热力生产和供应业 Production and Supply of Electric Power and Hot Power	160	17772934	4677631	32978909
燃气生产和供应业 Production and Supply of Gas	5	1294271	271484	1428157
水的生产和供应业 Production and Supply of Water	31	298194	157493	2007540

Continued

(10000 yuan)

固定资产原价 Original Value of Fixed Assets	固定资产合计 Total Value of Fixed Assets	流动资产合计 Circulating Funds	主营业务收入 Sale Revenue	利润总额 Total Profit	利税总额 Total Profits and Tax	所得税费用 Income Tax	应交增值税 Value Added Tax Payable
1434206	945937	2497722	2653293	335498	451895	33211	77295
11382	7398	18134	47509	1297	1695	317	341
149838	92186	246094	227257	27949	35785	6378	6502
296240	184826	1080281	564530	8429	18793	1528	9600
711511	396867	937888	1556993	-29298	74532	-8919	30728
272808	183749	1006676	1218966	55868	71681	9474	14632
91168	45571	220989	219657	452	8298	993	6487
793278	670853	857399	1203427	79051	132281	5042	46164
828	455	17266	19576	1408	2218	241	744
29115707	18253025	3891107	17634538	1338366	2194665	302552	776062
873361	607241	457533	1294035	151512	198758	32303	42528
1487361	951194	439646	320441	17725	34120	3910	13505

12-15 规模以上外商及港澳台投资工业企业主要经济指标(2014年)

单位：万元

项目 Item	企业单位数(个) Number of Enterprises (unit)	工业总产值 Gross Industrial Output Value	工业增加值 Value added of Industry	资产总计 Total Assets
合计 Total	**4094**	**147993334**	**38614021**	**108338653**
按登记注册类型分 Grouped by Status of Registration				
港、澳、台商投资企业 Enterprises with Funds from HongKong, Macao and TaiWan	**2604**	**83190093**	**22045437**	**63386043**
合资经营企业 Joint Ventures Enterprises	543	20122284	5334943	15248251
合作经营企业 Cooperative Operation Enterprises	14	255611	58300	106748
独资企业 Sole Investment	2015	58363870	15706911	43525480
股份有限公司 Share-holding Corporations Ltd with Investment	32	4448328	945282	4505564
外商投资企业 Foreign Funded Enterprises	**1490**	**64803242**	**16568584**	**44952611**
中外合资经营企业 Joint Ventures Enterprises	436	26723147	6521426	18811942
中外合作经营企业 Cooperative Operation Enterprises	11	481869	150583	362034
外资企业 Sole Foreign Investment Enterprises	1011	34753717	9059569	22709241
外商投资股份有限公司 Foreign Investment share Enterprises	32	2844509	837007	3069395
按轻重分 Grouped by Light &Heavy Industry				
轻工业 Light Industry	2747	74427276	20752298	51894458
重工业 Heavy Industry	1347	73566058	17861723	56444195
按规模分 Grouped by Size of Enterprises				
大型企业 Large Scale	248	69688066	17808580	46408796
中型企业 Medium Scale	1238	47316581	12993918	37795657
小型企业 Small Scale	2504	30185697	7586026	23156830

Main Finanical Indicators of Industrial Enterprises with Foreign Capital above Designated Size(2014)

(10000 yuan)

固定资产原价 Original Value of Fixed Assets	固定资产合计 Total Value of Fixed Assets	流动资产合计 Circulating Funds	主营业务收入 Sale Revenue	利润总额 Total Profit	利税总额 Total Profits and Tax	所得税费用 Income Tax	应交增值税 Value Added Tax Payable
49701965	**28179683**	**64494362**	**142770633**	**9122362**	**14361317**	**1264191**	**3848040**
27298828	**15331297**	**37918475**	**79646170**	**5763882**	**8554138**	**729826**	**2400662**
6711276	4310710	8463857	19439961	1400156	2327761	150925	788891
30323	15717	53815	247292	13627	20690	1031	5300
18644180	10114251	27282569	55807391	4110722	5851653	549299	1501886
1913050	890619	2118234	4151526	239377	354034	28571	104585
22403137	**12848386**	**26575887**	**63124463**	**3358480**	**5807180**	**534365**	**1447377**
10836772	6855092	9373342	26032928	939659	2515275	149626	737048
203069	94412	256859	525669	53404	68075	7606	11787
9453420	5007892	15209210	33820028	2139085	2926890	327274	636779
1909876	890992	1736477	2745840	226332	296939	49860	61764
20491324	11218563	33409407	71544928	5141626	7578108	607052	2067266
29210641	16961121	31084955	71225706	3980736	6783209	657139	1780774
22165557	13315989	26971184	67385780	3824356	6633373	539723	1793000
17919961	9371107	22957763	45243183	3428114	4972099	492239	1299384
9454546	5384294	13987067	29400777	1853812	2721749	230927	740718

12-15 续表1

单位：万元

项目 Item	企业单位数(个) Number of Enterprises (unit)	工业总产值 Gross Industrial Output Value	工业增加值 Value added of Industry	资产总计 Total Assets
微型企业 Micro-Scale	104	802992	225497	977370
按行业分 **Grouped by Sector**				
#有色金属矿采选业 Nonferrous Metals Mining and Dressing	5	57288	24838	21191
非金属矿采选业 Nonmetal Minerals Mining and Dressing	4	127537	49026	13760
农副食品加工业 Agricultural and Sideline Products Processing	169	5902354	1182603	3811313
食品制造业 Food Manufacturing	110	3296749	943148	1616597
酒、饮料和精制茶制造业 Wine，Drink and Tea Manufacturing	67	2516407	955228	2288696
纺织业 Textile Industry	257	6555626	1547813	4757296
纺织服装、服饰业 Textile Garments Products	578	9494109	2953876	7045882
皮革、毛皮、羽毛及其制品和制鞋业 Leather , Furs , Down and Relate Products	548	17142290	5433027	10683760
木材加工和木、竹、藤、棕、草制品业 Timber Processing,Bamboo,Cane,Palm Fiber and Straw Products	41	774799	251957	481189
家具制造业 Furniture Manufacturing	82	1340701	389166	1014114
造纸和纸制品业 Papermaking and Paper Products	102	3822477	969258	3824460
印刷和记录媒介复制业 Printing and Record Medium Reproduction	28	308248	102935	297463
文教、工美、体育和娱乐用品制造业 Cultural , Educational and Sports Goods	266	4410653	1306501	2165356
石油加工、炼焦和核燃料加工业 Petroleum Processing , Coking and Nuclear Fuel Processing	9	7086609	1703834	4083166
化学原料和化学制品制造业 Raw Chemical Materials and Chemical Products	124	6345852	1115637	6466160
医药制造业 Medical and Pharmaceutical Products	24	612518	224704	688215
化学纤维制造业 Chemical Fiber	37	5396353	1023898	4329610

Continued

(10000 yuan)

固定资产原价 Original Value of Fixed Assets	固定资产合计 Total Value of Fixed Assets	流动资产合计 Circulating Funds	主营业务收入 Sale Revenue	利润总额 Total Profit	利税总额 Total Profits and Tax	所得税费用 Income Tax	应交增值税 Value Added Tax Payable
161901	108293	578348	740894	16080	34097	1302	14939
4640	2623	11175	57288	4094	7870	103	2505
5321	2857	9535	130510	9651	23652	217	9320
1045867	**568076**	**2844671**	**5703555**	**319148**	**555254**	**23104**	**224267**
673083	397064	934295	3181402	280801	394412	26528	101943
1206515	711295	1197508	3016526	244576	440716	24022	132691
2357670	1166773	2755670	6143973	370496	539937	33964	147456
2124939	1251470	4812266	9231019	819491	1148541	130093	278330
3153120	1731004	7562667	16551323	1317030	1887662	134561	463782
216533	101441	287803	750708	41967	56404	2437	12353
336920	169043	667018	1328410	71393	108446	7765	30001
1479949	884298	2481049	3221042	319162	478295	43172	147047
183157	78240	164445	304906	29637	45458	6738	14230
966470	**513424**	**1296720**	**4280843**	**295349**	**438111**	**24918**	**118995**
3469441	2301367	992795	7200822	-107748	789279	1732	193020
3613373	2514123	2731863	6185553	214196	583545	35641	344841
273308	155686	353938	574820	65336	95096	10733	26476
3146747	1712902	2072755	4806064	66965	154500	17955	83635

12-15 续表2

单位：万元

项目 Item	企业单位数(个) Number of Enterprises (unit)	工业总产值 Gross Industrial Output Value	工业增加值 Value added of Industry	资产总计 Total Assets
橡胶和塑料制品业 Rubber and Plastic Products	226	6304917	1826612	5859985
非金属矿物制品业 Nonmetal Minerals Products	220	4843347	1517918	5342117
黑色金属冶炼和压延加工业 Smelting and Pressing of Ferrous Metals	39	5363905	954072	3552753
有色金属冶炼和压延加工业 Smelting and Pressing of Nonferrous Metals	28	1581318	375508	1397761
金属制品业 Metal Products	136	3481595	933528	2865134
通用设备制造业 General Equipment	123	3545976	1119427	3013258
专用设备制造业 Special Purpose Equipment	104	1697918	507720	1668756
汽车制造业 Car Manufacturing	153	6568212	1557253	4270621
铁路、船舶、航空航天和其他运输设备制造业 Railway,Watercraft,Aviation and others transportation Manufacturing	28	413897	114521	383764
电气机械和器材制造业 Electric Equipment and Machinery	170	7421482	2276889	5662835
计算机、通信和其他电子设备制造业 Computer,Communication and other Electronic Equipment	204	25334615	5281321	12949629
仪器仪表制造业 Instruments and Meters Machinery	59	1168461	325053	767039
其他制造业 Others Manufacturing	102	1748596	485898	1164232
废弃资源综合利用业 Waste Resources and Materials Recovering	3	26227	5992	51077
金属制品、机械和设备修理业 Metals,Machinery and Equipment maintenance	7	895974	185083	754923
电力、热力生产和供应业 Production and Supply of Electric Power and Hot Power	24	1643219	754531	4157765
燃气生产和供应业 Production and Supply of Gas	7	637481	151312	537899
水的生产和供应业 Production and Supply of Water	8	108077	54808	312421

Continued

(10000 yuan)

固定资产原价 Original Value of Fixed Assets	固定资产合计 Total Value of Fixed Assets	流动资产合计 Circulating Funds	主营业务收入 Sale Revenue	利润总额 Total Profit	利税总额 Total Profits and Tax	所得税费用 Income Tax	应交增值税 Value Added Tax Payable
3178871	1764998	3127171	6182549	491679	707895	80896	176380
2302641	1392026	2635229	4706900	540988	708503	34057	140384
2416197	1666874	1613609	4853796	88555	274790	11532	170401
1019255	668840	652351	1564971	89112	117756	11600	25101
1064786	628356	1882816	3337936	321112	398094	31683	65513
1344262	733412	2041950	3493963	309970	414010	49784	87562
496222	273820	1091839	1667015	182499	244712	18705	53914
1885308	972365	2895092	6305452	395698	726610	68233	239624
154401	70098	292787	399178	18080	28135	3363	8021
1759067	958095	3861720	7176359	675046	905385	127099	172805
4460818	2369876	9545852	24250261	906743	1126965	157183	181115
330806	188053	478866	1121079	67078	88795	5474	18238
291394	167331	676983	1719818	132214	187721	18436	49257
5264	3306	35557	30205	1575	3235	242	1553
378120	202932	277242	895001	31942	33835	4206	1739
3672633	1408610	1948149	1641944	423916	549512	105151	114810
290666	207923	189859	631941	78899	87167	10367	6156
369266	222289	61263	106264	8498	12004	2496	3063

12-16 工业产品分行业三大市场销售情况(2014)

Sales Statisics in Three Major Markets of Industrial Products by Sector(2014)

单位：亿元 (100 million yuan)

项目	Item	产品销售收入 Product Sales Revenue	销售区域比重(%) Indicator		
			省内 In the Province	省外 Outside the Province	境外 Overseas
工业	Industry	39421.96	43.79	36.20	20.01
#采矿业	Mining	660.57	81.53	17.82	0.65
煤炭开采和洗选业	Coal Mining and Dressing	140.58	83.27	16.73	
黑色金属矿采选业	Ferrous Metals Mining and Dressing	149.39	87.67	12.33	
有色金属矿采选业	Nonferrous Metals Mining and Dressing	78.46	73.75	26.25	
非金属矿采选业	Nonmetal Minerals Mining and Dressing	292.14	79.65	18.87	1.48
#制造业	Manufacturing	36534.20	39.67	38.75	21.58
农副食品加工业	Agricultural and Sideline Products Processing	2457.07	51.43	28.58	19.99
食品制造业	Food Manufacturing	1127.14	31.29	52.91	15.80
酒、饮料和精制茶制造业	Wine，Drink and Tea Manufacturing	888.08	51.86	43.69	4.45
烟草制品业	Tobacco Processing	248.50	51.34	48.59	0.07
纺织业	Textile Industry	2237.67	40.99	50.14	8.87
纺织服装、服饰业	Textile Garments Products	1912.02	26.63	40.31	33.06
皮革、毛皮、羽毛及其制品和制鞋业	Leather , Furs , Down and Relate Products	3073.75	30.68	36.47	32.85
木材加工和木、竹、藤、棕、草制品业	Timber Processing,Bamboo,Cane,Palm Fiber and Straw Products	944.17	43.01	44.27	12.72
家具制造业	Furniture Manufacturing	399.86	25.68	40.25	34.07
造纸和纸制品业	Papermaking and Paper Products	935.99	55.81	36.81	7.38
印刷和记录媒介复制业	Printing and Record Medium Reproduction	311.37	65.20	25.72	9.08
文教、工美、体育和娱乐用品制造业	Cultural , Educational and Sports Goods	1367.57	24.50	33.51	41.99
石油加工、炼焦和核燃料加工业	Petroleum Processing , Coking and Nuclear Fuel Processing	900.57	71.21	28.77	0.02
化学原料和化学制品制造业	Raw Chemical Materials and Chemical Products	1726.15	49.26	42.97	7.77
医药制造业	Medical and Pharmaceutical Products	228.38	32.24	59.31	8.45
化学纤维制造业	Chemical Fiber	820.06	64.09	29.88	6.03
橡胶和塑料制品业	Rubber and Plastic Products	1608.22	40.98	38.98	20.04
非金属矿物制品业	Nonmetal Minerals Products	3017.58	46.75	37.14	16.11
黑色金属冶炼和压延加工业	Smelting and Pressing of Ferrous Metals	1846.15	66.73	31.01	2.26
有色金属冶炼和压延加工业	Smelting and Pressing of Nonferrous Metals	1220.76	36.52	56.59	6.89
金属制品业	Metal Products	919.62	50.43	32.72	16.85
通用设备制造业	General Equipment	1017.71	27.40	54.63	17.97
专用设备制造业	Special Purpose Equipment	739.60	41.08	48.53	10.39
汽车制造业	Car Manufacturing	976.83	25.27	59.89	14.84
铁路、船舶、航空航天和其他运输设备制造业	Railway,Watercraft,Aviation and others transportation Manufacturing	388.26	33.30	34.43	32.27
电气机械和器材制造业	Electric Equipment and Machinery	1600.52	27.94	43.81	28.25
计算机、通信和其他电子设备制造业	Computer,Communication and other Electronic Equipment	2961.43	15.04	22.77	62.19
仪器仪表制造业	Instruments and Meters Machinery	190.03	16.27	30.07	53.66
其他制造业	Others Manufacturing	279.16	37.94	23.51	38.55
废弃资源综合利用业	Waste Resources and Materials Recovering	71.70	58.92	41.08	
金属制品、机械和设备修理业	Metals,Machinery and Equipment maintenance	118.28	15.09	15.52	69.39

主要统计指标解释

工业 指从事自然资源的开采，对采掘品和农产品进行加工和再加工的物质生产部门。具体包括：(1)对自然资源的开采，如采矿、晒盐等(但不包括禽兽捕猎和水产捕捞)；(2)对农副产品的加工、再加工，如粮油加工、食品加工、缫丝、纺织、制革等；(3)对采掘品的加工、再加工，如炼铁、炼钢、化工生产、石油加工、机器制造、木材加工等，以及电力、自来水、煤气的生产和供应等；(4)对工业品的修理、翻新，如机器设备的修理、交通运输工具(包括小卧车)的修理等。

1984 年以前农村的村及村以下办工业归属农业，1984 年以后划归工业。

工业统计调查单位为独立核算法人工业企业。

独立核算法人工业企业指从事工业生产经营活动的单位。独立核算法人工业企业应同时具备以下条件：①依法成立，有自己的名称、组织机构和场所，能够承担民事责任；②独立拥有和使用资产，承担负债，有权与其他单位签订合同；③独立核算盈亏，并能够编制资产负债表。

轻工业

指主要提供生活消费品和制作手工工具的工业。按其所使用的原料不同，可分为两大类：(1)以农产品为原料的轻工业，是指直接或间接以农产品为基本原料的轻工业。主要包括食品制造、饮料制造、烟草加工、纺织、缝纫、皮革和毛皮制作、造纸以及印刷等工业；(2)以非农产品为原料的轻工业，是指以工业品为原料的轻工业。主要包括文教体育用品、化学药品制造、合成纤维制造、日用化学制品、日用玻璃制品、日用金属制品、手工工具制造、医疗器械制造、文化和办公用机械制造等工业。

重工业

指为国民经济各部门提供物质技术基础的主要生产资料的工业。按其生产性质和产品用途，可以分为下列三类：(1)采掘(伐)工业，是指对自然资源的开采，包括石油开采、煤炭开采、金属矿开采、非金属矿开采等工业；(2)原材料工业，指向国民经济各部门提供基本材料、动力和燃料的工业。包括金属冶炼及加工、炼焦及焦炭、化学、化工原料、水泥、人造板以及电力、石油和煤炭加工等工业；(3)加工工业，是指对工业原材料进行再加工制造的工业。包括装备国民经济各部门的机械设备制造工业、金属结构、水泥制品等工业，以及为农业提供的生产资料如化肥、农药等工业。

根据上述划分原则，修理业中以重工业产品为修理作业对象的划为重工业，反之划为轻工业。

工业总产值

(1)定义：工业总产值是以货币形式表现的，工业企业在一定时期内生产的工业最终产品或提供工业性劳务活动的总价值量。它反映一定时间内工业生产的总规模和总水平。

(2)计算原则：

工业生产的原则，即凡是企业在报告期生产的经检验合格的产品，不管是否在报告期销售，均包括在内。

最终产品的原则，即凡是计入工业总产值的产品，必须是本企业生产的经检验合格的，不需要再进行任何加工的最终产品。如果企业有中间产品(半成品)对外销售，则对外销售的中间产品应视为企业的最终产品。

工厂法原则，即工业总产值是以工业企业作为基本计算(核算)单位，即按企业的最终产品计算工业总产值。按这种方法计算的工业总产值，不允许同一产品价值在企业内部重复计算，不能把企业内部各个车间(分厂)生产的成果相加，但允许企业间的重复计算。

(3)内容及计算方法：1995 年全国工业普查对工业总产值(原规定)的内容及计算原则和方法做了某些修订，修订后的工业总产值(新规定)包括三项内容：即本期生产成品价值、对外加工费收入、在制品半成品期末期初差额价值三部分。

本期生产成品价值：指企业本期生产，并在报告期内不再进行加工，经检验、包装入库的全部工业成品(半产品)价值合计，包括企业生产的自制设备及提供给本企业在建工程、其他非工业部门和福利部门等单位使用的成品价值。本期生产成品价值为按自备原材料生产的产品的数量乘以本期不含增值税(销项税额)的产品实际销售平均单价计算；会计核算中按成本价格转帐的自制设备和自产自用的成品，按成本价格计算生产成品价值。生产成品价值中不包括用定货者来料加工的成品(半产品)价值。

对外加工费收入：指企业在报告期内完成的对外承接的工业品加工(包括用定货者来料加工产品)的加工费收入和对外工业修理作业所取得的加工费收入。对外加工费收入按不含增值税(销项税额)的价格计算，可根据会计“主营业务收入”科目的有关资料取得。

对于本企业对内非工业部门提供的加工修理、设备安装的劳务收入，如果企业会计核算基础较好，能取得这部分资料，而且这部分价值所占比重较大，应包括在对外加工费收入中。

自制半成品在制品期末期初差额价值：指企业报告期在制品期末减期初的差额价值，本指标一般可以从会计核算资料中取得。如果会计产品成本核算中不计算半成品、在制品的成本，则总产值中也不包括这部分价值，反之则包括。

(4)工业总产值统计范围变化和计算方法修订情况：

1984 年以前工业总产值不包括村办工业，村办工业总产值划归农业。1984 年以后工业总产值包括村办工业。

1995 年工业普查对工业总产值计算方法做了修订，即从 1995 年始按新修订(新规定)方法计算工业总产值。新规定与原规定的区别如下：

全价与加工费的计算原则不同：新规定为凡自备原材料，不论其生产繁简程度如何，一律按全价计算工业总产值；凡来料加工，允许按加工费计算工业总产值。原规定则视生产加工的繁简程度不同，规定哪些行业按全价，哪些行业按加工费计算工业总产值。

自制半成品、在产品期末期初差额价值的计算原则不同：新规定要求，凡会计产品成本核算时计算了成本的差额价值，总产值中就应包括，否则可不包括；原规定则按生产周期六个月的界限区分，凡生产周期六个月以上的企业，总产值计算中应包括这部分差额价值，否则可不包括。

计算价格不同：新规定按不含增值税(销项税额)的价格计算；原规定则按含增值税(销项税额)的价格计算。

工业增加值

指工业企业在报告期内以货币表现的工业生产活动的最终成果。

工业增加值有两种计算方法：一是生产法，即工业总产出减去工业中间投入加上应交增值税；二是收入法，即从收入的角度出发，根据生产要素在生产过程中应得到的收入份额计算，具体构成项目有固定资产折旧、劳动者报酬、生产税净额、营业盈余，这种方法也称要素分配法。本年鉴中的工业增加值是以生产法计算的。

生产法工业增加值的计算方法为：

工业增加值=工业总产出-工业中间投入+应交增值税

(1)工业总产出：指工业企业在一定时期内工业生产活动的总成果。工业总产出包括：成品生产价值，对外加工费收入，自制半成品、在产品期末期初差额价值。1995 年后用新规定计算的工业总产值代替。

(2)工业中间投入：指工业企业在工业生产活动中消耗的外购物质产品和对外支付的服务费用。服务费用包括支付给物质生产部门(工业、农业、批发零售贸易业、建筑业、运输邮电业)的服务费用和支付给非物质生产部门(如保险、金融、文化教育、科学研究、医疗卫生、行政管理等)的服务费用。工业中间投入的确定须遵循以下原则：必须从外部购入的，并已计入工业总产出的产品和服务价值；必须是本期投入生产，并一次性消耗掉(包括本期摊销的低值易耗品等)的产品和服务价值。

工业中间投入包括直接材料费用、制造费用中的工业中间投入、管理费用中的工业中间投入、销售费用中的工业中间投入和利息支出五部分。

资产总计

指企业拥有或控制的能以货币计量的经济资源，包括各种财产、债权和其他权利。资产按流动性分为流动资产、长期投资、固定资产、无形资产、递延资产和其他资产。该指标根据企业会计“资产负债表”中“资产总计”项目的期末数增列。

流动资产平均余额

指企业在报告期内全部流动资产的平均余额。

固定资产净值年平均余额

指固定资产净值在报告期内余额的平均数。计算公式为：

固定资产净值年平均余额=1至12月各月月初、月末固定资产净值之和/24

该指标根据“资产负债表”中“固定资产原价”、“累计折旧”指标的期初、期末数计算填列。

固定资产净值指固定资产原价减去历年已提折旧额后的净额。计算公式为：

固定资产净值=固定资产原价-累计折旧

负债合计

指企业所承担的能以货币计量，将以资产或劳务偿付的债务，偿还形式包括货币、资产或提供劳务。负债一般按偿还期长短分为流动负债和长期负债。根据会计“资产负债表”中“负债合计”的年末数填列。

所有者权益

指企业投资人对企业净资产的所有权。企业净资产等于企业全部资产减去全部负债后的余额，包括企业投资人对企业的最初投入的实际到位的资产及资本公积金、盈余公积金和未分配利润。所有者权益合计数小于零，表示企业资不抵债。

主营业务收入

指企业销售产品和提供劳务等主要经营业务取得的业务总额。

主营业务成本

指企业销售产品和提供劳务等主要经营业务的实际成本。

主营业务税金及附加

指企业销售产品和提供工业性劳务等主要经营业务应负担的城市维护建设税、消费税、资源税和教育费附加。

利润总额

指企业生产经营活动的最终成果，是企业在一定时期内实现的盈亏相抵后的利润总额(亏损以“-”号表示)，它等于营业利润加上补贴收入加上投资收益加上营业外净收入再加上以前年度损益调整。

本年应交增值税

指企业在报告期内应交纳的增值税额。它等于本年销项税额加上出口退税加上进项税额转出数减去本年进项税额。小规模纳税企业直接按全年计税销售额乘以征收率计算取得。

从业人员平均人数　是指报告期内每天拥有的从业人员人数。其计算公式为：

月平均人数=报告月内每天实有人数之和/报告月日历日数

季平均人数=季内各月平均人数之和/3

年平均人数=年内各月平均人数之和/12

工业经济效益综合指数

是指现行综合评价工业经济效益总体水平及工业经济运行质量的指数。它是以若干项代表性经济效益指标，分别除以各项指标的标准值，再乘以各自的权数，加总后除以总权数求得。其计算公式为：

工业经济效益综合指数=(某项经济效益指标报告期数值/该项指标标准值×权数)/总权数

上式总权数为100。

总资产贡献率

反映企业全部资产的获利能力，是企业经营业绩和管理水平的集中体现，是评价和考核企业盈利能力的核心指标。计算公式为：

总资产贡献率（%）=(利润总额+税金总额+利息支出/平均资金总额)×100%

公式中：税金总额为产品销售税金及附加与应交增值税之和；平均资产总额为期初期末资产之和的算术平均值。

资产负债率

该指标既反映企业经营风险的大小，也反映企业利用债权人提供的资金从事经营活动的能力。计算公式为：

资产负债率（%）=(负债总额/资产总额)×100%

资产与负债均为报告期期末数。

流动资产周转次数

指一定时期内流动资产完成的周转次数，反映投入工业企业流动资金的周转速度。计算公式为：

流动资产周转次数=产品销售收入/全部流动资产平均余额

公式中：全部流动资产平均余额为期初和期末的流动资产之和的算术平均值。

成本费用利润率

反映企业投入的生产成本及费用的经济效益，同时也反映企业降低成本所取得的经济效益。计算公式为：

成本费用利润率（%）=(利润总额/成本费用总额)×100%

公式中：成本费用总额为产品销售成本、销售费用、管理费用、财务费用之和。

Explanatory Notes on Main Statistical Indicators

Industry refers to the material production sector which is engaged in extraction of natural resources and processing and reprocessing of minerals and agricultural products, including (1) extraction of natural resources, such as mining, salt production (but not including hunting and fishing); (2) processing and reprocessing of farm and sideline produces, such as rice husking, flour milling, wine making, oil pressing, silk reeling, spinning and weaving, and leather making; (3) manufacture of industrial products, such as steel making, iron smelting, chemicals manufacturing, petroleum processing, machine building, timber processing; water and gas production and electricity generation and supply; (4)repairing of industrial products such as the repairing of machinery and means of transport (including cars).

Prior to 1984, the rural industry run by villages and cooperative organizations under village was classified into agriculture. Since 1984, it has been grouped into industry.

Units of industrial statistics survey corporate industrial enterprises with independent accounting system.

Corporate industrial enterprises with independent accounting system refer to enterprises engaging in industrial production activities, which meet the following requirements: ① They are established legally, having their own names, organizations, location, able to take civil liability; ②They possess and use their assets independently, assume liabilities, and are entitled to sign contracts with other units; ③ They are financially independent and compile their own balance sheets.

Light Industry refers to the industry that produces consumer goods and hand tools. It consists of two categories, depending on the materials used:

(1) Industries using farm products as raw materials. These are branches of light industry which directly or indirectly use farm products as basic raw materials, including the manufacture of food and beverages, tobacco processing, textile, clothing, fur and leather manufacturing, paper making, printing, etc.

(2) Industries using non farm products as raw materials. These are branches of light industry which use manufactured goods as raw materials, including the manufacture of cultural, educational articles and sports goods, chemicals, synthetic fiber, chemical products for daily use, glass products for daily use, metal products for daily use, hand tools, medical apparatus and instruments, and the manufacture of cultural and office machinery.

Heavy Industry refers to the industry which produces capital goods, and provides various sectors of the national economy with necessary material and technical basis. It consists of the following three branches according to the purpose of production or the use of products:

(1) Mining, quarrying and logging industry refers to the industry that extracts natural resources, including extraction of petroleum, coal, metal and non-metal ores.

(2) Raw materials industry refers to the industry that provides various sectors of the national economy with raw materials, fuels and power. It includes smelting and processing of metals, coking and coke chemistry, chemical materials and building materials such as cement, plywood, and power, petroleum refining and coal dressing.

(3) Manufacturing industry refers to the industry that processes raw materials. It includes machine-building industry which equips sectors of the national economy, industries of metal structure and cement products, industries producing means of agricultural production, such as chemical fertilizers and pesticides.

According to the above principle of classification, the repairing tradesss, which are engaged primarily in repairing products of heavy industry are classified as heavy industry while these engaged in repairing products of light industry are classified as light industry.

Gross Industrial Output Value

(1) Definition: Gross industrial output value is the total volume of final industrial products produced and industrial services provided during a given period. It reflects the total achievements and overall scale of industrial production during a given period.

(2) Principles for calculation:

Statistics on industrial production follow the principle that all products produced by the enterprises and accepted during the reference period are to be included no matter whether they are sold or not during the reference period.

Determination of final products follow the principle that all products that are included in the calculation of grow industrial output value are the final products of the enterprise which have been accepted through quality check and require no further processing. If an enterprise has intermediate (semi-finished) products to sell, these intermediate products are considered as the final products of the enterprise.

Gross industrial output value is calculated following the principle of factory approach, i.e. industrial enterprise is used as the basic accounting unit in calculating the gross industrial output value. By this approach, value of the same product is not to be double counted, and the output value of different workshops (branch factories) should not be added. However, this approach does not exclude the possibility of double counting between enterprises.

(3) Content and calculation method: The old definition of gross industrial output value was modified during the national industrial census in 1995. The revised (new) definition of gross industrial output value consists of 3 components: value of the finished products during the reference period, income from external processing, and value of change in semi-finished products at the end and at the beginning of the reference period.

Value of the finished products during the reference period: refers to the value of all finished (semi-finished) industrial products that are produced during the reference period without the need for further processing, checked for acceptance, packed and put into the warehouse of the enterprise, including the value of own-produced equipment and the value of products provided to the projects under construction of the enterprise, and to other non-industrial or welfare units. Value of finished products during the reference period is calculated by the quantity of products produced using own materials multiplied by the average unit prices at which products are sold (excluding value-added tax). Own-produced equipment and products produced for own use are value at cost prices as in the case of enterprise accounting. Value of finished products does not include the value of finished products (semi-finished products) that are produced using the materials from the clients who make the orders.

Income from external processing: refers to income from contracted external processing of industrial products (including processing of industrial products using materials from the clients), and the income from industrial repairing work provided to other units. Income from external processing is calculated using information from the item “products sales income” in the enterprise accounting at the prices excluding value-added tax.

For income from services such as processing, repairing and installation of equipment provided to non-industrial units within the enterprise, if the accounting work of the enterprise is good enough to separate it from other records, and the share of such services is significant, it should also be included in the income from external processing.

Value of change in semi-finished products at the end and at the beginning of the reference period: refers to the value of change in semi-finished products at the end and at the beginning of the reference period, which generally can be obtained from accounting records of enterprises. If the enterprise accounting excludes the cost of semi-finished products, then it should not be included in the gross industrial output value, and vice versa.

(4) Changes in the coverage and method of calculation of gross industrial output value

Prior to 1984, the value of rural industry run by villages was classified into agriculture instead of industry. Since 1984, it has been included in the gross industrial output value. Method of calculation for the gross industrial output value was modified in the industrial census in 1995. The difference in the new method as compared with the old one is outlined below:

Principle in using full value vs. processing fee: The new method stipulates that all products produced using own materials are to be calculated with full value in reporting the gross industrial output value irrespective of sophistication of production, and for external processing, it allows calculation using processing fee. In the old method, however, the use of full value or processing fee was determined by the degree of sophistication of production in different branches of industries.

Principle in determining the value of change in semi-finished products: The new method requires that value of the change in semi-finished products should be included in the gross industrial output value if it is included in the accounting record of the enterprise, otherwise it should not be included. By the old method, it is determined by the type of enterprises in terms of production cycle. If the production cycle is over 6 months, the value of change in semi-finished products is included in the gross industrial output value, otherwise it is excluded.

Difference in prices: The new method uses prices excluding value-added tax in the calculation of gross industrial output value, while the old method used prices including value-added tax.

Value-added of Industry refers to the final results of industrial production of industrial enterprises in money terms during the reference period.

Industrial value-added can be calculated by two approaches: the production approach, i.e. gross industrial output value minus intermediate input plus value-added tax, and the income approach, i.e. income for various factors used in the course of production, including depreciation of fixed assets, remuneration of labourers, net of production tax, and operating surplus. Value-added of industry in the Yearbook is calculated by production approach as following:

Value-added of industry = gross industrial output industrial intermediate input + value-added tax

(1) Gross industrial output: refers to the total achievements of industrial production during a given period. Gross industrial output includes value of finished products, income from external processing, and value of change in semi-finished products at the end and at the beginning of the reference period. Since 1995, it was substituted by the gross industrial output value by new method.

(2) Industrial intermediate input: refers to purchased goods and paid services consumed during the industrial production of enterprises. Fees paid for services include fees paid for the services provided by material production sectors (industry, agriculture, wholesale and retail Tradess, construction, transport, post and telecommunications) and by non-material production sectors (insurance, banking, culture, education, scientific research, health and medical care, public administration, etc.). The determination of industrial intermediate input follows the principle that the goods and services must be purchased from outside and included in the gross industrial output, and that the goods and services are inputted into production and consumed (include low-value consumables) during the reference period.

Industrial intermediate input includes 5 components, namely direct consumption of materials, industrial intermediate input in manufacturing cost, industrial intermediate input in management cost, industrial intermediate input in marketing cost and expenditure on interest.

Total Assets refer to all economic resources, in monetary terms, that is owned or controlled by enterprises, including properties, creditors Equities and other economic rights of all forms. Classified by the degree of equitability, total assets include circulating assets, long-term investment, fixed assets, intangible assets and deferred assets, and other assets. Data on this indicator can be obtained by the year-end figures of total assets in the Assets and Liability Table of accounting records of enterprises.

Annual Average Value of Working Capitals refers to the average value of all working capitals of the enterprise during the reference period.

Annual Average of Net Value of Fixed Assets refer to average of the net value of fixed assets during the reference period, calculated with the following formula:

Annual Average of Net Value of Fixed Assets = sum of net value of fixed assets at the beginning and at the end of each month from January to December / 24.

Information on this indicator can be obtained from the beginning and ending figures of the original value of fixed assets and cumulative depreciation from the Assets and Liability Table of enterprises.

Net value of fixed assets refers to the original value of fixed assets minus depreciation over the years, i.e.:

Net value of fixed assets = original value of fixed assets -cumulative depreciation

Total Liabilities refer to payable liabilities of enterprises that have to repay in terms of money, assets or labour services. In terms of payment, it can be divided into Total Working liabilities and long-term liabilities. Data on this item is obtained from the ending figures on total liabilities from the Assets and Liability Table from the enterprises.

Owner's Equities refers to the wonershiip of net assets of enterprises by its investors.The net assets equal the total assets minus total liabilities of the enterprise,including the actual assets invested into the enterprise by investors,accumulation of capitals and operating surplus and non-distributed profits.The enterprise's assets is less than its liabilities if the sum of owner's Equities is smaller than zero.

Revenue from Principal Business refers to the annual accumulation of corresponding item in the "profit table"of the accountant. For enterprises that do not follow the 2001 Enterprises Accounting Standards,the year-end accumulation of revenue from the sales of products is used as a substitute.

Cost of Principal Business refers to the annual accumulation of corresponding item in the "profit table" of the accountantForenterprises that do not follow the 2001 Enterprise Accounting Standards,the year-end accumulation of cost for the sales of products is used as a substitute.

Tax and Extra Charges from Principal Business refers to the annual accumulation of correspongding item in the "profit table"of the accountant.For enterprises that do not follow the 2001 Enerprise Accounting Standards,the year-end accumulation of tax and extra charges from the sales of products is used as a substitute.

Total Profits refer to the final achievements of production and operation of the enterprises, represented by the total profits after deducting losses (loss is expressed by the negative figure). It is the sum of profits from operation, income from subsidies, investment earnings, net income from activities other than operation, and adjustment of profits and losses of previous years.

Value-added Tax Payable refers to the amount of the value-added tax which should be paid by the enterprises during the reference period. It is the sum of tax on sales, export rebate, and transferred tax on purchases of the current year, minus the tax on purchases of the current year. Value-added tax payable of small-size enterprises is determined by the taxable sales of the year multiplied by the tax rate.

Average Annual Number of Employed Persons Employed persons refer to all those who are employed in enterprises and receive remunerations there from, including currently working employees, retirees who are re-employed, teachers of local-run schools, as well as foreigners, staff from Hong Kong, Macao and Taiwan, part-time employees and persons with second job who are employed by the enterprise, and employees of other units temporarily working in the enterprises, but excluding former employees who left the enterprise with their employment records still kept by the enterprises.

Average number of employed persons refers to the number of employees everyday during the reference period, calculated with the following formula:

calendar dates in reference month

Quarterly average number = sum of monthly average number in reference quarter/3

Annual average number = sum of monthly average number in reference year/12

Aggregative Index on Economic Results of Industry refers to the current comprehensive index to evaluate the general level of economic results of industry and the performance quality of industrial economy. It is calculated as follows:

Aggregative Index on Economic Results of Industry=(Value of an Indicator on Economic Results in Reference Period/Standard Value of the Indicator×Weight) ÷Total Weight

Total Weight=100

Ratio of Profits, Taxes and Interests to Average Assets reflects the profit-making capability of all assets of the enterprise and is a key indicator manifesting the performance and management and evaluating the profit-making potential of the enterprise. It is calculated as follows:

Ratio of Profits, Taxes and Interests to Average Assets (%) = [(total profits + total taxes + interest payment) / average assets]×100%

In the above formula, total taxes is the sum of tax and extra charges on the sales of products and value-added tax payable; and average assets is the arithmetic mean of the sum of beginning assets and ending assets.

Monthly average number = sum of actual employees everyday in reference month/number of

Ratio of Debts to Assets reflect both the operation risk and the capability of the enterprise in making use of the capital from the creditors. It is calculated as follows:

Ratio of Debts to Assets (%) = (total debts / total assets)×100%

Both assets and debts are figures at the end of the reference period.

Turnover of Working Capita refers to the number of times of turnover of working capital in a given period of time, which reflects the speed of the turnover of working capital of industrial enterprises, and is calculated as follows:

Turnover of Working Capital=(sales revenue of products) / (average balance of total working capital)

In the above formula, average balance of total working capital refers to the arithmetic mean of the sum of working capital at the beginning and at the end of the reference period.

Ratio of Profits to Total Industrial Costs refers to the ratio of profits realized in a given period to the total costs in the same period, which reflects the economic efficiency of input cost and is calculated as follows:

Ratio of Profits to Total Industrial Cost (%)=(total profits/ total costs)×100%

Total Costs in the above formula is the sum of cost of products sold, marketing cost, management cost and financial cost.

第十三篇　建筑业

Chapter 13　Construction

资料整理：程思怡 吴锦洛

Database Editor:Chengsiyi Wujinluo

简 要 说 明

本篇资料的主要内容及来源

本篇资料反映了全省建筑业基本情况，主要包括主要年份建筑业总产值及从业人员、建筑企业生产指标、财务指标等方面的内容。

本篇资料来源于建筑业统计年报，由省统计局固定资产投资统计处整理提供。

Brief Introduction

Main Content and Source of Data

Data in this chapter show the basic conditions of the construction industry in Fujian Province, mainly including the gross output value of construction, number of employed persons, major production indices and financial indicators.

Data in this chapter are based on the annual report of construction industry, and are compiled and provided by the Division of Investment and Construction Statistics of Fujian Provincial Bureau of Statistics.

13-1 建筑企业基本情况(1978-2014年)

Basic Situation of Construction Enterprises(1978-2014)

年份 Year	建筑业企业单位数（个） Number of Construction Enterprises (unit)	#国有 State- owned	#集体 Collective - owned	建筑业企业从业人员（万人） Number of Persons Employed (10000 persons)	#国有 State- owned	#集体 Collective - owned	建筑业企业总产值（亿元） Gross Output Value (100 million yuan)	#国有 State- owned	#集体 Collective - owned
1978	146	65	81	4.54	2.34	2.20	3.31	1.88	1.32
1979	152	33	119	12.79	6.60	6.19	4.33	2.39	1.94
1980	241	34	207	15.15	7.11	8.04	4.93	2.30	2.63
1981	257	41	216	15.88	7.58	8.30	5.44	2.43	3.01
1982	273	41	232	15.99	7.56	8.39	6.33	2.91	3.42
1983	267	43	224	17.06	8.30	8.76	7.11	3.49	3.62
1984	832	51	243	30.45	9.17	9.79	12.97	4.88	4.22
1985	956	51	278	30.62	9.12	11.18	16.66	6.80	5.87
1986	951	47	280	30.48	9.17	11.01	17.40	7.44	5.78
1987	1037	47	296	33.25	10.55	11.50	20.75	9.12	6.74
1988	1028	47	293	28.99	8.85	9.76	23.20	10.58	6.95
1989	1001	48	307	30.67	8.48	11.17	29.87	12.33	9.95
1990	1009	49	308	30.98	8.24	11.51	32.54	13.36	11.30
1991	967	49	315	31.75	9.07	11.98	39.11	16.32	14.09
1992	985	70	314	34.45	10.42	13.03	54.13	22.65	19.43
1993	1236	146	441	41.00	13.37	14.81	101.97	46.89	35.61
1994	1379	163	567	40.60	13.50	14.86	149.69	73.91	53.60
1995	1376	170	552	46.90	15.24	20.36	190.85	97.53	62.56
1996	1576	202	1051	47.15	15.44	27.11	211.88	106.21	84.94
1997	1585	236	1056	47.36	17.44	22.46	227.00	107.49	84.43
1998	1707	263	1133	47.93	13.96	28.65	244.67	115.66	95.61
1999	1849	295	1069	47.28	13.53	23.54	251.17	123.23	90.74
2000	1846	283	976	41.37	13.46	19.99	271.15	131.82	89.53
2001	1708	237	787	44.09	12.49	19.12	369.06	139.51	129.47
2002	1672	224	465	49.34	12.42	16.09	408.81	149.02	102.91
2003	1606	138	326	59.99	10.48	15.15	557.31	158.37	107.40
2004	1782	141	266	58.45	9.37	9.66	679.35	181.08	91.05
2005	1878	132	210	81.72	12.93	9.30	889.41	194.89	88.01
2006	1914	106	113	95.33	11.05	5.99	1189.37	198.12	57.81
2007	2022	104	114	124.97	11.96	8.09	1596.69	243.22	90.29
2008	2398	101	90	153.90	18.15	6.51	1921.26	282.88	85.13
2009	2479	93	75	182.97	26.39	5.41	2302.37	361.57	60.09
2010	2606	93	73	229.57	29.32	4.21	3062.17	448.16	61.44
2011	2734	92	79	219.09	14.82	4.28	3873.87	507.57	75.13
2012	2959	93	81	249.64	12.49	4.50	4713.38	535.97	84.08
2013	3233	68	50	300.60	10.97	5.70	5812.37	397.91	100.02
2014	3734	75	46	321.76	14.48	5.89	7056.89	415.15	102.31

注：1996年及以前年份含农村建筑队；1997至2002年为乡及乡以上四级以上建筑企业；2003年起统计范围为具有新资质等级的建筑企业。

Note: In this table,the data in 1996 and before include the individual construction team in rural,the data since 1997 to 2002 include the construction enterprises over town and town level, from 2003 the statistical coverage include the construction enterprises with new grade.

13-1 续表

Continued

年份 Year	建筑业企业增加值（亿元） Total Value-added of Construction Enterprises (100 million yuan)	建筑业企业资产合计（亿元） Total Assets (100 million yuan)	建筑业企业利润总额（亿元） Total Profits (100 million yuan)	建筑业企业税金总额（亿元） Total Tax (100 million yuan)	房屋建筑面积(万平方米) Floor Space of Building Construction(10000 sq.m) 施工面积 Under Construction	竣工面积 Completed	按总产值计算的劳动生产率（元/人） Overall Labor Productivity by Gross Output Value
1978					416.57	183.40	3038
1979					610.14	275.90	3326
1980					673.38	30.70	3461
1981	1.87		0.30		758.34	358.86	3801
1982	1.74		0.46		802.22	366.12	4083
1983	2.80		0.59		805.37	385.80	4296
1984	3.53		0.65		832.13	426.68	7366
1985	3.34		0.70		951.87	475.25	8425
1986	3.50		0.60		892.56	457.40	9226
1987	4.58		0.66		930.84	463.20	9998
1988	5.03		0.44		987.97	399.30	12053
1989	6.12		0.48		1033.22	502.70	15359
1990	7.16		0.50		969.35	499.30	16788
1991	5.90		0.70		1061.58	519.10	19246
1992	11.78		0.77		1313.86	588.73	23863
1993	22.24	127.32	1.69	2.96	1863.70	747.20	28480
1994	31.78	189.05	2.16	4.21	2462.50	1029.30	37976
1995	41.72	237.86	1.86	5.43	3283.60	1371.10	48560
1996	57.14	312.93	2.39	7.42	3523.30	1424.10	47347
1997	63.32	357.46	2.84	8.16	3478.50	1546.70	47043
1998	74.74	410.03	2.61	10.34	3742.41	1494.34	56860
1999	81.39	427.84	2.55	9.54	3991.20	1825.00	63364
2000	82.26	445.80	2.55	11.65	4085.40	1729.00	64884
2001	101.56	461.10	8.85	14.72	4931.31	2436.95	86280
2002	76.26	511.06	9.04	13.28	5237.11	2393.50	93020
2003	103.23	631.12	11.58	19.10	6440.08	2952.12	108288
2004	132.71	641.72	15.70	23.10	7587.15	3587.05	117831
2005	205.50	784.23	19.46	31.42	10268.29	4191.35	120406
2006	298.41	906.31	30.98	40.60	13854.50	4825.62	127097
2007	440.45	1061.70	37.91	57.51	17743.89	6010.26	123490
2008	632.77	1274.48	52.40	71.76	20028.29	7637.76	111960
2009	756.18	1494.09	66.05	94.82	21690.97	7435.06	118616
2010	969.86	1767.68	87.91	107.69	28406.86	9095.78	134520
2011	1180.79	2147.00	127.02	139.61	35674.45	10943.78	120330
2012	1627.40	2628.52	152.82	166.44	41821.78	12343.77	182738
2013	2044.89	3236.95	187.17	204.90	48254.03	13860.99	183213
2014	2331.32	3925.84	235.38	245.39	57385.67	15392.71	204770

13-2 建筑企业主要经济指标

Major Indicators of Construction Enterprises

项目 Item	2000	2005	2010	2013	2014
企业单位数（个） Number of Enterprises(unit)	**1846**	**1878**	**2606**	**3233**	**3734**
建筑业总产值（亿元） Gross Output Value (100 million yuan)	**271.15**	**889.41**	**3062.17**	**5812.37**	**7056.89**
建筑业增加值 Value Added	82.26	205.50	969.86	2044.89	2331.32
建筑业竣工产值 Output Value of Completed	196.70	608.01	1742.46	3343.32	3813.81
房屋施工面积（万平方米） Floor Space of Building under (10000 sq.m)	**4085.40**	**10268.29**	**28406.86**	**48254.03**	**57385.67**
#本年新开工 Newly Started Building in Current Year	1937.23	5282.23	14349.31	19483.34	20244.86
房屋竣工面积（万平方米） Floor Space of Building(10000 sq.m)	**1729.00**	**4191.35**	**9095.78**	**13860.99**	**15392.71**
#住宅 Residential Building	995.08	2257.72	5474.72	9301.91	9814.99
年末从业人员（万人） Number of Staff & Workers at the Year-end(10000 persons)	**41.37**	**81.72**	**229.57**	**300.60**	**321.76**
全员劳动生产率（元/人） Overall Labor productivity (yuan/person)					
按总产值计算 In Terms of Gross Output Value	64884	120406	134520	183213	204770
按增加值计算 In Terms of Value-added	20402	26597	42605	64457	67648
工资总额（亿元） Total Wages(100 million yuan)	**34.21**	**146.97**	**713.35**	**1624.25**	**1809.63**
财务指标（亿元） Financial Indicators(100 million yuan)					
资本金合计 Total Capital	103.39	247.70	511.59	941.60	1145.32
流动资产年末数 Circulating Funds at Year-end	343.64	608.16	1321.15	2547.03	3054.96
固定资产原值 Original Value of Fixed Assets	96.59	161.89	327.21	489.69	553.14
固定资产净值 Net Value of Fixed Assets	72.15	129.21	268.69	381.68	401.49
企业总收入 Total Income	274.06	883.22	2816.29	5396.68	6409.51
工程结算收入 Project Settle Accounts	267.96	872.12	2801.82	5374.51	6391.91
工程结算成本 Actual Cost of Projects Settle	239.53	787.44	2512.58	4791.78	5675.54
利润总额 Total Profits	2.55	19.46	87.91	187.17	235.38
#工程结算利润 Profits of Project Settle Accounts	17.24	51.10	168.45	385.79	479.91
利税总额 Total Pre-Tax Profits	14.20	51.46	195.61	392.07	480.77

13-3 国有经济建筑企业主要经济指标

Major Indicators of State-Owned Construction Enterprises

项目 Item	2000	2005	2010	2013	2014
企业单位数（个） **Number of Enterprises(unit)**	**283**	**132**	**93**	**68**	**75**
建筑业总产值（亿元） **Gross Output Value (100 million yuan)**	**131.82**	**194.89**	**448.16**	**397.91**	**415.15**
建筑业增加值 Value Added	42.15	41.90	113.77	95.62	106.45
建筑业竣工产值 Output Value of Completed	90.38	136.78	167.59	250.87	250.65
房屋施工面积（万平方米） **Floor Space of Building under (10000 sq.m)**	**1574.56**	**1862.81**	**3063.41**	**3491.50**	**3548.77**
#本年新开工 Newly Started Building in Current Year	606.60	774.05	1417.80	1023.81	669.41
房屋竣工面积（万平方米） **Floor Space of Building(10000 sq.m)**	**546.36**	**655.17**	**498.51**	**1044.66**	**738.92**
#住宅 Residential Building	381.47	401.27	376.06	804.48	438.27
年末从业人员（万人） **Number of Staff & Workers at the Year-end(10000 persons)**	**13.46**	**12.93**	**29.32**	**10.97**	**14.48**
全员劳动生产率（元/人） **Overall Labor productivity (person/yuan)**					
按总产值计算 In Terms of Gross Output Value	96111	140828	158901	282958	257177
按增加值计算 In Terms of Value-added	30731	30277	40339	67997	65941
工资总额（亿元） **Total Wages(100 million yuan)**	**14.46**	**26.56**	**88.03**	**76.61**	**85.89**
财务指标（亿元） **Financial Indicators(100 million yuan)**					
资本金合计 Total Capital	29.60	33.00	44.25	48.49	57.77
流动资产年末数 Circulating Funds at Year-end	123.18	163.22	221.40	231.74	269.33
固定资产原值 Original Value of Fixed Assets	41.23	38.45	59.54	51.11	52.45
固定资产净值 Net Value of Fixed Assets	28.66	26.73	44.36	40.21	45.35
企业总收入 Total Income	133.52	219.39	424.75	366.04	387.21
工程结算收入 Project Settle Accounts	129.93	215.85	420.07	361.23	383.22
工程结算成本 Actual Cost of Projects Settle	115.89	196.03	386.16	333.89	353.89
利润总额 Total Profits	0.27	2.35	5.42	6.18	6.87
#工程结算利润 Profits of Project Settle Accounts	8.08	12.19	19.06	16.26	17.94
利税总额 Total Pre-Tax Profits	6.40	9.72	19.20	17.56	18.64

13-4 集体经济建筑企业主要经济指标

Major Indicators of Collective Construction Enterprises

项目 Item	2000	2005	2010	2013	2014
企业单位数（个） Number of Enterprises(unit)	**976**	**210**	**73**	**50**	**46**
建筑业总产值（亿元） Gross Output Value (100 million yuan)	**89.53**	**88.01**	**61.44**	**100.02**	**102.31**
建筑业增加值 Value Added	26.99	21.85	18.04	30.94	26.48
建筑业竣工产值 Output Value of Completed	69.59	63.57	43.29	70.47	72.58
房屋施工面积（万平方米） Floor Space of Building under (10000 sq.m)	**1783.01**	**1657.55**	**884.06**	**1227.17**	**1352.76**
#本年新开工 Newly Started Building in Current Year	944.55	724.47	339.27	427.92	553.60
房屋竣工面积（万平方米） Floor Space of Building(10000 sq.m)	**846.18**	**643.80**	**277.51**	**360.13**	**332.98**
#住宅 Residential Building	496.95	427.31	196.10	274.13	283.89
年末从业人员（万人） Number of Staff & Workers at the Year-end(10000 persons)	**19.99**	**9.30**	**4.21**	**5.70**	**5.89**
全员劳动生产率（元/人） Overall Labor productivity (yuan/person)					
按总产值计算 In Terms of Gross Output Value	44526	91269	137908	198806	174722
按增加值计算 In Terms of Value-added	13423	22659	40501	61502	45223
工资总额（亿元） Total Wages(100 million yuan)	**15.71**	**15.65**	**13.95**	**26.31**	**22.02**
财务指标（亿元） Financial Indicators(100 million yuan)					
资本金合计 Total Capital	43.55	26.27	9.97	11.04	10.47
流动资产年末数 Circulating Funds at Year-end	144.02	67.18	33.75	39.24	36.67
固定资产原值 Original Value of Fixed Assets	35.50	18.98	6.50	5.65	4.23
固定资产净值 Net Value of Fixed Assets	28.83	16.07	5.23	4.97	2.87
企业总收入 Total Income	93.00	89.07	51.92	94.25	87.28
工程结算收入 Project Settle Accounts	91.48	88.05	51.61	93.84	86.97
工程结算成本 Actual Cost of Projects Settle	82.83	80.92	46.52	85.30	80.88
利润总额 Total Profits	1.03	1.39	1.10	1.62	1.47
#工程结算利润 Profits of Project Settle Accounts	5.19	3.75	3.05	5.54	3.31
利税总额 Total Pre-Tax Profits	4.72	4.70	3.02	4.71	4.36

13-5 各种资质等级建筑企业主要经济指标(2014年)

Major Indicators of Construction Enterprises by Grade(2014)

项目 Item	合计 Total	#总承包 General Contract	一级及以上 First and Above	二级 Second	三级 Third	#专业承包 Special Contract	一级 First and Above	二级 Second	三级及不分等级 Third and Others
企业单位数（个） Number of Enterprises(unit)	**3734**	**2033**	**199**	**568**	**1266**	**1189**	**147**	**508**	**534**
建筑业总产值（亿元） Gross Output Value (100 million yuan)	**7056.89**	**6110.62**	**3709.39**	**1479.51**	**921.72**	**578.60**	**266.86**	**156.63**	**155.11**
建筑业增加值 Value Added	2331.32	1845.87	1092.88	457.22	295.77	173.56	78.93	46.85	47.78
建筑业竣工产值 Output Value of Completed	3813.81	3481.90	2098.90	846.93	536.07	331.91	150.98	87.74	93.19
房屋施工面积（万平方米） Floor Space of Building under (10000 sq.m)	**57385.67**	**56808.99**	**38742.78**	**12420.51**	**5645.70**	**576.68**	**453.21**	**67.97**	**55.50**
#本年新开工 Newly Started Building in Current Year	20244.86	19920.78	12133.26	4761.54	3025.98	324.08	233.08	44.06	46.94
房屋竣工面积（万平方米） Floor Space of Building (10000 sq.m)	**15392.71**	**15087.56**	**9158.24**	**3816.32**	**2113.00**	**305.14**	**216.15**	**58.92**	**30.07**
#住宅 Residential Building	9814.99	9767.66	6693.33	2278.64	795.68	47.34	41.88		5.46
年末从业人员（万人） Number of Staff & Workers at the Year-end(10000 persons)	**321.76**	**230.03**	**130.77**	**60.73**	**38.53**	**20.74**	**8.18**	**6.35**	**6.21**
全员劳动生产率（元/人） Overall Labor productivity(yuan/person)									
按总产值计算 In Terms of Gross Output Value	204770	238549	251159	221743	220796	244723	268470	226129	228893
按增加值计算 In Terms of Value-added	67648	72060	73998	68526	70851	73407	79406	67634	70508
工资总额（亿元） Total Wages(100 million yuan)	**1809.63**	**1396.08**	**856.80**	**328.83**	**210.45**	**117.22**	**52.25**	**31.71**	**33.26**
财务指标（亿元） Financial Indicators (100 million yuan)									
资本金合计 Total Capital	1145.32	944.26	367.05	288.94	288.27	181.05	44.43	64.43	72.19
流动资产年末数 Circulating Funds at Year-end	3054.96	2604.49	1455.16	718.13	431.20	450.46	133.44	160.60	156.42
固定资产原值 Original Value of Fixed Assets	553.14	460.07	200.36	140.85	118.86	86.70	21.81	29.27	35.62
固定资产净值 Net Value of Fixed Assets	401.49	332.85	139.71	100.21	92.93	63.10	18.32	19.32	25.46
企业总收入 Total Income	6409.51	5459.28	3280.24	1363.80	815.24	580.33	263.77	165.45	151.11
工程结算收入 Project Settle Accounts	6391.91	5446.76	3272.18	1360.79	813.79	576.94	263.18	164.12	149.64
工程结算成本 Actual Cost of Projects Settle	5675.54	4844.05	2958.64	1188.65	696.75	481.57	223.53	135.04	123.01
利润总额 Total Profits	235.38	207.76	105.80	61.45	40.51	25.90	11.72	7.47	6.72
#工程结算利润 Profits of Project Settle Accounts	479.91	397.85	197.96	116.60	83.30	76.55	31.00	23.89	21.66
利税总额 Total Pre-Tax Profits	480.77	419.88	223.35	120.01	76.52	46.37	21.02	13.17	12.19

13-6 按行业分建筑企业主要经济指标(2014年)

Major Indicators of Construction Enterprises by Sector(2014)

项目 Item	房屋建筑业 Building	土木工程建筑业 Civil Engineering	建筑安装业 Installation	建筑装饰和其他建筑业 Building Decontion and Others
企业单位数（个） **Number of Enterprises(unit)**	**1603**	**752**	**401**	**978**
建筑业总产值（亿元） **Gross Output Value(100 million yuan)**	**4915.62**	**1392.37**	**240.23**	**508.68**
建筑业增加值 Value Added	1586.24	407.72	73.15	264.22
建筑业竣工产值 Output Value of Completed	2864.55	654.51	123.87	170.88
房屋施工面积（万平方米） **Floor Space of Building under(10000 sq.m)**	**53611.89**	**3445.41**	**170.92**	**157.44**
#本年新开工 Newly Started Building in Current Year	18154.91	1909.12	63.73	117.10
房屋竣工面积（万平方米） **Floor Space of Building(10000 sq.m)**	**14134.18**	**1125.53**	**68.77**	**64.23**
#住宅 Residential Building	9331.51	465.77		17.71
年末从业人员（万人） **Number of Staff & Workers at the Year-end(10000 persons)**	**210.75**	**44.55**	**9.47**	**56.99**
全员劳动生产率（元/人） **Overall Labor productivity (yuan/person)**				
按总产值计算 In Terms of Gross Output Value	222551	231146	236308	95356
按增加值计算 In Terms of Value-added	71816	67685	71953	49529
工资总额（亿元） **Total Wages(100 million yuan)**	**1238.22**	**292.41**	**49.85**	**229.15**
财务指标（亿元） **Financial Indicators(100 million yuan)**				
资本金合计 Total Capital	681.15	281.81	77.18	105.19
流动资产年末数 Circulating Funds at Year-end	1821.22	754.71	275.99	203.03
固定资产原值 Original Value of Fixed Assets	295.07	169.40	42.77	45.89
固定资产净值 Net Value of Fixed Assets	230.92	111.36	28.32	30.89
企业总收入 Total Income	4342.61	1309.35	261.90	495.65
工程结算收入 Project Settle Accounts	4336.04	1303.74	257.65	494.48
工程结算成本 Actual Cost of Projects Settle	3869.55	1149.32	214.83	441.83
利润总额 Total Profits	160.67	49.30	12.69	12.71
#工程结算利润 Profits of Project Settle Accounts	301.06	107.76	35.76	35.33
利税总额 Total Pre-Tax Profits	331.60	97.78	20.28	31.11

13-7 按经济类型分建筑企业主要经济指标(2014年)

Major Indicators of Construction Enterprises by Ownership(2014)

项目 Item	国有经济 State-owned	集体经济 Collect-owned	港澳台经济 Hong Kong, Macao and Taiwan Funded	外商经济 Foreign Funded	其他经济 Others
企业单位数（个） **Number of Enterprises(unit)**	**75**	**46**	**26**	**5**	**3582**
建筑业总产值（亿元） **Gross Output Value(100 million yuan)**	**415.15**	**102.31**	**76.36**	**2.51**	**6460.56**
建筑业增加值 Value Added	106.45	26.48	19.31	0.62	2178.46
建筑业竣工产值 Output Value of Completed	250.65	72.58	22.52	0.35	3467.71
房屋施工面积（万平方米） **Floor Space of Building under(10000 sq.m)**	**3548.77**	**1352.76**	**1024.20**	**4.26**	**51455.68**
#本年新开工 Newly Started Building in Current Year	669.41	553.60	432.93	2.35	18586.56
房屋竣工面积（万平方米） **Floor Space of Building(10000 sq.m)**	**738.92**	**332.98**	**51.48**	**1.59**	**14267.74**
#住宅 Residential Building	438.27	283.89	51.48		9041.35
年末从业人员（万人） **Number of Staff & Workers at the Year-end(10000 persons)**	**14.48**	**5.89**	**0.66**	**0.09**	**300.64**
全员劳动生产率（元/人） **Overall Labor productivity(yuan/person)**					
按总产值计算 In Terms of Gross Output Value	257177	174722	424745	164945	201466
按增加值计算 In Terms of Value-added	65941	45223	107427	40573	67933
工资总额（亿元） **Total Wages(100 million yuan)**	**85.89**	**22.02**	**13.62**	**0.68**	**1687.42**
财务指标（亿元） **Financial Indicators(100 million yuan)**					
资本金合计 Total Capital	57.77	10.47	7.03	1.71	1068.34
流动资产年末数 Circulating Funds at Year-end	269.33	36.67	28.31	3.98	2716.67
固定资产原值 Original Value of Fixed Assets	52.45	4.23	2.03	0.88	493.55
固定资产净值 Net Value of Fixed Assets	45.35	2.87	1.02	0.44	351.81
企业总收入 Total Income	387.21	87.28	85.72	2.83	5846.47
工程结算收入 Project Settle Accounts	383.22	86.97	85.64	2.73	5833.35
工程结算成本 Actual Cost of Projects Settle	353.89	80.88	78.29	2.54	5159.93
利润总额 Total Profits	6.87	1.47	2.49	-0.18	224.74
#工程结算利润 Profits of Project Settle Accounts	17.94	3.31	4.19	0.16	454.31
利税总额 Total Pre-Tax Profits	18.64	4.36	5.68	-0.14	452.22

13-8 按构成分建筑企业增加值(2014年)

Value-added of Construction Enterprises by Composition(2014)

单位：亿元 (100 million yuan)

项目 Item	总计 Total	国有经济 state-Owned	集体经济 Collective-Owned	其他经济 Others
建筑业增加值 Value added	**2331.32**	**106.45**	**26.48**	**2198.39**
#固定资产折旧 Depreciation of Fixed Assets	37.21	2.18	0.16	34.87
应付工资 Wages Payable	1809.63	85.89	22.02	1701.73
工程结算税金及附加 Taxes and Extra charges on project Settle Accounts	236.47	11.38	2.78	222.31
管理费用中的税金 Taxes in Management Expenses	8.92	0.39	0.12	8.41
营业利润 Profits of project settle Account	239.09	6.61	1.41	231.07

13-9 房屋竣工建筑面积(2014年)

Floor Space of Completed Building(2014)

单位：万平方米 (10000 sq.m)

项目	Item	竣工面积 Floor Space Completed
合计	**Total**	**15392.71**
住宅房屋	Residential Building	9814.99
商业及服务用房屋	Building for Business and Service	1068.58
商厦房屋（批发和零售用房）	Wholesal and Retail Trade	329.45
宾馆用房屋（住宿用房）	Lodgings	73.69
餐饮用房屋（餐饮用房）	Gatering Services	39.11
商务会展用房屋	Business Showing	31.71
其他商业及服务用房屋（居民服务业用房）	Others	594.62
办公用房屋	Building for Office	881.76
科研、教育、医疗用房屋	Building for Scientific Research,Education,Medical	480.33
科学研究用房屋	Scientific Research	52.75
教育用房屋	Education	355.77
医疗用房屋（卫生医疗用房）	Medical	71.82
文化、体育、娱乐用房屋	Building for Culture, Sports and Enterainment	103.95
厂房及建筑物	Factory Building	2647.20
#厂房	Factory	1260.31
仓库	Storehouse	169.18
其他未列明的房屋建筑物	Others	226.70

13-10 各设区市建筑企业数(2014年)

Number of Construction Enterprises by City(2014)

单位：个 (unit)

地区 Area	合计 Total	#总承包 Gereral Contract	一级及以上 First and Above	二级 Second	三级 Third	#专业承包 Special Contract	一级 First	二级 Second	三级及不分等级 Third and Others
全　省 total	**3734**	**2033**	**199**	**568**	**1266**	**1189**	**147**	**508**	**534**
福州市 Fuzhou	1057	477	64	158	255	368	51	157	160
厦门市 Xiamen	687	241	36	46	159	320	35	154	131
莆田市 Putian	239	192	14	38	140	33	1	20	12
三明市 Sanming	212	143	13	40	90	51	5	9	37
泉州市 Quanzhou	598	298	36	104	158	246	40	109	97
漳州市 Zhangzhou	234	167	9	42	116	41	3	18	20
南平市 Nanping	237	170	2	29	139	49	1	18	30
龙岩市 Longyan	309	230	18	78	134	61	8	21	32
宁德市 Ningde	161	115	7	33	75	20	3	2	15

13-11 各设区市建筑企业从业人员数(2014年)

Number of persons employed by Construction Enterprises by City(2014)

单位：人 (person)

地区 Area	合计 Total	#总承包 Gereral Contract	一级及以上 First and Above	二级 Second	三级 Third	#专业承包 Special Contract	一级 First	二级 Second	三级及不分等级 Third and Others
全　省 total	**3217629**	**2300336**	**1307746**	**607305**	**385285**	**207408**	**81809**	**63485**	**62114**
福州市 Fuzhou	1077094	763438	473710	185971	103757	71825	27097	23286	21442
厦门市 Xiamen	685665	208373	151286	25311	31776	42126	14847	16033	11246
莆田市 Putian	196608	192610	98823	44164	49623	2231	130	1192	909
三明市 Sanming	144743	138071	51050	53524	33497	6099	1956	714	3429
泉州市 Quanzhou	485826	418944	267606	105868	45470	45505	23598	11338	10569
漳州市 Zhangzhou	159854	152634	72080	49604	30950	4786	738	1729	2319
南平市 Nanping	55486	43887	4900	15211	23776	11175	1332	4220	5623
龙岩市 Longyan	309700	288733	151893	91050	45790	18255	11058	4615	2582
宁德市 Ningde	102653	93646	36398	36602	20646	5406	1053	358	3995

13-12 各设区市建筑企业劳动生产率(2014年)

Labor Productivity Construction Enterprises by City(2014)

单位：元/人 (yuan/person)

地区 Area	按总产值计算 In terms of Total Output value	#国有企业 State- Owned	#集体企业 Collective- Owned	按增加值计算 In terms of Added-value	#国有企业 State- Owned	#集体企业 Collective- Owned
全　省 total	**204770**	**257177**	**174722**	**67648**	**65941**	**16404**
福州市 Fuzhou	214273	268642	179191	67030	68352	26319
厦门市 Xiamen	138275	264046	124314	51711	85095	48564
莆田市 Putian	217126	135084	293462	80082	59659	159
三明市 Sanming	227291	361571		67721	76039	
泉州市 Quanzhou	248936	233983	75522	81160	50095	648
漳州市 Zhangzhou	284265	222511	194332	98633	81437	3406
南平市 Nanping	243642	284725	252703	73466	59437	5958
龙岩市 Longyan	199629	182326		67125	53516	
宁德市 Ningde	207313	250914	288939	63403	89968	20684

13-13 各设区市建筑企业房屋施工情况(2014年)

Basic Statistics on Housing construction of Construction Enterprises by City(2014)

单位：万平方米 (10000 sq.m)

地区 Area	房屋建筑竣工面积 Floor Space of Buildings Completed	建筑业单位房屋建筑施工面积 Floor Space of Buildings under	本年新开工 Newly Started Building in Current Year
全　省 total	**15392.71**	**57385.67**	**20244.86**
福州市 Fuzhou	5479.92	24167.81	8056.57
厦门市 Xiamen	1052.74	6738.30	1740.29
莆田市 Putian	1226.82	4436.71	1597.06
三明市 Sanming	1358.13	4126.15	1448.93
泉州市 Quanzhou	3068.78	8912.17	3247.39
漳州市 Zhangzhou	742.33	2404.28	1054.89
南平市 Nanping	291.75	820.55	329.08
龙岩市 Longyan	1712.58	4153.18	2063.33
宁德市 Ningde	459.64	1626.52	707.30

13-14 各设区市建筑企业总收入(2014年)

Gross Income of Construction Enterprises by City(2014)

单位：万元 (10000 yuan)

地区 Area	企业总收入 Total Incomes of Enterprises	#工程结算收入 Incomes of Project Settle Accounts	#工程结算成本 Costs ofProject Settle Accounts	#工程结算利润 Profits of Project Settle Accounts	#其他业务收入 Other Incomes	#其他业务利润 Profits of Others
全　省 total	**64095055**	**63919142**	**56755356**	**4799077**	**175913**	**53156**
福州市 Fuzhou	23387685	23287202	21190602	1280167	100483	32764
厦门市 Xiamen	9996282	9969240	9069278	602497	27042	7878
莆田市 Putian	4487263	4479202	3726140	551318	8061	788
三明市 Sanming	3872314	3868240	3383886	312947	4075	20
泉州市 Quanzhou	11149436	11139683	9549792	1149030	9753	2395
漳州市 Zhangzhou	2980593	2976781	2636371	232279	3812	1048
南平市 Nanping	1220961	1213141	1059750	108762	7820	1551
龙岩市 Longyan	5223758	5215414	4564320	437159	8344	5415
宁德市 Ningde	1776763	1770239	1575218	124919	6524	1297

13-15 各设区市建筑企业利税总额(2014年)

Total Pre-tax Profits of Construction Enterprises by City(2014)

单位：万元 (10000 yuan)

地区 Area	利税总额 Total Pre-tax Profits	利润总额 Total Profits	工程结算税金及附加 Taxes and Extra Charges on Project Settle Accounts	管理费用中的税金 Taxes in Management Expenses	产值利税率(%) Ratio of pre-tax Profits to Gross Output Value (%)	资产利税率(%) Ratio of pre-tax Profit to Assets (%)
全　省 Total	**4807663**	**2353771**	**2364709**	**89183**	**6.8**	**12.3**
福州市 Fuzhou	1422316	583448	816434	22435	5.6	10.4
厦门市 Xiamen	517511	209156	297465	10890	4.9	6.2
莆田市 Putian	474148	264246	201744	8158	9.8	16.9
三明市 Sanming	380714	204876	171407	4432	7.9	22.2
泉州市 Quanzhou	1067395	597102	440861	29432	9.1	17.0
漳州市 Zhangzhou	262429	149220	108130	5079	6.9	13.8
南平市 Nanping	99635	52457	44630	2549	6.8	10.2
龙岩市 Longyan	454948	236324	213936	4688	8.0	20.2
宁德市 Ningde	128567	56943	70103	1521	6.0	10.6

主要统计指标解释

建筑业统计单位 指从事房屋、构筑物建造和设备安装活动的法人企业。建筑业法人企业应同时具备的条件是：①依法成立，有自己的名称、组织机构和场所，能够承担民事责任；②独立拥有和使用资产，承担负债，有权与其他单位签订合同；③独立核算盈亏，能够编制资产负债表。

建筑业总产值(即自行完成施工产值) 指以货币表现的建筑安装企业在一定时期内生产的建筑业产品和提供的服务的总和。建筑业总产值包括：

(1)建筑工程产值：指列入建筑工程预算内的各种工程价值。

(2)设备安装工程产值：指设备安装工程价值，不包括被安装设备本身价值。

(3)房屋、构筑物修理产值：指房屋、构筑物修理所完成的价值，但不包括被修理房屋、构筑物本身的价值和生产设备的修理价值。

(4)非标准设备制造产值：指加工制造没有定型的、非标准的生产设备的加工费和原材料价值，以及附属加工厂为本企业承建工程制作的非标准设备的价值。

建筑业增加值 指建筑业企业在报告期内以货币表现的建筑业生产经营活动的最终成果。目前建筑业增加值采用分配法(收入法)计算，即从收入的角度出发，根据生产要素在生产过程中应得的收入份额计算。具体计算公式为：

建筑业增加值＝本年提取的固定资产折旧+主营业务应付工资+主营业务应付福利费+管理费用中的劳动待业保险费、税金+工程结算税金及附加+营业利润

房屋建筑施工面积 指在报告期内施工的全部房屋建筑面积，包括本期新开工的房屋面积、上期施工跨入本期继续施工的房屋面积、上期停缓建在本期恢复施工的房屋面积、本期竣工的房屋面积及本期施工后又停缓建的房屋面积。

房屋建筑竣工面积 指在报告期内房屋建筑按照设计要求全部完工，达到了住人和使用条件，经验收鉴定合格，正式移交使用单位的房屋建筑面积。

工程结算收入 指企业承包工程实现的工程价款结算收入，以及向发包单位收取的除工程价款以外的按规定列作营业收入的各种款项，如临时设施费、劳动保险费、施工机械调迁费等以及向发包单位收取的各种索赔款。

工程结算利润 指已结算工程实现的利润，如亏损以“－”号表示。计算公式为：

工程结算利润＝工程结算收入－工程结算成本－工程结算税金及附加

企业总收入 指与企业生产经营直接有关的各项收入，包括工程结算收入和其他业务收入。计算公式为：

企业总收入＝工程结算收入＋其他业务收入

Explanatory Notes on Main Statistical Indicators

Statistical Unit in the Construction Industry refers to corporate enterprise engaged in the construction of buildings and structures and in the installation of equipment.A corporate construction enterprise should have qualification certifieates with independent accounting system,and should meet the following 3 requirements:①being set up in line with relevant legal basis,having its full name,organization and location,and capable of taking civil liabilities;② independently possessing and using its assets and assuming its liabilities,and entitled to sign contracts with other institutions;and ③ making independent accounts of its profits and losses,and capable of compiling its own balance sheet.

Gross Output Value of Construction (Output Value of Projects Under Construction) refers to total of construction products and services, expressed in money terms, completed by construction and installation enterprises during a given period of time. It includes:

(1) Output value of construction projects, that is the value of projects covered by the project budgets;

(2) Output value of installation projects, that is the value of the installation of equipment, (excluding the value of the equipment to be installed);

(3) Output value of repair of buildings and structures, that is the value created through the repairs of buildings or structures,but does not include the value of buildings or structures being repaired and the value of the repair of production equipment;

(4) Output value of manufactured non-standard equipment, that is the value of non-standard production equipment (including raw materials and manufacturing cost) made for the construction project, and the equipment manufactured by subsidiary workshops.

Value-added of Construction refers to the final result of the activities of production and management of construction in monetary terms in the reference period. At present, the value-added of construction is calculated with the income approach. In other words, it is the sum of income of various production factors in the production process. The formula is as follows:

Value-added of construction=depreciation of fixed assets in the year+wages payable+welfare expenses payable+insurance premium and tax for waiting for employment in the administrative expenses +taxes and surcharges on project settlement+profit gained from project settlement.

Floor Space of Buildings Under Construction refers to floor space of buildings under construction during the reference period, including newly started buildings,buildings started earlier and Continued during the reference period,and buildings suspended earlier but restarted during the reference period, buildings completed during the reference period, and buildings under construction and then suspended during the reference period.

Floor Space of Buildings Completed refers to the floor space of buildings that are completed in the reference period in accordance with the requirements of the design, up to the standard for putting them into use, and have been checked and accepted by concerned departments as qualified ones.

Income from Settlement of Projects refers to the income received by the construction enterprise from the contracted project through settlement procedures, and other charges to the contractoree as operational costs in addition to the value of the project, such as temporary facility fee,labour insurance premium,moving cost of construction equipment,as well as various types of claims to the contractee.

Profit from Settlement of Projects refers to profit realized through settled projects. It is calculated with the following formula:

Profit from Settlement of Projects=Income from Settlement of Projects-Settled Cost-Settled Taxes and Other Cost

Total Revenue of Enterprises refers to the sum of income from production and operation of enterprises, including income from settlement of projects and other operational income, namely:

Total Revenue of Enterprises=Income from Settlement of Projects+Other Operational Income

第十四篇　交通运输和邮电通信业

Chapter 14　Transportation, Postal and Telecommunication Services

资料整理：陈姿 连晓毅
Database Editor:Zhenzi Lianxiaoyi

简 要 说 明

本篇资料的主要内容及来源

本篇资料反映了全省交通运输业与邮电通讯业发展的基本状况，主要包括交通设施基本情况、客货运量及周转量、交通运输企业主要技术经济指标、沿海主要港口货物吞吐量、邮政和电信基本情况、民用汽车拥有量等方面的内容。

铁路资料来源于南昌铁路局，公路、水路和港口资料来源于福建省交通厅，民航运输资料来源于福建省民航局，邮电信资料来源于福建省通信管理局和省邮政公司。

本篇资料由省统计局服务业处收集整理。

Brief Introduction

Main Content and Source of Data

Data in this chapter cover mainly the basic conditions of the development of transport, post and telecommunications in Fujian Province, including the basic conditions of transport, the freight traffic and passenger traffic accomplished by various means, major financial indices of related enterprises, cargo handled at principal sea ports and the basic conditions of post and telecommunication services.

Data on railways transportation come from the Nanchang Bureau of the Railway. Data on highways waterway and port come from the Bureau of the Transportation. Data on the civil aviation transport come from the Bureau of Fujian Aviation Administration. Data on telecommunication services come from the Telecommunication Bureau. Data on post are provided by the Post Company.

Data in this chapter are compiled and provided by the Division of Services Statistics of Fujian Provincial Bureau of Statistics.

14-1 主要年份各类运输总量

Passenger Traffic and Freight Traffic in Selected Years

年份 Year	客运量（万人） Passenger Traffic (10000 persons)	旅客周转量（亿人公里） Passenger-Kilometers (100 million passenger-km)	货运量（万吨） Freight Traffic (10000 tons)	货物周转量（亿吨公里） Freight ton-kilometers (100 million ton-km)
1952	251	1.72	156	1.44
1957	1966	8.81	1553	10.07
1962	2634	16.97	1845	21.65
1965	3226	16.22	2948	39.47
1970	3324	17.59	2862	40.92
1975	5887	28.36	3747	53.73
1978	7928	35.73	4871	74.03
1979	9996	43.71	5149	80.63
1980	16676	62.37	7979	100.34
1981	20013	73.45	8302	103.34
1982	22570	82.01	9077	120.39
1983	24620	91.50	10175	131.78
1984	29155	109.50	11479	151.61
1985	33984	130.33	13317	161.97
1986	34426	137.09	16931	195.48
1987	35693	159.38	18231	225.02
1988	37216	175.91	20131	242.02
1989	39622	173.66	19859	270.06
1990	39495	175.40	20321	272.71
1991	34038	186.70	12124	267.26
1992	36283	205.17	19836	347.28
1993	40465	232.27	25824	434.02
1994	36416	240.56	28447	577.73
1995	40080	247.65	28922	608.61
1996	42956	267.20	30593	590.58
1997	43658	253.15	30496	605.78
1998	42047	279.76	30010	661.61
1999	41413	301.58	28637	746.71
2000	44203	333.97	29483	687.65
2001	47393	372.72	30547	779.92
2002	49134	392.00	31837	827.44
2003	48097	386.19	33422	1223.82
2004	53950	441.40	37279	1401.26
2005	55615	477.82	40400	1576.12
2006	59369	524.99	44304	1904.36
2007	64244	587.90	50500	2083.72
2008	72742	561.77	57254	2401.41
2009	76121	597.75	58231	2477.46
2010	77153	648.76	66159	2983.52
2011	81082	723.83	75272	3404.11
2012	83725	771.93	84417	3877.73
2013	56965	785.01	96718	3943.77
2014	60765	902.36	111779	4783.48

注：2013年客运量数据因交通运输业统计范围变化有调整。

Note:Because the scope of Transportation Statistics changes, The Data of Traffic Passengers in 2013 has been adjusted.

14-2 交通运输业基本情况

Basic Conditions of Transport

项目	Item	2000	2005	2010	2013	2014
铁路营业长度（公里）	**Length of Railways in Operation(km)**	**1454**	**1613**	**2110**	**2743**	**2755**
公路通车里程（公里）	**Length of Highway(km)**	**51073**	**58286**	**91015**	**99535**	**101190**
#高速公路	Expressway	351	1208	2350	3935	4053
内河通航里程（公里）	**Length of Navigable Inland Waterways(km)**	**3701**	**3245**	**3245**	**3245**	**3245**
客运量（万人）	**Passenger Traffic(10000 persons)**	**44203**	**55615**	**77153**	**56965**	**60765**
铁路	Railways	1428	1486	3640	6502	8345
公路	Highways	41696	52452	70714	46895	48580
水运	Waterways	726	985	1444	1711	1794
航空	Civil Aviation	353	692	1356	1857	2046
旅客周转量（亿人公里）	**Passenger-kilometers(100 million persons-km)**	**333.97**	**477.82**	**648.76**	**785.01**	**902.36**
铁路	Railways	71.57	87.90	137.70	209.21	284.91
公路	Highways	223.44	309.99	346.68	330.64	334.95
水路	Waterways	1.44	1.39	2.14	2.85	2.87
航空	Civil Aviation	37.52	78.54	162.23	242.31	279.63
货运量（万吨）	**Freight Traffic(10000 tons)**	**29483**	**40400**	**66159**	**96718**	**111779**
铁路	Railways	2475	3601	3765	3661	3403
公路	Highways	22924	27579	45575	69876	82573
水运	Waterways	4078	9210	16803	23162	25782
航空	Civil Aviation	6	10	16	19	21
货物周转量（亿吨公里）	**Freight Ton-Kilometers (100 million ton-km)**	**687.65**	**1576.12**	**2983.52**	**3943.77**	**4783.48**
铁路	Railways	152.51	201.95	184.20	164.81	149.80
公路	Highways	175.83	238.25	578.32	821.44	974.80
水路	Waterways	358.63	1134.64	2218.88	2954.71	3655.72
航空	Civil Aviation	0.67	1.27	2.12	2.81	3.16
全社会机动车拥有量（辆）	**Number of Motor Vehicles(unit)**	**1954426**	**4198416**	**7249619**	**7614838**	**7994327**
汽车	Automobiles	321278	742611	1996529	3349445	3884930
沿海主要港口货物吞吐量（万吨）	**Freight Handled at Principal Seaports (10000 tons)**	**6944.17**	**19605.25**	**32687.01**	**45475.19**	**49166.24**
福州港	Fuzhou	2425.48	7443.45	7124.79	12759.03	14391.14
厦门港	Xiamen	1965.26	4770.76	12728.05	19087.83	20503.96
泉州港	Quanzhou	1712.18	4046.16	8455.37	10804.09	11200.70
漳州港	Zhangzhou	418.72	2081.31	1202.47		
湄州湾港	Meizhouwan	201.34	1050.03	1755.99	2824.25	3070.44
宁德港	Ningde	221.19	213.54	1420.33		

注：2011年起，漳州港并到厦门港，宁德港并到福州港。

Note:Since 2011, Zhangzhou seaports divided to Xiamen Seaports,Ningde seaports divided to Fuzhou Seaports.

14-3 运输线路长度（年底数）

Length of Transportation Routes,End of Year

单位：公里 (km)

项目 Item	2000	2005	2010	2013	2014
铁路营业长度 Length of Railways in Operation	**1454**	**1613**	**2110**	**2743**	**2755**
#电气化长度 Electrified Railways	821	821	1498	2131	2142
公路通车里程 Length of Highway	**53506**	**58286**	**91015**	**99535**	**101190**
#绿化里程 Length of Greened Highways	28068	31010	45906	84893	87020
#养护里程 Length of Maintenced Highways	52776	57430	91009	99535	101190
按行政等级分 By Administrative Level					
国道 National Highways	2443	3129	4206	5051	5164
省道 Provincial Highways	5451	5763	6151	6975	6998
县级公路 County Highways	12527	12814	13485	16832	16974
乡镇公路 Village Highways	27101	30579	35676	40538	40986
专用公路 Highway for Special Purpose	5984	6001	486	109	122
按技术等级分 By Technical Grade					
# 等级路里程合计 Total of Expressway and Class Highway	40637	47986	70655	80909	82907
高速公路 Expressway	351	1208	2351	3935	4053
一级 First Class	255	358	603	687	776
二级 Second Class	5515	6262	7373	9042	9192
三级 Third Class	3440	4518	6419	7768	8178
四级 Fourth Class	31076	35640	53910	59476	60709
内河通航里程 Length of Navigable Inland Waterways	**3701**	**3245**	**3245**	**3245**	**3245**

14-4 各类运输工具拥有量（年底数）

Number of Means of Transport, End of Year

项目	Item	2000	2005	2010	2013	2014
公路	**Highway**					
全社会机动车拥有量（辆）	**Number of Motor Vehicles(unit)**	**1954426**	**4198416**	**7246919**	**7614838**	**7994327**
#民用汽车	Automobiles	321278	742611	1996529	3349445	3884930
#载客汽车	Possenger Vehicles	156890	449592	1502963	2685948	3180576
大型	Large-Size		15623	24704	28376	28833
中型	Medium-Size		31203	39736	34761	32621
小型	Small-Size		362861	1384498	2562331	3059603
微型	Mini-Size		39905	54025	60480	59519
载货汽车	Trucks	154219	231351	451130	623600	664812
重型	Large-Capacity		16437	64942	91710	102045
中型	Medium-Capacity		40678	47062	37363	34816
轻型	Small-Capacity		147566	329155	487858	522174
微型	Mini-Capacity		26670	9971	6669	5777
水路	**Waterway**					
内河	**Island River**					
客轮	Passenger Vesssel					
艘数（艘）	Number of Passenger Vesssel (unit)	139	465	319	282	242
载客量（客位）	Passenger Capacity(seat)	7671	15319	9395	9343	8675
货轮	Cargo Vessel					
艘数（艘）	Number of Cargo Vessel(unit)	865	830	722	570	555
净载重量（吨位）	Payload(ton)	67493	154777	313962	324654	340649
沿海	**Coastal**					
客轮	Passenger Vesssel					
艘数（艘）	Number of Passenger Vesssel (unit)	167	212	259	302	297
总吨（吨位）	Total Weight(ton)	4527	10706	16617	19059	18235
载客量（客位）	Passenger Capacity(seat)	7221	9764	15259	17397	17115
货轮	Cargo Vessel					
艘数（艘）	Number of Cargo Vessel(unit)	1313	1290	952	900	882
总吨（吨位）	Total Weight(ton)	787442	1681411	2593122	3660515	4079684
净载重量（吨位）	Payload(ton)	1128810	2736521	4061378	5637944	6212187
远洋	**Ocean**					
货轮	Cargo Vessel					
艘数（艘）	Number of Cargo Vessel(unit)	190	81	91	93	90
总吨（吨位）	Total Weight(ton)	384749	543878	818337	1183318	1192715
净载重量（吨位）	Payload(ton)	589392	769838	1297002	1933993	1943441

14-5 主要年份客货平均运距

Average Transport Distance of Passenger and Freight Traffic in Selected Years

单位：公里 (km)

年份 Year	平均运距 Average Transport Distance	铁路 Railway	公路 Highway	水运 Waterway	民用航空 Civil Aviation
旅客运输平均运距 Average Transport Distance of Passenger					
1978	45	184	33	21	
1980	44	212	31	27	
1985	38	261	29	29	71
1990	44	309	35	26	897
1995	61	403	41	35	949
1996	62	400	44	32	963
1997	58	429	39	29	967
1998	67	438	47	22	982
1999	73	449	52	20	995
2000	76	501	54	20	1062
2001	79	539	57	17	1045
2002	80	530	57	16	1040
2003	80	528	57	16	1074
2004	82	544	56	15	1095
2005	86	592	59	14	1135
2006	88	570	60	13	1151
2007	92	528	62	13	1187
2008	77	524	49	13	1182
2009	78	497	50	14	1187
2010	84	378	49	15	1196
2011	89	367	49	15	1234
2012	92	349	49	16	1282
2013	138	322	71	17	1305
2014	148	341	69	16	1367
货物运输平均运距 Average Transport Distance of Freight					
1978	151	400	31	166	
1980	125	429	41	188	
1985	122	537	42	280	391
1990	134	547	55	454	964
1995	210	593	62	1051	1062
1996	193	565	58	908	1139
1997	199	603	57	908	1008
1998	220	611	63	993	1145
1999	261	603	84	1021	1086
2000	233	616	77	879	1135
2001	255	586	81	942	1143
2002	260	595	81	935	1132
2003	366	606	81	1320	1167
2004	376	586	83	1275	1214
2005	390	561	86	1232	1254
2006	430	553	89	1324	1279
2007	413	583	91	1281	1296
2008	419	565	126	1124	1326
2009	426	503	126	1251	1327
2010	450	489	127	1321	1339
2011	452	491	125	1354	1399
2012	459	469	130	1385	1450
2013	408	450	118	1276	1479
2014	428	440	118	1418	1505

14-6 主要年份铁路运输情况

Railway Transportation in Selected Years

年份 Year	营业长度（公里）Length of Railways in Operation (km)	旅客发送量（万人）Passenger Traffic (10000 persons)	旅客周转量（亿人公里）Passenger-Kilometers (100 million person/km)	货物发送量（万吨）Freight Traffic (10000 tons)	货物周转量（亿吨公里）Freight Ton-kilometers (100 million ton-km)
1957	644	130	1.77	232	3.64
1962	841	476	8.17	267	12.47
1965	876	376	6.65	602	25.38
1970	876	432	7.56	694	27.97
1975	982	606	10.68	962	35.49
1978	1009	718	13.24	1261	50.40
1979	1009	840	16.20	1318	55.17
1980	1009	986	20.92	1320	56.56
1981	1009	997	23.16	1268	55.54
1982	1006	1102	24.34	1305	64.71
1983	1005	1223	28.44	1334	70.06
1984	1005	1349	32.71	1477	79.98
1985	1006	1349	35.25	1536	82.43
1986	1028	1363	37.18	1486	90.37
1987	1028	1423	40.40	1802	95.69
1988	1028	1551	46.24	1810	97.98
1989	1029	1485	44.49	1892	101.08
1990	1021	1234	38.13	1902	104.01
1991	1015	1235	41.10	1988	113.00
1992	1015	1332	49.01	2064	125.91
1993	1015	1556	62.28	2216	136.04
1994	1024	1685	68.01	2301	140.02
1995	1024	1662	67.05	2456	145.69
1996	1025	1466	58.63	2500	141.18
1997	1068	1401	60.09	2373	143.00
1998	1381	1399	61.25	2325	141.94
1999	1383	1480	66.38	2389	144.09
2000	1454	1428	71.57	2475	152.51
2001	1453	1372	73.90	2813	164.78
2002	1454	1446	76.65	2856	169.96
2003	1467	1417	74.85	3206	194.34
2004	1471	1568	85.30	3739	219.10
2005	1613	1486	87.90	3601	201.95
2006	1613	1730	98.60	3646	201.70
2007	1616	1911	100.98	3595	209.70
2008	1618	2066	108.30	3681	207.80
2009	2110	2083	103.60	3631	182.70
2010	2110	3640	137.70	3765	184.20
2011	2110	4696	172.30	3826	187.93
2012	2255	5295	184.78	3868	181.10
2013	2743	6502	209.21	3661	164.81
2014	2755	8345	284.91	3403	149.80

14-7 主要年份公路运输情况

Highway Transportation in Selected Years

年份 Year	公路通车里程（公里） Length of Highways (km)	汽车数(辆) Number of Vehicles(set)	客运量（万人） Passenger Traffic (10000 persons)	旅客周转量（亿人公里） Passenger-Kilometers (100 million person/km)	货运量（万吨） Freight Traffic (10000 tons)	货物周转量（亿吨公里） Freight Ton-kilometers (100 million ton-km)
1952	2839	1470	86	0.77	39	0.27
1957	6034	2118	1254	4.70	725	1.69
1962	13243	4872	1096	5.93	840	2.12
1965	14251	6304	2135	8.06	1455	3.30
1970	18136	7490	2195	8.52	1470	3.98
1975	24204	17189	4385	15.77	1972	6.46
1978	29109	26148	6285	20.53	2671	8.20
1979	32112	30611	8115	25.16	2832	9.14
1980	32577	35999	14593	38.54	5548	22.88
1981	32982	39862	17834	46.45	6041	24.54
1982	33827	44316	20197	53.73	6674	28.66
1983	34445	46662	22154	58.90	7633	31.72
1984	35020	50966	26487	72.51	8793	36.07
1985	35987	63062	31355	91.33	10531	44.54
1986	37175	74490	31643	96.04	13965	60.99
1987	38148	83405	32670	111.79	14970	78.65
1988	39124	92218	33955	121.30	16775	90.37
1989	39124	102413	36439	119.69	16276	89.53
1990	41011	110208	36639	128.27	16710	91.12
1991	41745	121247	31683	135.81	8924	74.43
1992	41882	137272	33668	142.47	15832	93.12
1993	43558	166299	37970	150.92	21276	111.48
1994	44608	210404	33916	149.08	23147	135.17
1995	46574	200765	37508	153.48	23444	145.41
1996	47196	201210	40474	177.30	24732	144.17
1997	47680	221208	41212	160.37	24562	139.18
1998	48021	248062	39618	187.37	23979	151.37
1999	50202	278218	38884	201.13	22162	185.35
2000	51073	321278	41696	223.44	22924	175.83
2001	53547	366707	44926	254.37	23193	187.03
2002	54155	436254	46570	264.89	24023	193.96
2003	54876	520751	45483	257.55	23884	193.50
2004	56208	632739	50862	286.52	25964	216.10
2005	58286	742611	52452	309.99	27579	238.25
2006	86560	935410	55713	335.28	29806	266.34
2007	86926	1143059	60088	375.46	34829	317.44
2008	88607	1339831	68409	338.06	38367	483.57
2009	89504	1622123	71586	360.26	40317	507.23
2010	91015	1996529	70714	346.68	45575	578.32
2011	92322	2422264	73259	360.15	52558	659.52
2012	94661	2861244	75044	368.52	59431	771.09
2013	99535	3349445	46895	330.64	69876	821.44
2014	101190	3884930	48580	334.95	82573	974.80

注：1.2006年及以后年份公路通车里程含村道,以前年份不含村道。2.2013年公路客运量不包含城市公交，出租车在公路上的客运量。

Note:1. Lengh of Highways in 2006 include village highways, but not the before.2.In 2013, Highway Passengers exclude the city bus、taxi passengers on the highway.

14-8 民用汽车拥有量

项目 Item	民用汽车总计(辆) Total(units)	载客汽车 Passenger Vehicles	大型 Large	中型 Medium	小型 Small	微型 Minicar
1978	26148	5436				
1979	30611	6388				
1980	35999	7803				
1981	39862	9101				
1982	44316	10642				
1983	46662	11750				
1984	50966	14755				
1985	63062	20908				
1986	74490	25125				
1987	83405	27341				
1988	92218	29915				
1989	102413	33722				
1990	110208	37351				
1991	121247	42267				
1992	137272	50379				
1993	166299	63815				
1994	210404	76411				
1995	200765	82319				
1996	201300	87416				
1997	221808	102238				
1998	248062	115711				
1999	278218	129613				
2000	321278	156890				
2001	366707	174359				
2002	436254	226854	13602	31433	150756	31063
2003	520751	294034	14534	32526	209701	37273
2004	632739	354640	15112	32240	268634	38654
2005	742611	449592	15623	31203	362861	39905
2006	935410	601426	17877	35720	504444	43385
2007	1143059	773989	19171	37642	672830	44346
2008	1339836	947323	20815	38216	842699	45593
2009	1622123	1192518	22393	38913	1081539	49673
2010	1996529	1502963	24704	39736	1384498	54025
2011	2422264	1863029	26795	40178	1737509	58547
2012	2861244	2244527	28079	38936	2116229	61283
2013	3349445	2685948	28376	34761	2562331	60480
2014	3884930	3180576	28833	32621	3059603	59519

Possession of Civil Vehicles

载货汽车 Trucks	重型 Heavy	中型 Medium	轻型 Light	微型 Minicar	其他汽车 Other	机动车驾驶员（万人） Number of Motor Drivers (10000 persons)	#汽车 Automobile Drivers
19056					1656	12.93	3.41
22756					1467		
26719					1477	17.81	4.69
29226					1535		
32006					1668		
33012					1900		
34710					1501		
40259					1895	24.39	6.46
47244					2121	33.77	8.90
53716					2348	38.17	10.05
59180					3123	46.10	11.09
63283					5408	49.10	11.96
67320					5537	52.84	12.87
73081					5899	58.13	14.16
81086					5807	64.36	26.31
95476					7008	75.64	32.20
126228					7765	115.40	23.39
111129					7317	143.32	31.84
107480					6404	167.81	44.08
111109					8461	203.33	57.30
125044					7307	228.02	65.31
140924					7681	255.93	73.24
154219					10169	300.43	86.84
172847					19501	282.18	91.50
198201	9808	50210	99815	38368	11199	315.51	104.59
214292	9261	49862	117418	37751	12425	350.54	119.01
221759	16420	41106	130409	33824	56340	379.30	148.29
231351	16437	40678	147566	26670	61668	442.79	176.70
272312	21261	45415	183797	21839	61672	485.50	201.19
306995	25951	49610	213939	17495	62075	537.80	242.62
328518	27647	48799	238084	13986	63995	571.65	248.55
384572	51124	47155	274372	11921	45033	632.89	335.71
451130	64942	47062	329155	9971	42436	692.10	395.26
517735	75986	47773	385704	8272	41500	753.72	461.83
574870	82234	45452	440384	6800	41847	818.16	533.87
623600	91710	37363	487858	6669	39897	876.77	586.15
664812	102045	34816	522174	5777	39542	943.46	662.96

14-9 私人汽车拥有量

Possession of Private Vehicles

单位：辆

年份 Year	私人汽车（辆） Total(units)	载客汽车 Passenger Vehicles	大型 Large	中型 Medium	小型 Small	微型 Minicar
1985	3610	308				
1986	5736	697				
1987	10869	1579				
1988	17537	3718				
1989	24894	7969				
1990	26786	8826				
1991	38693	11464				
1992	43801	13996				
1993	54632	17609				
1994	70125	21444				
1995	63513	23572				
1996	55805	19519				
1997	67289	26304				
1998	59282	20945				
1999	71788	24743				
2000	151664	64490				
2001	180452	81197				
2002	228318	116503	881	8759	82554	24309
2003	287760	167499	772	8896	128012	29819
2004	341427	217712	580	8422	177408	31302
2005	420734	292894	413	8327	250720	33434
2006	569852	414642	531	9812	367077	37222
2007	775574	564416	639	10879	513874	39024
2008	945292	717899	535	11349	665055	40960
2009	1206193	943872	630	12041	885907	45294
2010	1541509	1225667	720	12662	1162370	49915
2011	1915787	1550413	789	13364	1481737	54523
2012	2327918	1913841	795	13081	1842456	57509
2013	2792295	2337830	772	10528	2269122	57408
2014	3312330	2823431	858	9204	2756514	56855

14-9 续表

Continued

单位：辆

年份 Year	载货汽车 Trucks	大型 Large	中型 Medium	小型 Small	微型 Minicar	其他汽车 Others
1985	3292					10
1986	5038					1
1987	9286					4
1988	13782					37
1989	16864					61
1990	17940					20
1991	26674					555
1992	29539					266
1993	36642					381
1994	48237					444
1995	39500					441
1996	35938					348
1997	38987					1998
1998	37908					429
1999	46542					503
2000	86256					918
2001	97975					1280
2002	111078	3471	28928	51773	26906	737
2003	119459	3113	27535	62485	26326	802
2004	122833	5661	22336	71715	23121	882
2005	126890	5016	19010	83288	19576	950
2006	153818	6135	21503	109414	16766	1392
2007	179081	7389	23363	134076	14253	32077
2008	196626	7749	22467	154577	11833	30767
2009	234951	11450	22723	190293	10485	27370
2010	290366	15584	23792	241991	8999	25476
2011	341324	18746	24986	290048	7544	24050
2012	390001	20770	24691	338251	6289	24076
2013	431485	22614	20546	382194	6131	22980
2014	465590	26378	19895	414362	4955	23309

14-10 主要年份水路运输情况

Waterway Transportation in Selected Years

年份 Year	内河航运里程（公里） Length of Navigable Inland Waterways (km)	#通航里程 Length of Waterways	客运量（万人） Passenger Traffic (10000 persons)	旅客周转量（亿人公里） Passenger-Kilometers (100 million person/km)	货运量（万吨） Freight Traffic (10000 tons)	货物周转量（亿吨公里） Freight Ton-kilometers (100 million ton-km)
1952	4078		165	0.95	117	1.16
1957	4315		582	2.35	596	4.75
1962	5141		1062	2.87	742	7.06
1965	4723		715	1.51	891	10.79
1970	3726		697	1.51	698	8.97
1975	3793		895	1.91	812	11.78
1978	3629		924	1.96	939	15.43
1979	3857		1040	2.35	999	16.32
1980	3857		1095	2.91	1111	20.90
1981	3857		1179	3.54	993	23.26
1982	3857		1266	3.34	1098	27.02
1983	3857		1237	3.36	1208	30.00
1984	3849		1312	3.28	1209	35.56
1985	3888		1273	3.70	1250	35.00
1986	3888		1401	3.74	1480	44.09
1987	3888		1567	4.07	1458	50.63
1988	3888		1664	3.92	1545	53.59
1989	3888		1646	4.44	1689	79.36
1990	3888		1567	4.02	1708	77.50
1991	3888		1047	2.71	1211	79.72
1992	3888		1174	3.08	1938	128.08
1993	3888		784	3.53	2330	286.26
1994	3888		600	2.41	2996	302.28
1995	3888		649	2.30	3017	317.01
1996	3888		714	2.29	3355	304.57
1997	3725		729	2.13	3555	322.92
1998	3725		728	1.60	3700	367.55
1999	3701		721	1.44	4079	416.48
2000	3701		726	1.44	4078	358.63
2001	3701		680	1.13	4535	427.39
2002	3701		643	1.03	4950	462.62
2003	3955	3245	707	1.11	6324	835.07
2004	3955	3245	897	1.32	7567	964.99
2005	3955	3245	985	1.39	9210	1134.64
2006	3955	3245	1148	1.50	10841	1434.92
2007	3955	3245	1320	1.75	12130	1553.84
2008	3955	3245	1305	1.67	15193	1708.39
2009	3955	3245	1340	1.83	14271	1785.85
2010	3955	3245	1444	2.14	16803	2218.88
2011	3955	3245	1596	2.41	18872	2554.34
2012	3955	3245	1701	2.72	21100	2922.99
2013	3955	3245	1711	2.85	23162	2954.71
2014	3955	3245	1794	2.87	25782	3655.72

注：2003年起货物运输量及货物周转量含厦门远洋总公司，与往年不可比。

Note: Freight traffic and turnover ton-kilometers from 2003 include the data of Xiaman Ocean Company , and are not comparable with that in previous years.

14-11 民用航空情况（1978-2014年）

Basic Statistics of Civil Aviation(1978-2014)

年份 Year	空港数（个） Number of Air Ports (unit)	旅客发送量（万人） Passenger Departing (10000 persons)	货物发送量（万吨） Freight Departing (10000 tons)	旅客周转量（万人公里） Passenger-kilometers (10000 person km)	货物周转量（万吨公里） Freight Ton-kilometers (10000 ton-km)
1978	1	1.15	0.02		
1979	1	1.10	0.04		
1980	1	1.94	0.06		
1981	2	3.12	0.08		
1982	2	5.11	0.11		
1983	3	5.50	0.18		
1984	2	6.66	0.29		
1985	2	7.00	0.11	500	43
1986	2	18.94	0.28	1300	300
1987	2	32.61	0.54	31200	500
1988	2	45.55	0.69	44500	800
1989	2	51.55	0.82	50400	900
1990	2	55.49	0.83	49800	800
1991	2	72.90	1.06	70800	1100
1992	2	108.68	1.54	106100	1700
1993	3	155.20	2.27	155400	2400
1994	3	214.60	2.79	210600	2600
1995	3	261.50	4.71	248200	5000
1996	3	301.20	5.82	289799	6627
1997	4	316.10	5.81	305534	6856
1998	4	301.96	6.49	295519	7432
1999	4	327.85	7.20	326223	7816
2000	4	353.25	5.84	375163	6700
2001	4	414.56	6.30	433095	7200
2002	4	475.51	7.62	494742	8623
2003	4	490.61	7.84	526763	9146
2004	5	623.24	8.78	682610	10655
2005	5	692.19	10.09	785426	12655
2006	5	778.50	10.96	896084	14017
2007	5	924.92	12.15	1097429	15742
2008	5	961.89	12.41	1137307	16458
2009	5	1112.39	12.66	1320686	16770
2010	5	1356.10	15.81	1622300	21200
2011	5	1531.65	16.65	1889700	23300
2012	5	1684.39	17.58	2159100	25500
2013	5	1857.21	19.18	2423081	28087
2014	5	2045.90	20.98	2796316	31631

14-12 主要年份沿海港口货物吞吐量

Freight Handled at Principal Seaports in Selected Years

单位：万吨 (10000 tons)

年份 Year	总计 Total	福州港 Fuzhou	厦门港 Xiamen	泉州港 Quanzhou	宁德港 Ningde	湄州湾港 Meizhouwan	漳州港 Zhangzhou	吞吐总量指数(以1950年为100) Index(1950=100)
1952	56.68	32.00	5.76	6.50	5.00	7.42		169.6
1957	165.96	85.87	54.87	9.60	8.38	7.24		496.7
1962	135.14	49.33	48.68	13.49	5.56	18.08		404.5
1965	239.87	57.75	110.53	34.10	10.20	27.29		718.0
1970	211.23	59.26	102.94	25.37	9.91	13.75		632.2
1975	284.26	120.00	104.27	23.26	20.33	16.40		850.8
1978	408.13	172.04	120.44	29.54	18.75	22.11		1174.5
1980	685.40	208.89	164.87	31.30	25.60	19.77		1802.2
1981	761.05	217.98	162.28	25.36	26.49	17.85		1841.8
1982	816.44	259.87	190.44	21.54	28.26	21.77		2110.7
1983	869.55	311.15	200.02	24.29	29.31	22.06		2294.2
1984	943.46	347.00	250.52	23.36	30.36	22.38		2623.7
1985	1114.09	357.15	290.97	26.02	51.53	31.60	61.84	2813.8
1986	1159.90	442.46	203.89	38.04	44.39	33.52	107.90	3241.8
1987	1303.36	439.61	417.01	42.24	46.36	40.79	105.63	3565.0
1988	1396.79	445.36	457.12	60.01	43.67	57.88	124.34	3785.0
1989	1614.99	597.90	499.45	59.78	47.71	59.58	135.90	4833.9
1990	1496.50	560.89	519.11	52.65	49.27	27.55	115.60	4479.2
1991	1706.38	725.07	581.87	125.28	97.64	41.26	130.04	5107.4
1992	1862.12	720.51	661.07	217.27	46.53	92.75	120.24	5573.5
1993	2679.09	939.66	940.39	469.54	111.53	57.23	153.47	8018.8
1994	3002.33	914.39	1166.50	558.06	139.68	82.12	125.47	8986.3
1995	3460.80	1098.89	1313.87	680.47	137.94	99.65	116.61	10358.6
1996	3959.00	1248.00	1553.00	804.00	138.00	86.00	130.00	11849.7
1997	4485.00	1371.00	1754.00	1006.00	124.00	78.00	151.00	13424.1
1998	4518.00	1288.00	1639.00	1111.00	183.00	108.00	189.00	13522.9
1999	5285.00	1481.00	1773.00	1521.00	182.00	136.00	192.00	15818.9
2000	6944.17	2425.48	1965.26	1712.18	221.19	201.34	418.72	20785.1
2001	8278.42	2961.29	2098.91	2102.08	261.00	320.80	534.34	24778.7
2002	10200.62	3906.72	2734.51	2122.85	185.38	480.41	770.75	30532.2
2003	12495.48	4753.07	3403.88	2511.53	141.78	600.16	1085.06	37401.1
2004	15834.76	5938.63	4261.37	3093.82	184.17	836.04	1520.73	47396.1
2005	19605.25	7443.45	4770.76	4046.16	213.54	1050.03	2081.31	58681.8
2006	23687.61	8847.82	7792.07	5134.93	447.00	1301.11	164.68	70901.0
2007	23602.90	6433.32	8117.20	6215.32	691.13	1612.74	533.19	70647.5
2008	27070.06	6702.59	9701.96	7224.30	1007.26	1802.26	631.69	81025.2
2009	30541.81	8094.10	11096.28	7666.34	1240.45	1542.38	902.26	91416.7
2010	32687.01	7124.79	12728.05	8455.37	1420.33	1755.99	1202.47	97806.7
2011	37278.95	10221.08	15653.55	9330.48		2073.84		111546.8
2012	41359.23	11410.22	17227.32	10371.51		2350.19		123755.9
2013	45475.19	12759.03	19087.83	10804.09		2824.25		136071.8
2014	49166.24	14391.14	20503.96	11200.70		3070.44		147117.0

注：2011年起，漳州港并到厦门港，宁德港并到福州港。

Note:Since 2011,Zhangzhou seaports divided to Xiamen Seaports,Ningde seaports divided to Fuzhou Seaports.

14-13 主要年份邮电通信业务情况

Basic Conditions of Postal and Telecommunication Services in Selected Years

年份 Year	邮电业务总量（亿元） Business Volume of Post and Telecommunications Service (100 million yuan)	邮政业务总量（亿元） Business Volume of Post (100 million yuan)	电信业务总量（亿元） Business Volume of Telecommunications Service (100 million yuan)	函件（亿件） Number of Letters Delivered(100 million piece)	本地电话用户（万户） Number of Fixed Telephone Subscribers at Year-end (10000 household)	移动电话用户（万户） Mobile Phones Users (10000 household)
1952	0.13			0.18	0.60	
1957	0.26			0.53	1.25	
1965	0.60			0.80	3.24	
1970	0.60			0.67	3.19	
1975	0.86			0.84	4.46	
1978	1.01			0.88	5.88	
1980	1.22			1.15	6.57	
1981	1.35			1.19	6.86	
1982	1.40			1.19	7.28	
1983	1.53			1.21	7.84	
1984	1.72			1.32	8.83	
1985	2.08			1.52	10.14	
1986	2.31			1.61	11.15	
1987	2.80			1.75	11.07	
1988	3.72			1.90	14.45	
1989	5.42			1.77	17.91	
1990	7.32			1.62	22.82	
1991	9.51			1.68	29.04	
1992	14.69			2.04	42.75	
1993	24.22			2.56	75.00	
1994	36.48			2.84	117.73	
1995	52.75	4.26	48.50	3.16	168.65	15.50
1996	73.02	4.85	68.17	3.29	219.26	35.65
1997	99.52	5.62	86.98	3.03	285.51	77.82
1998	131.84	6.59	125.25	2.95	347.46	142.20
1999	179.93	7.98	171.95	2.50	436.25	281.29
2000	246.34	10.22	236.12	2.42	562.70	441.00
2001	194.43	17.71	176.72	2.38	750.28	619.97
2002	257.49	19.49	238.00	2.70	937.10	792.04
2003	318.24	22.36	295.88	2.82	1124.87	965.00
2004	426.76	22.62	404.14	2.62	1266.00	1134.00
2005	519.76	25.61	494.15	2.29	1398.53	1302.00
2006	633.04	27.93	605.11	3.05	1485.53	1538.91
2007	787.79	29.24	758.55	2.54	1482.00	1809.00
2008	883.43	32.65	850.78	2.67	1431.00	2368.00
2009	995.77	35.66	960.11	2.60	1245.00	2639.00
2010	1194.20	35.98	1158.22	2.52	1046.00	3022.00
2011	513.50	59.31	454.19	2.45	1015.00	3553.00
2012	594.90	78.69	516.21	2.46	1017.00	4049.00
2013	667.54	114.10	553.44	2.15	984.00	4303.00
2014	857.49	162.67	694.82	1.80	933.32	4276.73

注：2011年邮电业务总量以2010年不变价计算。

Note:Business Volume of Post and Telecommunications Service was calculated at 2010 constant prices.

14-14 邮电业务总量(1995-2014年)

Business Volume of Postal and Telecommunication Services(1995-2014)

年份 Year	邮电业务总量（亿元） Business Volume of Post and Telecommunications Service (100 million yuan)	电信业务总量（亿元） Business Volume of Telecommu- nication Services (100 million yuan)	快递业务量（万件） Express Mail Services (10000 piece)	集邮业务（万枚） Stamp Collection Business(10000 pcs)	互联网用户（万户） Internet Service Users (10000 household)	固定电话交换机容量（万户） Capacity of Telephone Exchanges (10000 household)
1995	52.75	48.50				353
1996	73.02	68.17				396
1997	99.52	86.98				453
1998	131.84	125.25		13050.82	3.85	547
1999	179.93	171.95		13308.40	13.10	655
2000	246.34	236.12		11007.97	70.70	808
2001	194.43	176.72		8871.11	183.29	1048
2002	257.49	238.00		7775.50	253.57	1182
2003	318.24	295.88		5409.86	298.08	1445
2004	426.76	404.14		5569.77	285.44	1671
2005	519.76	494.15		4375.56	600.21	1813
2006	633.04	605.11		4364.30	760.83	1959
2007	787.79	758.55		4379.70	876.00	1941
2008	883.43	850.78	5577.00	4509.00	1240.00	1973
2009	995.77	960.11	6961.00	4196.80	1640.00	1942
2010	1194.20	1158.22	10069.00	3526.30	2388.00	1807
2011	513.50	454.19	15765.00	4567.70	2872.00	1748
2012	594.90	516.21	22594.00	5267.00	3461.00	1626
2013	667.54	553.44	44536.00	5606.00	3590.00	1548
2014	857.49	694.82	65417.31	5423.00	3859.04	1232

注：2011年起，邮电业务总量、电信业务总量按2010年不变价计算。

Note:Since 2011, Business Volume of Post and Telecommunications Service、Telecommu- nication Services were calculated at 2010 constant prices.

14-15 电信主要通信能力

Condition of Postal and Telecommunication Services

项目 Item	长途电话业务电路（路） Capacity of Long-distance Telephone Exchanges (circuit)	局用交换机容量（万门） Capacity of Local Telephone Exchanges (10 000 lines)	移动电话交换机容量（万户） Capacity of Mobile Telephone Exchanges (10000 household)	移动电话基站（个） Base Stations of Mobile Telephones (unit)	光缆线路长度（公里） Length of Optical Cable Lines (km)	长途光缆线路总长度（公里） Length of Long Distance Optical Cable Lines (km)
2002	254805	1200	1109	7758	93212	18322
2003	348171	1409	1174	9844	107085	19008
2004	487320	1651	1371	16992	133894	23600
2005	1066980	1795	1574	17310	152162	24532
2006	1460640	1908	2296	20757	170943	24270
2007	10994310	1969	3721	26963	182844	18121
2008	15786480	1956	4629	33292	237445	20314
2009	25093230	1925	5741	50096	302749	20262
2010	38357820	1809	6282	60136	392803	21061
2011	48453510	1748	7180	78013	484873	21622
2012	60438210	1630	7703	87717	570312	22159
2013	79894800	1548	7726	98495	699226	21692
2014	110531763	1232	7895	138892	738003	22471

14-16 邮政业网点及邮递路线

Postal Network and Postal Routes

项目	Item	2010	2011	2012	2013	2014
营业网点（处）	Number of Offices (unit)	2254	2288	3177	4275	4341
快递营业网点	Outlets for Express Services	2254	2288	3117	4125	4222
信筒信箱（个）	Number of Post Boxes(unit)	14429	14352	11414	9901	9623
农村投递路线（公里）	Rural Delivery Routes(km)	89432	89999	93039	91687	93057
城市投递路线（公里）	Urban Delivery Routes(km)	40401	34808	33904	32268	36047
邮政总长度（公里）	Length of Postal Routes(km)	218405	195662	182584	182600	192848
航空邮路	Airway	160227	130913		116466	129466
铁路邮路	Railway	13416	13416	2834	2834	987
汽车邮路	Moter	43770	50566	32648	62624	61700

注：2012年航空、铁路、汽车邮路不含EMS部分。

14-17 设区市交通运输业基本情况

Basic Conditions of Transportation by City

项目	Item	客运量（万人）Passenger Traffic (10000 persons)	旅客周转量（亿人公里）Passenger-Kilometers(100 million passenger-km)	货运量（万吨）Freight Traffic (10000 tons)	货物周转量（亿吨公里）Freight Ton-kilometers (100 million ton-km)	全社会机动车拥有量（辆）Possession of Motor Vehicles (units)	汽车 Automobiles
总计	Total	50374.00	337.8	108355.00	4630.5	7994327	3884930
福州市	Fuzhou	12850.00	78.6	23081.00	1457.6	1084159	841836
福州市(不含平潭)	Fuzhou (Dose not contain Pingtan)	11810.00	73.3	22222.00	1321.8	1068595	838446
厦门市	Xiamen	3977.00	46.6	22532.00	1263.4	1205362	822916
莆田市	Putian	6614.00	40.0	4421.00	89.6	521209	188454
三明市	Sanming	2873.00	20.4	10660.00	94.2	428250	170057
泉州市	Quanzhou	8720.00	69.9	19839.00	1323.2	1872814	906727
漳州市	Zhangzhou	3147.00	23.2	10945.00	105.0	883917	317434
南平市	Nanping	2529.00	16.5	3405.00	94.5	686700	162325
龙岩市	Longyan	2127.00	12.3	9056.00	99.9	918951	301624
宁德市	Ningde	7537.00	30.2	4417.00	102.9	366032	142195
平潭综合实验区	Pingtan	1040.00	5.4	859.00	135.9	15564	3390

14-18 设区市邮电通信业务基本情况

Basic Conditions of Postal and Telecommunication by City

项目	Item	邮政业务总量（亿元）Business Volume of Postal Services (100 million yuan)	电信业务总量（亿元）Business Volume of Telecommunication Services (100 million yuan)	本地电话用户（万户）Number of Fixed Telephone Subscribers at Year-end (10000 household)	移动电话用户（万户）Number of Mobile Telephone Subscribers at Year-end (10000 household)	快递业务（万件）Pieces of Express Mail Services (10000 piece)	互联网用户（万户）Number of Internet Users (10000 household)
福建省	Total	162.67	694.82	933.32	4276.73	65417.31	3859.04
福州市	Fuzhou	34.16	172.88	202.59	980.93	14318.34	918.41
福州市(不含平潭)	Fuzhou (Dose not contain Pingtan)		167.59	194.59	943.06		887.37
厦门市	Xiamen	26.84	113.99	135.91	591.08	11064.09	599.18
莆田市	Putian	18.14	44.33	65.97	287.29	6531.42	255.53
三明市	Sanming	3.91	34.11	52.77	228.98	784.45	193.25
泉州市	Quanzhou	54.45	152.47	222.21	950.78	25938.89	877.16
漳州市	Zhangzhou	10.76	64.02	92.83	453.68	2742.88	369.01
南平市	Nanping	5.09	34.03	54.32	251.60	1213.36	201.80
龙岩市	Longyan	4.03	36.27	54.65	255.22	1121.03	212.64
宁德市	Ningde	5.29	42.73	52.07	277.17	1702.85	232.07
平潭综合实验区	Pingtan		5.29	8.00	37.87		31.04

主要统计指标解释

铁路营业里程 又称营业长度(包括正式营业和临时营业里程)，指办理客货运输业务的铁路正线总长度。凡是全线或部分建成双线及以上的线路，以第一线的实际长度计算复线、站线、段管线、岔线和特殊用途线以及不计算运费的联络线都不计算营业里程。该指标可以反映铁路运输业基础设施的发展水平，也是计算客货周转量、运输密度和机车车辆运用效率等指标的基础资料。

铁路电气化里程 指在全部铁路营业里程中已安装了供电线路及设备，可以供电力机车牵引列车运行的区段的总里程。

公路里程 指在一定时期内实际达到《公路工程［WTBZ］技术标准 JTJ01-88》规定的等级公路，并经公路主管部门正式验收交付使用的公路里程数。包括大中城市的郊区公路以及通过小城镇街道部分的公路里程和桥梁、渡口的长度，不包括大中城市的街道、厂矿、林区生产用道和农业生产用道的里程。两条或多条公路共同经由同一路段，只计算一次，不得重复计算里程长度。该指标可以反映公路建设的发展规模，也是计算运输网密度等指标的基础资料。

货(客)运量 指在一定时期内，各种运输工具实际运送的货物(旅客)数量。该指标是反映运输业为国民经济和人民生活服务的数量指标，也是制定和检查运输生产计划、研究运输发展规模和速度的重要指标。货运按吨计算，客运按人计算。货物不论运输距离长短、货物类别，均按实际重量统计。旅客不论行程远近或票价多少，均按一人一次客运量统计；半价票、小孩票也按一人统计。

货物(旅客)周转量 指在一定时期内，由各种运输工具运送的货物(旅客)数量与其相应运输距离的乘积之总和。该指标可以反映运输业生产的总成果，也是编制和检查运输生产计划，计算运输效率、劳动生产率以及核算运输单位成本的主要基础资料。计算货物周转量通常按发出站与到达站之间的最短距离，也就是计费距离计算。计算公式为：

货物(旅客)周转量= 货物(旅客)运输量×运输距离

民用汽车拥有量 指报告期末，在公安交通管理部门按照《机动车注册登记工作规范》，已注册登记领有民用车辆牌照的全部汽车数量。汽车拥有量统计的主要分类：根据汽车结构分为载客汽车、载货汽车及其他汽车；根据汽车所有者不同分为个人(私人)汽车、单位汽车；根据汽车的使用性质分为营运汽车、非营运汽车和特种汽车；根据汽车大小规格不同载客汽车分为大型、中型、小型和微型，载货汽车分为重型、中型、轻型和微型。

邮电业务总量 指以价值量形式表现的邮电通信企业为社会提供各类邮电通信服务的总数量。邮电业务量按专业分类包括函件、包件、汇票、报刊发行、邮政快件、特快专递、邮政储蓄、集邮、公众电报、用户电报、传真、长途电话、出租电路、无线寻呼、移动电话、分组交换数据通信、出租代维等。计算方法为各类产品乘以相应的平均单价(不变价)之和，再加上出租电路和设备、代用户维护电话交换机和线路等的服务收入。该指标综合反映了一定时期邮电业务发展的总成果，是研究邮电业务量构成和发展趋势的重要指标。计算公式为：

邮电业务总量= Σ(各类邮电业务量×不变单价)+ 出租代维及其他业务收入= 邮电业务总量+电信业务总量

移动电话用户 指通过移动电话交换机进入移动电话网、占用移动电话号码的各类电话用户。包括签约用户和智能网预付费用户。一个移动电话号码统计为一户。

本地电话用户 指接入本地电信运营商固定电话网上的电话用户。包括：住宅用户、单位用户、公用电话用户等。按电话用户位置又分为市内电话用户和农村电话用户。1997 年以前，“市内电话用户”是指接入县城及县以上城市的电话网上的电话用户；“农村电话用户”是指接入县邮电局农话台及县以下农村电话交换点，以县城为中心(除市话用户外)联通县、乡(镇)、行政村、村民小组的用户。从 1997 年起，电话用户数分组调整为以用户所在区域划分为“城市电话用户”和“乡村电话用户”，与过去的按市内电话和农村电话划分方法不同。而电话用户总数、电话机总部数统计范围不变。

移动电话交换机容量 指移动电话交换机根据一定话务模型和交换机处理能力计算出来的最大同时服务用户的数量。

Explanatory Notes on Main Statistical Indicators

Length of Railways in Operation refers to the total length of the trunk line under passenger and freight transportation (including both full operation and temporary operation). The calculation is based on the actual length of the first line even if this line has a full or partial double track or more tracks, excluding double tracks, station sidings, tracks under the charge of stations, branch lines, special-purpose lines and the non-payable connecting lines. The length of railways in operation is an important indicator to show the development of the infrastructure for the railway transport, and also the essential data to calculate volume of passenger freight transport, traffic density and utilization efficiency of the locomotives and carriages.

Length of Electrified Railways refers to the length of the section of railways in operation in which the power supply lines and other equipment are installed for the running of electrified locomotives. The proportion of the length of electrified railways to the total length of railways in operation is an important indicator to show the modernization of railways.

Length of Highways refers to the length of highways which are built in conformity with the grades specified by the highway engineering standard formulated by the Ministry of Communications, and have been formally checked and accepted by the departments of highways and put into use. The length of highways includes that of the suburb highways at large and medium sized cities, highways passing through streets at small cities and towns, and also the length of bridges and ferries. It does not include the length of streets in big and medium-sized cities and highways built for the production purpose at factories, mines, forest areas and agricultural areas. If two or more highways go the same section of the way, the length of the section is only calculated for once and no duplication is allowed. The length of highways is an important indicator to show the development of the highway construction and to provide essential information to calculate the transport network density.

Freight (Passenger) Traffic refers to the volume of freight (passenger) transported with various means within a specific period of time. This indicator reflects the service of the transport industry towards the national economy and people's living conditions, as well as an important indicator used in formulating and monitoring transport production plans and research into the scale and pace of transport development. Freight transport is calculated in tons and passenger traffic is calculated in terms of number of persons. Freight transport is calculated in terms of the actual weight of the goods and takes no account of the type of freight and distance of travel. Passenger traffic is calculated by the principle that one person can be counted only once in one trip and takes no account of the travelling distance and ticket price. The passengers who travel with a half price ticket or a child's ticket is also calculated as one person.

Freight Ton-kilometers (Passenger-kilometers) refer to the sum of the products of the volume of transported cargo (passengers) multiplying by the transport distance. It is an important indicator to reflect the achievement of transportation industry. Normally, the shortest distance between the departure station and the destination station (i.e., the payable distance) is the basis to calculate the freight ton-kilometers. This is an import ant indicator to show the total results of the transport industry, to prepare and examine the transport plan and to measure the efficiency, the lab our productivity and t he unit cost of transport.The formula is as follows:

Possession of Civil Motor Vehicles refer to the total numbers of vehicles that are registered and received vehicles' license tags according to the Work Standard for Motor Vehicles Registration formulated by transport management office under department of public security at the end of reference period. They are divided into following categories according to the structure of motor vehicles: passenger vehicles, trucks and others; and private vehicles and vehicles for units use according to ownerships; working vehicles, non-working vehicles and special motor vehicles according to kind of usage; large passenger vehicles, medium passenger vehicles and small passenger vehicles, heavy trucks, light-heavy trucks and light trucks according to sizes of vehicles.

Business Volume of Post and Telecommunications refers to the total amount of post and telecommunication services, expressed in value terms, provided by the post and telecommunications departments for the society. Post and telecommunication services can be classified as letters, parcels, remittance, issue of newspapers and magazines, fast mail service, express mail service, savings deposits, stamps for collection, public and individual telegraph service, facsimiles, long-distance telephone service, leasing of telephone lines, urban paging service, mobile telephone service, data transfer and transmission, etc. The accounting approach is to multiply the service products of all types with their average unit price (constant price) to get sum of business value, plus income from other services such as leasing of telephone lines and equipment, maintenance of telephone switchboards and lines on behalf of customers . This indicator reflects the overall results of post and telecommunications service during a given period, and is important to study the composition of business service and the development of post and telecommunications service.The formula is as follows:

Business Volume of Post and Telecommunications= ∑(Transaction of Post and Telecommunication Service × Constant Price) + Income from Leasing, Maintenance and other Services

Mobile Telephone Subscribers refer to the persons who own mobile telephone numbers and are connected with the mobile telephone communication network through the mobile telephones witch boards, including contracted subscribers and prepaid subscribers for intelligent network. One mobile telephone is taken as a subscriber.

Local Telephone Subscribers refer to subscribers that are connected to the local telecommunication service provider through fix line network, including household subscribers, institutional subscribers and public telephones. They are also classified as city subscribers and rural subscribers according to locations. Before 1997, city subscribers referred to those connected to city telephone networks in county towns and cities, while village subscribers referred to those connected to village telephone stations at and below counties. Since 1997, the classification of telephone subscribers was modified on the basis of physical location of the subscribers as urban telephone subscribers and rural telephone subscribers , which is different from the previous classification of categorizing local telephones and rural telephones , while the definition of total subscribers and total number of telephones remain unchanged.

Capacity of Mobile Telephone Exchanges refers to the capacity of the maximum services provided to subscribers at onetime basing on a certain model and transacting capacity of the mobile telephone exchanges.

第十五篇　批发零售、住宿餐饮和旅游业

Chapter 15　Wholesales, Retail Sales, Hotels,Catering Service and Tourism

资料整理：许红琳 戴斌 郑懿
Database Editor:Xuhonglin Daibin Zhengyi

简要说明

本篇资料的主要内容及来源

本篇资料反映了全省国内市场发展情况、批发和零售业、住宿和餐饮业经营情况和旅游业发展情况，主要包括批发和零售业商品流转情况及财务状况、住宿和餐饮业经营情况及财务状况、社会消费品零售总额、旅游业等内容。

本篇资料中限额以上批发和零售业、住宿和餐饮业资料来源于批发和零售业、住宿和餐饮业统计年报资料，限额以下批发和零售业、住宿和餐饮业经营情况来源于抽样调查，旅游资料来源于省旅游局。

本篇资料由省统计局贸易外经统计处整理提供。

Brief Introduction

Main Content and Source of Data

Data in this chapter show the development of Fujian's domestic market, wholesale and retail trade, hotels and catering services, mainly including the circulation of commodities in the wholesale and retail trade, the total retail sales of consumer goods and the financial indices of related businesses and tourism etc.

Except the data noted, all data in this chapter are based on the annual report of wholesale, retail, hotels and catering services and periodic statistical statements of 2011.Data on tourism are provided by Fujian Tourism Administration.

Data in this chapter are collected and compiled by the Division of Trade and External Economic Relations Statistics of Fujian Provincial Bureau of Statistics.

15-1 主要年份社会消费品零售总额

Total Retail Sales of Consumer Goods in Selected Years

单位：亿元 (100 million yuan)

年份 Year	社会消费品零售总额 Total Retail Sale of Consumer Goods		年份 Year	社会消费品零售总额 Total Retail Sale of Consumer Goods	
	数值 Vaule	比上年增长(%) Ratio(%)		数值 Vaule	比上年增长(%) Ratio(%)
1952	5.54	17.6	1994	504.66	34.9
1957	10.70	0.5	1995	645.47	27.9
1962	13.96	18.1	1996	801.67	24.2
1965	16.03	2.9	1997	950.78	18.6
1970	16.91	-0.9	1998	1089.59	14.6
1975	23.68	8.3	1999	1198.55	10.0
1978	30.56	11.9	2000	1320.80	10.2
1979	35.92	17.6	2001	1442.32	9.2
1980	45.47	26.6	2002	1593.76	10.5
1981	51.47	13.2	2003	1797.76	12.8
1982	56.77	10.3	2004	2062.03	14.7
1983	62.59	10.3	2005	2351.72	14.0
1984	74.50	19.0	2006	2717.62	15.6
1985	96.04	28.9	2007	3212.34	18.2
1986	109.07	13.6	2008	3866.69	20.4
1987	126.06	15.6	2009	4481.00	15.9
1988	173.74	37.8	2010	5310.03	18.5
1989	202.30	16.4	2011	6276.17	18.2
1990	207.74	2.7	2012	7256.54	15.6
1991	230.99	11.2	2013	8275.35	14.0
1992	289.38	25.3	2014	9346.74	12.9
1993	374.10	29.3			

15-2 限额以上批发零售与住宿餐饮业企业基本情况

Basic Conditions of Enterprises above Designated Size in Wholesale and Retail Trades,Hotels and Catering Services

项目	Item	2005	2010	2011	2012	2013	2014
法人企业（个）	**Number of Corporation(unit)**	**3107**	**4997**	**6274**	**7655**	**9308**	**10948**
批发和零售业	Wholesale and Retail Trades	2499	3924	5038	6254	7770	9275
住宿和餐饮业	Hotels and Catering Services	608	1073	1236	1401	1538	1673
批发和零售业（亿元）	**Wholesale and Retail Trades (100 million yuan)**						
商品购进总额	Total Goods Purchase	2796.41	7707.09	10475.45	12548.57	14595.24	16719.48
商品销售总额	Total Goods Sales	3051.03	8304.12	11852.48	13785.84	16029.30	18709.01
商品库存总额	Total Goods Inventory	192.07	657.42	848.54	974.00	1124.21	1122.82
住宿和餐饮业营业收入（亿元）	**Total Sales in Hotels and Catering Services(100 million yuan)**	**79.36**	**197.63**	**237.95**	**289.28**	**306.18**	**299.33**

15-3 限额以上批发和零售企业基本情况(2014年)

Basic Conditions of Wholesale and Retail Trades(2014)

项目 Item	法人企业（个） Number of Corporation (unit)	商品购进额（万元） Total Goods Purchase (10000 yuan)	商品销售额（万元） Sales (10000 yuan)	#批发额（万元） Wholesale (10000 yuan)	期末商品库存额（万元） Inventory at the Year-end (10000 yuan)
合计 Total	**9275**	**167194830**	**187090089**	**142542718**	**11228232**
批发业 Wholesale	**5137**	**135731362**	**147613216**	**138967420**	**8072584**
按登记注册类型分 By Registration Category					
内资企业 Domestic Funded Enterprises	4995	125953230	136562681	130869201	7450023
国有企业 State-owned Enterprises	85	6125479	7934890	7860193	510797
集体企业 Collective-owned Enterprises	40	532084	579173	561777	67281
股份合作企业 Cooperative Enterprises	3	63493	67264	66996	4310
联营企业 Joint Ownership Enterprises					
有限责任公司 Limited Liability Corporations	1882	58303395	62835311	61189406	3251911
股份有限公司 Share-holding Corporations Ltd.	62	18938510	19759528	18597189	1396228
私营企业 Private Enterprises	2915	41950938	45342515	42562645	2218515
其他企业 Other Enterprises	8	39330	44001	30996	982
港澳台商投资企业 Funds from Hong Kong, Macao and Taiwan	85	3073946	3595371	3463893	335418
外商投资企业 Foreign Funded Enterprises	57	6704186	7455164	4634327	287142
按行业分 By Sector					
农、林、牧产品批发 Wholesale of Farming,Forestry,Animal Husbandry Products	159	1432693	1518311	1462744	416145
食品、饮料及烟草制品批发 Wholesale of Food, Beverages and Tobaccos	559	16631369	19192756	18262631	995033
#米、面制品及食用油批发 Sholesale of Rice, Wheat Products and Rdible Oil	93	2162818	2212201	2052320	300169

15-3 续表1

Continued

项目 Item	法人企业（个） Number of Corporation (unit)	商品购进额（万元） Total Goods Purchase (10000 yuan)	商品销售额（万元） Sales (10000 yuan)	#批发额（万元） Wholesale (10000 yuan)	期末商品库存额（万元） Inventory at the Year-end (10000 yuan)
烟草制品批发 Wholesale of Tobaccos	19	8132070	9719829	9710878	240651
纺织、服装及家庭用品批发 Wholesale of Textiles, Garments and Daily Consumer Articles	1291	22738201	24463515	23497738	1391048
#服装批发 Wholesale of Garments	295	7544743	8239277	7987992	378210
家用电器批发 Wholesale of Family Electrical Equipments	92	1585231	1652256	1509510	435569
文化、体育用品及器材批发 Wholesale of Culture, Sports Products and Appliances	137	1660611	1828000	1697289	134293
医药及医疗器材批发 Wholesale of Medicines and Medical Appliances	164	3226919	3553913	3153450	325471
矿产品、建材及化工产品批发 Wholesale of Mineral Products, Building Materials and Chemical Products	2037	74640007	80165222	74789376	3695425
#煤炭及制品批发 Wholesale of Coal and Its Products	167	4491582	4805173	4697478	180723
石油及制品批发 Wholesale of Petroleum and Its Products	240	20515024	22298469	18107714	334635
金属及金属矿批发 Wholesale of Metal and Metal Mineral	518	26440863	27696913	27446075	1736786
建材批发 Wholesale of Building Materials	562	9916981	11490922	11051118	629744
化肥批发 Wholesale of Chemical Fertilizer	71	1280979	1378644	1364464	168432
机械设备、五金产品及电子产品批发 Wholesale of Machinery, Equipment, Hardware,Transport and Electic Products	602	7264228	8169250	7489085	752215
#汽车批发 Wholesale of Motor Vehicles	101	916134	953192	790620	118965
计算机、软件及辅助设备批发 Wholesale of Computer Software and Supplementary Equipments	58	1291667	1469245	1364718	103237
贸易经纪与代理 Trade Broker and Agent	45	1520268	1594965	1589328	98275
其他批发业 Other Wholesale not Classified Elsewhere	143	6617067	7127284	7025779	264680

15-3 续表2

Continued

项目 Item	法人企业（个） Number of Corporation (unit)	商品购进额（万元） Total Goods Purchase (10000 yuan)	商品销售额（万元） Sales (10000 yuan)	#批发额（万元） Wholesale (10000 yuan)	期末商品库存额（万元） Inventory at the Year-end (10000 yuan)
零售业 **Retail Trade**	**4138**	**31463467**	**39476873**	**3575298**	**3155649**
按登记注册类型分 **By Registration Category**					
内资企业 Domestic Funded Enterprises	4026	28466437	32482531	2768190	2831565
国有企业 State-owned Enterprises	36	457147	813039	79910	12922
集体企业 Collective-owned Enterprises	74	219275	241415	33781	12137
股份合作企业 Cooperative Enterprises	2	1299	1315	999	347
联营企业 Joint Ownership Enterprises	2	2687	2589		118
有限责任公司 Limited Liability Corporations	1563	13137660	14881387	1194134	1408225
股份有限公司 Share-holding Corporations Ltd.	64	2284899	2772270	272309	117392
私营企业 Private Enterprises	2252	12094194	13491875	1180254	1268095
其他企业 Other Enterprises	33	269277	278641	6803	12328
港澳台商投资企业 Funds from Hong Kong, Macao and Taiwan	51	1621336	1693833	136937	136360
外商投资企业 Foreign Funded Enterprises	61	1375694	5300510	670170	187724
按行业分 **By Sector**					
综合零售 General Retail	491	5154224	6062276	61993	389482
#百货零售 Retail of Consumer Goods	149	1639025	2267140	15568	109784
超级市场零售 Retail of Supermarkets	267	3287971	3545525	19258	264787

15-3 续表3

Continued

项目 Item	法人企业（个） Number of Corporation (unit)	商品购进额（万元） Total Goods Purchase (10000 yuan)	商品销售额（万元） Sales (10000 yuan)	#批发额（万元） Wholesale (10000 yuan)	期末商品库存额（万元） Inventory at the Year-end (10000 yuan)
食品、饮料及烟草制品专门零售 Retail of Food, Beverages and Tobaccos	713	2307314	2608438	359344	158012
纺织、服装及日用品专门零售 Retail of Textiles, Garments, Shoes and Hats	366	1761086	2160239	277135	287758
#服装零售 Retail of Garments	122	574422	665800	47295	97427
文化、体育用品及器材专门零售 Retail of Culture, Sports Products and Equipments	191	1285961	1494535	248383	145669
#图书、报刊零售 Retail of Books,Newspapers and Magazines	8	370597	375728	158247	44519
医药及医疗器材专门零售 Retail of Medicines and Medical Appliances	136	1199113	1330054	228814	126866
#药品零售 Retail of Medicines	120	1128931	1243404	212020	117406
汽车、摩托车、燃料及零配件专门零售 Retail of Motor Vehicles, Motorcycles Fule and Parts	1203	14322465	19792774	1643333	1511871
#汽车零售 Retail of Motor Vehicles	821	11247882	12002205	596460	1305884
机动车燃料零售 Retail of Vehicles Fule	227	2546230	7194506	944483	52389
家用电器及电子产品专门零售 Retail of Family Electric Equipment and Product	482	2413013	2662423	319133	234830
#家用视听设备零售 Retail of Family Electric Equipment	54	223782	235833	52786	18406
日用家电设备零售 Retail of Daily-use Electric Equipment	245	1293983	1432779	117666	111784
计算机、软件及辅助设备零售 Wholesale of Computer Software and Supplementary Equipments	120	608425	683923	46854	59506
通信设备零售 Retail of Telecommunicate Equipment	45	258916	276272	95483	42444
五金、家具及室内装饰材料专门零售 Retail of Hardware, Furniture and Inside Decoration Materials	354	1612874	1820085	179774	127073
货摊、无店铺及其他零售业 Retail of No Stores and Others	202	1407418	1546050	257389	174089

15-4 限额以上批发和零售企业年末资产及负债情况(2014年)

Main Financial Indicators of Wholesale and Retail Trades Corporation Enterprises(2014)

单位：万元　　　　(10000 yuan)

项目 Item	资产总计 Total Assess	#流动资产合计 Total Circulating Funds	固定资产原价 Oringinal Prices of Fixed Assets	负债总计 Total Liabilities	所有者权益合计 Total Creditors Equity
合计 Total	**89173996**	**68402636**	**6881355**	**60920400**	**28250057**
批发业 Wholesale	**74159446**	**57758829**	**4265325**	**51526474**	**22629449**
按登记注册类型分 By Type of Registration					
内资企业 Domestic Funded Enterprises	67631461	52668221	3783547	47365360	20262578
国有企业 State-owned Enterprises	3916949	3004993	634110	1322756	2594194
集体企业 Collective-owned Enterprises	155901	129623	19644	121927	33974
股份合作企业 Cooperative Enterprises	7928	6593	2321	4403	3526
联营企业 Joint Ownership Enterprises					
有限责任公司 Limited Liability Corporations	30971736	23665433	1558229	22466357	8505379
股份有限公司 Share-holding Corporations Ltd.	9312125	6335338	456749	5938102	3374023
私营企业 Private Enterprises	23243884	19507364	1108525	17497862	5742499
其他企业 Other Onterprises	22938	18877	3970	13953	8984
港澳台商投资企业 Funds from Hong Kong, Macao and Taiwan	3724483	2987572	159579	2262861	1461623
外商投资企业 Enterprises with Sole Foreign Investment	2803502	2103037	322199	1898253	905249
按行业分 By Sector					
农、林、牧产品批发 Wholesale of Farming,Forestry,Animal Husbandry Products	1161510	877855	199630	875141	286369
食品、饮料及烟草制品批发 Wholesale of Food, Beverages and Tobaccos	8409490	6031765	1111092	3968875	4440615

15-4 续表1

Continued

单位：万元 (10000 yuan)

项目 Item	资产总计 Total Assess	#流动资产合计 Total Circulating Funds	固定资产原价 Oringinal Prices of Fixed Assets	负债总计 Total Liabilities	所有者权益合计 Total Creditors Equity
#米、面制品及食用油批发 Sholesale of Rice, Wheat Products and Rdible Oil	1089844	948448	55858	853945	235899
烟草制品批发 Wholesale of Tobaccos	4168643	2863454	584342	1039147	3129496
纺织、服装及家庭用品批发 Wholesale of Textiles, Garments and Daily Consumer Articles	13842703	12134572	583412	10113140	3726041
#服装批发 Wholesale of Garments	6042857	5360212	158598	4537467	1505390
家用电器批发 Wholesale of Family Electrical Equipments	1131825	1101020	16059	844112	287713
文化、体育用品及器材批发 Wholesale of Culture, Sports Products and Appliances	967319	710767	109961	639549	327770
医药及医疗器材批发 Wholesale of Medicines and Medical Appliances	1636578	1396533	82035	1227716	408862
矿产品、建材及化工产品批发 Wholesale of Mineral Products, Building Materials and Chemical Products	38733633	28880431	1829019	27930573	10803060
#煤炭及制品批发 Wholesale of Coal and Its Products	2171944	1606682	60976	1373672	798272
石油及制品批发 Wholesale of Petroleum and Its Products	5453146	3654532	766587	3520442	1932704
金属及金属矿批发 Wholesale of Metal and Metal Mineral	17447006	12649344	380215	13009274	4437732
建材批发 Wholesale of Building Materials	6981723	5462439	347374	4925864	2055859
化肥批发 Wholesale of Chemical Fertilizer	513946	476235	21143	423044	90902
机械设备、五金产品及电子产品批发 Wholesale of Machinery, Equipment, Hardware,Transport and Electic Products	4621164	3734088	234144	3094162	1527002
#汽车批发 Wholesale of Motor Vehicles	508967	438926	31063	385545	123422
计算机、软件及辅助设备批发 Wholesale of Computer Software and Supplementary Equipments	636954	590203	16678	397802	239152
贸易经纪与代理 Trade Broker and Agent	822564	650647	42545	610564	211999
其他批发业 Other Wholesale not Classified Elsewhere	3964485	3342171	73488	3066753	897732

15-4 续表2

Continued

单位：万元 (10000 yuan)

项目 Item	资产总计 Total Assess	#流动资产合计 Total Circulating Funds	固定资产原价 Oringinal Prices of Fixed Assets	负债总计 Total Liabilities	所有者权益合计 Total Creditors Equity
零售业 **Retail Trade**	**15014550**	**10643807**	**2616030**	**9393926**	**5620608**
按登记注册类型分 **By Type of Registration**					
内资企业 Domestic Funded Enterprises	13022193	9305259	2256393	8316785	4705391
国有企业 State-owned Enterprises	110757	39858	41205	24726	86031
集体企业 Collective-owned Enterprises	50015	22946	24995	23194	26821
股份合作企业 Cooperative Enterprises	1217	591	791	1143	74
联营企业 Joint Ownership Enterprises	574	541	124	302	271
有限责任公司 Limited Liability Corporations	5949728	4118926	1159363	3809423	2140305
股份有限公司 Share-holding Corporations Ltd.	1460095	920124	199192	779620	680474
私营企业 Private Enterprises	5377467	4155327	813092	3645851	1731599
其他企业 Other Onterprises	72341	46947	17632	32526	39815
港澳台商投资企业 Funds from Hong Kong, Macao and Taiwan	1268621	765238	200616	611174	657448
外商投资企业 Enterprises with Sole Foreign Investment	723736	573309	159021	465968	257768
按行业分 **By Sector**					
综合零售 General Retail	3315336	2118280	712665	2157183	1158153
#百货零售 Retail of Consumer Goods	1377133	880244	300131	958808	418326
超级市场零售 Retail of Supermarkets	1805166	1134117	388547	1111474	693692
食品、饮料及烟草制品专门零售 Retail of Food, Beverages and Tobaccos	918945	615803	248335	415666	503279

15-4 续表3

Continued

单位：万元 (10000 yuan)

项目 Item	资产总计 Total Assess	#流动资产合计 Total Circulating Funds	固定资产原价 Oringinal Prices of Fixed Assets	负债总计 Total Liabilities	所有者权益合计 Total Creditors Equity
纺织、服装及日用品专门零售 Retail of Textiles, Garments, Shoes and Hats	689373	577953	75244	423193	266180
#服装零售 Retail of Garments	245807	210550	15743	176199	69608
文化、体育用品及器材专门零售 Retail of Culture, Sports Products and Equipments	939408	598897	138735	449315	490093
#图书、报刊零售 Retail of Books,Newspapers and Magazines	387097	207156	107701	178535	208562
医药及医疗器材专门零售 Retail of Medicines and Medical Appliances	939323	627487	139004	517132	422191
#药品零售 Retail of Medicines	900306	590481	136712	483417	416890
汽车、摩托车、燃料及零配件专门零售 Retail of Motor Vehicles, Motorcycles Fule and Parts	5658059	4115476	958436	3782773	1875286
#汽车零售 Retail of Motor Vehicles	4589616	3626827	682014	3455242	1134374
机动车燃料零售 Retail of Vehicles Fule	838892	317239	225378	220796	618097
家用电器及电子产品专门零售 Retail of Family Electric Equipment and Product	1358597	1095747	154234	880410	478170
#家用视听设备零售 Retail of Family Electric Equipment	183243	165261	15894	134559	48684
日用家电设备零售 Retail of Daily-use Electric Equipment	597496	471901	63658	376968	220529
计算机、软件及辅助设备零售 Wholesale of Computer Software and Supplementary Equipments	418702	333153	52720	271794	146908
通信设备零售 Retail of Telecommunicate Equipment	141303	111154	18770	90348	50955
五金、家具及室内装饰材料专门零售 Retail of Hardware, Furniture and Inside Decoration Materials	558498	419146	99394	331311	227188
货摊、无店铺及其他零售业 Retail of No Stores and Others	637012	475019	89984	436944	200068

15-5 限额以上批发和零售企业财务状况(2014年)

Main Financial Indicators of Wholesale and Retail Trades Corporation Enterprises(2014)

单位：万元

(10000 yuan)

项目 Item	主营业务收入 Main Operating Income	主营业务成本 Main Operating Expenses	主营业务税金及附加 Main Operating Tax and Extra Charges	营业利润 Profits of Business
合计 **Total**	**161032987**	**150105810**	**624434**	**3328662**
批发业	**130225618**	**122849929**	**468841**	**2628363**
按登记注册类型分 **By Type of Registration**				
内资企业 Domestic Funded Enterprises	120721059	114170903	447097	2328221
国有企业 State-owned Enterprises	7003874	5646366	252286	728509
集体企业 Collective-owned Enterprises	497806	465193	1359	5581
股份合作企业 Cooperative Enterprises	77221	69796	1335	672
联营企业 Joint Ownership Enterprises				
有限责任公司 Limited Liability Corporations	54790573	52437120	79830	644099
股份有限公司 Share-holding Corporations Ltd.	17362288	16657448	15846	361546
私营企业 Private Enterprises	40950285	38860715	96181	586440
其他企业 Other Onterprises	39013	34265	261	1374
港澳台商投资企业 Funds from Hong Kong, Macao and Taiwan	3172645	2805937	6677	115124
外商投资企业 Foreign Funded Enterprises	6331915	5873089	15067	185018
按行业分 **By Sector**				
农、林、牧产品批发 Wholesale of Farming,Forestry,Animal Husbandry Products	1447966	1368955	2412	-15978
食品、饮料及烟草制品批发 Wholesale of Food, Beverages and Tobaccos	16256237	14159859	278177	916013
#米、面制品及食用油批发 Sholesale of Rice, Wheat Products and Rdible Oil	2001707	1943968	2167	-24291

15-5 续表1

Continued

单位：万元 (10000 yuan)

项目 Item	主营业务收入 Main Operating Income	主营业务成本 Main Operating Expenses	主营业务税金及附加 Main Operating Tax and Extra Charges	营业利润 Profits of Business
烟草制品批发 Wholesale of Tobaccos	8148400	6736100	253992	760142
纺织、服装及家庭用品批发 Wholesale of Textiles, Garments and Daily Consumer Articles	22572893	20802759	61397	632137
#服装批发 Wholesale of Garments	7573238	6971299	11711	191657
家用电器批发 Wholesale of Family Electrical Equipments	1376742	1285575	2182	19140
文化、体育用品及器材批发 Wholesale of Culture, Sports Products and Appliances	1676749	1509012	5151	45207
医药及医疗器材批发 Wholesale of Medicines and Medical Appliances	3134814	2932899	14541	47745
矿产品、建材及化工产品批发 Wholesale of Mineral Products, Building Materials and Chemical Products	70151556	67787496	75537	765499
#煤炭及制品批发 Wholesale of Coal and Its Products	4248454	4121049	5527	6968
石油及制品批发 Wholesale of Petroleum and Its Products	19458757	18793258	18672	375268
金属及金属矿批发 Wholesale of Metal and Metal Mineral	24221414	23490386	19659	139408
建材批发 Wholesale of Building Materials	10175247	9735066	16778	147534
化肥批发 Wholesale of Chemical Fertilizer	1137598	1075547	3421	6013
机械设备、五金产品及电子产品批发 Wholesale of Machinery, Equipment, Hardware,Transport and Electic Products	7157475	6681277	20701	202361
#汽车批发 Wholesale of Motor Vehicles	829662	784641	2232	8606
计算机、软件及辅助设备批发 Wholesale of Computer Software and Supplementary Equipments	1283653	1217674	1319	68949
贸易经纪与代理 Trade Broker and Agent	1513561	1446894	1725	29591
其他批发业 Other Wholesale not Classified Elsewhere	6314368	6160778	9199	5788
零售业 **Retail Trade**	**30807369**	**27255881**	**155594**	**700299**

15-5 续表2

Continued

单位：万元 (10000 yuan)

项目 Item	主营业务收入 Main Operating Income	主营业务成本 Main Operating Expenses	主营业务税金及附加 Main Operating Tax and Extra Charges	营业利润 Profits of Business
按登记注册类型分 By Type of Registration				
内资企业 Domestic Funded Enterprises	27899560	24821784	142781	582941
国有企业 State-owned Enterprises	478407	446584	2188	-2179
集体企业 Collective-owned Enterprises	224021	197046	1636	5433
股份合作企业 Cooperative Enterprises	1271	1163	6	-52
联营企业 Joint Ownership Enterprises	2389	1898	21	142
有限责任公司 Limited Liability Corporations	12635988	11262671	53000	239498
股份有限公司 Share-holding Corporations Ltd.	2251329	2072636	6088	48616
私营企业 Private Enterprises	12080049	10652085	78912	285957
其他企业 Other Onterprises	226105	187701	932	5525
港澳台商投资企业 Funds from Hong Kong, Macao and Taiwan	1437535	1229278	5694	56065
外商投资企业 Foreign Funded Enterprises	1470273	1204819	7118	61293
按行业分 By Sector				
综合零售 General Retail	5169017	4411098	34769	131834
#百货零售 Retail of Consumer Goods	1935912	1623394	19373	65883
超级市场零售 Retail of Supermarkets	2998437	2585220	13648	57101
食品、饮料及烟草制品专门零售 Retail of Food, Beverages and Tobaccos	2403893	1924419	33636	133430
纺织、服装及日用品专门零售 Retail of Textiles, Garments, Shoes and Hats	1974273	1577435	14040	108672

15-5 续表3

Continued

单位：万元 (10000 yuan)

项目 Item	主营业务收入 Main Operating Income	主营业务成本 Main Operating Expenses	主营业务税金及附加 Main Operating Tax and Extra Charges	营业利润 Profits of Business
#服装零售 Retail of Garments	590397	495092	4310	22462
文化、体育用品及器材专门零售 Retail of Culture, Sports Products and Equipments	1266221	952216	7797	62910
#图书、报刊零售 Retail of Books,Newspapers and Magazines	219841	164010	299	15102
医药及医疗器材专门零售 Retail of Medicines and Medical Appliances	1173267	1055888	3182	29355
#药品零售 Retail of Medicines	1098523	997976	2776	28207
汽车、摩托车、燃料及零配件专门零售 Retail of Motor Vehicles, Motorcycles Fule and Parts	13541683	12693049	24223	84963
#汽车零售 Retail of Motor Vehicles	10507220	9873873	16877	37131
机动车燃料零售 Retail of Vehicles Fule	2505699	2338734	4432	33225
家用电器及电子产品专门零售 Retail of Family Electric Equipment and Electronic Products	2349216	2094985	9278	41415
#家用视听设备零售 Retail of Family Electric Equipment	225994	204950	1352	8365
日用家电设备零售 Retail of Daily-use Electric Equipment	1252364	1109802	4943	17238
计算机、软件及辅助设备零售 Wholesale of Computer Software and Supplementary Equipments	595145	530153	2010	17375
通信设备零售 Retail of Telecommunicate Equipment	244588	222375	860	-2648
五金、家具及室内装饰材料专门零售 Retail of Hardware, Furniture and Inside Decoration Materials	1563381	1352177	22475	65795
货摊、无店铺及其他零售业 Retail of No Stores and Others	1366419	1194615	6195	41925

15-6 限额以上批发和零售企业主要效益指标(2014年)

Main Indicators Economic Benefit of Whole Sale Enterprises and Retail Trade above Designated Size(2014)

单位：%　　(%)

项目 Item	资产负债率 Assets Liability Rate	销售毛利率 Ratio of Gross Profits to Sales Revenue	经营费用率 Ratio of Operating Costs to Total Costs	成本费用利润率 Ratio of Profits to Costs
合计 Total	**68.3**	**6.8**	**5.0**	**2.1**
批发业 Wholesale	**69.5**	**5.7**	**3.8**	**2.1**
按登记注册类型分 By Registration Category				
内资企业 Domestic Funded Enterprises	70.0	5.4	3.6	2.0
国有企业 State-owned Enterprises	33.8	19.4	5.8	12.1
集体企业 Collective-owned Enterprises	78.2	6.6	5.6	1.2
股份合作企业 Cooperative Enterprises	55.5	9.6	7.0	0.9
联营企业 Joint Ownership Enterprises				
有限责任公司 Limited Liability Corporations	72.5	4.3	3.4	1.4
股份有限公司 Share-holding Corporations Ltd.	63.8	4.1	3.3	2.2
私营企业 Private Enterprises	75.3	5.1	3.6	1.3
其他企业 Other Enterprises	60.8	12.2	8.0	2.9
港澳台商投资企业 Funds from Hong Kong, Macao and Taiwan	60.8	11.6	8.7	3.8
外商投资企业 Enterprises with Sole Foreign Investment	67.7	7.2	4.4	3.0
按行业分 By Sector				
农、林、牧产品批发 Wholesale of Farming,Forestry,Animal Husbandry Products	75.3	5.5	6.5	1.9
食品、饮料及烟草制品批发 Wholesale of Food, Beverages and Tobaccos	47.2	12.9	5.9	6.2

15-6 续表1

Continued

单位：%　　(%)

项目 Item	资产负债率 Assets Liability Rate	销售毛利率 Ratio of Gross Profits to Sales Revenue	经营费用率 Ratio of Operating Costs to Total Costs	成本费用利润率 Ratio of Profits to Costs
#米、面制品及食用油批发 Sholesale of Rice, Wheat Products and Rdible Oil	78.4	2.9	3.8	-0.3
烟草制品批发 Wholesale of Tobaccos	24.9	17.3	5.2	10.7
纺织、服装及家庭用品批发 Wholesale of Textiles, Garments and Daily Consumer Articles	73.1	7.8	5.2	3.0
#服装批发 Wholesale of Garments	75.1	7.9	5.9	2.8
家用电器批发 Wholesale of Family Electrical Equipments	74.6	6.6	5.4	1.3
文化、体育用品及器材批发 Wholesale of Culture, Sports Products and Appliances	66.1	10.0	7.4	2.7
医药及医疗器材批发 Wholesale of Medicines and Medical Appliances	75.0	6.4	4.7	1.5
矿产品、建材及化工产品批发 Wholesale of Mineral Products, Building Materials and Chemical Products	72.1	3.4	2.6	1.1
#煤炭及制品批发 Wholesale of Coal and Its Products	63.2	3.0	3.2	
石油及制品批发 Wholesale of Petroleum and Its Products	64.6	3.4	1.9	2.0
金属及金属矿批发 Wholesale of Metal and Metal Mineral	74.6	3.0	2.9	0.8
建材批发 Wholesale of Building Materials	70.6	4.3	3.2	1.3
化肥批发 Wholesale of Chemical Fertilizer	82.3	5.5	4.7	0.8
机械设备、五金产品及电子产品批发 Wholesale of Machinery, Equipment, Hardware,Transport and Electic Products	67.0	6.7	4.8	2.7
#汽车批发 Wholesale of Motor Vehicles	75.8	5.4	4.3	1.0
计算机、软件及辅助设备批发 Wholesale of Computer Software and Supplementary Equipments	62.5	5.1	3.7	5.7
贸易经纪与代理 Trade Broker and Agent	74.2	4.4	3.9	2.1
其他批发业 Other Wholesale not Classified Elsewhere	77.4	2.4	2.9	0.3

15-6 续表2

Continued

单位：% (%)

项目 Item	资产负债率 Assets Liability Rate	销售毛利率 Ratio of Gross Profits to Sales Revenue	经营费用率 Ratio of Operating Costs to Total Costs	成本费用利润率 Ratio of Profits to Costs
零售业 Retail Trade	**62.6**	**11.5**	**9.9**	**2.1**
按登记注册类型分 By Registration Category				
内资企业 Domestic Funded Enterprises	63.9	11.0	9.2	2.0
国有企业 State-owned Enterprises	22.3	6.7	7.3	0.1
集体企业 Collective-owned Enterprises	46.4	12.0	9.2	2.3
股份合作企业 Cooperative Enterprises	93.9	8.5	15.7	-0.4
联营企业 Joint Ownership Enterprises	52.7	20.6	13.8	4.1
有限责任公司 Limited Liability Corporations	64.0	10.9	9.5	1.8
股份有限公司 Share-holding Corporations Ltd.	53.4	7.9	7.4	2.2
私营企业 Private Enterprises	67.8	11.8	9.2	2.2
其他企业 Other Enterprise	45.0	17.0	14.4	1.8
港澳台商投资企业 Funds from Hong Kong, Macao and Taiwan	48.2	14.5	17.3	3.5
外商投资企业 Foreign Funded Enterprises	64.4	18.1	16.0	4.1
按行业分 By Sector				
综合零售 General Retail	65.1	14.7	16.1	2.4
#百货零售 Retail of Consumer Goods	69.6	16.1	17.0	3.2
超级市场零售 Retail of Supermarkets	61.6	13.8	16.1	1.9
食品、饮料及烟草制品专门零售 Retail of Food, Beverages and Tobaccos	45.2	19.9	12.7	5.9

15-6 续表3

Continued

单位：%　　　　(%)

项目 Item	资产负债率 Assets Liability Rate	销售毛利率 Ratio of Gross Profits to Sales Revenue	经营费用率 Ratio of Operating Costs to Total Costs	成本费用利润率 Ratio of Profits to Costs
纺织、服装及日用品专门零售 Retail of Textiles, Garments, Shoes and Hats	61.4	20.1	14.2	5.4
#服装零售 Retail of Garments	71.7	16.1	12.2	3.5
文化、体育用品及器材专门零售 Retail of Culture, Sports Products and Equipments	47.8	24.8	20.2	5.3
#图书、报刊零售 Retail of Books,Newspapers and Magazines	46.1	25.4	24.0	8.0
医药及医疗器材专门零售 Retail of Medicines and Medical Appliances	55.1	10.0	8.3	2.5
#药品零售 Retail of Medicines	53.7	9.2	7.4	2.6
汽车、摩托车、燃料及零配件专门零售 Retail of Motor Vehicles, Motorcycles Fule and Parts	66.9	6.3	5.9	0.5
#汽车零售 Retail of Motor Vehicles	75.3	6.0	6.1	0.2
机动车燃料零售 Retail of Vehicles Fule	26.3	6.7	5.0	1.3
家用电器及电子产品专门零售 Retail of Family Electric Equipment and Product	64.8	10.8	9.4	1.7
#家用视听设备零售 Retail of Family Electric Equipment	73.4	9.3	4.9	2.8
日用家电设备零售 Retail of Daily-use Electric Equipment	63.1	11.4	10.6	1.4
计算机、软件及辅助设备零售 Wholesale of Computer Software and Supplementary Equipments	64.9	10.9	7.6	3.4
通信设备零售 Retail of Telecommunicate Equipment	63.9	9.1	12.2	-1.1
五金、家具及室内装饰材料专门零售 Retail of Hardware, Furniture and Inside Decoration Materials	59.3	13.5	7.8	3.0
货摊、无店铺及其他零售业 Retail of No Stores and Others	68.6	12.6	9.5	3.2

15-7 亿元以上商品交易市场主要经济指标(2014年)

Statistics on Commodity Markets with Trade over 100 Million Yuan(2014)

项目	Item	市场数（个） Number of Markets (unit)	摊位数（个） Number of Stalls (unit)	营业面积（平方米） Operation Area(sq.m)	市场成交额（万元） Transaction Value (10000 yuan)
总计	**Total**	**155**	**61960**	**3811385**	**17336629**
按经营环境分	**By Operating Circumstance**				
封闭式	Indoor	127	54139	3401257	13526812
露天式	Outdoor	6	994	61960	461367
其他	Others	22	6827	348168	3348450
按营业状态分	**By Operating Status**				
常年营业	Perennial Operation	154	61931	3809885	17313629
季节性营业	Seasonal Operation	1	29	1500	23000
其他	Others				
按经营方式分	**By Operating Mode**				
批发（或以批发为主）	Whole Sale	68	30309	2497783	13296604
零售（或以零售为主）	Retail	87	31651	1313602	4040025
按市场类别分	**By Market Category**				
综合市场	General Markets	58	29367	1041947	3078760
生产资料综合市场	Product Materials Markets				
工业消费品综合市场	Industrial Products Consume Markets	6	6535	349849	850649
农副产品综合市场	Agricaltural Products General Markets	41	17529	311881	1277931
其他综合市场	Other Markets	11	5303	380217	950180
专业市场	and Hats	97	32593	2769438	14257869
生产资料市场	Markets for Food, Beverage, Tobacco	14	3611	837322	4028151
农产品市场	and Liquor	36	9648	591876	4489947
食品饮料及烟酒市场	Medicine and Medical Insurments	7	3515	212539	473779
纺织、服装、鞋帽市场	Markets for Furnitures	12	9286	412289	2098011
日用品及文化用品市场	Markets for Small Commodities	2	675	199360	159406
黄金、珠宝、玉器等首饰市场	Markets for Culture Products, VideoProducts	6	1695	59237	866537
电器、通讯器材、电子设备市场	Newspapers and Magazines	3	1100	58000	177753
医药、医疗用品及器材市场	Markets for Second Hand	1	29	1500	23000
家具、五金及装饰材料市场	Markets for Mechanically-propelled Vehicles	8	2022	301610	1530700
汽车、摩托车及零配件市场	Markets for Metal Materials	4	359	45088	285387
花、鸟、鱼、虫市场	Markets for Coal	2	205	31855	104985
旧货市场	Markets for Wood	2	448	18762	20213
其他专业市场	Other Markets				

15-8 亿元以上商品交易市场成交情况(2014年)

Transaction Value of Commodity Markets with Trade over 100 Million Yuan by Region(2014)

项目	Item	出租摊位数（个） Number of Stalls (unit)	市场成交额（万元） Transaction Value (10000 yuan)
总计	**Total**	**56154**	**17336629**
粮油、食品类	Grain,Oil and Foods	23830	6074107
饮料类	Beverages	2540	496707
烟酒类	Tobacco and Liquor	509	219176
服装、鞋帽、针纺织品类	Garments,shoes,Caps and Textiles	14286	2677522
服装类	Clothing	11205	2022467
鞋帽类	Shoes and Hats	1802	167675
针纺织品类	Knitwear and Textiles	1279	487380
化妆品类	Cosmetics	141	25355
金银珠宝类	Gold,Silver and Jewelry	1908	903571
日用品类	Articles for Daily Use	1683	268108
#儿童玩具类	Children Toys	145	10190
五金、电料类	Hardware and Electrical Materials	721	91829
体育、娱乐用品类	Sports and Recreation Articles	157	63340
书报杂志类	Newspapers and Magazines	24	391
电子出版物及音像制品类	E-journal and Video Products	49	4446
家用电器和音像器材类	Household Appliances and Video Appliances	547	100297
中西药品类	Traditional Chinese and Western Medicines	98	25905
#西药类	Western Medicines	4	439
中草药及中成药类	Chinese Herbal Medicine and Mid-product Medicine	83	23636
文化办公用品类	Cultural and Official Goods	963	134320
家具类	Furniture	825	1073479
通讯器材类	Communication Appliances	185	27393
煤炭及制品类	Coal and Related Products		
木材及制品类	Wood and Wooden Products	510	95027
石油及制品类	Petroleum and Related Products	4	118
化工材料及制品类	Raw Chemical Materials	310	75027
金属材料类	Metal Materrials	326	2308807
建筑及装潢材料类	Building and Decoration Materials	3206	1688521
机电产品及设备类	Mechanical and Electrical Products and Equipment	111	10542
汽车类	Vehicles	359	285387
种子饲料类	Seed and Feedstuff	211	302366
棉麻类	Cotton and Ramie		
其他类	Others	2651	384888

15-9 限额以上住宿业企业基本情况(2014年)

Basic Conditions of Enterprises above Designated Size in Hotels(2014)

项目	Item	法人企业（个）Number of Corporation (unit)	床位数（个）Number of Beds at the year- end (unit)	餐位数（位）Number of seats at the year- end
住宿业	**Hotels**	**809**	**167365**	**311749**
按登记注册类型分	**By Registration Category**			
内资企业	Domestic Funded Enterprises	728	141506	260001
#国有企业	State-owned Enterprises	60	13254	25333
集体企业	Collective-owned Enterprises	12	1361	3540
股份合作企业	Cooperative Enterprises	3	493	245
有限责任公司	Limited Liability Corporations	255	59116	109426
股份有限公司	Share-holding Corporations Ltd.	13	3770	4871
私营企业	Private Enterprises	369	60804	108772
其他企业	Other Enterprises	15	2070	7280
港澳台商投资企业	Funds from Hong Kong, Macao and Taiwan	47	13994	33506
外商投资企业	Foreign Funded Enterprises	34	11865	18242
按行业分	**By Sector**			
旅游饭店	Tourism Hotel	555	127656	259877
一般饭店	General Hotel	225	34989	41142
其他住宿服务	Other Hotel	29	4720	10730

15-10 限额以上餐饮业企业基本情况(2014年)

Basic Conditions of Enterprises above Designated Size in Catering Services(2014)

项目	Item	法人企业（个）Number of Corporation (unit)	年末餐饮营业面积（平方米）Operation Area (sq.m)	餐位数（位）Number of seats at the year- end
餐饮业	**Catering Services**	**864**	**1526864**	**386132**
按登记注册类型分	**By Registration Category**			
内资企业	Domestic Funded Enterprises	810	1275034	323269
#国有企业	State-owned Enterprises	6	53159	15544
集体企业	Collective-owned Enterprises	5	6913	1830
有限责任公司	Limited Liability Corporations	230	373011	88337
股份有限公司	Share-holding Corporations Ltd.	4	8328	3576
私营企业	Private Enterprises	535	785396	203983
其他企业	Other Enterprises	30	48227	9999
港澳台商投资企业	Funds from Hong Kong, Macao and Taiwan	34	125689	36799
外商投资企业	Foreign Funded Enterprises	20	126141	26064
按行业分	**By Sector**			
正餐服务业	Dinner	799	1306994	317348
快餐服务业	Snack	36	186977	58034
饮料及冷饮服务业	Drink and Cold Drink	12	9778	1976
其他餐饮服务业	Other	17	23115	8774

15-11 限额以上住宿业和餐饮业企业经营情况(2014年)

Basic Conditions of Enterprises above Designated Size in Hotels and Catering Services(2014)

单位：万元 (10000 yuan)

项目	Item	营业额 Business Revenue	客房收入 From Hotel Rooms	餐费收入 From Meals	商品销售额 From Commodities Income	其他收入 From Others
合计	**Total**	**2993340**	**736385**	**2016041**	**116645**	**124268**
住宿业	**Hotels**	**1531695**	**672494**	**677330**	**77731**	**104139**
按登记注册类型分	**By Registration Category**					
内资企业	Domestic Funded Enterprises	1147627	519290	516520	40339	71478
国有企业	State-owned Enterprises	118652	54151	55015	278	9208
集体企业	Collective-owned Enterprises	21217	6832	9059	1758	3569
股份合作企业	Cooperative Enterprises	1116	591	409	103	14
联营企业	Joint Ownership Enterprises	10707	5512	3795	179	1220
有限责任公司	Limited Liability Corporations	501484	245315	213095	10757	32316
股份有限公司	Share-holding Corporations Ltd.	31998	17596	11653	213	2537
私营企业	Private Enterprises	442955	182731	213121	25830	21273
其他企业	Other Enterprises	19497	6563	10373	1221	1341
港澳台商投资企业	Funds from Hong Kong, Macao and Taiwan	241577	88442	101097	34375	17663
外商投资企业	Foreign Funded Enterprises	142491	64762	59714	3017	14998
按行业分	**Bye Sector**					
旅游饭店	Tourism Hotel	1269780	529848	577792	71893	90247
一般饭店	General Hotel	213472	122196	76035	4100	11142
其他住宿服务	Other Hotel	48442	20451	23503	1739	2750
餐饮业	**Catering Services**	**1461645**	**63891**	**1338711**	**38914**	**20129**
按登记注册类型分	**By Registration Category**					
内资企业	Domestic Funded Enterprises	1057772	52267	953366	38399	13740
#国有企业	State-owned Enterprises	19626	4322	13041	104	2159
集体企业	Collective-owned Enterprises	11061	111	6029	4895	26
有限责任公司	Limited Liability Corporations	212459	19247	176885	13439	2887
股份有限公司	Share-holding Corporations Ltd.	3711	864	1844		1002
私营企业	Private Enterprises	793281	27607	738534	19477	7663
其他企业	Other Enterprises	17635	116	17033	484	2
港澳台商投资企业	Funds from Hong Kong, Macao and Taiwan	202829	8171	187981	447	6230
外商投资企业	Foreign Funded Enterprises	201044	3453	197364	68	159
按行业分	**Bye Sector**					
正餐服务业	Dinner	1016489	62785	915837	24621	13245
快餐服务业	Snack	388988		369869	12313	6806
饮料及冷饮服务业	Drink and Cold Drink	11845	668	9931	1206	41
其他餐饮服务业	Other	44322	438	43074	774	37

15-12 限额以上住宿和餐饮业企业年末资产及负债情况(2014年)

Main Financial Indicators of Hotels and Catering Sevices Corporation Enterprises(2014)

单位：万元

(10000 yuan)

项目	Item	资产总计 Total Assess	流动资产合计 Total Circhlating Funds	固定资产原价 Oringinal Prices of Fixed Assets	负债总计 Total Liabilities	所有者权益合计 Total Creditors Equity
合计	**Total**	**5041608**	**1870004**	**2823174**	**3141502**	**1900106**
住宿业	**Hotels**	**3893936**	**1284968**	**2413249**	**2434201**	**1459735**
按登记注册类型分	**By Registration Category**					
内资企业	Domestic Funded Enterprises	2815475	948924	1728764	1641421	1174055
国有企业	State-owned Enterprises	266028	74683	223041	91738	174290
集体企业	Collective-owned Enterprises	20402	8670	17502	7739	12663
股份合作企业	Cooperative Enterprises	1166	379	2065	157	1009
联营企业	Joint Ownership Enterprises	29215	11278	33149	11425	17790
有限责任公司	Limited Liability Corporations	1454261	478321	917249	929003	525258
股份有限公司	Share-holding Corporations Ltd.	81604	24796	51788	28861	52743
私营企业	Private Enterprises	934364	341432	473245	560883	373481
其他企业	Other Enterprises	28436	9366	10725	11615	16821
港澳台商投资企业	Funds from Hong Kong, Macao and Taiwan	735523	248545	376317	554990	180533
外商投资企业	Foreign Funded Enterprises	342938	87499	308168	237791	105147
按行业分	**By Sector**					
旅游饭店	Tourism Hotel	3541042	1147252	2209239	2212962	1328080
一般饭店	General Hotel	280326	104807	155225	163074	117252
其他住宿服务	Other Hotel	72568	32910	48785	58165	14403
餐饮业	**Catering Services**	**1147672**	**585036**	**409925**	**707301**	**440371**
按登记注册类型分	**By Registration Category**					
内资企业	Domestic Funded Enterprises	884309	490949	289333	498032	386277
#国有企业	State-owned Enterprises	11797	7374	10101	10990	807
集体企业	Collective-owned Enterprises	7772	5287	2457	2838	4934
有限责任公司	Limited Liability Corporations	310301	177283	89420	206279	104022
股份有限公司	Cooperative Enterprises	5061	517	5423	629	4432
私营企业	Private Enterprises	535841	296441	172332	273848	261993
其他企业	Other Enterprises	13538	4047	9600	3448	10090
港澳台商投资企业	Funds from Hong Kong, Macao and Taiwan	163802	72231	72933	138649	25153
外商投资企业	Foreign Funded Enterprises	99561	21856	47659	70620	28941
按行业分	**By Sector**					
正餐服务业	Dinner	944031	514224	323942	564703	379329
快餐服务业	Snack	172879	53596	73101	131997	40882
饮料及冷饮服务业	Drink and Cold Drink	10065	3266	5999	2031	8034
其他餐饮服务业	Other	20697	13950	6884	8571	12126

15-13 限额以上住宿和餐饮业企业主要财务指标(2014年)

Main Financial Indicators of Hotels and Catering Sevices Corporation Enterprises(2014)

单位：万元 (10000 yuan)

项目	Item	主营业务收入 Main Operating Income	主营业务成本 Main Operating Expenses	主营业务税金及附加 Main Operating Tax and Extra Charges	营业利润 Profits of Business
合计	**Total**	**2939265**	**1456483**	**146651**	**17941**
住宿业	**Hotels**	**1491091**	**596181**	**81925**	**-33228**
按登记注册类型分	**By Registration Category**				
内资企业	Domestic Funded Enterprises	1124826	468210	62194	-29365
国有企业	State-owned Enterprises	116805	38801	6607	1184
集体企业	Collective-owned Enterprises	20409	12009	1286	2217
股份合作企业	Cooperative Enterprises	1079	598	148	-171
联营企业	Joint Ownership Enterprises	10707	1940	590	523
有限责任公司	Limited Liability Corporations	493851	180741	28969	-30792
股份有限公司	Share-holding Corporations Ltd.	30682	9094	1847	-1484
私营企业	Private Enterprises	436073	215881	21940	-688
其他企业	Other Enterprises	15220	9145	808	-154
港澳台商投资企业	Funds from Hong Kong, Macao and Taiwan	232464	90714	11696	2840
外商投资企业	Foreign Funded Enterprises	133802	37257	8034	-6704
按行业分	**By Sector**				
旅游饭店	Tourism Hotel	1233017	476826	67914	-42298
一般饭店	General Hotel	210215	93774	11279	3885
其他住宿服务	Other Hotel	47860	25582	2732	5185
餐饮业	**Catering Services**	**1448173**	**860302**	**64726**	**51170**
按登记注册类型分	**By Registration Category**				
内资企业	Domestic Funded Enterprises	1049995	673418	43649	53492
#国有企业	State-owned Enterprises	19439	10039	658	-1859
集体企业	Collective-owned Enterprises	11032	5574	303	1619
有限责任公司	Limited Liability Corporations	208653	113857	10524	5697
股份有限公司	Share-holding Corporations Ltd.	3583	2130	175	402
私营企业	Private Enterprises	789960	530276	30912	47379
其他企业	Other Enterprises	17328	11544	1078	254
港澳台商投资企业	Funds from Hong Kong, Macao and Taiwan	197019	85188	9660	-4915
外商投资企业	Foreign Funded Enterprises	201160	101696	11418	2593
按行业分	**By Sector**				
正餐服务业	Dinner	1011088	611470	45751	45872
快餐服务业	Snack	382259	212303	16423	3358
饮料及冷饮服务业	Drink and Cold Drink	10858	5272	582	-213
其他餐饮服务业	Other	43967	31256	1971	2153

15-14 限额以上批发和零售业连锁企业基本经营情况(2014年)

Basic Conditions of Enterprises above Designated Size of Wholesale and Retail Trades(2014)

项目	Item	连锁总店数（个） Number of Head Chain Stores (unit)	年末门店数（个） Number of Stores (unit)	直营店（个） Regular Chain (unit)	加盟店（个） Franchi-se (unit)	年末营业面积（平方米） Operation Area (sq.m)	年末从业人员（人） Persons Employ (person)	商品销售总额(万元) Total Sales (10000 yuan)
总计	**Total**	**146**	**5250**	**3840**	**1410**	**6299120**	**87605**	**13634304**
批发业	Wholesale	8	867	224	643	159226	3522	161377
零售业	Retail Trade	138	4383	3616	767	6139894	84083	13472928
按登记注册类型分	**Grouped by Status of Registration**							
内资企业	Domestic Funded Enterprises	130	3957	2638	1319	2483225	40690	6528089
#国有企业	State-owned Enterprises	8	216	216		166111	2070	851079
有限责任公司	Limited-Liability Corporations	48	843	816	27	686515	12729	1260988
股份有限公司	Share Holding Corporations Ltd.	14	858	716	142	758878	5317	3343869
私营企业	Private Enterprises	58	2018	868	1150	826084	20013	976735
港澳台商投资企业	Funds from HongKong,Macao,TaiWan	5	508	417	91	2764498	38408	3513199
外商投资企业	Foreign Funded Enterprises	11	785	785		1051397	8507	3593016

15-15 限额以上住宿和餐饮业连锁企业基本经营情况(2014年)

Basic Conditions of Enterprises above Designated Size in Hotels and Catering Services(2014)

项目	Item	连锁总店数（个） Number of Head Chain Stores (unit)	连锁门店数（个） Number of Stores (unit)	直营店（个） Regular Chain (unit)	加盟店（个） Franchise (unit)	营业面积（平方米） Operation Area (sq.m)	年末从业人员（人） Persons Employed (person)	营业收入（万元） Total Sales (10000 yuan)
总计	**Total**	**14**	**786**	**373**	**413**	**223600**	**20172**	**308964**
住宿业	Hotels							
餐饮业	Catering Services	14	786	373	413	223600	20172	308964
按登记注册类型分	**Grouped by Status of Registration**							
内资企业	Domestic Funded Enterprises	7	444	31	413	79010	6071	106162
#有限责任公司	Limited-Liability Corporations	2	150	8	142	1272	600	7872
私营企业	Private Enterprises	5	294	23	271	77738	5471	98291
港澳台商投资企业	Funds from HongKong, Macao,TaiWan	3	108	108		39669	2977	77328
外商投资企业	Foreign Funded Enterprises	4	234	234		104921	11124	125473

15-16 入境游客人数(1979-2014年)

Foreign Tourists(1979-2014)

单位：人次 (person-time)

年份 Year	合计 Total	#外国人 Foreigner	台湾同胞 Compatriots from Taiwan	港澳同胞 Compatriots from Hong Kong and Macao	#香港同胞 Compatriots from Hong Kong
1979	115214	37522	59	77633	
1980	135059	43724	119	91216	
1981	173351	50498	874	121979	
1982	177835	52130	1670	124035	
1983	211529	69628	6832	135069	
1984	270443	82996	6654	180793	
1985	355748	102190	8593	244965	
1986	362320	126183	8709	227428	
1987	410821	135488	15693	259640	
1988	522082	110338	145838	265906	
1989	504594	81734	209491	213369	
1990	707903	105374	362815	239714	
1991	686023	141137	282003	262883	
1992	816076	182252	333290	300534	
1993	880344	211919	348037	320388	
1994	844503	228404	272194	343905	
1995	906406	256940	251509	397957	
1996	1045658	311861	271798	461999	
1997	1173932	360091	312767	501074	
1998	1217795	373884	355626	488285	
1999	1356042	409035	414622	532385	
2000	1613349	497466	477894	637989	
2001	1634841	465152	494211	675478	598004
2002	1848214	528015	571668	748531	685742
2003	1497164	459448	475220	562496	517123
2004	1728997	629173	491526	608298	565927
2005	1973894	723621	589373	660900	608059
2006	2298960	791160	740232	767568	706215
2007	2687453	1007969	801587	877897	799571
2008	2931908	986440	984761	960707	894813
2009	3120348	978350	1234255	907743	841895
2010	3681353	1152748	1569186	959419	879506
2011	4274232	1400156	1850715	1023361	928931
2012	4936738	1670078	2111586	1155074	1050746
2013	5121304	1782769	2136279	1202256	1091397
2014	5449833	1950628	2253899	1245306	1140972

注：2000年起合计项含接待海外一日游游客人数。

Note:The data of total from 2000 include the foreign tourists of one day.

15-17 接待游客人数及旅游收入(1979-2014年)

Number of Tourists and Exchange Earnings(1979-2014)

年份 Year	入境旅游人数（人次） Number of International Tourists(person-time)	#外国人 Foreigners	国际旅游外汇收入（万美元） Foreigners Exchange Earnings(USD 10000)	国内旅游人数（万人次） Domestic Tourists (10000 person-time)	国内旅游收入（亿元） Domestic Tourism Earnings (100 million yuan)	国内游客人均花费（元） Domestic Per Capita Expenditure (yuan)
1979	115214	37522				
1980	135059	43724				
1981	173351	50498				
1982	177835	52130				
1983	211529	69628				
1984	270443	82996				
1985	355748	102190				
1986	362320	126183				
1987	410821	135488				
1988	522082	110338				
1989	504594	81734				
1990	707903	105374				
1991	686023	141137				
1992	816076	182252				
1993	880344	211919				
1994	844503	228404				
1995	906406	256940				
1996	1045658	311861	55486			
1997	1173932	360091	61373	1900	110	579
1998	1217795	373884	65109	2100	146	695
1999	1356042	409035	72536	2513	190	756
2000	1613349	497466	89382	2942	231	785
2001	1634841	465152	94202	3322	268	806
2002	1848214	528015	110022	3931	333	848
2003	1497164	459448	91487	3711	311	839
2004	1728997	629173	106507	4643	463	996
2005	1973894	723621	130529	5684	578	1017
2006	2298960	791160	147100	6779	694	1023
2007	2687453	1007969	216918	8041	838	1042
2008	2931908	986440	239353	8690	875	1007
2009	3120348	978350	259900	9851	981	996
2010	3681353	1152748	297824	11957	1202	1005
2011	4274232	1400156	363444	14230	1444	1015
2012	4936738	1670078	422567	16660	1702	1022
2013	5121304	1782769	457338	19542	2003	1025
2014	5449833	1950628	491179	22888	2406	1051

注：由于2012年泉州市旅游局进行旅游普查，故调整从2008-2011年国内旅游人数和国内旅游收入。

Note:Due to quanzhou tourism census,the domestic tourism and domestic tourism income have been adjusted from 2008 to 2011.

15-18 入境外国游客人数

Number of Foreign Tourists Arrivals by Country

单位：人次 (Person-time)

国别(地区) Country (Region)	2000	2005	2010	2012	2013	2014
合计 Total	**497466**	**723621**	**1152748**	**1670078**	**1782769**	**1950628**
亚洲小计 Total of Asia	**324260**	**478130**	**554661**	**917098**	**945299**	**1144093**
#日本 Japan	97816	163198	169913	256288	252440	284597
菲律宾 Philippines	31974	30668	36655	43891	52799	55007
新加坡 Singapore	83667	79658	95030	156724	157186	180930
泰国 Thailand	4960	23093	12967	30228	28079	30856
印度尼西亚 Indonesia	15748	16840	38728	63682	63100	75034
马来西亚 Malaysia	69303	78826	94515	195487	187387	229024
美洲小计 Total of Amercia	**66832**	**151136**	**426759**	**429813**	**450390**	**340181**
#美国 United Kingdom	59256	136804	373081	362819	379367	253974
加拿大 Canada	5727	11275	43576	41356	42641	46143
欧洲小计 Total of Europe	**29824**	**75692**	**132425**	**236203**	**272606**	**345575**
#英国 United Kingdom	5174	11832	24050	41852	39165	52588
法国 France	3494	9233	15152	26010	30081	40038
德国 German,FR	6887	17644	27639	39394	47010	59121
意大利 Italy	3080	8414	15623	25269	24562	35387
俄罗斯 Russia	1626	3063	8027	17515	20402	20983
大洋洲小计 Total of Oceanic	**5845**	**12485**	**26010**	**56354**	**74708**	**75261**
#澳大利亚 Australia	4587	10195	20125	45816	57854	54390
新西兰 New Zealand	663	1606	5036	9842	14055	12451
非洲小计 Total of Africa	**2185**	**6178**	**12895**	**30610**	**39765**	**45518**

15-19 国内旅游人数及旅游收入

Number of Domestic Tourists and Exchange Earnings

项目 Item	2000	2005	2010	2012	2013	2014
国内旅游者人数（万人次）Total Number of Domestic Tourist (10000 person-time)	**2942.00**	**5683.92**	**11956.61**	**16659.74**	**19542.03**	**22887.70**
住宿设施接待人数 In Hotel	2010.00	3556.00	5935.03	8078.39	8854.94	9917.23
居民家庭接待人数 In Household	262.00	373.36	736.47	1123.62	1673.25	2019.04
一日游游客人数 For One Day	670.00	1754.56	5285.11	7457.73	9013.84	10951.43
国内旅游收入（亿元）Domestic Tourism Receipts(100 million yuan)	**230.80**	**578.03**	**1202.25**	**1702.44**	**2003.41**	**2405.84**
外省游客消费 Consumption of Tourists from Other Provinces	143.70	320.91	655.16	922.62	1034.66	1057.92
本省多日游游客消费 Consumption of Tourists Inside the Province	77.20	208.87	342.28	512.55	620.39	962.23
一日游游客消费 Consumption of Tourists for One Day	9.90	48.25	204.81	267.27	348.36	385.69

注：由于2012年泉州市旅游局进行旅游普查，故调整2010年和2011年国内旅游人数和收入及分项数。
Note:Due to quanzhou tourism census, the domestic tourism and domestic tourism income have been adjusted in 2010 and 2011

15-20 国内游客消费构成

Consumption Composition of Domestic Tourists

单位：%　　　　(%)

项目 Item	2000	2005	2010	2012	2013	2014
交给旅行社 Fees Paid to Tour Agencies	12.3	14.4	11.5	11.1	11.2	7.8
长途交通 Long Distance Transportation	13.3	14.3	24.0	23.0	17.2	17.9
住宿 Accommodation	19.2	12.6	17.1	16.5	21.7	20.8
餐饮 Food	14.1	11.6	12.5	13.5	14.7	16.8
购物 Shopping	16.5	16.6	17.0	18.8	14.8	13.9
游览 Visiting	5.6	6.8	5.9	5.7	4.8	6.2
娱乐 Entertainment	5.5	5.0	5.1	4.7	5.2	5.7
市区交通 Transport within the City	3.0	2.5	2.3	2.1	2.0	4.5
邮电通讯 Postal and Telecommunications	2.0	1.8	1.2	1.0	0.7	
其他 Others	8.5	14.4	3.4	3.5	7.7	6.4

注：2014年报表将“邮电通讯”归入“其他”类。
Note:In 2014,Postal and Telecommunications Classified to Others.

15-21 国内游客构成

Composition of Domestic Tourists

单位：% (%)

项目 Item	2000	2005	2010	2012	2013	2014
按性别分 By Sex						
男 Male	65.1	59.3	57.0	56.0	60.4	54.0
女 Female	34.9	40.7	43.0	44.0	39.6	46.0
按年龄分 By Age						
14岁以下 14 and under	1.3	1.5	0.9	1.1	0.9	1.2
15-24岁 Aged 15-24	26.9	25.6	18.8	16.5	29.7	24.6
25-44岁 Aged 25-44	48.8	50.9	54.9	53.4	53.1	54.3
45-59岁 Aged 45-59	18.1	17.7	20.4	23.7	14.8	17.8
60岁以上 60 and over	4.9	4.3	5.0	5.3	1.5	2.1
按旅游目的分 By Aim of Tourist						
休闲观光渡假 Sightseeing and Holiday	44.0	52.0	54.2	52.3	53.2	73.0
探亲访友 Visiting Relatives and Friends	12.3	13.1	10.7	12.6	10.9	7.4
公务 Offical	15.4	11.8	13.9	12.3	9.1	7.2
经商 Bussiness	11.1	8.1	7.5	6.3	9.8	2.0
会议 Meeting	4.7	4.4	6.1	7.4	4.5	
医疗 Medical Care	0.9	0.9	0.7	0.8	0.4	1.3
宗教朝拜 Religious Worship	2.8	1.9	1.6	2.1	1.2	1.8
文化科技交流 Exchange of Culture, Science and Technology	2.5	1.6	1.2	1.9	1.3	
其他 Others	6.3	6.2	4.0	4.5	9.8	7.3
按出游方式分 By Mode						
单位组织 Organized by Unit	20.9	20.8	24.4	24.4	17.0	7.9
旅行社 Travel Agency	10.3	13.2	13.8	15.5	6.8	4.8
个人亲友结伴 Relatives and Friends as Accompaniers	60.0	58.6	52.2	51.9	68.2	82.8
其他 Others	8.8	7.4	9.6	8.2	8.0	4.5

15-22 各设区市国际旅游外汇收入

Foreign Exchange Earnings from International Tourism by City

单位：万美元　　(USD 10000)

地区	Area	2000	2005	2010	2012	2013	2014
福州市	Fuzhou	22173	27266	84299	110817	128932	124515
厦门市	Xiamen	29920	55233	108552	157728	160712	178450
莆田市	Putian	3476	2585	12922	19242	20061	19988
三明市	Sanming	79	541	2034	4095	3958	4438
泉州市	Quanzhou	25428	37728	66737	90446	105483	117846
漳州市	Zhangzhou	2902	1400	15455	22878	21855	25741
南平市	Nanping	4792	5434	6680	12948	11593	14078
龙岩市	Longyan	427	277	983	3568	3684	4795
宁德市	Ningde	186	65	162	753	988	1182
平潭综合实验区	Pingtan				93	70	147

注：2012年以前，福州数据含平潭。
Note:Before 2012,The data of Fuzhou include Pingtan.

15-23 各设区市入境游客人数

Number of Foreign Tourists by City

单位：人次　　(Person-time)

地区	Area	2000	2005	2010	2012	2013	2014
福州市	Fuzhou	300269	308883	698607	851328	904967	906886
厦门市	Xiamen	494920	803144	1551864	2124164	2146923	2349245
莆田市	Putian	103103	110665	184737	245973	257301	248144
三明市	Sanming	3037	9776	29018	48659	45805	52407
泉州市	Quanzhou	485788	535381	770457	951423	1016133	1089454
漳州市	Zhangzhou	49886	42089	247469	330670	370846	406497
南平市	Nanping	162104	153595	173400	305246	295477	288215
龙岩市	Longyan	8961	7969	22417	59498	61432	80940
宁德市	Ningde	5281	2392	3384	15019	18734	22986
平潭综合实验区	Pingtan				4758	3686	5059

注：2012年以前，福州数据含平潭。
Note:Before 2012,The data of Fuzhou include Pingtan.

主要统计指标解释

社会消费品零售总额 指批发和零售业、住宿和餐饮业以及其他行业直接售给城乡居民和社会集团的消费品零售额。其中，对居民的消费品零售额，是指售予城乡居民用于生活消费的商品金额；对社会集团的消费品零售额，是指售给机关、社会团体、部队、学校、企事业单位、居委会或村委会等，公款购买的用作非生产、非经营使用与公共消费的商品金额。社会消费品零售总额包括：售给城乡居民作为生活消费用的商品和修建房屋用的建筑材料的金额，以及售给来华的外国人、华侨、港澳台同胞的消费品金额；售给社会集团用作非生产、非经营使用与公共消费的商品金额。

商品购进额 指从本企业以外的单位和个人购进（包括从国外直接进口）作为转卖或加工后转卖的商品金额（含增值税）。商品包括：（1）从工农业生产者、批发和零售业企业、住宿和餐饮业企业、出版社或报社的出版发行部门和其他服务业企业购进的商品；（2）从机关团体、事业单位购进的商品；（3）从海关、市场管理部门购进的缉私和没收的商品；（4）从居民收购的废旧商品等。

商品销售额 指对本单位以外的单位和个人出售的商品金额（包括售给本单位消费用的商品，含增值税）。商品包括（1）售给城乡居民和社会集团消费用的商品；（2）售给农业、工业、建筑业、运输邮电业、服务业、公用事业等国民经济各行业用于生产、经营用的商品，包括售予批发和零售业作为转卖或加工后转卖的商品；（3）对国（境）外直接出口的商品。

期末商品库存额 指报告期末各种登记注册类型的批发和零售业企业(单位)已取得所有权的商品。它反映批发和零售业企业(单位)的商品库存情况和对市场商品供应的保证程度。商品库存包括：(1)存放在批发和零售业经营单位(如门市部、批发站、经营处)仓库、货场、货柜和货架中的商品；(2)挑选、整理、包装中的商品；(3)已记入购进而尚未运到本单位的商品，即发货单或银行承兑凭证已到而货未到的商品；(4)寄放他处的商品，如因购货方拒绝承付而暂时存放在购货方的商品和已办完加工成品收回手续而未提回的商品；(5)委托其他单位代销(未作销售或调出)尚未售出的商品；(6)代其他单位购进尚未交付的商品。不包括所有权不属于本单位的商品、委托外单位加工生产尚未收回成品的商品、外贸企业代理其他单位从国外进口尚未付给订货单位的商品、代国家物资储备部门保管的商品等。

亿元商品交易市场成交额 指年成交额在亿元及以上的商品交易市场。商品交易市场是指经有关部门和组织批准设立，有固定场所、设施，有经营管理部门和监管人员，若干市场经营者入内，常年或实际开业三个月以上，集中、公开、独立地进行生活消费品、生产资料等现货商品交易以及提供相关服务的交易场所，包括各类消费品市场、生产资料市场等。

连锁企业（或称连锁店、连锁公司） 指在核心企业或总店的领导下，由分散的、经营同类商品或服务的企业或活动单位，采取共同方针，实行集中采购和分散销售的有机结合，通过规范化经营，实现规模效益的经济联合组织形式。一般连锁店应由若干个分店组成。其经营特征:(1)经营同类商品；(2)使用统一商号；(3)统一采购配送，采购与销售相分离（部分商品可根据物流合理和保质保鲜原则，由供应商直接送货到门店，其余均由总部统一配送）。

连锁门店包括下列两种形式：

直营连锁：指正规连锁。连锁门店均由总部独资或控股开设，在总部的直接领导下统一经营。

加盟连锁：指特许连锁。各连锁门店（被特许人）通过合同形式，取得使用总部（特许人）商标、商号、经营技术和销售总部开发的商品的特许权，各加盟连锁门店为独立法人，在总部指导下统一经营。

入境国际旅游者人数 指来中国参观、访问、旅行、探亲、访友、休养、考察、参加会议和从事经济、科技、文化、教育、宗教等活动的外国人、华侨、港澳同胞和台湾同胞的人数。不包括外国在我国的常驻机构，如使领馆、通讯社、企业办事处的工作人员；来我国常住的外国专家、留学生以及在岸逗留不过夜人员。

国际旅游(外汇)收入 指入境旅游的外国人、华侨、港澳同胞和台湾同胞在中国大陆旅游过程中发生的一切旅游支出，对于国家来说就是国际旅游(外汇)收入。

Explanatory Notes on Main Statistical Indicators

Total Retail Sales of Consumer Goods refer to the sum of retail sales of commodities sold by wholesale and retail trades, hotel and catering services, and other industries to urban and rural households for household consumption and to social institutions for public consumption. Of which, the ratail sales to households refer to the amount of money of commodities of daily use sold to the urban and rural households. The ratail sales to social institutions refer to the amount of money of commodities sold to the government agencies, social organizations, military units, schools, institutions, neighbourhood (village) committees on public funds for the pupose of non-production and non-operation usage and public consumption. Total retail sale of consumer goods include the amount of money of commodities sold to the urban and rural households for daily consumption and the amount of money of construction materials for building and repairing houses, the amount of money of comsumer goods sold to foreigners, overseas Chinese and Chinese compatriots from Hong Kong, Macao and Taiwan, the amount of money of commodities sold to the social organizations for the purpose of non-production and non-operation usage and public consumption.

Total Purchases of Commodities refer to the total value of purchases of commodities by enterprises (establishments) from other establishments or individuals (including direct import from abroad) for the purpose of re-selling, either with or without further processing of the commodities purchased. The commodities include: (1) commodities purchased from agricultural and industrial producer, wholesaler, retailer, publishing hourse and other service business; (2) commodities purchased from institutions and government departments; (3) confiscated goods purchased from the custums authorities or market management agencies; (4) second-hand goods and wastes purchased from residents.

Total Sales of Commodities refer to value of commodities sold by the establishments to other establishments and individuals (including goods sold for self consumption, including the value-added tax). The commodities include: (1) commodities sold to urban and rural residents and social groups for their consumption; (2) commodities sold to establishments in all industries for their production and operation, including agriculture, industry, construction, transportation, post and telecommunications, catering services, and public utility including commodities sold to wholesale and retail establishments for re-selling, with or without further processing; and (3) commodities for direct export to abroad.

Total Stock of Commodities refers to total commodities possessed by wholesaler and retailer of various types of registration status at the end of the reference period, reflecting the commodity stock level of various wholesaler and retailer and the potential for market supply. It includes: (1) commodities located in storage, garages, counters, and shelves of operating places (such as sale stores, wholesale centres, and operating offices); (2) commodities in the process of being selected, sorted, and packed; (3) commodities not arrived but recorded as purchase in the account, i.e. commodities not arrived but payment receipts for the commodities from the sellers or the banks arrived; (4) commodities deposited in other places rather than places mentioned above, for instance: commodities in the hold of purchasers temporarily due to the refusal of payment and commodities not taken back after going through the formalities; (5) commodities entrusted to other units to sell but not sold yet; (6) commodities purchased for other units but not delivered yet. Commodities not included as stock are those not owned by the enterprises (units), commodities on commission for processing but not yet delivered, imported commodities of agency of foreign trade enterprise but not yet delivered to ordering units and finally those put in stock on behalf of the state material reserves units.

Volume of Transaction at Large Commodity Markets with Transaction Value over 100 Million Yuan refers to the commodity markets with an annual transaction of over 100 million. The commodity market refers to the markets approved and managed by related departments, where there are fixed sites, facilities, managers and administration offices, where there are a certain number of traders to operate for three month and above or all the year, where the commodities including the articles for daily comsuption and capital goods and services are traded in a centralized, independent and open way., Such market includes markets of daily goods and market of capital goods, etc.

Chain Enterprises(also called chain stores or chain corporations) refer to a form of joint economic entities under which scattered enterprises or establishments engaged in providing homogeneous commodities or services, with the central leadership of core enterprise or headquarters and guided by common policies, conduct centralized purchase and distributed selling of commodities, in order to gain better efficiency through standardized operation. Consisting of a number of branch stores, the chain stores have in general following features: 1) homogeneous commodities, 2) unique name of stores, 3) centralized purchase and delivery which is separated from distributed selling operation (most commodities are delivered from the headquarters except some items which, from logistics, quality or freshness considerations, might be delivered by the suppliers directly).

Chain stores have two categories:

a) Chain stores under direct management: These are formal chain stores invested or controlled by the headquarters. They operate under the direct and unified management from the headquarters.

b) Chain stores through license arrangement: Through contracts, chain stores (their owners) obtain licenses from the headquarters to use designated Trades marks, names, operation know-how, and to sell the commodity developed by the headquarters. Under this arrangement, each store in the chain is an independent legal entity and operates under the guidance from the headquarters.

Number of Tourists Visitor arrivals refer to the number of foreigners, Chinese compatriots from Hong Kong, Macao and Taiwan Chinese (mainland) who come to China (mainland) for sight-seeing, vacation, visiting relatives, medical treatment, shopping, attending conference, or to engage in economic, cultural, sports and religious activities. In compiling statistics, each time of entering China is counted as one person-time.

Foreign Exchange Earnings from International Tourism refer to the total expenditures of foreigners, overseas Chinese, Chinese compatriots from Hong Kong, Macao and Taiwan during their stay in the mainland of China, which are earnings of foreign exchange from international tourism from the point of view from China.

第十六篇　科学和教育

Chapter 16　Science and Education

资料整理：廖捷 谢锦华

Database Editor:Liaojie Xiejinhua

简要说明

本篇资料的主要内容及来源

本篇反映全省科学技术活动和教育事业的发展情况。

科学技术部分主要包括了全省科技活动的规模、构成、布局和发展状况的资料，收录了全省有关部门年度的科技统计数据。反映科研机构、大中型工业企业和高等院校三大科技活动主体单位的机构数、人员数和经费收支等情况，根据省科技厅、省教育厅、省统计局科技统计综合年报汇总。专利申请受理量和授权量由省知识产权局提供。

教育部分包括高等教育、中等教育、初等教育、幼儿教育和各种类型的各级成人教育等，主要指标有各级各类学校的校数、在校学生数、招生数、毕业生数、教职工数、教师数等。教育统计资料主要由省教育厅提供，技工学校的资料来源于省人力资源和社会保障厅。

本篇资料由省统计局社会和科技统计处整理提供。

Brief Introduction

Main Content and Source of Data

Data in this chapter show the basic conditions of the activities of science and technology and development of Fujian's education.

In addition, data on the technical training schools are provided by the Department of Labor and Social Security.Data on science and technology cover mainly the scale, composition, distribution and development of the scientific and technological activities, including the statistical data of the departments concerned under the provincial government on science and technology in the table on the basic conditions of the scientific and technological activities show in a summary way the number of institutions and personnel in scientific and technological institutions, large and medium-sized industrial enterprises and universities and colleges, the three main bodies engaged in the scientific and technological activities as well as their income and expenditure. Data are collected and tabulated in accordance with the annual reporting scheme on science and technology statistics of the Provincial Commission of Science, Provincial Commission of Education, Provincial Office of Science, Technology and Industry for National Defence and the provincial Statistical Bureau.Data on the number of patent applications examined and certified are provided by Fujian Patent Office.

Data on education cover the situations on higher education, secondary education, primary education, kindergartens and all kinds of adult education etc. The main indicators cover the number of schools of various levels and categories, students enrolled, new students enrolled, graduates, staff and workers and number of teachers etc. Data on education are mainly provided by the Provincial Commission of Education.

Data in this chapter are provided and compiled by the Division of Social, Science and Technology Statistics of Fujian Provincial Bureau of Statistics.

16-1 主要年份科技活动基本情况

Basic Statistics on Scientific and Technological Activities in Selected Years

项目 Item	2000	2005	2010	2012	2013	2014
科技活动人员（人） Personnel Engaged in S&T Activities(person)	**68188**	**86184**	**179271**	**239938**	**242094**	**260128**
#科学研究与开发机构 Science Research & Technical Development Institutions	5754	4852	5573	6223	6572	7110
高等院校 Higher Education Institutions	6350	8563	28895	29778	31325	33041
大中型工业企业 Large-scale and Medium-scale Industrial Enterprises		37174	86111	130313	135751	141650
研究与试验发展人员折合全时当量（人年） Full-time Equivalent of R&D Personnel(person/year)	**22420**	**35815**	**76737**	**114492**	**122544**	**136925**
#科学研究与开发机构 Science Research & Technical Development Institutions	2200	1726	2756	2887	3341	3887
高等院校 Higher Education Institutions	3208	3938	5892	6325	7117	7558
大中型工业企业 Large-scale and Medium-scale Industrial Enterprises		16661	44062	73010	80577	88039
研究与试验发展经费内部支出（亿元） Internal Expenditures on S&T Activities(100 million yuan)	**21.19**	**53.73**	**170.90**	**270.99**	**314.06**	**357.21**
#科学研究与开发机构 Science Research & Technical Development Institutions		2.15	6.54	9.22	10.78	13.09
高等院校 Higher Education Institutions		2.27	6.94	7.93	11.08	11.40
大中型工业企业 Large-scale and Medium-scale Industrial Enterprises		34.70	116.12	185.42	218.95	243.29
研究与试验发展经费支出相当于国内生产总值比例（%） Proportion of Expenditure on R&D to GDP Achievements in S&T and National Prizes Won(%)	**0.56**	**0.82**	**1.16**	**1.38**	**1.44**	**1.48**
技术市场成交额（万元） Transaction Value in Technical Market(10000 yuan)	**172601**	**171959**	**381217**	**735768**	**539868**	**508271**
专利申请受理数（项） Number of Patents Application Acceptance(unit)	**4211**	**9460**	**21994**	**42773**	**53701**	**58075**
#发明专利 Inventions	377	1202	5117	8492	9884	12529
专利申请授权数（项） Number of Patents Application Granted(unit)	**3003**	**5147**	**18063**	**30497**	**37511**	**37857**
#发明专利 Inventions	93	242	1224	2977	2941	3426
发明专利拥有量（项） The Ownership of Invention Patents(unit)			3295	7764	10429	13057
每万人口发明专利拥有量（件） The Ownership of Invention Patents per 10000 Persons(piece)			0.89	2.07	2.76	3.43

16-2 从事科技活动人员情况(1987-2014年)

Conditions of Personnel Engaged in Scientific and Technological Activities(1987-2014)

单位：人 (person)

年份 Year	合计 Total	科研机构 Science Research & Technical Development Institutions	高等院校 Higher Education Institutions	大中型工业企业 Large-scale and Medium-scale Industrial Enterprises	其他 Others
1987	17893	9052	3557	5284	
1988	17778	8875	3565	5338	
1989	20010	9270	3985	6755	
1990	20428	8796	5392	6240	
1991	21012	9054	4452	7506	
1992	22263	7678	5291	9294	
1993	22305	7399	5516	9390	
1994	22990	6995	5423	10572	
1995	24085	6911	5883	11291	
1996	27621	6656	6051	14914	
1997	30988	6539	6618	17831	
1998	29316	6426	6626	16264	
1999	33621	6127	6563	20931	
2000	68188	5754	6350	17343	38741
2001	70860	4844	7149	26351	32516
2002	67508	4497	7764	25623	29624
2003	71504	4495	8280	28772	29957
2004	79953	4379	9018	30943	35613
2005	86184	4852	8563	37174	35595
2006	101099	5066	9296	46745	39992
2007	112758	5406	10479	53610	43263
2008	131454	5654	11475	65481	48844
2009	167132	5869	27036	77607	56620
2010	179271	5573	28895	86111	58692
2011	216082	5935	28900	118694	62553
2012	239938	6223	29778	130313	73624
2013	242094	6572	31325	135751	68446
2014	260128	7110	33041	141650	78327

注：1、高等院校科技活动人员不包括教学人员；2、2000年起统计范围扩大;3、其他包括小型工业企业、软件开发单位、农业企事业单位和卫生单位等;4、2004年数据为第一次全国经济普查数。

Note:a)Persons engaged in science and technology activities in higher education institutions exclude persons engaged in teaching. b)Statistic coverage has been enlarged since 2000. c)Others include small-scale industrial enterprises,software development units,agriculture enterprises and institutions, health care units,etc. d)The data of 2004 is from the first national ecomonic census.

16-3 科技活动经费内部支出情况(1987-2014年)

Intramural Expenditures for Science Research & Technical Development(1987-2014)

单位：万元 (10000 yuan)

年份 Year	合计 Total	科研机构 Science Research & Technical Development Institutions	高等院校 Higher Education Institutions	大中型工业企业 Large-scale and Medium-scale Industrial Enterprises	其他 Others
1987	12964	7797	872	4295	
1988	19193	8648	991	9554	
1989	24519	10353	1243	12923	
1990	25916	11730	1142	13044	
1991	41210	14232	1176	25802	
1992	50030	17926	1591	30513	
1993	53346	18675	3636	31035	
1994	71414	22493	3342	45579	
1995	79194	24836	3883	50475	
1996	103624	27063	7108	69453	
1997	124174	30406	8005	85763	
1998	145095	33641	12046	99408	
1999	175982	40469	11902	123611	
2000	438750	42859	18572	133163	244156
2001	485484	47367	15242	237390	185485
2002	479636	47225	19077	233133	180201
2003	692274	53373	25758	401505	211638
2004	885908	55048	35767	491935	303158
2005	1083779	57727	37098	700433	288521
2006	1413178	69399	51553	890599	401627
2007	1727615	80351	60571	1040456	546237
2008	2103123	102552	78619	1319686	602266
2009	2430547	117793	87986	1497799	726969
2010	2848684	121064	120647	1748228	858745
2011	3260403	135074	131517	2241659	752154
2012	3537214	183602	140600	2276250	936762
2013	3994752	195608	203132	2615046	980965
2014	4521539	243156	224666	2800468	1253249

注：1、2000年起统计范围扩大;2、其他包括小型工业企业、软件开发单位、农业企事业单位和卫生单位等;3、2004年数据为第一次全国经济普查数。

Note:a)Statistic coverage has been enlarged since 2000. b)Others include small-scale industrial enterprises,software developmentunits, agriculture enterprises and institutions,health care units,etc.c)The data of 2004 is from the first national ecomonic censas.

16-4 主要年份研究与试验发展（R&D）活动指标

Indicators of Research and Development Activities in Selected Years

项目 Item	2000	2005	2010	2012	2013	2014
R&D人员折合全时人员（人） R&D Personnel(person)	**22420**	**35815**	**76737**	**114492**	**122544**	**136925**
基础研究 Fundamental Research	2033	1452	3435	3801	4185	4832
应用研究 Applied Research	3635	7005	8090	8433	9455	10052
试验发展 Experimental Development	16752	27358	65218	102258	108904	122041
R&D经费内部支出(亿元) Intramural Expenditure for R&D(100 million yuan)	**21.19**	**53.73**	**170.90**	**270.99**	**314.06**	**357.21**
基础研究 Fundamental Research	0.66	1.17	4.19	4.85	6.32	7.55
应用研究 Applied Research	1.41	5.13	9.49	12.24	14.73	16.63
试验发展 Experimental Development	18.30	46.82	157.22	253.90	293.00	333.03
#科学研究与开发机构 Science Research & Technical Development Institutions	1.38	2.35	6.54	9.22	10.78	13.09
基础研究 Fundamental Research		0.56	1.99	2.74	2.92	3.55
应用研究 Applied Research		0.80	2.80	4.55	4.68	5.11
试验发展 Experimental Development		0.78	1.75	1.94	3.17	4.43
高等院校 Higher Education Institutions	1.31	2.31	6.94	7.93	11.08	11.40
基础研究 Fundamental Research		0.59	1.82	1.67	2.97	3.39
应用研究 Applied Research		1.11	4.31	5.60	7.42	7.36
试验发展 Experimental Development		0.57	0.82	0.65	0.70	0.65
大中型工业企业 Large-scale and Medium-scale Industrial Enterprises		34.89	116.12	185.42	218.95	243.29
基础研究 Fundamental Research				0.06	0.05	0.04
应用研究 Applied Research		1.34	0.43	0.19	0.60	1.11
试验发展 Experimental Development		33.36	115.68	185.17	218.30	242.13
R&D经费内部支出按支出来源分(亿元) Intramural Expenditure for R&D by Expenditure Source(100 million yuan)						
政府资金 Government Funds	3.09	5.32	17.61	21.60	25.92	30.44
企业资金 Enterprises Funds	15.79	47.14	148.45	242.56	279.57	317.67
国外资金 Abroad Funds	0.37	0.13	1.38	1.10	0.56	0.64
其他 Others	1.94	1.14	3.46	5.73	8.01	8.46
R&D经费内部支出占GDP比重（%） Proportion of Intramural R&D Expenditure to GDP(%)	**0.56**	**0.82**	**1.16**	**1.38**	**1.44**	**1.48**

16-5 主要年份县级以上政府部门科学研究与开发机构情况

Govemment Institutions Engaged in Science Research and Development Activities above county Level in Selected Years

项目 Item	2000	2005	2010	2012	2013	2014
机构数（个） Number of Institutions(unit)	**125**	**99**	**96**	**95**	**93**	**108**
职工人数（人） Number of Staff(person)	**6796**	**5246**	**6437**	**6732**	**7127**	**7692**
自然科学 Natural Sciences and Technology						
机构数（个） Number of Institutions(unit)	107	83	80	79	77	91
职工人数（人） Number of Staff(person)	6215	4718	5850	6124	6512	7110
#从事科技活动人员（人） Persons Engaged in Scientific and Technological Activities (person)	4723	3890	4618	5147	5442	5792
经费收入总额（万元） Total Funds(1000 yuan)	42187	62057	151715	225533	262156	240700
#政府拔款 Government Appropriations	22566	44249	106849	178071	171863	208762
经费支出总额（万元） Total Expenditures(10000 yuan)	36449	57784	133247	203403	253707	232558
社会、人文科学 Social Sciences and Humanities						
机构数（个） Number of Institutions(unit)	4	3	3	3	3	4
职工人数（人） Number of Staff(person)	236	207	218	255	249	219
#从事科技活动人员 Persons Engaged in Scientific and Technological Activities	207	183	189	187	190	194
经费收入总额(万元) Total Funds(10000 yuan)	1543	2540	5230	5520	6513	7149
#政府拔款 Government Appropriations	1489	2433	4256	5323	5549	6869
经费支出总额（万元） Total Expenditures(10000 yuan)	1443	2801	4874	5850	6235	4538
科学情报和文献 Scientific-Technical Information and Literature						
机构数（个） Number of Institutions(unit)	14	13	13	13	13	13
职工人数（人） Number of Staff(person)	345	321	369	353	366	363
#从事科技活动人员（人） Persons Engaged in Scientific and Technological Activities (person)	305	288	326	309	332	340
经费收入总额(万元) Total Funds(10000 yuan)	2748	4808	6651	7076	8776	6834
#政府拔款 Government Appropriations	2297	4266	5482	6354	7083	6692
经费支出总额（万元） Total Expenditures(10000 yuan)	2680	4763	5744	7405	8321	6061

16-6 各类型专利申请和授权情况(1985-2014年)

Patents Applicated and Granted by Category(1985-2014)

单位：项 (unit)

年份 Year	专利申请数 Number of Patent Applicated Accepted	发明 Creation and Inventions	实用新型 Utility Models	外观设计 Designs	专利授权数 Number Of Patent Applicated Granted	发明 Creation and Inventions	实用新型 Utility Models	外观设计 Designs
1985	137	74	63		1	1		
1986	195	67	125	3	23		23	
1987	305	84	206	15	78	3	73	2
1988	420	90	320	10	132	13	114	5
1989	445	90	318	37	203	20	176	7
1990	540	95	374	71	276	25	239	12
1991	672	102	512	58	277	21	206	50
1992	928	171	661	96	352	17	295	40
1993	1271	199	729	343	850	36	697	117
1994	1510	202	725	583	733	22	455	256
1995	1979	200	816	963	933	17	439	477
1996	2626	224	971	1431	1196	15	468	713
1997	3018	226	1113	1679	1547	24	468	1055
1998	3393	201	1071	2121	2318	20	689	1609
1999	3381	240	1099	2042	2934	32	1089	1813
2000	4211	377	1516	2318	3003	93	1074	1836
2001	4971	361	1757	2853	3296	82	1107	2107
2002	6521	562	2233	3726	4001	63	1306	2632
2003	7236	797	2554	3885	5377	137	1658	3582
2004	7498	850	2524	4124	4758	160	1776	2822
2005	9460	1202	3182	5076	5147	242	1793	3112
2006	10351	1437	3445	5469	6412	310	2578	3524
2007	11341	2170	3878	5293	7761	336	3323	4102
2008	13181	2701	5141	5339	7937	530	3921	3486
2009	17559	3842	7844	5873	11282	824	4939	5519
2010	21994	5117	10846	6031	18063	1224	9664	7175
2011	32325	6896	16688	8741	21857	1945	12697	7215
2012	42773	8492	22081	12200	30497	2977	17708	9812
2013	53701	9884	25769	18048	37511	2941	22152	12418
2014	58075	12529	25410	20136	37857	3426	21013	13418

16-7 各单位专利申请授权情况(1990-2014年)

Partents Applicated and Granted by Unit(1990-2014)

单位：项 (unit)

项目 Item	合计 Total	个人 Individual	大专院校 Universities and College	科研院所 Research Institutions	工矿企业 Industrial and Mineral Enterprises	机关团体 Government Agencies and Organizations
申请专利数 Number of Patent Applicated Accepted						
1990	540	371	22	27	71	49
1991	672	493	30	20	75	54
1992	928	699	29	11	76	113
1993	1271	853	36	29	163	190
1994	1510	964	25	33	157	331
1995	1979	1246	16	27	512	178
1996	2626	1608	47	22	923	26
1997	3018	1748	27	30	1202	11
1998	3393	2069	32	39	1245	8
1999	3381	2257	14	31	1074	5
2000	4211	2839	58	34	1271	9
2001	4971	3511	49	38	1361	12
2002	6521	4849	84	85	1493	10
2003	7236	5312	165	69	1677	13
2004	7498	5713	182	56	1536	11
2005	9460	7276	259	105	1812	8
2006	10351	7500	360	95	2376	20
2007	11341	7437	486	141	3249	28
2008	13181	7553	639	295	4632	62
2009	17559	7960	732	257	8552	58
2010	21994	8267	1035	422	12129	141
2011	32325	10625	1470	590	19340	300
2012	42773	14959	1863	650	25093	208
2013	53701	20771	2474	775	29362	319
2014	58075	17335	3632	807	35881	420
授权专利数 Number Of Patent Applicated Granted						
1990	276	192	25	16	38	5
1991	277	168	19	15	39	36
1992	352	247	18	12	42	33
1993	850	589	29	14	93	125
1994	733	477	20	16	82	138
1995	933	534	19	10	154	216
1996	1196	638	13	9	395	141
1997	1547	776	21	10	722	18
1998	2318	1232	9	2	1071	4
1999	2934	1712	29	22	1158	13
2000	3003	1945	30	13	1006	9
2001	3296	2078	38	28	1144	8
2002	4001	2930	35	19	1006	11
2003	5377	3979	58	34	1298	8
2004	4758	3465	82	33	1170	8
2005	5147	3903	87	25	1125	7
2006	6412	4827	146	43	1391	5
2007	7761	5531	177	39	2001	13
2008	7937	5214	275	57	2382	9
2009	11282	6385	376	82	4402	37
2010	18063	7714	535	135	9587	92
2011	21857	7501	703	173	13334	146
2012	30497	10161	652	197	18703	784
2013	37511	13666	1207	408	22106	124
2014	37857	11176	1671	439	24381	190

16-8 技术市场基本情况(1990-2014年)

Basic Statistics of Technical Market(1990-2014)

项目 Item	合计 Total	技术开发 Technical Development	技术转让 Technical Transfer	技术咨询 Technical Advisory	技术服务 Technical Service
合同数（项）					
Number of Contract(unit)					
1990	8397	151	69	1029	7148
1991	3943	262	104	450	3127
1992	6140	354	270	782	4734
1993	4220	355	350	1172	2343
1994	5992	438	158	1010	4386
1995	4266	642	444	1051	2129
1996	6819	605	284	1310	4620
1997	6310	613	326	1812	3559
1998	5698	531	312	1094	3761
1999	6506	1041	404	1653	3408
2000	5597	731	393	1296	3177
2001	4589	688	346	567	2988
2002	4668	868	492	623	2685
2003	5496	1113	242	1149	2992
2004	5656	1191	204	1406	2855
2005	6510	1457	200	1503	3350
2006	5673	1585	122	1059	2907
2007	5047	1752	98	996	2201
2008	5196	1906	135	1173	1982
2009	4799	2265	231	781	1522
2010	5137	2811	290	639	1397
2011	4839	2954	272	575	1038
2012	5390	3654	216	926	594
2013	5361	3463	218	1135	545
2014	3797	2591	235	692	279
合同金额（万元）					
Amount of Contracts(10000 yuan)					
1991	6485	2942	848	407	2288
1992	13545	2935	2472	1124	7014
1993	18758	4058	4437	3113	7150
1994	25118	7629	1938	2783	12768
1995	30550	8960	6404	3914	11272
1996	46206	12635	7766	4477	21328
1997	57459	12924	9836	9066	25633
1998	69363	17323	9228	6063	36749
1999	80868	28268	6888	12477	33235
2000	172601	25411	75045	6701	65444
2001	136941	26488	62482	7752	40219
2002	128988	53778	41271	7399	26540
2003	166778	65108	47015	13001	41654
2004	141395	46021	59653	8989	26732
2005	171959	51837	79761	12574	27787
2006	144122	64191	46261	11288	22382
2007	168662	68989	72069	9696	17908
2008	191223	95052	35414	12954	47803
2009	262349	132945	64562	9691	55151
2010	381217	194219	84986	8519	93494
2011	534130	247146	194359	9176	83450
2012	735768	305585	328475	9120	92588
2013	539868	290407	145476	12237	91747
2014	508271	240243	239584	8142	20301

16-9 技术市场合同数与合同金额情况(2014年)

Basic Statistics of Technical Market Contract and Contract Amount(2014)

项目 Item	合同数（项） Number of Contracts(unit)	合同金额（万元） Amount of Contracts (10000 yuan)
合　计 Total	**3797**	**508271**
按合同类别分 By Kind of Contract		
技术开发合同 Contract of Technical Development	2591	240243
技术转让合同 Contract of Technical Transfer	235	239584
技术咨询合同 Contract of Technical Advisory	692	8142
技术服务合同 Contract of Technical Service	279	20301
按服务目标分 By Service Aim		
农、林、牧、渔业发展 Development of Farming, Forestry Animal Husbandry and Fishery	234	6040
工商业发展 Development of Industry	310	93871
能源生产、分配和合理利用 Production, Distribution and Use for Energy	62	77232
基础设施以及城市和农村规划 Infrastructure and Planning of Urban and Rural	182	9273
环境保护、生态建设及污染防治 Environmental Protection	311	10241
卫生事业发展 Health	115	4721
教育事业发展 Education	89	7157
社会发展和社会经济发展 Development of Social and Social Economy	1896	223126
非定向研究 Nondirectional Research	27	2122
民用空间探测及开发 Civil Space	50	2365
地球和大气层的探索与利用 Probe and Utilize of Earth and atmasphere	25	1709
国防 National defense	26	1622
其他民用目标 Others	470	68792
按技术流向分 By the Flaw of Technology		
本省 Native Province	2783	288034
省外 Outside the Province	1014	220237

16-10 各单位技术买卖情况(2014年)

Basic Statistics of Technology Trade by Unit(2014)

项目 Item	合计 Total	机关法人 Government Agencies	事业法人 Institutions	社团法人 Mass Organizations	企业法人 Enterprises	自然人 Natural Person	其他组织 Other Corporation
买卖项数（项） Number(unit)	**3797**		**495**		**2747**	**543**	**12**
机关法人 Government Agencies	503		16		429	58	
事业法人 Institutions	623		56		387	180	
社团法人 Mass Organizations	9		1		8		
企业法人 Enterprises	2612		418		1902	280	12
自然人 Natural Person	13				11	2	
其他组织 Other Corporation	37		4		10	23	
买卖金额（万元） Value(10000 yuan)	**508271**		**15957**		**421417**	**5315**	**65582**
机关法人 Government Agencies	38545		334		37481	730	
事业法人 Institutions	23836		2263		19875	1698	
社团法人 Mass Organizations	240		10		230		
企业法人 Enterprises	444418		13102		362928	2806	65582
自然人 Natural Person	460				455	5	
其他组织 Other Corporation	772		248		448	76	

16-11 地方国有企事业单位专业技术人员数(1978-2014年)

Number of Professional and Technical Personnel in local State-owned Enterprises and Institutions(1978-2014)

单位：人 (person)

年份 Year	合计 Total	#工程技术人员 Engineering	#农业技术人员 Agriculture	#卫生技术人员 Health Care	#科学研究人员 Scientific Research	#教学人员 Teaching
1978	84117	30363	9290	24326	2789	17349
1979	89501	33507	10019	23181	3281	19513
1980	154241	39546	8292	25713	3186	49666
1981	168096	43823	9501	27664	3000	55607
1982	185383	51431	10602	30376	3232	59759
1983	291400	57852	13158	32492	2553	153274
1984	291913	52345	13670	32085	3663	158318
1985	308855	57986	15642	32697	3719	159859
1986	326646	65826	15351	35670	2711	169990
1987	363237	76424	15746	37189	2969	185971
1988	429162	78854	15800	40134	3005	201603
1989	470772	82248	16316	41377	3369	225623
1990	500783	88457	16211	44560	3571	240899
1991	478923	81500	13244	46346	2737	247627
1992	487634	83165	13290	45895	2695	255783
1993	484192	82631	12852	44972	2733	262393
1994	499806	84673	12854	46851	2519	269232
1995	509638	86132	12868	46421	3073	282294
1996	534016	87619	13500	50092	3179	300406
1997	555600	88338	14425	52211	3397	315846
1998	577184	88184	14517	54153	3652	337086
1999	590289	89012	14462	55498	3758	349978
2000	592765	86683	14495	56703	3798	354760
2001	587761	81635	14498	57343	4218	357930
2002	582288	74776	13844	58521	4128	361832
2003	574834	68822	13859	60623	4132	363626
2004	575058	65732	14218	61973	4232	363405
2005	581281	66294	14212	62967	4165	368136
2006	579696	65723	15425	64213	4411	363814
2007	586516	67607	13540	65439	4568	368380
2008	610062	67969	13023	85944	5836	370156
2009	611313	69135	13247	85901	6458	368590
2010	599388	66621	11781	90431	5070	361339
2011	626371	74246	11848	95128	6034	372207
2012	633680	71218	12617	97324	7144	367184
2013	648832	74872	13001	103566	8485	367894
2014	688199	76157	12962	106517	8771	372909

16-12 主要年份地方国有企事业单位各行业技术人员数

Number of Specialized Technical Personnel in local state-owned Enterprises and Institutions by Sector in Selected Years

单位：人 (person)

行业 Sector	2005	2010	2012	2013	2014
合　计 Total	**581281**	**599388**	**633680**	**648832**	**688199**
按行业分 By Sectors					
农、林、牧、渔业 Farming, Forestry, Animal Husbandy and Fishery	25496	22813	20406	21629	21459
采矿业 Mining and Quarrying	3233	3635	4051	3411	3442
制造业 Manufacturing	16425	13744	14083	13850	12577
电力、燃气及水的生产和供应业 Production and Supply of Electricity Gas and Water	4987	4175	4067	4269	4323
建筑业 Construction	10719	8766	12004	11050	11792
交通运输、仓储和邮政业 Transport, Storage and Post Services	12918	12670	13965	14940	15847
信息传输、计算机服务和软件业 Information Transmission, Computer Software and Services	1772	5261	6768	7452	7867
批发和零售业 Wholesale and Retail Trade	6301	5253	5156	5136	5271
住宿和餐饮业 Lodgings and Catering Services	829	703	823	857	1050
金融业 Finance	3690	6641	19342	21606	22825
房地产业 Real Estate	4100	3783	4974	6039	6369
租赁和商务服务业 Rent and Business Services	1936	2052	2538	2318	2497
科学研究、技术服务和地质勘查业 Scientific Reseach, Ploytechnic Services and Geological Prospecting	11919	11925	13770	14018	14676
水利、环境和公共设施管理业 Water Conservancy, Environment and Public Facilities Management	8304	7971	8325	9012	9542
居民服务和其他服务业 Resident Services and Others	3220	3674	4913	6203	6193
教育 Education	374351	370279	376404	380675	385487
卫生、社会保障和社会福利业 Health Care, Social Ensure and Walfare	63307	94348	111191	119990	125982
文化、体育和娱乐业 Culture, Sports and Entertainment	17116	14193	19448	17272	17159
公共管理和社会组织 Public Management and Social Organizations	10658	7520	13863	12940	13841
按三次产业分 By Three Strata of Industry					
第一产业 Primary Industry	25496	22813	20406	21629	21459
第二产业 Secondary Industry	35364	30320	34205	32580	32134
第三产业 Tertiary Industry	520421	546255	601480	618458	634606

注：本表中2012和2013年按行业及三次产业分的技术人员含劳务（人事）派遣人员。

Note:Specialized Technical Personnel in 2012 and 2013 including Labor Dispatching Personnel in this table.

16-13 主要年份专任教师数和在校学生数

Number of Full-time Teachers and Students in Selected Years

年份 Year	专任教师数（人） Full-time Teachers(person)				在校学生数（万人） Student Enrollment(10000 persons)				每万常住人口拥有大学在校学生数（人） University & College Student Enrollment per 10000 Population (person)
	普通高等学校 Regular Institutions Of Higher Educations	普通中等学校 Regular Institutions Of Secondary Educations	#普通中学 Regular Secondary Schools	普通小学 Primary Schools	普通高等学校 Regular Institutions Of Higher Educations	普通中等学校 Regular Institutions Of Secondary Educations	#普通中学 Regular Secondary Schools	普通小学 Primary Schools	
1952	611	5242	4159	31937	0.47	11.55	9.64	102.59	3.9
1957	1811	7929	6727	42442	0.75	18.69	16.78	137.61	5.4
1962	3484	14609	12328	61998	1.91	23.81	21.74	157.81	17.1
1965	3033	19170	14294	127368	1.52	35.34	27.54	290.11	17.5
1970	1783	18684	18683	85294	0.07	38.68	38.67	238.19	0.4
1975	3142	35782	34680	140353	1.03	80.49	79.34	398.32	6.9
1980	6106	61128	57124	141812	3.86	114.73	109.41	376.42	22.7
1985	8137	64848	55465	138673	4.41	121.39	109.92	372.40	27.8
1990	8926	84535	69000	148789	5.56	120.69	104.85	337.08	28.6
1995	8354	109879	90400	166191	7.17	185.82	155.25	379.96	38.7
1996	8373	117657	98558	170791	7.34	212.91	181.85	392.01	40.8
1997	8646	124842	105279	176591	7.81	240.46	207.36	404.91	42.9
1998	8279	131910	111986	180587	8.52	253.42	220.05	401.97	45.7
1999	8853	138044	117312	183601	10.26	264.11	228.14	386.85	50.4
2000	9779	140769	120667	183547	13.14	269.46	233.50	369.10	61.0
2001	10716	145152	125866	181816	16.74	275.04	238.30	354.62	74.7
2002	12701	149963	131263	181457	19.73	279.19	240.76	339.18	88.0
2003	16663	155858	135778	177248	25.74	291.62	247.19	311.98	110.8
2004	20980	159838	139549	170962	32.57	299.84	252.10	286.94	123.5
2005	24919	164888	144310	166465	40.70	302.74	250.17	273.27	148.8
2006	28724	169568	148055	163350	46.13	300.26	243.07	269.22	172.9
2007	31444	172288	150636	160911	50.95	291.76	233.71	258.29	186.6
2008	33637	172904	151271	160347	56.26	284.82	226.18	247.15	201.6
2009	35841	173887	151785	156779	60.63	276.25	213.43	239.76	203.9
2010	37733	172901	151469	156601	64.78	260.22	198.21	238.89	214.4
2011	39747	171636	150170	155337	67.48	260.61	186.68	246.09	220.2
2012	41119	170041	148687	153941	70.14	255.09	181.09	252.73	230.0
2013	42905	169245	148564	154490	73.05	235.84	176.47	259.84	241.8
2014	43902	169151	148856	158698	74.85	224.53	175.48	274.63	251.3

16-14 各级各类非学历教育学生情况(2014年)

Basic Statistics on Students by Level and Type of Non-formal Education(2014)

单位：万人 (10000 persons)

项目	Item	毕(结)业生数 Graduates with Degrees or Diplomas	注册学生数 Registered Students
总计	**Total**	**122.84**	**113.38**
高等教育	**Higher Education**	**23.64**	**23.33**
研究生课程进修班	Postgraduate Courses for Advanced Study	0.05	0.11
自考助学班	Classes for Self-learning Programs	0.11	0.70
进修及培训	In-service Training Courses	23.49	22.53
中等职业教育	**Vocational Secondary Education**	**18.76**	**12.89**
#资格证书培训	Training for Qualification Certificates	11.44	7.35
岗位证书培训	Training for Post Certificates	3.18	2.40
职业技术培训机构	**Vocational Training Institutes**	**80.44**	**77.16**
#资格证书培训	Training for Qualification Certificates	8.24	8.02
岗位证书培训	Training for Post Certificates	25.65	22.55

16-15 各级各类民办教育基本情况(2014年)

Basic Statistics on Private Schools by Level and Type of Schools(2014)

单位：人 (person)

项目	Item	学校数(所) Number of Schools(unit)	毕业生数 Number of Graduates	招生数 New Enrollment	在校学生数 Total Enrollment	教职工数 Teachers and Staff	#专任教师数 Full-time Teachers
民办高等教育	**Private Higher Education**	**36**	**52310**	**64499**	**211130**	**16596**	**11460**
民办高校	Private Institutions of Higher Education	27	28786	38229	108140	8702	5599
本科生	Undergraduate Courses	4	9704	10453	40990	3020	1991
专科生	Specialized Courses	23	19082	27776	67150	5682	3608
独立学院	Non-university Tertiary	9	23524	26270	102990	7894	5861
本科生	Undergraduate Courses	9	23524	26270	102990	7894	5861
高中阶段教育	**Senior Secondary Education**	**119**	**39568**	**35124**	**97722**	**13296**	**9851**
高中	Private Regular Senior Secondary Schools	77	24648	22482	67456	11598	8727
中等职业学校	Private Vocational Secondary Education	42	14920	12642	30266	1698	1124
初中阶段教育	**Junior Secondary Education**	**63**	**45747**	**47681**	**144500**	**9488**	**7140**
初中	Private Regular Junior Secondary Schools	63	45747	47681	144500	9488	7140
民办普通小学	**Private Regular Primary Schools**	**94**	**16515**	**26412**	**127133**	**4437**	**3318**
民办幼儿园	**Private Kindergartens**	**5357**	**262979**	**310003**	**791750**	**85053**	**45439**

16-16 主要年份各类学校数

Number of Schools by Field of Study in Selected Years

单位：所 (unit)

年份 Year	普通高等学校 Regular Institutions Of Higher Educations	成人高等学校 Adult Institions of Higher Educations	中等职业教育 Secondary Vocational Education	普通中学 Regular Secondary Schools	#高中 Senior Secondary Schools	技工学校 Technical Schools	小学 Primary Schools	幼儿园 Kinder gartens
1952	5		51	178	67		9081	320
1957	4		41	213	101		12850	1144
1962	18	19	52	408	150		15550	1373
1965	10	2	67	429	152	4	34583	1916
1970	3		1	1301	199		25743	
1975	7	43	36	1089	767	1	33946	1902
1980	16	25	82	1148	821	28	28170	3608
1985	36	18	94	1180	451	35	26607	5210
1990	36	20	103	1362	415	43	19472	7958
1995	30	20	109	1771	404	54	15765	12748
1996	30	20	110	1834	397	85	15603	13315
1997	30	20	111	1880	409	135	15535	13033
1998	30	20	112	1902	427	138	14824	12612
1999	30	20	118	1893	440	110	14355	12522
2000	28	18	118	1921	477	119	13935	11885
2001	32	17	109	1988	523	101	13664	7398
2002	33	16	106	1998	559	93	12924	7329
2003	49	15	355	2006	592	93	12406	7064
2004	53	13	389	2022	614	98	11614	7200
2005	66	9	391	2030	627	93	10560	7541
2006	67	10	403	2020	636	95	9867	7550
2007	74	8	364	1984	616	96	9388	7567
2008	83	7	350	1963	610	91	8566	7508
2009	86	7	312	1936	606	94	7849	7137
2010	84	4	298	1903	575	95	6974	6179
2011	85	4	262	1830	559	71	5947	6813
2012	86	4	251	1783	543	71	5414	7183
2013	87	3	230	1782	544	69	5228	7419
2014	88	3	226	1781	542	66	5167	7591

16-17 主要年份各类学校专任教师数

Number of Full-time Teachers by Type of School in Selected Years

单位：人 (person)

年份 Year	普通高等学校 Regular Institutions Of Higher Educations	中等职业教育 Secondary Vocational Education	普通中学 Regular Secondary Schools	#高中 Senior Secondary Schools	技工学校 Technical Schools	小学 Primary Schools	幼儿园 Kinder gartens
1952	611	1083	4159	892		31937	641
1957	1811	1202	6727	1790		42442	2127
1962	3484	2030	12328	3039		61998	3200
1965	3033	1729	14294	3201	111	127368	4300
1970	1783		18683			85294	
1975	3142	1081	34680	9607		140353	3789
1980	6106	3017	57124	12555	800	141812	14026
1985	8137	4721	55465	13025	1300	138673	18586
1990	8926	5969	69000	13641	2100	148789	26907
1995	8354	6703	90400	13306	2300	166191	40640
1996	8373	6739	98558	13727	2100	170791	41409
1997	8646	6927	105279	14632	2100	176591	42446
1998	8279	7149	111986	16394	2100	180587	41771
1999	8853	7162	117312	19295	2800	183601	40033
2000	9779	6920	120667	23170	2800	183547	39409
2001	10716	6798	125866	27411	2500	181816	26647
2002	12701	6100	131263	31514	2500	181457	25790
2003	16663	17357	135778	35853	2700	177248	27238
2004	20980	17266	139549	40132	3000	170962	28846
2005	24919	17457	144310	45328	3100	166465	31228
2006	28724	18216	148055	49593	3268	163350	31845
2007	31444	18197	150636	52169	3455	160911	33381
2008	33637	18229	151271	52531	3812	160347	33774
2009	35841	18290	151785	52339	3879	156779	36750
2010	37733	18000	151469	52100	3439	156601	38900
2011	39747	17781	150170	52375	3685	155337	53216
2012	41119	17710	148687	52049	3644	153941	59163
2013	42905	17187	148403	51578	3655	154474	65226
2014	43902	17102	148856	50923	3193	158698	70405

16-18 主要年份各类学校在校学生数

Number of Students Enrollment by Type of School in Selected Years

单位：万人 (10000 persons)

年份 Year	普通高等学校 Regular Institutions Of Higher Educations	成人高等学校 Adult Institions of Higher Educations	中等职业教育 Secondary Vocational Education	普通中学 Regular Secondary Schools	#高中 Senior Secondary Schools	技工学校 Technical Schools	小学 Primary Schools	幼儿园 Kinder Gartens
1952	0.47		1.91	9.64	1.46		102.59	2.26
1957	0.75		1.91	16.78	3.88		137.61	7.11
1962	1.91	0.82	1.56	21.74	4.79		157.81	9.94
1965	1.52	1.46	2.00	27.54	5.18	0.14	290.11	12.52
1970	0.07		0.01	38.67	2.23		238.19	12.47
1975	1.03	0.52	1.10	79.34	20.76	0.05	398.32	12.38
1980	3.86	1.78	3.84	109.41	20.58	1.27	376.42	41.88
1985	4.41	2.94	4.34	109.92	19.90	1.61	372.40	52.03
1990	5.56	2.58	5.89	104.85	15.47	2.83	337.08	74.32
1995	7.17	4.71	9.68	155.25	16.52	4.55	379.96	103.24
1996	7.34	5.32	10.59	181.85	18.16	4.43	392.01	102.63
1997	7.81	5.70	11.27	207.36	21.38	4.73	404.91	92.11
1998	8.52	5.96	11.83	220.05	25.37	4.69	401.97	83.78
1999	10.26	5.79	12.89	228.14	30.78	5.02	386.85	81.91
2000	13.14	6.37	12.90	233.50	37.24	4.57	369.10	78.64
2001	16.74	7.17	13.40	238.30	44.04	4.88	354.62	73.40
2002	19.73	8.59	13.09	240.76	50.78	5.59	339.18	66.71
2003	25.74	9.86	37.76	247.19	57.52	6.64	311.98	69.58
2004	32.57	6.96	40.08	252.10	65.98	7.66	286.94	74.82
2005	40.70	7.45	44.77	250.17	73.25	7.87	273.27	82.67
2006	46.13	10.12	48.67	243.07	78.04	8.52	269.22	87.11
2007	50.95	10.11	49.43	233.71	77.68	8.62	258.29	91.93
2008	56.26	10.39	49.83	226.18	74.88	8.94	247.15	99.27
2009	60.63	9.95	54.00	213.43	71.91	8.29	239.76	107.72
2010	64.78	9.90	53.60	198.21	70.64	8.40	238.89	116.63
2011	67.48	10.37	57.31	186.68	70.95	8.72	246.09	131.92
2012	70.14	11.86	58.30	181.09	69.05	6.95	252.73	139.98
2013	73.05	14.39	52.51	176.47	65.65	5.68	259.84	143.29
2014	74.85	16.08	43.76	175.48	62.91	5.29	274.63	145.63

16-19 主要年份各类学校招生数

New Students Enrollment by Type of School in Selected Years

单位：万人　　(10000 persons)

年份 Year	普通高等学校 Regular Institutions Of Higher Educations	成人高等学校 Adult Institions of Higher Educations	中等职业教育 Secondary Vocational Education	普通中学 Regular Secondary Schools	#高中 Senior Secondary Schools	技工学校 Technical Schools	小学 Primary Schools	幼儿园 Kinder gartens
1952	0.19		1.11	5.36	0.85		30.77	
1957	0.19		0.34	5.65	1.26		28.32	
1962	0.27		0.06	8.39	1.63		34.24	
1965	0.34		0.91	10.53	1.83	0.04	85.86	
1970	0.08		0.01	20.05	1.65		63.74	
1975	0.38		0.56	48.49	11.08	0.04	81.97	
1980	0.78		1.55	29.86	0.01	0.79	72.59	
1985	1.79		1.73	40.81	7.18	0.91	63.22	39.68
1990	1.72	0.77	1.91	40.17	5.69	1.16	56.74	50.12
1995	2.36	1.91	3.37	63.42	6.16	1.90	68.49	63.53
1996	2.47	1.97	3.57	69.85	7.05	1.84	71.45	61.89
1997	2.67	1.97	3.73	75.15	8.65	2.19	74.77	55.21
1998	2.91	2.04	3.93	77.16	10.18	1.95	63.50	49.71
1999	3.87	2.34	4.30	79.93	12.54	1.97	52.86	46.37
2000	5.06	2.56	3.48	81.81	15.18	2.12	49.34	43.67
2001	5.95	3.24	3.28	82.52	17.14	2.19	50.62	42.22
2002	6.89	3.54	4.23	82.49	19.35	2.60	47.52	36.86
2003	10.67	3.90	14.51	87.48	21.84	3.19	40.23	37.46
2004	11.99	3.73	15.46	87.10	25.57	3.36	36.49	40.09
2005	14.67	3.57	17.59	81.01	27.21	3.46	35.88	40.45
2006	15.17	3.62	19.45	79.78	27.41	3.60	41.24	42.36
2007	16.74	3.62	19.14	78.69	25.93	3.55	41.93	42.81
2008	18.91	3.55	18.94	73.84	24.25	3.58	39.91	44.78
2009	19.37	3.27	23.40	66.46	23.85	3.22	40.40	47.32
2010	20.25	3.60	20.15	62.62	24.31	3.30	42.60	52.91
2011	20.84	3.87	25.17	60.40	24.06	3.46	44.79	59.47
2012	21.35	4.71	24.08	60.05	21.87	2.79	46.75	60.94
2013	22.61	5.70	15.50	59.54	20.94	2.58	49.57	59.48
2014	21.91	6.07	14.09	58.04	20.86	2.13	52.95	59.86

16-20 主要年份各类学校毕业生数

Number of Graduates by Type of School in Selected Years

单位：万人 (10000 persons)

年份 Year	普通高等学校 Regular Institutions of Higher Educations	成人高等学校 Adult Institions of Higher Educations	中等职业教育 Secondary Vocational Education	普通中学 Regular Secondary Schools	#高中 Senior Secondary Schools	技工学校 Technical Schools	小学 Primary Schools
1952	0.09		0.20	1.75	0.33		3.90
1957	0.08		0.37	3.85	0.97		9.05
1962	0.46		0.94	5.29	1.48		11.89
1965	0.43		0.38	5.38	1.24	0.01	15.34
1970	0.47			1.48	0.28		46.66
1975	0.21		0.34	22.20	7.75		44.03
1978	0.35		0.19	46.16	12.54		47.62
1979	0.08		0.61	51.52	17.90	0.05	43.29
1980	0.90		1.49	14.33	13.63	0.30	44.37
1981	1.56		1.64	40.40	16.30	0.47	47.29
1982	1.16		1.60	25.06	3.54	0.78	48.07
1983	0.73		1.35	27.15	7.84	0.72	50.82
1984	0.76		1.06	23.41	4.55	0.48	51.97
1985	0.79		1.01	24.65	4.48	0.60	55.43
1986	0.94		1.34	27.95	5.45	0.68	58.66
1987	1.44		1.77	28.70	6.47	0.81	59.11
1988	1.68		1.74	30.01	6.51	0.75	51.60
1989	1.73		1.69	28.59	6.22	0.80	49.52
1990	1.79	0.54	1.64	27.11	5.45	1.05	53.33
1991	1.80	0.87	1.93	25.16	4.57	1.11	51.52
1992	1.73	0.65	1.83	28.21	4.78	0.98	51.53
1993	1.65	0.65	1.89	32.90	5.37	1.07	51.05
1994	1.69	0.53	1.87	34.43	5.68	1.12	56.06
1995	2.04	0.85	2.25	38.43	5.57	1.49	62.56
1996	2.23	1.07	2.61	40.51	4.94	1.73	64.67
1997	2.14		3.02	47.25	4.95	1.70	67.57
1998	2.15		3.29	58.75	5.60	1.64	68.63
1999	2.07	1.67	3.21	64.24	6.40	1.55	69.59
2000	2.19	1.67	3.31	69.04	7.84	1.59	68.64
2001	2.84	1.58	2.60	69.65	9.37	1.41	67.44
2002	3.68	1.80	3.78	71.72	11.58	1.51	64.77
2003	4.78	2.33	11.12	73.33	13.95	1.68	66.97
2004	5.28	2.76	11.03	75.03	15.92	1.86	62.58
2005	6.48	2.83	11.00	75.94	18.26	2.56	54.71
2006	9.50	1.01	12.49	80.41	20.18	2.75	52.61
2007	11.41	3.24	12.37	79.88	23.40	2.51	53.51
2008	13.04	3.07	13.65	73.75	24.22	2.55	50.50
2009	14.28	3.11	14.97	72.69	24.90	2.62	43.90
2010	15.34	3.47	15.53	71.88	24.03	2.63	39.60
2011	17.37	3.23	16.20	68.98	22.63	2.38	37.20
2012	17.85	2.93	17.59	63.03	22.56	1.91	39.13
2013	18.72	3.45	15.08	60.32	23.18	3.13	39.85
2014	19.01	4.12	15.21	57.03	22.72	1.76	37.89

16-21 主要年份平均每一专任教师负担学生数

Student-Teacher Ratio in Selected Years

单位：人 (person)

年份 Year	普通高等学校 Regular Institutions of Higher Education	成人高等学校 Adult Institions of Higher Educations	中等职业教育 Specialized Vocational Education	普通中学 Regular Secondary Schools	#高中 Senior Secondary Schools	技工学校 Technical Schools	小学 Primary Schools	幼儿园 Kinder Gartens
1952	7.76		17.62	23.19	16.42		32.12	35.29
1957	4.17		15.91	24.94	21.70		32.42	33.42
1962	5.49		7.67	17.64	15.77		25.45	31.32
1965	5.01		11.56	19.27	16.20	12.79	22.78	29.23
1970	0.41		89.00	20.70			27.93	
1975	3.29		10.22	22.88	21.61	23.81	28.38	32.67
1978	4.97		12.02	21.99	21.91	17.17	26.86	34.15
1980	6.31		11.70	19.15	16.39	15.27	26.54	29.86
1985	5.42		9.19	19.82	15.28	12.58	26.85	27.99
1990	6.23	29.21	9.86	14.83	11.34	13.67	22.65	27.62
1995	8.58	29.21	14.45	17.04	12.42	19.60	22.86	25.40
1996	8.77	38.76	15.71	18.45	13.23	20.64	23.00	24.80
1997	9.03	42.01	16.26	19.70	14.61	22.83	22.90	21.70
1998	10.28	45.97	16.55	19.65	15.47	17.30	22.26	20.06
1999	11.53	48.03	18.00	19.45	15.95	18.07	21.07	20.48
2000	13.40	44.98	18.70	19.35	16.05	16.32	20.11	19.96
2001	15.62	48.16	19.72	18.93	16.07	19.52	19.50	27.55
2002	15.78	47.80	21.44	18.34	16.12	22.16	18.69	25.86
2003	15.88	50.53	21.70	18.20	16.02	24.46	17.61	25.58
2004	15.36	46.95	22.68	18.07	16.44	25.69	16.78	25.98
2005	16.35	34.80	25.58	17.34	16.17	25.03	16.41	26.50
2006	16.07	35.94	26.74	16.41	15.73	26.07	16.48	27.39
2007	16.23	59.35	27.16	15.52	14.88	24.95	16.05	27.52
2008	16.74	103.90	27.38	14.95	14.26	23.45	15.42	29.37
2009	17.92	90.45	29.53	14.06	13.74	21.38	15.29	29.31
2010	17.18	162.89	29.77	13.08	13.56	24.44	15.25	29.98
2011	17.00	165.00	32.20	12.43	13.54	17.82	15.85	24.80
2012	17.07	197.00	32.84	12.18	13.28	14.37	16.42	23.65
2013	17.03	310.00	30.55	11.08	12.73	15.54	16.82	21.97
2014	17.05	369.58	25.58	11.79	12.35	16.56	17.30	20.68

16-22 主要年份研究生数

Number of Postgraduates in Selected Years

单位：人 (person)

年份 Year	在校学生数 Stuent Enrollment	招生数 New Student Enrollment	毕业生数 Graduates	年份 Year	在校学生数 Stuent Enrollment	招生数 New Student Enrollment	毕业生数 Graduates
1978	90	90		1999	3907	1562	889
1980	261	70		2000	5134	2179	929
1985	1064	564	324	2001	6828	2877	1119
1986	1246	460	226	2002	8862	3667	1452
1987	1520	557	268	2003	13266	5860	1871
1988	1490	499	504	2004	18273	7275	2820
1989	1350	364	462	2005	19500	7442	3222
1990	1198	366	497	2006	22798	8150	4560
1991	1122	403	425	2007	25580	8741	5725
1992	1268	445	275	2008	27062	8781	6899
1993	1372	512	394	2009	29012	9934	7790
1994	1967	806	374	2010	30933	10313	8159
1995	2248	739	434	2011	33896	11561	8207
1996	2445	933	694	2012	36035	11927	9511
1997	2773	1026	661	2013	38190	12620	10179
1998	3281	1218	701	2014	39312	12505	10878

16-23 分科研究生数(2014年)

Number of Postgraduates by Field of Study(2014)

单位：人 (person)

项目	Item	在校生数 Student Enrollment	招生数 New Student Enrollment	毕业人数 Graduates	博士生 Doctor			硕士生 Master		
					在校生数 Student Enrollment	招生数 New Student Enrollment	毕业生数 Graduates	在校生数 Student Enrollment	招生数 New Student Enrollment	毕业生数 Graduates
合计	**Total**	**39312**	**12505**	**10878**	**5292**	**1180**	**900**	**34020**	**11325**	**9978**
哲学	Philosophy	284	77	92	95	21	13	189	56	79
经济学	Economics	2458	718	744	489	92	102	1969	626	642
法学	Law	2389	750	774	381	72	68	2008	678	706
教育学	Education	2079	828	547	168	37	25	1911	791	522
文学	Literature	2018	677	685	297	61	53	1721	616	632
历史学	History	468	131	136	143	25	32	325	106	104
理学	Science	5822	1893	1602	1470	384	257	4352	1509	1345
工学	Engineering	8392	2781	2183	952	219	124	7440	2562	2059
农林学	Agriculture And Forestry	1590	546	556	239	58	29	1351	488	527
医学	Medicine	4618	1343	1462	343	89	79	4275	1254	1383
管理学	Management	8322	2478	1834	661	107	108	7661	2371	1726
艺术学	Art	872	283	263	54	15	10	818	268	253

16-24 普通高等学校本科分科学生情况（2007-2014）

Basic Statistics of Students in Higher Educational Institutions by Field of Study(2007-2014)

单位：人 (person)

项目	Item	2007	2008	2009	2010	2011	2012	2013	2014
在校学生数	**Number of Student Enrollment**	**278032**	**309250**	**336813**	**365516**	**396093**	**425131**	**457241**	**477753**
哲学	Philosophy	229	272	280	258	232	181	321	542
经济学	Economics	26752	28136	29441	31441	34282	37048	39830	40412
法学	Law	13859	15550	16526	17702	16797	15727	15585	15993
教育学	Education	8182	9113	10099	10675	11636	13063	13693	14279
文学	Literature	47564	53784	58642	63314	68218	73212	47549	46962
历史学	History	1798	1816	1792	1792	1812	1698	1638	1571
理学	Science	32615	35147	36170	36624	37091	38099	30821	30632
工学	Engineering	73808	83900	94515	106651	120593	131557	149730	158764
农学	Agriculture	6542	6884	7378	8117	8483	8960	9547	9235
医学	Medicine	17288	18437	19555	20207	21022	21760	23200	24823
管理学	Management	49395	56211	62415	68735	75927	83826	93282	98154
艺术学	Art							32045	36386
招生数	**Number of New Student Enrollment**	**81208**	**89259**	**95953**	**103865**	**113370**	**120965**	**130506**	**127557**
哲学	Philosophy	85	87	74	41	42	32	205	222
经济学	Economics	7094	7431	7648	8733	10125	9881	10734	9727
法学	Law	4292	4684	4557	4653	3876	4204	4259	4268
教育学	Education	2381	2568	2960	2917	3276	3882	4089	3962
文学	Literature	14174	15874	17024	18262	19562	20871	12275	11535
历史学	History	487	460	441	444	499	401	356	340
理学	Science	9246	9831	9444	9447	9825	10199	7765	7838
工学	Engineering	22227	25490	28540	32077	36520	38890	43987	43946
农学	Agriculture	1846	1956	2399	2751	2575	2554	2755	2612
医学	Medicine	4472	4479	4529	4593	5044	5581	6068	6311
管理学	Management	14904	16399	18337	19947	22026	24470	27203	26026
艺术学	Art							10810	10770
毕业生数	**Number of Graduates**	**47672**	**55287**	**66158**	**71708**	**79432**	**88638**	**94450**	**102431**
哲学	Philosophy	32	34	53	50	68	81	63	46
经济学	Economics	5518	6221	6564	6905	7398	7389	8181	9268
法学	Law	2682	2907	3436	3373	4200	5039	4289	3809
教育学	Education	1186	1549	1818	2205	2262	2433	2876	3158
文学	Literature	7348	9259	11823	12786	13850	15404	11218	11770
历史学	History	386	421	446	425	458	451	417	419
理学	Science	5769	6740	7793	8207	8393	8894	7187	7268
工学	Engineering	12837	14289	17402	18885	21749	26037	30156	32283
农学	Agriculture	1229	1515	1588	1530	1675	1785	2095	2393
医学	Medicine	2086	2978	3361	3614	4061	4581	4353	4619
管理学	Management	8599	9374	11874	13728	15318	16544	18321	21325
艺术学	Art							5294	6073

注：2013年以前，文学中含艺术学。

Note:Before 2013, Literature contains Art.

16-25 普通高等学校专科分科学生数(2013-2014年)

Basic Statistics of Students in Higher Educational Institutions by Field of Study(2013-2014)

单位：人 (person)

项目	Item	在校学生数 Total Enrollment		招生数 New Enrollment		毕业生数 Graduates	
		2013	2014	2013	2014	2013	2014
合计	**Total**	**273269**	**270727**	**95579**	**91564**	**92780**	**87713**
农林牧渔大类	Agriculture, Forestry, Animal Husbandry and Fishery	3537	3405	1096	1001	1423	1087
交通运输大类	Transport	9880	9771	3587	3345	3211	2982
生化与药品大类	Biology,Chemistry and Medica	5646	5222	2057	1736	2031	1954
资源开发与测绘大类	Energy Exploitation and Mapping	700	721	285	211	232	167
材料与能源大类	Material and Energy	2364	2182	789	689	1159	786
土建大类	Construction	33156	37918	13518	14677	8079	9321
水利大类	Water Conservancy	1062	1283	470	457	240	242
制造大类	Manufacturing	20528	19984	6781	6902	7915	6750
电子信息大类	Electronic Information	38028	32359	11537	9380	15717	13452
环保、气象与安全大类	Environment,Weather and Safety	1097	1121	416	414	438	371
轻纺食品大类	Light Industry, Textile, and Food	6387	6000	1995	2207	2714	2411
财经大类	Finance	73813	70428	24372	21693	24913	23929
医药卫生大类	Medicine and Health	24010	26714	9563	9766	6145	6850
旅游大类	Touring	9213	9360	3254	3269	2958	2718
公共事业大类	Public Management and Services	3067	2914	1011	938	1214	1034
文化教育大类	Culture and Education	27318	26737	9635	9372	9985	9678
艺术设计传媒大类	Arts and Medias	13101	14461	5173	5477	4015	3749
法律大类	laws	362	147	40	30	391	232

16-26 主要年份成人高等学校分科学生情况

Basic Statistics of Students in Adult Higher Educational Institutions by Field of Study in Selected Years

单位：人

(person)

项目	Item	2000	2005	2010	2012	2013	2014
招生数	**Number of New Student Enrollment**	**25629**	**35695**	**36025**	**17487**	**20557**	**23545**
经济学	Economics	7577	3284	1904	461	581	537
法　学	Law	2232	1618	798	613	561	514
教育学	Education	1876	3626	5063	2269	2103	3158
文　学	Literature	5090	5952	2226	1274	923	850
历史学	History	384	209	36	22	23	13
理　学	Science	1962	3052	352	111	256	125
工　学	Engineering	4733	6381	9142	5184	5957	6588
农　学	Agriculture	359	429	338	251	379	393
医　学	Medicine	1416	2811	4545	2255	4175	5215
管理学	Manage		8333	11621	5047	5390	5981
艺术学	Art					209	171
在校学生数	**Number of Student Enrollment**	**63663**	**74472**	**99038**	**48150**	**53904**	**60573**
经济学	Economics	19437	6464	5821	1574	1427	1499
法　学	Law	5802	3897	2352	1650	1479	1377
教育学	Education	3991	7151	11746	7365	6889	7303
文　学	Literature	11496	13501	7489	4326	2902	2716
历史学	History	774	556	116	65	55	53
理　学	Science	3636	6404	1012	499	488	423
工　学	Engineering	13469	14255	24131	12010	14267	16947
农　学	Agriculture	1054	725	1190	581	799	1008
医　学	Medicine	4004	5722	13041	6464	10495	12697
管理学	Manage		15797	32140	13616	14370	15955
艺术学	Art					733	595
毕业生数	**Number of Graduates**	**16742**	**28262**	**34699**	**14104**	**15171**	**15856**
经济学	Economics	6231	2765	2854	585	643	455
法　学	Law	2149	2018	1120	758	694	542
教育学	Education	681	3266	4537	2042	2129	2852
文　学	Literature	3368	5432	4309	1706	1183	978
历史学	History	245	307	75	17		8
理　学	Science	520	2970	1178	151	435	65
工　学	Engineering	2526	4812	6323	2682	3051	3646
农　学	Agriculture	235	357	508	187	173	175
医　学	Medicine	787	1618	4025	2093	2507	2946
管理学	Manage		4717	9770	3883	4062	3933
艺术学	Art					260	256

注：1.由于学科分类变化，2012年起数据只含本科生。2.2013年以前，文学中含艺术学。

Note:1.Due to the subject classification change, since 2012, the data contained only an undergraduate. 2.Before 2013, Literature contains Art.

16-27 成人高等学校专科分科学生数(2013-2014年)

Basic Statistics of Students in Adult Higher Educational Institutions by Field of Study(2013-2014)

单位：人 (person)

项目	Item	在校学生数 Total Enrollment		招生数 New Enrollment		毕业生数 Graduates	
		2013	2014	2013	2014	2013	2014
合计	**Total**	**90019**	**100195**	**36425**	**37192**	**19359**	**25390**
#农林牧渔大类	Agriculture, Forestry, Animal Husbandry and Fishery	662	3946	388	3401	158	142
交通运输大类	Transport	1815	1433	519	386	686	586
生化与药品大类	Biology,Chemistry and Medica	316	574	132	325	88	134
资源开发与测绘大类	Energy Exploitation and Mapping	227	202	94	82	206	100
材料与能源大类	Material and Energy	489	511	168	113	321	86
土建大类	Construction	12864	14497	6085	5195	2042	2882
水利大类	Water Conservancy	80	87	34	34	11	27
制造大类	Manufacturing	7410	7661	2592	2557	1554	2215
电子信息大类	Electronic Information	3337	3876	1328	1221	2230	1099
环保、气象与安全大类	Environment,Weather and Safety	4	14	1	10		
轻纺食品大类	Light Industry, Textile, and Food	287	523	177	189	34	469
财经大类	Finance	26258	27788	11170	11221	7901	8701
医药卫生大类	Medicine and Health	11961	14413	4817	5172	2208	2711
旅游大类	Touring	1040	1267	483	448	67	86
公共事业大类	Public Management and Services	2797	2950	1169	1149	586	696
文化教育大类	Culture and Education	19438	18995	6798	5143	1138	5228
艺术设计传媒大类	Arts and Medias	997	1437	470	529	89	196
法律大类	laws	37	15		11	40	32

16-28 职业技术培训机构基本情况（2014年）

Basic Statistics on Vocational/Technical Training Institutions(2014)

项目 Item	学校数（所） Number of Schools(unit)	注册学生数（人） Registered Students (person)	结业学生数（人） Graduates (person)	教职工数（人） Teachers and Staff (person)	#专任教师数 Full-time Teachers
总计 **Total**	**1568**	**771637**	**804431**	**11908**	**5664**
职工技术培训学校(机构) **Vocational/Technical Training Schools**	**60**	**136294**	**165371**	**1852**	**1671**
#教育部门和集体办 Run by Education Departments and Collectives	57	134722	163799	1820	1641
民办 Run by Private Institutions	2	436	436	7	5
农村成人文化技术培训学校(机构) **Technical Training Schools for Adult Farmers**	**1157**	**437075**	**442959**	**4121**	**581**
#教育部门和集体办 Run by Education Departments and Collectives	1155	417081	441823	4114	576
民办 Run by Private Institutions	2	1136	1136	7	5
其他培训机构(含社会培训机构) **Others**	**351**	**198268**	**196101**	**5935**	**3412**
#教育部门和集体办 Run by Education Departments and Collectives	15	40522	47488	479	445
民办 Run by Private Institutions	316	152958	143956	5194	2869

16-29 中等职业教育分科学生数(2014年)

Students in Secondary Vocational Schools by Field of Study (2014)

单位：人 (person)

项目	Item	毕业生数 Graduates	招生数 New Enrollment	#招初中毕业生数 Junior Secondary School Graduates	在校学生数 Total Enrollment
合计	**Total**	**152109**	**140906**	**91762**	**437610**
农林牧渔类	Agriculture, Forestry, Animal Husbandry and Fishery	21418	22643	2615	102345
资源环境类	Resources and Environment	59	32	32	121
能源与新能源类	Energy and New Energy	74	198	189	611
土木水利类	Civil and Hydraulic Engineering	10206	12509	8186	29423
加工制造类	Manufacturing	12866	9480	7261	28600
石油化工类	Petroleum and Chemical	739	359	169	1439
轻纺食品类	Light Industry, Textile, and Food	2890	2276	1564	8112
交通运输类	Transport	10091	13044	9716	31286
信息技术类	Information Technologies	21457	20009	14834	56324
医药卫生类	Medicine and Health	9147	7418	6999	25906
休闲保健类	Leisure and Health	1610	1677	1508	5772
财经商贸类	Finance and Trade	22759	21069	15175	57590
旅游服务类	Tourism Services	6786	7504	5228	22726
文化艺术类	Culture and Arts	10475	8504	6523	25463
体育与健身	Sports and Fitness	687	773	733	2577
教育类	Education	15398	9917	9108	32217
司法服务类	Justice Services	2198	135	135	426
公共管理与服务类	Public Management and Services	1752	2109	743	3457
其他	Others	1470	1250	1044	3215

16-30 主要年份技工学校数、学生数和专任教师数

Number of Technical Schools,Students,Full-time Teachers in Selected Years

年份 Year	学校数（所） Schools (unit)	招生数（人） New Enrollment (person)	在校学生数（人） Total Enrollment (person)	毕业生数（人） Graduates (person)	专任教师数（人） Number of Full-time Teachers (person)
1985	35	9100	16100	6000	1300
1990	43	11600	28300	10500	2100
1995	54	19000	45500	14900	2300
1996	85	18400	44300	17300	2100
1997	135	21900	47300	17000	2100
1998	138	19500	46900	16400	2100
1999	110	19700	50200	15500	2800
2000	119	21180	45672	15939	2463
2001	101	21938	48832	14074	2506
2002	93	26000	55864	15140	2521
2003	93	31872	66439	16826	2716
2004	98	33568	76606	18621	2982
2005	93	34589	78691	25625	3144
2006	95	36003	85199	27466	3268
2007	96	35452	86221	25123	3404
2008	91	35811	89429	25518	3812
2009	94	32190	82922	26220	5227
2010	95	32965	84040	26263	4752
2011	71	34606	87225	23763	4896
2012	71	27855	69457	19142	4834
2013	69	21102	56811	55546	3655
2014	66	26913	76678	27602	3193

注：2013年起毕业生数含非全日制教育。

Note:Since 2013,The graduates exclude full-time education.

16-31 学龄儿童入学率和各级普通学校毕业生升学率(1990-2014年)

Net Enrollment Ratio of Primary Schools and Promotion Rate of Various Schools(1990-2014)

单位：% (%)

年份 Years	学龄儿童入学率 Graduation Rate of Primary School	小学升学率 Graduation Rate of Junior high school	初中升学率 Enrollment Rate of Pre-primary	年份 Years	学龄儿童入学率 Graduation Rate of Primary School	小学升学率 Graduation Rate of Junior high school	初中升学率 Enrollment Rate of Pre-primary
1990	99.10	64.96	49.71	2003	99.65	98.03	65.60
1991	99.32	70.64	58.58	2004	99.72	98.34	69.42
1992	99.47	76.24	58.20	2005	99.79	98.34	77.66
1993	99.63	83.77	59.99	2006	99.84	99.57	77.80
1994	99.68	82.63	57.40	2007	99.93	98.59	87.80
1995	99.70	91.89	57.29	2008	99.97	98.20	94.14
1996	99.75	97.51	55.32	2009	99.97	97.05	98.86
1997	99.80	97.80	53.80	2010	100.00	96.70	92.90
1998	99.84	97.80	47.60	2011	99.98	97.69	84.08
1999	99.83	97.02	49.88	2012	99.99	97.60	89.57
2000	99.86	97.27	49.97	2013	99.90	96.89	84.42
2001	100.08	97.05	40.60	2014	99.99	98.10	92.79
2002	99.40	97.68	58.70				

主要统计指标解释

科技活动 指在自然科学、农业科学、医药科学、工程与技术科学、人文与社会科学领域(简称科学技术领域)中，与科技知识的产生、发展、传播和应用密切相关的有组织的活动。可分为研究与试验发展(R&D)、研究与试验发展成果应用及相关的科技服务三类活动。该定义是联合国教科文组织考虑成员国特别是发展中国家开展科技统计工作的需要，而对科技活动所作的统计界定。

科技活动人员 指直接从事科技活动、以及专门从事科技活动管理和为科技活动提供直接服务，累计的实际工作时间占全年制度工作时间 10%及以上的人员。(1)直接从事科技活动的人员包括: 在独立核算的科学研究与技术开发机构、高等学校、各类企业及其他事业单位内设的研究室、实验室、技术开发中心及中试车间(基地)等机构中从事科技活动的研究人员、工程技术人员、技术工人及其它人员; 虽不在上述机构工作，但编入科技活动项目(课题)组的人员; 科技信息与文献机构中的专业技术人员; 从事论文设计的研究生等。(2)专门从事科技活动管理和为科技活动提供直接服务的人员，包括: 独立核算的科学研究与技术开发机构、科技信息与文献机构、高等学校、各类企业及其他事业单位主管科技工作的负责人，专门从事科技活动的计划、行政、人事、财务、物资供应、设备维护、图书资料管理等工作的各类人员，但不包括保卫、医疗保健人员、司机、食堂人员、茶炉工、水暖工、清洁工等为科技活动提供间接服务的人员。该指标用来反映投入科技活动人力的规模。

研究与试验发展(R&D) 指在科学技术领域，为增加知识总量、以及运用这些知识去创造新的应用进行的系统的创造性的活动，包括基础研究、应用研究、试验发展三类活动。国际上通常采用 R&D 活动的规模和强度指标反映一国的科技实力和核心竞争力。

基础研究 指为了获得关于现象和可观察事实的基本原理的新知识(揭示客观事物的本质、运动规律，获得新发现、新学说)而进行的实验性或理论性研究，它不以任何专门或特定的应用或使用为目的。其成果以科学论文和科学著作为主要形式。用来反映知识的原始创新能力。

应用研究 指为获得新知识而进行的创造性研究，主要针对某一特定的目的或目标。应用研究是为了确定基础研究成果可能的用途，或是为达到预定的目标探索应采取的新方法(原理性)或新途径。其成果形式以科学论文、专著、原理性模型或发明专利为主。用来反映对基础研究成果应用途径的探索。

试验发展 指利用从基础研究、应用研究和实际经验所获得的现有知识，为产生新的产品、材料和装置，建立新的工艺、系统和服务，以及对已产生和建立的上述各项作实质性的改进而进行的系统性工作。其成果形式主要是专利、专有技术、具有新产品基本特征的产品原型或具有新装置基本特征的原始样机等。在社会科学领域，试验发展是指把通过基础研究、应用研究获得的知识转变成可以实施的计划(包括为进行检验和评估实施示范项目)的过程。人文科学领域没有对应的试验发展活动。主要反映将科研成果转化为技术和产品的能力，是科技推动经济社会发展的物化成果。

研究与试验发展人员 指参与研究与试验发展项目研究、管理和辅助工作的人员， 包括项目(课题)组人员， 企业科技行政管理人员和直接为项目(课题)活动提供服务的辅助人员。反映投入从事拥有自主知识产权的研究开发活动的人力规模。

研究与试验发展人员全时当量 指全时人员数加非全时人员按工作量折算为全时人员数的总和。例如: 有两个全时人员和三个非全时人员(工作时间分别为 20%、30% 和 70%)，则全时当量为 2+0.2+0.3+0.7=3.2 人年。为国际上比较科技人力投入而制定的可比指标。

专业技术人员 指从事专业技术工作和专业技术管理工作的人员，即企事业单位中已经聘任专业技术职务从事专业技术工作和专业技术管理工作的人员，以及未聘任专业技术职务，现在专业技术岗位上工作的人员。包括工程技术人员，农业技术人员，科学研究人员，卫生技术人员，教学人×100%员，经济人员，会计人员，统计人员，翻译人员，图书资料、档案、文博人员，新闻出版人员，律师、公证人员，广播电视播音人员，工艺美术人员，体育人员，艺术人员及企业政治思想工作人员，共十七个专业技术职务类别。用来反映科技人力资源情况。

专利 是专利权的简称，是对发明人的发明创造经审查合格后，由专利局依据专利法授予发明人和设计人对该项发明创造享有的专有权。包括发明、实用新型和外观设计。反映拥有自主知识产权的科技和设计成果情况。

发明　指对产品、方法或者其改进所提出的新的技术方案。是国际通行的反映拥有自主知识产权技术的核心指标。

实用新型　指对产品的形状、构造或者其结合所提出的适于实用的新的技术方案。反映具有一定技术含量的技术成果情况。

外观设计　指对产品的形状、图案、色彩或者其结合所作出的富有美感并适于工业上应用的新设计。反映拥有自主知识产权的外观设计成果情况。

普通高等学校　指按照国家规定的设置标准和审批程序批准举办的，通过全国普通高等学校统一招生考试，招收高中毕业生为主要培养对象，实施高等教育的全日制大学、独立设置的学院和高等专科学校、高等职业学校和其他机构。大学、独立设置的学院主要实施本科层次以上教育，高等专科学校、高等职业学校实施专科层次教育，其他机构是承担国家普通招生计划任务不计校数的机构。包括普通高等学校分校和批准筹建的普通高等学校等。

成人高等学校　指按照国家规定的设置标准和审批程序批准举办的，通过全国成人高等学校统一招生考试，招收具有高中毕业或同等学历的在职从业人员为主要培养对象，利用函授、业余、脱产等多种形式对其实施高等学历教育的学校。包括职工高等学校、农民高等学校、管理干部学院、教育学院、独立函授学院、广播电视大学、其他机构等。其他机构是承担国家成人招生计划任务不计校数的机构。

小学学龄儿童入学率　指调查范围内已入小学学习的学龄儿童占校内外学龄儿童总数(包括弱智儿童，不包括盲聋哑儿童)的比重。计算公式为：

小学学龄儿童入学率=已入小学学习的学龄儿童数/校内外学龄儿童总数×100%

Explanatory Notes on Main Statistical Indicators

Scientific and Technological Activities (S&T Activities) refer to organized activities which are closely related with the creation, development, dissemination and application of the scientific and technical knowledge in the fields of natural sciences, agricultural science, medical science, engineering and technological science, humanities and social sciences (referred to as scientific and technological fields). S&T activities can be classified into 3 categories: research and development (R&D) activities, application of R&D results, and related S&T services. This statistical definition is made by UNICHIEF for scientific and technological activities to meet the need of carrying out statistical work in this field for its member countries in particular those developing countries.

Personnel Engaged in S&T Activities refer to personnel directly engaged in S&T activities, in the management of S&T activities, and in providing direct service to S&T activities, who sp end over 10% of the total working hours in a year in S&T activities. (1) Personnel directly engaged in S&T activities include researchers, engineers, technicians and other related personnel engaged in S&T activities in independent-accounting R&D institutions, institutions of higher learning, and in research institutes, laboratories, technology development centers and central experiment workshops under enterprises and institutions. Also included are people working in S&T research project teams, professional and technical personnel working in S&T information archiving institutes, and graduate students working on the design of their thesis. (2) Personnel engaged in the management of S&T activities and in providing direct service to S&T activities include senior management people responsible for S&T activities in independent -accounting R&D institutions, S&T information archiving institutes, institutions of higher learning, and in enterprises and institutions where S&T activities are undertaken. Also included are people responsible for the planning, administration, personnel management, financial management, logistics supply, equipment maintenance, information and library management that are related with S&T activities. People providing indirect services are excluded, such as security, medical service, drivers, plumbers, cleaners and those providing catering and related service. This indicator reflects the size of personnel engaged in S&T activities.

Research and Development (R&D) refers to systematic and creative activities in the field of science and technology aiming at increasing the knowledge and using the knowledge for new application. R&D includes 3 categories of activities: basic research, applied research and experiments and development. The scale and intensity of R&D are widely used internationally to reflect the strength of S&T and the core competitiveness of a country in the world.

Basic Research refers to empirical or theoretical research aiming at obtaining new knowledge on the fundament al principles of phenomena of observable facts to reveal the nature and law of movement of objects and to acquire new discoveries or new theories. Basic research takes no specific or designated application as the aim of the research. Results of basic research are mainly released or disseminated in the form of scientific papers or monographs. This indicator reflects the original innovation capacity for original knowledge.

Applied research refers to creative research aiming at obtaining new knowledge on a specific objective or target. Purpose of the applied research is to identify the possible use of results from basic research, or to explore new (fundamental) methods or new approaches. Results of applied research are expressed in the form of scientific papers , monographs, fundamental models or invention patents. This indicator reflects the exploration of ways to apply the results of basic research.

Experiments and Development refer to systematic activities aiming at using the knowledge from basic and applied researches or from practical experience to develop new products, materials and equipment, to establish new production process, systems and services, or to make substantial improvement on the existing products, process or services. Results of experiment and development activities are embodied in patents, exclusive technology, and monotype of new products or equipment. In social sciences, experiment and development activities refer to the process of converting the knowledge from basic or applied researches in to feasible programs (including conduct of demonstration projects for assessment and evaluation). There are no experiment and development activities in the science of humanities. This indicator reflects the capability of transferring the results of S&T into technique and products, which is the materialized measurement of S&T pushing forward the economic and social development.

R&D Personnel refer to persons engaged in research, management and supporting activities of R&D, including persons in the project teams, persons engaged in the management of S&T activities of enterprises and sup porting staff providing direct service to the research projects. This indicator reflects the size of personnel engaged in R&D activities with independent intellectual property.

Full-time Equivalent of R&D Personnel refers to the sum of the full-time persons and the full-time equivalent of part time persons converted by workload. For instance, if there are 2full-time persons and 3 part time workers (20%, 30% and 70%of working hours respectively on R&D activities), the full-time equivalent is 2+0.2+0.3+0.7=3.2 person-years. This is an internationally comp arable indicator of input of personnel in S&T activities.

Professional and Technical Personnel refer to persons engaged in professional and technical work or in the management of professional and technical activities, i.e., people with professional or technical posit ions who are engaged in professional and technical work or in the management of professional and technical activities, and people without professional or technical positions but are working on professional or technical posts. They include professionals and technicians working in 17 categories of technical occupations including engineering, agriculture, scientific researches, medical service, teaching, economic research and application, accounting, statistics, translation, libraries, archives, cultural and museum service, journalism and publication, lawyers, notarization service, radio and television broadcasting, handicraft and fine arts, sports, performing art, and political workers in enterprises. This indicator reflects the condition of human resources in S&T.

Patent is an abbreviation for the patent right and refers to the exclusive right of ownership by the inventors or designers for the creation or inventions, given from the patent offices after due process of assessment and approval in accordance wit h the Patent Law. Patents are grant ed for inventions, utility model sand designs. This indicator reflects the achievements of S&T and design with in dependent intellectual property.

Inventions refer to the new technical proposals to the products or methods or their modifications. This is universal core Indicator reflecting the technologies with independent intellectual property.

Utility Models refer to t he practical and new technical proposals on the shape and structure of the product or the combination of both. This indicator reflects the condition of technological results with certain technical content.

Designs refer to the aesthetics and industrially applicable new designs for the shape, pattern and color of the product, or their combinations. This indicator reflects the appearance design achievements with independent intellectual property.

Regular Institutions of Higher Learning refer to educational establishments set up according to the government evaluation and approval procedures, enrolling graduates from senior secondary schools and providing higher education courses and training for senior professionals. They include full-time universities, colleges, high professional schools, high professional vocational schools and others.Universities and colleges are mainly providing undergraduate courses; those high professional schools and high professional vocational schools are mainly providing professional trainings; and others refer to educational establishments, which hare responsible for enrolling students but not covered in the total number of schools, including: branch schools of universities and colleges, and universities and colleges that have been proved and prepared to construct.

Institutions of Higher Learning for Adults refer to educational establishments, set up in line with relevant rules approved by the government, enrolling staff and workers wit h senior secondary school or equivalent education, and providing higher education courses in many forms of correspondence, spare time, or full time for adults. Professionals thus trained receive a qualification equivalent to graduates studying regular courses at regular universities, colleges and professional colleges. Institutions of higher learning for adults include schools of high education for staff and workers, schools of high education for peasants, colleges for management cadres, pedagogical colleges, independent correspondence colleges, Radio and TV universities and other educational establishments. Other educational establishments are responsible for enrolling adult students but not covered in the number of schools.

Enrollment Rate of Primary School Age Children refers to the proportion of school age children enrolled at schools to the total number of school age children both in and outside schools (including retarded children, but excluding blind, deaf and mute children). The formula is:

Enrollment Rate of Primary School-age Children = (Total Primary School-age Children at Schools/Total Primary School-age Children Both at and Outside Schools) × 100%

第十七篇　文化和体育

Chapter 17　Culture and Sports

资料整理：廖捷

Database Editor:Liaojie

简 要 说 明

本篇资料的主要内容及来源

本篇主要反映全省文化和体育事业发展情况。文化部分主要包括艺术、图书馆、群众文化、文物、广播、电视、新闻出版等文化事业的机构、人员及业务活动情况。体育部分包括群众体育和竞技体育，主要内容有竞技体育情况、运动员、教练员和裁判员人数等。

上述资料分别由省文化厅、省新闻出版广电局、省体育局等部门提供，是根据有关部门制定的统计报表制度进行统计、汇总整理而成的。

本篇资料由省统计局社会和科技统计处整理提供。

Brief Introduction

Main Content and Source of Data

Data in this chapter show the development of culture, sports and public health. Data on culture cover mainly the situations on institutions, personnel and business activities of arts, libraries, mass culture, cultural relics, broadcasting, films, televisions, news and publication etc. Data on Sports cover mass sports (sports for all) and athletics sports, including mainly the number of staff and workers in sports departments, number of athletes, coaches and referees etc.Data on Public health include mainly the number of institutions, personnel, hospital beds, number of patients treated and inpatients.

The above mentioned data are provide By the Provincial Department of Culture , Provincial Administration of Broadcasting, film and Television，Provincial Press and Publication House，the Provincial Commission of Sports, Department of Public Health. Data are collected and tabulated in accordance with the statistical reporting schemes stipulated by the departments concerned.

Data in this chapter are provided and compiled by the Division of Social, Science and Technology Statistics of Fujian Provincial Bureau of Statistics.

17-1 主要年份文化事业情况

Statistics on Culture in Selected Years

年份 Year	国有艺术表演团体(个) Art Performance Troupes(unit)	公共图书馆(座) Public Libraries(unit)	博物馆(座) Museums(unit)	图书出版总印数(万份) Number of Books Published (10000 copies)	期刊出版总印数(万份) Number of Magazines Published (10000 copies)	报纸出版总印数(万份) Number of Newspapers Published (10000 copies)	广播人口覆盖率(%) Listener Rating (%)	电视人口覆盖率(%) Viewer Rating (%)
1952	62	2		127	109	1916		
1957	113	10	1	1041	63	3559		
1962	119	10	9	1846	96	4221		
1965	115	12	13	3956				
1970	66	10	6					
1975	77	14	10					
1978	101	23	13	6818	388	14784	1.00	
1980	107	26	15	8246	960	14913	40.00	60.00
1985	104	65	24	15603	3375	35847	55.00	65.00
1986	101	68	25	12465	3450	39596	63.00	76.00
1987	98	70	34	17101	4177	44858	63.00	80.00
1988	97	71	42	17047	3429	44135	63.00	80.00
1989	92	73	51	15859	2765	36961	63.00	80.00
1990	91	74	58	16312	3157	41455	67.00	82.00
1991	89	74	61	17667	3688	44176	71.00	84.00
1992	89	75	64	19399	4258	45021	73.00	87.00
1993	90	75	63	17044	4350	45845	76.00	88.00
1994	91	75	62	19745	4004	49208	84.00	89.00
1995	91	78	64	18448	4239	51526	86.00	90.00
1996	91	79	70	21348	3891	53608	90.00	91.00
1997	92	78	76	23282	3974	55027	91.00	94.00
1998	94	80	76	21596	3899	59543	93.00	95.00
1999	93	82	77	21875	3990	64195	95.00	97.00
2000	96	81	81	20298	4463	68897	95.81	97.14
2001	93	82	80	17891	4470	73185	95.97	97.47
2002	94	82	80	19953	4089	79061	96.12	97.62
2003	94	82	79	15595	3937	79809	96.44	97.82
2004	94	83	79	13907	3450	89681	96.45	97.83
2005	91	84	82	10643	2841	87962	96.96	98.10
2006	92	85	84	9840	2902	97246	96.99	98.13
2007	92	85	85	8463	2870	99836	97.05	98.25
2008	90	85	89	7793	2935	103791	97.37	98.34
2009	90	85	93	7689	2828	82900	97.64	98.41
2010	93	86	94	7749	2940	99982	97.80	98.45
2011	93	86	96	8294	3677	111850	98.00	98.54
2012	74	87	94	9078	3660	118783	98.04	98.58
2013	77	88	98	8870	4920	120576	98.20	98.63
2014	72	88	98	8619	4426	111945	98.31	98.70

17-2 主要年份各类文化事业机构数

Number of Cultural Institutions in Selected Years

单位：个　　　　(unit)

年份	艺术事业 Art Institutions		公共图书馆	博物馆	群众文化事业 Mass Culture		
	国有艺术表演团体 Art Performance Troups	表演场馆 Art Centers			艺术馆 Art Centers	文化馆 Cultural Centers	文化站 Cultural Stations
Year			Public Libraries	Museums			
1952	62	32	2			72	152
1957	113	74	10	1		69	149
1962	119	48	10	9	8	72	47
1965	115	52	12	13	8	73	40
1970	66	31	10	6	1	55	34
1975	77	31	14	10	2	72	37
1978	101		23	13	6	76	35
1980	107	26	26	15	9	76	55
1985	104	55	65	24	10	78	134
1986	101	64	68	25	10	78	140
1987	98	67	70	34	10	78	143
1988	97	71	71	42	10	78	144
1989	92	71	73	51	10	79	145
1990	91	75	74	58	10	80	145
1991	89	75	74	61	10	80	128
1992	89	77	75	64	10	80	143
1993	90	77	75	63	10	80	126
1994	91	78	75	62	10	80	115
1995	91	78	78	64	10	80	159
1996	91	79	79	70	10	80	146
1997	92	78	78	76	10	80	149
1998	94	79	80	76	10	80	142
1999	93	79	82	77	10	80	143
2000	96	80	81	81	10	80	995
2001	93	83	82	80	10	80	1042
2002	94	78	82	80	10	80	1042
2003	94	76	82	79	10	78	1066
2004	94	74	83	79	10	78	1001
2005	91	76	84	82	10	80	1026
2006	92	69	85	84	10	80	1018
2007	92	67	85	85	14	77	1050
2008	90	68	85	89	10	82	1090
2009	90	53	85	93	10	84	1093
2010	93	51	86	94	10	85	1095
2011	93	49	86	96	10	85	1104
2012	74	53	87	94	10	85	1104
2013	77	49	88	98	11	87	1139
2014	72	57	88	98	10	87	1118

17-3 群众艺术馆、文化馆站业务活动及经费情况(2014年)

Basic Statistics on Activities and Expenditures of Mass Art Centers and Cultural(2014)

项目	Item	总计 Total	群众艺术馆 Mass Art Centers	文化馆 Cultural Centers	文化站 Cultural Stations
单位数（个）	Number of Units(unit)	1215	10	87	1118
从业人员（人）	Persons Employed(person)	3602	197	733	2672
举办展览（个）	Number of Exhibitions(unit)	3407	209	660	2538
组织文艺活动（次）	Art Performances and Story-telling Sessions(time)	14897	479	2816	11602
藏书（千册）	Collections (1000 volume)	5514.8	4.1	90.7	5420.0
举办训练班（次）	Training Courses(time)	10041	1351	1899	6791
培训人次（千人次）	Number of Persons Completing Courses(1000 person-times)	648	118	150	380
组织公益性讲座次数（次）	Number of Organization Public Lectures(time)	458	99	359	
本年收入总额（千元）	Total Income(1000 yuan)(1000 yuan)	405775	80053	121732	203990
本年支出合计（千元）	Total Expenditures(1000 yuan)	373803	61028	112812	199963

17-4 文化部门国有艺术表演团体按剧种分演出情况(2014年)

Basic Statistics on Performance of Art Troupes in Culture(2014)

项目	Item	剧团数（个） Number of Institutions (unit)	从业人员（人） Number of Employed Persons (person)	本年新排上演剧目（个） Plays Showed this Year (unit)	演出场次（千场） Total Number of Performance (1000 shows)	演出观众人数（千人次） Number of Audience (1000 person-times)	艺术表演团体演出收入（千元） Total Income (1000 yuan)
国有艺术表演团体	**State-owned Art Performance Group**	**72**	**3447**	**149**	**11.22**	**8605**	**58447**
话剧、儿童剧、滑稽剧种	Drama, Children's play and Comedy Troupes	1	69	11	0.28	110	1744
歌舞、音乐类	Class of Song, Dance and Music	14	944	29	1.86	1356	14278
杂技、魔术、马戏类	Class of Acrobatics, Magic and Circus	1	84	1	0.23	347	910
京剧、昆曲类	Class of Beijing Opera and Kunqu Opera	1	119		0.14	362	1101
京剧	Beijing Opera	1	119		0.14	362	1101
地方戏曲类	Local Opera	44	1879	99	6.76	5562	37352
曲艺类	Folk Art	7	261	4	1.58	679	2036
综合性艺术表演团体	Comprehensive Performing Arts Groups	4	91	5	0.37	191	1026

17-5 图书、博物馆情况(2010-2014年)

Basic Statistics on Libraries and Museums(2010-2014)

项目	Item	2010	2011	2012	2013	2014
图书馆	**Libraries**					
公共图书馆图书总藏量（千册）	Total Collections of Public Library(1000 volumes)	16817	16758	20796	24667	26602
#图书藏量（千册）	Total Collections of Books(1000 volumes)	13174	13255	15578	18398	20645
报刊藏量（千册）	Total Collections of Newspapers(1000 volumes)	2030	1948	2304	2351	2171
视听文献、缩微制品藏量（千册）	Total Collections of Public Library(1000 volumes)	475	455	639	601	639
电子图书（千册）	Electronic Books(1000 volumes)		3668	8144	15061	16605
组织各类讲座次数（次）	All kinds of Sessions for reader(time)	832	1371	1669	2265	2364
各类讲座参加人次（千人次）	Number of Visitors(1000 person-times)	236	243	275	301	323
举办展览次数（次）	Number of Exhibitions(time)	395	478	503	638	751
参观展览人次（千人次）	Number of Exhibitions Persons (1000 person-times)	1049	1715	1883	1795	1357
举办培训班次数（次）	Training Courses(time)	352	337	578	674	740
参加培训班人次（千人次）	Number of Persons Completing Courses (1000 person-times)	45	53	78	51	41
总流通人次（千人次）	Total Number of Circulation(1000 person-times)	11930	13146	15262	18092	20519
图书购置费（千元）	Purchase Expenses for Books(1000 yuan)	26313	29362	33569	38043	45208
博物馆	**Museums**					
文物藏品（件）	Collection of Cultural Relics(piece)	382327	435897	455526	482562	483880
#一级品	Grade one	962	1029	1027	1038	1060
二级品	Grade two	2193	2750	2764	2833	2912
三级品	Grade three	84961	84970	86980	93643	94310
参观人次（千人次）	Number of Visitors(1000 person-times)	16002	16120	18430	21250	23082
#文物机构青少年参观人次	Number of Visitors	4114	5420	6306	6932	8132

17-6 图书出版情况(1978-2014年)

Basic Statistics of Book Published(1978-2014)

年份 Year	图书种数(种) Number of Publications (kind)	本版图书种数 Book Publications of Original Edition	#新出 New Publications	总印数(万册、万张) Total Printed Copies (10000 copies)	#租型 Copies for Rent	总印张(千印张) Total Pointed Sheets (1000 sheets)	#租型 Copies for Rent	定价总金额(万元) Total Priced Value (10000 yuan)
1978	347	180	150	6818	3709	258719	160714	
1979	335	157	152	7316	4557	293006	174064	
1980	448	224	197	8246	5459	318718	230922	
1981	606	405	358	12113	5716	448673	220433	3377
1982	620	430	376	9988	5324	335147	196042	2747
1983	903	694	520	11757	5084	374473	182416	3293
1984	979	782	588	11870	4523	424764	168286	4107
1985	1219	976	783	15603	5339	609847	183552	8495
1986	1341	1119	874	12465	5132	443306	192474	6572
1987	1454	1207	823	17101	5431	609655	203602	9702
1988	1434	1183	716	17047	5233	614164	202373	13970
1989	1734	1449	1035	15859	5164	579815	195930	16998
1990	1799	1518	1034	16312	5370	588903	198660	18774
1991	1956	1709	1096	17667	5367	687789	212078	26176
1992	2200	1939	1089	19399	6229	747055	255252	28563
1993	2237	1988	1404	17044	5820	692582	269185	33137
1994	2658	2379	1548	19745	6316	786552	306980	52794
1995	2346	2041	1285	18448	6554	799268	350580	60411
1996	2765	2456	1457	21348	7316	923246	392633	87917
1997	2713	2403	1400	23282	7740	1012534	444673	94820
1998	2864	2545	1551	21596	8188	1004826	475610	105493
1999	3250	2956	1688	21875	7942	1021736	458774	107293
2000	2879	2637	1518	20298	7062	969527	444525	99604
2001	2395	2140	1464	17891	7470	933277	475153	83157
2002	3011	2692	2127	19953	7752	1079027	511177	106245
2003	2950	2591	1881	15595	7236	935650	496601	96910
2004	3049	2641	1771	13907	6306	1123920	726166	91232
2005	2943	2623	1693	10643	5066	691813	394674	74571
2006	3002	2692	1793	9840	4458	687082	346972	71235
2007	2966	2678	2009	8463	3902	622153	285318	68507
2008	3471	3259	2265	7793	2501	491166	152947	76128
2009	3422	3246	2052	7689	2197	561484	147631	83165
2010	3574	3415	2320	7749	2169	585841	146601	86650
2011	3774	3568	2401	8294	2621	591332	182355	94065
2012	3629	3417	2329	9078	3078	683578	217612	106475
2013	3547	3320	2283	8870	3208	699137	233615	109569
2014	3653	3456	2442	8619	3099	660192	226916	108127

17-7 图书出版分类情况(2014年)

Composition of Books Published(2014)

项目 Item	图书种数(种) Publications of Original Edition (kind)	#本版图书新出 New Publications	总印数(万册、万张) Printed Copies (10000 copies)	#本版图书新出 New Publications	总印张(千印张) Printed sheets (1000 sheets)	本版图书新出 New Publications
总　计 **Total**	**3456**	**2442**	**8619**	**3227**	**660192**	**270300**
#使用"中国标准书号"合计 **Publications with "China International Standard Book Number"**	**3456**	**2442**	**8619**	**3227**	**660125**	**270300**
马列主义、毛泽东思想 Marxism-Leninism,Mao Zedong Thought	3	3	2	2	345	345
哲学 Philosophy	55	48	21	17	3168	2601
社会科学总论 General Social Sciences	33	24	13	9	1987	1067
政治、法律 Politics and Law	155	137	41	34	10305	8707
军事 Military Affairs	1		10		2300	
经济 Economics	153	119	58	45	9604	7178
文化、科学、教育、体育 Culture, Science, Education and Sports	1621	870	7551	2365	547950	182601
语言、文字 Languages	62	33	24	9	3030	1485
文学 Literature	442	403	319	288	32146	29432
艺术 Arts	313	281	205	143	10427	6862
历史、地理 History and Geography	209	192	105	99	10858	9625
自然科学总论 General Natural Sciences	4	4	1	1	114	114
数理科学、化学 Mathematics and Chemistry	23	8	6	2	1110	289
天文学、地球科学 Astronomy and Geology	13	11	9	8	675	656
生物科学 Biology	4	3	1	1	158	131
医学、卫生 Medicine and Health Care	120	98	124	107	11045	9249
农业科学 Agricultural Science	59	51	28	25	2964	2644
工业技术 Industrial Technology	161	134	96	69	11286	6742
交通运输 Transportation	5	5	1	1	71	71
环境科学 Environmental Science	8	7	2	2	218	208
综合性图书 General Books	12	11	2	1	363	293

17-8 主要年份书刊报纸出版情况

Books, Magazines and Newspapers Published in Selected Years

年份 Year	出版社（个） Publishing Houses (unit)	出版种数（种） Number of Publications(kinds)			总印数（万份） Printed Copies(10000 copies)		
		图书 Books	期刊 Magazines	报纸 Newspaper	图书 Books	期刊 Magazines	报纸 Newspaper
1978	1	347	8	4	6818	388	14784
1980	4	448	28	6	8246	960	14913
1985	9	1219	114	32	15603	3375	35847
1986	9	1341	119	31	12465	3450	39596
1987	9	1454	124	38	17101	4177	44858
1988	10	1434	126	31	17047	3429	44135
1989	10	1734	128	31	15859	2765	36961
1990	10	1799	123	31	16312	3157	41455
1991	10	1956	126	32	17667	3688	44176
1992	10	2200	134	35	19399	4258	45021
1993	10	2237	139	41	17044	4350	45845
1994	11	2658	150	43	19745	4004	49208
1995	11	2346	159	47	18448	4239	51526
1996	11	2765	159	47	21348	3891	53608
1997	11	2713	157	48	23282	3974	55027
1998	11	2864	159	48	21596	3899	59543
1999	11	3250	134	49	21875	3990	64195
2000	11	2879	187	61	20298	4463	68897
2001	11	2395	189	64	17891	4470	73185
2002	11	3011	186	66	19953	4089	79061
2003	11	2950	186	66	15595	3937	79809
2004	11	3049	176	58	13907	3450	89681
2005	11	2943	174	58	10643	2841	87962
2006	11	3002	174	59	9840	2902	97246
2007	11	2966	176	59	8463	2870	99836
2008	12	3471	174	59	7793	2935	103791
2009	12	3422	175	59	7689	2828	82900
2010	12	3574	175	59	7749	2940	99982
2011	12	3774	177	60	8294	3677	111850
2012	12	3629	176	46	9078	3660	118783
2013	12	3547	176	42	8870	4920	120576
2014	12	3653	176	42	8619	4426	111945

注：2012年起报纸出版种类及印数不含校报。

Note:Since 2012,Newspaper exclude school-paper.

17-9 音像电子出版物出版情况(2010-2014年)

Publication of Video Products and E-journals(2010-2014)

项目	Item	2010		2011		2012		2013		2014	
		种数（种）Type (kinds)	数量（万张）Volume (10000 sheets)	种数（种）Type (kinds)	数量（万张）Volume (10000 sheets)	种数（种）Type (kinds)	数量（万张）Volume (10000 sheets)	种数（种）Type (kinds)	数量（万张）Volume (10000 sheets)	种数（种）Type (kinds)	数量（万张）Volume (10000 sheets)
出版	**Publication**										
录音制品	Audio Products	86	70.22	61	39.99	26	14.97	72	11.31	54	18.81
录像制品	Video Products	414	321.01	190	112.22	109	88.60	45	43.50	35	29.65
电子出版物	E-journals	52	10.31	64	7.93	63	19.06	95	16.26	32	8.05
复制	**Reproduction**										
磁带制品	Tape Products		30.00		48.20		29.00		29.50		14.83
光盘制品	CD Products		4951.31		2798.29		4418.87		3534.82		1803.53

17-10 广播电视事业发展情况(2010-2014)

Statistics on Broadcasting and Television(2010-2014)

项目	Item	2010	2011	2012	2013	2014
广播电台数量（座）	Number of Radio and TV(unit)					
广播电台	Radio	10	10	10	8	6
电视台	TV	10	10	11	8	6
广播电视台	Radio and TV	65	66	61	65	65
节目套数（套）	Number of Radio Programs(sets)					
广播	Radio	88	89	89	89	90
电视	TV	38	41	41	41	41
全年播出节目时间（万小时）	Length of Public Radio Programs Broadcasted(10000 hours)					
广播	Radio	50.58	50.98	51.37	51.93	51.65
电视	TV	33.40	26.06	33.31	34.06	34.92
全年节目制作时间（万小时）	Length of Radio Programs Produced (10000 hours)					
广播	Radio	25.09	26.06	25.97	25.23	25.63
电视	TV	5.54	6.13	6.08	6.62	6.78
人口覆盖率（%）	Coverage Rate of the Population(%)					
广播	Radio	97.80	98.00	98.04	98.20	98.31
电视	TV	98.45	98.54	98.58	98.63	98.70
有线广播电视用户（万户）	Users of Cable Radio and TV(10000 households)(10000 household)	613.16	652.13	659.67	691.53	724.03
#数字电视用户	Users of Digital TV	289.45	333.93	383.95	489.12	594.66
付费数字电视用户	Paying Users	18.90	43.50	55.95	173.07	123.85
双向电视用户	Both-way Users		6.67	12.89	14.21	22.42
广播电视网络互联网用户数（万户）	Indicator(10000 household)			10.73	32.16	30.62
有线电视入户率（%）	Coverage Rate of the Population(%)	61.40	64.55	64.61	66.92	69.26
广播电视总收入（亿元）	Income of Radio and TV(100 million yuan)	45.83	56.21	65.92	89.18	91.36
实际创收收入（亿元）	Realized Income(100 million yuan)	38.38	46.49	45.26	60.78	63.75
#广告收入	Advertising Income	16.23	20.25	20.87	21.39	22.25
#广播广告收入	Radio	1.85	2.48	3.00	3.21	3.61
电视广告收入	TV	13.36	15.73	15.63	15.76	16.33
网络收入	Network Income	16.13	16.55	14.62	20.88	23.36
广播电视节目销售收入	Sales Revenue		3.00	3.78	3.38	1.99

17-11 广播电视制作播出情况(2010-2014年)

Statisticts on Wireless Broadcasting and Television(2010-2014)

项目 Item	2010	2011	2012	2013	2014
广播 Broadcasting					
本年广播节目制作（小时） Produced Programs of Broadcasting the Current Year(hours)	250854	260845	259744	252275	256277
#新闻资讯类 News and Messages	50761	54983	51048	58729	63278
专题服务类 Special Servics	57467	61889	62928	67694	68040
综艺益智类 General arts	79608	78234	76603	69517	68624
广告类 Adierticsement	16489	20864	23117	20023	16499
平均每日播音时间（小时） Average Broadcasting Time per-day(hours)	1385	1397	1403	1423	1415
#播出自制节目 Homemade Program	879	853	868	853	851
购买交换节目 Purchased Exchange Program	34	59	63	90	87
电视 Television					
有线电视总用户数（万户） Users of Cable TV(10000 household)	613.16	652.13	659.67	691.53	724.03
#数字电视用户数（万户） Users of Digital TV(10000 household)	289.45	333.93	383.95	489.12	594.66
本年电视节目制作（小时） Programs of Television the Current Year(hours)	55424	61271	60812	66181	67805
#新闻资讯类 News and Messages	20553	22778	22678	25189	23388
专题服务类 Special Servics	13377	16930	18886	18162	19478
综艺益智类 General arts	4713	5264	6421	4839	5300
影视剧类 Films and Plays	1052	1125	628	2437	809
广告类 Adierticsement	5776	8975	5878	8885	5475
本年制作电视剧（集） Produced Television Plays the Current Year(volumes)	287	189	326	245	186
平均每周播出时间（小时） Average Television Time Per-week(hours)	6406	6522	6371	6549	6714
全年电视剧播出数（集） Number of Television Plays the Current Year(volumes)	105903	111185	107902	102883	101173

17-12 主要年份各设区市有线电视用户数

Number of Users of Cable Television by City in Selected Years

单位：万户 (10000 households)

地区	Area	2000	2005	2010	2012	2013	2014
全 省	**Total**	**280.00**	**422.98**	**613.16**	**659.67**	**691.53**	**724.03**
福州市	Fuzhou	67.82	111.75	163.91	173.69	181.82	184.59
厦门市	Xiamen	25.19	37.28	64.60	72.77	77.35	81.03
莆田市	Putian	19.85	25.34	36.70	34.09	36.67	39.82
三明市	Sanming	19.98	31.20	39.69	42.06	46.86	47.49
泉州市	Quanzhou	41.64	68.07	97.47	105.87	118.19	129.15
漳州市	Zhangzhou	19.57	37.86	73.04	78.08	79.97	86.40
南平市	Nanping	35.31	44.69	55.58	67.81	66.77	67.79
龙岩市	Longyan	24.35	29.04	33.20	33.63	37.00	40.25
宁德市	Ningde	26.29	37.75	48.97	46.12	46.90	47.51

17-13 主要年份各设区市电视节目综合人口覆盖率

Television Coverage of Population by City in Selected Years

单位：% (%)

地区	Area	2000	2005	2010	2012	2013	2014
全 省	**Total**	**97.14**	**98.10**	**98.45**	**98.58**	**98.63**	**98.70**
福州市	Fuzhou	97.65	98.28	98.59	99.04	99.12	99.08
厦门市	Xiamen	97.05	99.59	98.68	100.00	100.00	100.00
莆田市	Putian	97.35	98.09	98.30	98.30	98.31	98.38
三明市	Sanming	98.28	98.59	99.08	99.12	99.14	99.15
泉州市	Quanzhou	97.60	98.15	98.18	98.16	98.19	98.39
漳州市	Zhangzhou	97.30	98.11	99.02	99.07	99.10	99.12
南平市	Nanping	96.07	97.44	98.13	98.45	98.56	98.58
龙岩市	Longyan	96.00	98.48	98.92	98.02	98.14	98.18
宁德市	Ningde	95.95	96.93	97.34	97.41	97.60	97.61

17-14 当年在聘专职教练员和技术等级运动员人数(2010-2014年)

Full-time Coaches and Technological Athletes by Grade(2010-2014)

单位：人 (person)

项目	Item	2010	2011	2012	2013	2014
专职教练员	**Full-time Coaches**	**959**	**995**	**1001**	**1098**	**8244**
一线	First Grade	180	196	157	188	582
二线	Second Grade	99	106	75	127	912
三线	Third Grade	680	693	769	783	6750
等级运动员	**Number of Athletes in Grades**	**1443**	**1314**	**1564**	**1463**	**3970**
国际级运动健将	International Master of Sports			6		15
运动健将	Master of Sports		44	52		62
一级运动员	First Grade Sportsman	278	313	335	201	341
二级运动员	Second Grade Sportsman	1164	957	1171	1259	3552

17-15 主要年份竞技体育比赛奖牌情况

Medals of Athletic Games in Selected Years

单位：枚

项目	Item	2000	2005	2010	2012	2013	2014
世界比赛	**International Games**	**8**	**25**	**37**	**21**	**9**	**22**
金牌	Gold Medals	6	15	15	13	7	12
银牌	Silver Medals	1	8	12	5	2	5
铜牌	Bronze Medals	1	2	10	3		5
亚洲比赛	**Asia Games**	**20**	**19**	**40**	**26**	**14**	**40**
金牌	Gold Medals	10	8	22	13	4	18
银牌	Silver Medals	6	8	7	6	5	17
铜牌	Bronze Medals	4	3	11	7	5	5
全国比赛	**National Games**	**191**	**134**	**111**	**7**	**127**	**117**
金牌	Gold Medals	67	46	48	2	41	32
银牌	Silver Medals	59	51	32	2	34	37
铜牌	Bronze Medals	65	37	31	3	34	48

主要统计指标解释

文化事业机构　指从事专业文化工作和为专业文化工作服务的独立建制的单位。不包括这些单位另外举办独立核算的其他机构和各部门的业余文化组织。该指标主要反映文化事业机构发展规模水平。

艺术表演团体　指从事戏曲、音乐、舞蹈、杂技等专业艺术表演，有独立帐户的单位，不包括半工半艺、半农半艺和民间职业剧团。该指标主要反映专业艺术表演团体发展规模水平。

艺术表演观众人数(人次)　指售票、包场演出或民族地区免费演出的艺术表演观众人次数，不包括彩排审查和内部观摩演出的观看人次数。该指标主要反映观看专业艺术表演团体演出的效益规模。

等级运动员人数　指经考核正式批准授予等级运动员称号的人数。运动员等级分为国际级运动健将、运动健将、一级运动员、二级运动员、三级运动员、少年级运动员。该指标主要反映运动员队伍的技术质量水平。

等级裁判员人数　指经考核正式批准授予等级裁判员称号的人数。裁判员等级分为国际裁判、国家级裁判、一级裁判、二级裁判、三级裁判。该指标主要反映裁判员队伍的技术质量水平。

Explanatory Notes on Main Statistical Indicators

Cultural Institutions refer to units, which have their own organizational system and independent accounting system and specialize in or serve cultural development. They exclude other establishments run by these cultural institutions and amateur cultural groups established by various departments. This indicator reflects the development of cultural units.

Art Troupe refers to t he troupe which is engaged in drama, opera, music, dance, acrobatics or other art performance, opens independent accounts with banks and has self-supporting accounting system; excluding the troupes which are engaged partly in industrial or agricultural activities, partly in art performance and the professional troupes organized by the people. This indicator reflects the development of national professional art troupes.

Number of Spectators at Art Performance refers to the number of attendants at commercial shows, completely booked shows or free shows given in minority national areas, and does not include the number of spectators at rehearsals for examination and internal shows for study. This indicator reflects beneficial results of.

Number of Athletes in Grades refers to the number of athletes who have been given titles through examination. The titles of athletes include international masters of sports, masters of sports, first-grade, second- grade and third-grade sportsmen and young athletes. This indicator reflects skill of the athletes.

Number of Referees in Grades refers to the number of referees who have been given titles after examination. They are classified as international referees, national referees and referees of the first, second and third grades. This indicator reflects the skill of referees.

第十八篇　卫生事业

Chapter 18　Health

资料整理：廖捷

Database Editor:Liaojie

简 要 说 明

本篇资料的主要内容及来源

本篇主要反映全省卫生事业发展情况。主要内容为卫生机构、人员、床位数，医院诊疗人次及入院人数。

上述资料由省卫生和计划生育委员会提供，是根据有关部门制定的统计报表制度进行统计、汇总整理而成的。

本篇资料由省统计局社会和科技统计处整理提供。

Brief Introduction

Main Content and Source of Data

Data in this chapter show the development of culture, sports and public health. Data on culture cover mainly the situations on institutions, personnel and business activities of arts, libraries, mass culture, cultural relics, broadcasting, films, televisions, news and publication etc. Data on Sports cover mass sports (sports for all) and athletics sports, including mainly the number of staff and workers in sports departments, number of athletes, coaches and referees, number of stadiums and gymnasiums etc.Data on Public health include mainly the number of institutions, personnel, hospital beds, number of patients treated and inpatients.

The above mentioned data are provide By the Provincial Department of Public Health. Data are collected and tabulated in accordance with the statistical reporting schemes stipulated by the departments concerned.

Data in this chapter are provided and compiled by the Division of Social, Science and Technology Statistics of Fujian Provincial Bureau of Statistics.

18-1 主要年份卫生机构和人员情况

Statistics of Health Institutions and Personnels in Select year

项目 Item	卫生机构数（个） Number of Health Institutions (unit)	#医院、卫生院 Hospitals	卫生机构床位数（张） Number of Beds in Health Institution (set)	#医院、卫生院 Hospitals	卫生机构技术人员数（人） Medical Technical Personnel (person)	#医生 Doctors	每千人口拥有 Per 10 000 Persons 卫生机构床位数（张） Number of Beds (set)	每千人口拥有 Per 10 000 Persons 医生数（人） Doctors (persons)
1952	633	113	6933	5902	17281	11416	0.5	0.9
1957	2068	132	10898	9902	26076	15022	0.7	1.0
1962	7434	211	27058	16958	40560	18001	1.7	1.1
1965	6757	420	28246	21818	42692	20437	1.6	1.2
1970	4297	922	31520	25322	34876	15795	1.6	0.8
1975	3403	1070	44905	38746	47059	20404	1.9	0.9
1980	4191	1130	53001	46772	58764	21033	2.1	0.8
1985	4816	1154	58414	52041	74204	26992	2.1	1.0
1990	4885	1198	68073	60664	86772	35696	2.2	1.2
1995	4537	1257	73644	65919	92811	39130	2.3	1.2
1996	4543	1298	83684	75676	93614	40253	2.6	1.2
1997	10059	1306	88710	80935	94993	40775	2.7	1.2
1998	10159	1315	89280	81759	97361	41924	2.7	1.3
1999	10154	1313	90091	82259	97548	31652	2.7	1.0
2000	9807	1323	90091	82389	97569	41461	2.6	1.2
2001	9765	1331	89769	82125	99440	42414	2.6	1.2
2002	8740	1318	84599	80463	95059	40253	2.5	1.2
2003	8525	1323	86634	79503	96902	41252	2.5	1.2
2004	8672	1315	87836	80523	100502	43586	2.5	1.2
2005	7932	1318	88239	81268	100937	44309	2.5	1.2
2006	9652	1307	91533	84289	106586	46051	2.6	1.3
2007	9230	1307	89366	82603	111192	46628	2.5	1.3
2008	7773	1302	98482	90811	119250	50659	2.7	1.4
2009	6984	1288	104222	95980	127446	51959	2.8	1.4
2010	6999	1325	112334	103933	140133	55402	3.0	1.5
2011	7285	1355	123784	114824	155729	59225	3.3	1.6
2012	7584	1399	139172	129194	172532	63449	3.7	1.7
2013	7672	1421	156149	144132	189187	67087	4.1	1.8
2014	27913	1437	164781	152529	206545	75372	4.3	1.9

注：1.2002年及以后卫生机构数为登记注册数，医生系执业(助理)医师数。2.每千人口拥有床位数和每千人口拥有医生数，2005年以前以户籍人口为分母计算，2005年起以常住人口为分母计算。3.2014年数据含村卫生室。

Note:a)Number of health institutions are the number of registeration since 2002, doctors also refer to the certified (assistant) doctors. b)Before 2005, Number of Beds and Doctors per 1000 Persons was Calculated by the Registered Population.Since 2005,Number of Beds and Doctors per 1000 Persons was Calculated by the Population of Permanent Residents.c)The data includes village Health Institutions in 2014.

18-2 各类卫生机构数(2005-2014年)

Number of Health Institutions(2005-2014)

单位：个　　(unit)

项目 Item	2000	2005	2010	2011	2012	2013	2014
合　计 Total	**9807**	**7932**	**6999**	**7285**	**7584**	**7672**	**27913**
医院 Hospitals	**333**	**365**	**457**	**482**	**519**	**541**	**557**
基层医疗卫生机构 Grassroots Health Institutions	**9059**	**7220**	**6174**	**6427**	**6682**	**6743**	**25877**
社区卫生服务中心(站) Health service centers in Communities		392	499	510	532	533	531
卫生院 Rural Township Hospitals	990	953	868	873	880	880	880
门诊部 Clinics	87	303	432	475	462	482	492
诊所、卫生所、医务室 Clinigues,Health Clinic,Infirmaries	7982	5572	4375	4569	4808	4848	4849
村卫生室 Village Clinics							19125
专业公共卫生机构 Professional Public Health Institutions	**218**	**276**	**296**	**302**	**307**	**311**	**1405**
疾病预防控制中心 Sanitation and Antiepidemic Stations	101	93	94	95	96	96	96
专科疾病防治院 Specialized Prevention & Treatment Centers	73	34	25	25	25	25	24
健康教育所 Health Education Centers	33	7	1	1	1	1	1
妇幼保健院、所、站 Maternity and Child Care Centers	11	89	87	87	87	88	87
急救中心 First-aid Centers		10	7	8	7	7	7
采供血机构 Blood Collected and Supplied Centers		10	9	9	9	9	9
卫生监督所 Sanitation Supervision Centers		33	73	77	82	85	86
计划生育技术服务机构 Family Planning Technical Service Institution							1095
其他卫生机构 Other Health Institutions	**197**	**71**	**72**	**74**	**76**	**76**	**74**
疗养院 Sanatorium	12	16	11	12	12	12	11
医学科学研究机构 Research Institutions of Medical Science	13	9	8	7	7	8	8
医学在职培训机构 Sanitation Supervision and Inspection Centers	36	26	25	25	25	23	23
其他 Other Institutions	136	20	28	30	32	33	32

注：2013年前各类卫生机构数不含村卫生室。

Note:Before 2013,The Data of Health Institutions exclude Village Clinics.

18-3 各类卫生机构床位数(2005-2014年)

Number of Beds in Health Institutions(2005-2014)

单位：张 (set)

项目 Item	2000	2005	2010	2011	2012	2013	2014
合 计 Total	**90091**	**88239**	**112334**	**123784**	**139172**	**156149**	**164781**
#医院 Hospitals	58505	58694	80938	89794	102205	114849	122843
疗养院 Sanatorium		2497	1769	1985	2373	2433	2374
社区卫生服务中心(站) Health service centers in Communities		516	2426	2359	2581	2928	3045
卫生院 Rural Township Hospitals	23884	22574	22995	25030	26989	29283	29686
门诊部 Clinics	485	116	77	58	38	8	10
妇幼保健院、所、站 Maternity and Child Care Centers		2107	3383	3567	3978	5197	5338
专科疾病防治院 Specialized Prevention & Treatment Centers		1628	706	960	1008	1420	1454

18-4 各类卫生技术人员数(2005-2014年)

Number of Medical Technical Personnel by Category(2005-2014)

单位：人 (person)

项目 Item	2000	2005	2010	2011	2012	2013	2014
合 计 Total	**97569**	**100937**	**140133**	**155729**	**172532**	**189187**	**206545**
#执业医师 Chartered Doctors	31966	36668	48789	52703	56415	59320	64444
执业助理医师 Assistant Chartered Doctors	9495	7641	6613	6522	7034	7767	10928
注册护士 Certified Nurses	31430	34195	53820	62464	70859	78548	85673
药剂人员 Pharmacists	9212	9128	10027	10774	11770	13202	13798
检验人员 Laboratory Technicians	3764	4620	7582	8205	9057	9792	7446

注：2014年各类卫生技术人员数含村卫生室卫生技术人员。

Note:The data includes village Health Institutions in 2014.

18-5 各类卫生机构情况(2014年)

Statistics of Health Institutions by Category(2014)

项目 Item	卫生机构(个) Number of Health Institutions (unit)	医疗床位(张) Hospital Beds (set)	卫生技术人员(人) Medical Technical Personnel (person)	#医生 Doctors	#注册护士 Certified Nurses
合　计 **Total**	**27913**	**164781**	**206545**	**75372**	**85673**
医院 **Hospitals**	**557**	**122843**	**124124**	**39507**	**60740**
综合医院 Integrated Hospitals	338	86318	91217	28697	45507
中医医院 Hospitals of Traditional Chinese Medicine	78	17029	17558	6069	7523
中西医结合医院 Hospitals Integrating Traditional Chinese Medicine with Western Medicine	9	2793	2831	967	1379
民族医院 National Hospital	2	80	69	24	24
专科医院 Specialized Hospitals	130	16623	12449	3750	6307
基层医疗卫生机构 **Grassroots Health Institutions**					
社区卫生服务中心(站) Health service centers in Communities	531	3045	9855	4111	3426
卫生院 Rural Township Hospitals	880	29686	28001	9645	9513
门诊部 Clinics	492	10	7593	3777	2446
诊所、卫生所、医务室 Cliniques,Health Clinic,Infirmaries	4849		13780	7288	3892
村卫生室 Village Clinics	19125		3854	3563	291
专业公共卫生机构 **Professional Public Health Institutions**					
疾病预防控制中心 Sanitation and Antiepidemic Stations	96		3651	2047	251
专科疾病防治院 Specialized Prevention & Treatment Centers	24	1454	838	357	196
健康教育所 Health Education Centers	1		3	3	
妇幼保健院、所、站 Maternity and Child Care Centers	87	5338	7214	2550	3185
急救中心 First-aid Centers	7	31	249	88	132
采供血机构 Blood Collected and Supplied Centers	9		532	76	280
卫生监督所 Sanitation Supervision Centers	86		1532		
计划生育技术服务机构 Family Planning Technical Service Institution	1095		4525	2091	1045
其他卫生机构 **Other Institutions**					
疗养院 Sanatorium	11	2374	442	134	230
医学科学研究机构 Research Institutions of Medical Science	8		132	70	12
医学在职培训机构 Sanitation Supervision and Inspection Centers	23		62	26	25
其他 Others	32		158	39	9

注：医生为执业（助理）医师数。

Note:The Doctors is Medical Practitoner.

18-6 基层医疗卫生机构情况(2014年)

Statistics of Grassroots Health Institutions by Category(2014)

项目	Item	社区卫生服务中心(站) Health Service Stations in Communities	卫生院 Health Institutes	门诊部 Outpatient Department	诊所、卫生所、医务室 Clinic,Health Clinic,Infirmaries	村卫生室 Village Clinics
机构数（个）	**Number of Institutions(unit)**	**531**	**880**	**492**	**4849**	**19125**
卫生技术人员数（人）	**Number of Health Technical Personnel (person)**	**9855**	**28001**	**7593**	**13780**	**3854**
#执业医师	Chartered Doctors	3325	6879	3286	6004	1548
执业助理医师	Assistant Chartered Doctors	786	2766	491	1284	2015
注册护士	Certified Nurses	3426	9513	2446	3892	291
药师（士）	Pharmacists	924	2780	592	1546	
检验人员	Others	306	938	338	38	

18-7 主要年份农村村级卫生组织情况

Health Organizations in Rural Areas at Village Level in Selected Years

项目	Item	2000	2005	2010	2013	2014
村设置医疗点数（个）	**Medical Treatment Stations of Villages(unit)**	**17476**	**18222**	**19976**	**19408**	**19125**
乡村医生和卫生人员数（人）	**Number of Rural Doctors and Medical Personnel (person)**	**30769**	**30384**	**28868**	**27936**	**27240**
乡村医生	Rural Doctors	20974	29139	28405	27094	26532
卫生员	Medical Personnel	9795	1245	463	842	708

18-8 主要年份各类医院医疗服务情况

Medical Services of Hospitals in Selected Years

年份 Year	诊疗人数（万人次） Total Number Of Patients Treated	#门急诊 Out-patients And Emergency Patients	入院人数（万人） Hospital Admissions (10000 persons)	出院人数（万人） Hospital Discharged (10000 persons)	死亡率（%） Death Rate (%)	病床周转数（次） Turnover of Beds (time)
1980	1561.87	1543.53	51.58	51.47	1.80	22.90
1985	1895.08	1794.93	70.98	58.39	1.60	24.60
1986	1931.00	1828.71	72.62	72.43	1.60	24.30
1987	2425.69	2293.21	83.22	68.38	1.50	24.90
1988	2460.94	2428.99	88.62	88.56	1.50	25.70
1989	2299.53	2272.22	89.57	89.65	1.30	25.00
1990	2410.01	2380.83	91.62	57.60	1.30	24.70
1991	2471.20	2328.25	97.55	79.39	1.70	26.00
1992	2496.94	2488.74	93.18	93.14	1.10	24.90
1993	2930.23	2629.02	94.29	94.33	1.00	22.60
1994	2749.75	2614.02	100.03	98.29	0.90	23.50
1995	2709.47	2580.12	91.68	91.19	0.90	21.70
1996	2838.69	2565.51	79.10	79.09	0.80	19.00
1997	3249.23	2772.14	81.58	81.44	0.70	17.60
1998	3351.09	2932.52	85.10	84.54	0.70	18.10
1999	3157.56	2984.98	89.91	89.57	0.70	18.40
2000	3326.20	3097.08	98.76	99.26	0.74	20.77
2001	3201.92	2990.75	105.81	105.81	0.68	22.21
2002	3288.68	3027.07	128.70	110.23	0.64	22.73
2003	3430.00	3315.44	115.45	116.29	0.61	23.72
2004	3767.08	3685.85	129.57	129.53	0.66	24.79
2005	4248.77	4039.31	137.95	139.26	0.56	26.26
2006	4421.39	4305.12	152.28	152.13	0.53	26.81
2007	4674.58	4522.88	167.07	166.15	0.51	30.30
2008	5872.06	5786.21	205.17	204.78	0.41	30.97
2009	5850.61	5785.27	206.81	207.10	0.37	32.53
2010	6558.16	6525.56	271.45	270.89	0.30	34.08
2011	7200.56	7161.82	308.97	308.37	0.26	35.12
2012	8182.96	8121.59	364.95	364.41	0.16	37.32
2013	8772.14	8683.32	390.81	388.85	0.16	35.90
2014	9333.62	9238.56	411.46	410.71	0.16	35.20

注：本表死亡率是指入院后死亡人数与入院人数之比。
Note:The Death Rate is the proportion deaths after admissions.

18-9 医院、卫生院、妇幼保健院医疗服务情况(2014年)

Medical Services of Hospitals,Institutes of Health and Health-Centers(2014)

项目 Item	诊疗人数（万人次） Number of Patients Treated (10000 person-times)	#门急诊 Out-patients And Emergency Patients	入院人数（万人） Hospital Admissions (10000 persons)	出院人数（万人） Hospital Discharged (10000 persons)	死亡率（%） Death Rate (%)	病床周转数（次） Turnover of Beds (time)
医院 Hospitals	**9333.62**	**9238.56**	**411.46**	**410.71**	**0.16**	**35.20**
#综合医院 Integrated Hospitals	6786.07	6722.52	318.02	317.59	0.16	38.50
中医医院 Hospitals of Traditional Chinese Medicine	1605.92	1590.00	53.36	53.35	0.18	33.50
专科医院 Specialized Hospitals	717.56	714.44	31.86	31.55	0.21	20.60
卫生院 Rural Township Hospitals	**2416.90**	**2356.14**	**94.15**	**93.96**	**0.07**	**32.70**
妇幼保健院 Maternity and Child Care Centers	**940.77**	**930.81**	**19.00**	**19.06**	**0.01**	**40.70**

注：本表死亡率是指入院后死亡人数与入院人数之比。
Note:The Death Rate is the proportion deaths after admissions.

18-10 防病工作情况(2009-2014年)

Basic Condition of Disease Prevention and Cure(2009-2014)

项目	Item	2009	2010	2011	2012	2013	2014
甲乙类传染病发病总例数（万个）	Number of Incidence from infectious disease(A、B) (10000 unit)	11.64	10.61	20.51	24.32	22.42	25.33
传染病发病率(1/10万)	Incidence Disease Rate (1/100 000)	456.82	559.18	556.03	653.70	598.11	671.08
传染病死亡总人数（人）	Number of Death from infectious disease(person)	233	231	229	204	166	171
传染病死亡率(1/10万)	Death Rate (1/100 000)	0.64	0.64	0.62	0.55	0.44	0.45
结核病登记病人数(例)	Number of register of Tuberculosis (person)	23123	20850	20027	18862	17765	17469
登记患病率（‰）	Register sicken Rate(‰)	0.65	0.57	0.55	0.51	0.48	0.46
结核病新发病人数(例)	Number of New Incidence from Tuberculosis(person)	21886	19439	18761	17724	16817	16507
结核病登记新发病率(1/10万)	Register New Incidence Disease Rate (1/100 000)	61	54	52	48	45	44
“五苗”接种率（%）	Five Type of bacterins inoculability Rate (%)	99.91	99.50	99.59	99.85	99.82	99.92
乙肝疫苗全程接种率（%）	Hepatitis B Bacterins Quite inoculability Rate(%)	99.97	99.75	99.78	99.89	99.65	99.94

18-11 法定报告传染病发病及死亡情况(2014年)

Incidence and Death from Infectious Diseases(2014)

项目	Item	发病率(1/10万) Incidence Disease Rate (per100 000)	死亡率(1/10万) Death Rate(per 100 000)	病死率(%) Mortality Rate (%)
总计	**Total**	**273.65**	**0.41**	**0.16**
病毒性肝炎	Viral Hepatitis	143.64	0.04	0.03
痢疾	Dysentery	1.82		
伤寒副伤寒	Typhoid and Paratyphoid Fever	1.46		
艾滋病	AIDS	1.65	0.23	14.15
淋病	Gonorrhea	12.60		
梅毒	Syphilis	62.13	0.01	0.01
麻疹	Measles	0.59		
百日咳	Whooping Cough	0.02		
流脑	Epidemic Encephalitis			
猩红热	Scarlet Fever	0.96		
出血热	Hemorrhage Fever	1.18		0.22
狂犬病	Hydrophobia			
布氏杆菌病	Brucellosis	0.15		
乙脑	Encephalitis B	0.05		5.00
疟疾	Malaria	0.17	0.01	3.17
新生儿破伤风	Newborn Tetanus	0.05		
肺结核	Pulmonary Tuberculosis	47.19	0.12	0.26

注：传染病死亡率指传染病死亡人数与全省常住人口之比，病死率指传染病死亡人数与患病人数之比。

Note:The Death Rate is the proportion deaths of Total Population.

18-12 前十位疾病死亡原因及构成(2014年)

Death Rate of 10 Major Diseases(2014)

项目 Item	占疾病死亡总人数比重(%) Mortality(%)	项目 Item	占疾病死亡总人数比重(%) Mortality(%)
城市 Urban	**93.02**	**农村 Rural**	**93.15**
恶性肿瘤 Malignant Tumour	27.89	恶性肿瘤 Malignment Tumour	29.23
心脏病 Heart Trouble	18.17	脑血管病 Cerebrovasular Disease	18.35
脑血管病 Cerebrovasular Disease	16.24	心脏病 Heart Trouble	15.57
呼吸系统疾病 Diseases of the Respi- ratory System	10.27	呼吸系统疾病 Diseases of the Respiratory System	11.63
内分泌、营养和代谢疾病 Endocrine,Nutritional & Metabolite Disease	8.64	损伤和中毒 Trauma and Toxicosis	10.36
损伤和中毒 Trauma and Toxicosis	4.82	内分泌、营养和代谢疾病 Endocrine,Nutritional & Metabolite Disease	2.31
消化系统疾病 Disease of the Digestive System	2.62	消化系统疾病 Disease of the Digestive System	2.28
神经系统疾病 Diseases of the Nervous System	1.57	精神障碍 Mental Disorders	1.23
泌尿生殖系统疾病 Diseases of the Genitou-rinary System	1.48	泌尿生殖系统疾病 Diseases of the Genitou- rinary System	1.23
精神障碍 Mental Disorders	1.33	神经系统疾病 Nervous System	0.96

主要统计指标解释

卫生机构 包括医疗机构、疾病预防控制中心(防疫站)、采供血机构、卫生监督及监测(检验)机构、医学科研和在职培训机构、健康教育所等。医疗机构包括医院、社区卫生服务中心(站)、疗养院、卫生院、门诊部、诊所(卫生所、医务室)、妇幼保健院(所、站)、专科疾病防治院(所、站)、急救中心(站)和临床检验中心。医疗机构分为非赢利性医疗机构和赢利性医疗机构。

医院 指设有固定床位，能收容病人住院并能为病人提供医疗、护理服务的医疗机构，包括县及县以上医院、农村乡卫生院和其他医院。医院按业务性质不同分为综合医院、中医医院、中西医结合医院、民族医院和专科医院。

卫生技术人员 包括执业（助理）医师、注册护士、药剂人员、检验和影像技师（士、员）等卫生专业人员，不包括从事管理工作的卫生技术人员。

医生 指在医疗、预防保健机构工作且取得《执业医师证书》的执业医师和执业助理医师。

Explanatory Notes on Main Statistical Indicators

Health Care Institutions refer to the units which have been qualified the Certification of Health Care Institution by the administration of public health, or qualified the Certification of Corporate Unit by the civil affairs, administration for industry and commerce, commission office for public sector reform, and engaging in medical care, disease prevention and control, health supervision and inspection, medicine research and health education, etc., including: hospitals, sanatoriums, community health service centers (stations), health centers, clinics (health stations and infirmaries), first-aid centres (stations), blood gathering and supplying institutions, women and children care agencies (centres and stations), special disease prevention and curing agencies (centres and stations), disease prevention and control centres (epidemic prevention stations), health supervision and inspection agencies, sanitary inspection institutions, medicinal scientific research and on-job training institutions, health education centres and so on.

Hospitals include: polyclinics, traditional Chinese medical hospitals, hospitals integrated with traditional Chinese therapeutics and western therapeutics, ethical hospitals, various specialties hospitals and nursing hospitals.

Medical Technical Personnel refers to doctors, assistant nurses, pharmacists, and laboratory technicians working in medical institutions.

Doctors refer to certified physicians and certified assistant physicians with certifications working in medical and health care and prevention agencies.

第十九篇　环境保护

Chapter 19　Environment Protection

资料整理：郑明坤

Database Editor:Zhengmingkun

简 要 说 明

本篇资料的主要内容及来源

本篇主要反映福建环境保护事业情况。主要内容包括城、乡水环境、大气环境、固体废物、生态环境、自然灾害和环境污染治理投资以及分行业工业污染治理情况。

本篇资料来源于省环保厅、水利厅、住建厅、交通厅、国土厅、林业厅、卫生厅、农业厅等。

本篇资料由省统计局能源统计处整理提供。

Brief Introduction

Main Content and Source of Data

This chapter contain information that reflect the condition and natural resources and data on development of environment protection ,Social welfare ,the judicial conditions, basic statistics on traffic accidents and fires etc in Fujian. including natural resources and natural condition, total water resources ,atmospheric environment, solid waste, environment noise , eco- environment protection , natural disasters and investments in the treatment of environmental pollution control ; the number of institutions and personnel, social welfare relief, and marital status etc.

The above mentioned data are provide By the Provincial Environment Protection Bureau , the Provincial Department of Water Resources, the Construction Bureau, the Transportation Bureau, the National Land Bureau, the Forestry Bureau, the Health Bureau ,the Agriculture Bureau.

Data in this chapter are provided and compiled by the Division of Energy of Fujian Provincial Bureau of Statistics.

19-1 环境保护基本情况

Basic Statistics on Environmental Protection

项目	Item	2010	2011	2012	2013	2014
水环境	**Water**					
降水量（毫米）	Precipitation(millimeters)	2084.30	1356.70	2049.88	1626.20	1705.00
水资源总量（亿立方米）	Water Resources(100 million cu.M)	1652.93	774.85	1511.45	1151.90	1219.62
地表水	Surface Water Resources	1651.68	773.52	1510.08	1150.65	1218.42
地下水	Grounwater Resources	353.81	243.41	349.30	337.00	330.48
人均水资源量（立方米/人）	Per Capita Water Resources(cu.m/person)	4480.19	2046.00	4047.78	3052.00	3027.00
用水总量（亿立方米）	Water Supply(100 million cu.M)	202.45	208.82	200.08	204.83	205.63
#农业	Agriculture	98.85	98.63	92.78	95.74	95.65
工业	Industry	81.26	83.45	75.74	75.00	86.71
生活	Living Consumption	21.05	26.74	28.46	30.92	20.09
废水排放总量（亿吨）	Waste Water Discharge(100 million ton)	23.85	31.62	25.63	25.91	26.06
化学需氧量排放量（万吨）	Discharge Amount of COD(10000 tons)	37.26	67.94	66.00	63.90	62.98
氨氮排放量（万吨）	Ammounia Nitrogen Discharge(10000 tons)	2.98	9.54	9.32	9.09	8.93
大气环境	**Atmosphere Environment**					
二氧化硫排放量（万吨）	Sulphur Dioxide Emission(10000 tons)	40.91	38.92	37.13	36.10	35.60
工业	Industry	39.12	37.03	35.24	34.20	33.76
城镇生活	Urban Living Consumption	1.78	1.88	1.89	1.90	1.83
集中式治理设施	Centralized Treatment Facilities		0.01			0.01
氮氧化物排放量（万吨）	Nitrogen and Oxide(10000 tons)		39.39	46.72	43.83	41.17
工业	Industry		39.13	36.09	33.06	30.13
城镇生活	Urban Living Consumption		0.24	0.24	0.24	0.24
集中式治理设施	Centralized Treatment Facilities		0.02			0.04
烟（粉）尘排放量（万吨）	Smoke Dust(10000 tons)		21.57	25.26	25.93	36.79
工业	Industry		20.99	23.40	24.05	34.92
城镇生活	Urban Living Consumption		0.58	0.92	0.98	0.97
固体废物	**Solid Waste**					

注：2011年废水排放总量、化学需氧量排放量、氨氮排放量包括农业源、集中式治理设施等，工业固体废物产生量及综合利用量只包含一般工业固体废物。

Note:In 2011 the Waste Water Discharge Amount, Chemical Oxygen Demand (COD) Emissions, Ammonia Nitrogen Emissions include only General Industrial Solid Waste.

19-1 续表

Continued

项目	Item	2010	2011	2012	2013	2014
工业固体废物产生量（万吨）	Industrial Solid Wastes Produced(10000 tons)	7486.58	4414.89	7719.54	8536.88	4843.90
工业固体废物综合利用量（万吨）	Industrial Solid Wastes Utilizeed(10000 tons)	6214.89	3024.33	6887.40	7412.47	4277.69
危险废物产生量（万吨）	Hazardous Wastes	8.01	10.31	10.36	21.23	28.23
生态环境	**Eco-Environment Protection**					
森林覆盖率（%）	Forest Coverage(%)	63.10	63.10	63.10	65.95	65.95
当年造林面积（万公顷）	Area of Reforestation of the Year(10000 hectare)	2.99	21.27	13.15	10.02	4.43
自然保护区数（个）	Number of Nature Reserves(unit)	92	92	93	93	90
#国家级	National Level	12	12	15	15	16
自然保护区面积（万公顷）	Area of Nature Reserves(10000 hectare)	45.36	45.40	47.16	47.13	44.80
自然灾害	**Natural Disaster**					
发生地质灾害起数（起）	Geological Disaster	4189	102	130	175	87
发生地震灾害次数（次）	Seismic Disaster(time)				5	0
海洋灾害发生次数（次）	Red Tide(time)	21	42	15	13	33
森林火灾次数（次）	Forest Fire(time)	131	412	92	132	130
环境污染治理投资	**Investment in the Treatment of Environmental Pollution**					
城市环境基础设施投资（亿元）	Investment in Urban Environmental Infrastructure(100 million yuan)	78.04	113.71	122.28	136.98	141.96
燃气	Gas Supply	6.08	3.14	5.06	3.79	16.53
排水	Drainage Works	14.54	42.78	19.29	31.90	43.28
园林绿化	Gardening and Greening	36.06	49.89	47.57	87.38	73.37
市容环境卫生	Environmental Sanitation	21.35	17.91	14.76	13.91	8.78
工业污染治理投资（亿元）	Investment Completed this Year(100 million yuan)	15.33	15.28	23.76	38.41	42.38
治理废水	Waste Water	7.09	6.27	10.29	13.96	11.77
治理废气	Waste Gas	4.98	6.34	5.22	13.09	18.35
治理固体废物	Solid Wastes	0.77	1.05	0.76	0.77	0.93
治理噪声	Noise Pollution	0.06	0.06	0.04	0.06	0.07

19-2 城市环境情况

Basic Statistics on City Enviroment

项目	Item	2010	2011	2012	2013	2014
城市个数（个）	**Number of Cities(unit)**	**23**	**23**	**23**	**23**	**23**
城区人口（万人）	**Population of City(10000 persons)**	**750.41**	**811.47**	**1074.66**	**1104.82**	**1134.15**
城市基础设施投资额（亿元）	**Investment on Fundation Facilities (100 million yuan)**	**385.08**	**464.02**	**510.90**	**472.32**	**481.89**
城市面积（平方公里）	**Area of City(sq km)**	**4361.84**	**4481.44**	**4500.88**	**4298.70**	**4318.09**
#建成区面积（平方公里）	Developed Area(sq.km)	1059.00	1129.96	1203.14	1263.18	1326.42
年底供水综合生产能力(万立方米/日)	**Production Capacity of Top Water Supply at the Year-end(10000 cu.m/day)**	**676.42**	**682.94**	**721.00**	**721.94**	**717.24**
全年供水总量（亿立方米）	Volume of Top Water Supply(100 million cu.m)	13.26	13.77	14.63	15.93	15.65
#生活用量	Water Consumption for Residential Use (100 million cu.m)	6.75	7.04	6.94	7.25	7.45
人均日生活用水量（升）	Per Capital Water Consumption for Residential Use(L)	186.62	188.18	178.37	180.87	180.98
用水普及率（%）	Percentage of Population with Access to Tap Water(%)	99.5	99.1	99.1	99.4	99.5
公交车标准运营车数（标台）	**Number of Standard Public Vehicles under Operation(set)**	**11917**	**13289**	**14313**	**15442**	**16642**
出租车运营车数（辆）	Number of Taxis under Operation at the Year-end(unit)	18684	19596	20783	22240	23384
煤气供应总量	**Gaswork Gas Supply**	**0.27**	**0.29**	**0.31**	**0.29**	**0.30**
#家庭用量（亿立方米）	Consumption of Gaswork Gas for Residential Use(100 million cu.m)	0.19	0.22	0.25	0.24	0.25
液化石油气家庭用量（万吨）	Consumption of Liguefied Petroleum Gas for Residential Use(10000 tons)	18.89	19.55	16.88	16.69	17.15
用气普及率（%）	Percentage of City Population with Access to Gas(%)	98.9	98.7	98.6	98.9	98.8
道路长度（公里）	**Length of Paved Roads(km)**	**6756**	**7238**	**8210**	**7808**	**7987**
道路面积（万平方米）	Area of Paved Roads(10000 sq.m)	12560	13908	15183	14799	15436
排水管道长度（公里）	Length of Sewage Pipes(km)	9686	10767	11483	12289	13495
建成区绿化覆盖面积（公顷）	**Green Areas of Developed City(hectare)**	**43385**	**46766**	**50569**	**54025**	**56767**
建成区绿化覆盖率（%）	Ratio of Green Areas to City Areas(%)	41.0	41.4	42.0	42.8	42.8
公园绿地面积（公顷）	Green Areas of Park(hectare)	10972	12111	13004	13891	14475
人均公园绿地面积（平方米）	Per Capita Public Green Areas(sq.m)	10.99	11.72	12.10	12.57	12.76
公园个数（个）	**Number of Parks and Zoos(unit)**	**392**	**451**	**495**	**529**	**557**
公园面积（公顷）	Area of Parks and Zoos(hectare)	8819	9681	10256	10906	11402
生活垃圾清运量（万吨）	**Volume of Garbage, Excrement and Urine Disposal(10000 tons)**	**417.30**	**433.52**	**493.81**	**551.81**	**598.89**
城市生活垃圾无害化处理率(%)	Percentage of Garbage Disposal with Standard(%)	92.0	94.6	96.4	98.2	97.9
城市污水处理率(%)	**Percentage of Sewage Disposal of City(%)**	**84.4**	**85.3**	**85.6**	**87.3**	**88.7**
城市污水处理厂集中处理率(%)	Percentage of Sewage Collection Disposal in Factory of City(%)	76.9	81.0	81.9	83.5	83.8

注：2011年以前城区人口不含城区暂住人口。
Note:Before 2011,Population of City is excluding Temporary Population.

19-3 农村环境情况

Basic Statistics on Rural Environment

项目	Item	2010	2011	2012	2013	2014
农村总户数（万户）	**Number of Rural Households(10000 household)**	**693.53**	**718.46**	**718.47**	**797.29**	**803.59**
累计卫生厕所户数（万户）	**Number of Households with Lavatories (10000 household)**	**552.68**	**614.12**	**635.62**	**722.90**	**737.26**
农村卫生厕所普及率（%）	**Pencentage of Villages with Access to Lavatories(%)**	**79.7**	**85.5**	**88.5**	**90.7**	**91.8**
当年新增无害化卫生厕所户数（万户）	**Number of Households with Newly Built Lavatories Current Year(10000 household)**	**45.77**	**62.26**	**22.01**	**23.17**	**14.39**
累计使用卫生公厕户数（万户）	**Number of Households with Public Lavatories (10000 household)**	**45.15**	**51.14**	**72.99**	**83.60**	**74.16**
当年用于改厕投资（万元）	**Investment on Rebuilt Lavatories Current Year (10000 yuan)**	**60429.77**	**51570.76**	**44381.76**	**39656.68**	**26515.25**
#国家	National	13134.26	6434.53	4359.28	3812.18	3812.18
集体	Collective	1754.08	2635.79	2138.45	2791.91	1723.46
个人	Individual	44536.20	42370.88	37679.80	32499.46	20621.61
其他	Others	1005.23	129.56	204.23	542.00	358.00
农村可再生能源利用情况	**Utilization of Repeat Energy in Rural**					
沼气池产气总量（亿立方米）	Marsh Gas Production(100 million cu.m)	2.44	2.29	2.36	2.15	2.07
农村户用沼气池（万口）	Number of Methane-generating Pits Used by Rural Household(10000 pits)	46.03	47.53	42.27	48.02	48.60
生活污水净化沼气池（处）	Methane-generating Pits Used for Waste Water Treatment(set)	1319	1319	1111	966	965

19-4 工业污染排放及处理利用情况

Emission and Treatment of Industrial Pollution

项目	Item	2010	2011	2012	2013	2014
企业基本情况	**Enterprises Status**					
汇总企业数（个）	Number of Enterprises(unit)	6080	5802	5740	5755	5767
工业废水	**Industrial Waste Water**					
工业用水总量（亿吨）	Total Volume of Water for Industrial Use (100 million tons)	79.33	96.43	60.36	68.63	72.94
废水治理设施数（套）	Number of Facilities for Treatment of Waste Water(sets)	3153	3429	3461	3503	3529
废水治理设施处理能力（万吨/日）	Handling Ability of Facilities for Treatment of Waste Water (10000 tons-day)	1135.44	961.62	736.03	682.06	718.38
废水治理设施设备运行费用（亿元）	Operation Expenditure of Facilities(100 million yuan)	12.68	15.94	16.17	15.23	17.35
工业废水排放量（万吨）	Volume of Waste Water Discharged(10000 tons)	124168.21	177185.62	106319.29	104657.99	102051.74
#直接排入环境的	Discharged Directly	59215.46	163335.15	94062.52	90584.55	87804.16
工业废水中污染物排放量（吨）	Volume of Pollutants in Waste Water Discharged(ton)					
汞	Hydrargyrum	0.06		0.02	0.01	0.01
镉	Cadmium	0.45	0.03	0.26	0.23	0.63
六价铬	Hexadic Chromium	62.13	0.29	2.77	3.09	2.14
铅	Plumum	2.05	0.50	3.03	3.07	3.68
砷	Arsenic	1.32	0.15	1.21	1.42	3.74
挥发酚	Volatile Hydroxybenzene	10.06	1.65	9.12	1.78	1.68
氰化物	Cyanide	58.95	0.74	6.01	4.31	3.46
化学需氧量	Volume of Oxygen Required chemically	82946.13	95915.30	90552.52	81168.97	77630.91
石油类	Petroleum	565.24	441.24	421.21	500.53	368.07
氨氮	Ammonia and Nitrogen	6613.60	7700.19	6757.88	6149.96	5494.27
工业废气	**Industrial Waste Gas**					
工业废气排放总量（亿标立方米）	Total Volume of Waste Gas Emission(100 million cu.m)		14972.89	14739.28	16183.33	18383.25
废气治理设施数（套）	Number of Facilities for Treatment for Waste Gas(sets)	6470	7592	7780	8071	8579
#脱硫设施数（套）	Number of Sulphur Removed Facilities (sets)	159	145	136	174	225
废气治理设施设备运行费用（亿元）	Expenditure on Facilities for Treatment of Waste Gas(100 million yuan)	23.73	28.39	30.56	41.03	42.22

注：2010年以前工业废水中直接排入环境的只含直接排入海的，2011年工业固体废物只含一般工业固体废物。

Note:Before 2010,Discharged Directly only contained Discharged Directly into sea.2011,Industrial Solid Wastes only contained ordinary Solid Wastes.

19-4 续表

Continued

项目	Item	2010	2011	2012	2013	2014
工业二氧化硫排放量（万吨）	Volume of Sulphur Dioxide Emission(10000 tons)		37.03	35.24	34.20	33.76
工业烟（粉）尘排放量（万吨）	Volume of soot Emission and Dust Emission (10000 tons)	24.01	20.99	23.40	24.05	34.92
工业固体废物	**Industrial Solid Wastes**					
工业固体废物产生量（万吨）	Volume of Industrial Solid Wastes Produced (10000 tons)	7486.58	4414.89	7719.54	8536.88	4843.90
工业固体废物综合利用量（万吨）	Volume of Industrial Solid Wastes Utilized in a Comprehesive way(10000 tons)	6214.89	3024.33	6887.40	7412.47	4277.69
综合利用往年贮存量（万吨）	Volume of Industrial Solid Wastes Accumulated in Previous Years and utilized in a Comprehesive way(10000 tons)	10.88	9.83	12.03	18.24	79.08
危险废物产生量（万吨）	Volume of Dangerous Wastes Produced (10000 tons)	8.01	10.31	10.36	21.23	28.23
危险废物综合利用量（万吨）	Volume of Dangerous Wastes Utilized in a Comprehesive way(10000 tons)	3.44	4.38	4.62	7.13	10.47
工业固体废物贮存量（万吨）	Volume of Industrial Solid Wastes Accumulated(10000 tons)	107.73	98.43	83.83	53.11	51.38
危险废物贮存量（吨）	Volume of Dangerous Wastes Accumulated (ton)	393.31	206.40	1699.47	49200.00	50004.31
工业固体废物处置量（万吨）	Volume of Industrial Solid Wastes Treated (10000 tons)	1181.14	1304.14	764.27	1093.48	585.08
#处置往年贮存量	Volume of Industrial Solid Wastes Treated, Which have been Accumulated in Previous years	8.55	4.99	4.09	4.01	0.21
危险废物处置量（万吨）	Volume of Dangerous Wastes Treated (10000 tons)	4.98	5.71	5.73	9.24	14.11
工业固体废物倾倒丢弃量（万吨）	Volume of Industrial Solid Wastes Discharged(10000 tons)	3.52	0.87	0.16	0.07	0.04

19-5 各设区市工业污染治理投资额

Investment on Industrial Pollution Treatment by City

单位：万元 (10000 yuan)

地区	Area	2005	2010	2011	2012	2013	2014
总　计	**Total**	**345431**	**153296**	**152834**	**237635**	**384150**	**423817**
福州市	Fuzhou	34416	11641	19186	24571	76812	16542
厦门市	Xiamen	65063	11854	14587	7868	17947	12129
莆田市	Putian	11679		690	1102	6735	80
三明市	Sanming	28978	14782	14543	19342	11049	9949
泉州市	Quanzhou	113684	96421	81336	149950	178570	330553
漳州市	Zhangzhou	78020	9054	3955	1432	61475	6257
南平市	Nanping	4687	3021	7683	7573	4319	3086
龙岩市	Longyan	3301	6323	10780	7031	4174	3142
宁德市	Ningde	5574	200	75	18766	23069	42079

19-6 设区市一般工业固体废物产生和处置情况(2014年)

Discharge and Treatment of Industrial Sold Waste by City(2014)

单位：万吨 (10000 tons)

项目	Item	工业固体废物产生量 Volume of Industrial Solid Wastes Produced	工业固体废物综合利用量 Industrial Solid Wastes Utilized	综合利用往年工业固体废物贮存量 Industrial Solid Wastes Utilized in Stocks	工业固体废物处置量 Volume of Industrial Solid Wastes Treated	处置往年工业固体废物贮存量 Industrial Solid Wastes Treated in Stocks	工业固体废物贮存量 Volume of Industrial Solid Wastes in Stocks	一般工业固体废物倾倒丢弃量 Volume of Industrial Solid Wastes Discharged
全　省	**Total**	**4834.90**	**4277.69**	**79.08**	**585.08**	**0.21**	**51.38**	**0.04**
福州市	Fuzhou	782.14	750.62		31.21		0.32	
厦门市	Xiamen	103.19	101.08	7.71	7.96	0.18	2.04	
莆田市	Putian	72.95	67.53		5.43	0.02		
三明市	Sanming	843.10	760.74	6.50	65.65		23.21	
泉州市	Quanzhou	759.75	741.81	0.05	6.27		11.72	
漳州市	Zhangzhou	302.16	296.64		4.56	0.01	0.97	
南平市	Nanping	259.00	153.16	0.01	105.83		0.02	
龙岩市	Longyan	1422.54	1128.05	64.81	346.16		13.10	0.04
宁德市	Ningde	289.98	277.98		12.00			
平潭综合实验区	Pintan	0.09	0.09					

19-7 设区市废气排放情况(2014年)

单位：吨

项目	Item	二氧化硫排放量 Sulfur Dioxide	工业 Industry	城镇生活 Urban Living Consumption	集中式治理设施 Centralized Treatment Facilities	氮氧化物排放量 Nitrogen and Oxide	工业 Industry
全　省	**Total**	**355957**	**337632**	**18314**	**11**	**411662**	**301289**
福州市	Fuzhou	57665	56385	1279	1	94127	71392
厦门市	Xiamen	16328	16144	181	3	30984	9350
莆田市	Putian	10482	9075	1406		19173	13654
三明市	Sanming	47042	43586	3456		43127	35683
泉州市	Quanzhou	113899	110699	3195	4	86436	67672
漳州市	Zhangzhou	38445	37650	795		64042	52951
南平市	Nanping	21067	18334	2732	1	15234	6770
龙岩市	Longyan	33425	29006	4418	1	43419	33840
宁德市	Ningde	17553	16706	846		15100	9961
平潭综合实验区	Pintan	51	46	5		17	17

19-8 设区市废水排放情况(2014年)

项目	Item	废水排放总量（万吨） Waste Water Discharge (10000 tons)	工业 Industry	城镇生活 Urban Living Consumption	集中式治理设施 Centralized Treatment Facilities	化学需氧量排放量（吨） Discharge Amount of COD (ton)	工业 Industry
全　省	**Total**	**260579.22**	**102051.74**	**158309.88**	**217.60**	**629822**	**77631**
福州市	Fuzhou	37833.80	4680.83	33077.00	75.97	104578	4837
厦门市	Xiamen	50786.23	27380.38	23390.85	15.00	39303	3617
莆田市	Putian	12766.58	2633.19	10126.79	6.60	41313	4461
三明市	Sanming	20996.44	12090.51	8884.40	21.54	51892	13564
泉州市	Quanzhou	55908.86	19257.94	36623.01	27.91	122519	22432
漳州市	Zhangzhou	41130.35	23963.26	17142.44	24.65	101784	9449
南平市	Nanping	15559.20	7216.09	8323.35	19.77	62230	12398
龙岩市	Longyan	13978.54	3314.95	10647.51	16.08	59330	2723
宁德市	Ningde	10476.90	1496.75	8970.06	10.09	42100	4050
平潭综合实验区	Pintan	1142.32	17.86	1124.46		4773	99

Waste Gas Discharge by City(2014)

(ton)

城镇生活 Urban Living Consumption	机动车 Indicator	集中式治理设施 Centralized Treatment Facilities	烟（粉）尘排放量 Smoke Dust	工业 Industry	城镇生活 Urban Living Consumption	机动车 Indicator	集中式治理设施 Centralized Treatment Facilities
2357	**107978**	**37**	**367903**	**349196**	**9673**	**9027**	**7**
169	22562	4	108291	105713	547	2030	1
66	21557	12	6405	4561	85	1758	1
452	5068		6715	5232	1055	428	
99	7346	1	75660	73165	1920	575	
558	18196	11	71594	68355	1769	1467	3
117	10974		26044	24684	468	892	
307	8152	5	17252	15370	1213	669	
520	9055	5	41435	38573	2079	782	1
70	5069		14485	13524	534	427	
1			21	19	3		

Waste Water Discharge by City(2014)

农业 Agriculture	城镇生活 Urban Living Consumption	集中式治理设施 Centralized Treatment Facilities	氨氮排放量（吨） Ammounia Nitrogen Discharge (ton)	工业 Industry	农业 Agriculture	城镇生活 Urban Living Consumption	集中式治理设施 Centralized Treatment Facilities
204819	**343224**	**4148**	**89343**	**5494**	**31314**	**52125**	**410**
33090	65889	763	15541	360	5807	9315	59
13167	22430	89	7310	96	1792	5409	13
12192	24620	40	5961	230	1896	3828	7
12816	25030	483	6342	1370	1586	3338	48
14390	85494	203	16538	1530	2068	12922	17
43265	48704	366	13326	469	5769	7051	38
23058	26076	698	7126	824	2735	3473	93
38551	17345	710	7887	474	4360	2984	68
12672	24581	796	8424	137	4891	3329	66
1619	3055		888	4	410	475	

主要统计指标解释

水资源总量　一定区域内的水资源总量指当地降水形成的地表和地下产水量，即地表径流量与降水入渗补给量之和，不包括过境水量。

地表水资源量　指河流、湖泊、冰川等地表水体中由当地降水形成的、可以逐年更新的动态水量，即天然河川径流量。

地下水资源量　指当地降水和地表水对饱水岩土层的补给量。

地表水与地下水资源重复量　指地表水和地下水相互转化的部分，即在河川径流量中包括一部分地下水排泄量，地下水补给量中包括一部分来源于地表水的入渗量。

供水总量　指各种水源工程为用户提供的包括输水损失在内的毛供水量。

用水总量　指分配给用户的包括输水损失在内的毛用水量。按用户特性分为农业、工业、生活和生态用水四大类。

农业用水　包括农田灌溉和林牧渔业用水。林牧渔业用水指林果地灌溉、草地灌溉和鱼塘补水。

工业用水　按新水取用量计，不包括企业内部的重复利用水量。

生活用水　包括城镇生活用水和农村生活用水。城镇生活用水由居民用水和公共用水（含服务业、商饮业、货运邮电业及建筑业等用水）组成；农村生活用水除居民生活用水外，还包括畜用水在内。

城镇生活污水排放量　指城镇居民每年排放的生活污水。用人均系数法测算。测算公式为：

城镇生活污水排放量=城镇生活污水排放系数×市镇非农业人口×365

城镇生活污水中化学需氧量（COD）产生量　指城镇居民每年排放的生活污水中的COD的产生量。用人均系数法测算。测算公式为：

城镇生活污水中 COD 产生量=城镇生活污水中 COD 产生系数×市镇非农业人口×365

化学需氧量（COD）　测量有机和无机物质化学所消耗氧的质量浓度的水污染指数。

工业固体废物产生量　指报告期内企业在生产过程中产生的固体状、半固体状和高浓度液体状废弃物的总量，包括危险废物、冶炼废渣、粉煤灰、炉渣、煤矸石、尾矿、放射性废物和其他废物等；不包括矿山开采的剥离废石和掘进废石(煤矸石和呈酸性或碱性的废石除外)。酸性或碱性废石指采掘的废石其流经水、雨淋水的 pH 值小于 4 或 pH 值大于 10.5 者。

危险废物　指列入国家危险废物名录或根据国家规定的危险废物鉴别标准和鉴别方法认定的，具有爆炸性、易燃性、易氧化性、毒性、腐蚀性、易传染疾病等危险特性之一的废物。

工业固体废物综合利用量　指报告期内企业通过回收、加工、循环、交换等方式，从固体废物中提取或者使其转化为可以利用的资源、能源和其他原材料的固体废物量(包括当年利用往年的工业固体废物贮存量)，如用作农业肥料、生产建筑材料、筑路等。综合利用量由原产生固体废物的单位统计。

工业固体废物综合利用率　指工业固体废物综合利用量占工业固体废物产生量(包括综合利用往年贮存量)的百分率。计算公式为：

工业固体废物综合利用率=工业固体废物综合利用量/（工业固体废物产生量+综合利用往年贮存量）×100%

工业固体废物贮存量　指报告期内企业以综合利用或处置为目的，将固体废物暂时贮存或堆存在专设的贮存设施或专设的集中堆存场所内的数量。专设的固体废物贮存场所或贮存设施必须有防扩散、防流失、防渗漏、防止污染大气、水体的措施。

工业固体废物处置量　指报告期内企业将固体废物焚烧或者最终置于符合环境保护规定要求的场所，并不再回取的工业固体废物量(包括当年处置往年的工业固体废物贮存量)。处置方式有填埋(其中危险废物应安全填埋)、焚烧、专业贮存场(库)封场处理、深层灌注、回填矿井及海洋处置(经海洋管理部门同意投海处置)等。

工业固体废物排放量

指报告期内企业将所产生的固体废物排到固

体废物污染防治设施、场所以外的数量，不包括矿山开采的剥离废石和掘进废石(煤矸石和呈酸性或碱性的废石除外)。

生活垃圾清运量　指报告期内收集和运送到垃圾处理厂(场)的生活垃圾数量。生活垃圾指城市日常生活或为城市日常生活提供服务的活动中产生的固体废物以及法律行政规定的视为城市生活垃圾的固体废物。包括：居民生活垃圾、商业垃圾、集市贸易市场垃圾、街道清扫垃圾、公共场所垃圾和机关、学校、厂矿等单位的生活垃圾。

生活垃圾无害化处理率　指报告期生活垃圾无害化处理量与生活垃圾产生量比率。在统计上，由于生活垃圾产生量不易取得，可用清运量代替。计算公式为：

生活垃圾无害化处理率=生活垃圾无害化处理量/生活垃圾产生量×100%

环境污染治理投资　指在工业污染源治理和城市环境基础设施建设的资金投入中，用于形成固定资产的资金。包括工业新老污染源治理工程投资、建设项目“三同时”环保投资，以及城市环境基础设施建设所投入的资金。

Explanatory Notes on Main Statistical Indicators

Total Water Resources refers to total volume of water resources measured as run-off for surface water from rainfall and recharge for groundwater in a given area, excluding transit water.

Surface Water Resources refers to total renewable resources which exist in rivers, lakes, glaciers and other collectors from rainfall and are measured as run-off of rivers.

Groundwater Resources refers to replenishment of aquifers with rainfall and surface water.

Duplicated Measurement Between Surface Water and Groundwater refers to mutual exchange between surface water and groundwater, i.e. run-off of rivers includes some depletion with groundwater while groundwater includes some replenishment with surface water.

Water Supply refers to gross water supply by supply systems from sources to consumers, including losses during distribution.

Water Use refers to gross water use distributed to users, including loss during transportation, broken down with use by agriculture, industry, living consumption and biological protection.

Water Use by Agriculture includes uses of water by irrigation of farming fields and by forestry, animal husbandry and fishing. Water use by forestry, animal husbandry and fishing includes irrigation of forestry and orchards, irrigation of grassland and replenishment of fishing pools.

Water Use by Industry refers to new withdrawals of water, excluding reuse of water within enterprises.

Water Use by Living Consumption includes use of water for living consumption in both urban and rural areas. Urban water use by living consumption is composed of household use and public use (including services, commerce, restaurants, cargo transportation, posts, telecommunication and construction). Rural water use by living consumption includes both households and animals.

Urban Non-industrial Waste Water Discharge refers to annual discharge of non-industrial waste water by urban households. It is estimated by per capita coefficient using the formula:

Urban non-industrial waste water discharge = urban non-industrial waste water discharge coefficient urban non-agricultural population 365

Volume of Chemical Oxygen Demand (COD) Generated by Urban Non-industrial Waster Water refers to chemical oxygen demand generated through the annual discharge of non-industrial waste water by urban households. It is estimated as:

Volume of chemical oxygen demand (cod) generated by urban non-industrial waster water = Coefficient of COD generated through urban non-industrial waste water× urban non-agricultural population ×365

Chemical Oxygen Demand (COD) refers to index of water pollution measuring the mass concentration of oxygen consumed by the chemical breakdown of organic and inorganic matter.

Industrial Solid Wastes Produced refers to total volume of solid, semi-solid and high concentration liquid residues produced by industrial enterprises from production process in a given period of time, including hazardous wastes, slag, coal ash, gangue, tailings, radioactive residues and other wastes, but excluding stones stripped or dug out in mining (gangue and acid or alkaline stones not included). A stone is acid or alkaline depending on the pH value of the water below 4 or above 10.5 when the stone is in, or soaked by, the water.

Hazardous Wastes refers to those included in the national hazardous wastes catalogue or specified as any one of the following properties in the national hazardous wastes identification standards: explosive, ignitable, oxidizable, toxic, corrosive or liable to cause infectious diseases or lead to other dangers.

Industrial Solid Wastes Utilized refers to volume of solid wastes from which useful materials can be extracted or which can be converted into usable resources, energy or other materials by means of reclamation, processing, recycling and exchange (including utilizing in the year the stocks of industrial solid wastes of the previous year). Examples of such utilizations include fertilizers, building materials and road materials. The information shall be collected by the producing units of the wastes.

Ratio of Industrial Solid Wastes Utilized refers to the percentage of industrial solid wastes utilized over industrial solid wastes produced (including stocks of the previous years). It is calculated as:

Ratio of industrial solid wastes utilized = volume of industrial solid wastes utilized / (industrial solid wastes produced + stock of previous years) 100%

Stocks of Industrial Solid Wastes refers to volume of solid wastes placed in special facilities or special sites for purposes of utilization or disposal. The sites or facilities should take measures against dispersion, loss, seepage, and air and water contamination.

Industrial Solid Wastes Disposed refers to quantity of industrial solid wastes which are burnt or placed ultimately in the sites meeting the requirements for environmental protection and not salvaged or recycled (including disposition in the year of those wastes of previous years). The disposition includes landfill (Safe landfills should be conducted for hazardous wastes), incineration, containment spaces, deep underground disposal, backfill in mining pits and disposal at sea.

Industrial Solid Wastes Discharged refers to volume of industrial solid wastes discharged by producing enterprises to disposal facilities or to other sites. The wastes exclude stones stripped or dug from mining (gangue and acid or alkaline waste stones not included).

Consumption Wastes Transported refers to volume of consumption wastes collected and transported to disposal factories or sites. Consumption wastes are solid wastes produced from urban households or from service activities for urban households, and solid wastes regarded by laws and regulations as urban consumption wastes, including those from households, commercial activities, markets, cleaning of streets, public sites, offices, schools, factories, mining units and other sources.

Ratio of Consumption Wastes Treated refers to consumption wastes treated over that produced. In practical statistics, as it is difficult to estimate, the volume of consumption wastes produced is replaced with that transported. It is calculated as:

Ratio of consumption wastes treated = (consumption wastes treated / consumption wastes produced) ×100%

Investment in Environment Pollution Harnessing Projects refers to the proportion of investment in fixed assets in the total investment in harnessing industrial pollution and in the construction of urban environment infrastructure facilities. It includes investment in harnessing sources of industrial pollution, investment in environment protection facilities designed concurrently with construction projects, and investment in urban environment infrastructure facilities.

第二十篇　公共管理及其他社会活动

Chapter　20　Publish Administration and Others

资料整理：廖捷

Database Editor:Liaojie

简要说明

本篇资料的主要内容及来源

本篇主要反映全省社会福利，司法情况、交通事故、火灾事故等情况。主要内容包括社会福利事业的单位机构、社会福利救济、婚姻状况等。

本篇资料来源于省人力资源和社会保障厅、省民政厅、省司法厅、省安监局等。

本篇资料由省统计局社会和科技统计处整理提供。

Brief Introduction

Main Content and Source of Data

This chapter contain information that reflect the condition and natural resources and data on development of environment protection ,Social welfare ,the judicial conditions, basic statistics on traffic accidents and fires etc in Fujian. including natural resources and natural condition, total water resources ,atmospheric environment, solid waste, environment noise , eco- environment protection , natural disasters and investments in the treatment of environmental pollution control ; the number of institutions and personnel, social welfare relief, and marital status etc.

The above mentioned data are provide By the Provincial Human Resource and Social Guarantee Bureau,the Provincial Department of Civil Affairs and the Department of Public Security, the Provincial Meteorological Bureau,the Provincial Safety Supervision and Administration Bureau.

Data in this chapter are provided and compiled by the Division of Social, Science and Technology Statistics of Fujian Provincial Bureau of Statistics.

20-1 婚姻登记情况(2000-2014年)

Statistics of Marriages(2000-2014)

单位：对

年份 Year	结婚登记对数 Total number of Registered Marriages	内地居民登记结婚 Registered Marriages of Mainland	涉外及华侨、港澳台居民登记结婚 Regisered Marriages with Foreigner and the Citizen of Hong Kong,Macao,Taiwan	离婚登记对数 Total Number of Divorces	内地居民登记离婚 Divorces Marriages of Mainland	涉外及华侨、港澳台居民登记离婚 Divorces with Foreigner and the Citizen of Hong Kong,Macao,Taiwan
2000	261314	246171	15143	12035	11982	53
2001	252815	231327	21488	11546	11392	154
2002	256323	236695	19628	15321	15175	146
2003	280770	256112	24658	21541	21058	483
2004	294973	279488	15485	26515	25553	962
2005	272172	258551	13621	25786	23536	2250
2006	328698	314784	13914	35227	33759	1468
2007	350877	342916	7961	32646	30112	2534
2008	364892	356814	8078	33251	31414	1837
2009	360613	351989	8624	41441	40272	1169
2010	378792	371045	7747	43935	42703	1232
2011	382772	372761	10011	48413	47132	1281
2012	381887	371041	10846	56815	55467	1348
2013	395926	386043	9883	65007	63749	1258
2014	375330	368993	6337	70341	69168	1173

注：离婚对数不包括法院判决数。

Note:Number of divorce not including court number

20-2 社会救济与捐赠情况(2010-2014年)

Statistics of Social Relief and Donation(2010-2014)

项目	Item	2010	2011	2012	2013	2014
社会救济	**Social Relief**					
城镇居民最低生活保障人数（人）	Number of Family Receiving Minimum Living Allowance in Urban Areas(household)	181530	181207	168517	157694	146613
#女性	Female	59498	60011	58416	57541	53919
#残疾人	Disabled Persons	19764	20381	22345	22311	21615
#"三无"人员	Persons without Stable Residence, Employment and Identity	8741	8535	7607	6867	5320
#老年人	Old People	35936	35489	37339	34193	32556
城市居民最低保障家庭数（户）	Number of Family Receiving Minimum Living Allowance in Urban Areas(household)	84876	88082	84703	83057	82466
城市低保资金全年计划支出（万元）	The Annual Plan Expenditure of Minimum Living Allowance in Urban Areas(10000 yuan)	28851	33056	39978	52708	52929
农村最低生活保障人数（人）	Number of Persons Receiving Minimum Living Allowance in Rural Areas(person)	713217	727205	735322	736542	739188
#老年人	Old People	174188	200430	204802	207123	221104
#女性	Female	194465	200709	229415	244181	252564
#未成年人	Minors	80935	82477	83569	83482	78101
#残疾人	Disabled Persons	85429	85513	91048	103213	107910
农村居民最低生活保障家庭数（户）	Number of Family Receiving Minimum Living Allowance in Rural Areas(household)	305692	323718	337021	358562	378008
社会捐赠	**Social Donation**					
直接接受捐赠情况	**Donation Directing Received**					
捐赠款数额（万元）	Donated Funds(10000 yuan)	124204.40	95367.10	41928.40	32747.00	8476.90
捐赠其他物资价值（万元）	Valus of Other Materials Donated(10000 yuan)	294.00	11071.80	4163.10	6147.20	5044.80
间接接受捐赠情况	**Donation Indirectly Received**					
捐赠款数额（万元）	Donated Funds(10000 yuan)	5277.90	801.90	4126.10	1631.20	163.70
捐赠其他物资价值（万元）	Valus of Other Materials Donated(10000 yuan)	1.20		14400.60	19519.30	20.00
受益人数（次）	**Persons Receiving Donation(time)**	**162286**	**163221**	**105073**	**190948**	**192626**
社会接收工作站、点数（个）	**Working Stations for Social Donation(unit)**	**1233**	**1123**	**804**	**805**	**791**

注：2014年社会捐赠不含福建省慈善总会数据。
Note:The Social Donation is exclusive of the data of Fujian Charity Federation.

20-3 收养类社会福利事业单位机构情况(2010-2014年)

Basic Statistics on Social Welfare of Institutions(2010-2013)

单位：个 (unit)

项目	Item	2010	2011	2012	2013	2014
收养性社会福利单位	**Adopting Social Welfare Institutions**	**839**	**1054**	**1229**	**1095**	**355**
#城市养老服务机构	City endowment service agencies	68	129	153	171	112
农村养老服务机构	Rural endowment service agencies	601	739	820	767	94
光荣院	Homes for Disabled Veterans	58	57	57	56	50
社会福利院	Social Welfare Homes	85	70	73	73	69
儿童福利院	Baby Welfare Homes	9	9	10	10	12
福利类精神病院和医院	Welfare psychiatric hospitals	14	15	15	14	14
复退军人精神病院	Mental Hospitals for Veterans	3	2	2	3	3
荣誉军人康复医院	Convalescent Hospitals for Honour Armymen	1	1	1	1	1

注：2014年农村养老服务机构中不含未登记的乡镇敬老院。
Note:The Rural endowment service agencies excludes village Gerocomium.

20-4 收养类社会福利事业单位情况(2014年)

Basic Statistics on Adopting Social Welfare Institutions(2014)

项目	Item	床位数（张） Number of Beds (set)	年末收养人数（人） Number of Persons Housed in the year-end (person)	康复和医疗门诊人次数（次） Times of Rehabilitation Medical Clinics(time)
收养性社会福利单位	Adopting Social Welfare Institutions	46533	22176	247528
#城市养老服务机构	City endowment service agencies	21163	10038	7088
农村养老服务机构	Rural endowment service agencies	5791	2483	207
光荣院	Homes for Disabled Veterans	1786	881	1062
社会福利院	Social Welfare Homes	11680	3903	60765
儿童福利院	Baby Welfare Homes	1554	921	110
福利类精神病院和医院	Welfare psychiatric hospitals	3623	3165	162765
复退军人精神病院	Mental Hospitals for Veterans	686	652	13000
荣誉军人康复医院	Convalescent Hospitals for Honour Armymen	250	133	2531

20-5 主要年份社会保险情况

Basic Statistics on Social Insurance in Selected Years

项目	Item	2010	2013	2014
养老保险	**Pension Insurance**			
城镇企业职工养老保险	**Pension Insurance for Staff and Workers of Urban Enterprises**			
期末参加基本养老保险职工人数（万人）	Number of Employment Covered at the Year-end(10000 persons)	466.88	620.99	648.70
期末参加基本养老保险离退休人数（万人）	Retiress as Covered at the Year-end(10000 persons)	93.33	111.60	118.27
基本养老保险基金收入（亿元）	Revenue(100 million yuan)	149.55	324.08	362.95
基本养老保险基金支出（亿元）	Expenses(100 million yuan)	135.85	253.38	293.49
基本养老保险基金累计结余（亿元）	Balance(100 million yuan)	104.63	356.95	426.41
机关事业单位养老保险	**Pension Insurance for Government Agencies and Institutions**			
期末参加基本养老保险职工人数（万人）	Number of Staff Covered at the Year-end(10000 persons)	54.93	58.67	59.41
期末参加基本养老保险离退休人数（万人）	Number of Retirees at the Year-end(10000 persons)	20.13	21.55	21.89
基本养老保险基金收入（亿元）	Revenue(100 million yuan)	55.32	88.20	90.32
基本养老保险基金支出（亿元）	Expenses(100 million yuan)	52.65	85.28	85.42
基本养老保险基金累计结余（亿元）	Balance(100 million yuan)	36.60	58.92	63.85
城乡居民社会养老保险	**Social Endowment Insurance in Urban and Rural**			
期末参加基本养老保险的居民人数（万人）	Number of Staff Covered at the Year-end(10000 persons)		1467.16	1473.01
基本养老保险基金收入（亿元）	Revenue(100 million yuan)		48.93	58.14
基本养老保险基金支出（亿元）	Expenses(100 million yuan)		29.56	39.43
基本养老保险基金累计结余（亿元）	Balance(100 million yuan)		63.89	82.61
医疗保险	**Insurance for Medical Care**			
期末参加基本医疗保险人数（万人）	Number of Staff Covered at the Year-end(10000 persons)	1226.25	1283.78	1292.97
城镇职工	Urban Workers	554.67	703.00	737.25
城镇居民	Urban Non-Retirees employment	671.58	580.78	555.72
基本医疗保险基金收入（亿元）	Revenue(100 million yuan)	113.72	206.76	235.93
城镇职工	Urban Workers	106.22	190.65	216.24
城镇居民	Urban Non-Retirees employment	7.50	16.11	19.69
基本医疗保险基金支出（亿元）	Expenses(100 million yuan)	96.01	148.66	175.52
城镇职工	Urban Workers	88.96	133.57	158.36
城镇居民	Urban Non-Retirees employment	7.05	15.09	17.16
基本医疗保险基金累计结余（亿元）	Balance(100 million yuan)	174.86	304.70	365.60
城镇职工	Urban Workers	169.99	294.36	352.24
城镇居民	Urban Non-Retirees employment	4.87	10.34	13.36

20-5 续表
Continued

项目	Item	2010	2013	2014
基本医疗保险基金收缴率（%）	Insurance Paid Rate(%)	99.29	99.52	99.56
新型农村合作医疗保险	**New Type of Rural Social Pension Insurance**			
期末参加新型农村合作医疗保险人数（万人）	Number of Rural Social Pension Insurance at the Year-end (10000 persons)	2404.20	2492.06	2531.42
参合率（%）	Insurance Rate(%)	98.13	99.92	99.88
基金筹资总额（亿元）	Revenue(100 million yuan)	36.54	87.27	101.37
基本医疗保险基金支出（亿元）	Expenses(100 million yuan)	31.87	91.51	99.60
失业保险	**Unemployment Insurance**			
期末参加失业保险人数（万人）	Number of Population Covered at the Year-end(10000 persons)	374.18	496.66	524.08
期末领取失业保险金人数（万人）	Number of Beneficiaries Unemployment Insurance at the Year-end(10000 persons)	3.17	4.20	4.46
失业保险基金收入（亿元）	Revenue(100 million yuan)	11.63	29.99	34.80
失业保险基金支出（亿元）	Expenses(100 million yuan)	5.60	9.67	9.99
失业保险基金累计结余（亿元）	Balance(100 million yuan)	52.25	103.21	128.02
工伤、生育保险	**Insurance for Work Injury and Maternity**			
期末参加工伤保险的职工人数（万人）	Contributors of Work Injury Insurance at the Year-end (10000 persons)	417.74	607.55	627.33
工伤保险基金收入（亿元）	Revenue of Work Injury Insurance(100 million yuan)	5.90	15.81	21.97
工伤保险基金支出（亿元）	Expenses of Work Injury Insurance(100 million yuan)	2.86	8.34	10.62
工伤保险基金累计结余（亿元）	Balance of Work Injury Insurance(100 million yuan)	22.37	40.11	46.57
期末参加生育保险的职工人数（万人）	Beneficiaries of Maternity at the Year-end(10000 persons)	374.41	539.55	556.73
生育保险基金收入（亿元）	Revenue of Maternity Insurance(100 million yuan)	4.32	12.54	13.38
生育保险基金支出（亿元）	Expenses of Maternity Insurance(100 million yuan)	2.95	8.16	9.15
生育保险基金累计结余（亿元）	Balance of Maternity Insurance(100 million yuan)	8.18	17.96	22.72
商业保险	Commercial Insurance			
人身保险保费收入金额（亿元）	Personal Insurance Revenue(100 million yuan)	290.87	358.81	434.11
人身保险赔偿支出金额（亿元）	Personal Insurance Expenses(100 million yuan)	37.46	77.06	84.85
财产保险保费收入金额（亿元）	Poroperty Insurance Revenue(100 million yuan)	132.74	216.04	251.71
财产保险赔偿支出金额（亿元）	Poroperty Insurance Expenses(100 million yuan)	65.44	110.26	130.14

20-6 老龄事业发展情况(2010-2014年)

Basic Statistics on Old People(2010-2014)

项目	Item	2010	2011	2012	2013	2014
老年人口数（人）	**Number of Old People(person)**					
60岁以上	60 and over	3743614	3912192	4193028	4949944	4924740
65岁以上	65 and over	2878658	2812026	2854153	3346830	3269889
80岁以上	80 and over	623331	778366	727381	851698	781655
100岁以上	100 and over	1391	1340	1458	1793	1732
老年维权	**Old People's Right-safeguarding**					
老年法律援助中心（个）	Old People Legal aid center(unit)	891	1048	1064	1350	1013
维权协调组织数（个）	Numbers of Right-safeguarding(unit)	1851	2376	2601	2208	1642
老年服务设施	**Old People Service Equipment**					
老年活动站/中心/室数（个）	Action Stations，Center，Room number(unit)	15166	15493	15433	17471	17035
老年福利	**Elderly Welfare**					
享受高龄补贴的老年人数（人）	Numbers of Age Allowance Old People(person)	197587	162359	238657	273021	366736
老年医疗护理机构	**Old People Medical care**					
老年医院（个）	Old People Hospitals(unit)	38	40	45	61	55
#床位数（张）	Beds(set)	2115	2487	2800	3752	3407
老年临终关怀医院（个）	Old People Hospice care Hospitals(unit)	6	5	31	43	41
#床位数（张）	Beds(set)	844	448	1653	2168	1818
年底在院人数（人）	Numbers of Old People in Hospital(person)	396	229	856	902	949
老年群众组织	**Mass organizations of Old People**					
老年协会（个）	Elderly association(unit)	13827	13903	14241	16144	15667
参加人数（人）	Number of attendees(person)	2243303	2225801	2225333	2027647	2109225
老年基金会（个）	Elderly Foundation(unit)	470	398	345	328	356
事业投入经费（万元）	Funds(10000 yuan)	3370	7490	6236	6139	7801
其他老年社团组织（个）	Other Mass organizations(unit)	1164	1467	1395	2581	833
参加人数	Number of attendees	261839	285734	279452	410984	251672
老年教育	**Older Education**					
老年大学个数（个）	Number of Older University (unit)	11268	8341	9974	11808	11731
在校人数（人）	Number of Old People Enrollment(person)	592429	627212	730819	943389	924290

20-7 主要年份律师 公证 调解工作情况

Basic Statistics on Lawyers, Notarization and Mediation in Select year

项目 Item	2000	2005	2010	2013	2014
律师工作 Lawyers					
律师事务所（个） Number of Law Office(unit)	269	333	454	564	607
专职律师（人） Full-time Lawyers(person)	1803	3115	4455	5960	6581
兼职律师（人） Part-time Lawyers(person)	544	230	332	400	404
聘请常年法律顾问单位（个） Number of Units with Permanent Legal Advisors(unit)	8384	9889	12876	13339	15493
律师业务情况 Status of Lawyers'Business					
民事诉讼（件） Civil Cases(case)	41213	56352	78765	85758	108258
行政诉讼（件） Administrative Action(case)	2321	2221	2280	2185	2963
非诉讼法律事务（件） Agent of Non-Litigious Legal Affairs(case)	14649	12259	10331	18079	13488
解答法律咨询和代写法律事务文书（件） Agent of Legal Advisory Services (cases)	139391	129436	148256	148156	163599
公证工作 Notarization					
公证处（个） Number of Notary Offices(unit)	95	94	90	90	90
公证人员（人） Notarial Personnel(person)	612	644	726	874	913
#公证员 Notaries	397	373	374	389	399
办理公证书（件） Number of Notarized Documents(piece)	400748	418052	422154	441989	458320
国内公证 Domestic Notarization	108344	79364	130143	196209	201469
涉外及港澳台 Notarization of Foreign-related,Hongkong, Macao & Taiwan Affairs	292404	338688	292011	245780	256851
调解工作 Number of Mediation					
人民调解委员会（个） Number of People's Mediation Committees(unit)	17180	18354	18868	19404	19650
调解人员（万人） Number of Mediators(10000 persons)	26.16	19.15	12.40	10.69	9.54
调解纠纷（万件） Number of Disputes Mediated(10000 cases)	15.87	14.52	15.30	13.68	15.86
专职司法助理员（人） Number of Full-time Judicial Assistants(person)	1103	1356	1842	2346	2496

注：1.调解纠纷数不含口头达成协议。2.民事诉讼代理已包括经济诉讼代理.

Note:a)Disputes Mediated do mot exclude those mediated by oral agreements. b)The data Number of Lawyers in 2007 is the number of lawyers with license.

20-8 国内公证业务分类情况（2014年）

Domestic Notarial Services by Type(2014)

单位：件 (piece)

项目	Item	办证件数 Number of Certificates Handling	项目	Item	办证件数 Number of Certificates Handling
合计	**Total**	**202133**	现场监督	Supervision	2550
合同（协议）	Contract(Agreement)	22116	#招标投标	Tendering and Bidding	1691
#买卖合同	Sales contract	4319	拍卖	Auction	282
赠与合同	Gift contract	6147	开奖、评选	Lottery and Selection	33
借款合同	Loan contract	1006	公司会议	Company meeting	38
租赁合同	Lease contract	30	抽签（摇号）	Draw	239
承揽合同	Hired work contract	2	保全证据	Evidence preservation	7264
建设工程合同	Construction project contract	209	公司章程	Article of association	59
委托合同	Agency appointment contract	2503	组织资格	Organize qualification	166
担保合同	Guaranty contract	362	财产权	Property right	26
土地使用权合同	Land user contract	177	身份	Identity	188
知识产权合同	IPR Contract	5	收养关系	Adoptive relationship	66
承包合同	The contract	13	婚姻状况	Marital status	326
企业经营合同	Business contract	206	亲属关系	Kinship	2083
劳动（劳务）合同	Labor contract	44	有无违法犯罪记录	Illegal and criminal record	367
其他合同	Other contract	811	其他有法律意义事实	Other legal facts	3262
合伙协议	Partnership agreement	132	#出生	Birth	293
财产分割协议	Division of property agreement	756	死亡	Death	193
财产约定协议	Property agreement	967	生存、居住	Survival and living	67
扶养协议	Maintenance agreement	813	学历（学位）	Degree	193
出国留学协议	Studying abroad agreement	19	经历	Experience	120
拆迁安置协议	Resettlement agreement	75	职务（职称）	Title	49
赔偿协议	Compensation agreement	31	证书（执照）	Certificate(license)	971
还款协议	Repayment agreement	240	签名（印章）	Certificate	29679
继承	Inheritance	24043	文本相符	Text consistent	13474
单方法律行为	Unilateral legal act	77377	赋予执行效力	Effectiveness	3842
#委托	Delegation	50287	执行证书	Perform certificate	471
声明	Statement	18060	抵押登记	Mortgage registration	495
赠与	Bestowal	2406	提存	Escrow	161
遗嘱	Testament	1957	保管	Safekeeping	1
保证（担保）	Guaranty	765	其他	Others	12482
承诺（要约）	Promise	29			

20-9 主要年份安全生产事故起数、损失额及伤亡情况

Number of Case,Damage and Death of Work Safety Accidents in Selected Years

项目	Item	2000	2005	2010	2013	2014
事故起数（起）	**Number of Accident Case(unit)**	**65161**	**35249**	**16743**	**12110**	**11141**
#工矿企业	Mineral Enterprises	336	381	209	151	149
生产经营性火灾	Fire	3839	8135	3649	3290	2998
道路交通	Road Traffic	60719	26195	12714	8521	7860
水上运输	Water Traffic	46	26	12	8	3
铁路交通	Railway Traffic	221	227	67	55	58
直接经济损失（万元）	**Amount of Direct Loss(10000 yuan)**	**25938**	**21644**	**18023**	**13975**	**13052**
#工矿企业	Mineral Enterprises	2330	3436	2415	2480	2268
生产经营性火灾	Fire	6915	6733	8728	6303	5610
道路交通	Road Traffic	13686	9279	4756	3408	3280
水上运输	Water Traffic	2900	1137	907	390	370
铁路交通	Railway Traffic	108		138	106	100
死亡人数（人）	**Death(person)**	**4631**	**4901**	**3239**	**2475**	**2348**
#工矿企业	Mineral Enterprises	233	397	237	175	174
生产经营性火灾	Fire	99	97	50	35	34
道路交通	Road Traffic	4155	4125	2822	2138	2060
水上运输	Water Traffic	27	35	5	9	1
铁路交通	Railway Traffic	117	145	47	35	35
受伤人员数（人）	**Population of Injured(person)**	**42868**	**28024**	**15254**	**9563**	**8863**
#工矿企业	Mineral Enterprises	170	52	9	19	11
生产经营性火灾	Fire	175	86	18	9	8
道路交通	Road Traffic	42417	27696	15151	9501	8816
水上运输	Water Traffic			18		
铁路交通	Railway Traffic	106	89	22	18	14

主要统计指标解释

社会福利事业单位　指集中收养社会孤老、残、幼的机构，包括由民政部门管理的社会福利院、儿童福利院、精神病人福利院和城镇集体举办的福利院及农村集体举办的敬老院以及优抚医院和具有收养能力的社区服务中心等。该指标主要反映我国在社会福利性单位投入的水平。

社会福利事业单位收养人数　包括民政部门管理和城镇、农村集体举办的社会福利事业单位中收养的老人、少年儿童、缺乏生活自理能力的残疾人员和精神病人。该指标主要反映收养性社会福利单位的收养能力。

社会福利企业单位　指以安置城镇有一定劳动能力的盲、聋、哑和肢体残疾人员就业为目的，享受国家减免税待遇的国有或集体企业。包括福利工厂、福利商业和服务业、假肢厂和安置农场等单位。该指标主要反映我国对残疾人照顾的特殊政策。

农村五保户　指农村中既无劳动能力，又无经济来源的老、弱、孤、残的农民，其生活由集体供养，实行保吃、保穿、保住、保医、保葬(孤儿保教)，简称“五保”，享受五保待遇的家庭叫五保户。该指标主要反映农村弱势群体的人员数量。

律师　指依法取得律师执业证书，担任法律顾问，民事(刑事、行政)案件代理人、刑事案件辩护人、办理非诉讼业务，解答法律询问，代写法律事务文书等，为社会提供法律服务的人员。

公证人员　指在公证处工作的人员总称，包括公证处主任、副主任、公证员、公证员助理(助理公证员)和其他从事辅助性工作的人员。

公证文书　指公证处根据当事人申请，依照事实和法律，按照法定程序制作的，具有法律效力的司法证明文书。根据公证书用途和使用地，公证书分为国内公证书、国内经济公证书、涉外民事公证书、涉外经济公证书四类。

Explanatory Notes on Main Statistical Indicators

Social Welfare Institutions refer to institutions taking care of old pople without children, handicapped people and orphans. They include social welfare institutions run by civil affairs departments, children welfare institutions, social welfare institutions for mental patients, collective-owned old peoples homes in rural areas, convalescent homes and community service centers with the capaCity of receiving those people. This indicator reflects the input in social welfare institutions.

Number of People Taken in by Social Welfare Institutions refers to the number of old people, children, totally dependent handicapped people and mental patients taken in by social welfare institutions run by civil affairs departments and those run by collective units in urban and rural areas. This indicator reflects the cap a City of social welfare institutions.

Social Welfare Enterprises are collective owned enterprises which employ the blind, deaf-mute, and other handicapped people who are able to work in cities and towns and enjoy exemption from state taxes, including welfare plants, welfare commercial services, artificial limb plants and farms, etc. This indicator reflects the preferential policies toward disabled persons.

Rural Households with Livelihood Guaranteed in Five Aspects refer to the households in which there are old people without child, orphans and handicapped people who are unable to work and without financial resources in rural areas. They are taken care of by the collective units and their food, clothing, housing, medical care, funeral expenses (or schooling for orphans) are guaranteed to be provided for. This indicator reflects the total number of disadvantageous groups of rural population.

Lawyers are certified legal workers according to law, and who are employed by legal counseling firms to act as legal advisers, agents in criminal or civil lawsuits, or defenders in criminal lawsuits, or to handle non-litigious legal affairs, to advise on matters of law or t o write legal papers for others, and provide service to the public.

Notary Personnel refers to people working for notary offices including: directors, deputy direct or, notaries, assistant notaries, and other people providing assistance.

Notary Documents refer to the judicatory notary documents drawn up by the request of the party and are in accordance with facts and laws and following certain legal proceedings. According to usage and locality, the notary documents are divided into following 4 types: domestic notary documents, domestic economic notary documents, foreign-related civil notary documents and foreign-related economic notary documents.

第二十一篇　企业调查

Chapter 21　Enterprise Survey

资料整理：王洵 吴锦洛 许红琳
Database Editor: Wangxun Wujinluo Xuhonglin

简 要 说 明

本篇资料的主要内容及来源

本篇资料主要包括工业、建筑业和贸易企业的主要企业名录。

销售额前 300 家工业企业由省统计局工业交通统计处整理提供，建筑业总产值前 300 家建筑企业由省统计局固定资产投资统计处提供，主营业务收入前 300 家贸易企业由省统计局贸易外经统计处提供。

Brief Introduction

Main Content and Source of Data

The data in this chapter mainly include main enterprises group in Industrial Enterprises, Construction Enterprises and Sale Enterprises.

Data on Industrial Enterprises before the three hunderdth by Main Operating Income are provided by the Division of Industry and Transport Statistics of Fujian Provincial Bureau of Statistics. Data on Construction Enterprises before the three hunderdth by Output Value Completed by self , are provided by the Division of Investment in Fixed Assets Statistics of Fujian Provincial Bureau of Statistics. Data on Sale Enterprises before the three hunderdth by Main Operating Income are provided by the Division of Trade and Extermal Economic Relations Statistics of Fujian Provincial Bureau of Statistics.

21-1 主营业务收入前300家工业企业(2014年)

Industrial Enterprises before the three hunderdth by Main Operating Income(2014)

位次 No.	企业名称 Name	位次 No.	企业名称 Name
1	福建省电力有限公司	51	厦门正新橡胶工业有限公司
2	福建联合石油化工有限公司	52	福建鼎信科技有限公司
3	宸鸿科技（厦门）有限公司	53	南靖万利达科技有限公司
4	戴尔（中国）有限公司	54	厦门金龙旅行车有限公司
5	友达光电（厦门）有限公司	55	厦门太古飞机工程有限公司
6	中化泉州石化有限公司	56	福建省长乐市长源纺织有限公司
7	腾龙芳烃（漳州）有限公司	57	华能国际电力股份有限公司福州电厂
8	福建捷联电子有限公司	58	国网福建长乐市供电有限公司
9	福建省三钢（集团）有限责任公司	59	晋江市金莎珠宝首饰有限公司
10	特步（中国）有限公司	60	福建圣农发展股份有限公司
11	龙岩烟草工业有限责任公司	61	福建大唐国际宁德发电有限责任公司
12	福建省金纶高纤股份有限公司	62	福建三宝钢铁有限公司
13	冠捷显示科技（厦门）有限公司	63	厦门厦工机械股份有限公司
14	紫金铜业有限公司	64	九牧集团有限公司
15	正兴车轮集团有限公司	65	福建罗源闽光钢铁有限责任公司
16	福建华映显示科技有限公司	66	泉州福海粮油工业有限公司
17	福建鼎信镍业有限公司	67	福建省长乐市金源纺织有限公司
18	中海福建天然气有限责任公司	68	福建龙净环保股份有限公司
19	厦门烟草工业有限责任公司	69	泉州市燃气有限公司
20	厦门银鹭食品集团有限公司	70	泉州明恒纺织有限公司
21	达运精密工业（厦门）有限公司	71	福建宁德核电有限公司
22	紫金矿业集团股份有限公司	72	福建佳通轮胎有限公司
23	福建鑫海冶金有限公司	73	福建凯邦锦纶科技有限公司
24	华映光电股份有限公司	74	国电泉州热电有限公司
25	翔鹭石化股份有限公司	75	福建铂阳精工设备有限公司
26	福建鼎信实业有限公司	76	福建省晋江福源食品有限公司
27	联想移动通信科技有限公司	77	福建三钢小蕉实业发展有限公司罗源分公司
28	连江清禄鞋业有限公司	78	国网福建南安市供电有限公司
29	福建三宝特钢有限公司	79	东南（福建）汽车工业有限公司
30	宝钢德盛不锈钢有限公司	80	福建省长汀金龙稀土有限公司
31	福建奋安铝业有限公司	81	金莱克（中国）体育用品有限公司
32	戴尔（厦门）有限公司	82	福建星网锐捷通讯股份有限公司
33	华阳电业有限公司	83	宁德新能源科技有限公司
34	国网福建晋江市供电有限公司	84	万利（中国）有限公司
35	石狮市佳龙石化纺纤有限公司	85	中宇建材集团有限公司
36	厦门金龙联合汽车工业有限公司	86	福建永强力加动力设备有限公司
37	捷星显示科技（福建）有限公司	87	福建省闽发铝业股份有限公司
38	福建三安钢铁有限公司	88	福耀玻璃工业集团股份有限公司
39	祥兴(福建)箱包集团有限公司	89	厦门众达钢铁有限公司
40	翔鹭石化（漳州）有限公司	90	厦门厦顺铝箔有限公司
41	长乐恒申合纤科技有限公司	91	明达实业(厦门)有限公司
42	福建百宏聚纤科技实业有限公司	92	联盛纸业(龙海)有限公司
43	福建福欣特殊钢有限公司	93	鞍钢冷轧钢板（莆田）有限公司
44	福建明辉电力系统有限公司	94	福建通达集团有限公司
45	福建省正和钢管有限公司	95	福建省南平铝业有限公司
46	福建奔驰汽车工业有限公司	96	景智电子（厦门）有限公司
47	福建锦江科技有限公司	97	福建省马尾造船股份有限公司
48	福建吴航不锈钢制品有限公司	98	福建金山黄金冶炼有限公司
49	长乐力恒锦纶科技有限公司	99	路达（厦门）工业有限公司
50	福建元成豆业有限公司	100	福建省鸿山热电有限责任公司

21-1 续表1

Continued

位次 No.	企业名称 Name	位次 No.	企业名称 Name
101	百威英博雪津啤酒有限公司	151	长乐力源锦纶实业有限公司
102	福建省长乐市锦源纺织有限公司	152	福建省辉源金属制品有限公司
103	厦门ABB开关有限公司	153	福建省冠海造船工业有限公司
104	福建亿鑫钢铁有限公司	154	国电福州发电有限公司
105	厦门ABB低压电器设备有限公司	155	福建省福丰实业有限公司
106	厦门中盛粮油集团有限公司	156	福建省长乐市金磊纺织有限公司
107	中铝瑞闽股份有限公司	157	厦门TDK有限公司
108	闽东赛岐经济开发区福华轧钢有限公司	158	厦门金鹭特种合金有限公司
109	福建省长乐市第二棉纺织厂	159	福建石狮市富贵鸟集团有限公司
110	中国重汽集团福建海西汽车有限公司	160	石狮市雄豹狼服装发展有限公司
111	林德（中国）叉车有限公司	161	福建华电可门二期发电有限公司
112	福建欧美龙体育用品有限公司	162	厦门华夏国际电力发展有限公司
113	捷太格特转向系统（厦门）有限公司	163	九牧厨卫股份有限公司
114	福建省金盛钢业有限公司	164	福建华电可门发电有限公司
115	福建金牛水泥有限公司	165	腾龙特种树脂(厦门)有限公司
116	福州吴航钢铁制品有限公司	166	福建龙麟集团有限公司
117	厦门正新海燕轮胎有限公司	167	石狮市斯舒郎体育用品有限公司
118	立达信绿色照明股份有限公司	168	国网福建石狮市供电有限公司
119	厦门钨业股份有限公司	169	漳州傲农牧业科技有限公司
120	喜得龙（中国）有限公司	170	欣贺股份有限公司
121	泉州市天纶纺织科技有限公司	171	锐珂(厦门)医疗器材有限公司
122	漳州旗滨玻璃有限公司	172	福建亚通新材料科技股份有限公司
123	鸿一粮油资源股份有限公司	173	福州开发区钜联鞋业有限公司
124	福建龙和食品实业有限公司	174	乔丹体育股份有限公司
125	厦门船舶重工股份有限公司	175	长乐市聚泉食品有限公司
126	安踏（中国）有限公司	176	三六一度(福建)体育用品有限公司
127	福建东南造船有限公司	177	福建万华实业有限公司
128	厦门太古发动机服务有限公司	178	福建省长乐市华源纺织有限公司
129	厦门翔鹭化纤股份有限公司	179	福建泉州宝辉珠宝首饰有限公司
130	飞毛腿（福建）电子有限公司	180	纬恒(福建)轻纺有限公司
131	福建冠盖金属包装有限公司	181	兴业皮革科技股份有限公司
132	国网福建福安市供电有限公司	182	双翔（福建）电子有限公司
133	福州福泰钢铁有限公司	183	福建美明达鞋业发展有限公司
134	安踏体育用品集团有限公司	184	福建省东鑫石油化工有限公司
135	三六一度（中国）有限公司	185	厦门宏发电声股份有限公司
136	福建南平太阳电缆股份有限公司	186	匹克(中国)有限公司
137	漳州百佳实业有限公司	187	福建省海安橡胶有限公司
138	福州翔隆纺织有限公司	188	莆田市力天红木艺雕有限公司
139	龙工(福建)机械有限公司	189	莆田市鑫龙鞋业有限公司
140	联港金属制品（福建）有限公司	190	蜡笔小新(福建)食品工业有限公司
141	石狮市大帝集团有限公司	191	福建省源威涤锦科技有限公司
142	福建省洪泰铜业有限公司	192	飞毛腿电池有限公司
143	厦门中禾实业有限公司	193	青蛙王子（中国）日化有限公司
144	福建省福清供电有限公司	194	福建龙峰纺织科技实业有限公司
145	玖龙纸业（泉州）有限公司	195	厦门松下电子信息有限公司
146	晋江新奥燃气有限公司	196	福建省永安万年水泥有限公司
147	宁德祥全工贸有限公司	197	福建达利食品集团有限公司
148	福建上杭太阳铜业有限公司	198	福建经纬新纤科技实业有限公司
149	福建康宏股份有限公司	199	福州利亚船舶工程有限公司
150	中国国际钢铁制品有限公司	200	祥达光学（厦门）有限公司

21-1 续表2

Continued

位次 No.	企业名称 Name
201	福建正麒高纤科技股份有限公司
202	辉煌水暖集团有限公司
203	玉晶光电(厦门)有限公司
204	宝宸(厦门)光学科技有限公司
205	贵人鸟股份有限公司
206	福建公元食品有限公司
207	福建冠福现代家用股份有限公司
208	福建晋江天然气发电有限公司
209	周宁县华夏钢业工贸有限公司
210	漳州灿坤实业有限公司
211	福建新华威化纤染织有限公司
212	国网福建罗源县供电有限公司
213	福建海和实业有限公司
214	泉州闽华电器有限公司
215	欧浦登（顺昌）光学有限公司
216	福建南平南孚电池有限公司
217	华昌珠宝有限公司
218	福建柒牌集团有限公司
219	漳州华荣纸业有限公司
220	福建翔升纺织有限公司
221	利郎(中国)有限公司
222	福建恒利集团有限公司
223	周宁县和兴工贸有限公司
224	中海福建燃气发电有限公司
225	福建省长乐市正隆纺织有限公司
226	福建永春县图图服饰有限公司
227	福建乐隆隆食品科技有限公司
228	国网福建龙海市供电有限公司
229	福建新世纪电子材料有限公司
230	九牧王股份有限公司
231	漳州联盛纸业有限公司
232	福建三山集团有限公司
233	福州集佳油脂有限公司
234	福州大通机电有限公司
235	福建东山县海之星水产食品有限公司
236	厦门建松电器有限公司
237	福建思嘉环保材料科技有限公司
238	福建三和果蔬股份有限公司
239	莆田市集友艺术框业有限公司
240	厦门银祥油脂有限公司
241	赛得利（福建）纤维有限公司
242	漳州蒙发利实业有限公司
243	厦门泓信特种纤维有限公司
244	雀氏(福建)实业发展有限公司
245	福建太平洋电力有限公司
246	福建统一马口铁有限公司
247	宸阳光电科技（厦门）有限公司
248	福建福南铜材有限公司
249	漳州泉丰食品开发有限公司
250	福建省晋江市浩沙制衣有限公司
251	福建省大众金属有限公司
252	南平市双友金属有限公司
253	福建上润精密仪器有限公司
254	福建海壹食品饮料有限公司
255	福建省德化县佳美工艺品有限责任公司
256	福建省联盛纸业有限责任公司
257	福建省长乐市金沙港针纺实业有限公司
258	申鹭达股份有限公司
259	福建省轻工机械设备有限公司
260	晋江市锦福化纤聚合有限公司
261	福建新大陆电脑股份有限公司
262	福建省长乐市金鑫纺织有限公司
263	莆田市永丰鞋业有限公司
264	福建水口发电有限公司
265	福建宝德集团有限公司
266	福建省名乐体育用品有限公司
267	福州瑞华印制线路板有限公司
268	贝莱胜电子（厦门）有限公司
269	莆田标准木业有限公司
270	厦门长塑实业有限公司
271	福建建华管桩有限公司
272	福建省闽华电源股份有限公司
273	福州祥龙鞋业有限公司
274	福建省永安林业（集团）股份有限公司
275	国网福建安溪县供电有限公司
276	福建省福安市万利漆包线有限公司
277	福州瑞芯微电子有限公司
278	福建申达钢铁有限公司
279	福建省蓝建集团公司
280	福建省万达汽车玻璃工业有限公司
281	泉州鸿荣轻工有限公司
282	福州百洋海味食品有限公司
283	荣兴（福建）特种钢业有限公司
284	福建恒安集团有限公司
285	福建联迪商用设备有限公司
286	国网福建惠安县供电有限公司
287	福建省长乐市华亚纺织有限公司
288	福建省晋江优兰发纸业有限公司
289	福建经纬集团有限公司
290	漳州大北农农牧科技有限公司
291	福建福马食品集团有限公司
292	福建省长乐市金林生织造有限公司
293	福建省台福食品有限公司
294	厦门通士达照明有限公司
295	厦门太古可口可乐饮料有限公司
296	金冠(中国）食品有限公司
297	漳州天福茶业有限公司
298	福州德通容器有限公司
299	福建晋工机械有限公司
300	福建力道鞋服有限公司

21-2 建筑业总产值前300家企业(2014年)

Construction Enterprises before the three hunderdth by Output Value Completed by self(2014)

位次 No.	企业名称 Name	位次 No.	企业名称 Name
1	中建海峡建设发展有限公司	51	福建省同源建设工程有限公司
2	福建省泷澄建设集团有限公司	52	宏晖建设工程有限公司
3	福建六建集团有限公司	53	福建环宇建筑集团有限公司
4	福建省闽南建筑工程有限公司	54	福建方圆建设发展有限公司
5	福建九鼎建设集团有限公司	55	中标建设集团有限公司
6	福建省中马建设工程有限公司	56	福建省隆盛建设工程有限公司
7	中交一公局厦门工程有限公司	57	福建名城建工有限公司
8	葛洲坝集团第六工程有限公司	58	福建省来宝建设工程有限公司
9	福建省九龙建设集团有限公司	59	福州市第三建筑工程公司
10	福建省惠五建设工程有限公司	60	福建海峡金岸建设工程有限公司
11	福建建工集团总公司	61	福建地矿建设集团公司
12	福建宏盛建设集团有限公司	62	福建三建工程有限公司
13	福建省第五建筑工程公司	63	福建章诚隆建设工程有限公司
14	宏峰集团（福建）有限公司	64	福建省第一公路工程公司
15	福建省惠东建筑工程有限公司	65	福建联泰建设工程有限公司
16	福建省永泰建筑工程公司	66	福建省泉发建设工程有限公司
17	福建省第一建筑工程公司	67	厦门安能建设有限公司
18	福建省永富建设集团有限公司	68	福建省工业设备安装有限公司
19	福建二建建设集团公司	69	福建省华航建设工程有限公司
20	恒晟集团有限公司	70	福建博业建设集团有限公司
21	鑫泰建设集团有限公司	71	福建路桥建设有限公司
22	福建璟榕工程建设发展有限公司	72	福建省融旗建设工程有限公司
23	福建省泉州市东海建筑有限公司	73	福建省榕源建设工程有限公司
24	中铁十七局集团第六工程有限公司	74	福建省高华建设工程有限公司
25	福建卓越建设工程开发有限公司	75	厦门源昌城建集团有限公司
26	福建省中木建设集团有限公司	76	福建省东风建筑工程有限公司
27	福建成森建设集团有限公司	77	名筑实业集团有限公司
28	星华昌源集团有限公司	78	福建省华荣建设集团有限公司
29	福州建工(集团)总公司	79	福建联美建设集团有限公司
30	福建巨岸建设工程有限公司	80	厦门市建安集团有限公司
31	中铁二十二局集团第三工程有限公司	81	福建第二公路工程有限公司
32	福建省恒基建设股份有限公司	82	中铁二十四局集团福建铁路建设有限公司
33	福建省杭辉建设工程有限公司	83	福建省涵城建设工程有限公司
34	福建登凯成龙建设集团有限公司	84	福建省长乐市新纪建筑工程有限责任公司
35	福建路港（集团）有限公司	85	福建省送变电工程有限公司
36	福建省八方建筑工程有限公司	86	福建省海天建设工程有限公司
37	中国水利水电第十六工程局有限公司	87	福建省桃城建设工程有限公司
38	福建发展集团有限公司	88	福建省正泰建设工程有限公司
39	福建省南安市第一建设有限公司	89	厦门特房建设工程集团有限公司
40	福建省安泰建筑工程有限公司	90	福建省海坛隧道建设工程有限公司
41	福建省惠建发建设工程有限公司	91	飞阳建设工程有限公司
42	福建宏鼎项目管理有限公司	92	中城建设有限责任公司
43	福建省隧道工程有限公司	93	华盛置业集团建设工程有限公司
44	福州市一建建设股份有限公司	94	中泛建设集团有限公司
45	厦门中联建设工程有限公司	95	福建华通路桥建设有限公司
46	福建省晓沃建设工程有限公司	96	福建省水利水电工程局有限公司
47	福建省荔隆建设工程有限公司	97	福建省亿方建筑工程有限公司
48	福建省透堡建筑工程有限公司	98	福建省百盛建设发展有限公司
49	厦门思总建设有限公司	99	神州建设集团有限公司
50	福建省吴航建筑工程有限公司	100	福建亨立建设集团有限公司

21-2 续表1
Continued

位次 No.	企业名称 Name	位次 No.	企业名称 Name
101	福建省长汀县第一建筑工程有限公司	151	中国武夷实业股份有限公司
102	福建七建集团有限公司	152	福建省兴创建设集团有限公司
103	福建华鸿建设工程有限公司	153	福建省三明市阳光工程建设有限公司
104	福建省惠三建设发展有限公司	154	福建省华辉建设发展有限公司
105	中建（福建）建设有限公司	155	福建景翔建设工程有限公司
106	中闽建设有限公司	156	福建省永泰县第三建筑工程公司
107	福建恒盛建筑集团有限公司	157	福建省雄盛建筑工程有限公司
108	中建远南集团有限公司	158	福建京源建设工程有限公司
109	福建省九建建筑工程有限公司	159	福建大舟建设集团有限公司
110	福建省中大工程建设有限公司	160	福建省成业建设工程有限公司
111	福建省高德工程建设有限公司	161	福建省上杭县才溪建筑工程有限公司
112	福州三桥建筑工程有限公司	162	福建省正辉建设工程有限公司
113	石狮市协和建筑工程有限公司	163	福建十建建设有限公司
114	福建省长鸿建筑工程有限公司	164	福建省榕圣市政工程股份有限公司
115	厦门中宸集团有限公司	165	福建凌志建设工程有限公司
116	永太建设集团有限公司	166	福建新华夏建工有限公司
117	福建省国泰建设有限公司	167	福建省中禹水利水电工程有限公司
118	中交四航局第五工程有限公司	168	福建宏禹市政园林有限公司
119	福建省东霖建设工程有限公司	169	福建创邦建筑工程有限公司
120	福建蓝桥建设集团有限公司	170	福建省莆田市联发建筑工程有限公司
121	福州亿力电力工程有限公司	171	泉州市亿民建设发展有限公司
122	福建省利恒建设工程有限公司	172	福建金山建设工程有限公司
123	莆田市建工投资集团有限公司	173	福建省大源建设工程有限公司
124	福建磊鑫（集团）有限公司	174	福建省金正建设工程有限公司
125	福建省中嘉建设工程有限公司	175	福建联谊建筑工程有限公司
126	福建四海建设有限公司	176	福建纵横建筑工程有限公司
127	福建省亿鑫建设有限公司	177	福建省八闽建设工程有限公司
128	福建煤炭工业基本建设有限公司	178	福建兴艺建设集团有限公司
129	福州铁建建筑有限公司	179	福建省安立信实业集团有限公司
130	福建省惠房建设工程有限公司	180	厦门市政工程公司
131	福建省龙津建筑工程有限公司	181	福建恒泰建设工程有限责任公司
132	福建省惠一建设工程有限公司	182	福建中联建设工程有限公司
133	大成工程建设有限公司	183	福建金鼎建筑发展有限公司
134	福建士联建设有限公司	184	福建省第一电力建设公司
135	福建弘祥建设工程有限公司	185	福建中尧建筑工程有限公司
136	福建惠丰建筑工程有限公司	186	福建建隆建筑工程有限公司
137	福建省土木建设实业有限公司	187	厦门市吉兴集团建设有限公司
138	福建省兴岩建设集团有限公司	188	福建荣建建设工程集团有限公司
139	福建省顺安建筑工程有限公司	189	福建省锦秋建筑工程有限公司
140	福建中森建设有限公司	190	福建省高速公路养护工程有限公司
141	福建省天闽建筑装饰有限公司	191	福建省交建集团工程有限公司
142	恒亿集团有限公司	192	厦门市嘉颐建筑工程股份有限公司
143	龙岩市西安建筑工程有限公司	193	漳州新源电力工程有限公司
144	福建省华厦建设发展有限公司	194	福建新纪建设集团有限公司
145	福建兴万祥建设集团有限公司	195	福建省上杭县宏庄建筑工程有限公司
146	福建省隆恩建设集团有限公司	196	福建龙舜建设工程有限公司
147	福建勘察基础工程公司	197	漳州市一建工程有限公司
148	永同昌建设集团有限公司	198	福建省新华都工程有限责任公司
149	福建恒声建设发展有限公司	199	福建省德信建设工程有限公司
150	福建闽盛建设工程有限公司	200	福州联丰建筑装饰工程有限公司

21-2 续表2
Continued

位次 No.	企业名称 Name	位次 No.	企业名称 Name
201	福建省凯源市政园林有限公司	251	福建隆晟集团有限公司
202	福建福阳建筑工程有限公司	252	福建省信通工程建设有限公司
203	福建宏亨建设工程集团有限公司	253	福建恒富建设有限公司
204	福建省泰宁县金湖建设有限责任公司	254	厦门金腾装饰集团有限公司
205	福建兴港建工有限公司	255	宏都建设集团有限公司
206	福建省城乡建设工程有限公司	256	福建南阳建筑工程有限公司
207	福建省福圣建设发展有限公司	257	福建省燕城建设工程有限公司
208	福建凤凰山装饰工程有限公司	258	福建福华建设工程有限公司
209	厦门集三建设集团有限公司	259	成信绿集成股份有限公司
210	福建益建建筑工程有限公司	260	福建省永辉霞建设工程有限公司
211	福建屹立建设工程有限公司	261	厦门万安智能股份有限公司
212	福建省邮电工程有限公司	262	福建省上杭县广厦建筑工程有限公司
213	宁德市海军第六工程建筑处	263	厦门市广厦工程建设有限公司
214	福建恒丰万骏建筑工程有限公司	264	福建省金通建设集团有限公司
215	福建中宏建设投资有限公司	265	华宇（福建）置业集团有限公司
216	福建众诚建设工程有限公司	266	福建求实建设工程有限公司
217	福建省汤头建筑工程有限公司	267	福建华星建设工程有限公司
218	福州第七建筑工程有限公司	268	福建三明市第一建设工程有限公司
219	福建省麒麟建设工程集团有限公司	269	厦门地山建设发展集团有限公司
220	福建省浦口建筑工程有限公司	270	厦门纵横集团建设开发有限公司
221	三明客家源建设工程有限公司	271	厦门市安港港口疏浚工程有限公司
222	厦门海投工程建设有限公司	272	福建大华鑫建设工程有限公司
223	福建省日晟建设工程有限公司	273	福建省泰成建设工程有限公司
224	福建红建工程有限公司	274	福建省远大工程建设有限公司
225	厦门第一建筑工程有限公司	275	福建省代兴建设发展有限公司
226	福建普尔泰集团有限公司	276	福建祥瑞建设发展有限公司
227	福建省闽楚建设工程有限公司	277	福建省国筑建设工程有限公司
228	厦门市捷安建设集团有限公司	278	厦门港航建设有限公司
229	金建集团（福建）有限公司	279	福建省富林建设工程有限公司
230	福建益新建筑工程有限公司	280	福建省友诚建设有限公司
231	福建省富茂建筑工程有限公司	281	福建省凯信建设工程有限公司
232	福建省明通建设工程有限公司	282	冠林电子有限公司
233	福建省中晟建设投资有限公司	283	福州电业工程有限公司
234	福建五岳建设工程有限公司	284	福建省上杭县亿鑫钢业有限公司
235	福建省兴盛建设工程有限公司	285	福建省力天建设发展有限公司
236	福建省南铝铝材工程有限公司	286	福清市第二建筑工程公司
237	厦门市环海华建设集团有限公司	287	福建省崇禹水利水电建设工程有限公司
238	福建省双源路港园林有限公司	288	厦门辉煌装修工程有限公司
239	福建省汀江水电工程有限公司	289	福建省龙芝建筑工程有限公司
240	福州晋丰市政工程有限公司	290	福建天微建设工程有限公司
241	福建城建建设有限公司	291	福建根茂建筑有限公司
242	福建省惠裕建设工程有限公司	292	凯辉集团（福建）有限公司
243	永安市海宇建设有限责任公司	293	福建省畅元建筑工程有限公司
244	福建省蓝海市政园林建筑有限公司	294	福建省鸿达电子技术开发有限公司
245	厦门鲁班源屋营造有限公司	295	福建华建工程建设有限公司
246	福建省金泉建设集团有限公司	296	福建省启光钢构有限公司
247	永安市华宇建设工程有限责任公司	297	福建九天建设工程有限公司
248	福建元宏建筑工程有限公司	298	福建省盛威建设发展有限公司
249	福建宏基建设工程有限公司	299	福建省富森建设工程有限公司
250	福建省嘉亿扬市政园林有限公司	300	福建建盛建设工程有限公司

21-3 主营业务收入前300家贸易企业(2014年)

Sale Enterprises before the three hunderdth by Main Operating Income(2014)

位次 No.	企业名称 Name	位次 No.	企业名称 Name
1	厦门建发股份有限公司	51	福建海峡农博汇商业管理有限公司
2	中石化森美（福建）石油有限公司	52	福建山福国际能源有限责任公司
3	福建中烟工业有限责任公司	53	福建省烟草公司莆田市公司
4	厦门国贸集团股份有限公司	54	国投京闽（福建）工贸有限公司
5	厦门象屿物流集团有限责任公司	55	福州唐颂寿山石文化艺术传播有限公司
6	厦门信达股份有限公司	56	厦门轨道物资有限公司
7	华信石油有限公司	57	福建信通贸易有限公司
8	中石化化工销售（福建）有限公司	58	福建省烟草公司宁德市公司
9	中国石化销售有限公司福建石油分公司	59	鑫东森集团有限公司
10	中石化炼油销售（福建）有限公司	60	达芙妮投资（集团）有限公司
11	福建省烟草公司泉州市公司	61	中海石油福建新能源有限公司
12	福建省福能电力燃料有限公司	62	厦门万翔网络商务有限公司
13	福建闽海石化有限公司	63	厦门育哲进出口有限公司
14	福建省烟草公司福州市公司	64	大生（福建）农业有限公司
15	福建炼油化工有限公司	65	厦门青岛啤酒东南营销有限公司
16	福建省石油化工集团联合营销有限公司	66	福建汇丰物流有限公司
17	厦门市信达安贸易有限公司	67	福建省商业（集团）有限责任公司
18	福建三钢国贸有限公司	68	福建柯普森物流发展有限公司
19	福建阳光集团有限公司	69	福建大生控股有限公司
20	永辉超市股份有限公司福建福州鼓楼分公司	70	厦门市明穗粮油贸易有限公司
21	中海石油气电集团有限责任公司福建贸易分公司	71	中国石油天然气股份有限公司福建福州销售分公司
22	均和（厦门）控股有限公司	72	厦门海投经济贸易有限公司
23	福建省烟草公司漳州市公司	73	北新集团厦门国际贸易有限公司
24	福建国能化工有限公司	74	泉州市泉港区爱德利贸易有限公司
25	福建省烟草公司三明市公司	75	晋江锦兴贸易有限公司
26	厦门海翼国际贸易有限公司	76	福建盛世欣兴格力贸易有限公司
27	厦门市嘉晟对外贸易有限公司	77	荣鑫盛(厦门)商贸有限公司
28	厦门成大进出口贸易有限公司	78	福建漳龙实业有限公司
29	中化石油福建有限公司	79	宁德海螺水泥有限责任公司
30	厦门市鑫浩联合能源有限公司	80	福州联合实业有限公司
31	福建省烟草公司厦门烟草分公司	81	厦门宝拓资源有限公司
32	集岭（厦门）石化有限公司	82	晋江市大长江钢管贸易有限公司
33	厦门安踏有限公司	83	黑金（厦门）能源有限公司
34	厦门特步投资有限公司	84	福建省三农碳酸钙有限责任公司
35	福建省烟草公司南平市公司	85	漳州路桥物资发展有限公司
36	福建省龙岩烟草分公司	86	中国石油天然气股份有限公司华南化工销售厦门分公司
37	晋江市深沪海上供油有限公司	87	福建漳龙三宝进出口有限公司
38	福建闽侯永辉商业有限公司	88	青拓实业集团有限公司
39	福建石油化工集团华南联合营销有限公司	89	福建南方建材发展有限公司
40	龙工（中国）机械销售有限公司	90	厦门路桥工程物资有限公司
41	冠捷(福州保税区)贸易有限公司	91	厦门华澄集团有限公司
42	中国航油集团福建石油有限公司	92	新华都购物广场股份有限公司
43	厦门嘉联恒进出口有限公司	93	福建大生进出口有限公司
44	厦门夏商农产品集团有限公司	94	中国厦门国际经济技术合作公司
45	晋江市进出口有限公司	95	中国轻鑫工程厦门有限公司
46	福建图图儿童用品有限责任公司	96	厦门港务贸易有限公司
47	厦门益电能源股份有限公司	97	福建省兴大进出口有限公司
48	一丁集团股份有限公司	98	华信（福建）石油有限公司
49	福州喜盈门实业有限公司	99	中国石油天然气股份有限公司福建厦门销售分公司
50	中国石油天然气股份有限公司泉州销售分公司	100	五洲贸发（福建）进出口有限公司

21-3 续表1

Continued

位次 No.	企业名称 Name	位次 No.	企业名称 Name
101	中国抽纱福建进出口公司	151	福建同春药业股份有限公司
102	莆田启峰木业有限公司	152	厦门维多利商贸有限公司
103	福州麦多万嘉超市有限公司	153	厦门新立基股份有限公司
104	福建裕华石油化工有限公司	154	福建新华都综合百货有限公司
105	泉州新华都购物广场有限公司	155	泉州港丰能源有限公司
106	三和进出口贸易（三明）有限公司	156	福建省南安市华龙石油有限公司
107	福建省经贸发展有限公司	157	福州国美电器有限公司
108	福州民天实业有限公司	158	厦门合胜贸易有限公司
109	福建省福农农资集团有限公司	159	厦门新五菱汽车销售有限公司
110	厦门信和达电子有限公司	160	东琦（厦门）石化有限公司
111	福建福日实业发展有限公司	161	厦门市鹭甬石油化工有限公司
112	厦门大亮贸易有限公司	162	福州中维实业有限公司
113	福建三木建设发展有限公司	163	福建中天药业有限公司
114	福建华闽进出口有限公司	164	福建津福贸易有限公司
115	福建苏闽石油有限公司	165	厦门海沧保税港区供应链
116	福建省榕江进出口公司	166	福建苏宁云商商贸有限公司
117	厦门航空开发股份有限公司	167	厦门恒兴集团有限公司
118	福建新华发行（集团）有限责任公司	168	福建闽钢实业发展有限公司
119	中京联(厦门)石油制品有限公司	169	中国石油天然气股份有限公司福建漳州销售分公司
120	厦门市海澳石油有限公司	170	福建省晋江市长城石化有限公司
121	厦门华特集团有限公司	171	福建闽台农产品市场有限公司
122	中粮粮油厦门有限公司	172	福州之星汽车贸易有限公司
123	厦门融银贸易有限公司	173	厦门古龙进出口有限公司
124	福建省三明钢联有限责任公司	174	厦门佳事通贸易有限公司
125	沃尔玛深国投百货有限公司福州山姆会员商店	175	金潞（厦门）能源有限公司
126	国盛（厦门）石油化工有限公司	176	泉州中国水暖城有限公司
127	厦门华特沥青实业有限公司	177	厦门锦厦科技有限公司
128	晋江裕福集团有限公司	178	中国卷烟销售公司厦门卷烟调拨站
129	厦门海翼厦工金属材料有限公司	179	国澳（厦门）实业有限公司
130	福州建发实业有限公司	180	泉州市粮油食品进出口公司
131	厦门展志投资有限公司	181	厦门中兵贸易有限公司
132	鹭燕(福建)药业股份有限公司	182	长乐国际机场航空油料有限责任公司
133	厦门市荣鑫行化工有限公司	183	厦门中佰龙贸易有限公司
134	海西商品交易所有限公司	184	宸泽（厦门）石油有限公司
135	国药控股福建有限公司	185	漳州商贸集团有限公司
136	福建七匹狼实业股份有限公司	186	厦门市旺紫洲工贸有限公司
137	福州开发区新电燃料有限公司	187	福建省旅游贸易公司
138	厦门东华兴工贸有限公司	188	福建协兴实业有限公司
139	福州联合闽津茶业有限公司	189	厦门森宝集团有限公司
140	厦门鑫通贸易有限公司	190	福建省农资集团厦门公司
141	福建省闽粮购销有限公司	191	福建福泰钢铁有限公司
142	均和（厦门）石化有限公司	192	福州朝畅贸易有限公司
143	福建国海燃料有限公司	193	泉州市恒远服饰有限公司
144	福建九州通医药有限公司	194	福建省莆田富力进出口有限公司
145	福建省储备粮管理有限公司	195	厦门启润实业有限公司
146	连城县供销合作社农资配送中心	196	福州永力通汽车贸易有限公司
147	福建泉州市嘉晟供应链有限公司	197	泉州亲亲商贸有限公司
148	福建省物资（集团）有限责任公司	198	福州计通信息技术有限公司
149	泉州五矿（集团）公司	199	福州常春药业有限公司
150	全骏达实业有限公司	200	凯盈（福建）进出口有限公司

21-3 续表2

Continued

位次 No.	企业名称 Name
201	道普（厦门）石化有限公司
202	厦门中宝汽车有限公司
203	晋江辉豪化工有限公司
204	厦门大正贸易有限公司
205	住重中骏（厦门）建机有限公司
206	福州中宝销售服务有限公司
207	泉州福宝汽车销售服务有限公司
208	厦门市天虹商场有限公司
209	福建福宏商贸集团有限公司
210	厦门同歆贸易有限公司
211	泰地集团（厦门）石油有限公司
212	石狮市卡宾服饰发展有限公司
213	厦门海润进出口有限公司
214	厦门夏商粮食发展有限公司
215	中油海峡（厦门）有限公司
216	厦门市东之星汽车销售有限公司
217	福建山野物流有限公司
218	福建省家具进出口公司
219	福州臻盛贸易有限公司
220	均达升（厦门）控股有限公司
221	福建景信实业集团有限公司
222	福建晋江市福明鑫实业有限公司
223	福建省亿炜贸易有限公司
224	福建省漳州市对外贸易有限责任公司
225	晋江昌博贸易有限公司
226	福建中鹭医药有限公司
227	厦门创裕兴进出口贸易有限公司
228	福建原动力汽车销售服务有限公司
229	福州龙泽投资有限公司
230	福建华贸进出口有限责任公司
231	福州建发汽车销售服务有限公司
232	中国石油天然气股份有限公司福建龙岩销售分公司
233	厦门宾捷汽车有限公司
234	厦门市成易进出口有限公司
235	国药控股福州有限公司
236	厦门瀚龙贸易有限公司
237	福建中农农业生产资料有限公司
238	厦门隆鑫泰贸易发展有限公司
239	厦门市华东海石油仓储有限公司
240	厦门夏商国际贸易有限公司
241	加怡（福建）进出口贸易有限公司
242	隆鑫集团（福建）有限公司
243	福建省医药有限责任公司
244	福建省三明市浩伦园艺植保有限公司
245	福建省润通汽车销售服务有限责任公司
246	福州轻工进出口有限公司
247	福建中糖糖业发展有限公司
248	神华（福建）能源有限责任公司
249	厦门市金华穗商贸有限责任公司
250	厦门新华都购物广场有限公司
251	中纤联合石化有限公司
252	福州鼎诚贸易有限公司
253	福建永胜进出口贸易有限公司
254	厦门七匹狼服装营销有限公司
255	福建省森田汽车连锁服务有限公司
256	福建省鑫保利商贸发展有限公司
257	泉州鹏润国美电器有限公司
258	福建福宏物流有限公司
259	厦门市中鹭达进出口有限公司
260	厦门墩峰进出口有限公司
261	福建裕华能源有限公司
262	石狮市龙整进出口贸易有限公司
263	天音通信有限公司厦门分公司
264	厦门中艺抽纱进出口有限公司
265	厦门金华南进出口有限公司
266	福州福百祥壹玖伍捌文化创意园有限公司
267	福建省泉州万国发展有限公司
268	厦门市诚丰瑞贸易有限公司
269	厦门海澳石化仓储有限公司
270	厦门宏仁医药有限公司
271	泉州恒义信贸易发展有限公司
272	中化（泉州）石油销售有限公司
273	厦门空港航星汽车维修服务有限公司
274	厦门漳龙进出口有限公司
275	厦门市金佳鹏经贸有限公司
276	福建省安溪荣晟矿业有限公司
277	中国石油化工股份有限公司福建龙岩石油分公司
278	福建鑫凯润实业有限公司
279	福建省超盛化工工贸有限公司
280	厦门良和国际贸易有限公司
281	福州宝淦建材有限公司
282	厦门新成功路捷汽车有限公司
283	福建远翔贸易有限公司
284	福建省金顿贸易发展有限公司
285	三明市永达物资贸易有限公司
286	厦门新日精工贸易有限公司
287	福州航源经贸有限公司
288	石狮中油通用石油销售有限公司
289	福建省晋江市电商发展有限公司
290	福建景信商贸有限公司
291	厦门信达通宝汽车销售服务有限公司
292	福建东百集团股份有限公司
293	中国石油天然气股份有限公司福建莆田销售分公司
294	福建锦鼎贸易有限公司
295	重庆新日日顺家电销售有限公司福州分公司
296	厦门国贸化纤有限公司
297	福建藏天园艺术品工贸有限公司
298	福建金牛贸易有限公司
299	福建三木进口贸易有限公司
300	厦门嘉鑫盛进出口有限公司

第二十二篇　市县国民经济主要指标

Chapter 22　Main Economic Indicators of City Prefecture and County

资料整理：孙晶洁 廖瑛 林增武 程思怡 范李功 李君 陈思 张凤园 余波 吴新榕 林卿 连晓毅 王洵 廖捷 戴斌

Database Editor: Sunjingjie Liaoying linzengwu Chengsiyi Fanligong Lijun Chensi Zhangfengyuan Yubo Wuxinrong Linqing Lianxiaoyi Wangxun Liaojie Daibin

简 要 说 明

本篇资料的主要内容及来源

本篇资料反映了全省各市（县）经济社会事业发展基本情况，主要包括地区生产总值、人口、从业人员、农业、工业、投资、社会消费品零售总额、财政、职工工资和教育、卫生等方面的内容。

本篇资料由省统计局各相关专业处室整理提供。

Brief Introduction

Main Content and Source of Data

Data in this chapter show the development in society and economy of Urban districts or counties or cities on the county level, mainly including GDP, population, employed persons, agriculture, industry, investment, total retail sales of consumer good，finance, income of rural households, wage of staff and works, education and public health.

Data on this chapter are compiled and provided by the related department of Bureau of Fujian Provincial Bureau of Statistics.

22-1 地区生产总值（2014年）

Gross Domestic Products(2014)

单位：亿元 (100 million yuan)

地区	Area	地区生产总值 Gross Domestic Product	第一产业 Primary Industry	第二产业 Secondary Industry	第三产业 Tertiary Industry	工业 Industry	建筑业 Construction	人均GDP（元） Per Capita GDP(yuan)
全　省	**Fujian**	**24055.76**	**2014.80**	**12515.36**	**9525.60**	**10426.71**	**2112.03**	**63472**
福州市	**Fuzhou**	**5169.16**	**415.91**	**2352.15**	**2401.10**	**1816.87**	**541.10**	**69995**
福州市辖区	District under Fuzhou							
鼓楼区	Gulou	1011.22		220.80	790.43	70.66	151.00	142426
台江区	Taijiang	342.10		75.02	267.08	26.99	49.02	73967
仓山区	Cangshan	396.04	2.66	225.45	167.94	207 60	18.88	49911
马尾区	Mawei	373.92	5.61	252.78	115.52	234.23	19.19	151383
晋安区	Jin'an	447.04	4.73	167.16	275.15	107.46	60.07	53763
福清市	Fuqing	728.68	88.27	377.57	262.84	302.65	74.93	57444
长乐市	Changle	533.08	42.72	359.22	131.14	335.53	23.78	75561
闽侯县	Minhou	412.73	33.31	256.95	122.47	228.47	29.52	59471
连江县	Lianjiang	325.35	110.96	131.21	83.17	115.94	15.77	56779
罗源县	Luoyuan	172.67	30.61	114.05	28.01	107.91	6.38	83620
闽清县	Minqing	130.35	23.07	74.16	33.12	62.56	11.66	55586
永泰县	Yongtai	123.78	39.61	46.27	37.90	12.10	34.18	49812
平潭县	Pingtan	171.24	34.34	55.22	81.68	9.34	45.88	41765
厦门市	**Xiamen**	**3273.58**	**23.73**	**1460.34**	**1789.50**	**1250.84**	**226.80**	**86832**
厦门市辖区	District under Xiamen							
思明区	Siming	979.88	0.30	155.77	823.81	85.98	69.80	100346
海沧区	Haicang	483.45	1.36	311.19	170.90	293.10	18.08	151789
湖里区	Huli	753.75	1.09	341.51	411.15	316.98	41.83	75564
集美区	Jimei	458.31	2.33	247.72	208.26	206.17	41.54	73329
同安区	Tong'an	242.77	10.62	134.16	98.00	116.43	17.72	45849
翔安区	Xiang'an	355.42	8.03	269.99	77.40	232.17	37.82	110038
莆田市	**Putian**	**1502.07**	**109.85**	**866.76**	**525.46**	**713.05**	**165.63**	**52890**
莆田市辖区	District under Putian							
城厢区	Chengxiang	260.54	11.45	115.06	134.03	79.55	36.83	61375
涵江区	Hanjiang	368.05	15.36	254.81	97.88	236.08	22.68	76757
荔城区	Licheng	294.78	15.98	179.47	99.33	144.68	37.21	57630
秀屿区	Xiuyu	302.79	38.02	179.12	85.66	134.50	46.87	52070
仙游县	Xianyou	275.92	29.04	138.31	108.57	118.24	22.04	32731
三明市	**Sanming**	**1621.21**	**244.84**	**850.98**	**525.39**	**693.08**	**157.90**	**64590**
三明市辖区	District under Sanming							
梅列区	Meilie	224.44	3.73	120.75	99.96	108.41	12.34	125386
三元区	Sanyuan	113.55	11.59	62.71	39.26	50.41	12.29	57059
永安市	Yong'an	297.23	27.14	176.92	93.17	158.54	18.38	85410
明溪县	Mingxi	55.21	13.87	25.09	16.25	18.92	6.17	54663
清流县	Qingliu	75.86	15.14	37.40	23.31	27.10	10.31	56189
宁化县	Ninghua	101.58	25.83	44.98	30.77	32.01	12.97	36938
大田县	Datian	148.68	27.09	79.32	42.27	69.45	9.87	47806
尤溪县	Youxi	176.68	46.63	79.43	50.62	59.95	19.48	50050
沙县	Shaxian	179.96	26.04	97.80	56.13	84.46	13.35	78932
将乐县	Jiangle	96.95	16.20	52.95	27.80	38.09	14.87	65069
泰宁县	Taining	76.93	14.34	35.47	27.12	26.34	9.13	69308
建宁县	Jianning	74.14	17.25	38.15	18.74	19.40	18.75	61272
泉州市	**Quanzhou**	**5733.36**	**172.35**	**3553.25**	**2007.75**	**3184.38**	**371.00**	**68254**
泉州市辖区	District under Quanzhou							
鲤城区	Licheng	340.19	0.12	197.57	142.51	180.96	16.86	80329
丰泽区	Fengze	442.25	1.32	174.61	266.32	123.11	51.51	80118
洛江区	Luojiang	132.89	3.90	98.60	30.39	88.41	10.19	64822
泉港区	Quangang	344.38	10.43	250.89	83.06	217.89	33.00	106453
石狮市	Shishi	638.37	19.49	379.73	239.14	347.33	32.72	95350

22-1 续表

Continued

单位：亿元 (100 million yuan)

地区	Area	地区生产总值 Gross Domestic Product	第一产业 Primary Industry	第二产业 Secondary Industry	第三产业 Tertiary Industry	工业 Industry	建筑业 Construction	人均GDP（元） Per Capita GDP(yuan)
晋江市	Jinjiang	1492.86	18.64	998.96	475.26	942.44	57.75	72645
南安市	Nan'an	780.51	23.28	494.33	262.90	457.61	36.89	53459
惠安县	Hui'an	691.81	27.85	465.49	198.46	399.10	66.45	70846
安溪县	Anxi	410.19	35.41	226.55	148.23	200.23	26.40	41163
永春县	Yongchun	290.25	21.84	167.83	100.58	150.64	17.19	63651
德化县	Dehua	170.15	10.08	103.41	56.66	81.37	22.05	60231
漳州市	**Zhangzhou**	**2506.36**	**350.51**	**1247.53**	**908.32**	**1039.95**	**207.58**	**50685**
漳州市辖区	District under Zhangzhou							
芗城区	Xiangcheng	419.33	7.28	192.15	219.90	152.72	39.43	71902
龙文区	Longwen	146.54	4.85	80.83	60.86	59.84	20.99	79083
龙海市	Longhai	573.90	55.82	325.79	192.29	272.97	52.81	62289
云霄县	Yunxiao	136.09	23.74	66.36	45.99	57.55	8.81	32848
漳浦县	Zhangpu	311.83	60.09	144.52	107.22	111.45	33.07	38517
诏安县	Zhao'an	166.29	35.65	74.21	56.43	63.85	10.36	27717
长泰县	Changtai	167.15	15.87	104.32	46.96	99.89	4.43	77420
东山县	Dongshan	139.50	27.79	67.74	43.98	59.71	8.03	64184
南靖县	Nanjing	195.46	46.78	94.49	54.18	85.64	8.86	57836
平和县	Pinghe	159.84	52.57	48.43	58.84	36.27	12.16	32061
华安县	Hua'an	90.42	20.06	48.69	21.67	40.06	8.63	55970
南平市	**Nanping**	**1232.56**	**271.61**	**543.65**	**417.31**	**403.86**	**139.80**	**47044**
南平市辖区	District under Nanping							
延平区	Yanping	263.46	33.33	138.42	91.71	86.28	52.15	56115
邵武市	Shaowu	185.42	30.25	94.28	60.89	72.12	22.16	67547
武夷山市	Wuyishan	123.77	23.44	48.20	52.12	29.68	18.52	53695
建瓯市	Jian'ou	175.92	49.31	66.04	60.57	55.03	11.00	38878
建阳区	Jianyang	140.14	31.65	69.54	38.96	57.28	12.26	48077
顺昌县	Shunchang	84.05	19.71	31.80	32.53	25.96	5.84	44824
浦城县	Pucheng	107.80	27.94	42.03	37.83	32.62	9.41	36114
光泽县	Guangze	69.08	31.05	22.50	15.53	19.97	2.53	52535
松溪县	Songxi	39.52	12.07	14.88	12.57	11.15	3.73	33350
政和县	Zhenghe	43.40	12.85	15.96	14.60	13.76	2.20	26225
龙岩市	**Longyan**	**1621.58**	**187.80**	**873.26**	**560.51**	**699.05**	**174.21**	**62730**
龙岩市辖区	District under Longyan							
新罗区	Xinluo	607.66	23.47	370.84	213.34	307.30	63.54	86870
漳平市	Zhangping	172.07	24.56	78.67	68.84	60.55	18.11	71845
长汀县	Changting	157.72	27.11	77.23	53.38	57.38	19.84	39727
永定区	Yongding	185.05	26.98	96.62	61.44	79.87	16.75	51473
上杭县	Shanghang	226.70	28.57	130.01	68.12	99.61	30.40	61187
武平县	Wuping	134.61	29.17	57.90	47.54	41.44	16.46	49037
连城县	Liancheng	137.79	27.93	62.00	47.86	52.88	9.12	56354
宁德市	**Ningde**	**1376.09**	**238.19**	**705.63**	**432.28**	**578.91**	**128.00**	**48369**
宁德市辖区	District under Ningde							
蕉城区	Jiaocheng	239.40	31.78	107.80	99.82	62.03	45.92	54415
福安市	Fu'an	335.06	41.32	208.23	85.52	189.38	19.27	58912
福鼎市	Fuding	282.47	37.81	172.95	71.71	158.05	15.23	52848
霞浦县	Xiapu	166.27	47.62	53.16	65.48	35.62	17.62	35949
古田县	Gutian	139.83	35.94	59.21	44.68	50.73	8.59	42848
屏南县	Pingnan	58.86	13.02	25.59	20.25	21.29	4.35	43172
寿宁县	Shouning	63.66	14.88	29.68	19.10	21.18	8.54	36137
周宁县	Zhouning	45.04	8.40	23.08	13.56	18.10	5.02	40228
柘荣县	Zherong	45.50	7.42	25.94	12.15	22.55	3.44	51412

22-2 地区生产总值指数（2014年）

Indices of Gross Domestic Products(2014)

单位：以上年为100 (preceding year=100)

地区	Area	地区生产总值 Gross Domestic Product	第一产业 Primary Industry	第二产业 Secondary Industry	第三产业 Tertiary Industry	工业 Industry	建筑业 Construction	人均GDP（元） Per Capita GDP(yuan)
全　省	**Fujian**	**109.9**	**104.4**	**111.9**	**108.1**	**112.1**	**111.0**	**109.1**
福州市	**Fuzhou**	**110.1**	**104.6**	**111.5**	**109.4**	**111.7**	**111.0**	**108.9**
福州市辖区	District under Fuzhou							
鼓楼区	Gulou	110.6		111.0	110.5	112.3	110.2	109.1
台江区	Taijiang	110.2		111.3	109.9	112.0	110.9	108.8
仓山区	Cangshan	111.1	105.3	112.4	109.2	112.5	111.3	109.9
马尾区	Mawei	111.0	97.9	112.0	109.1	112.1	111.2	109.6
晋安区	Jin'an	110.3	102.7	112.1	109.3	112.6	111.1	108.9
福清市	Fuqing	109.7	105.4	111.6	107.9	111.7	111.1	108.7
长乐市	Changle	110.3	104.5	111.8	107.9	111.8	111.3	109.4
闽侯县	Minhou	109.7	104.2	112.5	105.1	112.6	111.3	109.1
连江县	Lianjiang	108.0	105.4	114.4	101.3	114.8	111.7	107.0
罗源县	Luoyuan	105.6	104.9	104.5	111.0	104.1	111.5	105.2
闽清县	Minqing	110.3	105.1	111.3	111.3	111.2	111.6	110.1
永泰县	Yongtai	110.2	104.4	111.9	112.9	112.4	111.7	109.9
平潭县	Pingtan	108.4	103.7	110.7	108.9	112.3	110.3	104.5
厦门市	**Xiamen**	**109.2**	**102.9**	**107.7**	**110.9**	**107.9**	**106.6**	**107.2**
厦门市辖区	District under Xiamen							
思明区	Siming	108.3	48.0	104.2	109.1	102.6	106.0	107.0
海沧区	Haicang	113.1	91.4	109.5	123.5	109.3	114.2	109.5
湖里区	Huli	105.7	100.0	102.0	110.4	101.8	106.7	103.8
集美区	Jimei	110.5	96.6	108.2	114.2	108.6	105.9	108.2
同安区	Tong'an	107.4	98.5	105.8	110.6	106.4	101.6	105.2
翔安区	Xiang'an	114.0	101.2	116.2	104.0	117.3	107.6	111.7
莆田市	**Putian**	**111.1**	**103.1**	**111.9**	**111.4**	**111.8**	**112.5**	**110.3**
莆田市辖区	District under Putian							
城厢区	Chengxiang	110.3	99.7	112.0	109.9	111.6	113.0	109.3
涵江区	Hanjiang	110.8	102.7	111.6	109.3	111.5	111.9	110.1
荔城区	Licheng	111.8	101.7	111.3	114.6	111.6	110.2	110.9
秀屿区	Xiuyu	111.5	104.3	112.4	112.9	112.4	112.7	110.7
仙游县	Xianyou	111.3	104.3	112.9	111.2	112.2	115.9	110.6
三明市	**Sanming**	**109.6**	**104.6**	**111.5**	**108.3**	**111.6**	**111.0**	**109.3**
三明市辖区	District under Sanming							
梅列区	Meilie	107.5	102.8	108.6	106.1	110.5	91.0	107.8
三元区	Sanyuan	107.5	103.6	110.1	104.2	111.2	105.0	107.4
永安市	Yong'an	110.4	103.4	112.8	107.4	113.1	109.5	110.8
明溪县	Mingxi	110.8	104.5	112.9	112.4	111.5	118.6	110.2
清流县	Qingliu	110.4	105.5	110.9	112.5	113.4	103.4	108.3
宁化县	Ninghua	110.9	104.8	114.1	110.8	112.6	119.0	109.9
大田县	Datian	110.5	105.1	111.9	111.1	111.1	118.9	110.4
尤溪县	Youxi	111.2	105.2	112.8	113.6	111.4	118.6	110.7
沙县	Shaxian	109.6	104.8	112.0	107.0	111.4	117.4	110.1
将乐县	Jiangle	109.3	104.7	111.9	105.9	110.0	118.8	109.7
泰宁县	Taining	108.2	104.0	110.4	107.4	109.8	112.4	107.7
建宁县	Jianning	108.3	104.6	109.2	109.6	110.6	107.4	107.9
泉州市	**Quanzhou**	**110.1**	**102.6**	**111.4**	**108.2**	**111.4**	**111.0**	**109.1**
泉州市辖区	District under Quanzhou							
鲤城区	Licheng	106.5	84.0	107.5	105.0	107.2	110.8	105.0
丰泽区	Fengze	108.2	92.6	109.7	107.0	109.3	111.1	106.9
洛江区	Luojiang	110.4	102.4	112.6	104.0	112.9	110.7	106.7
泉港区	Quangang	112.0	102.1	114.1	108.0	114.7	110.7	111.1
石狮市	Shishi	111.2	103.2	111.6	111.2	111.6	111.2	109.5

22-2 续表

Continued

单位：以上年为100 (preceding year=100)

地区	Area	地区生产总值 Gross Domestic Product	第一产业 Primary Industry	第二产业 Secondary Industry	第三产业 Tertiary Industry	工业 Industry	建筑业 Construction	人均GDP（元） Per Capita GDP(yuan)
晋江市	Jinjiang	109.8	102.5	109.7	110.1	109.7	111.0	108.9
南安市	Nan'an	111.0	100.3	112.5	108.3	112.7	110.9	110.1
惠安县	Hui'an	111.7	102.3	114.7	106.4	115.4	111.0	110.4
安溪县	Anxi	110.6	103.7	112.9	107.6	113.1	111.1	110.2
永春县	Yongchun	110.7	104.1	112.8	108.1	112.9	111.1	110.7
德化县	Dehua	110.2	103.3	112.6	106.6	113.1	110.9	110.2
漳州市	**Zhangzhou**	**111.3**	**104.6**	**114.3**	**109.4**	**114.6**	**112.5**	**110.6**
漳州市辖区	District under Zhangzhou							
芗城区	Xiangcheng	107.8	100.0	107.8	108.2	110.5	96.4	107.2
龙文区	Longwen	112.5	101.3	112.6	113.1	112.2	114.2	111.7
龙海市	Longhai	112.6	103.8	115.2	109.7	114.2	121.9	111.8
云霄县	Yunxiao	112.4	105.1	118.0	109.5	117.4	122.2	111.8
漳浦县	Zhangpu	113.8	103.1	120.5	111.6	122.9	113.7	113.1
诏安县	Zhao'an	111.5	106.3	115.5	109.5	116.0	111.8	110.8
长泰县	Changtai	111.6	104.0	115.2	107.2	113.9	149.3	110.8
东山县	Dongshan	110.1	104.9	112.4	109.5	113.0	107.3	109.6
南靖县	Nanjing	111.3	104.9	117.1	108.6	115.3	112.2	110.7
平和县	Pinghe	111.0	105.8	119.0	108.7	119.8	116.2	110.4
华安县	Hua'an	110.0	102.8	113.9	107.2	113.8	114.2	109.3
南平市	**Nanping**	**109.6**	**105.1**	**111.5**	**109.2**	**111.3**	**112.0**	**109.8**
南平市辖区	District under Nanping							
延平区	Yanping	107.8	101.7	107.6	110.0	105.7	112.6	107.6
邵武市	Shaowu	111.2	104.0	113.1	111.2	113.6	111.3	111.6
武夷山市	Wuyishan	109.8	104.3	112.8	109.0	113.9	111.0	109.6
建瓯市	Jian’ou	109.5	104.0	112.8	109.1	112.9	112.0	109.9
建阳区	Jianyang	110.0	104.1	112.9	108.4	112.9	112.8	109.8
顺昌县	Shunchang	109.6	105.5	113.0	107.9	113.1	112.4	110.1
浦城县	Pucheng	110.6	108.4	114.0	108.0	114.6	111.7	111.2
光泽县	Guangze	110.0	112.5	110.8	105.7	110.6	113.1	108.7
松溪县	Songxi	109.4	104.0	113.2	109.0	113.8	111.1	110.8
政和县	Zhenghe	110.1	104.6	115.5	108.4	115.9	112.1	111.1
龙岩市	**Longyan**	**109.7**	**103.9**	**111.6**	**108.0**	**111.6**	**111.6**	**109.2**
龙岩市辖区	District under Longyan							
新罗区	Xinluo	107.4	100.6	108.1	106.9	107.5	111.6	105.7
漳平市	Zhangping	110.8	104.3	114.4	108.2	115.3	110.8	110.9
长汀县	Changting	111.0	104.4	114.4	109.0	115.2	111.9	110.5
永定区	Yongding	109.7	104.6	111.9	107.6	111.9	111.7	109.8
上杭县	Shanghang	113.0	104.6	115.9	109.9	117.0	112.1	113.1
武平县	Wuping	110.8	104.5	115.4	108.5	117.0	111.4	111.2
连城县	Liancheng	111.0	104.4	114.4	109.2	114.9	111.1	111.4
宁德市	**Ningde**	**110.8**	**105.5**	**114.1**	**107.8**	**114.5**	**112.5**	**110.6**
宁德市辖区	District under Ningde							
蕉城区	Jiaocheng	110.8	106.0	114.9	108.0	115.1	114.5	110.5
福安市	Fu'an	111.2	105.9	114.3	105.8	114.8	109.7	111.1
福鼎市	Fuding	111.5	106.1	115.3	106.1	115.8	110.4	111.4
霞浦县	Xiapu	110.1	106.1	112.3	110.3	111.7	113.5	110.0
古田县	Gutian	110.3	103.4	114.5	109.4	115.2	110.0	110.1
屏南县	Pingnan	110.4	106.0	113.6	108.6	114.6	108.5	110.1
寿宁县	Shouning	110.6	105.2	113.1	110.3	113.4	112.2	110.3
周宁县	Zhouning	110.6	105.9	114.1	107.1	114.2	113.9	109.7
柘荣县	Zherong	108.6	105.3	109.5	108.3	109.1	112.4	108.3

22-3 年末户籍统计人口数（2014年）

Total Population at the Year-end(2014)

单位：万人 (10000 persons)

地区	Area	年末户籍统计总人口 Total Population at the Year-end	按城乡分 By Residence		按性别分 By sex	
			非农业 Non-agriculture	农业 Agriculture	男 Male	女 Female
全　省	**Fujian**	**3695.79**	**1266.06**	**2429.73**	**1904.12**	**1791.68**
福州市	**Fuzhou**	**674.94**	**276.37**	**398.58**	**346.30**	**328.64**
福州市辖区	District under Fuzhou	197.43	163.23	34.20	98.26	99.17
鼓楼区	Gulou	57.48	57.48		28.69	28.79
台江区	Taijiang	32.69	32.69		16.30	16.39
仓山区	Cangshan	52.02	32.47	19.55	25.75	26.28
马尾区	Mawei	17.13	5.61	11.52	8.60	8.53
晋安区	Jin'an	38.11	34.98	3.13	18.92	19.19
福清市	Fuqing	133.52	38.23	95.28	68.91	64.60
长乐市	Changle	71.58	24.68	46.90	37.70	33.88
闽侯县	Minhou	66.49	6.86	59.63	34.27	32.22
连江县	Lianjiang	66.46	15.67	50.79	34.47	31.99
罗源县	Luoyuan	26.46	6.88	19.58	13.82	12.64
闽清县	Minqing	32.24	6.81	25.43	16.98	15.26
永泰县	Yongtai	37.97	6.16	31.82	20.18	17.80
平潭县	Pingtan	42.79	7.85	34.95	21.70	21.09
厦门市	**Xiamen**	**203.44**	**165.59**	**37.85**	**100.90**	**102.54**
厦门市辖区	District under Xiamen	203.44	165.59	37.85	100.90	102.54
思明区	Siming	70.84	70.84		34.66	36.17
海沧区	Haicang	15.58	12.48	3.09	7.68	7.90
湖里区	Huli	26.99	26.99		13.61	13.38
集美区	Jimei	22.88	16.34	6.55	11.39	11.49
同安区	Tong'an	35.08	15.95	19.13	17.54	17.55
翔安区	Xiang'an	32.07	23.00	9.07	16.03	16.04
莆田市	**Putian**	**341.21**	**67.72**	**273.50**	**174.19**	**167.02**
莆田市辖区	District under Putian	228.43	45.73	182.70	116.07	112.36
城厢区	Chengxiang	40.12	13.63	26.49	20.26	19.86
涵江区	Hanjiang	44.31	10.56	33.74	22.00	22.31
荔城区	Licheng	54.04	14.18	39.86	27.17	26.88
秀屿区	Xiuyu	89.96	7.35	82.61	46.64	43.32
仙游县	Xianyou	112.78	21.99	90.79	58.12	54.67
三明市	**Sanming**	**284.01**	**90.79**	**193.22**	**148.45**	**135.56**
三明市辖区	District under Sanming	28.28	21.63	6.64	14.32	13.96
梅列区	Meilie	14.17	12.47	1.70	7.13	7.04
三元区	Sanyuan	14.11	9.17	4.94	7.18	6.92
永安市	Yong'an	33.28	17.19	16.10	17.16	16.12
明溪县	Mingxi	11.90	3.17	8.73	6.16	5.75
清流县	Qingliu	15.59	3.52	12.06	8.12	7.46
宁化县	Ninghua	37.70	6.06	31.63	19.74	17.96
大田县	Datian	38.82	9.30	29.52	20.99	17.83
尤溪县	Youxi	44.03	7.62	36.42	23.57	20.46
沙县	Shaxian	26.66	11.93	14.73	13.75	12.91
将乐县	Jiangle	18.43	4.80	13.63	9.56	8.87
泰宁县	Taining	13.60	2.97	10.63	7.02	6.58
建宁县	Jianning	15.71	2.60	13.12	8.06	7.66
泉州市	**Quanzhou**	**716.22**	**202.72**	**513.50**	**370.06**	**346.15**
泉州市辖区	District under Quanzhou	106.36	64.11	42.25	53.67	52.70
鲤城区	Licheng	25.13	25.13		12.43	12.70
丰泽区	Fengze	23.01	23.01		11.28	11.73
洛江区	Luojiang	18.36	4.35	14.01	9.57	8.79
泉港区	Quangang	39.87	11.63	28.24	20.38	19.48
石狮市	Shishi	32.52	9.79	22.74	16.56	15.96
晋江市	Jinjiang	110.81	37.98	72.84	56.67	54.15

22-3 续表

Continued

单位：万人　(10000 persons)

地区	Area	年末户籍统计总人口 Total Population at the Year-end	按城乡分 By Residence 非农业 Non-agriculture	农业 Agriculture	按性别分 By sex 男 Male	女 Female
南安市	Nan'an	157.44	39.19	118.25	82.29	75.15
惠安县	Hui'an	99.71	14.59	85.12	49.87	49.84
安溪县	Anxi	117.78	14.24	103.53	62.73	55.05
永春县	Yongchun	58.68	15.50	43.18	30.87	27.81
德化县	Dehua	32.90	7.31	25.59	17.41	15.49
漳州市	**Zhangzhou**	**497.41**	**143.01**	**354.41**	**255.53**	**241.88**
漳州市辖区	District under Zhangzhou	58.46	38.11	20.35	29.08	29.38
芗城区	Xiangcheng	44.67	34.40	10.27	22.16	22.51
龙文区	Longwen	13.79	3.71	10.08	6.92	6.87
龙海市	Longhai	85.28	16.40	68.89	42.93	42.35
云霄县	Yunxiao	44.96	7.12	37.84	23.67	21.29
漳浦县	Zhangpu	88.61	26.03	62.58	45.56	43.06
诏安县	Zhao'an	64.65	9.09	55.56	33.73	30.92
长泰县	Changtai	20.38	4.05	16.34	10.34	10.04
东山县	Dongshan	21.40	11.20	10.19	10.77	10.63
南靖县	Nanjing	35.98	9.24	26.74	18.37	17.61
平和县	Pinghe	60.95	16.06	44.89	32.42	28.53
华安县	Hua'an	16.73	5.70	11.04	8.67	8.07
南平市	**Nanping**	**319.19**	**109.66**	**209.52**	**164.83**	**154.35**
南平市辖区	District under Nanping	50.31	26.12	24.19	25.90	24.40
延平区	Yanping	50.31	26.12	24.19	25.90	24.40
邵武市	Shaowu	30.86	13.41	17.45	15.81	15.05
武夷山市	Wuyishan	23.88	8.29	15.58	12.17	11.70
建瓯市	Jian'ou	55.29	16.55	38.74	28.51	26.78
建阳区	Jianyang	35.34	15.12	20.22	18.15	17.20
顺昌县	Shunchang	23.94	6.76	17.18	12.28	11.66
浦城县	Pucheng	43.30	9.59	33.71	22.34	20.96
光泽县	Guangze	16.43	3.87	12.56	8.57	7.86
松溪县	Songxi	16.65	4.21	12.44	8.66	8.00
政和县	Zhenghe	23.19	5.74	17.45	12.45	10.74
龙岩市	**Longyan**	**307.14**	**97.80**	**209.33**	**159.09**	**148.05**
龙岩市辖区	District under Longyan	50.54	34.36	16.18	25.44	25.10
新罗区	Xinluo	50.54	34.36	16.18	25.44	25.10
漳平市	Zhangping	29.29	9.63	19.66	15.42	13.88
长汀县	Changting	52.70	16.57	36.13	27.72	24.98
永定区	Yongding	50.19	10.95	39.24	26.15	24.05
上杭县	Shanghang	51.46	11.14	40.33	26.35	25.11
武平县	Wuping	38.87	9.62	29.25	20.11	18.76
连城县	Liancheng	34.08	5.54	28.54	17.90	16.18
宁德市	**Ningde**	**352.24**	**112.41**	**239.83**	**184.77**	**167.47**
宁德市辖区	District under Ningde	47.93	15.80	32.14	24.58	23.35
蕉城区	Jiaocheng	47.93	15.79	32.15	24.58	23.35
福安市	Fu'an	67.09	19.71	47.39	35.30	31.79
福鼎市	Fuding	59.80	21.25	38.55	31.03	28.77
霞浦县	Xiapu	55.46	18.99	36.47	29.14	26.32
古田县	Gutian	43.21	14.95	28.26	22.77	20.44
屏南县	Pingnan	19.07	4.80	14.27	10.21	8.86
寿宁县	Shouning	27.51	6.65	20.85	14.59	12.92
周宁县	Zhouning	21.25	7.00	14.25	11.41	9.84
柘荣县	Zherong	10.92	3.26	7.66	5.73	5.19

22-4 年末常住人口数（2014年）

Total Population at the Year-end(2014)

单位：万人 (10000 persons)

地区	Area	常住人口数 Total Population on Census	城镇人口 Urban	乡村人口 Rural	城镇化水平（%） Lever of Township (%)
全　省	**Fujian**	**3806.00**	**2352.11**	**1453.89**	**61.8**
福州市	**Fuzhou**	**743.00**	**497.37**	**245.63**	**66.9**
福州市辖区	District under Fuzhou	306.10	297.97	8.13	97.4
鼓楼区	Gulou	71.50	71.50		100.0
台江区	Taijiang	46.50	46.50		100.0
仓山区	Cangshan	79.70	79.70		100.0
马尾区	Mawei	24.80	17.51	7.29	70.6
晋安区	Jin'an	83.60	82.76	0.84	99.0
福清市	Fuqing	127.50	60.31	67.19	47.3
长乐市	Changle	70.90	32.97	37.93	46.5
闽侯县	Minhou	69.50	36.14	33.36	52.0
连江县	Lianjiang	57.60	24.77	32.83	43.0
罗源县	Luoyuan	20.80	8.84	11.96	42.5
闽清县	Minqing	23.60	8.85	14.75	37.5
永泰县	Yongtai	25.00	9.63	15.37	38.5
平潭县	Pingtan	42.00	17.89	24.11	42.6
厦门市	**Xiamen**	**381.00**	**338.33**	**42.67**	**88.8**
厦门市辖区	District under Xiamen	381.00	338.33	42.67	88.8
思明区	Siming	98.30	98.30		100.0
海沧区	Haicang	32.50	29.54	2.96	90.9
湖里区	Huli	100.60	100.60		100.0
集美区	Jimei	63.30	54.69	8.61	86.4
同安区	Tong'an	53.60	36.77	16.83	68.6
翔安区	Xiang'an	32.70	18.54	14.16	56.7
莆田市	**Putian**	**285.00**	**157.60**	**127.40**	**55.3**
莆田市辖区	District under Putian	200.40	123.92	76.48	61.8
城厢区	Chengxiang	42.60	28.68	13.92	67.3
涵江区	Hanjiang	48.10	37.63	10.47	78.2
荔城区	Licheng	51.30	35.47	15.83	69.1
秀屿区	Xiuyu	58.40	22.14	36.26	37.9
仙游县	Xianyou	84.60	33.68	50.92	39.8
三明市	**Sanming**	**251.00**	**138.30**	**112.70**	**55.1**
三明市辖区	District under Sanming	37.80	34.23	3.57	90.6
梅列区	Meilie	17.90	17.43	0.47	97.4
三元区	Sanyuan	19.90	16.80	3.10	84.4
永安市	Yong'an	34.80	22.65	12.15	65.1
明溪县	Mingxi	10.10	4.90	5.20	48.5
清流县	Qingliu	13.50	5.91	7.59	43.8
宁化县	Ninghua	27.50	10.59	16.91	38.5
大田县	Datian	31.10	14.34	16.76	46.1
尤溪县	Youxi	35.30	14.30	21.00	40.5
沙县	Shaxian	22.80	13.82	8.98	60.6
将乐县	Jiangle	14.90	7.57	7.33	50.8
泰宁县	Taining	11.10	5.14	5.96	46.3
建宁县	Jianning	12.10	4.85	7.25	40.1
泉州市	**Quanzhou**	**844.00**	**530.88**	**313.12**	**62.9**
泉州市辖区	District under Quanzhou	151.50	124.60	26.90	82.2
鲤城区	Licheng	42.70	42.70		100.0
丰泽区	Fengze	55.60	55.60		100.0
洛江区	Luojiang	20.80	11.23	9.57	54.0

22-4 续表

Continued

单位：万人 (10000 persons)

地区	Area	常住人口数 Total Population on Census	城镇人口 Urban	乡村人口 Rural	城镇化水平(%) Lever of Township (%)
泉港区	Quangang	32.40	15.07	17.33	46.5
石狮市	Shishi	67.60	52.59	15.01	77.8
晋江市	Jinjiang	206.50	132.16	74.34	64.0
南安市	Nan'an	146.50	81.01	65.49	55.3
惠安县	Hui'an	98.40	53.04	45.36	53.9
安溪县	Anxi	99.80	40.82	58.98	40.9
永春县	Yongchun	45.50	26.07	19.43	57.3
德化县	Dehua	28.20	20.61	7.59	73.1
漳州市	**Zhangzhou**	**496.00**	**266.85**	**229.15**	**53.8**
漳州市辖区	District under Zhangzhou	77.00	68.34	8.67	88.7
芗城区	Xiangcheng	58.44	52.54	5.90	89.9
龙文区	Longwen	18.56	15.80	2.77	85.1
龙海市	Longhai	92.47	48.82	43.64	52.8
云霄县	Yunxiao	41.56	19.08	22.49	45.9
漳浦县	Zhangpu	81.22	38.58	42.64	47.5
诏安县	Zhao'an	60.19	24.38	35.81	40.5
长泰县	Changtai	21.68	11.01	10.66	50.8
东山县	Dongshan	21.77	11.87	9.91	54.5
南靖县	Nanjing	33.89	16.10	17.79	47.5
平和县	Pinghe	50.01	20.75	29.26	41.5
华安县	Hua'an	16.21	7.93	8.28	48.9
南平市	**Nanping**	**262.00**	**139.91**	**122.09**	**53.4**
南平市辖区	District under Nanping	47.00	31.07	15.93	66.1
延平区	Yanping	47.00	31.07	15.93	66.1
邵武市	Shaowu	27.40	18.50	8.90	67.5
武夷山市	Wuyishan	23.10	12.73	10.37	55.1
建瓯市	Jian'ou	45.20	21.02	24.18	46.5
建阳区	Jianyang	29.20	16.03	13.17	54.9
顺昌县	Shunchang	18.70	8.98	9.72	48.0
浦城县	Pucheng	29.80	13.44	16.36	45.1
光泽县	Guangze	13.30	5.87	7.43	44.1
松溪县	Songxi	11.80	5.17	6.63	43.8
政和县	Zhenghe	16.50	7.13	9.37	43.2
龙岩市	**Longyan**	**259.00**	**133.64**	**125.36**	**51.6**
龙岩市辖区	District under Longyan	70.60	49.70	20.90	70.4
新罗区	Xinluo	70.60	49.70	20.90	70.4
漳平市	Zhangping	23.90	12.69	11.21	53.1
长汀县	Changting	39.80	18.35	21.45	46.1
永定区	Yongding	35.90	14.97	20.93	41.7
上杭县	Shanghang	37.00	15.58	21.42	42.1
武平县	Wuping	27.40	12.08	15.32	44.1
连城县	Liancheng	24.40	10.27	14.13	42.1
宁德市	**Ningde**	**285.00**	**150.76**	**134.24**	**52.9**
宁德市辖区	District under Ningde	44.09	27.64	16.45	62.7
蕉城区	Jiaocheng	44.09	27.64	16.45	62.7
福安市	Fu'an	56.95	34.97	21.98	61.4
福鼎市	Fuding	53.50	30.23	23.27	56.5
霞浦县	Xiapu	46.30	20.42	25.88	44.1
古田县	Gutian	32.67	13.49	19.18	41.3
屏南县	Pingnan	13.67	5.58	8.09	40.8
寿宁县	Shouning	17.63	7.88	9.75	44.7
周宁县	Zhouning	11.29	5.31	5.98	47.0
柘荣县	Zherong	8.90	5.25	3.65	59.0

22-5 城镇单位年末从业人员数（2014年）

Persons Employed in Urban Units at the Year-end (2014)

单位：人 (person)

地区	Area	单位从业人员数 Number of persons Employed in Units	在岗职工 Number of Staff and Workers on the Job	国有 State-Owned Units	城镇集体 Urban Collective - Owned Units	其他 Units of Other Types of Ownerships	其他从业人员 Other Employed Persons
全　省	**Fujian**	**6546380**	**5599513**	**1357488**	**103235**	**4138790**	**946867**
福州市	**Fuzhou**	**1491695**	**1146769**	**298612**	**36367**	**811790**	**344926**
福州市辖区	District under Fuzhou	930090	663303	177058	14954	471291	266787
鼓楼区	Gulou	453331	284569	83687	5239	195643	168762
台江区	Taijiang	91232	73163	29052	1240	42871	18069
仓山区	Cangshan	134057	120744	28067	3828	88849	13313
马尾区	Mawei	111536	96342	10081	1094	85167	15194
晋安区	Jin'an	139934	88485	26171	3553	58761	51449
福清市	Fuqing	195997	179259	32191	1892	145176	16738
长乐市	Changle	94935	85997	17131	702	68164	8938
闽侯县	Minhou	91993	84021	26025	4543	53453	7972
连江县	Lianjiang	36437	33485	11689	1831	19965	2952
罗源县	Luoyuan	28775	26674	7699	1050	17925	2101
闽清县	Minqing	37326	35633	8655	10866	16112	1693
永泰县	Yongtai	53816	20015	8173	500	11342	33801
平潭县	Pingtan	22326	18382	9991	29	8362	3944
厦门市	**Xiamen**	**1339071**	**1110624**	**147768**	**4344**	**958512**	**228447**
厦门市辖区	District under Xiamen	1339071	1110624	147768	4344	958512	228447
思明区	Siming	518033	398721	81307	2317	315097	119312
海沧区	Haicang	125917	111111	7590	346	103175	14806
湖里区	Huli	334965	276019	21132	453	254434	58946
集美区	Jimei	168026	155304	20586	455	134263	12722
同安区	Tong'an	90566	85043	11116	718	73209	5523
翔安区	Xiang'an	101556	84418	6029	55	78334	17138
莆田市	**Putian**	**490567**	**444676**	**83675**	**5080**	**355921**	**45891**
莆田市辖区	District under Putian	396758	357372	66017	3795	287560	39386
城厢区	Chengxiang	81488	72176	12419	1286	58471	9312
涵江区	Hanjiang	116752	112590	12371	1053	99166	4162
荔城区	Licheng	130381	111718	10042	352	101324	18663
秀屿区	Xiuyu	40440	38837	11816	734	26287	1603
仙游县	Xianyou	93809	87304	17658	1285	68361	6505
三明市	**Sanming**	**240791**	**213401**	**116001**	**11304**	**86096**	**27390**
三明市辖区	District under Sanming	83052	73661	37218	1684	34759	9391
梅列区	Meilie	29495	26984	6717	1068	19199	2511
三元区	Sanyuan	28719	26488	15175	363	10950	2231
永安市	Yong'an	32881	28977	13112	1312	14553	3904
明溪县	Mingxi	9146	6753	4463	335	1955	2393
清流县	Qingliu	18261	15601	6077	294	9230	2660
宁化县	Ninghua	12331	10711	8419	685	1607	1620
大田县	Datian	20643	19260	10577	3507	5176	1383
尤溪县	Youxi	17775	15672	10805	1018	3849	2103
沙县	Shaxian	21451	19405	8336	1238	9831	2046
将乐县	Jiangle	10662	9860	7267	545	2048	802
泰宁县	Taining	7437	6713	5000	208	1505	724
建宁县	Jianning	7152	6788	4727	478	1583	364
泉州市	**Quanzhou**	**1571420**	**1501093**	**234875**	**16477**	**1249741**	**70327**
泉州市辖区	District under Quanzhou	399420	376329	113933	3887	258509	23091
鲤城区	Licheng	141621	131544	37789	597	93158	10077
丰泽区	Fengze	117695	113358	23992	1131	88235	4337
洛江区	Luojiang	45337	44017	3471	226	40320	1320
泉港区	Quangang	29803	28041	8758	631	18652	1762

22-5 续表

Continued

单位：人 (person)

地区	Area	单位从业人员数 Number of persons Employed in Units	在岗职工 Number of Staff and Workers on the Job	国有 State-Owned Units	城镇集体 Urban Collective - Owned Units	其他 Units of Other Types of Ownerships	其他从业人员 Other Employed Persons
石狮市	Shishi	121474	115820	6264	1031	108525	5654
晋江市	Jinjiang	446558	435209	26202	4269	404738	11349
南安市	Nan'an	136843	130748	28260	2038	100450	6095
惠安县	Hui'an	247575	239464	16343	1710	221411	8111
安溪县	Anxi	125609	119332	24551	1924	92857	6277
永春县	Yongchun	60970	52821	10779	939	41103	8149
德化县	Dehua	32971	31370	8543	679	22148	1601
漳州市	**Zhangzhou**	**529392**	**438176**	**124638**	**9490**	**304048**	**91216**
漳州市辖区	District under Zhangzhou	159273	123344	36624	1270	85450	35929
芗城区	Xiangcheng	93346	66679	8831	992	56856	26667
龙文区	Longwen	35300	30781	4218	48	26515	4519
龙海市	Longhai	117305	91429	16309	1454	73666	25876
云霄县	Yunxiao	32815	26247	10035	574	15638	6568
漳浦县	Zhangpu	64861	54838	14398	1674	38766	10023
诏安县	Zhao'an	37425	31325	10117	831	20377	6100
长泰县	Changtai	37178	36175	6028	655	29492	1003
东山县	Dongshan	15505	13368	7786	292	5290	2137
南靖县	Nanjing	23356	22050	8136	611	13303	1306
平和县	Pinghe	25131	24281	10516	1438	12327	850
华安县	Hua'an	16543	15119	4689	691	9739	1424
南平市	**Nanping**	**245132**	**204109**	**108101**	**6331**	**89677**	**41023**
南平市辖区	District under Nanping	80653	61776	27657	1092	33027	18877
延平区	Yanping	80653	61776	27657	1092	33027	18877
邵武市	Shaowu	31671	27829	11843	747	15239	3842
武夷山市	Wuyishan	28511	22923	11240	832	10851	5588
建瓯市	Jian'ou	20996	18681	12240	1046	5395	2315
建阳区	Jianyang	20609	18404	11608	550	6246	2205
顺昌县	Shunchang	15879	13152	7436	839	4877	2727
浦城县	Pucheng	19000	16384	8696	516	7172	2616
光泽县	Guangze	7800	6903	5202	162	1539	897
松溪县	Songxi	8999	7733	5389	304	2040	1266
政和县	Zhenghe	11014	10324	6790	243	3291	690
龙岩市	**Longyan**	**303530**	**266557**	**106576**	**7941**	**152040**	**36973**
龙岩市辖区	District under Longyan	95090	77137	38694	1894	36549	17953
新罗区	Xinluo	95090	77137	38694	1894	36549	17953
漳平市	Zhangping	29232	27124	9710	1158	16256	2108
长汀县	Changting	51396	47888	10917	1730	35241	3508
永定区	Yongding	30875	27744	15323	1484	10937	3131
上杭县	Shanghang	52115	47577	13275	210	34092	4538
武平县	Wuping	24896	21701	9705	645	11351	3195
连城县	Liancheng	19926	17386	8952	820	7614	2540
宁德市	**Ningde**	**296856**	**243660**	**106794**	**5901**	**130965**	**53196**
宁德市辖区	District under Ningde	99320	66204	31088	508	34608	33116
蕉城区	Jiaocheng	99320	66204	31088	508	34608	33116
福安市	Fu'an	51618	48552	18001	1737	28814	3066
福鼎市	Fuding	59177	56742	13726	1053	41963	2435
霞浦县	Xiapu	19710	16188	10946	758	4484	3522
古田县	Gutian	26347	22523	9637	1135	11751	3824
屏南县	Pingnan	9037	7915	5838	234	1843	1122
寿宁县	Shouning	13089	10391	7238	146	3007	2698
周宁县	Zhouning	9907	8315	5737	318	2260	1592
柘荣县	Zherong	8651	6830	4583	12	2235	1821

22-6 固定资产投资（不含农户）（2014年）

Fixed Asset Investment(Excluding Rural Households)(2014)

单位：亿元 (100 million)

地区	Area	固定资产投资（不含农户） Investment in Fixed Assets(Excluding Rural Households)					
		投资额	增长	项目投资 Project Investment		房地产开发 Real Estate Development	
				投资额	增长	投资额	增长
		Value	Rate(%)	Value	Rate(%)	Value	Rate(%)
全　省	**Fujian**	**18141.37**	**19.0**	**13573.97**	**17.6**	**4567.40**	**23.3**
福州市	**Fuzhou**	**4388.62**	**14.9**	**2933.54**	**14.9**	**1455.07**	**15.0**
福州市辖区	District under Fuzhou	1831.00	17.2	1107.67	21.0	723.33	12.1
鼓楼区	Gulou	400.57	12.0	348.39	13.8	52.18	1.6
台江区	Taijiang	339.16	13.4	220.75	18.8	118.42	4.5
仓山区	Cangshan	428.81	14.4	105.48	21.6	323.33	12.2
马尾区	Mawei	216.97	49.4	151.42	48.8	65.55	50.7
晋安区	Jin'an	415.74	18.5	251.88	24.5	163.85	10.2
福清市	Fuqing	642.93	17.0	535.45	17.9	107.48	13.0
长乐市	Changle	394.84	17.6	310.41	18.4	84.42	14.6
闽侯县	Minhou	535.77	19.1	310.53	13.1	225.24	28.5
连江县	Lianjiang	424.71	24.1	324.33	53.3	100.38	-23.2
罗源县	Luoyuan	158.06	12.0	75.81	4.7	82.25	19.6
闽清县	Minqing	49.40	27.1	35.52	9.9	13.88	111.8
永泰县	Yongtai	77.95	24.8	26.40	-39.9	51.55	177.9
平潭县	Pingtan	273.95	-18.4	207.42	-27.6	66.53	35.6
厦门市	**Xiamen**	**1562.16**	**16.8**	**858.09**	**6.5**	**704.06**	**32.4**
厦门市辖区	District under Xiamen	1562.16	16.8	858.09	6.5	704.06	32.4
思明区	Siming	234.28	13.6	105.80	4.5	128.48	22.4
海沧区	Haicang	293.42	21.8	150.50	-11.8	142.92	103.8
湖里区	Huli	320.50	33.9	197.36	28.1	123.14	44.4
集美区	Jimei	299.21	7.0	146.52	16.9	152.69	-1.0
同安区	Tong'an	161.04	0.7	103.58	3.0	57.46	-3.2
翔安区	Xiang'an	253.71	20.0	154.33	0.5	99.38	71.8
莆田市	**Putian**	**1423.68**	**22.3**	**1076.82**	**22.2**	**346.87**	**22.4**
莆田市辖区	District under Putian	1202.11	23.4	938.95	24.6	263.15	19.5
城厢区	Chengxiang	186.89	16.6	86.29	15.8	100.60	17.4
涵江区	Hanjiang	272.92	26.3	228.44	27.6	44.48	19.6
荔城区	Licheng	245.01	13.4	148.23	15.1	96.78	10.8
秀屿区	Xiuyu	489.03	30.8	467.73	28.5	21.30	112.1
仙游县	Xianyou	221.57	16.2	137.86	8.0	83.71	32.8
三明市	**Sanming**	**1603.08**	**20.2**	**1426.32**	**21.7**	**176.76**	**9.1**
三明市辖区	District under Sanming	350.14	23.4	304.43	19.7	45.71	55.3
梅列区	Meilie	134.45	17.6	93.64	7.0	40.80	52.0
三元区	Sanyuan	142.55	20.3	137.65	18.7	4.90	88.7
永安市	Yong'an	220.06	18.9	182.52	23.3	37.53	1.4
明溪县	Mingxi	62.73	20.8	57.25	21.7	5.48	12.2
清流县	Qingliu	76.54	18.8	71.20	24.4	5.34	-25.6
宁化县	Ninghua	127.60	20.0	109.11	22.5	18.49	7.5
大田县	Datian	189.98	20.4	180.66	28.3	9.32	-45.0
尤溪县	Youxi	161.19	19.5	144.50	21.2	16.68	6.6
沙县	Shaxian	171.95	17.6	153.47	12.0	18.49	99.0
将乐县	Jiangle	90.45	18.8	76.10	25.8	14.35	-8.3
泰宁县	Taining	73.58	19.8	70.52	23.1	3.06	-25.9
建宁县	Jianning	78.87	19.3	76.55	24.5	2.32	-50.0
泉州市	**Quanzhou**	**2874.33**	**17.6**	**2098.38**	**12.9**	**775.95**	**32.5**
泉州市辖区	District under Quanzhou	596.16	22.2	354.65	20.4	241.51	25.0
鲤城区	Licheng	115.82	16.5	75.78	1.4	40.04	62.1
丰泽区	Fengze	240.56	26.1	87.05	49.7	153.52	15.8
洛江区	Luojiang	74.27	22.1	42.28	5.6	31.99	53.8

注：本表数据由各设区市上报。

Note:Data in this Table is Reported by Districts.

22-6 续表

Continued

单位：亿元 (100 million)

地区	Area	固定资产投资（不含农户） Investment in Fixed Assets(Excluding Rural Households) 投资额 Value	增长 Rate(%)	项目投资 Project Investment 投资额 Value	增长 Rate(%)	房地产开发 Real Estate Development 投资额 Value	增长 Rate(%)
泉港区	Quangang	165.50	20.9	149.54	22.9	15.96	5.3
石狮市	Shishi	345.49	20.4	217.83	5.3	127.66	59.4
晋江市	Jinjiang	748.37	21.3	573.80	20.9	174.58	22.7
南安市	Nan'an	414.83	22.9	351.23	27.1	63.60	3.8
惠安县	Hui'an	360.02	-8.9	288.34	-20.1	71.69	107.5
安溪县	Anxi	232.42	28.8	179.04	30.4	53.38	23.9
永春县	Yongchun	91.96	29.6	71.95	19.2	20.01	88.6
德化县	Dehua	85.07	25.9	61.55	30.4	23.52	15.4
漳州市	**Zhangzhou**	**2081.86**	**21.5**	**1609.61**	**18.6**	**472.24**	**32.6**
漳州市辖区	District under Zhangzhou	350.77	0.3	213.26	-8.3	137.51	17.4
芗城区	Xiangcheng	139.45	2.0	96.57	0.7	42.88	5.0
龙文区	Longwen	166.40	23.2	71.78	22.2	94.63	24.0
龙海市	Longhai	389.72	28.3	280.66	13.4	109.06	93.6
云霄县	Yunxiao	149.67	29.5	128.50	48.4	21.17	-26.9
漳浦县	Zhangpu	280.00	51.0	177.74	43.0	102.26	67.3
诏安县	Zhao'an	148.27	33.3	137.34	27.9	10.93	183.6
长泰县	Changtai	238.28	18.0	207.06	18.2	31.22	16.6
东山县	Dongshan	130.01	10.7	109.14	31.6	20.86	-39.5
南靖县	Nanjing	171.01	25.2	154.82	22.4	16.19	59.2
平和县	Pinghe	123.80	28.3	109.75	28.9	14.05	23.8
华安县	Hua'an	100.32	5.5	91.33	2.4	8.99	52.4
南平市	**Nanping**	**1451.07**	**22.3**	**1301.04**	**23.5**	**150.02**	**12.5**
南平市辖区	District under Nanping	202.80	14.8	165.80	17.8	37.00	3.1
延平区	Yanping	202.80	14.8	165.80	17.8	37.00	3.1
邵武市	Shaowu	264.11	36.6	246.31	36.6	17.79	36.8
武夷山市	Wuyishan	233.98	2.0	217.41	-1.2	16.57	78.2
建瓯市	Jian'ou	210.03	20.2	189.51	21.8	20.52	7.5
建阳区	Jianyang	234.42	31.2	204.34	41.5	30.08	-12.3
顺昌县	Shunchang	46.15	49.7	43.15	54.2	2.99	5.5
浦城县	Pucheng	124.82	23.5	120.69	25.3	4.14	-13.0
光泽县	Guangze	37.36	11.0	30.45	13.7	6.91	0.4
松溪县	Songxi	41.73	47.0	39.66	59.2	2.07	-40.2
政和县	Zhenghe	55.67	39.6	43.73	21.2	11.94	214.4
龙岩市	**Longyan**	**1558.45**	**22.7**	**1346.36**	**21.9**	**212.09**	**28.4**
龙岩市辖区	District under Longyan	580.57	22.1	425.19	19.8	155.38	28.8
新罗区	Xinluo	580.57	22.1	425.19	19.8	155.38	28.8
漳平市	Zhangping	143.91	17.6	133.27	13.4	10.64	119.5
长汀县	Changting	165.22	23.5	154.23	24.3	11.00	13.2
永定区	Yongding	161.16	24.0	155.22	24.7	5.94	8.1
上杭县	Shanghang	167.92	24.7	163.17	24.2	4.75	46.2
武平县	Wuping	179.99	25.3	166.54	27.0	13.45	7.5
连城县	Liancheng	159.67	23.1	148.74	22.9	10.93	25.7
宁德市	**Ningde**	**1131.18**	**24.3**	**856.86**	**24.4**	**274.33**	**24.1**
宁德市辖区	District under Ningde	358.45	17.0	226.96	18.2	131.49	14.9
蕉城区	Jiaocheng	313.72	31.6	182.23	46.9	131.49	14.9
福安市	Fu'an	209.94	28.5	187.45	35.1	22.50	-8.7
福鼎市	Fuding	213.63	21.3	161.16	11.9	52.47	63.5
霞浦县	Xiapu	113.18	28.1	68.39	15.4	44.79	54.0
古田县	Gutian	63.57	37.0	51.53	27.2	12.05	103.8
屏南县	Pingnan	33.59	33.9	28.71	56.5	4.87	-27.7
寿宁县	Shouning	53.98	32.9	50.61	36.3	3.37	-3.5
周宁县	Zhouning	37.30	34.7	36.27	49.8	1.03	-70.2
柘荣县	Zherong	47.53	32.2	45.78	31.7	1.75	48.7

22-7 城镇单位在岗职工平均工资（2014年）

Average Annual Wages of Staff and Worker on the Job in Urban Areas(2014)

单位：元 (yuan)

地区	Area	在岗职工平均工资 Total Wages of Staff and Workers on the Job	国有 State-Owned Units	城镇集体 Urban Collective-Owned Unit	其他 Units of Other Types of Ownerships	在岗职工平均工资比上年增长(%) Ratio(%)
全　省	**Fujian**	**54235**	**64847**	**50570**	**50796**	**9.9**
福州市	**Fuzhou**	**58839**	**68174**	**45550**	**56007**	**10.3**
福州市辖区	District under Fuzhou	60289	71547	39900	56948	9.1
鼓楼区	Gulou	64956	74994	40336	61810	9.4
台江区	Taijiang	64812	73913	41849	59941	7.8
仓山区	Cangshan	52802	64377	38696	49727	11.6
马尾区	Mawei	56900	69448	49888	55398	13.7
晋安区	Jin'an	52764	65754	36681	48124	12.7
福清市	Fuqing	55002	60035	40818	53994	8.8
长乐市	Changle	62620	63728	55499	62403	3.5
闽侯县	Minhou	57216	69449	31487	53093	12.2
连江县	Lianjiang	53949	61001	50208	50622	22.8
罗源县	Luoyuan	52587	59355	47309	50022	10.8
闽清县	Minqing	55463	57023	62395	50947	14.4
永泰县	Yongtai	48774	56950	46539	42287	-1.3
平潭县	Pingtan	59693	67835	14448	50214	10.5
厦门市	**Xiamen**	**60729**	**92517**	**55783**	**56202**	**8.7**
厦门市辖区	District under Xiamen	60729	92517	55783	56202	8.7
思明区	Siming	66894	101772	56382	59121	11.4
海沧区	Haicang	59886	81980	50929	58346	9.4
湖里区	Huli	58844	74182	49625	57713	2.2
集美区	Jimei	55870	80892	63117	52134	11.6
同安区	Tong'an	52399	83508	57688	47296	9.8
翔安区	Xiang'an	53578	97573	41047	50199	9.7
莆田市	**Putian**	**51001**	**61214**	**45553**	**48665**	**16.0**
莆田市辖区	District under Putian	50669	64228	43426	47701	24.6
城厢区	Chengxiang	48482	62014	39475	45921	16.4
涵江区	Hanjiang	42934	53962	41088	41615	15.5
荔城区	Licheng	52788	64824	57386	51529	12.4
秀屿区	Xiuyu	52431	54554	39624	51837	13.6
仙游县	Xianyou	52395	50632	50551	52941	27.2
三明市	**Sanming**	**52087**	**55450**	**46859**	**48290**	**11.9**
三明市辖区	District under Sanming	58741	64353	40874	53868	15.1
梅列区	Meilie	58425	72765	44476	54251	11.6
三元区	Sanyuan	54647	62373	38657	44354	11.3
永安市	Yong'an	53261	58877	39817	49518	9.1
明溪县	Mingxi	45333	46493	50785	41702	12.7
清流县	Qingliu	44666	48560	43112	42362	7.3
宁化县	Ninghua	47217	49049	46548	36998	9.8
大田县	Datian	44492	49360	44604	33699	8.3
尤溪县	Youxi	49498	49962	54130	46765	14.7
沙县	Shaxian	48213	53375	50347	43395	14.4
将乐县	Jiangle	50353	49899	63832	48404	16.4
泰宁县	Taining	49253	48092	46317	53733	12.2
建宁县	Jianning	48179	49873	64371	37997	13.6
泉州市	**Quanzhou**	**48823**	**68677**	**54316**	**45083**	**8.7**
泉州市辖区	District under Quanzhou	50838	65451	50062	44686	18.0
鲤城区	Licheng	41488	49810	41057	37963	9.9
丰泽区	Fengze	52082	69962	64479	48552	15.0
洛江区	Luojiang	41600	67063	51153	38923	6.0
泉港区	Quangang	51253	57770	30348	49131	7.2

22-7 续表

Continued

单位：元 (yuan)

地区	Area	在岗职工平均工资 Total Wages of Staff and Workers on the Job	国有 State-Owned Units	城镇集体 Urban Collective-Owned Unit	其他 Units of Other Types of Ownerships	在岗职工平均工资比上年增长(%) Ratio(%)
石狮市	Shishi	47888	70826	39708	46639	11.6
晋江市	Jinjiang	44516	83951	59803	41728	6.8
南安市	Nan'an	52145	69127	53553	47210	5.9
惠安县	Hui'an	52807	71780	52324	51245	8.8
安溪县	Anxi	50875	71117	63929	46089	12.8
永春县	Yongchun	44803	60222	64345	40683	9.7
德化县	Dehua	41591	56215	42655	35473	8.5
漳州市	**Zhangzhou**	**51495**	**59727**	**61663**	**47891**	**10.5**
漳州市辖区	District under Zhangzhou	54254	74314	38553	46765	15.5
芗城区	Xiangcheng	46059	63723	38331	43697	6.5
龙文区	Longwen	54976	68282	61938	53041	14.6
龙海市	Longhai	55735	60981	79719	54147	9.1
云霄县	Yunxiao	47535	49925	69929	45029	11.2
漳浦县	Zhangpu	50230	50440	64536	49461	17.1
诏安县	Zhao'an	39874	45150	51159	36755	8.5
长泰县	Changtai	51097	64158	83137	47621	11.8
东山县	Dongshan	49589	56574	84258	38721	8.8
南靖县	Nanjing	47446	54651	40455	43262	13.9
平和县	Pinghe	44079	46210	52760	40961	10.0
华安县	Hua'an	53069	55995	71214	50289	11.2
南平市	**Nanping**	**48562**	**52944**	**47205**	**43626**	**10.4**
南平市辖区	District under Nanping	52624	59112	52732	47853	21.1
延平区	Yanping	49578	56515	53409	46696	14.1
邵武市	Shaowu	46816	56003	63526	38882	15.0
武夷山市	Wuyishan	46529	51152	36886	42694	10.2
建瓯市	Jian'ou	50219	51307	37842	50055	4.0
建阳区	Jianyang	47562	50832	43336	41834	2.8
顺昌县	Shunchang	43050	45568	45516	38809	9.6
浦城县	Pucheng	49104	53624	56884	41717	10.3
光泽县	Guangze	46663	50759	30210	34506	8.8
松溪县	Songxi	43867	46678	47374	34867	6.9
政和县	Zhenghe	40157	44826	38412	30376	6.1
龙岩市	**Longyan**	**49541**	**54329**	**57904**	**45404**	**8.1**
龙岩市辖区	District under Longyan	58275	63608	81117	51031	17.0
新罗区	Xinluo	52983	61202	84684	46777	6.4
漳平市	Zhangping	46209	46296	59595	45150	11.2
长汀县	Changting	44098	50452	52735	41556	14.2
永定区	Yongding	46074	48662	54931	41375	6.2
上杭县	Shanghang	51265	52596	25109	50821	3.7
武平县	Wuping	42108	47338	36077	37173	17.0
连城县	Liancheng	38453	45513	39509	29108	9.6
宁德市	**Ningde**	**50103**	**50361**	**51716**	**49814**	**6.6**
宁德市辖区	District under Ningde	51910	52326	70647	51409	1.3
蕉城区	Jiaocheng	51910	52326	70647	51409	1.3
福安市	Fu'an	49058	52382	41514	47263	5.9
福鼎市	Fuding	52235	52324	65708	51769	10.9
霞浦县	Xiapu	45054	43612	46134	48564	9.4
古田县	Gutian	43316	45882	41115	41280	5.7
屏南县	Pingnan	44709	44489	71961	41467	11.1
寿宁县	Shouning	43726	44804	77825	39517	1.6
周宁县	Zhouning	44355	44978	37777	43769	10.3
柘荣县	Zherong	47763	39395	40500	66793	10.5

22-8 农村居民人均可支配收入及生活消费支出（2014年）

Peasants' Net Income and Consumption Expenditure Per Capita(2014)

单位：元 (yuan)

项目	Item	农民人均可支配收入 Per Capita Net Income of Rural Residence	农民人均生活消费支出 Per Capita Living Expenditure	#食品烟酒 Food	#衣着 Clothing	#居住 Residence	农民人均可支配收入比上年增长(%) Ratio(%)
全　省	Fujian	12650.19	11055.93	4222.53	572.36	2607.83	10.9
福州市	Fuzhou	14012.12	12166.38	4580.31	763.77	2880.34	11.2
福州市辖区	District under Fuzhou						
鼓楼区	Gulou						
台江区	Taijiang						
仓山区	Cangshan						
马尾区	Mawei	18279.67	16039.90	6422.46	1173.15	3378.06	11.4
晋安区	Jin'an	14482.13	10342.76	3757.91	525.45	2769.43	10.9
福清市	Fuqing	16434.37	13926.26	4647.01	813.37	3635.86	11.3
长乐市	Changle	16005.47	13860.03	5122.90	906.94	3464.50	11.7
闽侯县	Minhou	13393.31	11849.35	4956.73	750.70	2478.83	11.9
连江县	Lianjiang	12707.12	11186.79	4675.22	806.12	2467.08	11.2
罗源县	Luoyuan	11068.17	9878.91	4035.62	592.44	2204.08	10.6
闽清县	Minqing	10579.46	9513.86	3911.80	659.27	2003.82	10.2
永泰县	Yongtai	10222.28	9005.12	3813.87	525.04	1748.33	10.1
平潭县	Pingtan	11592.86	10240.80	3566.19	563.13	2513.53	11.5
厦门市	Xiamen	16219.55	14142.10	5379.17	746.45	3692.54	10.6
厦门市辖区	District under Xiamen						
思明区	Siming						
海沧区	Haicang	20524.97	19862.58	7784.65	1068.68	4849.04	10.1
湖里区	Huli						
集美区	Jimei	19893.65	19160.46	6971.86	1040.46	4879.83	10.5
同安区	Tong'an	15028.85	12290.74	4773.08	677.50	3476.13	10.9
翔安区	Xiang'an	14519.10	12114.10	4637.08	584.24	2994.74	11.1
莆田市	Putian	12828.79	11113.72	4682.06	568.71	2463.38	10.7
莆田市辖区	District under Putian						
城厢区	Chengxiang	14395.77	11667.36	4462.77	496.72	3085.12	10.0
涵江区	Hanjiang	12553.28	10834.72	4218.43	467.97	2729.05	11.3
荔城区	Licheng	14296.27	11654.97	5084.64	719.12	2404.78	10.7
秀屿区	Xiuyu	13240.58	12027.45	5319.64	525.45	2594.92	11.0
仙游县	Xianyou	11624.32	10071.64	4160.16	592.97	2155.57	10.4
三明市	Sanming	11665.18	9006.35	3601.73	516.92	1976.48	10.8
三明市辖区	District under Sanming						
梅列区	Meilie	12896.40	9553.78	4045.01	477.62	1770.08	12.1
三元区	Sanyuan	13497.91	9645.08	3558.95	578.49	1922.89	10.7
永安市	Yong'an	12550.75	10243.39	4155.10	577.87	1820.13	11.1
明溪县	Mingxi	10932.57	8524.00	3805.55	514.86	1823.63	9.7
清流县	Qingliu	11404.44	8496.89	3220.36	350.55	2157.95	10.2
宁化县	Ninghua	10479.72	8206.78	3493.92	394.81	1972.01	11.5
大田县	Datian	11760.94	9309.95	3696.95	518.13	1961.73	10.0
尤溪县	Youxi	11979.22	9007.31	3695.76	515.85	1717.14	10.9
沙县	Shaxian	13191.80	11256.52	3936.74	1030.08	2707.63	11.8
将乐县	Jiangle	11603.87	8532.91	3358.36	447.50	1973.54	12.6
泰宁县	Taining	11036.04	8551.78	3293.92	447.88	2204.53	9.3
建宁县	Jianning	10569.80	6875.42	2774.22	366.19	1920.58	10.0
泉州市	Quanzhou	14586.03	11583.76	4426.19	625.50	2922.02	10.5
泉州市辖区	District under Quanzhou						
鲤城区	Licheng						
丰泽区	Fengze						
洛江区	Luojiang	12435.32	9712.19	3546.89	442.30	2780.00	10.1

22-8 续表

Continued

单位：元　(yuan)

项目	Item	农民人均可支配收入 Per Capita Net Income of Rural Residence	农民人均生活消费支出 Per Capita Living Expenditure	#食品烟酒 Food	#衣着 Clothing	#居住 Residence	农民人均可支配收入比上年增长(%) Ratio(%)
泉港区	Quangang	14312.97	11335.44	4273.34	612.63	3108.54	10.0
石狮市	Shishi	17903.75	13838.49	4851.60	864.86	4100.29	10.8
晋江市	Jinjiang	16610.54	13222.66	5000.01	770.77	3494.73	10.6
南安市	Nan'an	15480.36	12073.07	4541.14	608.86	2777.38	10.5
惠安县	Hui'an	14696.26	11457.25	4380.07	595.84	3132.77	10.7
安溪县	Anxi	12000.90	9989.14	3967.94	465.88	2342.61	10.6
永春县	Yongchun	11491.64	9061.93	3821.35	587.73	1979.06	10.3
德化县	Dehua	10966.84	9055.16	3669.30	626.80	1630.24	9.6
漳州市	Zhangzhou	12690.15	9266.74	3783.53	476.34	1887.78	10.5
漳州市辖区	District under Zhangzhou						
芗城区	Xiangcheng	12679.73	10799.25	4026.17	595.55	2078.67	10.2
龙文区	Longwen	13766.23	12130.49	4558.74	703.40	2709.96	10.8
龙海市	Longhai	13355.29	10236.79	3934.55	489.41	2320.81	11.5
云霄县	Yunxiao	11705.03	8172.37	3548.67	469.49	1619.61	10.2
漳浦县	Zhangpu	13579.70	9794.44	3912.08	529.18	2007.80	10.3
诏安县	Zhao'an	11308.29	8594.70	3728.83	381.15	1816.17	9.9
长泰县	Changtai	13420.69	11020.71	4361.42	499.35	2623.24	10.9
东山县	Dongshan	14557.78	10667.41	4906.43	574.28	1792.56	11.7
南靖县	Nanjing	11992.18	9004.43	3711.63	441.60	1185.46	10.4
平和县	Pinghe	12423.11	7666.52	3215.94	427.46	1466.74	10.3
华安县	Hua'an	12534.00	8589.25	3173.33	531.55	2069.56	10.0
南平市	Nanping	11251.54	8640.14	3628.60	576.51	1711.23	11.5
南平市辖区	District under Nanping						
延平区	Yanping	12509.87	9184.46	3959.42	721.09	1692.36	10.3
邵武市	Shaowu	12820.78	9762.09	4330.42	485.68	1918.78	11.1
武夷山市	Wuyishan	12147.24	9502.70	4012.86	634.07	2334.49	11.7
建瓯市	Jian'ou	12391.00	9162.32	3492.83	597.33	1716.50	11.3
建阳区	Jianyang	11242.87	8915.77	3482.22	553.15	2257.32	12.0
顺昌县	Shunchang	10709.14	8114.27	3510.76	478.17	1153.88	11.9
浦城县	Pucheng	10451.09	8156.68	3544.88	668.56	1587.42	11.6
光泽县	Guangze	9712.29	7839.29	3553.93	460.65	1757.52	11.4
松溪县	Songxi	8454.37	6863.54	3166.39	506.06	1247.69	10.4
政和县	Zhenghe	8823.14	7236.90	3212.10	412.96	1175.60	11.1
龙岩市	Longyan	12054.43	9097.25	3746.65	468.33	2143.18	11.2
龙岩市辖区	District under Longyan						
新罗区	Xinluo	14651.73	11066.01	4418.92	861.11	2149.40	10.6
漳平市	Zhangping	12259.42	8649.74	3331.00	454.19	1882.42	10.3
长汀县	Changting	10575.45	8314.89	3394.24	297.34	2323.24	12.0
永定区	Yongding	12873.68	9196.07	3890.03	539.34	2141.96	10.5
上杭县	Shanghang	11658.12	9209.44	3948.86	400.34	2420.84	12.1
武平县	Wuping	11398.28	8369.98	3510.25	279.60	1994.16	11.5
连城县	Liancheng	10880.84	8533.01	3447.03	445.31	1817.90	11.0
宁德市	Ningde	11301.88	9005.56	3693.29	465.25	2258.28	11.7
宁德市辖区	District under Ningde						
蕉城区	Jiaocheng	11190.33	8886.99	3547.41	375.08	2861.38	12.9
福安市	Fu'an	11777.16	9600.37	4165.40	392.06	2559.80	11.7
福鼎市	Fuding	11511.11	9640.72	4051.12	603.38	1900.82	11.2
霞浦县	Xiapu	11341.89	9380.14	3654.87	518.08	2489.55	12.2
古田县	Gutian	12103.45	9030.03	3578.75	410.11	2206.52	10.9
屏南县	Pingnan	10137.61	7165.00	2952.39	642.54	1495.83	11.5
寿宁县	Shouning	9894.50	7522.46	3237.71	271.62	1818.38	11.2
周宁县	Zhouning	10553.85	8550.11	3691.80	458.16	2378.90	11.3
柘荣县	Zherong	10292.03	7180.30	2683.58	449.81	1223.30	10.7

22-9 城镇居民人均可支配收入及生活消费支出（2014年）

Annual Per Capita Disposable Income and Per Capita Consumption of Urban Households(2014)

单位：元 (yuan)

项目	Item	城镇居民人均可支配收入 Annual Per Capita Disposable Income of Urban Households	城镇居民人均生活消费支出 Per Capita Consumption of Urban Households	#食品烟酒 Food	#衣着 Clothing	#居住 Residence	城镇居民人均可支配收入比上年增长（%） Ratio(%)
全　省	Fujian	30722.39	22204.06	7368.71	1460.99	5434.70	9.0
福州市	Fuzhou	32450.86	23330.34	7595.39	1790.75	5944.14	9.4
福州市辖区	District under Fuzhou						
鼓楼区	Gulou	37617.78	27564.11	8901.64	2004.98	7941.33	10.0
台江区	Taijiang	35068.34	25595.16	8416.87	2043.12	7496.17	10.4
仓山区	Cangshan	29913.05	22082.47	6847.17	1697.02	5762.39	9.6
马尾区	Mawei	35464.66	26259.00	8743.17	2175.60	4938.17	9.2
晋安区	Jin'an	33162.66	23888.82	7725.07	1735.51	5716.01	8.9
福清市	Fuqing	32347.63	23307.24	7332.84	1880.65	6168.05	8.7
长乐市	Changle	34040.90	24543.75	7566.68	2088.51	6334.17	9.4
闽侯县	Minhou	30999.38	19545.82	6741.19	1424.14	3525.16	9.1
连江县	Lianjiang	26889.27	18279.74	6675.12	946.39	4471.91	8.7
罗源县	Luoyuan	24408.42	17450.29	6883.73	1843.18	4282.81	9.7
闽清县	Minqing	23230.27	16602.93	6387.78	1622.71	3604.73	9.0
永泰县	Yongtai	22405.97	16298.21	6675.96	1333.07	3865.09	8.2
平潭县	Pingtan	28307.75	19757.18	6333.94	1816.39	4017.26	9.5
厦门市	Xiamen	39625.09	27402.06	9103.46	1596.88	7110.08	8.2
厦门市辖区	District under Xiamen						
思明区	Siming	47704.20	34206.84	10390.65	2031.74	11516.14	10.4
海沧区	Haicang	35800.62	27015.49	9635.63	1563.65	5542.96	10.5
湖里区	Huli	39683.26	26479.43	9043.42	1485.99	6305.36	5.5
集美区	Jimei	35002.70	23250.76	8504.83	1453.26	5086.59	9.5
同安区	Tong'an	33355.29	22131.22	7720.76	1270.73	3659.38	6.4
翔安区	Xiang'an	27972.68	19638.32	6246.35	1019.41	3320.95	9.8
莆田市	Putian	26870.83	18633.35	6512.11	1138.42	4755.64	9.0
莆田市辖区	District under Putian						
城厢区	Chengxiang	30912.67	20082.79	7036.90	1226.85	6305.43	9.8
涵江区	Hanjiang	25617.24	17207.58	6245.26	962.64	3653.57	8.3
荔城区	Licheng	30092.93	23099.71	7532.66	1425.04	6393.85	9.2
秀屿区	Xiuyu	22521.54	14458.65	5427.15	788.10	4123.86	7.9
仙游县	Xianyou	23150.64	16036.59	5733.42	1112.12	3152.72	8.5
三明市	Sanming	25197.04	18423.08	6548.46	1383.52	3936.04	10.1
三明市辖区	District under Sanming						
梅列区	Meilie	28387.89	22398.11	8017.90	1281.08	4456.99	9.2
三元区	Sanyuan	27289.48	20089.52	7229.09	1542.69	3971.13	9.1
永安市	Yong'an	26346.86	18860.28	6790.60	1444.39	4199.94	9.4
明溪县	Mingxi	21483.57	16148.29	6407.98	1390.60	3582.38	10.1
清流县	Qingliu	22177.09	16357.14	5748.64	1212.36	3217.37	9.8
宁化县	Ninghua	20344.65	15242.64	5489.37	949.08	3580.85	12.4
大田县	Datian	25022.61	17396.71	6106.79	1183.99	4246.69	10.2
尤溪县	Youxi	24066.93	17266.53	5724.44	1418.31	3425.29	10.9
沙县	Shaxian	25678.66	18255.76	6278.47	1767.51	3703.86	10.2
将乐县	Jiangle	24486.60	16861.51	6183.33	1187.96	4107.17	10.3
泰宁县	Taining	23505.68	16691.07	5916.74	1426.23	4309.96	11.9
建宁县	Jianning	20722.38	16081.74	5806.68	1448.30	3025.74	9.6
泉州市	Quanzhou	34819.52	23375.67	7627.08	1720.41	5805.32	9.0
泉州市辖区	District under Quanzhou						
鲤城区	Licheng	35798.32	23269.00	7309.10	1592.83	6140.41	6.7
丰泽区	Fengze	41617.37	26795.33	8581.91	1749.65	6675.30	8.0
洛江区	Luojiang	31121.24	20761.82	6690.86	1057.55	5464.74	7.5

22-9 续表

Continued

单位：元　　(yuan)

项目	Item	城镇居民人均可支配收入 Annual Per Capita Disposable Income of Urban Households	城镇居民人均生活消费支出 Per Capita Consumption of Urban Households	#食品烟酒 Food	#衣着 Clothing	#居住 Residence	城镇居民人均可支配收入比上年增长（%） Ratio(%)
泉港区	Quangang	26369.75	17532.11	6430.56	1280.80	3888.66	8.8
石狮市	Shishi	43665.04	29015.05	9205.32	2797.62	6466.65	9.3
晋江市	Jinjiang	37069.81	25194.72	7953.01	1841.30	6851.27	9.6
南安市	Nan'an	34089.12	23147.01	7947.24	1491.74	4745.74	9.1
惠安县	Hui'an	33020.38	22489.34	7462.63	1736.33	5055.44	9.2
安溪县	Anxi	23757.37	16546.49	5421.92	1228.03	5357.23	9.3
永春县	Yongchun	24351.88	16970.33	6009.52	1225.08	4534.80	9.1
德化县	Dehua	25050.64	16969.10	6050.85	1426.70	4113.93	8.7
漳州市	Zhangzhou	25741.42	18483.52	6982.24	1273.16	3661.09	9.6
漳州市辖区	District under Zhangzhou						
芗城区	Xiangcheng	28260.76	20048.94	7299.24	1125.29	4013.78	9.2
龙文区	Longwen	29542.79	22543.14	8192.01	2155.10	3465.61	9.9
龙海市	Longhai	26323.86	18087.18	7359.97	1450.87	3236.20	9.6
云霄县	Yunxiao	23305.86	17128.54	6702.53	871.23	5247.44	10.5
漳浦县	Zhangpu	25571.54	18537.88	7040.87	1039.10	4785.94	10.2
诏安县	Zhao'an	21987.30	17516.33	7159.54	1800.34	2352.93	10.0
长泰县	Changtai	26024.18	18515.10	6419.91	1177.91	3763.59	9.5
东山县	Dongshan	25795.75	17697.22	7293.20	1319.00	2810.87	9.7
南靖县	Nanjing	24111.33	16544.01	6536.65	1247.49	2848.57	9.1
平和县	Pinghe	23321.94	16897.70	5034.48	800.10	3162.92	9.5
华安县	Hua'an	24084.15	16918.12	5913.05	1152.18	3309.33	10.6
南平市	Nanping	24074.28	16641.40	6036.59	1323.89	3776.78	8.8
南平市辖区	District under Nanping						
延平区	Yanping	25156.41	17044.19	5631.75	959.87	4822.89	8.4
邵武市	Shaowu	25282.73	17388.08	6755.18	1588.59	3361.02	9.5
武夷山市	Wuyishan	24865.85	17519.17	6017.51	1438.16	4639.37	8.6
建瓯市	Jian'ou	24489.23	16966.25	5270.34	1123.45	3981.98	9.0
建阳区	Jianyang	24564.18	17137.19	6573.79	1518.27	3505.88	8.3
顺昌县	Shunchang	21710.80	15198.66	5764.76	1356.17	3233.46	7.9
浦城县	Pucheng	22753.69	15824.59	6482.42	1568.79	3009.15	8.1
光泽县	Guangze	21646.45	14904.50	6145.43	1431.01	3058.63	8.7
松溪县	Songxi	21165.31	15068.23	6291.44	1942.32	2187.39	9.9
政和县	Zhenghe	21543.12	14944.08	6104.21	1119.46	2469.58	9.4
龙岩市	Longyan	26153.07	18552.22	6768.82	1320.40	4148.56	9.9
龙岩市辖区	District under Longyan						
新罗区	Xinluo	29382.30	20257.59	6989.59	1510.31	4707.43	9.0
漳平市	Zhangping	24960.91	18440.26	7313.87	1285.68	3536.52	9.6
长汀县	Changting	18250.37	14067.06	5458.86	992.12	3306.58	12.0
永定区	Yongding	27959.83	19233.28	7030.26	1416.05	4476.73	9.7
上杭县	Shanghang	28235.35	19159.62	7090.57	1245.37	4092.59	12.2
武平县	Wuping	24037.50	18077.24	6524.50	1093.16	3839.39	10.3
连城县	Liancheng	22779.91	17137.66	6824.94	1198.81	3580.34	10.2
宁德市	Ningde	23956.36	17341.76	6485.28	1396.79	4178.89	9.1
宁德市辖区	District under Ningde						
蕉城区	Jiaocheng	25070.35	18644.83	7061.29	1585.59	3734.72	9.6
福安市	Fu'an	25297.59	18278.32	6671.88	1474.72	4634.53	9.6
福鼎市	Fuding	25377.77	19125.16	7092.02	1480.84	5207.98	9.2
霞浦县	Xiapu	23886.18	16494.07	5882.78	1217.39	4328.04	8.7
古田县	Gutian	22596.09	15697.78	6107.00	1284.47	3399.17	8.6
屏南县	Pingnan	19472.45	13328.37	5028.80	1180.88	2425.41	8.2
寿宁县	Shouning	18756.20	13280.24	5375.90	1060.83	2638.32	8.4
周宁县	Zhouning	21163.25	14199.10	5788.58	1379.18	3052.49	8.5
柘荣县	Zherong	19871.23	14847.35	5962.81	1143.01	4053.44	8.3

22-10 地方公共财政收入（2014年）

Budgetary Revenue of Local Government(2014)

单位：万元 (10000 yuan)

地区	Area	地方公共财政收入 Budgetary Revenue of Local Government	#增值税 Value-added Tax	#营业税 Business Tax	#企业所得税 Enterprises' Income Tax	#个人所得税 Individual Income Tax
全　省	**Fujian**	**23622138**	**2627277**	**5818501**	**3229164**	**866747**
福州市	**Fuzhou**	**5108707**	**570635**	**1189725**	**740013**	**260233**
福州市辖区	District under Fuzhou	1109131	155891	190975	251366	642
鼓楼区	Gulou	340270	53617	47632	90626	
台江区	Taijiang	152938	17444	24405	48250	
仓山区	Cangshan	241302	27586	47909	33274	
马尾区	Mawei	168309	27735	23469	45337	642
晋安区	Jin'an	206312	29509	47560	33879	
福清市	Fuqing	488516	56361	100193	51521	14533
长乐市	Changle	314854	37279	55767	39117	17362
闽侯县	Minhou	570281	50317	145334	49584	14315
连江县	Lianjiang	334950	15044	100383	49866	7712
罗源县	Luoyuan	135766	11499	55945	13497	4865
闽清县	Minqing	68730	9112	14876	12903	3289
永泰县	Yongtai	63015	4409	19856	8053	1424
平潭县	Pingtan	140333	9075	49937	16396	4478
厦门市	**Xiamen**	**5562111**	**730994**	**1260951**	**789208**	**233713**
厦门市辖区	District under Xiamen	1655929	191731	399759	251474	75097
思明区	Siming	483275	59622	113747	76323	40410
海沧区	Haicang	258991	32324	48882	43381	5724
湖里区	Huli	422119	49117	109850	62856	14988
集美区	Jimei	233592	19764	74825	37098	6111
同安区	Tong'an	127377	19886	25034	14790	3620
翔安区	Xiang'an	130575	11018	27421	17026	4244
莆田市	**Putian**	**1102982**	**130653**	**235071**	**154171**	**29979**
莆田市辖区	District under Putian	803853	97805	166794	121453	15981
城厢区	Chengxiang	193263	12744	49609	27710	4142
涵江区	Hanjiang	192544	28143	34806	21430	3470
荔城区	Licheng	240901	25436	58944	33362	5330
秀屿区	Xiuyu	177145	31482	23435	38951	3039
仙游县	Xianyou	169753	20136	44052	22128	7082
三明市	**Sanming**	**909210**	**111576**	**184980**	**76317**	**28462**
三明市辖区	District under Sanming	113077	9705	19016	8904	3403
梅列区	Meilie	73774	4930	12846	6172	2389
三元区	Sanyuan	39303	4775	6170	2732	1014
永安市	Yong'an	166864	19977	33008	15491	4413
明溪县	Mingxi	26566	3555	4265	2535	1128
清流县	Qingliu	33400	4459	8325	3408	1219
宁化县	Ninghua	52083	3097	12559	7163	1586
大田县	Datian	66964	10280	13272	5998	1832
尤溪县	Youxi	73165	7533	15734	6145	2457
沙县	Shaxian	92894	5607	17599	7473	3120
将乐县	Jiangle	58953	5494	11284	3848	1761
泰宁县	Taining	29333	2610	5576	2238	957
建宁县	Jianning	25577	2150	4761	3095	893
泉州市	**Quanzhou**	**3801056**	**539791**	**840821**	**559442**	**141320**
泉州市辖区	District under Quanzhou	572646	83723	140643	81419	24296
鲤城区	Licheng	114431	17619	24578	16552	5010
丰泽区	Fengze	226153	18247	70135	36527	11503
洛江区	Luojiang	93258	10351	26738	11532	3176
泉港区	Quangang	138804	37506	19192	16808	4607
石狮市	Shishi	377375	48110	85364	56313	11531

22-10 续表

Continued

单位：万元 (10000 yuan)

地区	Area	地方公共财政收入 Budgetary Revenue of Local Government	#增值税 Value-added Tax	#营业税 Business Tax	#企业所得税 Enterprises' Income Tax	#个人所得税 Individual Income Tax
晋江市	Jinjiang	1141019	180940	232820	185653	33685
南安市	Nan'an	429741	68876	84415	61519	23883
惠安县	Hui'an	233914	22786	60483	41160	11473
安溪县	Anxi	228888	23768	64900	35059	6357
永春县	Yongchun	112226	11944	25133	10288	3859
德化县	Dehua	100062	10944	22812	8395	4367
漳州市	**Zhangzhou**	**1689911**	**196888**	**394252**	**202723**	**60036**
漳州市辖区	District under Zhangzhou	217947	26438	52231	26607	9639
芗城区	Xiangcheng	134285	18661	27728	16541	7210
龙文区	Longwen	83662	7777	24503	10066	2429
龙海市	Longhai	183182	26180	33119	39840	5132
云霄县	Yunxiao	50007	3837	13188	3707	1656
漳浦县	Zhangpu	203342	14924	76194	20271	6102
诏安县	Zhao'an	57300	5693	10223	4296	1259
长泰县	Changtai	118404	16474	20176	11992	10982
东山县	Dongshan	107016	18817	16001	7262	1619
南靖县	Nanjing	84318	8936	16704	5106	2517
平和县	Pinghe	63124	5769	14161	4882	1803
华安县	Hua'an	49374	5498	8445	3060	1127
南平市	**Nanping**	**809938**	**81752**	**188282**	**71924**	**38071**
南平市辖区	District under Nanping	67887	6248	15654	5997	3286
延平区	Yanping	67887	6248	15654	5997	3286
邵武市	Shaowu	122319	10927	23063	7899	7592
武夷山市	Wuyishan	84378	4425	20126	4356	2625
建瓯市	Jian'ou	85661	8449	24460	6881	2623
建阳区	Jianyang	112687	6705	29386	9045	6498
顺昌县	Shunchang	34860	5031	7974	2461	1024
浦城县	Pucheng	59786	5305	11303	4607	1614
光泽县	Guangze	34825	2329	10564	2912	1337
松溪县	Songxi	27662	1448	4845	1737	473
政和县	Zhenghe	32713	2223	8583	3571	3688
龙岩市	**Longyan**	**1198424**	**166474**	**197713**	**127416**	**42795**
龙岩市辖区	District under Longyan	190387	23562	41681	21863	8150
新罗区	Xinluo	190387	23562	41681	21863	8150
漳平市	Zhangping	63580	9717	10166	7289	2844
长汀县	Changting	72906	6700	12128	7189	2520
永定区	Yongding	102319	17287	19136	8694	3691
上杭县	Shanghang	191395	10244	18278	31113	7283
武平县	Wuping	71609	7644	16271	9711	2276
连城县	Liancheng	48080	4249	11875	5241	1902
宁德市	**Ningde**	**989222**	**90221**	**201729**	**81624**	**32112**
宁德市辖区	District under Ningde	106865	8101	24250	11108	4843
蕉城区	Jiaocheng	106865	8101	24250	11108	4843
福安市	Fu'an	227896	25967	21368	24328	4864
福鼎市	Fuding	186002	16135	37364	9772	6965
霞浦县	Xiapu	86962	4686	23761	4838	2700
古田县	Gutian	71295	5921	18531	4886	2360
屏南县	Pingnan	31363	3387	8940	2366	950
寿宁县	Shouning	37578	3433	6134	2908	833
周宁县	Zhouning	31082	3913	4231	1997	473
柘荣县	Zherong	26102	3222	3649	2093	974

22-11 公共财政支出（2014年）

Budgetary Expenditures of Local Government(2014)

单位：万元 (10000 yuan)

地区	Area	公共财政支出 Budgetary Expenditure	#一般公共服务支出 Expenditure for General Public Service	#教育支出 Expenditure for Education	#科学技术支出 Expenditure for Science	#农林水事务支出 Expenditure for Agriculture Forestry and Water Conservancey
全 省	**Fujian**	**33066986**	**2934031**	**6345984**	**673956**	**3203234**
福州市	**Fuzhou**	**5748081**	**463311**	**1206466**	**93278**	**361467**
福州市辖区	District under Fuzhou	1163820	114599	286655	30474	27496
鼓楼区	Gulou	294624	30670	79694	5903	1402
台江区	Taijiang	143211	15155	34783	2739	60
仓山区	Cangshan	217486	20985	64128	5428	7930
马尾区	Mawei	305588	31296	68368	13381	10343
晋安区	Jin'an	202911	16493	39682	3023	7761
福清市	Fuqing	599918	52707	182917	10884	47822
长乐市	Changle	361596	33239	97241	5100	34261
闽侯县	Minhou	588413	40340	175552	12428	56185
连江县	Lianjiang	453798	33516	141893	5885	63241
罗源县	Luoyuan	193353	24174	29604	1872	23502
闽清县	Minqing	175216	13193	39890	1150	22624
永泰县	Yongtai	197824	14968	43116	328	31086
平潭县	Pingtan	709576	35232	44067	2736	36413
厦门市	**Xiamen**	**5609028**	**447024**	**888720**	**175526**	**148248**
厦门市辖区	District under Xiamen	2259138	184434	652397	60961	85495
思明区	Siming	527069	39342	156634	14849	1181
海沧区	Haicang	393300	33399	93718	14866	7601
湖里区	Huli	335782	38525	107319	6863	3288
集美区	Jimei	445824	31035	124028	16784	27997
同安区	Tong'an	313046	24228	86490	3916	27450
翔安区	Xiang'an	244117	17905	84208	3683	17978
莆田市	**Putian**	**1579085**	**146399**	**477097**	**35031**	**157533**
莆田市辖区	District under Putian	938791	78380	320631	22695	88706
城厢区	Chengxiang	180965	16981	59582	3850	15435
涵江区	Hanjiang	228820	20246	69699	5477	16573
荔城区	Licheng	245483	19025	101104	11380	21528
秀屿区	Xiuyu	283523	22128	90246	1988	35170
仙游县	Xianyou	340029	23028	100353	4214	50798
三明市	**Sanming**	**1988757**	**217439**	**416824**	**39532**	**378559**
三明市辖区	District under Sanming	138696	16559	35712	2089	24833
梅列区	Meilie	72161	9398	18428	1176	15308
三元区	Sanyuan	66535	7161	17284	913	9525
永安市	Yong'an	230681	43663	50795	11711	33197
明溪县	Mingxi	117928	10670	25634	1560	28745
清流县	Qingliu	118188	8161	20892	1551	31469
宁化县	Ninghua	173384	14773	33929	2269	45924
大田县	Datian	169414	17625	45504	3979	28947
尤溪县	Youxi	184963	15580	53035	2403	44906
沙县	Shaxian	170847	33906	39661	2386	29048
将乐县	Jiangle	148297	13536	28417	2689	33830
泰宁县	Taining	124738	8701	17824	734	32294
建宁县	Jianning	110457	8681	20130	1832	30990
泉州市	**Quanzhou**	**4767231**	**443909**	**1044582**	**105743**	**483359**
泉州市辖区	District under Quanzhou	607760	61719	141828	14224	36805
鲤城区	Licheng	100389	11456	30329	2930	1767
丰泽区	Fengze	191488	14919	44460	4132	7916
洛江区	Luojiang	101535	15776	23650	2341	9449

22-11 续表

Continued

单位：万元 (10000 yuan)

地区	Area	公共财政支出 Budgetary Expenditure	#一般公共服务支出 Expenditure for General Public Service	#教育支出 Expenditure for Education	#科学技术支出 Expenditure for Science	#农林水事务支出 Expenditure for Agriculture Forestry and Water Conservancey
泉港区	Quangang	214348	19568	43389	4821	17673
石狮市	Shishi	448861	45706	66504	9764	45239
晋江市	Jinjiang	1263935	94696	248592	29639	126131
南安市	Nan'an	541778	34031	137751	11610	64417
惠安县	Hui'an	382705	44675	84253	6129	39350
安溪县	Anxi	398342	56046	128219	7115	54119
永春县	Yongchun	237059	24200	59961	2631	40112
德化县	Dehua	189714	14541	39981	2848	36511
漳州市	**Zhangzhou**	**2745041**	**245112**	**518165**	**44054**	**366403**
漳州市辖区	District under Zhangzhou	244209	28189	50998	7476	12763
芗城区	Xiangcheng	150528	15651	27408	5033	6867
龙文区	Longwen	93681	12538	23590	2443	5896
龙海市	Longhai	297758	32640	73419	4483	38654
云霄县	Yunxiao	173606	9732	43861	597	30893
漳浦县	Zhangpu	369780	20200	70789	6752	50607
诏安县	Zhao'an	206119	23349	41187	2563	43880
长泰县	Changtai	174274	18509	29800	2781	31842
东山县	Dongshan	197483	12264	33350	523	53926
南靖县	Nanjing	180078	12502	39492	3505	24831
平和县	Pinghe	208954	17159	46404	3191	33690
华安县	Hua'an	114107	9150	16445	1359	19371
南平市	**Nanping**	**1903858**	**129615**	**361748**	**19173**	**378075**
南平市辖区	District under Nanping	149821	10385	33711	1772	34387
延平区	Yanping	149821	10385	33711	1772	34387
邵武市	Shaowu	211239	15424	38034	2288	43560
武夷山市	Wuyishan	173153	12017	31507	2085	37051
建瓯市	Jian'ou	220592	11401	50593	1604	38609
建阳区	Jianyang	214942	13746	45355	1482	40947
顺昌县	Shunchang	126870	9639	25919	477	24532
浦城县	Pucheng	193372	9246	40289	2044	55326
光泽县	Guangze	116987	6688	21708	938	35269
松溪县	Songxi	105946	9633	18005	1325	18647
政和县	Zhenghe	121464	8050	20497	1191	40674
龙岩市	**Longyan**	**2060037**	**177622**	**446923**	**46013**	**298737**
龙岩市辖区	District under Longyan	237257	26957	60444	16105	29777
新罗区	Xinluo	237257	26957	60444	16105	29777
漳平市	Zhangping	152104	17258	30778	2026	29380
长汀县	Changting	256543	12758	57731	2512	52315
永定区	Yongding	224787	20980	61968	2908	34739
上杭县	Shanghang	301185	21555	73894	6421	48405
武平县	Wuping	210537	16234	52583	3522	46889
连城县	Liancheng	196615	14780	43969	3323	40523
宁德市	**Ningde**	**1999031**	**165502**	**395716**	**12963**	**332900**
宁德市辖区	District under Ningde	190548	24814	45744	959	38464
蕉城区	Jiaocheng	190548	24814	45744	959	38464
福安市	Fu'an	352041	25697	67227	2300	54092
福鼎市	Fuding	295015	18354	63005	816	44218
霞浦县	Xiapu	218444	13394	47814	707	54148
古田县	Gutian	192442	14827	42059	567	36701
屏南县	Pingnan	129305	7980	22793	689	27257
寿宁县	Shouning	149698	9082	31310	371	21428
周宁县	Zhouning	115610	10711	22966	1033	27707
柘荣县	Zherong	101202	8561	15790	1444	19490

22-12 金融机构货币存贷款余额（2014年）

Deposits and Loans of Financial institutions by Country and City(2014)

单位：亿元 (100 million yuan)

地区	Area	金融机构人民币各项存款余额 RMB Deposits of National Banking System	#单位存款 Deposits by Enterprises	储蓄存款 Savings Deposits	金融机构人民币各项贷款余额 RMB Loans of National Banking System	#短期贷款 Short-term Loans	中长期贷款 Medium-term & Long-term Loans
全　省	**Fujian**	**30747.61**	**15163.69**	**12578.95**	**28417.70**	**11785.72**	**15861.63**
福州市	**Fuzhou**	**9439.39**	**4944.51**	**3393.72**	**9331.49**	**2869.66**	**6237.96**
福州市辖区	District under Fuzhou	6659.95	3864.82	1924.44	7180.37	1983.88	4980.35
鼓楼区	Gulou						
台江区	Taijiang						
仓山区	Cangshan						
马尾区	Mawei	228.02	72.68	136.59	123.77	46.18	76.58
晋安区	Jin'an						
福清市	Fuqing	738.45	225.43	472.89	590.54	221.19	365.82
长乐市	Changle	614.96	302.78	259.77	602.03	328.75	270.99
闽侯县	Minhou	403.49	158.71	186.07	216.70	84.01	132.49
连江县	Lianjiang	286.44	95.82	176.12	200.77	66.12	134.11
罗源县	Luoyuan	84.87	33.61	42.46	118.88	30.47	88.35
闽清县	Minqing	111.99	26.72	73.20	50.24	37.10	13.13
永泰县	Yongtai	98.05	37.57	56.96	62.53	24.13	38.40
平潭县	Pingtan	213.18	126.38	65.22	185.67	47.83	137.74
厦门市	**Xiamen**	**6607.25**	**4098.45**	**1988.88**	**5824.12**	**1954.74**	**3622.74**
厦门市辖区	District under Xiamen						
思明区	Siming						
海沧区	Haicang						
湖里区	Huli						
集美区	Jimei						
同安区	Tong'an						
翔安区	Xiang'an						
莆田市	**Putian**	**1432.30**	**513.56**	**858.57**	**1315.32**	**643.43**	**660.51**
莆田市辖区	District under Putian	1156.79	449.58	652.94	1106.35	533.23	561.77
城厢区	Chengxiang						
涵江区	Hanjiang						
荔城区	Licheng						
秀屿区	Xiuyu						
仙游县	Xianyou	275.50	63.99	205.63	208.97	110.20	98.74
三明市	**Sanming**	**1205.73**	**517.47**	**630.28**	**1193.68**	**481.84**	**695.22**
三明市辖区	District under Sanming	376.89	187.70	150.55	423.74	188.35	223.66
梅列区	Meilie						
三元区	Sanyuan						
永安市	Yong'an	169.37	74.97	89.59	181.65	83.71	96.98
明溪县	Mingxi	53.46	23.66	28.59	26.88	10.12	16.76
清流县	Qingliu	42.79	16.50	24.96	28.86	10.11	18.55
宁化县	Ninghua	84.55	31.16	52.60	63.88	15.29	48.59
大田县	Datian	79.48	30.46	47.57	74.51	31.67	42.45
尤溪县	Youxi	98.17	28.52	68.48	98.62	28.85	68.11
沙县	Shaxian	134.73	57.42	74.64	172.82	65.47	105.65
将乐县	Jiangle	65.61	23.77	38.04	60.17	23.03	37.14
泰宁县	Taining	47.89	18.69	28.24	33.13	11.07	22.06
建宁县	Jianning	52.79	24.62	27.01	29.44	14.16	15.28
泉州市	**Quanzhou**	**5778.53**	**2538.01**	**2820.89**	**4673.64**	**2751.74**	**1855.10**
泉州市辖区	District under Quanzhou	2047.44	1126.90	688.76	1719.80	863.54	814.69
鲤城区	Licheng						
丰泽区	Fengze						
洛江区	Luojiang						
泉港区	Quangang						

22-12 续表

Continued

单位：亿元　　(100 million yuan)

地区	Area	金融机构人民币各项存款余额 RMB Deposits of National Banking System	#单位存款 Deposits by Enterprises	储蓄存款 Savings Deposits	金融机构人民币各项贷款余额 RMB Loans of National Banking System	#短期贷款 Short-term Loans	中长期贷款 Medium-term & Long-term Loans
石狮市	Shishi	655.15	257.38	358.99	528.68	346.60	175.02
晋江市	Jinjiang	1291.48	553.22	692.03	983.19	684.55	288.89
南安市	Nan'an	815.09	283.99	488.15	697.25	473.87	217.82
惠安县	Hui'an	416.21	141.34	236.85	305.50	156.31	147.09
安溪县	Anxi	267.08	82.45	177.26	231.51	108.57	122.83
永春县	Yongchun	157.82	39.35	110.18	105.45	58.17	46.94
德化县	Dehua	128.27	53.37	68.66	102.26	60.13	41.83
漳州市	**Zhangzhou**	**2066.68**	**943.50**	**1036.25**	**1569.32**	**764.60**	**784.09**
漳州市辖区	District under Zhangzhou	895.29	506.31	324.66	768.02	386.56	363.78
芗城区	Xiangcheng						
龙文区	Longwen						
龙海市	Longhai	371.02	153.92	213.45	301.99	126.20	174.63
云霄县	Yunxiao	92.40	27.16	63.05	52.91	25.17	27.72
漳浦县	Zhangpu	207.40	95.85	109.97	123.25	58.81	64.42
诏安县	Zhao'an	93.28	27.64	62.26	44.09	26.86	17.21
长泰县	Changtai	90.79	31.95	55.42	53.13	31.50	21.22
东山县	Dongshan	72.36	25.78	45.30	70.48	25.48	45.00
南靖县	Nanjing	91.06	32.30	57.85	70.43	43.72	25.39
平和县	Pinghe	108.95	26.70	78.72	56.14	28.99	27.15
华安县	Hua'an	44.13	15.90	25.56	28.88	11.31	17.57
南平市	**Nanping**	**1250.48**	**484.81**	**681.16**	**1006.33**	**439.85**	**559.79**
南平市辖区	District under Nanping	366.45	169.66	158.96	359.24	114.04	239.91
延平区	Yanping						
邵武市	Shaowu	130.39	40.49	85.05	96.42	48.11	48.19
武夷山市	Wuyishan	108.99	33.95	72.53	106.20	59.34	46.67
建瓯市	Jian'ou	136.00	42.17	83.73	112.40	50.42	61.64
建阳区	Jianyang	171.59	86.32	77.01	132.37	48.17	84.02
顺昌县	Shunchang	77.96	27.50	44.25	40.89	20.64	20.12
浦城县	Pucheng	108.74	28.23	75.91	54.13	29.63	24.12
光泽县	Guangze	52.22	18.51	31.79	47.60	33.67	13.93
松溪县	Songxi	44.65	17.02	25.12	31.70	22.34	9.33
政和县	Zhenghe	53.49	20.95	26.80	25.37	13.50	11.87
龙岩市	**Longyan**	**1376.62**	**652.73**	**655.13**	**1291.90**	**555.79**	**729.92**
龙岩市辖区	District under Longyan	711.00	371.97	290.34	760.20	308.51	448.37
新罗区	Xinluo						
漳平市	Zhangping	88.77	34.10	50.93	82.02	39.65	42.19
长汀县	Changting	115.61	44.23	66.80	86.45	46.80	39.46
永定区	Yongding	120.03	43.20	73.14	97.88	44.23	53.63
上杭县	Shanghang	201.65	107.50	87.70	144.55	69.87	72.23
武平县	Wuping	77.88	28.51	48.00	68.12	21.97	46.15
连城县	Liancheng	61.69	23.22	38.23	52.68	24.76	27.90
宁德市	**Ningde**	**1077.16**	**432.65**	**508.21**	**1317.89**	**628.94**	**678.21**
宁德市辖区	District under Ningde	367.04	162.43	101.92	381.99	157.34	220.82
蕉城区	Jiaocheng						
福安市	Fu'an	180.16	69.71	97.55	280.41	214.23	61.54
福鼎市	Fuding	183.07	72.09	102.91	359.07	97.80	260.39
霞浦县	Xiapu	87.15	37.12	45.93	104.70	45.87	58.61
古田县	Gutian	106.26	31.38	70.98	75.22	50.52	24.70
屏南县	Pingnan	40.41	17.20	22.14	45.48	23.18	22.30
寿宁县	Shouning	46.41	17.54	27.39	29.78	16.11	13.66
周宁县	Zhouning	39.85	12.34	25.77	19.11	10.94	7.07
柘荣县	Zherong	26.82	12.86	13.63	22.12	12.95	9.12

22-13 农作物播种面积（2014年）

Sown Areas of Farm Crops(2014)

单位：千公顷 (1000 hectares)

项目	Item	农作物播种面积 Sown Areas of Farm Crops	粮食作物 Grain Crops	春收粮食播种面积 Sown Areas of Spring Harvested Farm Crops	夏收粮食播种面积 Sown Area of Summer Harve- sted Farm Crops	秋收粮食播种面积 Sown Area of Autumn Harve- sted Farm Crops	非粮作物 Non-grain Crops
全　省	**Fujian**	**2335.48**	**1197.75**	**91.22**	**267.03**	**839.49**	**1137.74**
福州市	**Fuzhou**	**266.45**	**103.68**	**9.08**	**21.28**	**73.33**	**162.77**
福州市辖区	District under Fuzhou	14.22	1.47		0.25	1.22	12.75
鼓楼区	Gulou						
台江区	Taijiang						
仓山区	Cangshan	3.26					3.26
马尾区	Mawei	4.29	0.66		0.24	0.42	3.63
晋安区	Jin'an	6.67		0.01	0.40	0.80	3.49
福清市	Fuqing	55.72	21.22	1.26	6.82	13.14	34.50
长乐市	Changle	32.51	14.68	2.56	5.34	6.79	17.83
闽侯县	Minhou	41.34	12.31	1.01	2.11	9.20	29.02
连江县	Lianjiang	20.16	9.36	0.55	2.21	6.60	10.80
罗源县	Luoyuan	13.10	7.10	0.53	0.27	6.30	6.00
闽清县	Minqing	33.53	11.73	0.44	1.44	9.85	21.80
永泰县	Yongtai	44.12	21.19	2.27	2.65	16.28	22.93
平潭县	Pingtan	11.75	4.61	0.47	0.19	3.95	7.14
厦门市	**Xiamen**	**26.42**	**6.89**	**1.44**	**2.23**	**3.23**	**19.52**
厦门市辖区	District under Xiamen						
思明区	Siming						
海沧区	Haicang	1.10	0.21		0.09	0.12	0.89
湖里区	Huli						
集美区	Jimei	2.03	0.37	0.04	0.15	0.18	1.66
同安区	Tong'an	11.33	3.55	0.48	1.38	1.69	7.78
翔安区	Xiang'an	11.95	2.76	0.92	0.61	1.24	9.19
莆田市	**Putian**	**106.10**	**48.29**	**2.35**	**17.52**	**28.41**	**57.82**
莆田市辖区	District under Putian	64.78	26.88	1.46	10.02	15.40	37.90
城厢区	Chengxiang	6.55	3.27	0.33	1.45	1.49	3.28
涵江区	Hanjiang	13.93	5.50	0.09	2.26	3.15	8.42
荔城区	Licheng	19.25	6.98	0.16	3.79	3.03	12.27
秀屿区	Xiuyu	25.06	11.13	0.89	2.51	7.73	13.93
仙游县	Xianyou	41.32	21.41	0.89	7.51	13.01	19.92
三明市	**Sanming**	**437.21**	**216.82**	**12.95**	**34.73**	**169.14**	**220.39**
三明市辖区	District under Sanming	13.91	5.80	0.20	0.67	4.93	8.11
梅列区	Meilie	4.16	1.59	0.05	0.28	1.25	2.57
三元区	Sanyuan	9.75	4.21	0.15	0.39	3.68	5.54
永安市	Yongan	33.78	15.57	0.49	3.62	11.45	18.21
明溪县	Mingxi	30.90	18.58	1.34	3.21	14.02	12.33
清流县	Qingliu	36.67	17.57	1.24	3.31	13.03	19.10
宁化县	Ninghua	68.24	37.82	2.00	4.83	30.99	30.43
大田县	Datian	59.73	25.47	3.47	5.99	16.01	34.26
尤溪县	Youxi	75.48	36.57	2.96	6.56	27.05	38.91
沙县	Shaxian	30.38	15.88	0.36	3.07	12.45	14.50
将乐县	Jiangle	25.68	14.64	0.51	0.70	13.43	11.03
泰宁县	Taining	22.61	12.40	0.30	0.77	11.33	10.21
建宁县	Jianning	39.83	16.51	0.07	2.00	14.45	23.32
泉州市	**Quanzhou**	**245.74**	**143.69**	**20.68**	**43.37**	**79.65**	**102.05**
泉州市辖区	District under Quanzhou	21.23	12.08	1.44	4.34	6.30	9.16
鲤城区	Licheng	0.38	0.08		0.04	0.05	0.29
丰泽区	Fengze	0.56	0.14	…	0.04	0.10	0.42
洛江区	Luojiang	8.53	4.73	0.27	1.95	2.50	3.80
泉港区	Quangang	11.76	7.13	1.17	2.31	3.65	4.64
石狮市	Shishi	3.61	1.35	0.27	0.27	0.82	2.26

22-13 续表

Continued

单位：千公顷 (1000 hectares)

项目	Item	农作物播种面积 Sown Areas of Farm Crops	粮食作物 Grain Crops	春收粮食播种面积 Sown Areas of Spring Harvested Farm Crops	夏收粮食播种面积 Sown Area of Summer Harve- sted Farm Crops	秋收粮食播种面积 Sown Area of Autumn Harve- sted Farm Crops	非粮作物 Non-grain Crops
晋江市	Jinjiang	25.79	9.75	1.32	2.92	5.51	16.04
南安市	Nan'an	53.17	32.64	2.79	13.70	16.15	20.53
惠安县	Huian	39.97	24.66	2.50	7.32	14.85	15.31
安溪县	Anxi	38.87	23.43	4.07	7.17	12.18	15.44
永春县	Yongchun	37.51	24.87	4.19	7.51	13.17	12.63
德化县	Dehua	25.59	14.91	4.10	0.14	10.67	10.68
漳州市	**Zhangzhou**	**263.68**	**114.46**	**11.62**	**46.55**	**56.29**	**149.22**
漳州市辖区	District under Zhangzhou	6.30	1.28	0.12	0.47	0.69	5.03
芗城区	Xiangcheng	4.70	1.17	0.12	0.42	0.63	3.52
龙文区	Longwen	1.61	0.10		0.04	0.06	1.50
龙海市	Longhai	33.79	14.91	2.58	5.93	6.40	18.88
云霄县	Yunxiao	26.27	15.28	1.20	6.69	7.39	10.99
漳浦县	Zhangpu	68.43	31.88	4.24	13.00	14.64	36.55
诏安县	Zhao'an	34.17	18.74	2.02	8.00	8.72	15.43
长泰县	Changtai	18.67	6.72	0.07	2.99	3.66	11.95
东山县	Dongshan	6.12	1.40	0.14	0.17	1.10	4.72
南靖县	Nanjing	24.13	8.39	0.20	3.08	5.11	15.74
平和县	Pinghe	36.27	13.25	0.93	5.46	6.86	23.02
华安县	Hua'an	9.52	2.62	0.12	0.77	1.72	6.90
南平市	**Nanping**	**436.02**	**248.61**	**7.47**	**34.80**	**206.34**	**187.42**
南平市辖区	District under Nanping	34.77	17.55	0.65	3.03	13.87	17.22
延平区	Yanping	34.77	17.55	0.65	3.03	13.87	17.22
邵武市	Shaowu	59.35	38.65	1.63	9.24	27.78	20.70
武夷山市	Wuyishan	37.29	21.61	1.12	1.59	18.90	15.68
建瓯市	Jian'ou	74.64	39.47	0.85	6.77	31.85	35.17
建阳区	Jianyang	56.54	35.01	0.49	4.82	29.69	21.53
顺昌县	Shunchang	24.16	13.04	0.29	0.95	11.79	11.12
浦城县	Pucheng	83.48	43.46	1.55	4.02	37.89	40.03
光泽县	Guangze	22.26	13.84	0.20	0.23	13.40	8.43
松溪县	Songxi	19.78	11.73	0.48	1.40	9.85	8.05
政和县	Zhenghe	23.75	14.25	0.19	2.75	11.31	9.50
龙岩市	**Longyan**	**311.27**	**182.81**	**7.77**	**56.13**	**118.91**	**128.46**
龙岩市辖区	District under Longyan	22.92	11.69	0.60	3.43	7.66	11.22
新罗区	Xinluo	22.92	11.69	0.60	3.43	7.66	11.22
漳平市	Zhangping	25.97	13.42	0.42	3.63	9.37	12.55
长汀县	Changting	59.28	35.77	2.85	11.90	21.02	23.51
永定区	Yongding	39.65	23.79	0.61	5.84	17.33	15.86
上杭县	Shanghang	54.87	31.10	0.29	10.36	20.45	23.77
武平县	Wuping	60.07	37.95	0.86	13.04	24.05	22.12
连城县	Liancheng	48.51	29.09	2.12	7.93	19.05	19.42
宁德市	**Ningde**	**242.58**	**132.49**	**17.87**	**10.41**	**104.21**	**110.10**
宁德市辖区	District under Ningde	19.41	10.63	0.88	1.52	8.24	8.77
蕉城区	Jiaocheng	19.41	10.63	0.88	1.52	8.24	8.77
福安市	Fu'an	45.58	21.31	3.79	2.36	15.16	24.27
福鼎市	Fuding	36.08	16.89	2.43	2.26	12.21	19.19
霞浦县	Xiapu	31.69	17.11	2.66	3.31	11.14	14.58
古田县	Gutian	34.99	25.89	1.41	0.15	24.34	9.09
屏南县	Pingnan	20.94	11.31	1.38	0.05	9.88	9.63
寿宁县	Shouning	22.35	12.90	1.73	0.48	10.69	9.45
周宁县	Zhouning	14.44	7.82	1.67		6.15	6.61
柘荣县	Zherong	17.11	8.61	1.92	0.29	6.39	8.49

22-14 主要农产品产量（2014年）

Output of Major Agricultural Products(2014)

单位：吨 (ton)

地区	Area	粮食 Grain Crops	油料 Oil-bearing	蔬菜 Vegetables	食用菌 Edible Fungus	茶叶 Tea	园林水果 Fruit	肉类 Meat	水产品 Aquatic Products
全　省	**Fujian**	**6670313**	**298234**	**16971043**	**1042469**	**372087**	**7017183**	**2137118**	**6959817**
福州市	**Fuzhou**	**553738**	**53205**	**3422325**	**153530**	**24803**	**496405**	**262571**	**2187393**
福州市辖区	District under Fuzhou	8365	6	315480	717	1338	23417	8177	121615
鼓楼区	Gulou								90468
台江区	Taijiang								
仓山区	Cangshan			75343			1221	697	8806
马尾区	Mawei	3577	6	91744	311		16805	3079	20820
晋安区	Jin'an	4788		87515	406	1338	5391	4401	1521
福清市	Fuqing	114039	34879	631035	3480	217	75922	113014	402123
长乐市	Changle	85310	1783	465234	6691	86	23397	28816	151599
闽侯县	Minhou	65078	1413	870384	14662	700	77483	42161	31014
连江县	Lianjiang	47860	1297	143655	9674	6477	31010	12748	887690
罗源县	Luoyuan	34766	168	84386	80860	6848	10495	12125	145147
闽清县	Minqing	64696	1171	405555	21476	1871	120820	13361	8275
永泰县	Yongtai	112439	4320	445217	15970	7266	131617	17731	10520
平潭县	Pingtan	21185	8168	61379			2244	14438	429410
厦门市	**Xiamen**	**38552**	**8286**	**549124**	**31096**	**1424**	**16233**	**57924**	**41856**
厦门市辖区	District under Xiamen	38552			31096	1424	16233	57924	41856
思明区	Siming								3816
海沧区	Haicang	959	317	16299	11		1267	1698	2026
湖里区	Huli								10928
集美区	Jimei	2042	613	16681	1198		5860	5799	4370
同安区	Tong'an	18898	2758	203419	3411	1424	7720	38345	4320
翔安区	Xiang'an	16653	4598	312725	26476		1386	12082	16396
莆田市	**Putian**	**277653**	**48248**	**1184464**	**73717**	**5426**	**229459**	**127111**	**837402**
莆田市辖区	District under Putian	151225	33823	902694	29368	1572	119992	95955	819376
城厢区	Chengxiang	17875	3292	61235	5302	17	11839	36648	48996
涵江区	Hanjiang	33087	4830	203024	11766	62	43591	18526	58250
荔城区	Licheng	41183	4078	473056	12300	1493	64220	16480	70341
秀屿区	Xiuyu	59080	21623	165379			342	24301	641789
仙游县	Xianyou	126428	14425	281770	44349	3854	109467	31156	18026
三明市	**Sanming**	**1173150**	**27481**	**2577425**	**101729**	**36035**	**1112459**	**166851**	**98982**
三明市辖区	District under Sanming	31972	435	187238	1942	445	170634	22460	2978
梅列区	Meilie	8479	193	33834	409	16	30848	4809	1840
三元区	Sanyuan	23493	242	153404	1533	429	139786	17651	1138
永安市	Yong'an	88803	1978	373990	4817	1792	111835	21125	11647
明溪县	Mingxi	98131	2863	78518	5596	2176	43169	5708	6601
清流县	Qingliu	92860	4420	103572	2135	1429	56586	8589	22011
宁化县	Ninghua	205517	7460	174037	5256	2359	56546	15503	9531
大田县	Datian	120314	1882	521243	13110	8243	115669	22053	6210
尤溪县	Youxi	182761	1868	616432	34448	11785	202517	26902	8980
沙县	Shaxian	94194	2369	215163	6335	5739	175929	22912	7848
将乐县	Jiangle	83688	1908	91153	12849	455	49869	6991	4940
泰宁县	Taining	69414	1707	65793	10038	613	19443	7824	11826
建宁县	Jianning	105496	591	150286	5203	999	110262	6784	6410
泉州市	**Quanzhou**	**745653**	**55821**	**1285001**	**64258**	**70213**	**444438**	**200298**	**1070177**
泉州市辖区	District under Quanzhou	62208	7576	148547	114	536	20888	19578	125915
鲤城区	Licheng	445	9	7912	59		166	84	102
丰泽区	Fengze	734	128	5753		2	884	83	18090
洛江区	Luojiang	26252	1439	79331	55	124	8038	9332	1718
泉港区	Quangang	34777	6000	55551		410	11800	10079	106005

注：本表粮食产量中的稻谷产量为原报面积推算的抽样调查数，非稻谷部分产量为全面统计数，肉类产量中猪、禽产量全省为抽样调查数，省以下为全面统计数。

Note:The grain output in this table is calculated on spot check basis,including medium-pig production and poultry production.Part of rice production is comprehensive,Below the provincial level is comprehensive.

22-14 续表

Continued

单位：吨　(ton)

地区	Area	粮食 Grain Crops	油料 Oil-bearing	蔬菜 Vegetables	食用菌 Edible Fungus	茶叶 Tea	园林水果 Fruit	肉类 Meat	水产品 Aquatic Products
石狮市	Shishi	5848	1165	32991	68		774	1069	398201
晋江市	Jinjiang	51630	9948	236448	4646		5916	13616	228078
南安市	Nan'an	187099	13167	242769	9873	926	86374	54705	36397
惠安县	Hui'an	111070	22175	97382	42	9	11971	32599	276806
安溪县	Anxi	107975	1407	216593	1035	54175	28896	31409	1729
永春县	Yongchun	133796	266	168184	47242	13669	215451	22196	1296
德化县	Dehua	86027	117	142087	1238	898	74168	25126	1755
漳州市	**Zhangzhou**	**691260**	**42571**	**2795174**	**304654**	**61584**	**3138666**	**254841**	**1702750**
漳州市辖区	District under Zhangzhou	5706	648	92184	13014	224	81290	35366	19368
芗城区	Xiangcheng	5107	491	55274	8062	209	80126	28234	11430
龙文区	Longwen	599	157	36910	4952	15	1164	7132	7938
龙海市	Longhai	96012	2684	361178	132740	26	83818	39884	398144
云霄县	Yunxiao	94364	4442	115300	3109	1314	265294	12885	199020
漳浦县	Zhangpu	195665	17751	570268	26025	517	324644	33131	391825
诏安县	Zhao'an	108516	6620	269980	6943	9313	219341	14860	288735
长泰县	Changtai	42940	2343	222006	17194	4411	100340	20738	22136
东山县	Dongshan	7511	2847	75961			9194	5543	358074
南靖县	Nanjing	45961	972	357846	63682	16090	458379	50509	14550
平和县	Pinghe	78136	3503	638874	26387	12058	1533749	27729	7563
华安县	Hua'an	16449	761	91577	15560	17631	62617	14196	3335
南平市	**Nanping**	**1436516**	**32018**	**1933280**	**103449**	**64651**	**813272**	**534816**	**114403**
南平市辖区	District under Nanping							93646	9751
延平区	Yanping	87031	1177	237976	8978	1373	97033	93646	9751
邵武市	Shaowu	206251	6194	138632	9396	9469	40087	19735	20233
武夷山市	Wuyishan	133490	2550	139452	10756	14146	30591	12111	10120
建瓯市	Jian'ou	230692	4923	557553	7653	11638	356695	18274	16783
建阳区	Jianyang	217260	1519	238934	16013	4302	101049	14368	11787
顺昌县	Shunchang	71710	1098	101646	35806	166	114849	10379	6889
浦城县	Pucheng	252042	10837	249857	4445	1778	16108	57485	15638
光泽县	Guangze	80418	1356	52827	2859	769	3294	296521	13200
松溪县	Songxi	66431	1682	103824	6529	7200	37128	5827	7332
政和县	Zhenghe	91191	682	112579	1014	13810	16438	6470	2670
龙岩市	**Longyan**	**1097635**	**24145**	**1949599**	**38685**	**20389**	**385777**	**462713**	**73144**
龙岩市辖区	District under Longyan							110305	6585
新罗区	Xinluo	72619	2799	212129	2239	1382	37213	110305	6585
漳平市	Zhangping	79999	620	255482	20185	9936	50610	23729	9302
长汀县	Changting	218456	8495	239647	4435	1633	48738	54996	12966
永定区	Yongding	140533	2293	273374	1508	1344	118833	81546	5571
上杭县	Shanghang	193249	1911	326664	2644	1541	47022	86335	9994
武平县	Wuping	220041	3819	353006	5211	3609	37937	66776	11574
连城县	Liancheng	172738	4208	289297	2463	944	45424	39026	17152
宁德市	**Ningde**	**656156**	**6459**	**1274651**	**171351**	**87562**	**380474**	**106613**	**833710**
宁德市辖区	District under Ningde							28671	172796
蕉城区	Jiaocheng	49377	826	125884	5979	8297	35981	28671	172796
福安市	Fu'an	99595	1405	281976	8755	23010	193164	19703	82740
福鼎市	Fuding	82751	557	169292	17443	19226	23346	8904	178394
霞浦县	Xiapu	80508	2242	174814	6956	6640	28323	8904	372338
古田县	Gutian	141729	225	106312	94889	1418	70834	14122	19258
屏南县	Pingnan	62028		143926	18560	1647	14343	8937	2695
寿宁县	Shouning	65000	50	120763	11958	15176	9900	5384	2263
周宁县	Zhouning	38872	178	104511	1635	8541	3775	7283	2026
柘荣县	Zherong	36296	976	47173	5176	3607	808	4705	1200

22-15 规模以上工业总产值（2014年）

Gross Output Value of Industrial Enterprises above Designated Size(2014)

单位：亿元 (100 million yuan)

地区	Area	工业总产值 Total	轻工业 Light Industy	重工业 Heavy Industry	工业总产值比上年增长（%） Ratio（%）
全 省	**Fujian**	**38405.32**	**18219.22**	**20186.10**	**12.3**
福州市	**Fuzhou**	**7495.26**	**3551.96**	**3943.29**	**12.4**
福州市辖区	District under Fuzhou	2382.97	1002.62	1380.35	13.1
鼓楼区	Gulou	259.00	73.31	185.69	13.3
台江区	Taijiang	156.78	10.48	146.30	13.2
仓山区	Cangshan	703.16	426.22	276.94	13.2
马尾区	Mawei	905.54	310.70	594.84	12.8
晋安区	Jin'an	358.49	181.91	176.58	13.3
福清市	Fuqing	1407.96	525.51	882.45	12.4
长乐市	Changle	1877.35	1444.96	432.39	12.5
闽侯县	Minhou	759.34	258.39	500.95	13.2
连江县	Lianjiang	461.89	248.97	212.92	15.8
罗源县	Luoyuan	371.56	13.02	358.54	3.7
闽清县	Minqing	155.93	29.37	126.57	12.0
永泰县	Yongtai	44.46	25.93	18.53	13.3
平潭县	Pingtan	33.80	3.20	30.60	18.1
厦门市	**Xiamen**	**4894.93**	**1511.36**	**3383.57**	**10.8**
厦门市辖区	District under Xiamen	4894.93	1511.36	3383.57	10.8
思明区	Siming	275.47	69.23	206.24	11.3
海沧区	Haicang	1019.18	375.18	644.00	1.6
湖里区	Huli	1397.75	207.46	1190.30	11.7
集美区	Jimei	760.16	229.22	530.94	8.9
同安区	Tong'an	458.67	321.20	137.46	9.8
翔安区	Xiang'an	983.70	309.08	674.63	23.1
莆田市	**Putian**	**2315.01**	**1589.43**	**725.58**	**13.3**
莆田市辖区	District under Putian	1922.89	1311.80	611.10	13.2
城厢区	Chengxiang	270.32	200.60	69.71	13.2
涵江区	Hanjiang	763.40	546.91	216.50	13.2
荔城区	Licheng	457.47	406.12	51.36	13.4
秀屿区	Xiuyu	431.70	158.17	273.53	13.3
仙游县	Xianyou	392.13	277.64	114.49	14.2
三明市	**Sanming**	**3016.64**	**970.02**	**2046.62**	**12.4**
三明市辖区	District under Sanming	651.09	86.82	564.27	11.8
梅列区	Meilie	387.01	26.83	360.17	10.5
三元区	Sanyuan	264.09	59.99	204.10	13.6
永安市	Yong'an	684.32	240.21	444.10	14.8
明溪县	Mingxi	89.56	34.63	54.92	14.0
清流县	Qingliu	97.48	19.81	77.67	15.3
宁化县	Ninghua	103.19	45.82	57.37	14.9
大田县	Datian	305.49	36.94	268.55	13.0
尤溪县	Youxi	242.58	164.36	78.21	14.2
沙县	Shaxian	509.56	221.37	288.19	13.5
将乐县	Jiangle	155.05	35.99	119.05	12.2
泰宁县	Taining	80.94	28.97	51.98	12.0
建宁县	Jianning	97.39	55.08	42.31	13.6
泉州市	**Quanzhou**	**10699.43**	**6466.55**	**4232.88**	**12.2**
泉州市辖区	District under Quanzhou	2566.57	1216.70	1349.87	12.2
鲤城区	Licheng	711.19	602.44	108.75	7.2
丰泽区	Fengze	378.50	141.62	236.88	9.7
洛江区	Luojiang	301.63	242.70	58.93	13.6
泉港区	Quangang	1175.25	229.95	945.30	16.0

22-15 续表

Continued

单位：亿元 (100 million yuan)

地区	Area	工业总产值 Total	轻工业 Light Industy	重工业 Heavy Industry	工业总产值比上年增长（%） Ratio（%）
石狮市	Shishi	882.10	663.14	218.96	11.9
晋江市	Jinjiang	3297.51	2587.21	710.30	9.1
南安市	Nan'an	1502.82	469.62	1033.20	13.0
惠安县	Hui'an	1248.85	666.62	582.22	22.5
安溪县	Anxi	584.65	389.56	195.09	11.7
永春县	Yongchun	409.95	316.16	93.79	14.6
德化县	Dehua	206.98	157.53	49.44	12.9
漳州市	**Zhangzhou**	**4042.14**	**2008.44**	**2033.70**	**16.7**
漳州市辖区	District under Zhangzhou	790.38	263.51	526.87	10.1
芗城区	Xiangcheng	575.56	132.63	442.93	8.8
龙文区	Longwen	214.83	130.88	83.94	13.3
龙海市	Longhai	1050.45	618.92	431.53	17.3
云霄县	Yunxiao	209.55	116.19	93.36	21.1
漳浦县	Zhangpu	594.83	195.53	399.29	40.7
诏安县	Zhao'an	224.07	157.21	66.85	17.1
长泰县	Changtai	366.95	198.65	168.29	15.0
东山县	Dongshan	212.58	169.11	43.47	11.2
南靖县	Nanjing	317.59	164.66	152.94	14.8
平和县	Pinghe	132.97	65.64	67.33	18.7
华安县	Hua'an	142.77	59.01	83.75	10.8
南平市	**Nanping**	**1537.61**	**773.94**	**763.67**	**12.1**
南平市辖区	District under Nanping	311.95	96.50	215.45	6.3
延平区	Yanping	176.79	47.49	129.31	10.1
邵武市	Shaowu	342.68	161.87	180.81	16.3
武夷山市	Wuyishan	93.83	83.25	10.58	17.1
建瓯市	Jian’ou	192.64	109.02	83.62	14.5
建阳区	Jianyang	226.25	111.63	114.62	12.9
顺昌县	Shunchang	79.19	16.16	63.03	16.1
浦城县	Pucheng	119.53	56.70	62.83	17.4
光泽县	Guangze	76.83	68.88	7.95	12.9
松溪县	Songxi	46.00	31.60	14.39	16.9
政和县	Zhenghe	48.72	38.34	10.38	17.2
龙岩市	**Longyan**	**1682.31**	**541.97**	**1140.35**	**12.8**
龙岩市辖区	District under Longyan	738.77	274.21	464.56	8.5
新罗区	Xinluo	384.58	111.31	273.27	10.8
漳平市	Zhangping	123.49	38.74	84.75	18.5
长汀县	Changting	152.04	86.47	65.57	15.5
永定区	Yongding	115.38	21.02	94.35	14.4
上杭县	Shanghang	315.61	11.53	304.08	12.6
武平县	Wuping	114.21	40.64	73.57	20.1
连城县	Liancheng	122.82	69.36	53.47	18.5
宁德市	**Ningde**	**2721.99**	**805.54**	**1916.45**	**15.5**
宁德市辖区	District under Ningde	407.87	212.50	195.37	14.9
蕉城区	Jiaocheng	176.60	156.69	19.91	15.3
福安市	Fu'an	946.49	94.14	852.35	16.2
福鼎市	Fuding	741.90	264.84	477.06	15.8
霞浦县	Xiapu	123.09	69.44	53.65	6.2
古田县	Gutian	165.20	75.53	89.67	15.7
屏南县	Pingnan	79.63	31.43	48.20	14.9
寿宁县	Shouning	107.29	23.46	83.83	14.9
周宁县	Zhouning	77.92	8.38	69.54	15.3
柘荣县	Zherong	72.60	25.82	46.78	-2.4

22-16 规模以上工业企业主要财务指标（2014年）

Finacial Indicators of Industrial Enterprises above Designated Size(2014)

单位：万元 (10000 yuan)

地区	Area	固定资产合计 Total Value of Fixed Assets	流动资产合计 Circulating Funds	主营业务收入 Sale of Products	利润总额 Total Profits	利税总额 Total Pre-tax Profits
全　省	**Fujian**	**84830525**	**141896359**	**370974375**	**23442689**	**38606875**
福州市	**Fuzhou**	**17391449**	**26309802**	**71309194**	**4063654**	**6534134**
福州市辖区	District under Fuzhou	3827034	8705257	22964045	1040131	1800622
鼓楼区	Gulou	1229911	1206584	2570535	121800	207957
台江区	Taijiang	898984	231315	1541662	58374	110016
仓山区	Cangshan	552889	2608778	6772020	343277	727024
马尾区	Mawei	884978	3646011	8554564	357117	493039
晋安区	Jin'an	260273	1012570	3525265	159563	262586
福清市	Fuqing	4271059	5779778	13208619	607112	954048
长乐市	Changle	5250189	6936639	17970786	1201585	1649757
闽侯县	Minhou	1077981	2289137	7185659	328915	672597
连江县	Lianjiang	1181757	986158	4505352	661923	873347
罗源县	Luoyuan	905570	1003252	3131955	-15168	238358
闽清县	Minqing	511489	359017	1555507	205035	285750
永泰县	Yongtai	174619	151412	449057	14390	29740
平潭县	Pingtan	191752	99153	338214	19731	29916
厦门市	**Xiamen**	**10743713**	**27328520**	**47723553**	**2375472**	**3971874**
厦门市辖区	District under Xiamen	10743713	27328520	47723553	2375472	3971874
思明区	Siming	1444522	1962422	2800408	221883	310386
海沧区	Haicang	2776867	6272721	9656910	513552	1411466
湖里区	Huli	1446266	6522457	13608065	800311	1003877
集美区	Jimei	1897943	5793845	7462539	485445	684517
同安区	Tong'an	1145006	3276891	4440653	131810	238444
翔安区	Xiang'an	2033108	3500185	9754980	222471	323184
莆田市	**Putian**	**4222194**	**6905172**	**22734805**	**1959087**	**2631857**
莆田市辖区	District under Putian	3533835	5510803	18942880	1688053	2256698
城厢区	Chengxiang	481693	794522	2601755	135221	206539
涵江区	Hanjiang	635870	1884827	7556683	731807	968233
荔城区	Licheng	373100	1106150	4505786	460337	567437
秀屿区	Xiuyu	2043173	1725304	4278657	360688	514489
仙游县	Xianyou	688359	1394369	3791925	271034	375159
三明市	**Sanming**	**5653366**	**5918170**	**29104587**	**807359**	**1598471**
三明市辖区	District under Sanming	1751673	1606425	6252301	176838	385029
梅列区	Meilie	1169219	1114123	3712823	95685	191097
三元区	Sanyuan	582454	492302	2539478	81153	193932
永安市	Yong'an	1336956	1179678	6604465	162520	353547
明溪县	Mingxi	154542	107029	883000	45460	64687
清流县	Qingliu	196870	173117	965494	53515	109271
宁化县	Ninghua	215955	140619	978052	32454	57582
大田县	Datian	358751	428271	2921177	57909	140263
尤溪县	Youxi	455217	629597	2286073	8014	42424
沙县	Shaxian	661194	1125569	4963517	174540	271705
将乐县	Jiangle	219166	266628	1530995	16766	50023
泰宁县	Taining	158203	126444	774677	36507	55977
建宁县	Jianning	144841	134793	944835	42837	67963
泉州市	**Quanzhou**	**22088529**	**39385180**	**103239300**	**7556960**	**11910071**
泉州市辖区	District under Quanzhou	5803944	8214638	25062176	1165411	2649531
鲤城区	Licheng	628764	4068894	6621145	451249	657591
丰泽区	Fengze	1321589	1185912	3655788	192572	298690
洛江区	Luojiang	258525	704264	2955425	333465	419804
泉港区	Quangang	3595066	2255568	11829818	188125	1273446
石狮市	Shishi	1953543	3370787	8766507	640686	908150

22-16 续表

Continued

单位：万元 (10000 yuan)

地区	Area	固定资产合计 Total Value of Fixed Assets	流动资产合计 Circulating Funds	主营业务收入 Sale of Products	利润总额 Total Profits	利税总额 Total Pre-tax Profits
晋江市	Jinjiang	5107787	16543093	30772408	2434915	3506412
南安市	Nan'an	1998561	5654529	14849442	1329085	1762447
惠安县	Hui'an	4818244	3245294	12183162	761449	1336948
安溪县	Anxi	1675149	1230830	5562138	733882	1003615
永春县	Yongchun	479206	745943	4050811	395513	571643
德化县	Dehua	252097	380065	1992655	96019	171326
漳州市	**Zhangzhou**	**9457001**	**15940660**	**39688471**	**3263469**	**5740707**
漳州市辖区	District under Zhangzhou	1362520	3005941	7822453	677739	1146720
芗城区	Xiangcheng	1007128	1925486	5722163	521396	899814
龙文区	Longwen	355392	1080456	2100290	156343	246906
龙海市	Longhai	2957004	5029126	10274996	942937	1447175
云霄县	Yunxiao	292439	524594	2075966	156263	266032
漳浦县	Zhangpu	2425197	2282900	5761958	314330	702607
诏安县	Zhao'an	238727	615989	2185504	172155	302624
长泰县	Changtai	561432	1542736	3623471	312715	598829
东山县	Dongshan	506559	895581	2046943	119945	354511
南靖县	Nanjing	467276	1191946	3138404	343200	564636
平和县	Pinghe	184121	282929	1331449	103336	166477
华安县	Hua'an	461728	568917	1427326	120848	191096
南平市	**Nanping**	**3267161**	**4433668**	**14503473**	**744038**	**1271944**
南平市辖区	District under Nanping	1044598	1174363	2740255	57612	130275
延平区	Yanping	274695	624378	1442650	49093	75118
邵武市	Shaowu	374057	656381	3296126	205776	398922
武夷山市	Wuyishan	101977	222894	890173	55280	82836
建瓯市	Jian'ou	286104	526271	1793786	102364	160199
建阳区	Jianyang	267078	633161	2210311	120892	191614
顺昌县	Shunchang	213869	203857	783657	13654	27453
浦城县	Pucheng	325534	289155	1123113	82833	137691
光泽县	Guangze	486786	455058	739200	10292	19041
松溪县	Songxi	61030	136251	460624	48506	62409
政和县	Zhenghe	106128	136278	466230	46830	61504
龙岩市	**Longyan**	**5158792**	**8425786**	**16777173**	**1128797**	**2669809**
龙岩市辖区	District under Longyan	2039684	3904048	7034510	465794	1667243
新罗区	Xinluo	851487	1529225	3738910	165925	269178
漳平市	Zhangping	606934	534837	1193286	75498	124109
长汀县	Changting	291363	752142	1530244	82291	173461
永定区	Yongding	697081	459061	1134886	51121	105627
上杭县	Shanghang	944772	2221075	3537085	298385	365153
武平县	Wuping	327395	296056	1134145	95151	145893
连城县	Liancheng	251563	258567	1213017	60559	88325
宁德市	**Ningde**	**6848321**	**7249401**	**25893821**	**1543852**	**2278009**
宁德市辖区	District under Ningde	4080987	1892352	3927864	458962	590189
蕉城区	Jiaocheng	456580	825532	1717129	179554	235607
福安市	Fu'an	1251760	3006954	8591628	252833	436503
福鼎市	Fuding	527444	1317507	7281236	516143	762187
霞浦县	Xiapu	189689	296560	1191693	54395	74971
古田县	Gutian	198516	217715	1635315	97062	134022
屏南县	Pingnan	229358	202442	760903	47656	86814
寿宁县	Shouning	143217	147626	1042386	40675	71994
周宁县	Zhouning	151735	56122	777075	46394	72473
柘荣县	Zherong	75615	112122	685721	29731	48857

22-17 运输邮电基本情况（2014年）

Basic Indicators of Transportation and Post(2014)

单位：公里 (KM)

地区	Area	邮路单程长度 Length of Postal Route	农村投递路线总长度 Rural Delivery Routes	公路通车里程 Length of Highways in Operation
全　省	**Fujian**	**217308**	**93057**	**101190**
福州市	**Fuzhou**	**74872**	**11651**	**11393**
福州市辖区	District under Fuzhou	71978	610	828
鼓楼区	Gulou			
台江区	Taijiang			
仓山区	Cangshan			
马尾区	Mawei			
晋安区	Jin'an			
福清市	Fuqing	227	1869	2098
长乐市	Changle	174	1505	1010
闽侯县	Minhou	406	1855	1624
连江县	Lianjiang	249	1701	1115
罗源县	Luoyuan	463	817	915
闽清县	Minqing	296	993	1436
永泰县	Yongtai	425	1459	1789
平潭县	Pingtan	655	842	578
厦门市	**Xiamen**	**85126**	**6320**	**2067**
厦门市辖区	District under Xiamen			
思明区	Siming			
海沧区	Haicang			
湖里区	Huli			
集美区	Jimei			
同安区	Tong'an			
翔安区	Xiang'an			
莆田市	**Putian**	**2592**	**4617**	**6098**
莆田市辖区	District under Putian	2270	3178	3527
城厢区	Chengxiang			
涵江区	Hanjiang			
荔城区	Licheng			
秀屿区	Xiuyu			
仙游县	Xianyou	322	1439	2571
三明市	**Sanming**	**5201**	**9944**	**14226**
三明市辖区	District under Sanming	1279	529	879
梅列区	Meilie			
三元区	Sanyuan			
永安市	Yong'an	484	992	1583
明溪县	Mingxi	224	564	1037
清流县	Qingliu	456	872	864
宁化县	Ninghua	420	1293	1454
大田县	Datian	348	1416	1632
尤溪县	Youxi	613	1680	2464
沙县	Shaxian	266	749	1227
将乐县	Jiangle	299	740	1153
泰宁县	Taining	419	631	892
建宁县	Jianning	394	478	1041
泉州市	**Quanzhou**	**31542**	**21174**	**16525**
泉州市辖区	District under Quanzhou	28575	960	1456
鲤城区	Licheng			
丰泽区	Fengze			
洛江区	Luojiang			
泉港区	Quangang			
石狮市	Shishi	209	624	430

22-17 续表

Continued

单位：公里　　　　(KM)

地区	Area	邮路单程长度 Length of Postal Route	农村投递路线总长度 Rural Delivery Routes	公路通车里程 Length of Highways in Operation
晋江市	Jinjiang	340	7235	1826
南安市	Nan'an	236	6791	3156
惠安县	Hui'an	92	1904	1042
安溪县	Anxi	630	1947	3876
永春县	Yongchun	511	803	2600
德化县	Dehua	949	910	2139
漳州市	**Zhangzhou**	**3634**	**10766**	**11426**
漳州市辖区	District under Zhangzhou	974	1238	603
芗城区	Xiangcheng			
龙文区	Longwen			
龙海市	Longhai	284	3198	1469
云霄县	Yunxiao	301	550	729
漳浦县	Zhangpu	448	937	1485
诏安县	Zhao'an	394	995	1172
长泰县	Changtai	139	608	943
东山县	Dongshan	323	372	332
南靖县	Nanjing	164	1461	1979
平和县	Pinghe	326	934	1493
华安县	Hua'an	282	473	1221
南平市	**Nanping**	**5592**	**9603**	**15106**
南平市辖区	District under Nanping	1630	1392	2160
延平区	Yanping			
邵武市	Shaowu	740	527	1569
武夷山市	Wuyishan	435	892	1299
建瓯市	Jian'ou	312	1218	2441
建阳区	Jianyang	371	1294	1486
顺昌县	Shunchang	272	830	1126
浦城县	Pucheng	749	1216	1828
光泽县	Guangze	379	472	977
松溪县	Songxi	278	488	813
政和县	Zhenghe	427	1274	1408
龙岩市	**Longyan**	**5234**	**8517**	**13627**
龙岩市辖区	District under Longyan	1930	1408	2034
新罗区	Xinluo			
漳平市	Zhangping	612	1129	2020
长汀县	Changting	652	2051	2328
永定区	Yongding	335	1113	1709
上杭县	Shanghang	726	1024	2007
武平县	Wuping	639	932	1551
连城县	Liancheng	340	859	1979
宁德市	**Ningde**	**3515**	**10465**	**10722**
宁德市辖区	District under Ningde	671	1131	1120
蕉城区	Jiaocheng			
福安市	Fu'an	496	1943	1889
福鼎市	Fuding	447	1149	1440
霞浦县	Xiapu	486	2211	1218
古田县	Gutian	248	1356	1483
屏南县	Pingnan	368	626	840
寿宁县	Shouning	395	981	1288
周宁县	Zhouning	191	548	858
柘荣县	Zherong	214	520	587

22-18 普通教育专任教师及在校学生数（2014年）

Number of Full-time Teachers and Students Enrollment in Regular Schools(2014)

单位：人 (person)

地区	Aera	专任教师数 Full-time Teachers			在校生数 Students Enrollment		
		普通高中 Regular Senior Secondary Schools	普通初中 Regular Junior Secondary Schools	小学 Primary Schools	普通高中 Regular Senior Secondary School	普通初中 Regular Junior Secondary Schools	小学 Primary Schools
全　省	**Fujian**	**50923**	**97933**	**158698**	**629074**	**1125729**	**2746253**
福州市	**Fuzhou**	**8782**	**17313**	**28192**	**109732**	**210443**	**527065**
福州市辖区	District under Fuzhou	3154	5324	9482	42441	78289	199852
鼓楼区	Gulou	1337	1648	2614	18090	25459	51104
台江区	Taijiang	452	719	1183	6846	9817	24296
仓山区	Cangshan	695	1514	2920	9023	22269	63450
马尾区	Mawei	279	563	796	3540	6045	15191
晋安区	Jin'an	391	880	1969	4942	14699	45811
福清市	Fuqing	1847	3501	5546	22966	42437	110940
长乐市	Changle	685	1532	2456	8129	16973	49576
闽侯县	Minhou	619	1499	2552	7353	19842	48613
连江县	Lianjiang	723	1610	2263	8374	15609	39469
罗源县	Luoyuan	309	696	1120	2814	5717	13331
闽清县	Minqing	354	1011	1480	4053	9047	19746
永泰县	Yongtai	404	909	1404	5305	8784	17775
平潭县	Pingtan	687	1231	1889	8297	13745	27763
厦门市	**Xiamen**	**3513**	**6448**	**13169**	**44511**	**91920**	**260174**
厦门市辖区	District under Xiamen	3513	6448	13169	44511	91920	260174
思明区	Siming	1537	2173	3607	19945	33045	67401
海沧区	Haicang	198	452	1176	2425	6826	24584
湖里区	Huli	177	816	2372	2436	15526	55122
集美区	Jimei	613	990	2408	7258	14402	48154
同安区	Tong'an	620	1260	2442	7991	14787	43571
翔安区	Xiang'an	368	757	1164	4456	7334	21342
莆田市	**Putian**	**4976**	**8675**	**14334**	**64510**	**99780**	**231299**
莆田市辖区	District under Putian	3463	5701	9918	43525	67026	159344
城厢区	Chengxiang	872	1306	1937	10984	15902	32877
涵江区	Hanjiang	588	1155	1999	7721	12119	30180
荔城区	Licheng	1215	1384	2316	15499	22229	48388
秀屿区	Xiuyu	788	1856	3666	9321	16776	47899
仙游县	Xianyou	1513	2974	4416	20985	32754	71955
三明市	**Sanming**	**3823**	**7619**	**11903**	**48298**	**76460**	**168240**
三明市辖区	District under Sanming	598	904	1279	9602	11450	23630
梅列区	Meilie	230	483	659	3898	6229	12677
三元区	Sanyuan	368	421	620	5704	5221	10953
永安市	Yong'an	515	993	1518	5962	10114	23469
明溪县	Mingxi	159	276	500	1659	2786	5385
清流县	Qingliu	169	382	669	1872	3975	8410
宁化县	Ninghua	473	860	1358	6288	8415	17962
大田县	Datian	415	933	1431	4541	8359	23056
尤溪县	Youxi	619	1258	1600	7487	10895	19986
沙县	Shaxian	336	795	1354	4189	8775	20988
将乐县	Jiangle	243	485	736	2931	4848	10124
泰宁县	Taining	153	322	728	1803	3412	7334
建宁县	Jianning	143	411	730	1964	3431	7896
泉州市	**Quanzhou**	**10535**	**19891**	**31839**	**124297**	**243082**	**651653**
泉州市辖区	District under Quanzhou	2577	3803	5953	29422	47653	108589
鲤城区	Licheng	1205	1364	1729	15085	21343	39977
丰泽区	Fengze	501	874	1531	6584	12335	31746
洛江区	Luojiang	258	511	850	2908	6086	13555

22-18 续表

Continued

单位：人 (person)

地区	Aera	专任教师数 Full-time Teachers 普通高中 Regular Senior Secondary Schools	普通初中 Regular Junior Secondary Schools	小学 Primary Schools	在校生数 Students Enrollment 普通高中 Regular Senior Secondary School	普通初中 Regular Junior Secondary Schools	小学 Primary Schools
泉港区	Quangang	613	1054	1843	4845	7889	23311
石狮市	Shishi	617	1130	2166	7973	17725	55148
晋江市	Jinjiang	1715	3723	6510	23556	57195	172093
南安市	Nan'an	2059	3795	5029	20725	39392	104154
惠安县	Hui'an	1181	2728	3735	12827	27634	65485
安溪县	Anxi	1300	2510	5102	15654	28994	94134
永春县	Yongchun	669	1459	2133	8755	15518	31118
德化县	Dehua	417	743	1211	5385	8971	20932
漳州市	**Zhangzhou**	**6681**	**13225**	**20087**	**87544**	**159933**	**340100**
漳州市辖区	District under Zhangzhou	1446	2147	2736	19528	30937	61411
芗城区	Xiangcheng	1200	1644	2127	16304	23260	47116
龙文区	Longwen	246	503	609	3224	7677	14295
龙海市	Longhai	1304	2219	3124	15922	24202	57729
云霄县	Yunxiao	554	1269	2283	7337	16545	32219
漳浦县	Zhangpu	967	2319	3009	13902	25979	55167
诏安县	Zhao'an	594	1452	2351	9484	18512	37367
长泰县	Changtai	261	544	876	2959	5050	14139
东山县	Dongshan	344	476	835	3389	6152	12444
南靖县	Nanjing	414	911	1458	5427	8690	18846
平和县	Pinghe	622	1539	2675	7942	20431	41530
华安县	Hua'an	175	349	740	1654	3435	9248
南平市	**Nanping**	**3619**	**8006**	**13411**	**51321**	**85204**	**192863**
南平市辖区	District under Nanping	620	1377	2191	7716	14673	32317
延平区	Yanping	620	1377	2191	7716	14673	32317
邵武市	Shaowu	383	817	1342	5136	8120	17348
武夷山市	Wuyishan	227	636	1130	3658	6677	16975
建瓯市	Jian’ou	501	1249	2092	7780	13983	34379
建阳区	Jianyang	399	895	1514	5819	10082	22434
顺昌县	Shunchang	399	747	1056	5922	5620	11454
浦城县	Pucheng	375	978	1632	5748	11972	25467
光泽县	Guangze	227	377	853	3081	4691	10934
松溪县	Songxi	198	372	702	2595	3968	9011
政和县	Zhenghe	290	558	899	3866	5418	12544
龙岩市	**Longyan**	**4620**	**8222**	**12002**	**48066**	**78595**	**172833**
龙岩市辖区	District under Longyan	722	1452	2498	9289	18198	47207
新罗区	Xinluo	722	1452	2498	9289	18198	47207
漳平市	Zhangping	317	860	1234	3729	7086	15805
长汀县	Changting	705	1139	1934	9780	14246	28960
永定区	Yongding	920	1488	2012	6950	11072	25450
上杭县	Shanghang	846	1300	1729	7746	11717	22563
武平县	Wuping	548	985	1383	5694	8775	17646
连城县	Liancheng	562	998	1212	4878	7501	15202
宁德市	**Ningde**	**4374**	**8534**	**13761**	**50795**	**80312**	**202026**
宁德市辖区	District under Ningde	599	1326	2048	6593	12521	33396
蕉城区	Jiaocheng	599	1326	2048	6593	12521	33396
福安市	Fu'an	1024	1587	2783	11438	17457	47841
福鼎市	Fuding	729	1415	2279	9147	14000	33812
霞浦县	Xiapu	558	1241	1973	7710	10968	29698
古田县	Gutian	533	1129	1434	5002	8653	19077
屏南县	Pingnan	201	472	831	2101	3924	8570
寿宁县	Shouning	308	666	1102	3865	6180	14048
周宁县	Zhouning	285	512	818	2797	4042	9098
柘荣县	Zherong	137	186	493	2142	2567	6486

22-19 卫生主要指标（2014年）

Main Indicators of Sanitation(2014)

地区	Area	卫生机构数（个） Number of Health Institutions (unit)	卫生机构床位数（张） Number of Beds in Health Institutions (set)	卫生技术人员数（人） Medical Technical Personnel (person)	#执业医师 Medical practitioner	#注册护士 Registered Nurse
全　省	**Fujian**	**27913**	**164781**	**206545**	**75372**	**85673**
福州市	**Fuzhou**	**4592**	**32732**	**50593**	**18427**	**20681**
福州市辖区	District under Fuzhou	1175	11623	18600	6794	7498
鼓楼区	Gulou	321	9232	15166	5808	6659
台江区	Taijiang	194	4848	7378	2714	3300
仓山区	Cangshan	408	3462	4893	1955	2026
马尾区	Mawei	129	308	834	340	328
晋安区	Jin'an	444	3005	5495	1785	1844
福清市	Fuqing	663	3057	4473	1607	1806
长乐市	Changle	409	1976	2774	958	964
闽侯县	Minhou	411	1341	2264	861	877
连江县	Lianjiang	355	1282	1962	685	598
罗源县	Luoyuan	219	953	1153	339	507
闽清县	Minqing	373	1393	1303	404	547
永泰县	Yongtai	317	775	1135	391	447
平潭县	Pingtan	349	1100	1763	580	778
厦门市	**Xiamen**	**1280**	**13331**	**23446**	**9332**	**10138**
厦门市辖区	District under Xiamen	1280	13331	23446	9332	10138
思明区	Siming	357	7330	11189	4227	5226
海沧区	Haicang	110	1251	2291	790	1039
湖里区	Huli	260	1655	3964	1765	1533
集美区	Jimei	100	980	2061	835	776
同安区	Tong'an	271	1435	2544	1097	1047
翔安区	Xiang'an	182	680	1397	618	517
莆田市	**Putian**	**1335**	**12347**	**13721**	**5093**	**5667**
莆田市辖区	District under Putian	964	9646	11031	4133	4543
城厢区	Chengxiang	164	2643	3404	1147	1496
涵江区	Hanjiang	274	1217	1856	701	731
荔城区	Licheng	245	4200	4370	1657	1836
秀屿区	Xiuyu	281	1586	1401	628	480
仙游县	Xianyou	371	2701	2690	960	1124
三明市	**Sanming**	**2809**	**13252**	**15067**	**5051**	**6263**
三明市辖区	District under Sanming	277	2952	3606	1232	1621
梅列区	Meilie	132	1695	2471	803	1136
三元区	Sanyuan	145	1257	1135	429	485
永安市	Yong'an	389	2451	2664	947	1220
明溪县	Mingxi	115	488	471	171	185
清流县	Qingliu	148	536	698	220	293
宁化县	Ninghua	294	1178	1240	424	520
大田县	Datian	496	1242	1439	465	575
尤溪县	Youxi	399	1374	1587	528	606
沙县	Shaxian	242	1286	1308	462	480
将乐县	Jiangle	156	717	791	234	276
泰宁县	Taining	167	614	769	208	272
建宁县	Jianning	126	414	494	160	215
泉州市	**Quanzhou**	**4766**	**29783**	**35319**	**14116**	**13573**
泉州市辖区	District under Quanzhou	687	10432	13747	4986	5915
鲤城区	Licheng	173	5917	7081	2339	3275
丰泽区	Fengze	176	2999	4640	1843	1880

注：2014年卫生机构各类数据含村卫生室。
Note:Number of Health Institutions includes village Health Institutions in 2014.

22-19 续表

Continued

地区	Area	卫生机构数（个）Number of Health Institutions (unit)	卫生机构床位数（张）Number of Beds in Health Institutions (set)	卫生技术人员数（人）Medical Technical Personnel (person)	#执业医师 Medical practitioner	#注册护士 Registered Nurse
洛江区	Luojiang	138	465	606	262	201
泉港区	Quangang	200	1051	1420	542	559
石狮市	Shishi	288	1511	2438	985	1023
晋江市	Jinjiang	851	4436	6063	2721	1947
南安市	Nan'an	914	4199	3877	1601	1386
惠安县	Hui'an	462	3340	3122	1307	1112
安溪县	Anxi	898	2805	3229	1404	1105
永春县	Yongchun	379	1889	1632	637	616
德化县	Dehua	287	1171	1211	475	469
漳州市	**Zhangzhou**	**4490**	**18958**	**20267**	**7589**	**8257**
漳州市辖区	District under Zhangzhou	538	6301	7346	2821	3247
芗城区	Xiangcheng	366	5743	6633	2505	2992
龙文区	Longwen	172	558	713	316	255
龙海市	Longhai	906	2263	2944	1170	1062
云霄县	Yunxiao	289	1368	1499	480	689
漳浦县	Zhangpu	682	2504	2610	975	1004
诏安县	Zhao'an	456	1861	1385	470	587
长泰县	Changtai	225	668	781	264	288
东山县	Dongshan	180	784	835	312	303
南靖县	Nanjing	416	872	1105	454	408
平和县	Pinghe	568	1803	1385	517	527
华安县	Hua'an	230	534	377	126	142
南平市	**Nanping**	**2412**	**15536**	**15658**	**5203**	**6837**
南平市辖区	District under Nanping	287	3669	3701	1273	1742
延平区	Yanping	287	3669	3701	1273	1742
邵武市	Shaowu	180	2250	1990	668	888
武夷山市	Wuyishan	276	1045	1290	495	458
建瓯市	Jian'ou	335	2307	2177	739	962
建阳区	Jianyang	247	1774	1952	502	942
顺昌县	Shunchang	164	900	790	262	382
浦城县	Pucheng	310	1605	1532	557	586
光泽县	Guangze	174	600	680	207	289
松溪县	Songxi	192	656	672	205	250
政和县	Zhenghe	247	730	874	295	338
龙岩市	**Longyan**	**3233**	**16156**	**17568**	**5614**	**7931**
龙岩市辖区	District under Longyan	504	6306	7224	2382	3605
新罗区	Xinluo	504	6306	7224	2382	3605
漳平市	Zhangping	348	1443	1262	453	531
长汀县	Changting	483	2003	2257	563	982
永定区	Yongding	420	1745	1880	562	826
上杭县	Shanghang	649	1805	1951	728	736
武平县	Wuping	518	1627	1496	430	628
连城县	Liancheng	311	1227	1498	496	623
宁德市	**Ningde**	**2996**	**12686**	**14906**	**4947**	**6326**
宁德市辖区	District under Ningde	392	3043	3732	1246	1671
蕉城区	Jiaocheng	392	3043	3732	1246	1671
福安市	Fu'an	574	2323	2831	944	1302
福鼎市	Fuding	450	1937	2559	878	1015
霞浦县	Xiapu	344	1621	2067	663	845
古田县	Gutian	486	1313	1320	457	561
屏南县	Pingnan	196	733	657	196	286
寿宁县	Shouning	245	690	748	261	279
周宁县	Zhouning	173	587	546	134	203
柘荣县	Zherong	136	439	446	168	164

22-20 社会消费品零售总额（2014年）

Total Retail Sales of Consumer Goods(2014)

单位：万元 (10000 yuan)

地区	Area	社会消费品零售总额 Total Retail Sales of Consumer Goods	
		数量 Value	比上年增长(%) Ratio(%)
全　省	**Fujian**	**93467365**	**12.9**
福州市	**Fuzhou**	**30629431**	**14.6**
福州市辖区	District under Fuzhou	21724226	13.5
鼓楼区	Gulou	8408118	14.5
台江区	Taijiang	3665731	12.6
仓山区	Cangshan	3314564	15.7
马尾区	Mawei	1339637	27.1
晋安区	Jin'an	4962205	13.6
福清市	Fuqing	2927484	16.5
长乐市	Changle	1516433	17.4
闽侯县	Minhou	1747533	23.4
连江县	Lianjiang	926790	17.4
罗源县	Luoyuan	427259	15.6
闽清县	Minqing	411655	15.6
永泰县	Yongtai	442705	15.5
平潭县	Pingtan	505347	8.6
厦门市	**Xiamen**	**10722833**	**10.0**
厦门市辖区	District under Xiamen	10722833	10.0
思明区	Siming	4182807	3.1
海沧区	Haicang	1146918	21.5
湖里区	Huli	3245081	13.5
集美区	Jimei	1075860	19.4
同安区	Tong'an	670396	10.2
翔安区	Xiang'an	401771	8.2
莆田市	**Putian**	**4980264**	**12.1**
莆田市辖区	District under Putian	4196397	12.2
城厢区	Chengxiang	1475816	19.0
涵江区	Hanjiang	942279	9.5
荔城区	Licheng	1222488	9.1
秀屿区	Xiuyu	555814	6.8
仙游县	Xianyou	783867	11.9
三明市	**Sanming**	**4048452**	**12.3**
三明市辖区	District under Sanming	983200	8.4
梅列区	Meilie	675832	7.3
三元区	Sanyuan	307368	10.9
永安市	Yong'an	724505	14.5
明溪县	Mingxi	136020	12.4
清流县	Qingliu	185829	20.2
宁化县	Ninghua	302037	15.6
大田县	Datian	390245	13.8
尤溪县	Youxi	366259	13.9
沙县	Shaxian	433938	8.4
将乐县	Jiangle	187633	12.6
泰宁县	Taining	176099	12.3
建宁县	Jianning	162687	15.5
泉州市	**Quanzhou**	**21894296**	**12.5**
泉州市辖区	District under Quanzhou	6131825	11.1
鲤城区	Licheng	2705073	11.7
丰泽区	Fengze	2427675	9.9
洛江区	Luojiang	258077	11.4
泉港区	Quangang	741000	13.0
石狮市	Shishi	3523509	14.2
晋江市	Jinjiang	4205481	12.6
南安市	Nan'an	3226527	15.6
惠安县	Hui'an	1795386	9.7
安溪县	Anxi	1595858	12.7
永春县	Yongchun	880457	12.1
德化县	Dehua	535252	10.0
漳州市	**Zhangzhou**	**6921977**	**12.0**
漳州市辖区	District under Zhangzhou	2304775	13.1
芗城区	Xiangcheng	1518142	7.5
龙文区	Longwen	786633	25.5
龙海市	Longhai	1071230	9.8
云霄县	Yunxiao	459879	13.3
漳浦县	Zhangpu	858198	11.7
诏安县	Zhao'an	673081	12.9
长泰县	Changtai	224553	15.3
东山县	Dongshan	319179	10.7
南靖县	Nanjing	354902	10.0
平和县	Pinghe	475250	11.2
华安县	Hua'an	180931	11.8
南平市	**Nanping**	**4519974**	**12.9**
南平市辖区	District under Nanping	1012441	11.6
延平区	Yanping	1012441	11.6
邵武市	Shaowu	931979	16.5
武夷山市	Wuyishan	411480	14.9
建瓯市	Jian'ou	610088	10.9
建阳区	Jianyang	439812	15.2
顺昌县	Shunchang	247149	7.5
浦城县	Pucheng	365224	10.6
光泽县	Guangze	156832	6.8
松溪县	Songxi	176231	13.9
政和县	Zhenghe	168738	15.3
龙岩市	**Longyan**	**5599920**	**14.1**
龙岩市辖区	District under Longyan	2385048	9.4
新罗区	Xinluo	2385048	9.4
漳平市	Zhangping	503396	13.5
长汀县	Changting	534918	20.5
永定区	Yongding	614365	15.1
上杭县	Shanghang	587100	20.4
武平县	Wuping	420661	19.0
连城县	Liancheng	554433	19.5
宁德市	**Ningde**	**4150218**	**12.1**
宁德市辖区	District under Ningde	1000166	14.7
蕉城区	Jiaocheng	1000166	14.7
福安市	Fu'an	782921	12.9
福鼎市	Fuding	740807	10.6
霞浦县	Xiapu	610742	10.7
古田县	Gutian	466707	12.7
屏南县	Pingnan	149623	11.4
寿宁县	Shouning	176199	10.7
周宁县	Zhouning	128480	9.1
柘荣县	Zherong	94573	6.4

22-21 社会保险和低保情况（2014年）

Statistics of People in Social Insurance and Subsistence(2014)

单位：万人　　　　(10000 persons)

地区	Area	期末参加基本养老保险职工人数 People Participated in Basic Pension Insurance at the Year-end	期末参加基本医疗保险人数 People Participated in Basic Medical Insurance at the Year-end	期末参加城乡居民社会养老保险人数 People Participated in Residents of Social Endowment Insurance in Urban and Rural Areas	期末参加新型农村合作医疗保险人数 People Participated in New Medical Insurance in Rural Areas	城镇居民最低生活保障人数 People Receiving Minimum Living Allowance in Urban Areas	农村居民最低生活保障人数 People Receiving Minimum Living Allowance in Rural Areas
全　省	**Fujian**	**708.11**	**1292.97**	**1473.01**	**2531.42**	**14.66**	**73.94**
福州市	**Fuzhou**	**138.73**	**302.77**	**227.43**	**370.46**	**1.73**	**9.41**
福州市辖区	District under Fuzhou	9.36	14.72	16.24	13.00	0.91	0.62
鼓楼区	Gulou			0.94		0.07	
台江区	Taijiang			0.88		0.30	
仓山区	Cangshan			5.47	2.94	0.27	0.32
马尾区	Mawei	9.36	14.72	4.42	5.08	0.10	0.16
晋安区	Jin'an			4.53	4.99	0.17	0.14
福清市	Fuqing	14.61	28.90	65.66	106.53	0.14	1.23
长乐市	Changle	4.39	13.68	32.53	50.37	0.07	0.85
闽侯县	Minhou	7.03	15.32	28.91	48.68	0.07	1.13
连江县	Lianjiang	4.19	13.09	27.92	48.91	0.05	1.03
罗源县	Luoyuan	2.37	6.73	9.53	19.11	0.13	0.96
闽清县	Minqing	2.70	7.37	13.50	23.28	0.09	1.02
永泰县	Yongtai	2.03	8.87	15.21	28.18	0.08	0.88
平潭综合实验区	Pingtan	2.77	6.03	17.92	32.40	0.19	1.69
厦门市	**Xiamen**	**181.04**	**314.28**	**22.02**		**1.24**	**0.69**
厦门市辖区	District under Xiamen	179.95	314.28	22.02		1.24	0.69
思明区	Siming	62.16		1.28		0.36	
海沧区	Haicang	50.29		0.82		0.10	0.09
湖里区	Huli	16.80		2.00		0.12	
集美区	Jimei	8.75		7.75		0.06	0.05
同安区	Tong'an	24.21		1.27		0.22	0.39
翔安区	Xiang'an	17.75		8.91		0.39	0.13
莆田市	**Putian**	**26.28**	**53.26**	**149.53**	**272.81**	**0.79**	**8.22**
莆田市辖区	District under Putian	22.34	48.09	138.90	272.81	0.48	4.28
城厢区	Chengxiang	3.69	13.51	16.06	26.69	0.14	0.55
涵江区	Hanjiang	6.24	10.71	21.16	34.98	0.15	0.68
荔城区	Licheng	5.88	8.10	20.86	40.77	0.16	0.79
秀屿区	Xiuyu	1.84	4.12	31.79	76.39	0.03	2.25
仙游县	Xianyou	4.69	11.66	49.03	93.98	0.32	3.94
三明市	**Sanming**	**38.83**	**74.02**	**119.71**	**217.89**	**1.15**	**5.74**
三明市辖区	District under Sanming	4.63	2.55	4.78		0.21	0.07
梅列区	Meilie	2.60	2.55	1.30		0.09	0.02
三元区	Sanyuan	2.03		3.48		0.11	0.05
永安市	Yong'an	6.70	14.96	12.02		0.10	0.24
明溪县	Mingxi	1.34	3.50	5.50		0.06	0.34
清流县	Qingliu	1.55	2.84	6.44		0.09	0.43
宁化县	Ninghua	2.39	4.14	16.29		0.12	0.94
大田县	Datian	2.79	4.46	17.93		0.10	0.90
尤溪县	Youxi	3.11	6.82	22.42		0.13	1.33
沙县	Shaxian	4.45	5.27	11.68		0.15	0.40
将乐县	Jiangle	1.93	3.55	9.13		0.08	0.32
泰宁县	Taining	1.45	2.66	6.34		0.06	0.34
建宁县	Jianning	1.35	2.24	7.18		0.06	0.44
泉州市	**Quanzhou**	**120.57**	**209.75**	**363.38**	**561.29**	**2.05**	**10.88**
泉州市辖区	District under Quanzhou	28.61	48.86	39.44	48.74	0.50	1.10
鲤城区	Licheng	8.71	17.44	4.12		0.16	
丰泽区	Fengze	13.17	17.09	5.65		0.17	
洛江区	Luojiang	3.56	5.38	8.77	15.75	0.05	0.33

注：1.期末参加基本养老保险职工人数及期末参加基本医疗保险人数中，全省总数含省本级，设区市总数含市本级；2.期末参加基本养老保险职工人数不含离退休。3.2014年三明市新型农村合作医疗保险统计口径变化，无分县（区）数据。

Note:a)In number of People Participated in Basic Pension Insurance at the year-end,the entire province total including provincial level, the entire city total including city level.b)Number of People Participated in Basic Pension Insurance at the year-end exclude Retirees.

22-21 续表

Continued

单位：万人 (10000 persons)

地区	Area	期末参加基本养老保险职工人数 People Participated in Basic Pension Insurance at the Year-end	期末参加基本医疗保险人数 People Participated in Basic Medical Insurance at the Year-end	期末参加城乡居民社会养老保险人数 People Participated in Residents of Social Endowment Insurance in Urban and Rural Areas	期末参加新型农村合作医疗保险人数 People Participated in New Medical Insurance in Rural Areas	城镇居民最低生活保障人数 People Receiving Minimum Living Allowance in Urban Areas	农村居民最低生活保障人数 People Receiving Minimum Living Allowance in Rural Areas
泉港区	Quangang	3.16	8.95	20.90	33.00	0.13	0.77
石狮市	Shishi	8.88	18.17	19.22	27.36	0.48	
晋江市	Jinjiang	31.92	42.97	59.92	96.23	0.42	1.28
南安市	Nan'an	11.85	25.02	84.33	129.08	0.08	2.44
惠安县	Hui'an	9.18	17.24	42.65	69.15	0.27	2.12
安溪县	Anxi	5.17	13.45	58.68	95.54	0.15	2.19
永春县	Yongchun	4.48	11.43	31.12	47.73	0.08	1.11
德化县	Dehua	4.21	7.28	15.51	28.42	0.06	0.66
漳州市	**Zhangzhou**	**60.37**	**78.18**	**208.81**	**387.45**	**3.17**	**11.94**
漳州市辖区	District under Zhangzhou	6.70		17.67	26.48	0.70	0.70
芗城区	Xiangcheng	6.65		9.94	15.41	0.58	0.47
龙文区	Longwen	0.05		7.73	11.06	0.12	0.24
龙海市	Longhai	8.82	7.12	40.31	73.00	0.67	2.33
云霄县	Yunxiao	4.08	2.86	17.70	37.09	0.26	1.40
漳浦县	Zhangpu	7.19	5.56	39.55	78.19	0.30	1.82
诏安县	Zhao'an	3.45	5.15	22.10	51.73	0.20	1.83
长泰县	Changtai	4.58	3.75	8.49	16.76	0.12	0.53
东山县	Dongshan	2.72	6.33	8.53	13.06	0.28	0.47
南靖县	Nanjing	4.10	5.83	18.02	28.32	0.26	0.95
平和县	Pinghe	3.56	5.80	27.77	48.44	0.26	1.38
华安县	Hua'an	1.53	1.34	8.36	14.39	0.13	0.52
南平市	**Nanping**	**39.72**	**55.32**	**127.85**	**235.09**	**1.84**	**7.66**
南平市辖区	District under Nanping	4.46	7.60	16.55	28.74	0.35	0.73
延平区	Yanping	4.46	7.60	16.55	28.74	0.35	0.73
邵武市	Shaowu	5.48	5.34	12.19	22.78	0.21	0.67
武夷山市	Wuyishan	3.25	4.84	9.90	16.95	0.18	0.55
建瓯市	Jian'ou	3.76	6.52	22.73	44.24	0.22	1.37
建阳区	Jianyang	3.84	4.05	14.76	28.64	0.28	0.90
顺昌县	Shunchang	3.16	5.23	10.02	16.63	0.19	0.67
浦城县	Pucheng	3.51	5.10	18.71	34.44	0.10	1.11
光泽县	Guangze	1.79	2.52	7.13	12.21	0.14	0.57
松溪县	Songxi	1.04	2.01	7.16	12.66	0.05	0.54
政和县	Zhenghe	1.06	2.22	8.70	17.79	0.13	0.57
龙岩市	**Longyan**	**42.99**	**110.73**	**131.30**	**223.26**	**0.99**	**9.56**
龙岩市辖区	District under Longyan	11.28	25.40	17.03	25.63	0.14	0.38
新罗区	Xinluo	11.28	25.40	17.03	25.63	0.14	0.38
漳平市	Zhangping	3.29	10.47	13.73	22.37	0.10	0.72
长汀县	Changting	4.17	17.07	21.31	40.94	0.31	1.76
永定区	Yongding	4.75	15.69	23.10	33.39	0.09	1.63
上杭县	Shanghang	5.90	11.74	22.31	42.68	0.09	1.77
武平县	Wuping	3.57	10.02	19.40	31.59	0.13	1.52
连城县	Liancheng	3.11	8.21	14.42	26.66	0.12	1.78
宁德市	**Ningde**	**34.02**	**59.53**	**122.98**	**263.17**	**1.69**	**9.83**
宁德市辖区	District under Ningde	4.46	7.30	14.20	28.59	0.21	1.05
蕉城区	Jiaocheng	4.46	7.30	14.20	28.59	0.21	1.05
福安市	Fu'an	7.48	9.85	24.55	49.09	0.36	2.20
福鼎市	Fuding	7.16	9.64	24.70	48.15	0.27	1.22
霞浦县	Xiapu	3.59	7.09	19.24	41.39	0.25	1.19
古田县	Gutian	2.86	6.17	13.70	33.47	0.22	1.23
屏南县	Pingnan	0.90	2.95	7.29	15.41	0.04	0.82
寿宁县	Shouning	1.71	3.05	7.98	22.22	0.17	1.03
周宁县	Zhouning	0.85	2.11	7.41	15.57	0.07	0.61
柘荣县	Zherong	1.02	1.42	3.91	9.27	0.11	0.47

中国统计出版社最新图书简目

（仅供参考，以实际出版为准）

统计资料

中国统计年鉴　中国统计摘要　中国发展报告
中国经济普查年鉴2013　国际统计年鉴　金砖国家联合统计手册
中国-东盟国家统计手册　中国区域经济统计年鉴　中国县域统计年鉴
中国城市统计年鉴　中国农村统计年鉴　中国地区经济监测报告
中国贸易外经统计年鉴　中国对外直接投资统计公报　中国商品交易市场统计年鉴
大中型批发零售和住宿餐饮企业统计年鉴　中国零售和餐饮连锁企业统计年鉴　中国住户调查年鉴
中国价格统计年鉴　中国农产品价格调查年鉴　全国农产品成本收益资料汇编
中国环境统计年鉴　中国能源统计年鉴　国外资源、能源和环境统计资料汇编
中国工业统计年鉴　中国建筑业统计年鉴　中国房地产统计年鉴
中国城市建设统计年鉴　中国城乡建设统计年鉴　中国第三产业统计年鉴
中国证券期货统计年鉴　中国科技统计年鉴　中国高技术产业统计年鉴
工业企业科技活动资料　中国劳动统计年鉴　中国人口和就业统计年鉴.
中国人才资源统计报告　中国社会统计年鉴　中国文化及相关产业统计年鉴
文化及相关产业统计概览　中国教育经费统计年鉴　中国民政统计年鉴
中国民族统计年鉴　中国工会统计年鉴　中国残疾人事业统计年鉴
中国妇女儿童状况统计资料（英）　中国乡镇街道行政区域简册

省级综合统计年鉴系列

北京 天津 河北 山西 内蒙古 辽宁 吉林 黑龙江 上海 江苏 浙江 安徽 福建 江西 山东 河南 湖北 湖南 广东 广西 海南 重庆 四川 贵州 云南 西藏 陕西 甘肃 青海 宁夏 新疆 新疆生产建设兵团

市(县)级综合统计年鉴系列

天津滨海新区 石家庄 唐山 邯郸 保定 沧州 邢台 廊坊 承德 衡水 秦皇岛 张家口 太原 大同 阳泉 长治 晋城 朔州 晋中 运城 忻州 临汾 呼和浩特 呼和浩特新城区 鄂尔多斯 包头 沈阳 大连 长春 四平 哈尔滨 齐齐哈尔 黑龙江垦区 上海浦东新区 南京 无锡 徐州 常州 苏州 南通 连云港 淮安 盐城 扬州 镇江 泰州 宿迁 江阴 丹阳 杭州 宁波 温州 嘉兴 绍兴 金华 衢州 舟山 台州 丽水 合肥 安庆 马鞍山 福州 厦门 宁德 南昌 九江 上饶 新余 抚州 济南 青岛 枣庄 滕州 郑州 洛阳 平顶山 三门峡 南阳 商丘 济源 武汉 十堰 荆州 宜昌 荆门 咸宁 长沙 广州 深圳 惠州 东莞 南宁 柳州 桂林 来宾 海口 三亚 成都 贵阳 昆明 西安 兰州 庆阳 银川 乌鲁木齐 兵团一师 兵团十师

调查年鉴系列

天津 山西 内蒙古 辽宁 吉林 上海 福建 河南 湖北 湖南 广西 重庆 四川 云南 甘肃 宁夏 新疆

“十二五”规划教材

统计学（经济管理类专业本科适用，单薇 等）　抽样调查理论与方法（冯士雍 等）
贝叶斯统计（茆诗松 等）　统计学（黄良文 等）　试验设计（茆诗松 等）
统计学：从数据到结论（吴喜之）　医学统计学（于浩）　统计学（经济、管理类专业基础教材，张小斐）
概率论与数理统计三十三讲（魏振军）　概率论与数理统计三十三：学习指导与习题解答（魏振军）
非参数统计（吴喜之 等）　统计学：经济与管理中的数据分析（李慧云 等）
卫生管理统计学（新编医学院校基础课教材，尚磊）　医院统计学（新编医学院校基础课教材，徐天和 等）
社会统计学（蒋萍 等）　现代金融投资统计分析（李腊生 等）
国民经济核算初级教程（经济类、统计类、管理类专业适用，蒋萍 等）

重点图书

图解中国经济2015　新编英汉汉英统计大词典　中华医学统计百科全书
挑大学选专业2016—考研择校指南　挑大学选专业2015—高考志愿填报指南

中国统计出版社发行部电话：（010）63376907　63376908　同榀行书店电话：68783171　68783172
地址：北京市丰台区西三环南路甲6号　邮政编码：100073　网址：http://www.zgtjcbs.com

《福建统计年鉴-2015》光盘（CD-ROM）介绍

《福建统计年鉴—2015》（光盘）是一部信息高度密集的统计资料书的电子版。全书系统收录了 2014 年福建省全省及各地区、各部门经济和社会发展各方面的统计数据，以及重要年份福建国民经济主要指标的统计数据，是一部全面反映福建经济和社会发展情况的资料性年刊。

全书内容分为22个部分：全书内容分为22个部分：1. 综合；2. 国民经济核算；3. 人口、就业和职工工资；4. 固定资产投资；5. 对外经济；6. 能源；7. 人民生活；8. 价格指数；9. 城市概况；10. 财政金融；11. 农业；12. 工业；13. 建筑业；14. 交通运输和邮电通信业；15. 批发零售、住宿餐饮和旅游业；16. 科学和教育；17. 文化和体育；18. 卫生事业；19. 环境保护；20. 公共管理和其他社会活动；21. 企业调查；22. 市县国民经济主要指标。各篇末均附有《主要统计指标解释》。

《福建统计年鉴—2015》（光盘）为中英文双语版，操作简便，还设有转换Excel文件功能。

Introduction to CD-ROM

Fujian Statistical Yearbook 2015 (CD-ROM) is an annual statistic publication of comprehensive information with highly density. The yearbook covers very comprehensive data in 2014 and some selected data series in important years of provincial and regional levels and in different departments , reflects various aspects of Fujian social and economic development.

The CD-ROM contains the following twenty-two chapters: 1.General Survey； 2.National Economy Accounting； 3. Population,Employment and Wages； 4.Investment in Fixed Assets； 5.Foreign Trade； 6. Energy； 7.People's Living Conditions；8.Price Indices；9.General Survey of Cities；10.Finance；11.Agriculture；12.Industry；13.Construction； 14. Transportation, Postal and Telecommunication Services； 15.Wholesale,Retail Trades, Hotels, Catering Services and Tourism； 16.Science and Education； 17.Culture and Sports； 18.Health； 19. Environment Protection； 20.Publish Administration and Others； 21.Enterprise Survey； 22.Main Economic Indicators of City Prefecture and County etc. At the end of each chapter, Explanatory Notes on Main Statistical Indicators are included.

Fujian Statistical Yearbook 2015 (CD-ROM) is Compiled in Chinese and English and is Easy to used. The Tables in the CD-ROM can be converted to Excel Documents.

光盘（CD-ROM）操作说明

系统要求：Windows98及以上版本　IE4.0以上浏览器

显示设置：建议使用800×600像素分辨率

运行方法：光盘插入驱动器后自动运行，或直接运行INDEX.HTM文件

How to use the CD-ROM

System Requirement: Windows 98 or above versions, IE4.0or above browers.

Monitor:800*600 resolution suggested.

How to Start: The CD-ROM will run automatically once inserted into the driver or run INDEX.htm.